체계적인 소프트웨어 제품라인 개발

Systematic Software Product Line Development

강성원 저

홍릉과학출판사

추천의 글

Software and Systems Product Line(SSPL) Engineering은 미국 및 EU 등 선진국에서, 소프트웨어 개발기술을 획기적으로 향상시키고, 산업계 및 시장 요구를 수용할 수 있는 중요한 기술적 방안으로 인지되어, 활발한 학술 및 연구 활동이 진행되고 있다. 또한, ISO/IEC에서도 SSPL 국제표준화를 추진하고 있을 정도로 기술이 성숙된 분야이다.

18세기 산업혁명 이후 제조업의 생산방식은 1760년대 유럽식 숙련기술생산방식, 1870년대 이후에는 미국식 생산시스템방식, 1900년대 초기부터는 '대량 생산(Mass production)' 방식이 세계시장을 주도했다. 그러나, 1980년대부터 소비자의 요구가 다양해 지고 시장구조가 복잡해지면서 '대량맞춤생산(Mass customization)'으로 세계시장의 패러다임이 변화했다.

SSPL은 이러한 대량맞춤생산 패러다임의 변화에 대응할 솔루션을 제공하는, 제조・서비스 개발 프로세스와 소프트웨어 개발 프로세스를 융・복합시킨 혁신적인 패러다임이다. 그 핵심은 다수제품, 다수고객, 맞춤생산이 가능한 핵심자산을 구축하고 재사용하는 데 있다. SSPL은 단일제품 개발과는 달리 다수제품, 다수고객의 모든 요구를 만족시키는데 주력하기 때문에, 비즈니스, 아키텍처, 프로세스, 그리고 조직 등 제품 생산에 관련된 모든 영역에서의 역량이 뒷받침되어야 한다. 따라서 소프트웨어 엔지니어뿐만 아니라 기획, 개발, 제조, 마케팅, 영업, 구매 등 기업의 모든 부문에서 SSPL을 이해하고 SSPL 관점에서 협업해야 한다.

그동안 SSPL은 휴렛팩커드, 모토로라, 노키아, 지멘스, 필립스 등 산업계의 선각수용자(early adopter)들과 미국 국방성에서 그 효율성을 검증받아 왔다. 2002년에 CMU/SEI에서 제출한 Software Product Line Engineering 리포트에 의하면 소프트웨어 제품라인을 산업체에 적용한 결과 52%의 품질개선 효과, 비용절감 45%, 생산성 증가 39%, 고객요구충족 능력 개선 39%, 시장 적시성 30% 단축 등의 효과가 측정되었다. EU에서도 1999년부터 2022년까지 기업, 대학 및 연구소의 Software Product Line Engineering 관련 R&D를 적극 추진하면서 ITEA(Information Technology for European Advancement) 프로그램에 EU 연구자금 90억 유로 이상을 출연하고 있다.

이 책 "체계적인 소프트웨어 제품라인 개발(Systematic Software Product Line Development)"은 소프트웨어 제품라인 개발의 기본적인 개념들과 원리들을 체계적이고 통일적으로 설명하는 이론을 제시하고 있다. 따라서 이 책은 아직은 생소한 소프트웨어 제품라인 전문 분야에 첫 걸음을 내디디는 학자, 연구원, 실무자들이 개념과 원리들을 체계적으로 정립하고 또한 업무에 적용할 수 있도록 해 주는 유용한 지도서라고 여겨진다.

이 책의 저자는 소프트웨어공학 특히, 소프트웨어 아키텍처와 소프트웨어 제품라인 분야에서 이미 세계적인 명성과 학문적인 지도력을 인정받고 있다. 저자는 2016년 까지 27편의 SCI 저널논문을 비롯하여 150여 편의 논문을 국내외 저널 및 학술대회에 게재하거나 발표하였다. 또한, 소프트웨어공학 분야의 국제학술대회인 WEACR(International Workshop on Enterprise

Architecture Challenges and Responses, 2009)와 SERA(Software Engineering Research, Management and Applications, 2011)의 프로그램 의장을 역임하였으며, 소프트웨어공학 분야의 세계적인 학술대회인 ACM SAC(Association for Computing Machinery, Symposium on Applied Computing, 2014-2017)의 소프트웨어 아키텍처 공동의장을 맡아왔다. 또한 저자는 현재 국내에서 한국정보과학회 소프트웨어공학 소사이어티의 회장직을 역임하고 있다. 저자의 이러한 오랜 연구와 경험을 바탕으로 쓰여진 이 책은 독자들이 SSPL 세계에 안착할 수 있도록 올바른 길로 인도하는 훌륭한 가이드 역할을 할 것이다.

아무쪼록 이 책의 학습을 통하여 독자들이 SSPL에 대한 개념과 원리를 손쉽게 이해하고, 이를 바탕으로 연구자는 중요한 연구결과를 만들고, 현장 사용자는 업무 적용을 통하여 소프트웨어 제품라인을 효율적으로 구축하는데 성공하기를 바란다. 나아가 이렇게 발전된 소프트웨어 역량을 토대로, 머지않아 우리나라가 소프트웨어 강국의 반열에 오르기를 기원한다.

2017년 4월

이 단 형 Ph.D.

현 SSPL 세계표준제정위원회(ISO/IEC JTC1/SC7 WG4) 의장

현 한국소프트웨어기술진흥협회(KOSTA) 회장

전 KAIST 전산학과 교수

머 리 말

> "가능한 한 단순하게 만들라. 그러나 그보다 더 단순하게 만들지는 마라."[1]
> \- 알버트 아인슈타인

전통적인 소프트웨어 개발 방법들은 주로 하나의 소프트웨어 제품을 개발하는데 초점을 맞추었다. 그러나 오늘날의 시장은 소프트웨어 회사와 개발자들이 다양한 니즈(needs)와 취향을 갖는 고객들을 위하여 일 군(群)의 유사한 소프트웨어 제품들을 동시에 효율적으로 개발하는 능력을 요구한다.

이러한 요구를 겨냥한 소프트웨어 개발 패러다임이 소프트웨어 제품라인 개발(Software Product Line Development: SPLD)이다. SPLD에서는 개발을 위한 계획, 설계와 구현이 제품별로 수행되는 것이 아니라, 제품군의 모든 제품들이 동시에 만들어질 수 있도록, 제품들의 공통성과 차이점들을 분석하여 제품군을 위한 계획, 설계, 구현을 수행한다. 따라서 SPLD 개발은 개발 전 주기를 통하여 중복 개발을 피하고 재사용의 기회를 최대한 이용하여 높은 생산성을 달성한다.

SPLD에 대한 연구는 수십 년의 역사를 갖고 있지만, 본격적인 연구개발은 미국에서는 1995년부터 CMU Software Engineering Institute(SEI)를 중심으로[2], 유럽에서는 ESAPS(1999-2001), CAFÉ(2001-2003), FAMILIES(2003-2006), MoSiS(2006-2014)의 EU 프로젝트를 통하여 시작되었다. 또한 SPLD 분야의 유럽의 대표적인 컨퍼런스인 Product Family Engineering (PFE) Conference가 1996년 스페인에서 처음으로 개최되고, SPLD 분야의 미국의 대표적인 컨퍼런스인 Software Product Line Conference (SPLC)가 2000년도에 콜로라도 덴버에서 처음으로 개최된 이래, 2005년부터는 이 두 컨퍼런스가 SPLC라는 이름으로 하나의 컨퍼런스로 통합 개최되어, SPLD의 연구결과가 전세계적으로 활발히 교류되는 계기가 만들어졌다.

그러나 연구개발과 연구개발 결과 교류의 환경이 크게 발전하여 많은 연구들이 제품군 개발에 발생하는 다양한 이슈와 측면을 연구주제로 다루었음에도 불구하고, SPLD의 기본적인 개념들과 원리들을 체계적[3]이고 통일적으로 설명하는 이론은 아직까지 존재하지 않는다. 그런 시도로 2005년에 Pohl, Böckle과 van der Linden이 공동 저술한 책 Software Product Line Engineering([Pohl 05])이 나와 SPLD의 근간이 되는 기본 공정, 공정 단계간의 관계를 명확히 하고, 특히 공통성과 가변성을 다루는 방법을 포괄적으로 설명하여 SPLD의 이해에 큰 도움을 주었다. 그 후에도 몇몇 책들이 발간되어 여러 측면의 SPLD 기술을 소개하였으

---

1 "Make everything as simple as possible, but not simpler."

2 [Clements 02]p.xix 참조.

3 Merriam-Webster 온라인 사전에 따르면 '체계적임'은 "절차 혹은 계획에 있어서 치밀함(methodical in procedure or plan)"을 의미한다.

나, 여전히 근본적인 SPLD의 개발 개념들을 연결하고 SPLD 개발을 가이드할 수 있는 체계성과 실용성을 지닌 정합적인 이론을 제시하지 못하였다.

이 책은 **체계적인 소프트웨어 제품라인 개발**(Systematic Software Product Line Development: SSPLD)의 이론[4]을 제시함으로 SPLD에 대한 이러한 필요성을 충족시키고자 한다. 이 책의 이론은 미래에 대한 두 가지 전망에서 출발하고 있다. 첫째는 소프트웨어 개발 프로세스와 기법들이 앞으로 점점 더 자동화될 것이라는 전망이다. 둘째로 자동화의 미래의 방향은 특정한 기법으로 수렴되지 않고 근본적인 개념과 그들의 근본적인 관계로 수렴될 것이라는 전망이다. 이것이 미래에 대한 정확한 전망이라면, 이 책이 제시하는 SSPLD는 SPLD를 소프트웨어 제품군의 개발을 더욱 효율적이고 효과적으로 만들어주는 강력한 개발 패러다임으로 발전시키는데 기여할 것이라고 저자는 생각한다.

좋은 이론은 한편으로는 가능한 한 많은 관련된 현상들을 설명해야 하고 또 실용적으로 적용될 수 있어야 한다. 이를 위해 관련된 필수적인 요소들을 식별하고 체계적으로 연결하여, 그 이론에 뿌리를 둔 다양한 방법들이 쉽게 개발되고 자동화되어 사용자들이 많은 혜택을 향유할 수 있도록 해야 한다. 실무에 종사하는 사람들은 그들이 놓인 상황에서 당장 도움이 되는 방법을 책에서 기대할 수 있을 것이다. 그러나 오랜 시간에 걸쳐 진화발전하고 사업적인 성공을 가져오는 소프트웨어 시스템들을 만들기 위해서는, 당면 문제만을 해결해 주는 임시방편적인 방법을 찾으려 하기 보다는 한 걸음 물러서서 개발 방법의 전체적인 틀을 재정립하여 효율적인 시스템 개발을 가능하게 하는 근본적인 해결책을 찾는 것이 필요하다. 다른 한편으로는 좋은 이론은 서두에서 인용한 아인슈타인의 말처럼 더 이상 단순해질 수 없을 정도로 단순해야 한다. 불필요하게 복잡한 이론은 학습하기도 어렵고 적용하기도 힘들다. 이 책은 일견 서로 상반되어 보이는 이 두 가지를 달성하는 이론으로서 SSPLD를 제시한다. 저자는 이 책의 SSPLD 이론이 SPLD를 배우고 적용하고자 하는 열망을 가진 소프트웨어 개발자와 소프트웨어 개발 방법의 연구자들이 같이 제품라인의 개발 방법과 도구들을 체계적이고 통합적으로 만들어 나갈 수 있도록 하는 하나의 출발점을 제공한다고 믿는다.

이를 위해 이 책은 제품군 개발의 중요한 요소들과 그들의 관계를 탐구한다. 이 책은 SPLD를 위한 개발 이론인 SSPLD를 제시한다. 그러면 무엇이 SPLD의 가장 두드러진 현상들을 이론적으로 설명하는데 필수적인 요소들인가? 단일 제품의 개발에 요구되는 기술보다 제품군 개발에 요구되는 기술이 더 복잡한 것은 당연하다. SPLD는 기본적으로 단일 제품

---

4 이 책의 내용이 SPLD를 위해 필요한 관련된 구체적인 방법 혹은 기법 등을 전부 제시하는데 있지 않고 그런 방법 혹은 기법들이 기반하여 만들어질 수 있는 기본적인 틀을 제시하기 때문에, 이 책의 내용을 지칭하는 용어로 "프레임워크"를 고려할 수 있다. 그러나 "프레임워크"는 SEI의 "A Framework for Software Product Line Practice"[SEI Framework 0.5 15]에서와 같이 프로세스 프레임워크나 실무에 대한 프레임워크를 위해 사용되고 있어서, 기존의 프레임워크들과의 차이점을 강조하기 위하여 "이론"이라는 용어를 사용하였다.

개발을 대상으로 한 소프트웨어공학 기술의 거의 모든 측면이 제품군 개발을 위하여 확장될 것을 요구한다. 그러므로 SPLD를 **소프트웨어공학 버전 2.0**이라고 불러도 지나치지 않을 것이다. 이러한 광범위한 영향으로 인해 SPLD에서는 단일 제품의 개발에 요구되는 개발 기법들과 다양한 산출물 개발에 관련된 활동들을 새로운 시각으로 보아야 한다. 이를 위해 제품군 개발을 체계적으로 하기 위해 필수적인 개념들을 명확히 하고, 공정을 쉽고 강력하게 자동화될 수 있도록 체계화해야 한다.

SPLD를 위한 이러한 이론을 제공하기 위하여, 이 책의 SSPLD는 다음을 설명한다.

- 소프트웨어 제품라인 개발의 기본 개념과 개발 공정
- 산출물 별로 타입화된 가변점과 가변값의 개념
- 가변점들을 가진 산출물로서 플랫폼 개념 및 플랫폼의 인스턴스화에 의한 제품 개발
- 생성적 제품라인과 비생성적 제품라인
- 단일 계층 제품라인과 다계층 제품라인

이러한 논의에 있어서 SSPLD 이론은 다음의 특징[5]을 갖는다:

- 플랫폼 산출물과 제품 산출물의 관계가 기본적으로 인스턴스화 관계에 있다고 본다.
- 각 개발단계의 주요 산출물 별로 가변성 모델을 요구한다.
- 각 산출물 간에는 추적성이 명시적으로 정의되어야 하고, 이 산출물들의 가변적 요소들과의 추적성까지 포함해야 한다고 본다.
- 평가와 분석을 명확히 구별한다. 예를 들어, 아키텍처 분석과 아키텍처 평가는 서로 다른 활동이라고 본다.
- 각 산출물에 대하여 분석과 평가가 가능한데, 산출물이 달라져도 분석과 평가의 관계는 기본적으로 동일하다고 본다. 예를 들어 아키텍처의 분석과 구현의 시험은 모두 분석활동이다. 또한 아키텍처의 평가가 다양한 아키텍처 분석을 수행한 결과들을 종합하여 얻어지는 것처럼, 시험항목들을 구현에 적용한 결과를 종합하는 것은 시험과 대비되는 시험평가 활동이다.

이 책의 SSPLD는 SPLD의 "현장적용"에 관한 논의는 하지 않는다. SPLD를 적용하기 위해 필요한, 조직의 문제나 (논리적 공정에 대비되는 공정으로서) 실제 개발 공정 등의 문제

5 이 책에서 이 원리들은 생성적 제품라인의 문맥 속에서 제시된다. 그러나 이 책의 제 II부 2장과 4장에서 보이는 바와 같이 비생성적 제품라인의 개발을 위해서도 이 원리들은 기본적인 메커니즘으로 그대로 적용된다.

는 다루지 않는다. 그리고 제품군 개발자에게 어떤 기술 선택의 폭이 있으며, 현재의 기술수준에 따라 그리고 제품군 개발을 하려는 회사의 기술 수준에 따라 적절한 선택이 이루어 질 수 있는지 등에 대하여도 논의하지 않는다. 또한 최신 실무기술(state of the practice)에 대하여도 논의하지 않는다. 개발의 세부적인 단계와 이러한 단계에서 적용할 수 있는 다양한 기법들을 다루지 않는다. SPLD의 여러 측면들이 SSPLD 안에서 통합되고 단순화되지만, 개발의 체계화나 자동화로 가는데 있어서 필수적이지 않은 측면들은 이 책에서 논의하지 않는다.

이 책은 제 I부와 II부로 구성된다. 제 I부에서는 SSPLD의 이론을 전개하고, 제 II부에서는 제 I부의 SSPLD 이론을 작은 규모의 제품군에 적용하여 이 이론이 적용될 수 있는 하나의 스타일을 예시적으로 보인다. 이 책의 개략적인 목차는 다음과 같다:

제 I부 각 장의 서두에는 해당 장의 내용의 이해를 돕기 위해 도입부에 그 장에서 사용될 용어들을 정의하였다. 이 책에서 참조 또는 상호참조가 용이하도록 예제, 그림과 표의 번호를, 그 예제, 그림 또는 표가 나오는 장, 절, 혹은 소절의 번호에 이어 '-'를 붙이고, 그림 또는 표가 등장하는 순서대로 1부터 일련 번호를 붙여 만든다. 예를 들어, 예제 1.1-1은 제 1.1절의 첫 번째 예제이고, 예제 1.1-2는 제 1.1절의 두 번째 예제이다. 그 밖에 가정, 정의, 규칙들도 같은 방법으로 번호를 주었다. 이 책의 각 장의 마지막 절은 관련연구 절이다. 관련연구 절에서는 각 장의 본문에서 논의되지 않은 관련 내용을 논의한다.

저자가 이 책을 준비하는 동안 흥미롭게도 제 2세대 소프트웨어제품라인공학(2G-SPLE)이라는 진화된 소프트웨어제품라인 개발 접근방법이 산업계를 중심으로 시도되고 있었다. 2G-SPLE에 관하여 처음 널리 출간된 논문은 [Lanman 11]로 보인다. 2G-SPLE의 특징에 대하여 완전히 합의된 의견이 있는 것은 아니지만, [Flores 12][Flores 13]에 따르면 2G-SPLE는 다음 다섯 가지의 특징을 가진다[6]:

(1) 피처가 개발주기 전체에 걸쳐서 재품의 차이를 표현하는 보편적 언어이다.
(2) 개발주기 전체에 걸친 산출물들에 대하여 일관성 있고 추적성 있는 가변성관리를 제공한다.
(3) 제품이나 자산의 인스턴스가 아닌 자산들 자체에 대한 버전관리를 수행하는 단순화된 형상관리 모형을 사용한다.
(4) 계층적 제품라인을 용이하게 하고 조직의 경계를 넘는 개발을 가능하게 하는 피처모델을 사용한다.
(5) 산업계에 적용 가능한 수준의 자동화를 제공한다.

SSPLD는 위의 (1)-(5)에 대해서 세부사항을 모두 보여주고 있지는 않지만, 이를 구체화하는 방향과 세부사항들을 채울 수 있는 틀을 제시하고 있다. 이 특징들 중 (2), (3), (5)는 정확히 SSPLD가 추구하는 목표이기도 하다. (1)과 (4)에 대해서는 SSPLD는 피처와 가변성을 동일시하지 않고 피처를 (특히 제품라인 범위결정 단계에 쓰이는) 가변성의 한 종류로 보기 때문에, SSPLD에서는 피처모델이 아니라 가변성 모델이 그 역할을 한다. 피처모델을 사용하는 접근은 문제점을 갖게 되는데, 이에 대해서는 제 5장 5.5절에서 자세히 논의한다.

---

6 [Lanman 11][Clements 14]에서는 2G-SPLE의 특징을 다음 세가지로 말한다:
- 제품 가변성을 피처를 통하여 표현한다.
- 공유자산(shared asset)은 소프트웨어뿐 아니라, 개발주기의 모든 단계에서 나온다.
- 산업계에 적용 가능한 수준의 자동화를 제공한다.

그러나 이 세 가지 특징은 1G-SPLE가 추구한 바와 크게 다르지 않기 때문에, 2G-SPLE를 특징짓는 사항들이라고 보기 힘들다.

감사의 글

이 책이 만들어지기까지 많은 분들이 도움을 주었다. 긴 시간을 거슬러 올라가 저자가 박사학위를 받고 연구자로서 첫발을 내디딜 때 한양대학교 구자윤 교수님께서 큰 도움과 귀중한 조언으로 저자를 이끌어 주셨다. 그 후 이 책이 만들어지기까지 저자가 걸어온 길이 결국 그 때 들어선 길이었다는 것을 회고하면 교수님께 항상 깊은 감사의 마음을 느낀다.

이 책은 소프트웨어 제품라인 개발기술에 관한 책으로, 소프트웨어 제품라인 개발 기술의 확보를 통하여 우리나라 소프트웨어 개발 기술의 도약을 이루고자 하는 비전을 저자와 공유하며, 그 실현을 위하여 누구보다도 큰 노력을 기울이시고, 이 책의 추천의 글도 써 주신 이단형 교수님께 깊이 감사드린다.

또한 이 책이 나오는데 큰 도움을 준 분으로, 이지현 교수는 저자와 소프트웨어 제품라인 연구를 같이 수행하고 또한 이 책의 원고 전체에 걸쳐 개선 의견을 주었다. KAIST 소프트웨어 아키텍처 연구실의 졸업생들과 재학생들도 큰 도움을 주었다. 졸업생으로는 김진규 박사와 강성주, 엄석환, 김정민, 백하은, 이희진씨가 도움을 주었다. 재학생으로는 저자와 여러 연구논문을 같이 쓴 박사과정의 안휘씨를 비롯하여 박태현, 안종선, 한영준, 정필수, 심재선, 고경민, 허준행, 김태현, 하이근, 이준범, 김범준씨가 토론 등을 통하여 많은 도움을 주었다. 이선아 교수와 김태호, 오제호, 한승범, 이광춘씨는, 저자와 2014년 봄 여러 달에 걸쳐 매주 KAIST 도곡동 캠퍼스에서 만나 이 책의 초고에 대한 토의하여 내용개선에 큰 도움을 주었다. 2015년 봄학기 KAIST 전산학부 CS652 클래스의 수강생들과의 토의도 책의 내용을 개선하는데 큰 역할을 하였다. 제 I부 7장의 일부 내용은 강성주씨, 엄석환씨, 김진규 박사와 같이 수행한 연구결과를 담고있다.

저자의 첫 저서인 “소프트웨어 아키텍처로의 초대”에 이어 이 책의 출판을 위해 노고를 아끼지 않은 홍릉과학출판사의 박찬혁님께 감사드린다.

그리고 저자가 일할 수 있는 훌륭한 환경을 만들어준 아내와 신웅, 신우, 신영에게 항상 고마움을 느낀다.

책에서 사용되는 기호들

아래 표는 이 책에서 사용되는 재사용 연산들을 보여 준다. 아래 표에서 X, X1, ... , Xn은 산출물을 나타낸다. X가 재사용되는 산출물임을 나타낼 때에는 X대신 ε(X)로 표기한다.

재사용 함수

연산의 분류	재사용 연산	이름	설명	정의되는 곳
산출물 분석 연산	ε(X)	입실론	X가 재사용되는 산출물임을 나타냄	제 I부 1장 1.1.10절
	δ(X1, X2)	델타	산출물 X1과 산출물 X2의 차이	제 II부 2장 서두
산출물 합성 연산	+(X1, ... , Xn) 혹은 X1+ ... + Xn	결합	산출물 x1, ... , xn의 결합으로 이루어진 산출물	제 I부 1장 1.1.10절
	μ(X1, $Part_{X1}$, X2) 혹은 μ(X1, X2)	부분대체	산출물 X1의 부분 $Part_{X1}$을 산출물 X2로 대체하여 만들어지는 산출물로, $Part_{X1}$은 명시하지 않아도 식별할 수 있는 경우 생략할 수 있다.	제 I부 1장 1.1.10절
	$X_{Platform}$ $\mathcal{B}$	바인딩의 적용	플랫폼 산출물 $X_{Platform}$에 바인딩 $\mathcal{B}$를 적용한 결과로 만들어지는 산출물	제 I부 4장 4.1절

아래 표는 이 책에서 사용되는 개발활동 함수들을 보여 준다. 개발활동 함수는 제 I부 1장 1.2절에서 소개된다.

개발활동 함수

기호	이름	입력	출력
RE	요구공학활동	정형화되지 않은 요구사항	정형화된 요구사항명세
ArchDesign	아키텍처설계활동	정형화된 요구사항명세, 아키텍처설계결정	아키텍처(컴포넌트의 요구사항명세 포함)
Implement	구현개발활동	아키텍처, 구현결정	구현
Analysis	분석활동	분석대상, 분석관점	분석결과
Eval	평가활동	평가대상, 평가방법	평가결과

다음 표는 이 책 전체에 걸쳐 사용되는 도식기호들을 보여 준다. 본문에서 사용될 때 명시적으로 달리 정의한 경우를 제외하고는 여기에서 정의된 의미로 사용된다.

도식기호

기호	이름	설명
A ──▶ B	상세화관계	A로부터 B가 도출된다(B의 도출을 위하여 A 이외의 다른 산출물이 필요할 수도 있고, B 이외의 다른 산출물이 도출될 수도 있다).
A ──> B	적용관계	(1) A가 B에 적용된다; (2) A는 B의 입력이다; (3) B는 A의 출력이다. (사용 문맥에 따라 (1), (2), (3) 중 하나를 의미)
A - - -▶ B A ⇣ B	산출물 인스턴스화 관계	A로부터 B가 생성된다.
A - -𝓑- -▶ E A ⇣𝓑 B	산출물 인스턴스화 관계	플랫폼 산출물 A에 바인딩 𝓑를 적용하여 A의 인스턴스인 B가 생성된다.
A -·-·-▶ B A ⇣ B	파생관계	A로부터 B가 파생된다.
A ●──● B	맵핑	A가 B로 맵핑된다.
A ········▶ B	서비스 산출 관계	A로부터 서비스 B가 산출된다.
A | B	공정과 실행의 구분	개발 공정 A와 실행단계 B의 구분 (따라서 B는 서비스에 관한 관계이다.)
A - - - - - - - B	생성관계	A는 플랫폼에 관한 관계이고 B는 제품에 관한 관계이다. 혹은 A는 상위플랫폼에 대한 관계이고 B는 하위플랫폼에 대한 관계이다.
A = = = = = = = B	파생관계	A는 제품에 대한 관계이고 B는 그 파생 제품에 대한 관계이다. 혹은 A는 플랫폼에 대한 관계이고 B는 그 파생 플랫폼에 대한 관계이다.
▭	산출물	(개발) 산출물
⬭	서비스	(산출된) 서비스

이 외에 본문에서 사용되는 기호로,

// **procedure** A1(OP:**string**; a, b:**real**): **real**

의 예에서와 같이 "//"는 코멘트를 나타낸다.

$Imp_{Pi} = Imp_{Platform}\ \mathcal{B}_{Imp_{Pi}}$ -- RD14, 경로 (C)

의 예에서와 같이 "--" 기호가 등식과 함께 사용될 때는 등식의 근거제시를 나타낸다.

차 례

제 1 부 SSPLD 이론

제2부 SSPLD의 적용

제 1 부

SSPLD 이론

SPLD

소프트웨어공학이 발전해온 역사는, 소프트웨어 재사용(reuse) 기술의 발전사와 밀접히 관련된다. 소프트웨어 개발에서 재사용은 먼저 프로그래밍 언어에서 서브루틴(subroutine), 라이브러리, 모듈, 클래스 등의 장치들을 통해서 실현되었다. 그리고 곧 재사용은 프로그래밍 언어 수준을 넘어서, 시스템의 모델링과 모델기반의 시스템 구축의 수준에서 시도되어 컴포넌트, 소프트웨어 아키텍처, 컴포넌트 기반의 소프트웨어 개발로 그 범위를 넓혀가게 되었다. 이러한 수준들의 재사용은 단일 시스템 안에서의 내부적인 재사용이나 단일 시스템의 진화를 위한 재사용이었다. 그러나 오래지 않아 재사용을 위한 노력은 프로그래밍 언어와 모델링 수준을 넘어 시장지향적이고 계획적인 노력으로 발전하여, 단일 시스템 제품의 개발이 아니라 제품군의 개발을 겨냥하며, 개발 프로세스, 개발 조직을 포함한 소프트웨어공학의 전 영역을 새로운 시각으로 보게 되었다. 제품군 개발을 위하여 이러한 광범위한 재사용을 추구하는 개발방법이 **소프트웨어 제품라인 개발**(Software Product Line Development: SPLD)[1] 방법이다.

유사한 제품들의 집합, 즉 **제품군**(product family)을 개발할 때 SPLD는 매우 효과적인 접근방법이다.[2] SPLD는 소프트웨어 개발의 전 과정에 걸친 재사용을 통하여 소프트웨어 제품군을 생산함으로써, 개발비용을 획기적으로 줄이고 생산성을 극도로 높일 수 있는 소프트웨어 개발 패러다임이다. 제품군 개발을 위하여 단일 제품의 개발 방법, 즉 **소프트웨어 제품 개발**(Software Product Development: SPD) 방법을 각 제품의 개발에 반복적으로 적용하는 대신, SPLD는 먼저 제품군의 공통성과 가변성을 분석하여 제품군을 위한 플랫폼[3], 즉 제품군의 공통성을 추출한 산출물을 만들고, 그 후 그 플랫폼을 이용하여 개별 제품을 만든다. 이러한 방법은 공통적인 **산출물**(artifact)[4]들을 광범위하게 재사용하게 함으로써 더 낮은 비용으로, 더 짧은 기간 안에, 더 높은 품질의 수준으로 제품군을 개발할 수 있도록 해준다.

SPLD를 위한 다양한 방법과 도구들이 과거에 만들어졌다. 그러나 아직도 SPLD를 연구하고 활용하는 학계나 산업계에, 어떻게 SPLD를 체계적으로 수행할 수 있는지, 그리고 어떻게 재사용을 극대화할 수 있는지, 또 궁극적으로는 어떻게 효과적으로 개발 자동화를 이루어 갈 수 있는지에 대하여 그 방향을 제시하는 정리된 이론은 존재하지 않는다. SPLD 접근방법이 제시하는 잠재적 혜택을 최대한 얻기 위해서는, SPLD를 구성하는 근본 개념과 원리들

---

1 *소프트웨어 제품라인 공학*(Software Product Line Engineering: *SPLE*)은 SPLD와 동의어이다.

2 SPLD가 소프트웨어 개발을 대상으로 하고 있지만, SPLD의 접근방법과 그 핵심 아이디어들은 다른 종류의 제품 개발에도 그대로 적용될 수 있다. 그러므로 이 책에서는 *소프트웨어 제품*과 *제품*이라는 용어를 상호 교환적으로 사용한다.

3 플랫폼의 개념에 대한 엄밀한 논의는 제 3장에서 시작된다.

4 산출물은 *소프트웨어 개발 산출물*(software development artifact)과 동의어로 제품 또는 제품군의 개발 과정에 개발자에 의하여 만들어지는 모든 결과물 또는 중간 결과물을 말한다.

이 무엇인지에 대하여 그리고 그 결과로서 SPLD가 어떤 방향으로 발전해 나가야 하는지를 SPLD 기술의 연구자와 사용자 모두가 이해해야 한다. 이 책은 하나의 체계적인 SPLD 이론인 SSPLD을 제시하여 그런 이해에 도달하기 위한 출발점을 제공하고자 한다.

SSPLD

이 책이 제시하는 소프트웨어 제품군 개발의 접근방법을 **체계적인 소프트웨어 제품라인 개발**(Systematic Software Product Line Development: SSPLD)이라고 부르기로 한다. SPLD가 전통적인 소프트웨어 제품군 개발을 위한 접근방법인데 비하여, SSPLD는 SPLD와 구별되는 체계화된 제품군 개발 방법이다.

SSPLD는 하나의 이론으로써 현재의 기술과 실무(practice)를 포괄적으로, 정확하게, 그리고 가능한 한 단순하게 설명할 수 있어야 한다. 또한 SSPLD는 '체계적(systematic)'인 이론이기 때문에 SPLD의 잠재성을 보여주고, 최신 기술과 현장의 기술이 크게 개선되고 고도로 자동화될 수 있도록 SPLD의 발전 방향을 제시해야 한다.

용어

소프트웨어 개발 이론을 제시하는데 다음의 용어들이 사용된다:

- 가정(assumption): 소프트웨어 개발 방법의 적용 범위의 한정
- 정의(definition): 용어의 엄밀한 규정
- 규칙(rule): 소프트웨어 개발 방법이 준수해야 할 사항

이 책에서 **제품군**이라는 용어는 플랫폼을 배제한 제품들의 집합을 지칭하기 위하여 사용한다. 플랫폼을 포함한 제품군은 **제품라인**이라고 지칭한다. 즉 제품군 개발을 위하여는 제품라인이 만들어져야 한다. 이러한 제품군 개발 기술을 **제품라인공학**이라고도 부른다.[5]

5 이 책에서 제품군(의) 개발이라는 말은 쓰지만, 제품군 공학이라는 말은 사용하지 않는다.

표 1. 개발 대상과 개발 패러다임에 관한 용어[6]

용어	설명
제품 (product)	개발 대상 소프트웨어
SPD (Software Product Development)	소프트웨어 제품 개발
SSPD (Systematic Software Product Development)	체계적인 소프트웨어 제품 개발
제품군(群) (product family)	유사한[7](similar) 제품들의 집합
산출물 (artifact)	제품 또는 제품군 개발 과정에 개발자에 의하여 만들어지는 모든 결과물 또는 중간 결과물
플랫폼 (platform)	제품군의 공통성을 추출한 산출물
모델 (model)	개발 산출물의 일종으로 대상을 추상화한 모형
제품라인 (product line)	플랫폼을 갖춘 제품군
SPLD (Software Product Line Development)	소프트웨어 제품라인 개발
SSPLD (Systematic Software Product Line Development)	체계적인 소프트웨어 제품라인 개발

6 이 책에서 사용되는 개념들 간의 관계를 독자가 쉽게 파악할 수 있도록, 제 I부의 서두와 제 I부의 각 장의 서두에는 표 1과 같은 용어표를 둔다. 기본 용어는 각 장에서 다루어지는 기술적인 세부용어들은 포함하지 않는다.

7 이를 "충분히 많은 공통 부분을 가진"의 의미로 해석할 수 있다.

제 I부의 구성

이 책이 제 I부에서는 SSPLD의 근본 개념들을 소개한다. 그림 1은 제 I부 구성을 보여준다.

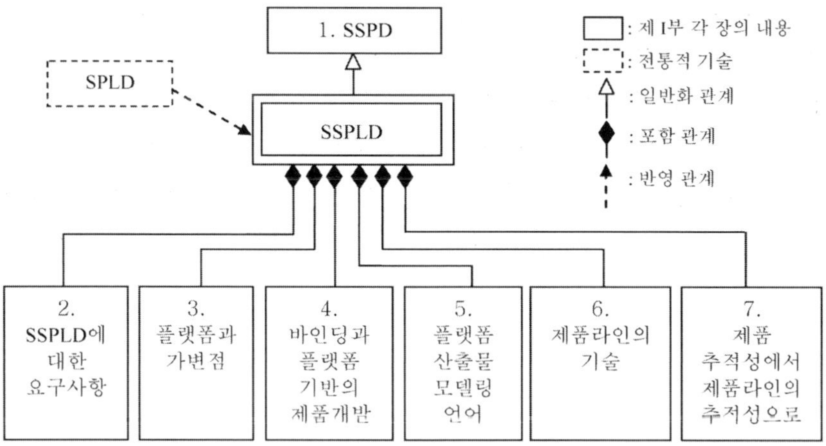

그림 1. 제 I부의 구성

제 I부 1장에서는 **체계적인 (단일) 제품의 개발**(Systematic Software Product Development: SSPD)에 대하여 설명한다. SSPD의 공정을 요구사항의 도출과 분석평가, 아키텍처의 설계와 분석평가, 구현의 개발과 분석평가의 개발 단계들로 나눈다. 제 2장부터 7장은 제품군 개발에 적용하기 위해 SSPD을 일반화한 결과로서 체계적인 제품라인 개발(SSPLD)을 소개한다. 이를 위해 먼저 제 2장은 SSPLD에 대해 요구되는 규칙들을 소개한다. 그림 1에서 'SPLD'가 들어 있는 점선 상자에서 'SSPLD'가 들어 있는 이중실선 상자로 화살표가 들어가는 것은, 전통적인 소프트웨어 제품라인 개발(SPLD)의 개념과 기술이 SSPLD에 반영됨을 나타낸다. 여기서 '반영'이라 함은, "충실한 반영"을 뜻하는 것이 아니라 그것에 '기반함'을 나타낸다. 따라서 SSPLD는 SPLD가 설명하지 못하는 중요한 개념들을 설명할 수 있고 SPLD가 나아가야 할 방향을 제시할 수 있게 된다.

SSPLD 이론의 정립을 위해서 SSPLD를 구성하는 기본적인 개념들의 엄밀한 정의와 이들의 관계에 대한 정형화와 모델링이 필요하다. 제 I부의 3장부터 7장에서는 이를 위한 논의를 한다. 제 3장에서는 플랫폼과 가변점의 개념을 설명한다. 제 4장에서는 단일 제품 개발과 제품군 개발 방법의 차이를 특징짓는 중심적 개념으로서 산출물 인스턴스화와 바인딩의 개념을 먼저 논의하고, 플랫폼과 바인딩을 사용한 제품군의 개발이 무엇인지 설명한다. SPLD를 위해서는 개발 공정 전체에 걸쳐 만들어지는 플랫폼 산출물을 모델링하기 위한 다양한 언어가 필요하다. 제 5장에서는 그런 언어들을 통일적으로 만들어 낼 수 있는 방법으로서, 기존의 제품 산출물 모델링 언어로부터 제품군을 위한 플랫폼 산출물 모델링 언어를 도출하는 방법을 소개한다. 제 6장에서는 제품라인을 기술하는 데 사용할 수 있는 제품라인 산출물 작성표를 소개하고, 큰 규모의 제품라인을 기술하는 데 필요한 장치로서 제품라인 작성표의 계층적 사용법을 소개한다. SPD와 달리 SPLD에서 만들어지는 플랫폼 산출물들은 그들의 인스턴스와 연결이 되어야 할 뿐 아니라, 플랫폼 산출물들 사이에서도 공정의 진행에 따른 연결성, 즉 추적성이 있어야 한다. 제 7장은 제품군을 위한 플랫폼 산출물의 추적성 모델링 방법을 제시한다. 다른 플랫폼 산출물들은 제품 산출물 모델링 언어 대신 플랫폼 산출물 모델링 언어로 모델링을 하여 얻을 수 있다. 그러나 추적성의 경우 두 개의 산출물들 간의 관계를 나타내야 하기 때문에 제 5장에서 제시하는 방법을 그대로 적용하여 달성되지 않는다. 제 7장은 플랫폼 추적성의 특징과 이에 기반한 플랫폼 추적성 구축의 기본적인 방법을 제시한다.

제1장 체계적인 소프트웨어 제품 개발 SSPD

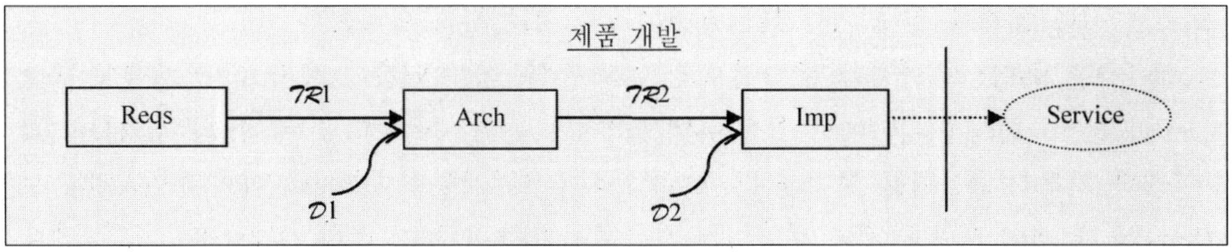

그림 1-1. SSPD 개요도[8]

SPD

소프트웨어 제품 개발(Software Product Development: SPD)의 목적은 다음과 같다.

가정 1-1

소프트웨어 제품 개발의 목적
소프트웨어 제품 개발의 목적은 주어진 서비스를 제공하는 소프트웨어 제품을 개발하는 데 있다.

SPD 방법은 매우 다양하여 요구사항명세로부터 구현을 만든다는 점을 제외하고는 공통적인 공정 단계나 산출물을 특징짓기 어렵다. 그러나 특히 오래 사용되는(long-living) 소프트웨어 제품을 위해서는 요구사항명세와 구현 외에도 아키텍처와 아키텍처설계결정 그리고 이러한 산출물 간의 추적성은 매우 중요하다. 그 이유는 아키텍처설계와 설계결정은 품질 확보, 협업에 의한 개발시간 단축, 아키텍처 기반의 계획된 진화를 가능하게 하고, 추적성은 새로운 요구사항이 발생할 경우 변경이 필요한 부분을 쉽게 찾아낼 수 있도록 하고 아키텍처에 영향을 주는 변경과 아키텍처에 영향을 주지 않는 변경을 쉽게 구별하여 기존의 설계결정들과 배치되지 않는 추가적인 설계결정들을 내릴 수 있게 해주기 때문이다. 따라서 효과적인 SPD 방법은 개발현장에서 활용하기 적합한 소프트웨어 제품 개발 방법이 되도록 개발뿐 아니라 진화까지 고려하여 필수적인 공정과 산출물들을 정의하여야 하며, 이를 위해 아키텍처설계 단계를 명시적으로 포함하는 공정이 요구된다.

---

8 이 개요도를 포함하여 이 책에 나오는 여러 개의 그림에 사용되는 도형기호들의 의미는 머리말의 범례에 설명되어 있다.

SSPD

체계적인 소프트웨어 제품라인 개발(SSPLD)에 대하여 제 2장에서 논의하기에 앞서, 먼저 이 장에서는 그 기반이 되는 **체계적인 소프트웨어 제품 개발**(Systematic SPD: SSPD)의 규칙을 논의하고 이를 통해서 체계적인 개발 방법이 갖는 특징들을 알아본다.

그림 1-1은 SSPD 의 개요를 도식적으로 보여 준다. 이 그림을 포함하여 이 책에서 나오는 도식들은 이 책의 머리말에서 소개된 범례의 기호들을 사용한다. 그림 1-1은 SSPD의 기본 공정과 기본 산출물들을 보여 준다. 그림 1-1은 요구사항명세(Reqs), 아키텍처(Arch), 구현(Imp)의 세 개의 개발 단계에 해당되는 산출물이 있음을 보여 준다. 제품 개발 혹은 제품라인 개발에서 말하는 **제품**은 좁은 의미에서는 구현만을 지칭하지만, 넓은 의미에서는 이런 산출물들을 다 포함한다. 공정을 그림 1-1에서와 같이 활동 중심으로 표현하지 않고 산출물 중심으로 표현하는 이유는, 공정을 구성하는 여러 종류의 활동의 궁극적인 목적이 해당 산출물을 만들어 내는 데 있고 또한 이러한 공정의 표현으로부터 활동으로 구성된 공정을 쉽게 도출할 수 있기 때문이다. 따라서 그림 1-1을 포함하여 이 책에 나오는 여러 가지 공정모델에서, 공정의 단계를 활동의 이름으로 나타내지 않고 산출물의 이름으로 나타낸다.

그리고 이 그림 1-1은 세 단계를 연결하는 **개발 결정**으로는 **아키텍처설계결정**과 **구현결정**이 있음을 보여 준다. 아키텍처설계결정의 결과물로 요구사항과 아키텍처 간의 추적성이 나오고, 구현결정의 결과물로 아키텍처와 구현 간의 추적성이 나온다.

그림 1-1은 구현을 실행한 결과를 **서비스**(service)로 나타내고 있다. 서비스는 그 서비스의 사용자가 필요로 하는 요구 즉 니즈(needs)를 충족시키기 위하여 그 서비스의 제공자가 사용자에게 제공하는 기능을 말한다. 서비스의 제공자는 사람일 수도 있고, 컴퓨터 소프트웨어일 수도 있다. 위의 가정 1-1과 같이 우리가 제품이라고 부르는 소프트웨어는 궁극적으로 서비스를 제공하기 위하여 만들어진다. 따라서 그림 1-1은 SPD 공정에 제품의 서비스가 제공되는 실행시점을 포함한다.

그림 1-1에 요구사항과 아키텍처 간의 추적성과 아키텍처와 구현 간의 추적성이 포함된 것처럼, 구현과 서비스 간의 추적성도 SSPD의 요소로 포함될 수 있다. 그러나 요구사항에 의하여 서비스가 사용시나리오나 기능적인 요구사항으로 이미 정의되었으므로, 구현과 서비스 간의 추적성은 실질적으로는 요구사항과 구현 간의 추적성에 해당된다. 따라서 그림 1-1은 구현과 서비스 간의 추적성을 SSPD의 요소로 포함하지 않는다.

체계적인 개발 방법이 비체계적인 개발과 근본적으로 다른 점은 그것의 구성 개발단계의 산출물들 간의 관계를 정의하는 개발 결정과 그 결과로 만들어지는 추적성을 구성 개발단계의 산출물들과 동등하게 명시적으로 다루는 데 있다. SSPD를 정의하기 위하여 먼저 제 1.1.1절에서는 개발의 **기본 단계**와 **기본 산출물**의 종류를 결정하고, 제 1.1.5절에서는 개발 공정 모델을 정의하고, 제 1.1.6절에서는 **체계성**(systematicity)을 위한 산출물 규칙을 제시한다.

용어

표 1-1 SSPD 용어

용어	설명
제품 개발 산출물 (product development artifact)	제품의 개발 과정에 만들어진 결과물
제품 산출물 모델 (product artifact model)	하나의 제품의 전부 혹은 일부를 나타내는 다양한 종류의 추상적 산출물
요구사항 (requirements)	제품이 충족시켜야 하는 기능, 품질 수준과 제약사항
아키텍처 (architecture)	컴포넌트와 커넥터로 이루어진 제품의 시스템 구조(structure) 및 이어지는 시스템 개발에 전체적으로 영향을 주는 중요한 규칙들
구현 (implementation)	특정 프로그래밍 언어로 작성된 실행가능한 코드
공정 (process)	제품 개발에 필요한 단계들로 구성된 개발 절차
서비스 (service)	컴퓨터 소프트웨어가 사용자(인간, 하드웨어 또는 다른 컴퓨터 소프트웨어)를 위해 제공하는 기능과 성능
아키텍처 기반의 개발 (architecture-based development)	제품 개발 공정에 아키텍처설계 단계가 명시적으로 포함되고, 아키텍처에 적합하도록 구현을 만드는 개발
개발 결정 (development decision)	개발 공정의 각 단계의 산출물로부터 다음 단계의 산출물을 만들어 내기 위해 내려진 판단
맵핑 (mapping)	개발 공정의 앞 단계의 산출물 요소들과 인접한 다음 단계의 산출물 요소들에 대한 관계로, 전자는 문제에 해당되고 후자는 그 해결에 해당된다.
추적성 (관계) (traceability (relationship))	개발 공정 단계의 서로 다른 산출물들의 요소들 간의 인과관계로 이를 맵핑의 집합으로 나타낼 수 있다.
제품 산출물 모델링 언어 (Product Artifact Modeling Language)	제품 산출물 모델을 기술하는데 사용되는 언어 또는 기호

1.1 배경

SSPD의 목적

SSPD의 궁극적인 목적은 소프트웨어 제품 개발을 가능한 한 자동화하는 것이다. 그러므로 개발의 각 단계에서 개발자의 판단과 참여가 최소화되고 국지화되어야 한다.[9]

SSPD 공정모델

소프트웨어 개발의 자동화는 산출물의 정형적 모델을 만드는 데서 시작된다. 그러므로 SSPD 공정 모델에서는 우선적으로 정형적 모델을 만드는 대상이 되는 기본 단계를 요구사항명세, 아키텍처와 구현으로 본다. 서비스는 소프트웨어 제품이 궁극적으로 사용자에게 제공하는 기능을 일컫는데, 이는 요구사항이 정의하며, 구현의 실행에 의해 자동으로 산출되는 무형적인 산출물로 기본 단계에 포함되지 않는다.

개발 결정과 추적성

개발이 한 단계에서 다음 단계로 진행될 때에, 다음 단계 산출물을 도출하기 위한 결정들이 내려지게 된다. SSPD는 이런 결정들도 모델링될 것을 요구한다. 또한 추적성은 소프트웨어 개발자들이 소프트웨어 산출물에 대한 결정 근거를 담아서 산출물들의 변경을 용이하게 해주기 때문에, 앞 단계의 산출물의 요소들이 다음 단계의 산출물의 어떤 요소들로 연결되었는지 알 수 있도록 추적성 모델의 구축도 요구한다.

1.1.1 SSPD 공정의 기본 단계들

SPD 방법이 체계적인 방법이 되기 위해서는, 그것은 단순하고도 강력해야 한다. 그래야 그 방법에 기반한 기법과 도구의 개발이 용이해지고 개발된 도구를 통하여, 복잡성, 규모, 품질, 변경에 대한 대응과 같은 중요한 소프트웨어 개발문제가 쉽게 해결될 수 있기 때문이다. 따라서 이 책에서 SSPD 공정은 최소한의 필수적인 단계만을 갖는다.

먼저 요구사항명세는 개발의 출발점이기 때문에, SSPD 공정의 첫 단계는 요구사항명세의 도출이다. 마찬가지로, 소프트웨어 제품 개발의 종료점인 구현의 실현은 SSPD 공정의 마지막 단계가 된다.

요구사항명세의 도출과 구현의 실현 이외의 개발 단계로서, **아키텍처의 설계**는 이어지는 구현의 실현을 위하여 중요한 결정들을 내리는 개발 단계이다. **아키텍처**는 개발에서 요구사항명세와 구현을 잇는 다리 역할을 수행하여, 이들의 연결을 쉽게 만들어 준다. 아키텍처는

9 같은 동기를 MDD에서도 발견할 수 있다. (제 2장 2.4절 관련연구의 제 2.4.5절 참조.)

시스템을 컴포넌트의 합성으로 보게 하여 규모가 큰 시스템의 개발을 용이하게 해 주며, 구현이 만들어지기 전에 품질을 분석/평가할 수 있도록 하여 높은 품질의 시스템이 만들어 질 수 있도록 한다. 또한 변경의 추적을 아키텍처 기반으로 가능하게 하여 시스템의 진화성을 높여준다.[10] 그러므로 아키텍처설계는 SSPD 공정의 두 번째 단계가 되어야 한다.[11] 이와 같이 아키텍처가 요구사항명세와 구현을 연결하는 공정을 **아키텍처 기반의 개발 공정**이라고 부르기로 한다.

정의 1.1.1-1

아키텍처 기반의 개발 공정

SPD 공정에 아키텍처설계 단계가 명시적으로 포함되고 구현이 아키텍처를 준수할 것을 요구하는 공정을 **아키텍처 기반의 개발 공정**이라고 부른다.

정의 1.1.1-2

개발의 기본 단계들

SPD의 **개발의 기본 단계**들로 요구사항명세의 도출(Requirements Engineering) 단계, 아키텍처의 설계(Architecture Design) 단계 그리고 구현의 실현(Implementation Realization) 단계가 있다.

그림 1.1.1-1[12]은 아키텍처 기반의 SPD 공정을 보여 준다. 그림 1.1.1-1의 공정은 개발의 기본 단계들에 대응되는 세 개의 산출물과 구현의 실행 결과로서의 서비스로 구성된다. 이러한 공정 모델에서 **산출물의 타입**(type) 이름의 아래첨자(subscript)는 이 산출물이 제품 P를 위한 산출물임을 나타낸다. 예를 들어 '$Reqs_P$'의 'P'는 이 요구사항명세가 제품 P에 대한 산출물임을 나타낸다. 그림 1.1.1-1에서 요구사항명세의 도출은 제품에 과한 요구사항을 고객으로부터 수집하고 분석하여 공식적인 요구사항명세를 만드는 단계이다. 아키텍처의 설계는 요구사항명세로부터 아키텍처를 결정하는 단계이고, 구현의 실현은 아키텍처로부터 구현을 만드는 단계이다.

---

10 특히 아키텍처가 변경이 발생한 부분과 발생하지 않은 부분의 구별을 용이하도록 하여 진화성을 높여 준다. 뒤에서 논의하게 될 SSPLD에서 제품라인 개발이 아키텍처 기반으로 수행됨으로써 아키텍처가 제품라인 가변성 관리뿐 아니라, 재사용을 극대화 하는데 중심적인 역할을 수행하게 된다.

11 앞 단계가 제시한 문제를 해결하는 활동인 아키텍처설계와 달리, 앞 단계에서 이미 도출된 해결책을 상세화 하는 활동인 상세설계는 코딩과 더불어 '구현'이라는 제목 아래에 포함된다.

12 그림 1.1.1-1의 공정은 실제 개발 공정을 단순화하였다. 이 책의 이론의 전개를 단순화 하기 위해서 세 개의 단계만을 포함시켰다. 만일 필요하면, 요구사항 단계가 피처와 요구사항으로 나뉠 수도 있고, 구현이 상세설계와 코딩으로 나뉠 수도 있다. 더 세분화된 많은 단계들을 갖는 공정을 대상으로 이 책에서 제시된 원리들을 적용함으로써 SSPLD 이론을 확장하는 것은 어렵지 않다. 제 2장 그림 2.4.4-1은 그림 2.2-2의 SSPLD의 공정모델을 피처 단계를 추가하여 확장한 공정모델을 보여 준다.

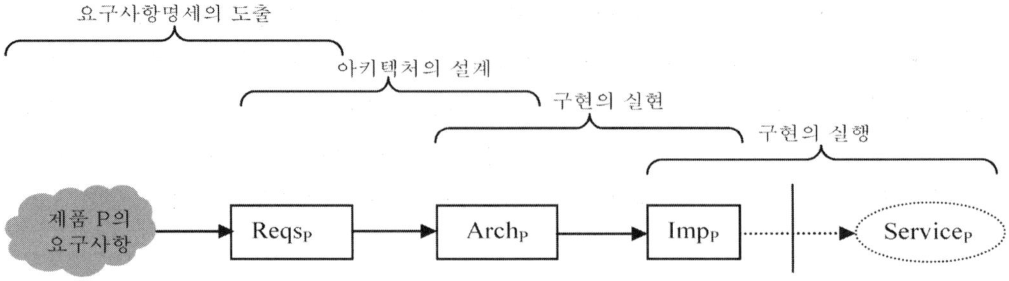

그림 1.1.1-1. 제품 P를 개발하기 위한 아키텍처 기반의 SPD 공정의 단계들

개발의 기본 단계의 산출물들을 **개발의 기본 산출물**이라고 부르기로 한다.

정의 1.1.1-3

개발의 기본 산출물

SPD개발의 기본 단계의 산출물을 **기본 산출물**이라고 부른다. 기본 산출물에는 요구사항명세(Requirements specification: Reqs), **아키텍처**(Architecture: Arch) 그리고 **구현**(Implementation: Imp)이 있다.

예제 1.1.1-1 **SSPD의 세 개의 기본 산출물**

Reqs의 예는 예제 1.2-2에 있다. Arch의 예는 예제 1.4-2에 있다. Imp의 예는 예제 1.6-3에 있다.

■

체계적인 개발 공정은 개발의 기본 단계들을 갖추어야 하고 따라서 개발의 기본 산출물이 만들어져야 하기 때문에 다음의 규칙을 요구한다.

규칙 1.1.1-1

기본 산출물의 존재 규칙

SPD 공정이 체계적이 되려면, 개발 공정을 통하여 기본 산출물들이 만들어져야 한다.

1.1.2 결정작성과정으로서의 SSPD

개발이 진행되는 동안 개발자는 여러 개의 선택 가능성들에 거듭 직면하게 되고, 이들 중 하나를 선택하는 '결정'을 내리는 행위를 반복하게 된다. 그 결정들은 보통 명시적으로 요구되지 않은 결정으로 여러 가지 관련사항들을 고려하여 만들어지는 결정들이다. 개발의 진행이 '결정적(deterministic)'인 활동이면 새로운 결정이 불필요하겠지만, 많은 경우 다음 단계의 산출물을 만들기 위해 앞 단계의 산출물이 정해 주지 않는 결정들을 개발자가 내려야 한다.

SSPLD에서 단지 세 개의 개발 공정단계, 즉 요구사항명세, 아키텍처와 구현만을 고려하기로 결정하였으므로, 그런 개발 결정으로 **아키텍처설계결정**과 **구현결정**이 있다.

아키텍처설계 활동은 개념적으로는, 가능한 아키텍처설계 선택들에서부터 특정 아키텍처를 선택하는 활동이다. 마찬가지로, 구현 활동은 구현 선택들로부터 특정 구현을 선택하는 활동이다. 그러나, 실제로 아키텍처설계의 **공간**(space) 즉 가능한 결과들의 집합과 구현의 공간이 너무나 크기 때문에, 아키텍처설계와 구현 활동들은 주어진 선택들로부터 '고르는' 것 이상의 활동이고, 아키텍처와 구현에 도달하는 과정은 창의성이 요구되는 공정인 것이다. 아키텍처설계결정은 일련의 결정으로 이 과정에 요구사항명세가 아키텍처[13]로 변형된다. 마찬가지로, 구현결정도 일련의 결정으로 이 과정에 아키텍처가 구현으로 변형된다. 이 결정

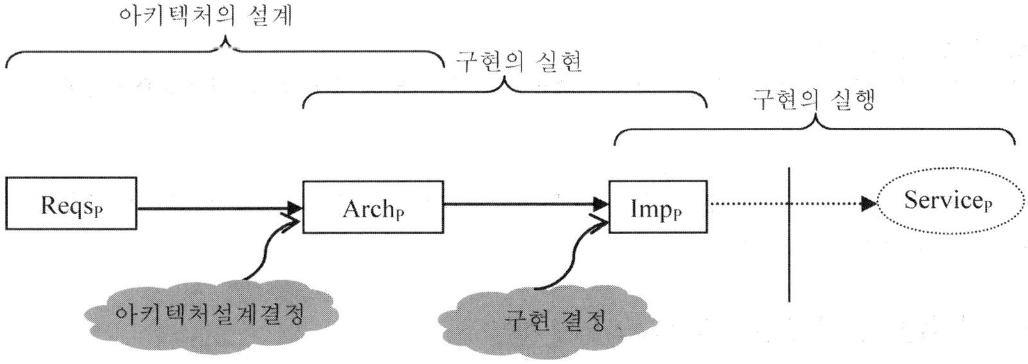

그림 1.1.2-1. 결정작성과정으로서의 SPD[14]

13 엄밀히는 "아키텍처설계 (결과)"라고 말하여야 하나, 문맥상의 혼란이 없을 경우 이 책에서는 이들을 상호교환적으로 쓰기로 한다.

14 제품 개발이 진행되는 동안에, 설계결정과 구현결정이 내려져야 할 뿐 아니라 관련된 제약사항들도 준수되어야 한다. 그러므로 제약사항이 존재하고 준수되어야 한다는 점을 강조하기 위하여, 개발 공정을 다음과 같이 나타낼 수도 있다.

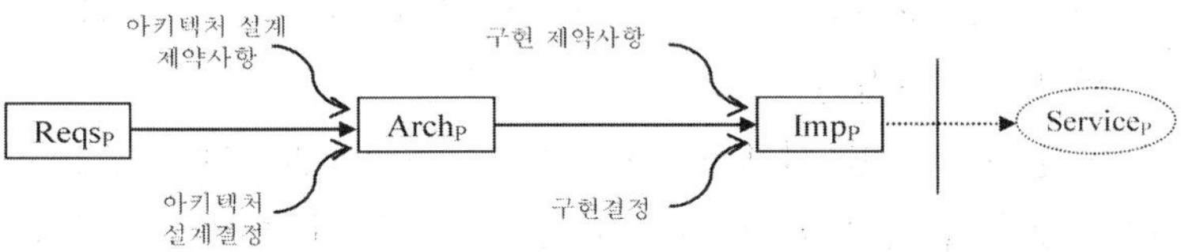

결정과 제약사항은 모두 요구사항에서 설계를 거쳐 구현으로 가는 과정에 소프트웨어 개발에서 취할 수 있는 선택의 개수를 줄이는데 기여한다는 점에서 비슷하다. 그러나 제약사항이 외부에서 결정되어 요구되는 것인데 비하여 결정은 내부에서 자발적으로 내려지는 것이라는 점에서 둘 간의 차이가 있다. 제약사항도 요구사항의 일종이므로 이를 요구사항에 포함시키고, SSPD에서는 결정만을 명시적으로 고려하기로 한다.

들은 고객 요구사항과 같이 외부로부터 올 수도 있고, 개발자의 환경, 기술수준, 취향과 같이 내부에서 나올 수도 있으며, 아키텍처와 구현에 각각 설계전략 및 구현전략을 적용한 결과일 수도 있다.

SSPD는 제품 개발을 이와 같이 아키텍처를 먼저 만들고, 이로부터 구현을 만드는 **결정작성과정**(decision making process)으로 본다. 그림 1.1.2-1는 결정작성과정으로서의 소프트웨어 개발 공정을 보여준다.

개발 결정이 내려지는 과정에, 시간적인 순서로 (1) 결정의 요인들, (2) 결정의 이유, (3) 결정의 내용, (4) 결정이 만든 결과들이 등장하게 된다. SSPD는 개발을 위해서 필요한 사항들뿐 아니라, '변경' 혹은 '진화'를 위해 필요한 사항들도 개발의 고려사항으로 포함하여야 한다. 이를 위해서는, 개발 결정이 기록되고 관리되어야 한다. 따라서 SPD는 체계적인 개발이 되기 위하여 다음의 규칙을 요구한다.

규칙 1.1.2-1

개발 결정의 존재 규칙

SPD 공정이 체계적인 공정이 되려면, 기본 산출물에 대한 (개발) 결정이 엄밀히 정의되어야 한다.

요구사항은 개발 요청자가 제공하는 것이므로, 규칙 1.1.2-1에서 개발 결정은 아키텍처설계결정과 구현결정만 포함한다.

1.1.3 산출물 간의 연결고리로서의 추적성

제 1.1.2절에서 결정에 수반되는 네 가지 사항을 제시하였는데, 이들 중 기본 산출물과 직접 연결되는 부분이 (1)결정의 요인들과 (4)결정이 만든 결과들이다. 아키텍처설계 활동과 구현활동은 결정을 통하여, 각각 요구사항명세와 아키텍처를 그리고 아키텍처와 구현을 연결하게 된다. 결정의 요인들과 결정의 결과들 간의 연결이 **추적성**(traceability)이다. 그림 1.1.3-1은 결정의 요인으로써 요구사항명세와 결정의 결과로서의 아키텍처 간의 추적성이 아키텍처설계결정에 의해 만들어짐을 보인다. 또한 결정의 요인으로서의 아키텍처와 결정의 결과로서의 구현 간의 추적성이 구현결정에 의해 만들어짐을 보인다.

추적성은 기본 산출물의 요소들 간의 인과관계의 연결 정보를 담고 있어, 제품의 유지보수와 진화 시 변경이 필요한 부분을 쉽게 식별할 수 있게 해주기 때문에 특히 잘 기록되고 관리되어야 한다.[15]

---

15 진화에 소요되는 비용이 소프트웨어 생명 주기 비용의 90%에 이를 수 있다고도 한다[Erlikh 00].

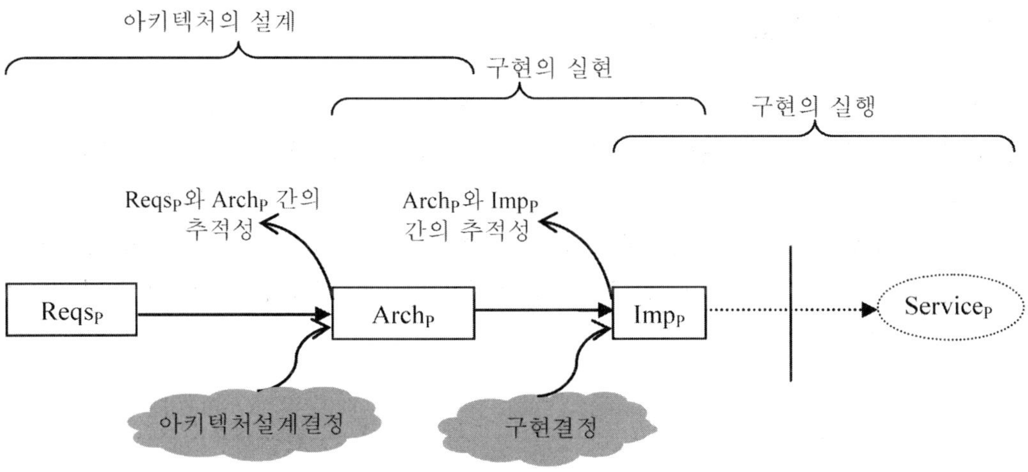

그림 1.1.3-1. 개발 결정의 결과로서의 추적성

정의 1.1.1-3

추적성 (명세)

SPD의 인접한 공정단계의 두 산출물의 요소들 간의 개발결정에 따른 연결 정보의 기록을 **추적성 명세**(traceability description) 혹은 **추적성**(traceability)이라고 부른다.

규칙 1.1.3-1

산출물 추적성의 존재 규칙

SPD 공정이 체계적인 공정이 되기 위하여, 기본 산출물들 사이에 엄밀히 정의된 추적성이 있어야 한다.

소프트웨어 개발에서 추적성은 보통 요구사항과 구현의 추적성과 동일시 되고 있다. 그러나 제1.1.1절에서 설명한 바와 같이, SSPD는 아키텍처 기반의 개발을 요구한다. 따라서 SSPD는 요구사항과 아키텍처 간의 추적성과, 아키텍처와 구현 간의 추적성을 모두 고려하여야 한다.[16]

16 다른 저자들도 이러한 넓은 의미로 그 용어를 사용한다. 예를 들어 [Palmer 97]는 추적성을 "소프트웨어 산출물의 생애를 기술하고 따라가는 능력"이라고 말하고 있다. 우리의 SSPD 모델에서는, 이러한 넓은 의미의 추적성의 개념을 채택한다. 따라서 추적성은 요구사항 추적성을 넘어서 요구사항과 아키텍처 사이의 추적성과 아키텍처와 구현 사이의 추적성을 포함한다. [Clements 11]에서 소개된 진보된 아키텍처 문서화도 이 넓은 개념의 추적성을 결정 근거와 아키텍처 뷰들 사이의 맵핑의 형태로 이미 포함하고 있다.

1.1.4 제품, 제품 산출물, 제품 서비스

제품을 개발하는 과정에 제품 구현을 포함하여 여러 가지 산출물을 만들게 되고, 제품 구현은 궁극적으로 제품의 의도된 서비스를 제공한다. 그림 1.1.3-1의 제품 개발 공정을 사용하여 제품과 산출물의 관계를 엄밀히 정의하면 그림 6.1-1과 같다. 즉 제품 P의 요구사항명세, 아키텍처, 구현, 아키텍처설계결정, 구현결정, 추적성 등은 제품 P를 위한 **제품 산출물**이고 제품 P의 구현을 통하여 제공되는 서비스는 **제품 서비스**로, 제품 산출물과 제품 서비스를 모두 일컬어 **제품**이라고 한다.

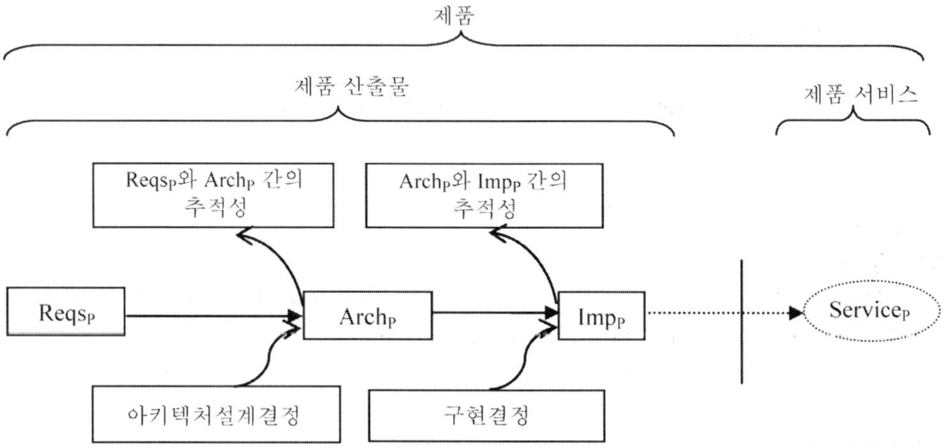

그림 1.1.4-1. 제품, 제품 산출물, 제품 서비스

1.1.5 SSPD 공정의 체계성

SSPD의 체계성은 **공정의 체계성(공정 체계성)**과 **공정 산출물 간의 관계의 체계성(산출물 체계성)**으로 구성된다. 공정 체계성에 대해서는 이 소절에서, 산출물 체계성에 대해서는 제 1.1.6절에서 논의한다.

SPD 공정이 체계적인 공정이 되기 위하여 필요한 제 1.1.1절 ~ 1.1.3절의 조건(규칙)들로부터 SSPD의 필요조건을 규칙 1.1.5-1과 같이 정의할 수 있다.

규칙 1.1.5-1

SPD 공정의 체계성(Systematicity)

SPD 공정이 체계적인 공정이 되려면, 다음 네 가지 조건이 충족되어야 한다:

(i) SPD가 아키텍처 기반의 개발 공정이다.
(ii) 기본 산출물들이 존재한다(규칙 1.1.1-1).
(iii) 개발 결정들이 존재한다(규칙 1.1.2-1).
(iv) 산출물 추적성이 존재한다(규칙 1.1.3-1).

규칙 1.1.5-1에서 아키텍처 기반의 개발 공정을 기본 산출물의 존재 규칙이 내포하지만, 그것이 체계성을 위해서 중요하다는 것을 강조하기 위하여 하나의 필요한 조건으로 포함시켰다.

제1.1.2절에서, 우리는 SPD 공정의 각 단계를 결정작성의 단계로 보았다. 따라서 SSPD의 공정 모델을 만들기 위하여 그림 1.1.2-1이 보이는 바와 같이 그림 1.1.1-1의 공정모델에 다음의 산출물을 넣어야 한다:

$\mathcal{D}1_{P}$: 제품 P를 위한 아키텍처설계결정

$\mathcal{D}2_{P}$: 제품 P를 위한 (아키텍처의) 구현결정

이제 이렇게 확장된 공정모델에 그림 1.1.3-1이 보이는 바와 같이 추적성이 추가될 필요가 있다. 추가될 추적성은 두 가지로, 이들 중 **요구사항-아키텍처 추적성**(Reqs-to-Arch traceability)은 $\mathcal{TR}_{Reqs\text{-}to\text{-}Arch}$로 또는 줄여서 $\mathcal{TR}1$으로 나타내고, **아키텍처-구현 추적성**(Arch-to-Imp traceability)은 $\mathcal{TR}_{Arch\text{-}to\text{-}Imp}$로 또는 줄여서 $\mathcal{TR}2$로 나타내기로 한다.

추적성은 일반적으로 소스 요소의 집합 S와 타깃 요소의 집합 T 사이의 다-대-다(many-to-many) 관계로, 그 타입[17]을 '$S \leftrightarrow T$'로 나타낼 수 있다. 그러면 $\mathcal{TR}1$와 $\mathcal{TR}2$ 각각의 타입은 다음과 같다:

$\mathcal{TR}1$: Reqs $\leftrightarrow$ Archs

$\mathcal{TR}2$: Archs $\leftrightarrow$ Imps

두 개의 인접한 산출물 사이에 개발 결정 $\mathcal{D}1$와 $\mathcal{D}2$ 그리고 추적성 명세 $\mathcal{TR}1_{P}$과 $\mathcal{TR}2_{P}$를 넣어서 그림 1.1.5-1과 같은 SSPD의 공정모델을 얻을 수 있다.

17 여기서 '타입'은 "언어의 요소의 타입"의 의미한다. 이 책에서 사용되는 '타입'의 또 다른 의미로 앞서 제 1장 1.1절에서 사용된 바와 같이 "산출물의 타입"이라는 의미가 있다.

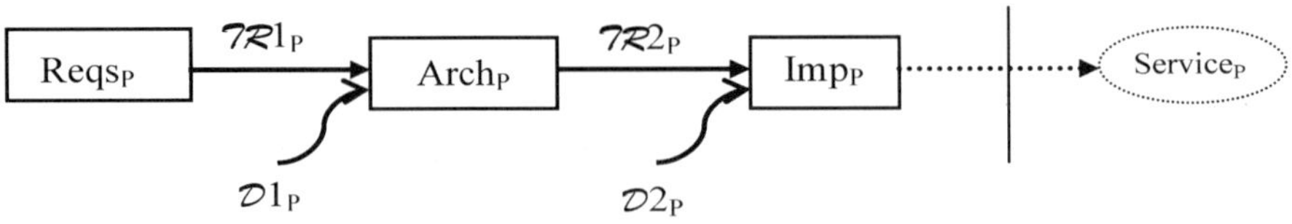

P: 제품

D1p: 제품 P를 위한 아키텍처설계결정

D2p: 제품 P를 위한 아키텍처 구현결정

TR1p: 제품 P를 위한 Reqs-to-Arch 추적성

TR2p: 제품 P를 위한 Arch-to-Imp 추적성

Servicep: 제품 P가 제공하는 서비스

그림 1.1.5-1. SSPD의 공정 모델

요구사항명세를 제외한 SSPD 공정의 각 단계는 두 개의 입력을 갖는다: 앞 단계에 만들어진 산출물과 현재의 개발단계에서 내려진 결정들이다. 따라서 $Reqs_P$와 $D1_P$는 아키텍처설계를 위한 두 개의 입력물이고, $Arch_P$와 $D2_P$는 구현을 위한 두 개의 입력물이다.

그림 1.1.5-1의 공정모델에 따라 우리는 SSPD 개발의 진행이, 개발의 기본 단계를 구성하는 요구사항명세의 도출, 아키텍저 설계, 구현과 더불어, 그 결과물을 검증/확인 하기 위한 일반적인 방법으로서 각 단계의 산출물의 분석과 평가로 구성된다고 본다. 검증/확인은 개발 활동별로 서로 다른 다양한 용어로 불린다. 요구사항명세의 경우 요구사항명세의 검증(verification)과 확인(validation), 아키텍처의 경우 아키텍처의 분석(analysis)과 평가(evaluation), 구현의 경우 시험항목 혹은 시험스위트를 사용한 시험(testing) 등으로 불린다. 이 책에서는 다양한 산출물의 검증/확인 활동이 본질적으로 동일하며, 분석과 평가라는 상호 구분되는 활동으로 구성된다고 보는 입장을 취한다. 따라서 SSPD에서 고려하게 될 검증/확인 활동으로는 요구사항명세의 분석과 평가, 아키텍처의 분석과 평가 그리고 구현의 분석과 평가가 있다. 분석과 평가에 대한 상세한 논의는 제 1.1.9절에서 수행된다.

개발의 각 기본 단계에 분석/평가가 이어지는 것은 각 기본 단계가 본질적으로 반복적으로 진행된다는 것을 의미한다. 왜냐하면 분석/평가에서 문제점이 발견되거나 산출물이 기준에 미달될 경우, 해당 단계를 다시 수행해야 하고 필요에 따라서는 그 앞 단계들을 다시 수행해야 하기 때문이다.

이와 같이 그림 1.1.5-1은 실제 개발에서 따라야 할 **실용적 공정**을 제시하고 있는 것이 아니라, 각 단계와 단계들 간의 본질적인 관계에 초점을 둔 **논리적 공정**을 제시하고 있다. SSPD와 SSPLD를 사용하는 개발자는 논리적 공정을 바탕으로 적절한 실용적 공정을 정의해서 사용해야 한다.

1.1.6 SSPD 산출물의 체계성

SSPD 산출물의 체계성은 존재하게 되는 산출물 간의 관계가 명확히 정의된 관계를 가짐으로써 개발에 효과적으로 이용될 수 있도록 한다.

산출물 존재 규칙

산출물 존재 규칙(Artifact Existence Rules)은 SPD 공정이 어떤 산출물을 명시적으로 만들 것을 요구한다. 개발 대상 제품을 P라고 할 때, 산출물 존재 규칙이 요구하는 산출물은 그림 1.1.6-1의 왼쪽 열과 같다.

산출물 존재 규칙	산출물 도출 규칙
(기본 산출물 존재 규칙)	(아키텍처 도출 규칙)
RE0a. $Reqs_P$	**RD1**. ($Arch_P$, $\mathcal{TR}1_P$) = ($\mathcal{D}1_P$) $Reqs_P$
RE0b. $Arch_P$	(구현 도출 규칙)
RE0c. Imp_P	**RD2**. (Imp_P, $\mathcal{TR}2_P$) = ($\mathcal{D}2_P$) $Arch_P$
(개발 결정 존재 규칙)	
RE1a. $\mathcal{D}1_P$	
RE1b. $\mathcal{D}2_P$	
(산출물 추적성 존재 규칙)	
RE2a. $\mathcal{TR}1_P$	
RE2b. $\mathcal{TR}2_P$	

그림 1.1.6-1. SSPD의 체계성 규칙[18]

산출물 도출 규칙

그림 1.1.6-1의 오른쪽 열의 **산출물 도출 규칙**(Artifact Derivation Rules)은 SPD 공정의 산출물 간의 관계를 정의한다. 산출물 도출 규칙 RD1에 따르면, 요구사항명세로부터 아키텍처 결정 $\mathcal{D}1$에 의하여 아키텍처와 $\mathcal{TR}1$이 도출된다. 산출물 도출 규칙 RD2에 따르며, 아키텍처로부터 구현결정 $\mathcal{D}2$에 의하여 구현과 $\mathcal{TR}2$가 도출된다.[19] RD1과 RD2에서 $\mathcal{D}1$ 또는 $\mathcal{D}2$가 괄호 안에 들어 있는 것은 이들이 함수로서 기능함을 나타낸다. 즉 $\mathcal{D}1$은 요구사항명세를 아키텍처로 변형하는 아키텍처설계결정 활동을 나타내고 $\mathcal{D}2$는 아키텍처를 구현으로 변형하는

18 규칙명에서 RE와 RD의 R은 'Rule'을, E는 'Existence'를, D는 'Derivation'을 나타낸다.

19 어떤 산출물은 기존의 산출물들로부터 그들의 관계를 이용하여 도출될 수 있기 때문에 개발자들이 (개발 결정을 통하여) 만들 필요가 없다. 이 경우 같은 산출물이 두 개 이상의 방법으로 만들어 질 수도 있는데, 이 때 그 결과들은 서로 일치해야 한다. 이런 경우 그 결과들의 일치를 요구하는 규칙을 *산출물 일관성규칙*이라고 부른다. SPLD에서는 같은 산출물을 만드는 다양한 방법이 존재하는 경우가 많기 때문에, SPLD의 체계성은 산출물 일관성 규칙을 포함하게 된다. (제 2장 2.3.4절 참조.)

구현결정 활동을 나타낸다. 설계결정 또는 구현결정의 문서화된 산출물을 나타내기 위해서는 $\mathcal{D}1$과 $\mathcal{D}2$를 괄호 없이 사용한다.

1.1.7 결정의 정형적 모델링

결정의 정형적 모델링은 결정을 정형적으로 나타내는 방법을 말한다. 제 1.1.2절의 논의에 따라 아키텍처설계결정과 구현결정은 일련의 결정 Di로, $1 \leq i \leq n$,

$$\mathcal{D} = \langle D1, \ldots, Dn \rangle$$

으로 나타낸다.[20]

하나의 결정 D는 다음과 같이 나타낼 수 있다.[21]

$$D = \langle Id_D, S_D, T_D, M_D, R_D \rangle$$

여기서 D의 각 요소는 다음과 같다:

Id_D: 이 결정의 고유한 이름 혹은 고유번호,
S_D: 이 결정에 관련된 소스 요소의 집합,
T_D: 이 결정에 관련된 타깃 요소의 집합,
M_D: 이 결정에 따른 소스 요소와 타깃 요소들 간의 맵핑의 집합,
R_D: 결정 근거

D는 다음과 같이 제 1.1.2절에서 제시한 개발 결정의 네 개의 요소를 포함한다: (1) 결정의 요인들은 S_D에 해당되고, (2) 결정의 이유는 R_D에 해당되고, (3) 결정의 내용은 M_D와 R_D에 해당되고, (4) 결정이 만든 결과는 T_D에 해당된다. 만일 결정의 내용이 그 밖의 내용이 들어 있으면, 이를 R_D에 포함시킬 수 있다.

S_D, T_D, M_D은 D와 관련된 추적성의 기록으로, 제 1.1.8절에서 정의하게 될 S와 T에 대하여 $S_D \subseteq S$와 $T_D \subseteq T$의 관계에 있다. 맵핑의 개념은 제 1.1.8절에서 명확히 정의한다.

---

20 결정의 순서가 달라지면 일련의 결정에서 의하여 만들어지는 결과가 달라질 수 있다.

21 [Pressman 10]은 아키텍처설계결정을 기술하는 데 사용할 수 있는 템플릿을 제시하고 있는데(p. 247), 이는 이 절의 결정 D의 정의에 포함되지 않는 여러 요소들을 포함한다. 이 책에서는 결정의 가장 기본적인 요소를 명시적으로 표현하는데 초점을 맞추고 있기 때문에, 결정 D를 이 절에서와 같이 정의하였다.

1.1.8 추적성의 정형적 모델링

추적성의 정형적 모델링은 추적성을 정형적으로 나타내는 방법을 말한다. 추적성의 정형적 모델링을 위해서, S가 개발 공정의 한 단계의 산출물의 구성 요소들의 집합(혹은 **소스**)이고, T가 개발 공정의 이어지는 단계의 산출물들의 구성 요소들의 집합 (혹은 **타깃**)이라고 하자. 그러면 추적성의 기본 구성요소인 맵핑은 정의 1.1.8-1과 같이 표기된다.

> **정의 1.1.8-1**
>
> **맵핑**
>
> $s \in S$이고 $t \in T$이면, **맵핑**은
>
> $s \mapsto t$
>
> 으로 표기한다.

구체적으로 맵핑의 표현 $s \mapsto t$는 "t가 문제 s에 대한 해결책임", "t가 s를 실현하는 관계", "s가 t로 변형되는 관계", "s가 t를 발생시키는 관계"등 여러 가지를 나타낼 수 있기 때문에, 어떤 의미를 위해서 맵핑을 사용할 지는 SSPD의 사용자가 결정해서 사용해야 한다. 맵핑의 화살표를 역방향으로 추적하면, 그 타깃 요소에 상응하는 소스 요소를 찾을 수 있기 때문에 맵핑은 추적성의 기본 구성요소가 된다.

> **정의 1.1.8-2**
>
> **추적성 관계**
>
> **추적성**(관계)는 소스 요소로부터 타깃 요소로의 맵핑의 집합이다.

SSPD 공정에서 **추적성**(혹은 **추적성 관계**(traceability relation))은 두 개의 인접한 개발 단계의 산출물들의 구성 요소들 사이에 관계이다. 따라서, 추적성 관계를 나타내는 변수 $\mathcal{TR}$의 타입은 $S \leftrightarrow T$ (즉 소스를 S, 타깃을 T로 하는 관계)이다. 이를

$$\mathcal{TR} \subseteq S \leftrightarrow T$$

혹은

$$\mathcal{TR} : S \leftrightarrow T$$

으로 나타낼 수 있다.

맵핑은 **일-대-일**(one-to-one), **일-대-다**(one-to-many), **다-대-일**(many-to-one) 혹은 **다-대-다**(many-to-many)가 된다. 즉 특정 추적성 관계 안에서, 하나의 소스 요소가 두 개 이상의

타깃 요소로 맵핑될 수도 있고, 두 개 이상의 소스 요소가 하나의 타깃 요소로 맵핑될 수도 있다.

예제 1.1.8-1 *TR*1

다음은 제품의 *TR*1관계를 그래프로 나타낸 예이다.[22] r1과 de1사이에는 일-대-일 맵핑, r2와 {de2, de3} 사이에는 일-대-다 맵핑, {r3, r4}와 de4 사이에는 다-대-일 맵핑, {r5, r6, r7}과 {de5, de6, de7} 사이에는 다-대-다 맵핑이 존재한다. de8과 de9는 (요구사항명세에 의해서가 아니라) 아키텍처설계결정 *D*1에 의하여 아키텍처에 포함된 요소들이다.

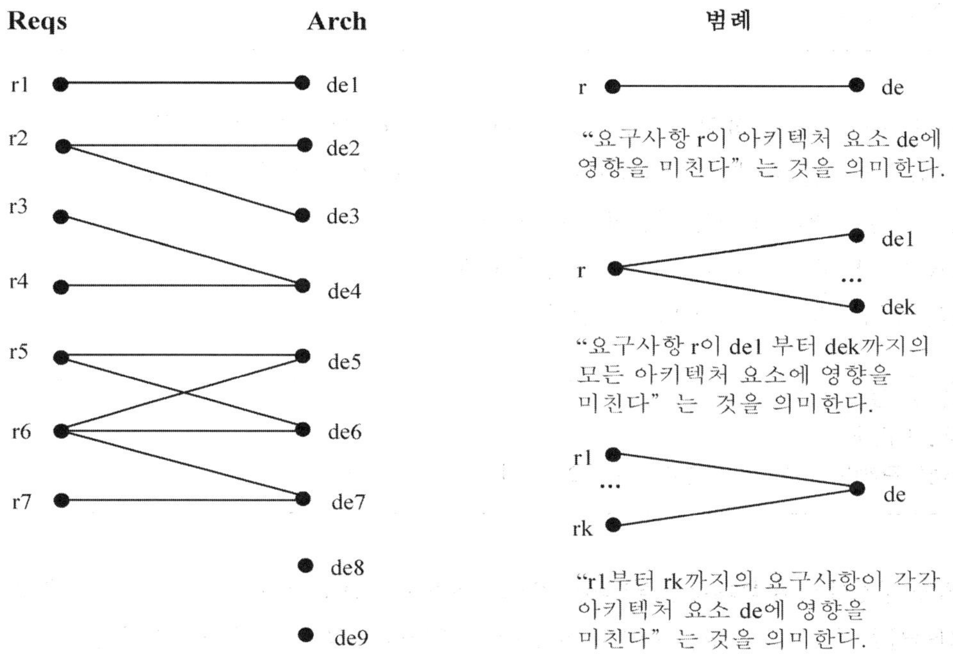

■

아키텍처설계는 보통 계층적 분해로 진행되므로, 요구사항명세 산출물로부터 아키텍처 산출물로의 추적성(요구사항-아키텍처 추적성)과 아키텍처와 구현 사이의 추적성(아키텍처-구현 추적성)은 계층적 분해가 반영되어 복잡한 형태를 갖게 된다. SSPD은 아키텍처의 계층적인 구조를 반영하는 추적성 구축방법을 제시해야 한다.

22 간단한 추적성 관계의 경우 편리하게 표(table)의 형태로 나타낼 수도 있다.

1.1.9 분석과 평가

개발의 기본 산출물들은 요구되는 기능을 제공하고 요구되는 품질 수준을 충족시킬 수 있어야 한다. 이를 위하여 분석과 평가라는 상호 구분되는 활동을 수행하게 된다. Webster 사전은 분석과 평가를 다음과 같이 정의한다.[23]

정의 1.1.9-1

분석(analysis)

분석은 "전체를 그것을 구성하는 부분들로 분리하는 활동"으로 "물체를 구성하는 요소들을 식별하거나 분리하는 활동," 즉 "복합체와 그 요소들 및 그 관계를 상세히 검사하는 활동"을 의미한다.[24]

정의 1.1.9-2

평가(evaluation)

평가는 "가치를 판단하거나 결정하는 활동"으로 "신중한 조사 학습을 통하여 중요성, 가치 혹은 상태를 판단하는 활동"을 의미한다.

이 정의에 기초하여 소프트웨어 개발에서의 분석과 평가의 의미를 정의하면, **분석**(analysis)은 분석대상을 **분석관점**[25]이라고 부르는 특정한 시각으로부터 면밀히 들여다 보고 그 결과를 원하는 **결과값 공간**(result space)으로 맵핑하는 활동인 반면에, **평가**(evaluation)는 여러 분석관점을 통하여 얻어진 분석결과들을 선택된 종합방법을 적용하여 통합한 결과를 원하는 결과값 공간으로 맵핑하는 활동으로 볼 수 있다.[26]

---

23 [강성원 15]제 II장 12.1절에서 재인용.

24 분석의 또 다른 의미로 "요구사항 분석(requirements analysis)"에서의 분석이 있다. 이에 대해서는 제 1.3절 서두에서 자세히 논의한다.

25 이 책에서는 오해의 가능성이 없는 경우 '분석관점'을 줄여서 '관점'이라고도 말한다.

26 예를 들어, 소프트웨어 개발 회사의 소프트웨어 프로세스 성숙도를 평가하기 위하여 CMMI 모델을 사용하여 평가할 경우, 해당 회사의 성숙도를 1등급부터 5등급까지로 결정할 수 있다. CMMI 모델은 많은 프로세스 분야들로 구성되어 있어서, 등급결정을 위해서는 각 프로세스 분야별로 해당 회사의 프로세스 능력을 분석하여야 한다. 이 경우 각 프로세스 분야를 하나의 분석관점으로 볼 수 있다. 또한 각 프로세스 분야별로 분석결과를 1등급부터 5등급 사이의 등급으로 맵핑하는 방법을 CMMI는 정의하고 있다.

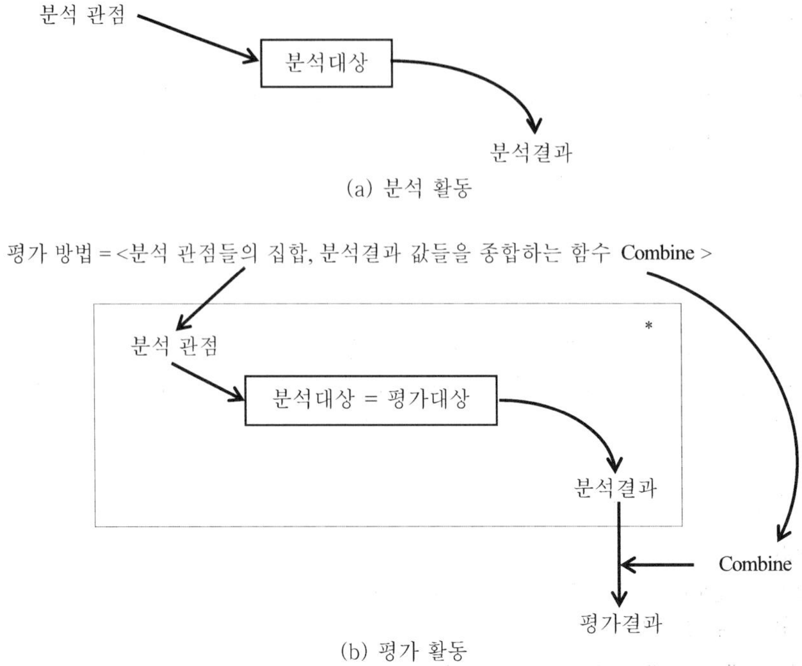

그림 1.1.9-1. 분석활동과 평가활동

분석과 평가는 그 대상이 요구사항명세이든, 아키텍처이든 구현이든 관계없이 그들 사이에 '유사한' 정형적 관계를 갖는 활동들이다. 그 정형적 관계는 그림 1.1.9-1과 같다. 즉 분석은 대상에 분석관점이 적용되어 결과가 만들어지는 활동이고, 평가 활동에는 분석 활동의 반복을 포함한다. 그림 1.1.9-1은 UML의 기호를 사용하여 이를 도식적으로 나타냈다. UML에서 '*'는 반복을 나타내고, 네모는 반복의 범위를 나타낸다. 산출물의 분석 혹은 평가의 결과가 만족스럽지 못할 경우, 일반적으로 해당 산출물을 개발하는 과정을 반복하여야 한다.

그림 1.1.9-1(a)는 분석은 분석대상 Artifact를 분석관점 Perspective로 분석하는 활동임을 보여 준다. 이 활동을 정형적으로

$$\mathit{Analysis}(\text{Artifact, Perspective})$$

으로 나타낼 수 있고, 그 결과를

$$\text{ArtifactAnalsyisResult}_{\text{Artifact,Perspective}}$$

로 표기하기로 한다.

그림 1.1.9-1(b)가 보여 주는 바와 같이 하나의 평가방법 EvalMethod는 아키텍처 분석관점의 집합과 그 관점들로부터 아키텍처를 분석한 결과들을 종합하는 Combine 함수로 구성된

다. 평가방법을 정형적으로

$$\text{EvalMethod} = \langle\{\text{Perspective1}, \ldots, \text{Perspectivek}\}, \text{Combine}\rangle$$

으로 나타낸 수 있다. 그러면 *Analysis*(Artifact, Perspectivej)에 의해 분석결과 값이 얻어지므로, 평가활동은

$$\mathit{Eval}(\text{Artifact}, \text{EvalMethod}) = \text{Combine}_{j=1}^{k}(\mathit{Analysis}(\text{Artifact}, \text{Perspectivej}))$$

으로 나타낼 수 있다.

Combine 함수가 요구하는 계산을 수행하기 위하여 이 책에서는 다음의 분석결과표 템플릿을 사용한다.

분석결과표		
분석관점	분석결과	근거
Perspective_1	AnalysisResult_1	// AnalysisResult_1의 근거
. . .	. . .	. . .
Perspective_k	AnalysisResult_k	// AnalysisResult_k의 근거

분석값이 True 혹은 False가 되는 분석관점들로 구성된 경우 Combine 함수는 분석값들의 논리곱으로 정의될 수 있다.

분석결과들의 종합을 위하여 Combine 함수가 모든 분석관점을 동등하게 볼 수도 있지만, 각 분석관점의 중요성을 다르게 볼 수 있도록 분석관점의 가중치(weight)를 반영할 수 있다. 이 경우 분석결과 값에 가중치 값을 곱하고 그 결과들은 합하여 최종적인 평가값을 얻는다. 즉 다음과 같이 계산을 수행한다:

$$\begin{aligned}&\text{Combine}_{j=1}^{k}(\mathit{Analysis}(\text{Artifact}, \text{Perspectivej}))\\ &\quad = \Sigma_{j=1}^{k}(\text{Weight of Perspectivej} \times \mathit{Analysis}(\text{Artifact}, \text{Perspectivej}))\end{aligned}$$

이러한 평가계산을 편리하게 수행하기 위하여 이 책에서는 다음의 평가계산표 템플릿을 사용한다.

평가계산표			
분석관점	분석결과	분석관점의 가중치	분석결과 ×분석관점의가중치
Perspective_1	AnalysisResult_1	weight_1	$\text{AnalysisResult}_1 \times \text{weight}_1$
	. . .	. . .	. . .
Perspective_k	AnalysisResult_k	weight_k	$\text{AnalysisResult}_k \times \text{weight}_k$

평가방법에 정의된 아키텍처 분석관점의 가능한 분석결과가 Combine 함수에서 직접 이용되지 않고, 먼저 분석관점에 중립적인 가치척도로 환산되어 그 가치값들이 합산되어 평가가 이루어질 경우, 가능한 분석결과의 (평가적) 가치를 정의하기 위하여 다음의 분석결과환산표 템플릿을 사용한다.

분석결과환산표			
분석관점	가능한 분석결과	분석결과의 가치	근거
$Perspective_1$	$AnalysisResult_{1,1}$	$value_{1,1}$	// 분석결과가 해당 가치값을 갖는 이유
	. . .	. . .	. . .
	$AnalysisResult_{1,m}$	$value_{1,m}$	"
. . .	. . .	. . .	. . .
$Perspective_k$	$AnalysisResult_{k,1}$	$value_{k,1}$	"
	. . .	. . .	. . .
	$AnalysisResult_{k,n}$	$value_{k,n}$	"

평가를 위하여 분석결과가 먼저 가치로 환산되어야 할 경우, 평가계산표 템플릿은 아래 표와 같이 분석결과의 가치를 기록하기 위한 열을 포함하여야 하고 분석결과 대신 분석결과의 가치에 가중치가 곱해져서 평가값이 계산된다.

평가계산표				
분석 관점	분석 결과	분석결과의 가치	분석관점의 가중치	분석결과의 가치 × 분석관점의가중치
$Perspective_1$	$AnalysisResult_1$	$value_1$	$weight_1$	$value_1 \times weight_1$
. . .	. . .	. . .	. . .	. . .
$Perspective_k$	$AnalysisResult_k$	$value_k$	$weight_k$	$value_k \times weight_k$

평가대상 Artifact를 평가방법 EvalMethod으로 평가한 결과를

$$ArtifactEvalResult_{Artifact,EvalMethod}$$

로 표기하기로 한다.

분석과 평가가 특정 대상에 적용될 때, 그 대상에 따라 그리고 분석가나 평가자의 필요에 맞게 적절한 분석관점, 분석결과의 공간, 혹은 평가에 사용되는 관점들 및 평가 결과값 공간이 달라지게 된다.

산출물에 대하여 적용할 수 있는 다양한 평가 중 한 가지 특별한 종류의 평가가 산출물의 상태가 개발의 다음 단계로 넘어갈 수 있는 수준이 되었는가를 판단하는 평가이다. 이를 **관**

문(Gateway)평가라고 부르는데, 관문평가의 방법은 각 산출물의 종류마다 다르고 어느 정도의 철저한 수준을 요구하는가에 따라 평가방법을 구성하는 분석관점들의 종류와 수가 달라지게 된다.

1.1.10 재사용 연산

효율적인 제품 개발을 위해서는 기존의 산출물들을 최대한 재사용하여야 한다. 재사용 작업을 나타내는 재사용 연산은 산출물 합성연산과 산출물 분석연산으로 나눌 수 있다. **산출물 합성연산**은 다음 세 가지를 포함한다: 1) **결합**에 의한 산출물의 도출, 2) **부분 대체**에 의한 산출물의 도출, 그리고 3) **인스턴스화**에 의한 산출물의 도출이다.

합성에 의한 산출물의 도출은 이미 만들어진 산출물들을 합성하여 새로운 산출물을 만드는 경우로, 이 경우 구성 산출물로 기존의 산출물이 재사용될 수 있다. 산출물 X1, ... , Xn의 합성으로 이루어진 산출물은

$$+\ (X1,\ \ldots\ ,\ Xn)$$

혹은

$$X1 + \ldots + Xn$$

으로 나타낸다.

부분 대체에 의한 산출물의 도출은 이미 만들어진 산출물의 일부분을 다른 산출물로 대체하여 수정된 산출물을 만드는 경우로, 이 경우 이미 만들어진 산출물이 재사용되는 산출물이고, 대체하는 산출물도 재사용되는 산출물일 수 있다. 산출물 X1의 부분 $Part_{X1}$을 산출물 X2로 대체한 산출물은

$$\mu(X1,\ Part_{X1},\ X2)$$

으로 나타낸다.

이 두 개의 산출물 구축연산은 단일 제품의 개발에도 흔히 사용되는 재사용 방식이다. SPLD의 특징적인 재사용 방식은 인스턴스화에 의한 산출물의 도출로 이에 대해서는 제 2장 2.1절에서 상세히 논의한다.

산출물 분석연산은 산출물 X가 재사용되는 산출물임을 나타내는 **입실론함수**

$$\varepsilon(X)$$

와, 두 산출물 X1과 X2의 차이를 나타내는 **델타함수**

$$\delta(X1,\ X2)$$

가 있다. 델타함수에 대해서는 제 II부 2장 서두에서 다시 논의한다.

1.1.11 산출물의 모델과 산출물의 뷰

재사용 연산의 적용과 재사용 연산 적용 결과는 서로 구별되어야 하는 개념이다. 이들의 관계는 모델과 뷰의 관계로 생각할 수 있다. 여기서 **모델**은 재사용 연산을 적용한 산출물의 정의를 말하며, **뷰**는 산출물 정의를 적용한 결과의 모습을 말한다.

예제 1.1.11-1 **모델과 뷰**

다음의 부분대체 연산의 적용은

μ({R1,R2,R3}, R3, R4)

하나의 모델이고, 이 모델의 뷰는

{R1, R2, R4}

이다.

■

예제 1.1.11-2 **재사용 연산의 사용**

예제 1.1.11-1에서 만일 {R1,R2,R3}와 R3가 이미 존재하여 재사용되고 있으면

μ({R1,R2,R3}, R3, R4)

를

μ(ε({R1,R2,R3}), ε(R3), R4)

로 표현할 수 있다. 이 경우 R4는 새로이 개발되는 요소이다.

■

1.2 요구사항명세의 도출

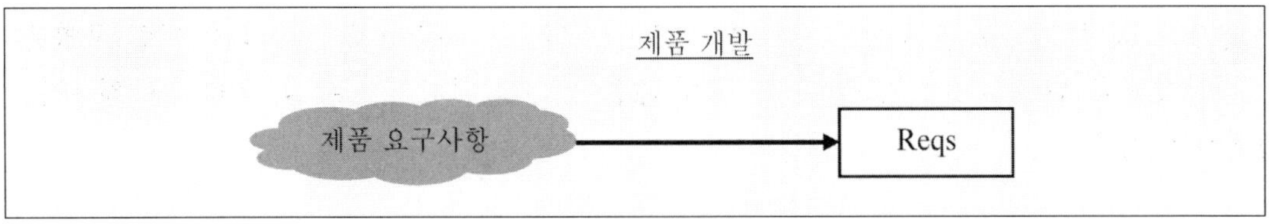

그림 1.2-1. SSPD에서의 제품 요구사항명세 도출의 개요도

요구사항명세[27]의 도출은 이해관계자(stakeholder)들의 요구사항들을 출발점으로 하여 합의된 요구사항명세를 산출하는 활동이다. 그림 1.2-1은 제품 요구사항으로 나타낸 이해관계자들의 요구사항들로부터 제품 요구사항명세 Reqs를 만드는 활동임을 나타낸다. 그림 1.2-2는 이 활동을 정형적으로 표현한다.

Reqs = *RE*(제품 요구사항)

그림 1.2-2. SSPD에서의 제품 요구사항명세 도출의 정형적 표현

요구사항명세 Reqs는 제 1.3절에서 설명하는 바와 같이 분석과 평가의 대상이 된다. 이 책에서는 SSPD 혹은 SSPLD의 개발단계를 제시할 때 그림 1.2-1과 1.2-2와 같이 해당 활동을 도식적으로 표현한 개요도와 함께, 같은 활동을 함수와 등식을 써서 기술한 정형적인 표현을 보여 준다. 따라서 제1장 2절부터 7절까지의 각 절은 그 절에서 논의되는 활동의 개요도와 그 개요도의 정형적인 표현으로 시작한다. 정형적 표현에는 소프트웨어 개발에 수행되는 활동을 나타내는 **개발활동 함수**들이 사용된다. 책 서두의 "책에서 사용되는 기호들"은 이 책에서 사용되는 개발활동 함수들을 보여 준다. 그림 1.2-2는 요구공학이 제품요구사항으로부터 요구사항명세를 산출하는 활동임을 나타낸다.

SSPD의 설명을 위하여 아래 예제 1.2-1의 제품 요구사항을 사용한다.[28] 나중에 제 2장에서 SSPLD를 설명하고, 제 II부에서 SSPLD의 적용사례를 보일 때에도 이 예제를 확장하여 다른 제품들의 요구사항들을 얻어낸다.

제품 요구사항명세

다음 예제는 제품에 대한 요구사항이 비정형적으로 기술된 예를 보여 준다. 이 제품 요구

---

27 이는 하나의 산출물로 *문서*라고도 불리운다.
28 이 예제와, 제 2장 그리고 제 II부에서 사용되는 예제는 모두 독자의 이해를 용이하도록 하기 위해 적은 개수의 요구사항을 갖는다. 또한 논의를 단순화하기 위하여 예에 나오는 피연산자(operand)의 개수와 타입을 명시하지 않는다.

사항은 아직 분류가 되어 있지 않고, 각 요구사항의 이름도 주어져 있지 않다. 이 책에서는 세 개의 기본 개발 산출물 요구사항명세, 아키텍처와 구현을 기술할 때, 요구사항 산출물들은 영어로 작성하고 그 밖에 개발 결정과 같은 산출물들은 우리말로 작성한다. 이런 구별은 논의의 대상이 되는 주요 산출물과 그 들에 대한 논의를 시각적으로 잘 구별되게 해 주는 장점이 있다.

예제 1.2-1 **제품 A1에 대한 요구사항**

다음 요구사항은 계산기(calculator)에 대한 요구사항이다.

제품 A1에 대한 요구사항

The system performs plus ('+'), minus ('−'), multiplication ('*') and division ('/') operations and, in addition, modulo operation ('fmod') and quotient operation('fquot'). The system should reuse the existing component to perform fmod and fquot operations. The system provides a Textual User Interface (TUI).

제품이름 'A1'에서 'A'는 '고급(Advanced)'을 나타낸다. +, −, *, /를 계산기의 기본적인 연산(operation)으로 보고, 그 외의 연산들을 포함하는 계산기를 고급계산기(Advanced Calculator)로 본다. 이 책의 제 II부에서는 이 제품을 포함하는 여러 종류의 제품군들의 개발을 수행한다.

■

Reqs

요구사항명세는 요구사항 ri들의($1 \leq i \leq n$) 집합으로 다음과 같이 나타낼 수 있다.

Reqs = {r1, ... , rn}

다음 예제는 비정형적으로 기술된 요구사항으로부터 만들어진 정형화된 제품 요구사항명세의 예를 보인다.

예제 1.2-2 **$Reqs_{A1}$**

예제 1.2-1의 A1의 제품 요구사항은 다음과 같이 요구사항들의 집합으로 나타낼 수 있다.

$Reqs_{A1}$ = {FR_B, FR_T, FR_A1, C_1, C_2}

산출물의 이름을 표기할 때 '$Reqs_{A1}$'에서처럼 산출물의 타입과 제품의 이름을 같이 표기하면,

이름으로부터 어떤 제품을 위한 산출물인지 그리고 그 산출물이 어떤 종류의 산출물인지를 쉽게 유추할 수 있다. 따라서 이 책에서는 산출물 이름을 이와 같이 표기하기로 한다.

$Reqs_{A1}$은 각 요구사항을 다음과 같이 구체적으로 명시할 수 있다.

$Reqs_{A1}$ :: Requirements

기능 요구사항

FR_T) The system provides a TUI.
FR_B) The system performs +, −, * and / operations.
FR_A1) The system performs fmod and fquot operations.

제약사항

C_1) The system should reuse the existing component for fmod and fquot operations.
C_2) Existing code for fmod and fquot operations was implemented in CompA1.

$Reqs_{A1}$-CompA1 추적성

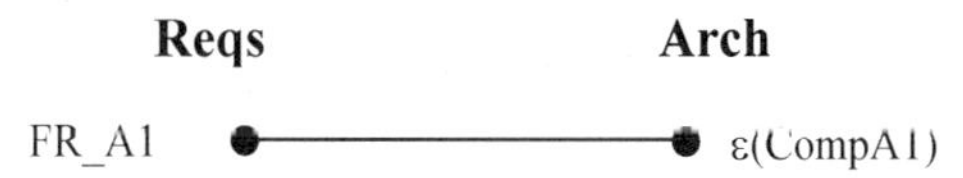

산출물 $Reqs_{A1}$의 타입은 **Requirements,** 즉 요구사항명세이다. 산출물 $Reqs_{A1}$의 내용을 보면, 제품 A1에 대한 요구사항들이 기능 요구사항(functional requirements)과 제약사항(constraints)으로 나뉘어 기술되어 있다. 요구사항명세에는 보통 품질 요구사항(혹은 성능 요구사항)도 들어가지만, 이 책에서는 설명과 이해를 쉽게 하기 위하여 기능 요구사항과 제약사항만을 포함한 예만을 사용한다. 'FR_B'에서 'FR'은 "기능 요구사항(functional requirement)"를 'B'는 'Basic'을 나타낸다. FR_B의 기능 요구사항 이름에 'B'가 들어 간 이유는 +, −, *, /가 수의 기본적인 네 연산이기 때문이다. 'FR_T'에 'T'는 'Text User Interface(TUI)'를 나타낸다. 'FR_A1'에 'A'는 'Advanced'를 나타내며 'FR_A1' 에 'A'가 들어 간 이유는 fmod와 fquot 연산이 기본연산이 아닌 고급 연산에 속하기 때문이다. 'C_1'과 'C_2'에서 'C'는 '제약사항(constraint)'을 나타낸다.

다른 산출물들 사이의 추적성은 새로이 구축되어야 하지만, 기존의 컴포넌트 CompA1의 추적성은 이미 구축되어 있다고 가정하여 이를 $Reqs_{A1}$에 포함하였다. 또한 CompA1가 재사용되고 있음을 나타내기 위하여 이 책의 머리말에서 소개한 재사용 함수 ε를 사용하여 ε(CompA1)으로 표기하였다.

■

1.3 요구사항명세의 분석과 평가

요구공학(Requirements Engineering)에서 분석이라는 용어는 "(개발) 문제의 이해"라는 의미로 사용되어 이 활동을 수행하는 소프트웨어 엔지니어를 분석가(analyst)라고 부르고 분석활동의 결과로 요구사항명세(requirements specification)와 분석모델(analysis model)이 얻어진다.[29] 요구사항에 대한 이런 의미의 '분석'을 이 책에서는 "요구사항명세의 도출"이라고 부른다. 앞서 제 1.2절에서는 이러한 의미의 분석을 수행하였다. 실제 요구사항 분석에서는 제 1.2절에서 수행한 것보다 더 세부적이고 복잡한 분석활동이 필요할 수도 있지만, 이 책에서는 분석이 기본적으로 어떤 활동인지를 보이는데 주된 관심을 두고 있기 때문에 철저한 분석의 수행은 보이지 않는다. 분석이라는 용어는 위의 의미의 분석 이외에도, 앞서 제 1.1.9절에서 논의한 또 다른 중요한 기술적인 의미를 가진다. 이 후자의 의미의 분석활동은 평가활동과 더불어 요구공학에서도 도출된 산출물이 올바른지를 판단하기 위하여 수행된다. 제 1.1.9절에서 논의한 바와 같이 요구사항명세 평가는 요구사항명세 분석의 반복으로 얻어진 결과들의 종합이다.

1.3.1 요구사항명세의 분석

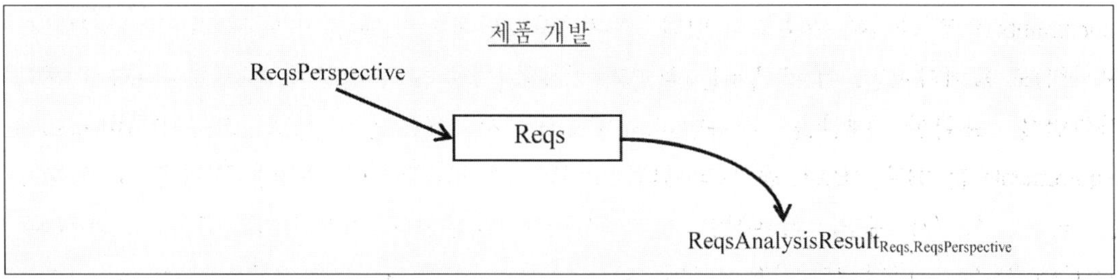

그림 1.3.1-1. SSPD에서의 제품 요구사항명세 분석의 개요도

산출물의 분석은 크게 두 종류로 나누어 형식적으로 올바른 산출물로 만들어졌는지에 대한 분석과 산출물이 의도된 대로 만들어졌는지에 대한 분석이 있다. 전자를 **구문론적 분석**(syntactic analysis)이라고 부를 수 있고, 후자를 **의미론적 분석**(semantic analysis)이라고 부를 수 있다. 예를 들어 시스템의 문맥 그림을 요구사항명세에 반드시 포함하여야 한다는 개발

29 [Pressman 10] Section 6.1 참조. 요구공학에서는 보통 요구사항에 대한 분석을 검증(verification)이라고 부르고 요구사항에 대한 평가를 확인(validation)이라고 부른다. '평가'라는 용어가 철저함을 강조하지 않는데 비하여, '확인(validation)'이라는 용어는 "철저하게 확인한다'라는 뜻을 내포한다고 볼 수 있다. 그러나 이 책은 완전한 확인은 현실에서는 가능하지 않다고 보고, 확인이 단지 "잘 알려진 분석관점을 모두 동원하여 확인한다"는 뜻을 가질 뿐, 확인의 수행 방법은 평가로 불리우는 방법들과 차이가 없다고 본다.

조직의 규칙이 있는데 Reqs에서 이를 준수하였는지를 보는 것은 구문론적 분석이 되고, 요구사항들 간에 중복적인 부분이 있는지 서로 상충되는 요구사항이 있는지를 보는 것은 의미론적 분석이다.

그림 1.3.1-1은 요구사항명세 분석이, 요구사항명세 Reqs에 요구사항명세 분석관점 ReqsPerspective를 적용함으로써 분석결과 $ReqsAnalysisResult_{Reqs,ReqsPerspective}$를 얻는 활동임을 나타낸다. 그림 1.3.1-2는 이 활동을 정형적으로 표현한다.

$$ReqsAnalysisResult_{Reqs,ReqsPerspective} = \mathcal{Analysis}(Reqs,\ ReqsPerspective)$$

그림 1.3.1-2. SSPD에서의 제품 요구사항명세 분석의 정형적 표현

요구사항은 고객의 기대를 충족여부를 판단할 수 있도록 명세되어야 하며, 요구사항명세 분석은 그러한 기대가 요구사항에 얼마나 잘 반영되었는지를 판단할 수 있게 해준다. 요구사항명세 분식의 관점에 따라, 분식의 결과값 공간이 달라진다. 가장 간단한 분식 결과값 공간의 예는 분석 결과가 다음과 같이 True 혹은 False로 맵핑되는 경우[30], 즉

Result space = {True, False}

인 경우이다. 그러면 분석결과는

ReqsAnalysisResult = True 또는 ReqsAnalysisResult = False

가 된다.

ReqsPerspective

요구사항명세를 분석하기 위하여 채택할 수 있는 여러 가지 관점이 있다. 예를 들어 [Pohl 10][31]은 요구사항명세 분석에 사용되는 관점을 내용 측면과 합치(agreement) 측면으로 나누고, 내용 측면에서 완전성, 무모순성, 올바름, 필요성 등의 분석관점이 있다고 하였다. 다음 예제는 제품 요구사항명세의 분석을 위해 채택한 분석관점의 예를 보인다.

---

30 우리가 True 혹은 False로 그 결과가 나오기를 기대하는 분석관점의 경우에도 이 두 가지의 확정적인 결과에 도달하지 못할 수도 있다. 그런 경우, 결과의 공간이 '모름(Unknown)'까지 포함하여 세 개의 값으로 구성될 수 있다.

31 [Pohl 10]pp. 518-519.

예제 1.3.1-1 ReqsPerspective1$_{A1}$

예제 1.2-2의 Reqs$_{A1}$를 분석하기 위하여 다음의 분석관점을 채택하기로 한다.

ReqsPerspective1$_{A1}$ :: Requirements Analysis Perspective	
Import	Reqs$_{A1}$ // 예제 1.2-2
"요구사항들 간에 모순이 없는가?" **Result space** = {True, False}	

■

이 책에서는 모든 개발 활동에 대하여 먼저 그 개요도와 그 활동의 정형적 표현을 보이고, 이어지는 본문에서 그 예를 보인다. 예를 들어 요구사항명세 분석의 개요도와 그 정형적 표현인 그림 1.3.1-1과 그림 1.3.1-2에 대한 예는 예제 1.3.1-1과 1.3.1-2에 나온다.

이 책에서 제품 산출물을 기술할 때 예제 1.3.1-1과 같이 제목 구역, 'Import(**가져오기**)'구역과 내용 구역으로 나누어 기술한다.[32] 제목 구역에는 산출물의 이름과 타입을 기술한다.[33] 'Import' 구역에는 이 산출물을 정의하는데 필요한 다른 산출물들을 기록한다. 가져오기되는 산출물이 없을 경우 이 구역을 생략할 수 있다. 마지막으로 내용 구역에는 산출물의 내용을 기술한다.

AnalysisResult$_{Reqs}$

Reqs가 요구사항명세이고, ReqsPerspective가 하나의 요구사항명세 분석관점이고, R이 분석의 결과공간인 경우[34] 요구사항명세 분석 활동은 다음과 같이 표현될 수 있다.

$$\mathit{Analysis}(\text{Reqs, ReqsPerspective}) = r \text{ 이고 } r \in R$$

이다.

다음 예제는 제품 요구사항명세를 채택한 분석관점으로 분석한 결과의 예를 보인다.

---

32 앞서 나온 산출물에서는 가져오기되는 내용이 없기 때문에 'Import' 구역을 사용하지 않았다.
33 산출물 작성에 대한 상세한 논의는 제 6장 6.3.1절에 있다.
34 R은 실수와 같은 연속적인(continuous) 공간일 수도 있고, True와 False로 구성된 경우와 같이 불연속적인(discrete) 공간일 수도 있다.

예제 1.3.1-2 $\text{ReqsAnalysisResult}_{\text{Reqs}_{A1},\text{ReqsPerspective1}_{A1}}$

예제 1.2-2의 Reqs_{A1}을 예제 1.3.1-1의 $\text{ReqsPerspective1}_{A1}$으로 분석한 결과가 True라고 하면, 이 결과를 다음과 같이 산출물 표현으로 나타낼 수 있다.

$\text{ReqsAnalysisResult}_{\text{Reqs}_{A1},\text{ReqsPerspective1}_{A1}}$ :: **Requirements Analysis Result**
True

■

1.3.2 요구사항명세의 평가

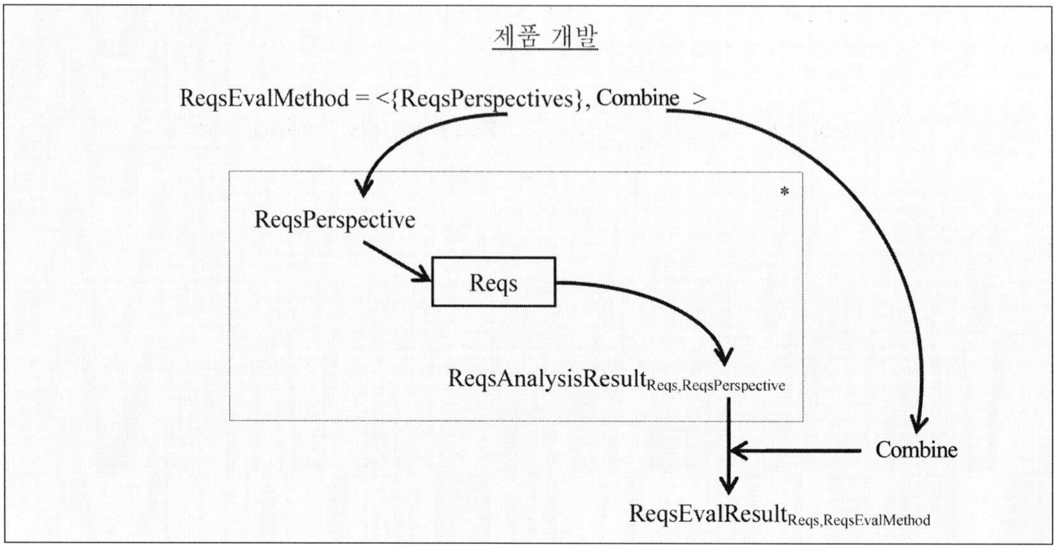

그림 1.3.2-1. SSPD에서의 제품 요구사항명세 평가의 개요도

그림 1.3.2-1은 요구사항명세 평가가, 요구사항명세 Reqs에 요구사항명세 분석관점 ReqsPerspective들을 적용하여 얻은 분석결과 $\text{ReqsAnalysisResult}_{\text{Reqs,ReqsPerspective}}$들에 이들을 종합하는 함수 Combine을 적용하는 활동임을 나타낸다. 그림 1.3.2-1에서 {ReqsPerspectives}는 요구사항명세 분석관점들의 집합을 나타내고 네모 안에 있는 ReqsPerspective는 집합 {ReqsPerspectives}의 하나의 원소를 나타낸다. 그림 1.3.2-2는 이 활동을 정형적으로 표현한다.

$$\text{ReqsEvalResult}_{\text{Reqs,ReqsEvalMethod}} = \mathcal{Eval}(\text{Reqs,ReqsEvalMethod})$$

그림 1.3.2-2. SSPD에서의 제품 요구사항명세 평가의 정형적 표현

ReqsEvalMethod는 요구사항명세 분석관점의 집합과 그 관점들로부터 요구사항명세를 분석한 결과를 종합하는 함수로 구성된다. 구체적으로, 만일

$$\text{ReqsEvalMethod} = \langle\{\text{ReqsPerspective1}, \ldots, \text{ReqsPerspectivek}\}, \text{Combine}\rangle$$

이면

$$\mathcal{Eval}(\text{Reqs,ReqsEvalMethod}) = \text{Combine}_{i=1}^{k}\ (\mathcal{Analysis}(\text{Reqs, ReqsPerspectivei}))$$

이다.

ReqsEvalMethod

다음 예제는 제품 요구사항명세의 평가를 위해 채택한 평가방법의 예를 보인다. 제 1.1.9 절에서 논의한 바와 같이 Combine 함수의 정의에 따라 각 분석결과가 동등한 중요성을 갖도록 평가가 이루어질 수도 있고, 각 분석결과가 서로 다른 중요성을 갖도록 평가가 이루어질 수도 있다. 전자의 예는 예제 1.3.2-1에서 볼 수 있고, 후자의 예는 제 1.5.2절의 예제 1.5.2-1에서 볼 수 있다.

예제 1.3.2-1 $\text{ReqsEvalMethod}_{\text{ReqsA1}}$

예제 1.2-2의 Reqs_{A1}을 평가하기 위해

$$\text{ReqsPerspectives}_{\text{A1}} = \{\varepsilon(\text{ReqsPerpective1}_{\text{A1}}),\ \text{ReqsPerspective2}_{\text{A1}}\}$$

의 요구사항 분석관점 집합을 채택하기로 한다. 위의 집합의 요구사항 분석관점들 가운데 $\text{ReqsPerspective2}_{\text{A1}}$는 새롭게 정의된 요구사항 분석관점이나, $\text{ReqsPerpective1}_{\text{A1}}$는 재사용함수 ε이 적용되어 이미 존재하는 요구사항 분석관점 $\text{ReqsPerpective1}_{\text{A1}}$을 재사용하고 있음을 알 수 있다. ε을 포함하여 이 책에서 사용되는 재사용함수들은 이 책 서두의 "책에서 사용되는 기호들"에 정의되어 있다. 위의 요구사항 분석관점 집합을 채택한 평가방법이 다음과 같이 기술될 수 있다.

<table>
<tr><th colspan="2">$\text{ReqsEvalMethod}_{\text{Reqs}_{\text{A1}}}$ :: Requirements Evaluation Method</th></tr>
<tr><td>Import</td><td>$\varepsilon(\text{ReqsPerspective1}_{\text{A1}})$ // 예제 1.3.1-1</td></tr>
<tr><td colspan="2"><
{ $\varepsilon(\text{ReqsPerpective1}_{\text{A1}})$, $\text{ReqsPerspective2}_{\text{A1}}$},
$\wedge_{j\ =\ \{1,2\}}\ \text{ReqsAnalysisResult}_{\text{Reqs}_{\text{A1}},\text{ReqsPerspectivej}_{\text{A1}}}$
>
이고 여기서 가져오기되지 않은 분석관점들은 다음과 같다.
$\text{ReqsPerpective2}_{\text{A1}}$: "모든 요구사항이 검증가능(verifiable)한가?"
    Result space = {True, False}</td></tr>
</table>

위의 평가 방법의 Combine 함수에서 '∧'는 Boolean 연산자 'and'이다.

■

$ReqsEvalResult_{Reqs,ReqsEvalMethod}$

다음 예제는 제품 요구사항명세를, 채택한 평가방법으로 평가한 결과의 예를 보인다.

예제 1.3.2-2 $ReqsEvalResult_{Reqs_{A1},ReqsEvalMethod_{A1}}$

예제 1.2-2의 $Reqs_{A1}$를 예제 1.3.2-1의 $ReqsEvalMethod_{Reqs_{A1},ReqsEvalMethod_{A1}}$로 평가하기 위해, 다음과 같이 요구사항명세 분석결과를 가정하자.

분석결과표		
분석관점	**분석결과**	**근거**
$\varepsilon(ReqsPerspective1_{A1})$	ε(True)	예제 1.3.1-2
$ReqsPerspective2_{A1}$	True	가정

이 분석결과들이 논리연산 '∧'로 결합되어

True ∧ True = True

가 된다. 따라서 예제 1.2-2의 $Reqs_{A1}$를 예제 1.5.2-1의 $ReqsEvalMethod_{A1}$으로 평가한 결과는 다음과 같다.

$ReqsEvalResult_{Reqs_{A1},ReqsEvalMethod_{A1}}$ :: Requirements Evaluation Result
True

■

평가결과는 일반적으로 어떤 판단에 사용하게 되는데, 예를 들어 위 예제의 평가결과의 경우 그 값이 True이므로 Reqs이 더 상세한 분석을 수행할 수 있는 최소 조건을 충족시켰다는 것을 말해준다.

1.4 아키텍처의 설계

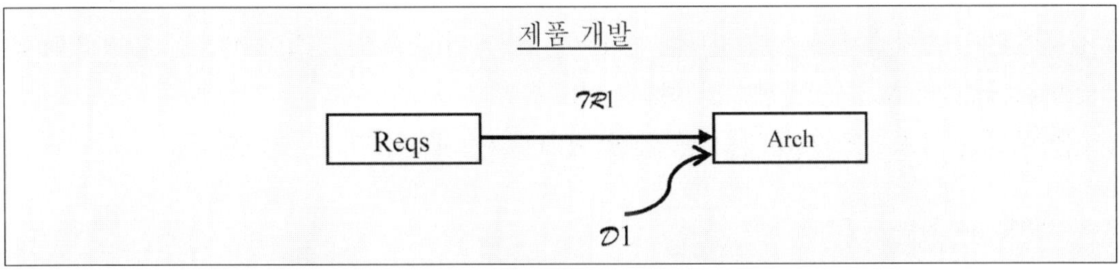

그림 1.4-1. SSPD에서의 제품 아키텍처설계의 개요도

아키텍처설계는 구현이 요구사항을 충족시킬 수 있도록, 구현이 준수해야 할 아키텍처를 도출하는 활동이다. 그림 1.4-1은 아키텍처설계가, 요구사항명세 Reqs으로부터 아키텍처설계결정 $\mathcal{D}1$의 결과로서, 아키텍처 Arch와 요구사항-아키텍처 추적성 $\mathcal{TR}1$을 만드는 활동임을 나타낸다. 그림 1.4-2는 이 활동을 정형적으로 표현한다.

$$(\text{Arch}, \mathcal{TR}1) = \mathcal{ArchDesign}(\text{Reqs}, \mathcal{D}1)$$

그림 1.4-2. SSPD에서의 제품 아키텍처설계의 정형적 표현

소프트웨어 아키텍처는 여러 가지 뷰[35]를 사용하여 표현할 수 있는데, 이 책에서는 논의를 단순화하기 위하여 [강성원 15][36]의 참조 관점체계의 아키텍처 뷰들 중 논리뷰 하나로서 아키텍처를 나타내기로 한다. 여러 가지 뷰를 사용하도록 아키텍처설계 활동을 확장하기 위해서는 기본적으로 그림 1.4-1의 Arch를 각 뷰에 해당하는 단계들로 나누고, 각 뷰가 그 뷰를 위한 아키텍처설계결정에 의하여 만들어지고 뷰들 간에 추적성 관계를 갖도록 상세화하면 된다.

그림 1.4-1에서 아키텍처설계결정을 $\mathcal{D}1$으로 나타내고 Reqs와 Arch 간의 추적성을 $\mathcal{TR}1$으로 나타내는 이유는, 뒤에서 이와 동일한 성격의 산출물, 즉 구현결정과 Arch와 Imp 간의 추적성이 아키텍처와 구현 간에도 발생하기 때문이다. 따라서 전자를 위해서는 결정과 추적성을 각각 $\mathcal{D}1$과 $\mathcal{TR}1$으로 나타내고, 후자를 위해서는 각각 $\mathcal{D}2$와 $\mathcal{TR}2$로 나타내기로 한다.

그림 1.4-2에 따르면 제품 요구사항에 아키텍처설계결정을 적용한 결과는 아키텍처와 추적성의 두 산출물이다.

---

35 [강성원 15] 또는 [Bass 13]을 참조.
36 [강성원 15]p. 106.

$\mathcal{D}1$

아키텍처설계결정은 일련의 결정 $\mathcal{D}1$ = <D1, ... , Dn>으로 각 결정 Di는, $1 \leq i \leq n$, 어떤 요구사항을 아키텍처 요소에 할당하거나, 아키텍처의 구조를 결정하거나, 혹은 **아키텍처 결**(architecture texture)[37]을 결정하는 행위이다.

다음 예제는 제품 아키텍처 설계를 위한 아키텍처설계결정의 예를 보인다.

예제 1.4-1 $\mathcal{D}1_{A1}$

예제 1.2-2의 $Reqs_{A1}$으로부터 아키텍처설계결정을 다음과 같이 내렸다고 가정하자.

<table>
<tr><th colspan="2">$\mathcal{D}1_{A1}$ :: Architecture Design Decisions</th></tr>
<tr><td>Import</td><td>$Reqs_{A1}$ // 예제 1.2-2</td></tr>
<tr><td colspan="2"><
D1: [FR_B의 요구에 따라 +, −, *, / 연산을 하나의 컴포넌트 CompB에 구현하여, C_1이 요구하는 바와 같이 FR_A1가 요구하는 연산을 위하여 기 개발된 컴포넌트를 재사용할 수 있도록 한다; 외부 연산을 위한 커넥터 ch1과 ch2를 제공한다.],
D2: [FR_T의 요구에 따라 UI를 CompTUI로 구현한 뒤, 이를 커넥터 ch3와 ch4로 CompB에 연결한다.],
D3: [C_1 이 요구하는 대로 기 개발된 컴포넌트 CompA1를 재사용한다(즉 ε(CompA1)을 사용한다).],
D4: [컴포넌트 CompA1을 컴포넌트 CompB의 커넥터 ch1와 ch2에 연결한다.]
></td></tr>
</table>

■

Arch

아키텍처는 보통 그래프로 모델링한다. 아키텍처를 나타내는 그래프의 노드는 연산을 수행하는 컴포넌트를 나타내고, 에지는 컴포넌트 사이의 관계를 나타낸다. 따라서 아키텍처 Arch를 다음과 같이 나타낼 수 있다.

$$\text{Arch} = \langle \{\mathit{Comps}\}, \{\mathit{Connectors}\}, \{\mathit{Connections}\} \rangle$$ [38]

---

37 [Pohl 05]은 아키텍처 결을 "시스템을 구현하기 위하여 필요한 공통된 개발 규칙의 집합"이라고 하였다(p. 117). 공통된 개발 규칙의 예로는, 코딩 규칙과 설계와 코딩에서 자주 발생하는 상황을 처리하기 위한 설계패턴 등이 있다. 실제 아키텍처설계에서는 아키텍처 결을 구성하는 규칙들의 결정도 수행하지만, 이 책에서는 아키텍처 구성에 관한 결정들에 초점을 둔다.

38 [Perry 92]는 아키텍처를 "Software Architecture = {Elements, Form, Rationale}"로 정의하였다. 'Rationale'은 설계결정의 근거로, [Perry 92]는 이를 아키텍처의 일부라고 본다. 이와 대조적으로 SSPD에서는 설계결정을 아키텍처의 일부가 아니라, 아키텍처를 결정하는 메타산출물(meta artifact)이라고 본다. 마찬가지로 SSPD는 구현결정도 구현의 일부가 아니라, 구현을 결정하는 메타산출물이라고 본다.

이고, 여기서

*Comps*는 컴포넌트의 집합이고,

*Connectors*는 커넥터의 집합이고

*Connections*는 컴포넌트와 커넥터 사이의 연결의 집합

이다.

이 책에서 우리는 아키텍처 모델을 요구사항명세로부터의 "변형 결과"로 본다. 따라서 아키텍처는 요구사항명세에 있는 모든 '정보'를 포함하고 나아가 아키텍처 결정에 따른 컴포넌트와 커넥터로 구성된 결과를 포함한다. 따라서 비록 아키텍처의 전형적인 모습은 컴포넌트와 커넥터로 구성된 그래프 모델이지만, 아키텍처의 각 구성요소는 요구사항을 해당 요소들에 맞게 변형된 형태로 포함하고 있다고 보아야 한다.

다음 예제는 제품 아키텍처의 예를 보인다.

예제 1.4-2 Arch$_{A1}$

예제 1.4-1의 $\mathcal{D}1_{A1}$에 따라 만들어지는 아키텍처는 다음과 같다.

Arch$_{A1}$ :: Architecture	
Import	$\mathcal{D}1_{A1}$ // 예제 1.4-1
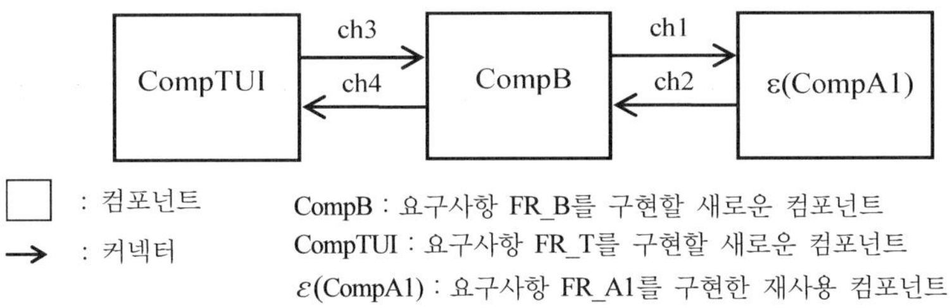	

위의 Arch$_{A1}$을 <Comps$_{A1}$, Connectors$_{A1}$, Connections$_{A1}$> 형태로 표현하면

Comps$_{A1}$ = {CompB, CompA1, CompTUI}

Connectors$_{A1}$ = {ch1, ch2, ch3, ch4}

Connections$_{A1}$ = {<CompB, ch1, CompA1>, <CompA1, ch2, CompB>,
<CompTUI, ch3, CompB>, <CompB, ch4, CompTUI>}

이다.

■

$\mathcal{TR}1$

추적성의 개념에 대해서는 제 1.1.3 절에서 논의하였고, 추적성의 정형적 표현 방법은 제 1.1.8절에서 제시하였다.

다음 예제는 제품 요구사항과 아키텍처 간의 추적성(요구사항-아키텍처 추적성)의 예를 보인다.

예제 1.4-3 $\mathcal{TR}1_{A1}$

예제 1.4-1의 $\mathcal{D}1_{A1}$에 따라 만들어지는 요구사항-아키텍처 추적성은 다음과 같다.

$\mathcal{TR}1_{A1}$ :: Reqs-to-Arch Traceability	
Import	$\mathcal{D}1_{A1}$ // 예제 1.4-1

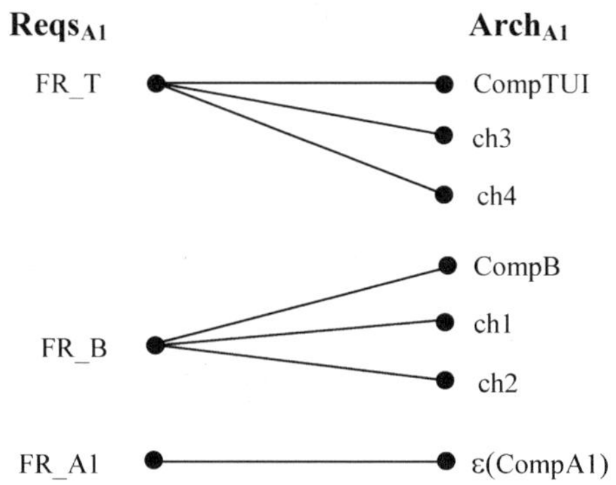

$\mathcal{TR}1_{A1}$이 $Arch_{A1}$과 동시에 만들어졌기 때문에, $\mathcal{TR}1_{A1}$은 $Arch_{A1}$을 가져오기하지 않았다. ■

1.5 아키텍처의 분석과 평가

전통적으로 아키텍처 분석이라는 용어와 아키텍처 평가라는 용어는 명확한 구별 없이 사용되었다. [강성원 15][39]은 아키텍처 평가를 아키텍처 분석과의 서로 구별되는 개념으로 보고, 아키텍처 평가가 아키텍처 분석의 반복과 그 결과의 종합이라고 보는 시각은 제시하였다. 이 절에서도 이러한 분석과 평가의 개념을 아키텍처에 적용한다.[40]

1.5.1 아키텍처의 분석

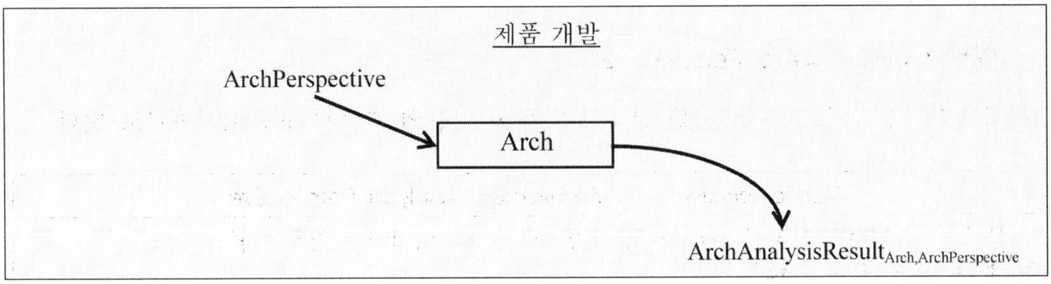

그림 1.5.1-1 SSPD에서의 제품 아키텍처 분석의 개요도

그림 1.5.1-1은 아키텍처 분석이, 아키텍처 Arch에 아키텍처 분석관점 ArchPerspective을 적용하여 분석결과 $\text{ArchAnalysisResult}_{\text{Arch,ArchPerspective}}$를 얻는 활동임을 나타낸다. 그림 1.5.1-2는 이 활동을 정형적으로 표현한다.

$$\text{ArchAnalysisResult}_{\text{Arch,ArchPerspective}} = \mathit{Analysis}(\text{Arch, ArchPerspective})$$

그림 1.5.1-2 SSPD에서의 제품 아키텍처 분석의 정형적 표현

소프트웨어 시스템의 아키텍처 분석은 "아키텍처를 주어진 분석관점으로부터 검사 혹은 조사하여 그 결과를 정량적 혹은 정성적인 결과로 나타내는 활동"이다.[41] 그림 1.3.1-1과 그림 1.5.1-1이 분석의 대상이 되는 산출물만 다를 뿐 동일한 모습을 갖고 있듯이 아키텍처와 아키텍처 분석 간의 관계는 요구사항명세와 요구사항명세 분석 간의 관계와 동일하다.

39 [강성원 15] pp. 168-172.
40 제 1.3절에서도 동일한 분석과 평가의 개념으로 요구사항명세의 분석과 평가를 논의하였다.
41 [강성원 15] p. 154.

Architecture Analysis Perspective

아키텍처는 요구사항을 충족시킬 수 있도록 설계되어야 하기 때문에 각 요구사항은 하나의 아키텍처 분석관점이 될 수 있다.[42] 요구사항들 중 기능요구사항들은 아키텍처가 - 따라서 아키텍처에 적합하게 구현된 시스템이- 해당 기능을 올바로 제공하는지의 여부라는 중요한 분석관점을 형성한다. 그러나 특히 분석이 까다로운 종류의 분석관점들은 품질 요구사항을 충족시키는 가에 관한 것이다. 그 외에도 비용, 이득, 안전성 등 분석자의 다양한 관심사항들이 각각 아키텍처 분석 관점이 될 수 있다.

다음 예제는 제품 아키텍처의 분석을 위해 채택한 분석관점의 예를 보인다.

예제 1.5.1-1 ArchPerspective1$_{A1}$

예제 1.4-2의 아키텍처 Arch$_{A1}$를 분석하기 위해 다음의 분석관점을 채택하기로 한다.

ArchPerspective1$_{A1}$ :: **Architecture Analysis Perspective**
"계산기가 두 실수에 대하여 fmod와 fquot 연산을 1 μs 이내에 수행하는가?" **Result space** = {True, False}.

■

ArchAnalysisResult$_{Arch,ArchPerspective}$

Arch가 아키텍처이고, ArchPerspective가 하나의 아키텍처 분석관점이고, R이 그 결과공간이라고 하자. 그러면 아키텍처 분석 활동은 다음과 같이 표현될 수 있다.

Analysis(Arch, ArchPerspective) = r 이고 r $\in$R

이다.

다음 예제는 제품 아키텍처를 채택한 분석관점으로 분석한 결과의 예를 보인다.

예제 1.5.1-2 ArchAnalysisResult$_{ArchA1,ArchPerpective1A1}$

예제 1.4-2의 Arch$_{A1}$를 예제 1.5.1-1의 ArchPerspective1으로 분석하기 위해서는, CompB와 CompA1 컴포넌트들이 계산에 소요하는 시간과 그들간의 통신 지연시간을 알아야 한다. 그 값들을 다음과 같이 가정하자;

- CompB의 계산 소요시간은 0.3 μs이다.

---

42 아키텍처를 나타내기 위해서 여러 개의 뷰를 사용할 경우, 뷰마다 그 뷰에 적합한 분석관점들도 달라지기 때문에, 분석관점들은 뷰에 맞도록 잘 선택해야 한다.

- CompA1의 계산 소요시간은 0.4 μs이다.
- CompB로부터 CompA1로의 통신지연과 CompA1로부터 CompB로의 통신 지연시간이 모두 0.1 μs이다.

그러면 총 소요시간은 0.9 μs이고, 이는 ArchPerspective1에서 요구하는 1 μs 보다 작기 때문에 이 분석의 결과는 True가 된다. 따라서 예제 1.4-2의 Arch_{A1}를 예제 1.5.1-1의 ArchPerspective1으로 분석한 결과는 다음과 같다.

<table>
<tr><th colspan="2">$\text{ArchAnalysisResult}_{\text{Arch}_{\text{A1}},\text{ArchPerpective1}_{\text{A1}}}$ :: Architecture Analysis Result</th></tr>
<tr><td>Import</td><td>Arch_{A1} // 예제 1.4-2
ArchPerspective1 // 예제 1.5.1-1</td></tr>
<tr><td colspan="2">True</td></tr>
</table>

■

1.5.2 아키텍처의 평가

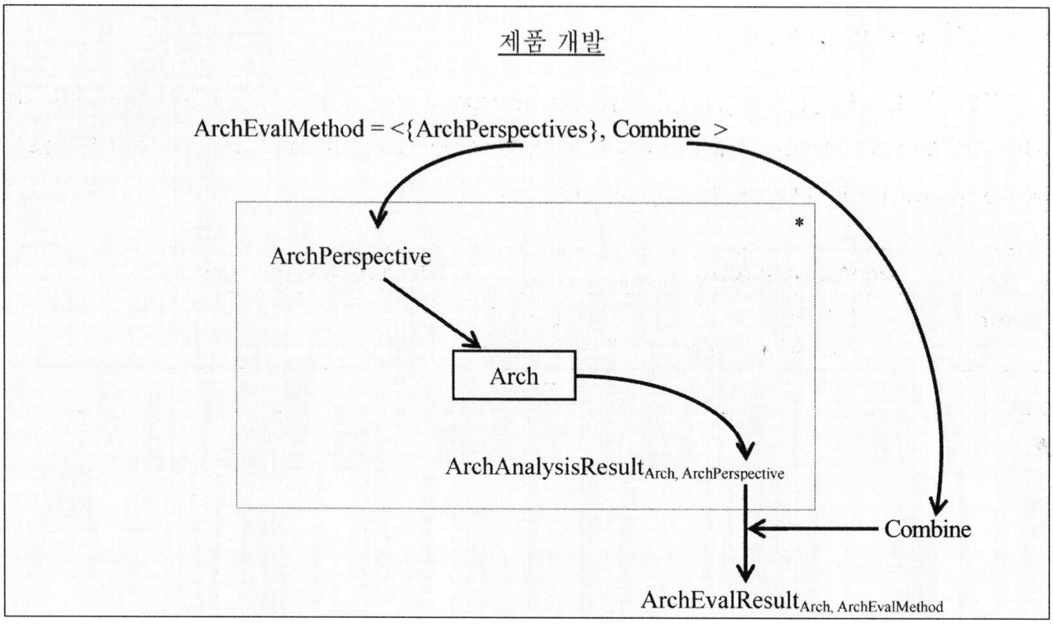

그림 1.5.2-1. SSPD에서의 제품 아키텍처 평가의 개요도

그림 1.5.2-1은 아키텍처 평가가, 아키텍처 Arch에 아키텍처 분석관점 ArchPerspective들을 적용하여 얻은 분석결과 $ArchAnalysisResult_{Arch,ArchPerspective}$들에 이들을 종합하는 함수 Combine을 적용하는 활동임을 나타낸다. 그림 1.5.2-2는 이 활동을 정형적으로 표현한다.

$ArchEvalResult_{Arch,ArchEvalMethod}$ = *Eval*(Arch, ArchEvalMethod)

그림 1.5.2-2 SSPD에서의 제품 아키텍처 평가의 정형적 표현

ArchEvalMethod

다음 예제는 제품 아키텍처의 평가를 위해 채택한 평가방법의 예를 보인다.

예제 1.5.2-1 $ArchEvalMethod_{Arch_{A1}}$

예제 1.4-2의 $Arch_{A1}$를 평가하기 위해 다음의 평가방법을 채택하기로 한다. 아래 평가방법은 분석관점 별로 서로 다른 중요성을 반영하여 평가하도록 되어 있다. 각 분석관점이 이 평가에서 차지하는 가중치 혹은 중요도를 나타내기 위하여 **분석관점의 가중치**(weight)를 사용할 수 있다.[43] 이 아키텍처 평가에서 $ArchPerspective1_{A1}$를 재사용하여 채택한 이유는 fmod

43. 평가에서 각 분석관점의 가중치가 고려될 경우, 이 가중치를 정확히 결정하기는 어렵기 때문에 보통

와 fquot의 연산을 빨리 수행하는 것이 중요하고, ArchPerspective2$_{A1}$를 채택한 이유는 CompA1가 확장이 용이하도록 설계하는 것이 중요하기 때문이다.

ArchEvalMethod$_{Arch_{A1}}$ :: Architecture Evaluation Method		
Import	Arch$_{A1}$	// 예제 1.4-2
	ε(ArchPerspective1$_{A1}$)	// 예제 1.5.1-1

<
{ ε(ArchPerspective1$_{A1}$), ArchPerspective2$_{A1}$},
$\sum_{j=\{1,2\}}$ (Weight of ArchPerspectivej$_{A1}$ × *Analysis*(Arch$_{A1}$, ArchPerspectivej$_{A1}$)
>
이고, 여기서 가져오기되지 않은 분석관점들은 다음과 같다.

ArchPerspective2$_{A1}$: "컴포넌트 CompA1가 2년 경력의 프로그래머에 의하여 하루 안에 업그레이드가 가능한가?"
Result space = {True, False}

■

ArchEvalResult$_{Arch,ArchEvalMethod}$

다음 예제는 제품 아키텍처를, 채택한 분석관점으로 평가한 결과의 예를 보인다.

예제 1.5.2-2 ArchEvalResult$_{Arch_{A1}}$

예제 1.4-2의 Arch$_{A1}$에 대한 평가방법이 예제 1.5.2-1의 ArchEvalMethod$_{Arch_{A1}}$이라고 하자. 평가방법에 정의된 두 개의 아키텍처 분석이 수행될 경우에 가능한 분석결과가 다음과 같다고 가정하자.

분석결과표		
분석관점	**분석결과**	**근거**
ε(ArchPerspective1$_{A1}$)	ε(True)	가정
ArchPerspective2$_{A1}$	True	가정

또한 평가방법에 정의된 두 개의 아키텍처 분석이 수행될 경우에 가능한 분석결과의 가치(value)가 다음과 같다고 가정하자.

직관이나 과거의 데이터에 의존하여 가중치값을 결정한다.

분석결과환산표			
분석관점	가능한 분석결과	분석결과의 가치	근거
ε(ArchPerspective1$_{A1}$)	ε(True)	20	가정
	False	0	가정
ArchPerspective2$_{A1}$	True	10	가정
	False	0	가정

예제 1.3.2-2에서와 달리 이 평가에서 분석결과의 가치를 고려하는 이유는, 예제 1.3.2-2의 경우 평가 결과값 공간이 {True, False}로 분석 결과의 결합방법이 명제함수계산에 지나지 않았으나, 이 예제에서는 평가 결과값 공간이 가치를 나타내는 자연수의 집합이므로 개별적인 분석결과 값들이 우선적으로 자연수의 가치값으로 변환되어야 하기 때문이다.

또한 위의 두 분석관점을 Arch$_{A1}$에 적용할 결과가 모두 True라고 가정하고, 각 관점의 가중치를 각각 6과 5라고 하고, 평가방법에서 평가결과를 얻기 위하여 분석관점의 가중치와 분석결과의 가치를 곱한 결과들을 합산하기로 한다. 그러면 다음과 같이 평가계산표가 만들어진다.

평가계산표				
분석관점	분석결과	분석결과의 가치	분석관점의 가중치	분석결과의 가치× 분석관점의 가중치
ε(ArchPerspective1$_{A1}$)	ε(True)	20	6	120
ArchPerspective2$_{A1}$	True	10	5	50

이제 분석결과의 가치와 분석관점의 가중치를 곱한 값들을 합하면

$$120 + 50 = 170$$

가 된다. 따라서 예제 1.4-2의 Arch$_{A1}$를 예제 1.5.2-1의 ArchEvalMethod$_{A1}$의 방법으로 평가한 결과는 다음과 같다.

$ArchEvalResult_{Arch_{A1}, ArchEvalMethod_{A1}}$ :: Architecture Evaluation Result
170

■

1.6 구현의 개발

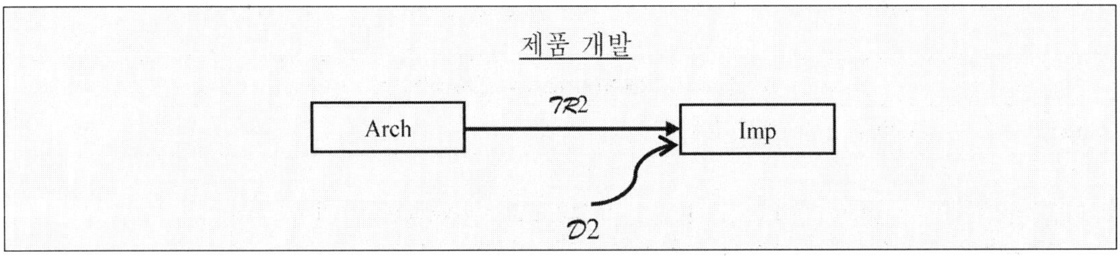

그림 1.6-1. SSPD에서의 제품 구현 개발의 개요도

그림 1.6-1은 구현의 개발이, 아키텍처 Arch로부터 구현결정 $\mathcal{D}2$의 결과로서 구현 Imp와 아키텍처와 구현 간의 추적성(아키텍처-구현 추적성) $\mathcal{TR}2$을 만드는 활동임을 나타낸다. 그림 1.6-2는 이 활동을 정형적으로 표현한다.

$$(\text{Imp}, \mathcal{TR}2) = \mathit{Implement}(\text{Arch}, \mathcal{D}2)$$

그림 1.6-2. SSPD에서의 제품 구현 개발의 정형적 표현

구현 단계는 제 1.4절의 아키텍처설계 단계와 유사하다. 이 두 단계의 차이점은, 아키텍처설계 단계에서는 요구사항명세를 아키텍처로 맵핑하는 반면, 구현 단계에서는 아키텍처를 구현으로 맵핑한다는 것이다.

제 1.4 절에서 제시한 바와 같이 설계를 위한 결정을 $\mathcal{D}1$으로, 요구사항과 아키텍처와 사이의 추적성을 $\mathcal{TR}1$으로 나타내기로 한 것처럼, 구현을 위한 결정을 $\mathcal{D}2$로, 아키텍처와 구현 사이의 추적성을 $\mathcal{TR}2$로 나타내기로 한다.

$\mathcal{D}2$

아키텍처설계결정의 경우와 마찬가지로, 구현결정도 일련의 결정으로, 다음과 같이 나타낼 수 있다:

$$\mathcal{D}2 = \langle D1, \ldots, Dn \rangle$$

여기서 각 결정 Di는, $1 \leq i \leq n$, 아키텍처 요소들을 어떻게 구현하는가에 대한 결정의 기술이거나 아키텍처 구조를 어떻게 구현하는가에 대한 결정의 기술이다.

다음 예제는 제품 구현결정의 예를 보인다.

예제 1.6-1 $\mathcal{D}2_{A1}$

예제 1.4.1-3의 $Arch_{A1}$로부터 다음과 같이 구현결정을 내렸다고 가정하자.

$\mathcal{D}2_{A1}$ :: Implementation Decisions	
Import	$Arch_{A1}$ // 예제 1.4-2

```
<
D1: [CompTUI는 program TUI로 구현한다; ch3와 ch4는 procedure B의 호출과
    procedure B의 실행으로부터의 반환으로 각각 구현한다.]
D2: [컴포넌트 CompB를 procedure B로 구현한다.]
D3: [procedure B는 사용자가 요구하는 다양한 계산요청을 처리하기 위하여,
    Case문을 사용하여
    사용자가 요청한 연산의 종류에 따라 해당 연산을 실행한다.]
D4: [procedure B는 fmod와 fquot를 사용하여 연산 "fmod and fquot"를 처리한다.]
D5: [procedure B는 fmod 연산과 fquot 연산을 처리하기 위하여 procedure A1을 호출한다.]
D6: [컴포넌트 ε(CompA1)을 ε(procedure A1)으로 맵핑한다.]
>
```

■

Imp

제 1.4절에서 아키텍처 모델을 요구사항명세로부터의 변형결과로 본 것과 마찬가지로, 구현은 아키텍처로부터의 변형 결과이다.

다음 예제는 제품 구현의 예를 보인다.

예제 1.6-2 Imp_{A1}

예제 1.6-1의 $\mathcal{D}2_{A1}$에 따라 만들어지는, 아키텍처 $Arch_{A1}$의 구현은 다음과 같다.

Imp_{A1} :: Implementation	
Import	$\mathcal{D}2_{A1}$ // 예제 1.6-1 procedure A1 // 재사용되는 컴포넌트

```
program TUI:
    OP: string; x, y: real;
    ReadOperation(OP);   ReadNumber(x);   ReadNumber(y);
    WriteNumber (B(OP,x,y));
end program

procedure B(OP: string; x,y: real): real
    result: real;
    case OP of
        "+": result := (x + y);
```

```
            "−": result := (x  -  y);
            "*" : result := (x * y);
            "/" : result := (x / y);
            "fmod":  result:= A1(OP, x,y);
            "fquot":  result:= A1(OP, x,y);
      end case;
      return result;
end procedre

// procedure A1(OP:string; a, b:real): real
//     case OP of
//          "fmod": return a fmod b;
//          "fquot": return a fquot b;
//     end case;
// end procedure
```

이 프로그램은 가상의 절차적 프로그래밍 언어의 구문을 사용하여 작성되었다. program TUI는 CompTUI를 구현하여 사용자가 원하는 연산과 두 수를 읽어들인 뒤, procedure B를 호출하여 이를 넘겨주고 그 연산결과를 얻는다. procedure B에서 실제로 수행되는 연산은 기본적인 +, −, *, / 연산이고, fmod와 fquot의 연산은 직접 실행하지 않고 procedure A1을 호출하여 실행한다. ImpA1에서 가져오기되는 procedure A1은 이미 구현되어 있는 코드로 여기서는 재사용되고 있다. $\varepsilon(X)$는 모델에서 재사용되는 요소를 나타내는데, procedure A1의 호출에 의해 재사용되고 있지만 구현코드라 달리 표시하지 않았다.

■

$\mathcal{TR}2$

다음 예제는 제품 아키텍처-구현 추적성의 예를 보인다.

예제 1.6-3 $\mathcal{TR}2_{A1}$

예제 1.6-1의 $\mathcal{D}2_{A1}$에 따라 만들어지는 아키텍처-구현 추적성은 다음과 같다.

$\mathcal{TR}2_{A1}$ :: Arch-to-Imp Traceability		
Import	$\mathcal{D}2_{A1}$ // 예제 1.6-1	
	$Arch_{A1}$	**Imp_{A1}**
	CompTUI	program TUI
	ch3	program TUI의 호출
	ch4	program TUI 실행으로부터의 반환
	CompB	procedure B
	ch1	ε(procedure A1)의 호출
	ch2	ε(procedure A1) 실행으로부터의 반환
	ε(CompA1)	ε(procedure A1)

위의 추적성에서 ch1은 procedure A1의 호출(call)로 맵핑되고, ch2는 procedure A1 실행으로부터의 반환(return)으로 맵핑된다.

■

1.7 구현의 분석과 평가

구현의 분석과 평가를 위하여 분석과 평가의 대상이 구현 코드가 될 수도 있고 구현의 실행시스템이 될 수도 있다. 이 책에서는 실행시스템을 대상으로 하여 구현의 분석과 평가에 대하여 논의한다. 그러나 코드를 대상으로 해도 유사한 논의를 할 수 있다.

제 1.1.9절에서 논의한 바와 같이 분석과 평가가 서로 구별되는 활동이지만, 구현의 분석과 구현의 평가는 전통적으로는 뚜렷한 구별 없이 시험으로 통칭되었다. 또한 제 1.1.9절에서 논의한 바와 같이 구현의 평가는 구현 분석의 반복으로 얻어진 결과들의 종합이다. 따라서 구현의 분석에 해당되는 활동의 대표적인 예는 시험항목의 실행(test case execution)이고, 구현에 대한 평가활동의 대표적인 예는 시험스위트의 적용(application of test suite)으로 볼 수 있다. 왜냐하면 시험스위트는 시험항목들의 집합이므로, 시험스위트의 적용은 시험항목 실행의 반복으로 이루어지기 때문이다.

1.7.1 구현의 분석

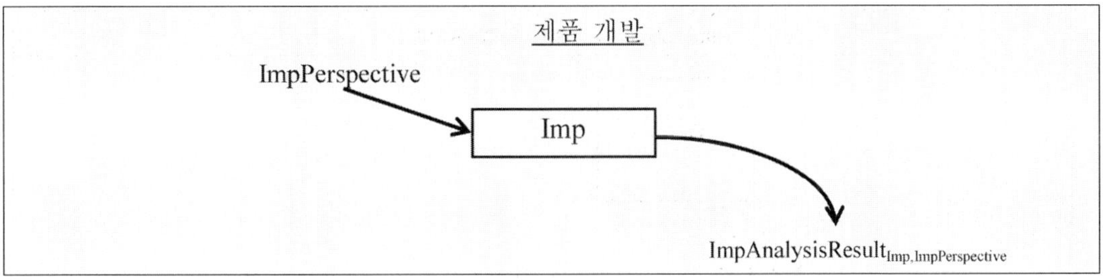

그림 1.7.1-1. SSPD에서의 제품 구현 분석의 개요도

그림 1.7.1-1은 구현 분석이, 구현 Imp에 구현 분석관점 ImpPerspective를 적용하여 분석결과 $\text{ImpAnalysisResult}_{\text{Imp,ImpPerspective}}$를 얻는 활동임을 나타낸다. 그림 1.7.1-2는 이 활동을 정형적으로 표현한다.

$$\text{ImpAnalysisResult}_{\text{Imp,ImpPerspective}} = \mathit{Analysis}(\text{Imp, ImpPerspective})$$

그림 1.7.1-2. SSPD에서의 제품 구현 분석의 정형적 표현

제 1.5.1절에서 아키텍처와 아키텍처 분석 간의 관계를 요구사항명세와 요구사항명세 분석 간의 관계와 동일한 관계로 본 것처럼, 구현과 (구현의 분석으로서의) 시험 간의 관계도 이 관계와 동일한 관계이다. 구현의 분석관점인 ImpPerspective가 하나의 시험항목에 해당되고, 이를 구현 Imp에 적용한 결과 $\text{ImpAnalysisResult}_{\text{Imp,ImpPerspective}}$가 시험결과에 해당된다. 시

험 결과에는 최종적인 평가결과뿐 아니라 시험 실행과정에 나오는 시험실행 트레이스(test execution trace)를 포함하여 많은 정보를 담게 할 수도 있다.

ImpPerspective$_{Imp}$

다음 예제는 제품 구현의 분석을 위해 채택한 분석관점의 예를 보인다.

예제 1.7.1-1 TestCase1$_{A1}$

시험의 종류는 단위시험, 통합시험 그리고 시스템시험으로 나눌 수 있는데, 이 예제에서는 구현 분석의 예로 시스템시험을 사용 한다. 시스템시험항목의 경우 시험아키텍처를 기반으로 하여 도출하면 효과적인 시험항목을 만들 수 있다 [Kang S. 00][Keum 13]. 시험은 시험대상에 어떤 자극을 가하고 그 반응을 관찰함으로써 대상을 분석하는 활동이다. 시험아키텍처는 시스템아키텍처 즉 제품 아키텍처에 자극을 가할 지점들과 반응을 관찰할 지점들을 적절히 선정함으로써 만들어지는데, 이 예제에서는 시험항목 도출을 위하여 예제 1.4-2의 A1의 아키텍처를 기반으로 다음의 시험아키텍처를 만들어 사용하기로 한다.

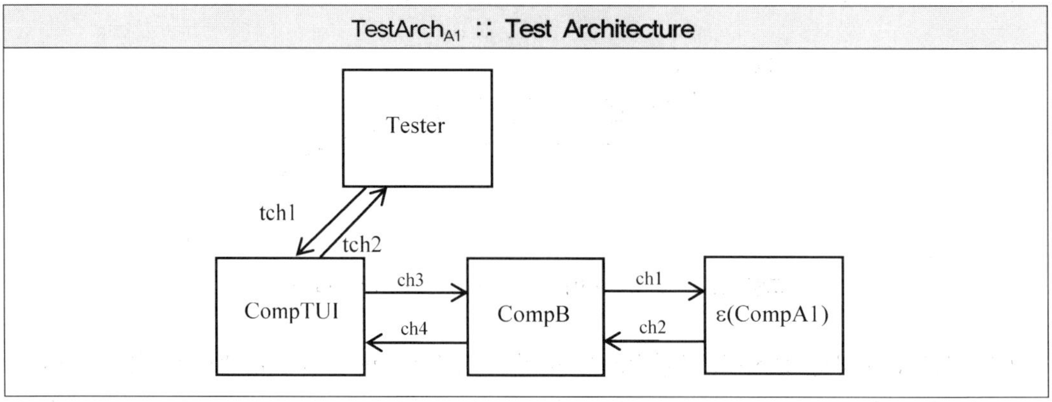

위의 시험아키텍처에서, 시험스위트를 탑재하고 시험대상에 자극을 가하고 반응을 관찰하는 일의 수행자(혹은 수행 컴포넌트)를 Tester로 나타내었다. 자극을 전달하는 커넥터로 tch1을 사용하고, 반응을 전달하는 커넥터로 tch2를 사용하기로 한다. 이제 이 시험아키텍처에 기반한 시험항목으로 다음을 고려하자.

TestCase1: "+, 3과 5의 입력이 주어진 경우, 시스템은 8을 출력해야 한다."

Imp$_{A1}$과 TestArch$_{A1}$를 반영하여 TestCase1을 정형적 시험 기술언어인 TTCN[TTCN-3 13]을 사용하여 다음과 같이 기술할 수 있다.

TestCase1$_{A1}$ :: Test Case	
Import	Imp$_{A1}$ // 예제 1.6-2 TestArch$_{A1}$ // 예제 1.7.1-1
Tester.tch1! "+", 3, 5 Tester.tch2? 8 **Result space** = {Pass, Fail, Inconclusive}	

■

구현에 시험항목을 실행한 결과를 "(Trace, 판정)"의 형태로 나타낼 수 있다. 여기서 Trace은 주어진 시험항목이 실행되며 순차적으로 발생한 입출력의 기록이다. 판정은 Pass(합격), Fail(실패) 혹은 Inconclusive(미확정)의 하나가 된다. 판정의 의미는 Pass는 시험대상 구현이 시험항목의 목적을(즉 해당 요구사항에 대한 충족 여부를) 달성했음을 나타내고, Fail은 그렇지 못함을, Inconclusive는 시험 결과가 불확실하여 어느 쪽인지 판단할 수 없음을 나타낸다.

TestCase1$_{A1}$은 Imp$_{A1}$과 TestArch$_{A1}$에 종속적이다. 즉 TestCase1$_{A1}$은 임의의 구현이나 시험아키텍처에 사용될 수 있는 것이 아니라, Imp$_{A1}$과 TestArch$_{A1}$에 대해서만 유효하다. 그러나 개발자의 선택에 의하여 이와 같이 구현이나 시험아키텍처에 종속된 분석관점을 만들 수도 있고, 경우에 따라서는 이들에 종속되지 않는 분석관점을 만들 수도 있다.

ImpAnalysisResult$_{Imp,ImpPerspective}$

다음 예제는 제품 구현을 채택한 분석관점으로 분석한 결과의 예를 보인다.

예제 1.7.1-2 ImpAnalysisResult1$_{ImpA1,TestCase1A1}$

예제 1.6-1의 Imp$_{A1}$에 대해 예제 1.7.1-1의 TestCase1$_{A1}$를 실행한 결과를 다음과 같이 가정하자.

ImpAnalysisResult1$_{ImpA1,TestCaseA1}$ :: Implementation Analysis Result
Pass

■

1.7.2 구현의 평가

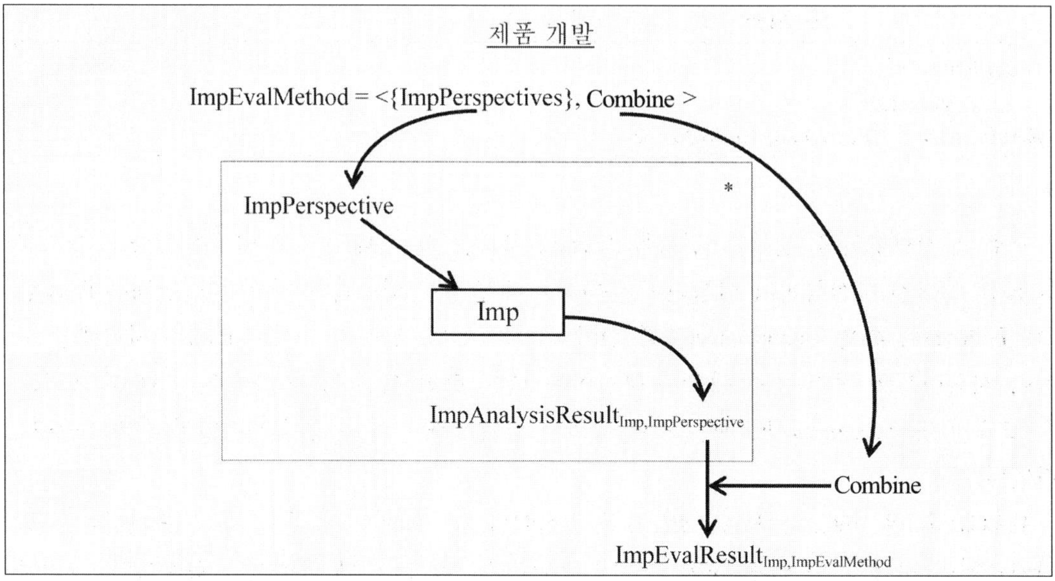

그림 1.7.2.-1. SSPD에서의 제품 구현 평가의 개요도

그림 1.7.2-1은 구현의 평가가, 구현 Imp에 구현 분석관점 ImpPerspective들을 적용하여 얻은 분석결과 $\text{ImpAnalysisResult}_{\text{Imp,ImpPerspective}}$들에 이들을 종합하는 함수 Combine을 적용하는 활동임을 나타낸다. 그림 1.7.2-2는 이 활동을 정형적으로 표현한다.

$$\text{ImpEvalResult}_{\text{Imp,ImpEvalMethod}} = \mathcal{E}val(\text{Imp, ImpEvalMethod})$$

그림 1.7.2-2. SSPD에서의 제품 구현 평가의 정형적 표현

구현의 평가는 제 1.7.1절에서 수행한 (구현 분석으로서의) 시험으로부터 얻은 결과들을 종합한다. 따라서 구현의 시험 평가를 위해 그림 1.7.2-1의 Combine 함수로 **판정계산** (VerdictCalculation) 함수가 일반적으로 사용된다.

ImpEvalMethod

다음 예제는 제품 구현의 평가를 위해 채택한 평가방법의 예를 보인다.

예제 1.7.2-1 $\text{ImpEvalMethod}_{\text{ImpA1}}$

예제 1.6-2의 Imp_{A1}을 평가하기 위해 다음의 평가방법을 채택하기로 한다.

$\text{ImpEvalMethod}_{\text{Imp}_{\text{A1}}}$ :: Implementation Evalutation Method		
Import	Imp_{A1} $\varepsilon(\text{TestCase}_{\text{A1}})$	// 예제 1.6-2 // 예제 1.7.1-1
< $\text{TestSuite}_{\text{Imp}_{\text{A1}}}$ = {ε(TestCase1), TestCase2, TestCase3}, VerdictCalculation > 이고, 여기서 가져오기되지 않은 분석관점들은 다음과 같다: TestCase2: 입력인 –, 3과 5일 때, 시스템은 -2를 출력한다. TestCase3: 입력이 'fmod', 12와 3일 때, 시스템은 0을 출력한다.		

여기서 $\text{TestSuite}_{\text{ImpA1}}$과 VerdictCalculation는 다음과 같다:

$\text{TestSuite}_{\text{Imp}_{\text{A1}}}$: 시험항목의 경우 일반적으로 결과공간은 {Pass, Fail, Inconclusive}이기 때문에 각 시험항목별로 따로 그 결과공간을 기록하지 않는다.

VerdictCalculation: 다음의 판정 계산방식을 채택할 수 있다.
"만일 모든 시험항목의 실행결과가 Pass이면 시스템에 대한 판정은 Pass이고,
만일 하나의 Fail 시험결과가 있으면 시스템에 대한 판정은 Fail이고,
만일 Fail한 시험항목이 없지만 하나 이상의 시험항목이 Inconclusive 판정을 받으면
시스템에 대한 전체 결과는 Inconclusive이다."

구체적으로, 만일

$$\text{ImpEvalMethod} = \langle\{\text{TestCase1}, \ldots, \text{TestCasek}\}, \text{VerdictCalculation}\rangle$$

이면

$$\mathcal{E}val(\text{Imp}, \text{ImpEvalMethod}) = \text{VerdictCalculation}\ _{i=1}^{k}\ (\mathcal{A}nalysis(\text{Imp}, \text{TestCasei}))$$

이다.

■

$ImpEvalResult_{Imp,ImpEvalMethod}$

다음 예제는 제품 구현을 채택한 평가방법으로 평가한 결과의 예를 보인다.

예제 1.7.2-2 $ImpEvalResult_{Imp_{A1},ImpEvalMethod_{Imp_{A1}}}$

예제 1.7.2-1에 있는 시험항목들의 실행 결과를 다음과 같이 가정하자.

분석결과표		
분석관점	분석결과	근거
ε(TestCase1)	ε(Pass)	예제 1.7.1-2
TestCase2	Pass	가정
TestCase3	Pass	가정

판정계산 방식에 따르면 각 시험항목의 결과가 Pass이므로 $TestSuite_{Imp_{A1}}$에 대한 최종 판정은 Pass이다. 따라서 예제 1.6-2의 Imp_{A1}를 예제 1.7.2-1의 $ImpEvalMethod_{A1}$의 방법으로 평가한 결과는 다음과 같다.

$ImpEvalResult1_{Imp_{A1},TestCase_{A1}}$ :: Implementation Analysis Result
Pass

■

1.8 관련 연구

1.8.1 일차적 요소로서의 설계결정

제 1.1.2절에서 개발 결정을 SSPD 공정 모델의 기본 산출물로 보아, SSPD의 일차적 요소(first class element)가 되어야 한다고 하였다. 많은 다른 연구자들도 이런 생각을 갖고 있다. 예를 들어, [Pohl 05]은 외부적 피처와 내부적 피처를 구별하는데, 외부적 피처가 고객으로부터 주어지는 것인데 반하여, 내부적 피처는 개발자가 고려하고 결정한 결과라고 하였다. 따라서 내부적 피처를 개발 공정에서 명시적으로 다루어야 할 요소로 보아야 하는 만큼, 이를 위한 결정도 일차적 요소로 보아야 할 것이다. 또 다른 예로, [Taylor 09]는 처방적(prescriptive) 아키텍처와 서술적(descriptive) 아키텍처를 구별하는데, 서술적 아키텍처가 리거시 시스템의 아키텍처를 기술한 결과인데 반하여, 처방적 아키텍처는 주어진 요구사항을 달성하기 위하여 선택한 결정의 집합체이다. 이 두 가지 시각은 모두 결정 자체가 아키텍처의 일부라고 보는 시각이다. 또한 [Kang K. 13]에서는 설계결정들(design decisions)을 해결공간(solution space)의 독립된 하나의 피처모델로 만들어야 하는 요소들로 보고 있다.

1.8.2 SSPD와 Z 개발의 차이점

SSPD와 Z 소프트웨어 개발 접근방법([Potter 96])은 서로 유사하면서도 다르다. Z 개발은 점진적 상세화에 의하여 개발이 진행되기 때문에 체계적인 면이 있지만, 요구사항명세, 설계, 구현의 구별이 분명하지 않기 때문에 설계결정과 구현결정이 소프트웨어 개발을 위한 필수적인 요소로 명확히 포함되어 있지 않다. 또한 SSPD에서 설계결정 $\mathcal{D}1$과 구현결정 $\mathcal{D}2$는 Z 개발의 추상화 함수(abstraction function)가 담기 어려운 기능 요구사항, 품질 요구사항 및 제약사항에 대한 결정들을 담고 있어 추상화 함수와도 다르다. 또한 $\mathcal{D}1$, $\mathcal{D}2$는 각각 $\mathcal{TR}1$, $\mathcal{TR}2$를 내포하면서 설계의 결과뿐 아니라 그 근거도 포함한다는 점에서 추적성과도 다르다.

1.8.3 V모델과 SSPD

V모델([Forsberg 91])은 개발 공정의 단계와 그에 대응되는 시험활동을[44] 연결시킨 검증 공정 모델로, 요구사항명세(Reqs)과 시스템(Imp)시험을, 설계와 통합시험을, 구현과 단위시험을 연결시킨다. 그러나 SSPD는 Reqs과 Imp 사이의 직접적인 추적성을 요구하지 않기 때문에, V모델이 요구하는 요구사항명세를 철저히 시험할 수 없지 않는가 하는 의문이 생길 수 있다. 그러나 아키텍처모델들 가운데 시스템 아키텍처 모델은 시스템 전체를 위한 요구

---

44 이 책의 용어로는 분석 평가 활동에 해당된다.

사항들을 포함하며 컴포넌트들은 컴포넌트의 요구사항들을 포함하고 있기 때문에, 컴포넌트에 포함된 요구사항들은 단위시험의 근거가 되고, 아키텍처 시스템 모델에 포함된 요구사항들은 Reqs에 해당되어 시스템시험의 근거가 되고, 통합시험은 V모델에서도 아키텍처에 기반하여 만들어지고 SSPD는 아키텍처를 기본 산출물로 포함하므로 SSPD에서도 쉽게 수행될 수 있다. 따라서 V모델 없이도 SSPD는 시스템시험, 통합시험, 단위시험을 수행할 수 있는 충분한 장치를 (즉 그 근거를 제공하는 산출물들을) 갖고 있다.

다른 한편 SSPD는 V모델의 사용을 배제하지 않는다. 즉 SSPD를 사용하면서 V모델을 같이 사용할 수 있다. SSPD가 실제 개발에 필요한 프로세스나 방법 등 모든 세부적인 사항을 명시하고 있지 않으므로 세부적인 사항들은 SSPD의 사용자가 결정해야 하기 때문이다.

1.8.4 분석과 시험

이 책은 비록 아키텍처 분석과 시험항목 실행을 아주 유사한 두 활동으로 간주하지만, 유사성은 단지 입출력관계, 활동의 목적, 평가와의 관계에 있고, 그 활동들이 이루어지는 구체적인 방식들은 매우 다를 수 있다. 시험항목 실행은 주어진 시험항목의 시나리오를 실행하고 그 실행결과를 관찰하는 비교적 단순한 활동이다. 분석관점을 가지고 아키텍처를 분석하는 활동 혹은 어떤 질문에 답하기 위한 아키텍처 분석을 수행하는 활동은, 구현의 실행결과를 넘어서 다양한 분석결과가 얻어질 수 있으므로 대체로 시험보다 더 복잡한 활동이다.

제2장 체계적인 소프트웨어 제품라인 개발 SSPLD에 대한 요구사항

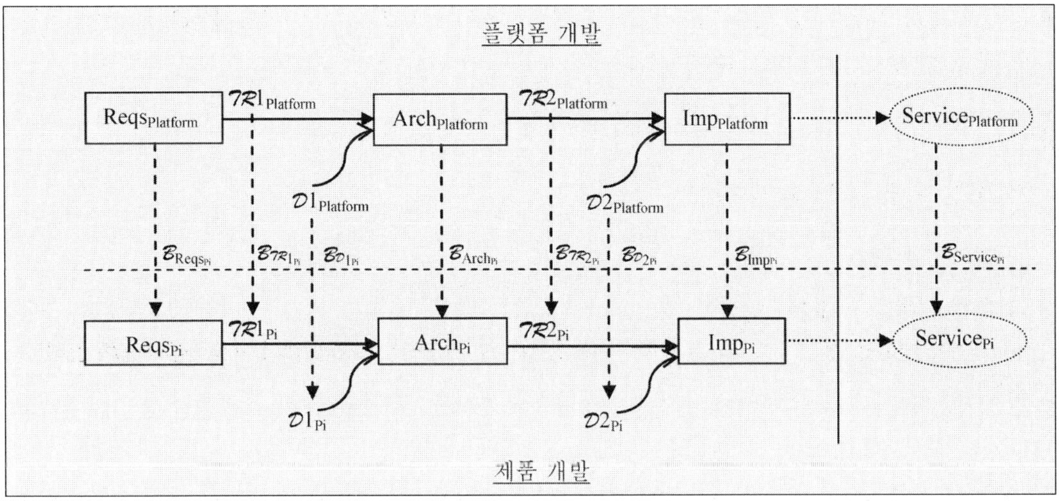

그림 2-1. SSPLD 공정의 개요도

이 장에서는 먼저 체계적인 SPLD인 SSPLD가 무엇인지를 설명한다. 그리고 제 1장에서 설명한 SSPD의 개념에 기초하여 SSPLD의 규칙들을 정의한다. SPLD 개발에 사용되는 가장 특징적인 메커니즘은 **인스턴스화**(instantiation)로, 인스턴스화는 다음과 같이 정의된다.

정의 2-1

인스턴스화 관계

추상화된 요소들을 가진 개체의 추상화된 요소들을 구체적인 요소로 대체하여 구체화된 개체를 얻을 때, 후자의 개체는 전자의 개체의 **인스턴스**(instance)라고 하고 전자의 개체와 후자의 개체는 **인스턴스화 관계**(instantiation relationship)에 있다고 한다.

이 장을 포함하여 이 책의 제 I부는 가장 기본적인 종류의 제품라인인 생성적 제품라인[45]을 대상으로 하여 제품라인에 대한 논의를 한다. 생성적 제품라인은 산출물의 **인스턴스화**(instantiation)에 의하여 제품군의 모든 제품 산출물이 만들어질 수 있는 제품라인을 말한다.[46] SSPLD의 논의를 이와 같이 생성적 제품라인에서 출발하는 이유는 SPLD에서 개발의 가장 중심적인 장치가 가변점의 사용과 가변점의 인스턴스화에 있기 때문이다. 비생성적 제

45 생성적 제품라인의 정의는 제 6장 6.2절에서 제시한다.

46 마찬가지 이유로 이 책의 제 II부에서 SSPLD 이론을 적용할 때 먼저 제 1장에서 생성적 제품라인에 적용하고, 제 2장에서 이를 비생성적 제품라인에 적용한다.

품라인의 경우에도 생성되지 않는 개발 대상 제품을 개발하기 위하여, 플랫폼으로부터 생성할 수 있는, 개발 대상에 가장 근접한 제품을 활용한다. 즉 이 둘 간의 차이만을 개발함으로써 해당 제품을 효율적으로 개발할 수 있게 된다. 이런 이유로 생성적 제품라인의 개발과 비생성적 제품라인의 개발 어느 경우에도 플랫폼 산출물의 인스턴스화는 SPLD의 가장 기본적인 제품 개발 기법이라고 볼 수 있다.

SPLD

SPLD의 목적은 다음과 같다.

가정 2-1

소프트웨어 제품군 개발의 목적

소프트웨어 제품군 개발의 목적은 주어진 서비스군(群)을 제공하는 소프트웨어 제품군을 개발하는데 있다.[47]

전통적으로 SPLD는 개발대상 제품군이 가정 2-2의 조건을 충족시킬 때 그 적용효과가 있는 것으로 간주되었다.

가정 2-2

공통 부분 충분성의 가정[48]

SPLD의 대상이 되는 제품군은 구성 제품들 간에 공통 부분이 충분히 있어서, 공통성과 가변성을 이용하여 개발하는 것이 그들을 서로 독립적으로 개발하는 것보다 유리한 제품들의 집합이다.

SPLD의 개발 공정은 그림 2-2에 보이는 것처럼, 제품군에 들어가는 제품들의 범위를 결정하는 활동인 **제품라인 범위결정**(Product Line Scoping), **도메인공학**(Domain Engineering: DE) 단계군와 **응용공학**(Application Engineering: AE) 단계군으로 이루어진다. DE**단계군**에서 만들어지는 재사용 대상의 핵심자산(core asset)은 핵심자산 저장소에 저장되어 AE**단계군**에서 활용된다. SPLD에서 제품과 제품 산출물들은 DE단계군에서 미리 만들어진 산출물들로부터 인스턴스화를 기본적인 도출방법으로 이용하여 AE단계군에서 만들어진다.

---

47 서비스군은 일 군의 서비스 혹은 서비스의 집합을 말한다. SPLD의 한 특수한 경우가 하나의 제품을 통하여 서비스군을 제공하는 Software As a Service(SasS)이다. SaaS에 대해서는 제 2.4.6절에서 상세히 논의한다.

48 출처: [Parnas 76] Abstract.

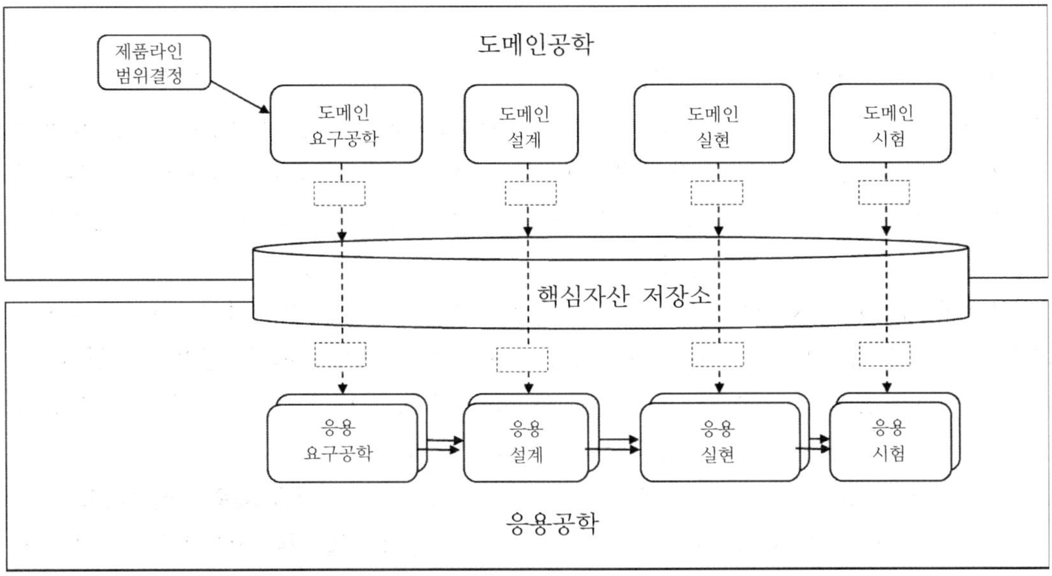

그림 2-2. SPLD 공정의 개요([Pohl 05] Fig 2-1를 수정)

제 1장 표 1에서 플랫폼을 "제품의 공통성을 추출한 산출물"로 정의하였다. 이러한 정의를 충족시키는 플랫폼이 제품의 도출을 위하여 반드시 산출물 인스턴스화를 지원해야 하는 것은 아니다. 예를 들어 "프로그램 변형(program transformation)"에서 사용하는 변형(transformation) 방법을 사용해도 플랫폼 산출물로부터 새로이 필요한 부분을 추가하거나 불필요한 부분을 제거함으로써 원하는 다양한 제품 산출물을 도출할 수 있다.[49] 그러나 다양한 제품 산출물을 도출하는 방법으로서 인스턴스화는 그 내용을 정의하기 쉽고 그 결과를 즉각적으로 얻을 수 있기 때문에 변형에 비하여 훨씬 효율적인 방법이다. 따라서 SPLD에서는 인스턴스화 지원을 플랫폼 산출물의 기본적인 기능으로 본다. 이러한 이유로 이 책에서는 다음과 같은 가정을 한다.

가정 2-3

플랫폼 산출물의 인스턴스화 지원
SPLD의 플랫폼 산출물은 인스턴스화를 지원해야 한다.

가정 2-3에 의하여 이 책에서는 '플랫폼'이라는 명칭을 인스턴스화를 지원하는 산출물로 국한하여 사용한다.

49 변형의 방법은 제 II부 2장과 4장에서 보이는 바와 같이 기존의 제품 또는 플랫폼으로부터 파생 제품 또는 파생 플랫폼을 도출하는 데 사용할 수 있다.

SSPLD

그림 2-1은 SSPLD를 따르는 (생성적) 제품라인 개발 공정 모델을 보여 준다. 기본적으로 SSPLD의 공정은 플랫폼 개발과 제품 개발 각각에 SSPD의 공정을 적용한다. 또한 SSPLD 공정모델은 SSPD 공정모델(제 1장 그림 1.1-1)에 부합되게 Reqs, Arch과 Imp의 세 개의 개발 단계를 갖고 있다. 그러나 필요하면 제 2.4.4절에서 논의하는 바와 같이 Reqs에 선행되는 단계로서 피처 단계로 이를 확장할 수 있다.

체계적인 SPLD인 SSPLD는 기본적으로 산출물 인스턴스화와 추적성에 대한 이론이다. SSPLD는 산출물 인스턴스화 메커니즘을 포함하고 동시에 추적성 메커니즘을 포함한다. 추적성은 SSPD의 필수적인 개념이고 SPLD에 적용되기 위하여 확장되어야 한다. 산출물 인스턴스화는 SPLD을 이용하기 위하여 필수적인 메커니즘이다.

SSPLD에서는 도메인공학을 **플랫폼 개발**이라고 부르고, 응용공학을 **제품 개발**이라고 부른다.[50] 또한 플랫폼 개발 단계군에서 만들어지는 산출물을 **플랫폼 개발 산출물**이라고 부르고, 제품 개발 단계군에서 만들어지는 산출물을 **제품 개발 산출물**이라고 부른다. SSPLD에서는 산출물 인스턴스화 관계를, **바인딩**(binding)의 형성과 바인딩의 적용이라는 엄밀히 정의된 메커니즘으로 대체하는데, 여기서 바인딩은 플랫폼 개발 산출물이 갖는 가변성의 추상화된 요소들을 제품을 위한 구체적 요소로 대입하는 정의이다.[51]

SSPLD 공정이 진행되는 동안 DE단계군과 AE단계군의 단계들로부터 다양한 소프트웨어 모델이 여러 가지 언어와 기호를 사용하여 만들어진다. 예를 들어, 플랫폼 요구사항명세와 제품 요구사항의 텍스트 명세, 플랫폼 아키텍처와 제품 아키텍처, 플랫폼을 위한 구현 코드와 시험항목 등 다양한 소프트웨어 모델이 만들어진다. 이들을 전부 **모델**이라고 부른다. 따라서 플랫폼 개발 산출물을 **플랫폼 모델**이라고 부르고, 제품 개발 산출물을 **제품 산출물 모델**이라고 부를 수 있다. 이 모델들이 어떤 종류의 모델인지를 명시적으로 나타내기 위하여 이들을 제품 피처모델, 제품 요구사항명세 모델, 제품 아키텍처 모델, 제품 클래스 다이어그램 등으로 부를 수 있다.

SPLD의 주된 목적은 개발비용과 진화비용이 최소화되도록 재사용을 최대화하여 제품군을 개발하는 것이다. 물론 그 과정에 제품군으로 의도하지 않았던 유용한 제품들이 생산될 수도 있고 제품라인 개발자가 그런 기대를 가질 수도 있다. 또한 제품라인 개발을 시작할 때

---

50 문헌에 존재하는 '도메인공학'과 '응용공학'의 용어 대신 '플랫폼 개발'과 '제품 개발'이라는 새로운 용어를 도입하는 이유는, 전자의 용어가 해당 개발 단계군의 주된 활동이 무엇인지를 적절히 나타내지 못하기 때문이다. '도메인공학'은 '도메인'이 '제품라인'이나 '제품군'보다 광범위한 것을 나타내어 같은 도메인 안에 여러 다른 제품라인이 존재할 수 있다는 것을 시사하지 못하고, 응용공학이라는 용어는 제품라인의 개발 대상이 당연히 제품임에도 불구하고 '응용'이라는 새로운 용어를 사용하여 용어의 의미전달력이 떨어진다.

51 바인딩에 대한 상세한 논의는 제 4장에 수행된다.

리거시 시스템을 새로운 제품라인의 출발점으로 하는 경우도 있고, 혹은 여러 개의 대안 제품군을 놓고 최선의 제품군을 결정해야 할 수도 있다. 그러나 이러한 경우에도 개발의 대상을 확정한 뒤에는 확정된 제품군을 어떻게 체계적으로 개발하는가 하는 문제는 여전히 남아 있다. 따라서 SSPLD 적용의 일차적인 대상이 되는 제품군을 가정 2-4를 충족시키는 제품군들로 가정한다.

가정 2-4

확정된 제품군 가정
제품라인 개발을 시작할 때 제품군의 제품별 요구사항들이 명시적으로 정렬되어 있다.

그림 2-1은 가변성을 포함하는 서비스를 나타내는 $\text{Service}_{\text{Platform}}$로부터 제품 Pi의 서비스를 나타내는 $\text{Service}_{\text{Pi}}$가 인스턴스화를 통하여 얻어질 수 있음을 나타낸다. 이는 사용자가 제품 실행시에 가변적 서비스로부터 서비스를 스스로 선택하여 자신을 위한 서비스로 구체화 시킬 수 있음을 나타내고, 이것이 가능하도록 $\text{Service}_{\text{Platform}}$은 그러한 인스턴스화가 가능한 "가변성을 가진 서비스"를 제공해야 하는 것을 의미한다. 이러한 **서비스 가변성**은 **산출물 가변성**과 분명히 구별되어야 한다.

정의 2-1

산출물 가변성과 서비스 가변성
가변성은 산출물 가변성과 서비스 가변성으로 나눌 수 있다. **산출물 가변성**(artifact variability)은 제품 집합의 하나 이상의 구성원이 갖지만 모든 구성원이 갖지는 않는 부분을 말하며, **서비스 가변성**(service variability)은 서비스 집합의 하나 이상의 구성원이 갖지만 모든 구성원이 갖지는 않는 부분을 말한다.

이러한 구별이 중요한 이유는 산출물 가변성은 시스템의 실행 이전에 해소되어야 하지만, 서비스 가변성은 시스템의 실행단계에서 해소되어야 하기 때문이다. 서비스 가변성은 단일 시스템 개발에서도 많이 다루어지는 이슈이지만, 산출물 가변성은 단일 시스템 개발 방법으로는 효과적으로 올바로 다룰 수 없는 이슈로 SPLD이 만들어진 목적이라고 볼 수 있다.[52] 따라서 이 책에서는 가변성이라고 할 때 달리 언급이 없으면 산출물 가변성을 의미한다.

그림 2-2가 보이는 바와 같이 SPLD의 전형적인 공정은 플랫폼 개발에 앞서 제품라인 범위결정이 수행되지만, SSPLD는 제품라인 범위결정이 이미 수행되었음을 전제한다. 따라서

52 산출물 가변성을 다루는데 유용한 SPLD 기법들은 과거 단일 시스템개발이 서비스 가변성 이슈를 다루던 것보다 훨씬 더 효과적으로 서비스 가변성 이슈를 다루기 위해 실제로 많이 이용되고 있다.

SSPLD가 적용되기 전에 어떤 제품들이 만들어져야 하는지 결정되어 있어야 한다. 이러한 결정을 기술하는 방법으로 제품라인 요구사항 대신에 제품포트폴리오나 피처트리 같은 방법이 쓰일 수 있으며, 그 경우 SSLD의 제품라인 요구사항은 이러한 방법의 결과물들과 일관되게 작성되어야 한다.

그림 2-1과 같은 이 책의 개발개요도에 나오는 점선으로 된 수평선은 그 위의 "플랫폼 개발" 지역의 산출물들로부터 점선 아래 "제품 개발"의 산출물들이 생성됨을 나타낸다.[53] 그림 2-1은 특정 개발 공정을 나타내지 않고, SSPLD 산출물들 사이의 관계만을 나타낸다. 특정한 SSPLD 개발 공정은 개발 상황에 맞게 산출물(혹은 개발 단계)들을 정하고, 그 산출물들에 맞게 SSPLD 공정 모델을 축소/확장하고, 이를 바탕으로 개발 상황에 맞는 공정을 결정함으로써 얻을 수 있다.

개발 방법들 간의 관계

그림 2-3은 SPD, SSPD, SPLD와 SSPLD의 네 종류의 개발 방법들 간의 관계를 보여 준다. 제품 혹은 제품군을 위한 개발 방법이 체계적인 개발 방법이 되기 위해서는 설계결정과 구현결정 같은 개발 결정들의 명시적 정의와 산출물 간의 추적성 능력을 요구하고 지원하여야 한다. 또한 제품에서 제품군으로 개발 대상이 넓어짐에 따라 개발 방법은 인스턴스화 능력을 가져야 한다. 인스턴스화 능력이나 추적성 능력은 정형적 모델링을 통하여 궁극적으로 개발 공정의 자동화를 가져올 수 있다.

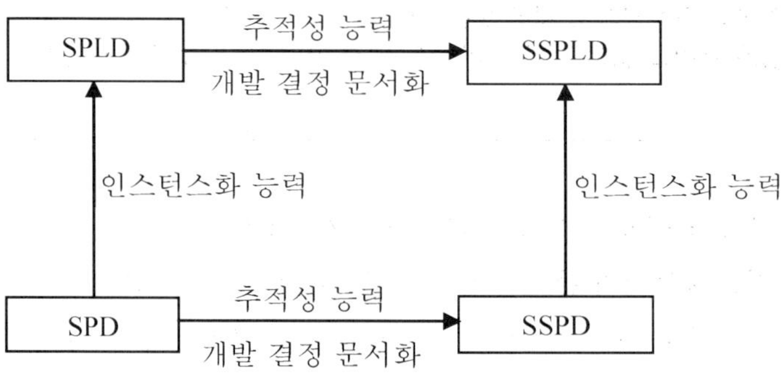

그림 2-3. 개발 방법들 간의 관계

53 이 책의 머리말의 범례 참조.

용어

표 2-1. SPLD 용어

용어	설명
공통성 (commonality)	같은 타입의 산출물 또는 서비스 집합의 모든 구성원이 갖는 부분
가변성 (variability)	같은 타입의 산출물 또는 서비스 집합의 하나 이상의 구성원이 갖지만 모든 구성원이 갖지는 않는 부분
산출물 (artifact)	소프트웨어 개발과정에 만들어진 사물들로, 모델, 설계 혹은 결정과 같은 추상적 산출물과, 문서, 구성파일, 프로그램 코드와 같은 구체적 산출물이 있다.
도메인공학 (domain engineering)	제품군의 공통성과 가변성을 파악하여 공통산출물을 만드는 활동
도메인공학 산출물 (domain engineering artifact)	도메인공학 공정 동안 생산된 산출물
도메인 모델[54](domain model)	도메인 산출물인 모델 혹은 도메인 산출물을 구성하는 모델
응용공학 (application engineering)	도메인공학 산출물을 이용하여 응용제품을 개발하는 활동
응용공학 산출물 (application engineering artifact)	응용공학 공정 동안 생산된 산출물
응용 모델 (application model)	응용공학 산출물인 모델 혹은 응용공학 산출물을 구성하는 모델
인스턴스화 (instantiation)	도메인공학 산출물이 갖는 가변성의 추상화된 요소들을 구체적 요소로 대체하여 응용공학 산출물을 얻는 과정
(산출물) 인스턴스화 관계 ((artifact) instantiation relationship)	도메인공학 산출물의 인스턴스화로 응용공학 산출물을 얻을 수 있는 도메인공학 산출물과 응용공학 산출물 간의 관계

54 이 용어는 도메인의 작동방법 혹은 운영프로세스를 분석하고 모델링한 결과인 '도메인 분석 모델'과 구별되어야 하는 용어이다.

표 2-2. SSPLD 용어

용어	설명
산출물 가변성 (artifact variability)	같은 타입의 산출물 집합의 하나 이상의 구성원이 갖지만 모든 구성원이 갖지는 않는 부분
서비스 가변성 (service variability)	서비스 집합의 하나 이상의 구성원이 갖지만 모든 구성원이 갖지는 않는 부분
가변점[55](variation point)	제품군의 제품들 간의 공통적인 부분을 추상화한 요소로, 제품 개발 시 구체화하여 제품의 부분으로 만든다.
가변값 (variant)	제품 산출물 요소로, 가변점이 가질 수 있는 가능한 (구체적인) 값
플랫폼[56](platform)	개별 제품들을 인스턴스로 도출할 수 있도록 제품군의 가변적인 부분을 (가변점으로)[57] 추상화하여 공통화한 산출물
플랫폼 개발 (platform development)	SPLD의 도메인공학
플랫폼 개발 산출물 (platform development artifact)	SPLD의 도메인공학 산출물
플랫폼 모델 (platform model)	SPLD의 도메인 모델
플랫폼 요구사항명세 (platform requirements specification)	개별 제품의 요구사항명세들을 인스턴스로 도출할 수 있도록 제품군의 요구사항의 가변적인 부분을 (가변점으로) 추상화하여 공통화한 산출물
플랫폼 아키텍처[58] (platform architecture)	개별 제품의 아키텍처들을 인스턴스로 도출할 수 있도록 제품군의 아키텍처의 가변적인 부분을 (가변점으로) 추상화하여 공통화한 산출물
플랫폼 구현 (platform implementation)	개별 제품의 구현들을 인스턴스로 도출할 수 있도록 제품군의 구현의 가변적인 부분을 (가변점으로) 추상화하여 공통화한 산출물
플랫폼 산출물 모델링 언어 (platform artifact modeling language)	플랫폼 모델의 기술을 위한 언어 또는 기호
제품 개발 (product development)	SPLD의 응용공학
제품 개발 산출물 (product development artifact)	제품 개발 공정 동안 생산된 산출물
제품 산출물 모델 (product artifact model)	제품 개발 공정 동안 생산된 산출물 모델로 하나의 제품의 전부 혹은 일부를 나타내는 산출물

55 더 엄밀한 가변점의 정의는 제 3장 3.2절 정의 3.2-1에 있다.

56 제 I부 서두의 표 1에 있는 플랫폼의 정의는 개념적인 수준의 정의이고, 제 2장의 표 2-2에 있는 '플랫폼'의 정의는 기술적인 수준의 정의이다.

57 "가변성을 가변점으로 추상화하여 공통화"하는데 대해서는 제 3장 3.2절에서 자세히 논의한다.

2.1 SPLD와 산출물 인스턴스화 관계

SPLD의 DE단계군에서 개발은 제품군의 요구사항에서 시작되어 도메인 아키텍처를 거쳐 도메인 구현으로 진행된다. 도메인공학 단계의 산출물을 DE **산출물**, 응용공학 단계의 산출물을 AE **산출물**이라고 부르기로 하면, DE 산출물들 간 그리고 AE 산출물들 간에는 **추적성**이 특징적인 관계인 반면, DE 산출물과 AE 산출물 사이에는 인스턴스화 관계가 특징적인 관계이다.

> **전의 2.1.-1**
>
> **(산출물) 인스턴스화 관계**
>
> DE 산출물이 갖는 가변성의 추상화된 요소들을 구체적 요소로 대체하여 AE 산출물을 얻을 수 있을 때, 이 두 종류의 산출물은 **(산출물) 인스턴스화 관계**(instantiation relationship)에 있다고 말하고, AE 산출물은 해당 DE 산출물의 **인스턴스**라고 말한다

SPLD 기술의 성숙도에 따라 인스턴스화 관계의 적용을 자동화하여 사용할 수도 있고 그러지 못할 수도 있다. SPLD에서 DE 공정은 전체 제품군 개발에 대하여 한 번 수행되지만, AE 공정은 생산되어야 할 제품의 수만큼 반복되어야 하기 때문에, 인스턴스화 관계를 잘 활용해야 SPLD의 효과를 극대화할 수 있다.

그림 2.1-1은 전통적인 SPLD의 공정을 보여 준다. 제품군 P1, … , Pn에 대한 이해 관계자들 간의 합의된 요구사항으로부터 플랫폼 요구사항명세 $Reqs_{Platform}$을 만들고, 이로부터 인스턴스화에 의하여 각 제품의 요구사항명세 $Reqs_{P1}$, … , $Reqs_{Pn}$을 얻는다.[59] AE단계군에서는 DE단계군에서 만들어진 플랫폼 요구사항명세, 플랫폼 아키텍처, 그리고 플랫폼 구현과 같은 **플랫폼 산출물**로부터 개별 제품의 요구사항명세, 설계, 그리고 구현과 같은 개별제품을 위한 산출물들이 도출된다.

---

58 이를 "제품군 아키텍처"라고 부르는 것은 피해야 한다. 왜냐하면 "플랫폼 아키텍처"와 구별되는 아키텍처로서 "제품군 아키텍처"를 고려하는 것이 어떤 도움을 주는지 명확지 않기 때문이다.

59 제 2.2절부터 소개되는 바와 같이 SSPLD에서는 가변성을 개발 공정의 산출물들에 직교적인 - 즉 독립적인 - 개념으로 본다. 이와 같은 입장은 OVM을 사용하는 SPL 개발방법([Pohl 05])에서 이미 채택되었다. 제 5장 5.5.3절에서 논의한 바와 같이 피처모델은 SPLD의 가변성 모델링 방법으로서 여러 가지 문제점을 갖고 있다. 피처모델의 이러한 한계를 인식한 SPLD 방법들은 피처모델을 가변성 모델과 독립된 필수적인 산출물로 보지 않는다. 따라서 전통적인 SPLD를 소개하는 이 절에서도 피처를 기본적인 산출물로 두지 않았다.

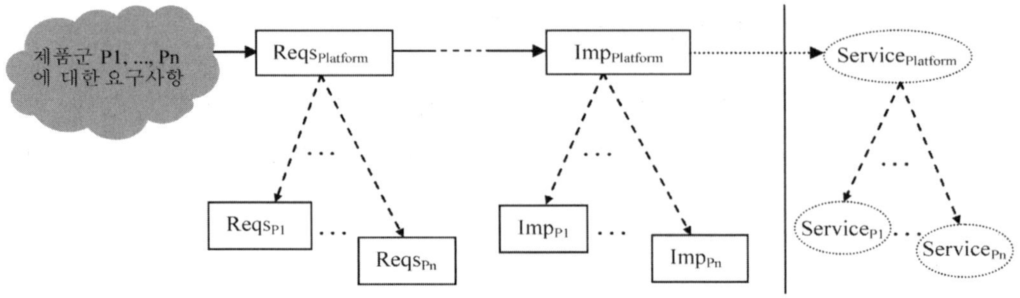

그림 2.1-1. SPLD에서 DE 산출물과 AE 산출물 사이의 인스턴스화 관계[60]

SPLD의 개발에 관련된 인스턴스화 관계는 앞서 논의한 산출물 인스턴스화 관계와 서비스 인스턴스화 관계로 나눌 수 있다. 서비스 인스턴스화는 그림 2.1-1의 맨 오른쪽이 나타내는 플랫폼 서비스와 제품 서비스의 관계이다. 서비스 인스턴스화는 단일 시스템 개발에서 서비스 개발 방법으로 이미 이용되어 왔기 때문에 SPLD의 주된 관심사항이 아니다. 그러므로 이 책의 이하에서는 서비스 인스턴스화에 대해서 더 이상 논의하지 않는다. 그리고 플랫폼의 인스턴스화(혹은 제품의 생성)라고 할 때, 이는 플랫폼 산출물의 인스턴스화(혹은 제품 산출물의 생성)를 의미한다.[61]

60 이 그림에서 $\text{Reqs}_{\text{Platform}}$과 $\text{Imp}_{\text{Platform}}$ 사이의 중간에 점선을 가진 화살표는 아키텍처설계 단계가 있지만 생략하였음을 나타낸다.

61 산출물 인스턴스화와 서비스 인스턴스화를 모두 고려하려면, 산출물의 가변점들과 서비스에 관련된 가변점들을 따로 두어 제품라인 개발을 하면 된다. 제 II부 3장 서두에서는 다계층 제품라인을 구축하기 위하여 이와 같이 가변점 집합을 분할하는 방법을 사용한다.

2.2 SSPLD 공정의 체계성

SSPD의 체계성과 마찬가지로 SSPLD의 체계성도 공정 체계성과 산출물 체계성으로 구성된다. 공정 체계성에 대해서는 이 소절에서, 산출물 체계성에 대해서는 제 2.3절에서 논의한다.

바인딩의 형성과 적용을 통한 산출물 인스턴스화 관계의 정형화

SPLD와 마찬가지로 SSPLD는 두 개의 단계군으로 구성된다. 그림 2.2-1(a)와 (b)는 각각 플랫폼 개발 단계군과 제품 개발 단계군을 보여 준다. 두 단계군은 각각 체계적인 공정인 제 1장 그림 1.1.5-1의 SSPD공정과 동일한 구조를 가졌다. SSPLD에서는 SPLD의 DE 산출물을 나타내기 위하여 플랫폼 산출물이라는 용어를 사용하는데, 플랫폼 개발 단계군에서는 **플랫폼 (개발) 산출물**들을 만들고, 제품 개발 단계군에서는 개별 제품을 위한 산출물인 **제품 (개발) 산출물**들을 만든다.

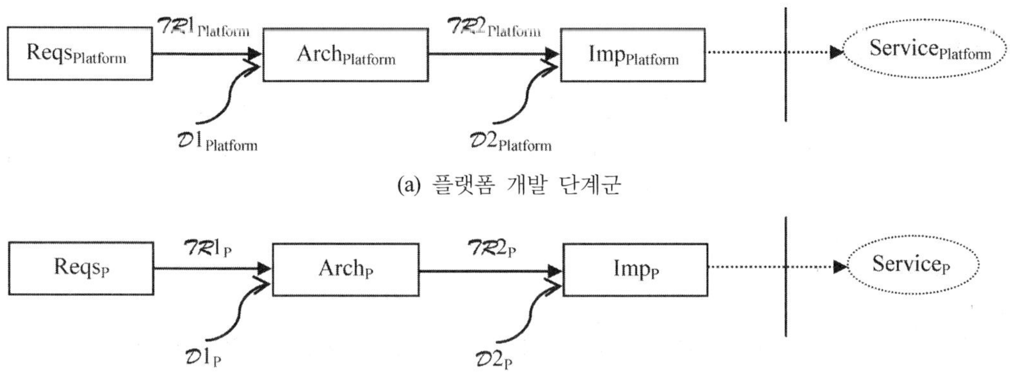

(a) 플랫폼 개발 단계군

(b) 제품 개발 단계군(제 1장 그림 1.1.4-1과 동일)

그림 2.2-1. SSPLD 공정의 두 단계군[62]

62 SSPLD의 기본 단계는 기존의 SPLD 공정들이 많이 포함시키는 피처모델을 포함하지 않는다. 피처모델을 포함하려면, 고객이 요구하는 외부적 피처와 개발자가 도입하는 내부적 피처를 명확히 구별하는 것이 중요하다. 그리고 내부적 피처는 설계와 구현이 진행되며 각 단계에서 추가될 것이다. SSPLD는 요구사항과 달리 피처모델이 SPLD의 필수적이 부분이 아니라, 필요하면 개발의 각 단계에서 도입된 가변점들로부터 구축될 수 있는 것으로 본다. 제품의 정의를 위하여 필수적이지도 않은 이유는 SSPLD가 각 단계별 산출물의 관점에서 제품을 정의하기 때문이다. 또한 피처모델을 포함하고 있는 기존의 SPLD 방법이 주는 피처모델에 관련된 혼란(예를 들어, “포함 관계”와 같은 가변성과 관계없는 설계수준의 관계도 피처모델에서 표현하여 발생하는 복잡성과 혼란)을 피하려는 목적도 있다.

SSPLD가 효과적인 제품군 개발 방법이 되기 위해서는 DE와 AE의 두 단계군이 유기적으로 연결되어야 하는데, SSPLD에서는 두 단계군이 '바인딩'을 통하여 서로 연결된다.[63] 즉 SSPLD에서는 제품 세계의 산출물들이 기본적으로 플랫폼 세계의 산출물들로부터 바인딩의 형성과 적용을 통하여 얻어진다.

정의 2.2-1

바인딩[64] 개념

응용산출물의 인스턴스화가 실현될 수 있도록, 플랫폼 산출물의 각 파라미터에 대하여 특정 제품을 위한 파라미터 값을 결정한 결과를 **바인딩**이라고 부르고 'B'로 나타낸다.

즉 SSPLD에서는 플랫폼 개발 단계군에서 개별 산출물에 대한 바인딩을 정의하고, 실제 개별 산출물은 바인딩의 적용이라는 인스턴스화 연산을 통하여 얻어야 한다. 바인딩의 공식적인 정의는 제 4장 정의 4.1-2에서 제시한다.

SPLD의 체계성

제 1장 규칙 1.1.5-1에서는 SPD 공정의 체계성을 정의하였다. SSPLD 공정의 체계성을 이 장의 제 2.3절에서 정의하기에 앞서, SPLD 공정의 체계성을 나음과 같이 규정할 수 있나.

규칙 2.2-1

SPLD 공정의 체계성

SPLD 공정은 다음과 같은 규칙을 충족시키면 **체계적**이라고 한다:

(1) 개발 공정의 두 개의 단계군(플랫폼 개발 단계군과 제품 개발 단계군) 이 각각 체계적인 개발 공정이고,

(2) 플랫폼 개발 단계군에서는 제품군의 플랫폼 산출물들을 개발하고,

(3) 제품군의 각 제품에 대하여 제품 개발 단계군의 각 산출물들을 위한 **바인딩**[65]이 정의된다.

따라서 SSPLD는 규칙 2.2-1을 충족시켜야 한다. 구체적으로 어떻게 이 규칙들을 충족시킬 수 있는지는 제 2.3절에서 논의한다.

---

63 SPLD에서도 가능한 한 제품 산출물들이'바인딩의 형성'과 '바인딩의 적용'을 통하여 만들어져야 한다고 보는 것은 SSPLD와 기본적으로 동일하지만, SSPLD는 이를 더 철저하게 요구하여 플랫폼 개발 단계군과 제품 개발 단계군 사이의 관계를 바인딩의 형성과 적용으로 실현된 인스턴스화 관계로 본다.

64 SSPLD의 '바인딩'의 정의는 SPLD의 전통적인 바인딩의 정의와는 다르다. 전통적인 '바인딩'의 의미는 SSPLD의 용어로는 "바인딩의 적용"에 해당된다. '바인딩'의 전통적인 의미에 대하여는 제 4장 4.4.3절 에서 논의한다.

65 엄밀히 말하여 고유 바인딩이다. (제 4장 정의 4.1-4 참조.)

SSPLD 공정모델

지금까지 우리는 SSPLD의 다양한 개념들을 높은 추상 수준에서 정의하였다. 그림 2.2-2는 이러한 개념들을 적용한 제품생산 방식으로서 SSPLD 공정을 보여 준다. 또한 그림 2.2-2는 SSPLD 공정이 진행되는 동안 만들어지는 다양한 산출물들 사이의 관계들을 보여 준다.

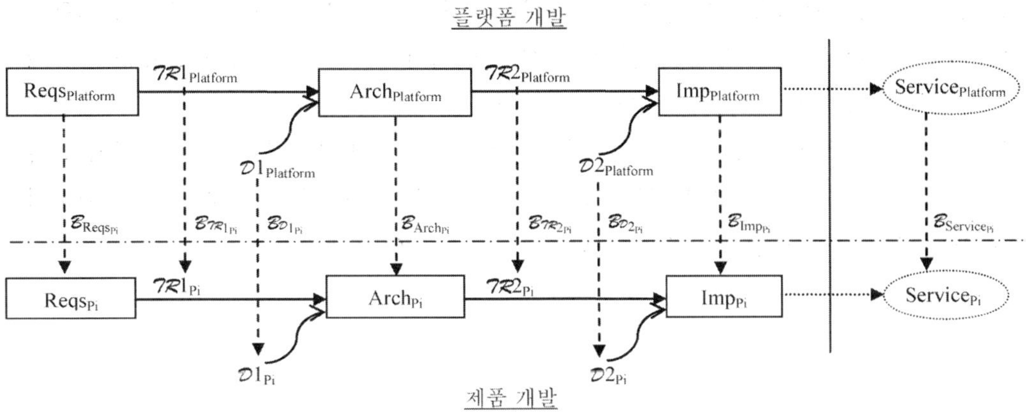

Platform : 플랫폼
Pi : 제품
Reqs : 요구사항
Arch : 아키텍처
Imp : 구현
Servic : 서비스

D1 : 아키텍처 설계결정
D2 : 아키텍처 구현결정
TR1 : 요구사항과 아키텍처의 추적성
TR2 : 아키텍처와 구현의 추적성
$B_{X_{Pi}}$: 제품 Pi를 위한 산출물 X의 바인딩

그림 2.2-2. SSPLD 공정 모델[66]

플랫폼 개발 단계군은 나중에 제품 개발 단계군에서 제품을 실제로 생산하기 위한 준비 단계군이다. 그러므로 플랫폼 개발의 진행과정에 제품군의 공통성과 가변성을 식별하여 **(공통) 플랫폼 (산출물들)**을 개발하여야 한다. 플랫폼 산출물은 그로부터 나중에 제품 개발 단계군에서 제품 산출물이 효율적으로 만들어 질 수 있도록, 플랫폼 산출물과 제품 산출물 간의

66 SPLD 공정의 첫 단계를 피처모델로 시작하는 제품라인 개발 방법들도 있다. 이런 방법들에서 피처는 공통적이거나 가변적인 높은 수준으로 추상화된 요구사항을 나타낸다. 또한 이 방법들은 제품군을 나타내기 위하여 피처모델([Kang K. 90][Kang K. 98])을 사용한다. 그러나 기존 연구에서 제시된 피처모델에는 가변성과 요구사항이 명확히 분리되지 않고 그 안에 공존함으로써, 그 결과 이 접근방법들은 가변성 자체에 대한 명확한 모델링과 추론을 어렵게 만드는 문제점을 가진다. 피처모델의 문제점에 대하여 제 5장 5.5.3절 "피처모델과 가변성모델"에서 자세히 논의한다. SSPLD에서는 가변성을 개발 공정산출물에 직교적인 즉 독립적인 차원(dimension)을 구성하는 개념으로 본다. 이와 같은 입장은 이미 OVM을 적용하는 SPL 개발방법([Pohl 05])에서 채택되었다. 이런 이유로 전통적인 SPLD를 소개하는 이 절에서도 피처를 기본적인 산출물로 두지 않는다.

바인딩은 그것을 적용하여 얻어진 플랫폼 산출물 인스턴스로부터 최종 목표인 제품 산출물의 가능한 한 많은 부분이 얻어질 수 있도록 정의되어야 한다.[67] 이와 같이 제품 개발 단계군에서는 플랫폼 산출물로부터 "(플랫폼 산출물의) 인스턴스화"라는 간단한 작업을 통하여 개별 제품 산출물의 전부 혹은 부분들을 얻는다.

그림 2.2-2의 SSPLD 공정 모델은 그림 2-2의 SPLD 공정과 달리 핵심자산 저장소를 보여주고 있지 않지만, SSPLD를 적용하는 제품라인 개발에서도 경우 플랫폼 개발 단계군에서 만들어지는 기본적인 플랫폼 산출물들을 포함한 핵심자산들을 제품 개발 단계군에서 재사용하기 위하여 핵심자산 저장소를 사용해야 한다.

그림 2.2-2의 SSPLD 공정 모델의 플랫폼 개발 단계군에서 플랫폼 산출물 이외에도 다양한 재사용 가능한 핵심자산들이 만들어질 수 있는데, 이 단계군을 플랫폼 개발 단계군이라고 부르는 이유는 이 단계군의 주된 개발 대상이 플랫폼이기 때문이다.

67 일반적으로 최종 제품의 완성을 위해서는 플랫폼으로부터 생성될 수 없는 부분들을 고려해야 한다. 제 6.2절에서 논의하지만, 생성적 제품라인의 경우 인스턴스화만에 의하여 모든 제품군의 제품들이 만들어 질 수 있고, 비생성적 제품라인의 경우 인스턴스화만으로는 만들어질 수 없는 제품이 있어서 그 제품의 개발을 위하여 추가적인 노력이 들어가게 된다.

2.3 SSPLD 산출물의 체계성

규칙 2.2-1은 SPLD 공정의 체계성을 정의하였다. 그러면 구체적으로 SSPLD의 산출물 체계성을 위하여 요구되는 것은 무엇인가? 이를 **SSPLD의 산출물 체계성 규칙**이라고 부르기로 한다. SSPLD의 체계성 규칙은 크게 산출물 존재 규칙, 산출물 도출 규칙, 산출물 일관성 규칙의 세 가지로 구성된다. 이 책의 제 II부에서는 여러 종류의 제품라인에 이 세 가지 규칙들을 적용하여 제품을 만들어가는 사례를 보인다.

2.3.1 산출물 존재 규칙

SSPLD을 위하여 존재해야 하는 산출물로, SSPD의 경우처럼, 플랫폼 (수준의) 요구사항명세, 플랫폼 아키텍처설계결정, 그리고 플랫폼 구현결정이 있어야 한다. 그림 2.3.2-1의 RE0a, RE0b, RE0c은 이들 기본 산출물들을 요구한다. 그 외에도 RE1a와 RE1b는 아키텍처설계결정과, 구현결정의 존재를 각각 요구한다. 또한 RE2a와 RE2b는 이들을 기반으로 한 추적성 산출물을 요구한다. RE3a - RE3g는 플랫폼 산출물로부터 제품 산출물을 얻기 위해 필요한 산출물을 각각 요구한다.

산출물 존재 규칙				
RE0a: $Reqs_{Platform}$	**RE1a:** $\mathcal{D}1_{Platform}$	**RE2a**: $\mathcal{TR}1_{Platform}$	**RE3a**: $\mathcal{B}_{Reqs_{Pi}}$	**RE3d**: $\mathcal{B}_{\mathcal{D}1_{Pi}}$
RE0b: $Arch_{Platform}$	**RE1b**: $\mathcal{D}2_{Platform}$	**RE2b**: $\mathcal{TR}2_{Platform}$	**RE3b**: $\mathcal{B}_{Arch_{Pi}}$	**RE3e**: $\mathcal{B}_{\mathcal{D}2_{Pi}}$
RE0c: $Imp_{Platform}$			**RE3c**: $\mathcal{B}_{Imp_{Pi}}$	**RE3f:** $\mathcal{B}_{\mathcal{TR}1_{Pi}}$
				RE3g: $\mathcal{B}_{\mathcal{TR}2_{Pi}}$

그림 2.3.1-1. SSPLD을 위한 산출물 존재 규칙

2.3.2 산출물 도출 규칙

SSPD의 경우 도출 규칙은 단 두 개였지만, SSPLD에서는 개발 공정이 플랫폼 개발 단계군과 제품 개발 단계군으로 나뉘어지며 많은 도출관계가 가능해지고, 따라서 그림 2.3.2-1과 같은 이를 규정하는 많은 도출 규칙들이 있다. 그림 2.3.2-1의 RD1′과 RD2′의 경우에는, 그들이 각각 SSPD 체계성 규칙 RD1와 RD2에 상응하는 플랫폼 버전이라는 것을 나타내기 위하여 한 도출 규칙명에 ‘′’표시를 하였다. 앞서 제 1장 1.1.6절에서 설명한 것처럼, 그림 2.3.2-1의 $\mathcal{D}1$나 $\mathcal{D}2$가 RD9과 RD10에서 괄호 없이 사용된 것은 이들이 각각 아키텍처설계결정과 구현결정이 문서화된 산출물임을 나타내고, RD13과 RD15에서 괄호 안에 들어 있는 것은 이들이 각각 아키텍처실계결징과 구현결징의 활동에 해당되는 함수임을 나타낸다.

산출물 도출 규칙

플랫폼 개발

(플랫폼 아키텍처 도출)
RD1′: $(Arch_{Platform}, \mathcal{TR}1_{Platform}) = (\mathcal{D}1_{Platform})\ Reqs_{Platform}$

(플랫폼 구현 도출)
RD2′: $(Imp_{Platform}, \mathcal{TR}2_{Platform}) = (\mathcal{D}2_{Platform})\ Arch_{Platform}$

(제품 산출물 바인딩 도출)
RD3. $\mathcal{B}_{Arch_{Pi}} \subseteq (\mathcal{B}_{Reqs_{Pi}} \cup \mathcal{B}_{\mathcal{D}1_{Pi}}) = \mathcal{B}_{D1_{Pi}}$
RD4. $\mathcal{B}_{Imp_{Pi}} \subseteq (\mathcal{B}_{Arch_{Pi}} \cup \mathcal{B}_{\mathcal{D}2_{Pi}}) = \mathcal{B}_{\mathcal{D}2_{Pi}}$
RD5. $\mathcal{B}_{\mathcal{TR}1_{Pi}} \subseteq (\mathcal{B}_{Reqs_{Pi}} \cup \mathcal{B}_{\mathcal{D}1_{Pi}}) = \mathcal{B}_{\mathcal{D}1_{Pi}}$
RD6. $\mathcal{B}_{\mathcal{TR}2_{Pi}} \subseteq (\mathcal{B}_{Arch_{Pi}} \cup \mathcal{B}_{\mathcal{D}2_{Pi}}) = \mathcal{B}_{\mathcal{D}2_{Pi}}$

제품 개발

(제품 추적성 도출)
RD7. $\mathcal{TR}1_{Pi} = \mathcal{TR}1_{Platform}\ \mathcal{B}_{\mathcal{TR}1_{Pi}} = \mathcal{TR}1_{Platform}\ (\mathcal{B}_{Reqs_{Pi}} \cup \mathcal{B}_{\mathcal{D}1_{Pi}}) = \mathcal{TR}1_{Platform}\ \mathcal{B}_{\mathcal{D}1_{Pi}}$
RD8. $\mathcal{TR}2_{Pi} = \mathcal{TR}2_{Platform}\ \mathcal{B}_{\mathcal{TR}2_{Pi}} = \mathcal{TR}2_{Platform}\ (\mathcal{B}_{Arch_{Pi}} \cup \mathcal{B}_{\mathcal{D}2_{Pi}}) = \mathcal{TR}2_{Platform}\ \mathcal{B}_{\mathcal{D}2_{Pi}}$

(제품 결정의 도출)
RD9. $\mathcal{D}1_{Pi} = \mathcal{D}1_{Platform}\ \mathcal{B}_{\mathcal{D}1_{Pi}}$
RD10. $\mathcal{D}2_{Pi} = \mathcal{D}2_{Platform}\ \mathcal{B}_{\mathcal{D}2_{Pi}}$

(제품 요구사항명세의 도출)
RD11. $Reqs_{Pi} = Reqs_{Platform}\ \mathcal{B}_{Reqs_{Pi}}$

(제품 아키텍처의 도출)
RD12. $Arch_{Pi} = Arch_{Platform}\ \mathcal{B}_{Arch_{Pi}}$
RD13. $Arch_{Pi} = (\mathcal{D}1_{Pi})\ Reqs_{Pi}$

(제품 구현의 도출)
RD14. $Imp_{Pi} = Imp_{Platform}\ \mathcal{B}_{Imp_{Pi}}$
RD15. $Imp_{Pi} = (\mathcal{D}2_{Pi})\ Arch_{Pi}$

그림 2.3.2-1. SSPLD을 위한 산출물 도출 규칙

SSPD에서와 마찬가지로, 플랫폼 요구사항명세로부터 플랫폼 아키텍처설계결정에 의해 플랫폼 아키텍처와 플랫폼 추적성 $\mathcal{TR}1_{Platform}$가 도출된다(RD1′). 또한 플랫폼 아키텍처로부터 플랫폼 구현결정에 의해 플랫폼 구현과 플랫폼 추적성 $\mathcal{TR}2_{Platform}$가 도출된다(RD2′).

인스턴스화를 위한 바인딩은 그림 2.3.1-1은 RE3a - RE3g을 열거하고 있지만, 개발을 위하여 이들 바인딩 전부가 반드시 명시적으로 요구되는 것은 아니다. 왜냐하면 더 포괄적인 바인딩이 명시적으로 존재하지 않는 바인딩의 역할을 할 수 있기 때문이다. 예를 들어 RD3에 의해, $\mathcal{D}1_{Pi}$는 $Reqs_{Pi}$를 입력으로 갖기 때문에 $\mathcal{B}_{Reqs_{Pi}} \subseteq \mathcal{B}_{\mathcal{D}1_{Pi}}$이고, 따라서 $\mathcal{B}_{Reqs_{Pi}} \cup \mathcal{B}_{\mathcal{D}1_{Pi}}$

$\subseteq \mathcal{BD}1_{Pi}$이기 때문에, 제품 아키텍처를 위한 바인딩인 $\mathcal{B}_{ArchPi}$ 대신에 $\mathcal{BD}1_{Pi}$을 사용할 수 있다. 마찬가지로 RD4에 의해, $\mathcal{D}2_{Pi}$는 $Arch_{Pi}$를 입력으로 갖기 때문에 $\mathcal{B}_{Arch_{Pi}} \subseteq \mathcal{BD}2_{Pi}$이고, 따라서 $\mathcal{B}_{Arch_{Pi}} \cup \mathcal{BD}2_{Pi} \subseteq \mathcal{BD}2_{Pi}$이기 때문에 제품 구현을 위한 바인딩인 $\mathcal{B}_{Imp_{Pi}}$ 대신에 $\mathcal{BD}2_{Pi}$를 사용할 수 있다. 또 같은 이유로, RD5와 RD6에 의하여 $\mathcal{BTR}1_{Pi}$와 $\mathcal{BTR}2_{Pi}$의 역할을 더 포괄적인 바인딩인 $\mathcal{BD}1_{Pi}$와 $\mathcal{BD}2_{Pi}$이 수행할 수 있다.

산출물 도출 규칙 RD7-RD15는 개별 제품 산출물의 도출 규칙으로, 각 규칙에서 "$\mathcal{TR}1_{Platform}$ $\mathcal{BD}1_{Pi}$"와 같이 플랫폼 산출물에 이어 제품 산출물의 바인딩이 나오는 표현은, 제품 산출물 바인딩의 적용에 의한 플랫폼 산출물의 인스턴스화를 나타내다. 예를 들어, RD7와 RD8에 의해, 플랫폼 추적성 $\mathcal{TR}1_{Platform}$과 $\mathcal{TR}2_{Platform}$으로부터 각 제품 Pi의 추적성 $\mathcal{TR}1_{Pi}$와 $\mathcal{TR}2_{Pi}$이 각각 도출된다. RD9와 RD10에 의해, 이미 도출된 제품의 아키텍처설계결정 바인딩과 구현결정 바인딩의 적용으로, 플랫폼 아키텍처설계결정과 플랫폼 구현결정으로부터 제품의 아키텍처설계결정과 구현결정이 각각 도출된다.

그림 2.3.2-1의 도출 규칙들은 두 가지로 나눌 수 있다. 하나는 도출된 산출물이 $\mathcal{D}1$ 또는 $\mathcal{D}2$의 적용에 의하여 얻어지는 경우이고, 다른 하나는 바인딩의 적용에 의하여 얻어지는 경우이다. 바인딩의 적용에 의하여 얻어지는 경우에는 쉽게 자동화가 가능하다. 그러나 $\mathcal{D}1$ 또는 $\mathcal{D}2$에 의하여 얻어지는 경우에는, $\mathcal{D}1$ 또는 $\mathcal{D}2$의 결정이 명확히 정의된 경우에도 그 결정의 적용은 적용 각 단계의 정확한 해석이 필요하고 따라서 현재의 소프트웨어 개발 기술로는 주로 수작업으로 진행되어야 하는 작업이다. 이와 같이 도출규칙들은 그 종류에 따라 도출에 들어가는 노력이 달라진다. 이에 대한 추가적인 논의가 제 2.3.5절에서 수행된다.

2.3.3 SSPLD에서 제품 산출물을 도출하는 다양한 논리적 경로

그림 2.2-2의 SSPLD 공정모델에 기반하여 최종 목적지인 개별 제품의 구현(혹은 서비스)에 도달할 수 있는 다양한 논리적 도출 경로가 있다. **논리적 도출 경로**는 산출물 도출에 적용 가능한 단순화된 이론적 경로를 말하며, 실제 산출물 도출에 사용되는 경로인 **실용적 도출 경로**와 다르다. "논리적 도출 경로"라는 표현은, 혼란의 위험이 없을 경우에는 간단히 "도출 경로" 혹은 '경로'라고 부르기로 한다. 그림 2.3.3-1은 산출물 도출을 위한 논리적 경로로 (A), (B), (C)와 (D)가 있음을 보여준다.

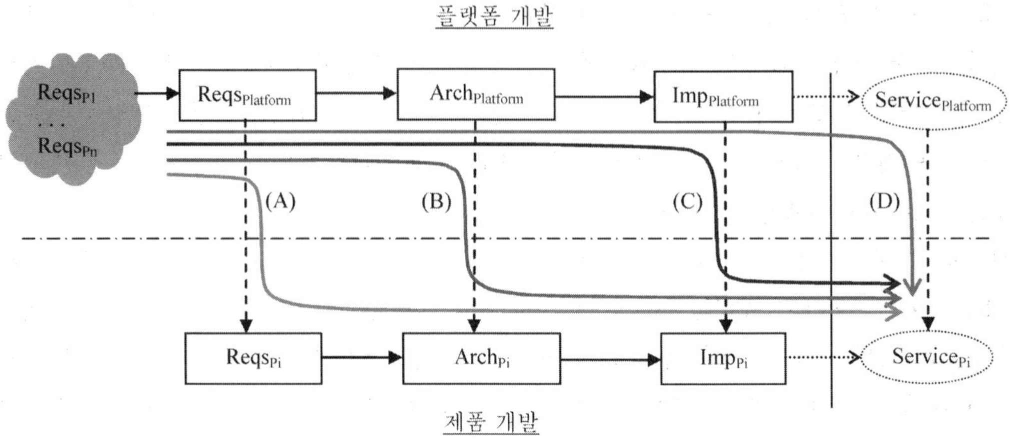

그림 2.3.3-1. SSPLD에서 제품 산출물을 도출하는 다양한 논리적 경로

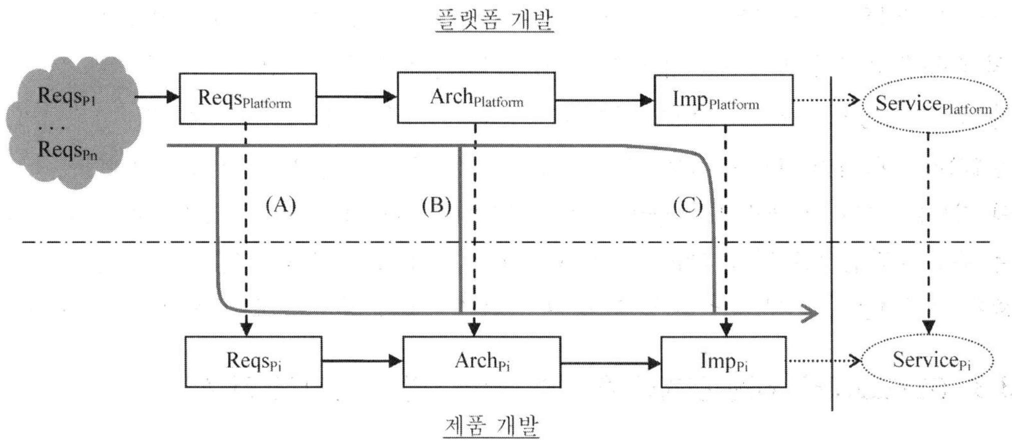

그림 2.3.3-2. 제품 산출물을 도출하는 실용적 경로의 예

그림 2.3.3-1의 논리적 경로 중, (A)는 플랫폼 요구사항명세에서 출발하여 요구사항명세의 바인딩을 사용한다. 경로 (B)는 플랫폼 요구사항명세에서 출발하여 아키텍처의 바인딩을 사용한다. 경로 (C)는 구현의 바인딩을 사용한다.

경로 (D)는 경로 (A), (B), (C)와 다르게 제품군을 만들지 않고, 가변성을 가진 단일제품을 만든다. 경로 (D)로 만들어진 단일제품은, 가변성으로 인해 다양한 서비스가 가능하면 실행 시의 가변성 해소를 통해서 사용자가 자신에 맞는 서비스를 선택할 수 있는 제품의 도출 경로이다.

이와 같이 주어진 서비스군을 만드는 다양한 개발 경로가 있다. 따라서 개발자들은 그림 2.3.3-1의 다양한 도출 경로 중 개발 목적과 상황에 맞는 경로를 선택해야 하고, 선택된 경로에 맞게 산출물들을 만들어야 한다.

산출물 존재 규칙과 산출물 도출 규칙을 통하여, 우리는 제품 산출물들을 얻는데 필요한 모든 요소와 관계를 파악할 수 있었다. 제품 요구사항명세는 RD11이 나타내는 것처럼 경로 (A)의 수직선을 따라 도출된다. 제품 아키텍처는 RD12와 RD13가 각각 나타내는 것처럼 두 개의 경로 (A)와 (B)로 얻을 수 있다. R14는 경로 (C)에 대응되고 R15는 경로 (A)와 (B)에 대응되는데, 이 경로들이 모두 $Arch_{Pi}$를 사용하기 때문이다. 마찬가지로 제품의 구현 Imp_{Pi}는 세 개의 경로 (A), (B) 혹은 (C) 중 하나를 따라 얻을 수 있다.

그림 2.3.3-2는 그림 2.3.3-1의 논리적 경로들을 적절히 결합한 제품 개발 경로를 보여 준다.[68] 이 경로의 경우, 그림 2.3.3-1의 각각의 경로와 달리, 플랫폼의 모든 기본 산출물들을 개발하고 이를 이용하여 제품의 모든 기본 산출물들을 도출할 수 있다.

SSPLD는 산출물들 사이에 중복이 없도록 개발, 분석, 평가방법이 고안되어 있다. 그러나 SSPLD를 적용함에 있어서, 주된 **개발 산출물**과 도출 규칙에 의하여 얻어지는 뷰(view)에 해당되는 **도출된 산출물**을 명확히 구별할 필요가 있다. 많은 산출물들의 뷰를 도출할 수 있지만, 이들 뷰에 해당하는 산출물 중 어느 것이 실체화[69] 되어 변경 가능한 산출물로 되는가는 선택된 도출 경로에 따라 달라진다.[70]

2.3.4 산출물 일관성 규칙

제품 요구사항명세 도출과 달리, 제품 아키텍처와 제품 구현은 각각 복수 개의 도출 경로를 가진다. 이와 같이 동일한 산출물(들)로부터 출발하여 하나의 산출물을 도출할 수 있는 두 개 이상의 경로가 있을 때, 서로 다른 경로를 택한 결과는 일치하여야 한다. SSPLD는 **산출물 일관성 규칙**을 통하여 이러한 일치를 요구한다.

산출물 일관성 규칙
RC1. $Arch_{Platform}\ \mathcal{B}_{Arch_{Pi}} = (\mathcal{D}1_{Pi})\ Reqs_{Pi}$
RC2. $Imp_{Platform}\ \mathcal{B}_{Impp_{Pi}} = (\mathcal{D}2_{Pi})\ Arch_{Pi}$

그림 2.3.4-1. SSPLD에 대한 산출물 일관성 규칙[71]

68 엄밀히 말하여, 생성적 제품라인의 경우는 그림 2.3.3-1의 논리적 도출 경로로 충분하지만, 비생성적 제품라인의 경우 그림 2.3.3-2의 실용적 경로를 채택해야 한다. 생성적 제품라인과 비생성적 제품라인에 관한 논의는 제 6장 6.2절에서 자세히 논의한다.

69 이는 도출되었지만 후속 개발의 출발점을 제공하게 됨을 말한다.

70 도출된 산출물들은 뷰로서만 존재할 수도 있고 원본(original)으로의 역할을 수행할 수도 있다. 예를 들어, 추적성 관계가 (필요에 의하여 도출되는) 뷰로서 존재해야 할지 아니면 (항상 독립적으로 존재하는) 원본형태로 있어야 할지는, 변경이 발생하는 근원 지점이 어디냐에 따라 달라진다. 제 2.4.2절에는 논리적 도출 경로에 대한 논의에 뷰와 원본에 대한 추가적인 논의가 있다.

71 산출물 일관성 규칙명에서 'RC'의 'C'는 'Consistency'를 나타낸다.

그림 2.3.4-1의 산출물 일관성 규칙 RC1에 따르면 그림 2.3.3-1의 경로 (A)와 (B)로부터 얻어진 결과가 일치해야 한다. 또한 RC2는 경로 (B)와 (C) (혹은 (A))로부터 얻은 결과가 일치할 것을 요구한다. 그러면,

Imp_{Pi}	$= Imp_{Platform}\ \mathcal{B}_{Imp_{Pi}}$	-- RD14, 경로 (C)
	$= (\mathcal{D}2_{Pi})\ Arch_{Pi}$	-- RC2, 경로 (B)
	$= (\mathcal{D}2_{Pi})\ Arch_{Platform}\ \mathcal{B}_{Arch_{Pi}}$	-- RD12, 경로 (B)
	$= (\mathcal{D}2_{Pi})\ (\mathcal{D}1_{Pi})\ Reqs_{Pi}$	-- RC1, 경로 (A)

의 관계가 성립한다.

2.3.5 도출 규칙의 구현 난이도와 논리적 도출 경로의 선택

SPLD 개발방식의 효과는 플랫폼 개발 공정에서 얻어진 산출물들이 나중에 제품 개발에서 재사용될 때 발생한다. 따라서 만일 제품 개발에 그림 2.3.3-1의 경로 (B) 대신에 경로 (C)가 사용될 수 있다면, 제품 요구공학 노력은 불필요하거나 축소되기 때문에 이득이 더 크게 된다. 그러나 제품 아키텍처가 플랫폼 아키텍처로부터 쉽게 얻어지지 않을 경우, 경로 (B)가 선택되든가 혹은 경로 (C)에 추가적으로 사용되어야 한다.

앞에서 말한 바와 같이 제 I부 2장의 그림 2.3.2-1의 도출규칙과 그림 2.3.3-1의 산출물 도출경로에 따르면, 같은 산출물을 도출하는 두 개 이상의 도출 경로가 있을 수 있다. 예를 들어, $Arch_{A1}$을 도출하는 경로는

$$Arch_{A1} = Arch_{AA}\ \mathcal{B}_{Arch_{A1}}$$

과

$$Arch_{A1} = (\mathcal{D}1_{A1})\ Reqs_{A1}$$

의 두 개의 경로가 있다. 그러나 제 2.3.2절 끝에서 논의한 것처럼, 전자의 방법으로는 바인딩 적용 도구에 의하여 자동적으로 제품 아키텍처가 생성되는데 비하여, 후자의 제품 아키텍처설계결정의 적용은 큰 노력이 들어가게 된다. 따라서 SPLD에서는 그림 2.3.3-1의 제품 개발에 들어가는 노력을 최소화하고 가급적이면 플랫폼 산출물에 제품 산출물 바인딩을 적용하여 제품 산출물들이 자동으로 생성될 수 있도록 하기 위하여, 플랫폼 개발에 많은 노력을 기울이게 된다. 그러나 효율적인 제품군 개발을 위해서는 그림 2.3.3-1의 여러 개발 경로 중 개발조직의 역량과 대상 제품라인의 개발환경에 맞는 경로를 선택하여야 한다.

2.4 관련 연구

2.4.1 SSPLD의 체계성

제품라인 개발을 체계적으로 수행하기 위하여 SSPLD는 그림 2.3.1-1, 2.3.2-1, 2.3.4-1의 요구사항들을 충족시킬 것을 요구한다. 반면에 예를 들어 [Pohl 05][72]는 널리 알려진 제품라인 개발 방법이지만, 개발 결정과 추적성을 일차적 산출물로 다루지 않고 이들을 요구사항 명세, 아키텍처설계, 구현의 개발 단계별로 존재한다고 보지 않는다는 점에서 SSPLD와 다르다. 또한 가변점과 가변값을 넘어서 제품별 바인딩의 형성과 적용에 SPLD의 중심적인 역할을 부여하지 않는다. 따라서 [Pohl 05]의 방법은 SPLD의 잠재력을 최대한 발휘하도록 하지 못한다. SSPLD는 소프트웨어 제품라인 개발의 중심적인 역할을 제품별 바인딩의 형성과 적용에 두고 기본 산출물 외에도 개발 결정과 추적성을 일차적 산출물로 요구하여 제품라인 개발을 체계적으로 만든다.

2.4.2 SSPLD의 다양한 논리적 도출 경로

SSPLD는 존재 규칙과 도출 규칙을 통하여 제품의 산출물들을 도출하는데 필요한 요소들과 그들의 관계를 제시할 수 있다. 그러나 SSPLD 는 그림 2.3.3-1의 여러 도출 경로 가운데 어느 하나를 최선의 도출 경로로 제시하지 않는다. 대신 "만일 이 경로를 따르면 (혹은 이러이러한 플랫폼 산출물들이 만들어지면), 이러이러한 제품 산출물이 체계적으로 혹은 쉽게 얻어진다" 라고만 말한다.

따라서 그림 2.3.2-2에서 산출물 도출 규칙 RD11이 나타내는 것처럼 $Reqs_{Pi}$는 경로 (A)의 수직선을 택함으로써 도출할 수 있지만, RD12와 RD13이 각각 나타내는 것처럼 경로 (A) 혹은 (B)의 어느 쪽을 선택하여도 $Arch_{Pi}$를 얻을 수 있다. 마찬가지로 Imp_{Pi}를 얻기 위하여 경로 (A) 혹은 경로 (B) 혹은 경로 (C) 중 어떤 경로를 선택하는 것도 가능하다. R14는 경로 (C)에 상응하고, R15는 경로 (B)에 상응한다.

이와 같이 산출물을 도출하는 경로가 다양하기 때문에, SSPLD 공정모델의 모든 산출물을 직접 구축해야 할 필요는 없다. 이들 중 개발자가 사용하는 개발 방법에 더 적합한 산출물만을 명시적으로 구축하고 필요에 따라 나머지 산출물들은 이들간의 관계를 이용하여 도출 또는 생성하면 된다.[73]

72 특히 [Pohl 05]pp. 19-38를 참조.

73 따라서 SSPLD에서 명시적으로 구축하는 산출물과 도출되는 산출물들의 관계는, 데이터베이스의 테이블(table)과 뷰(view) 간의 관계에 비유할 수 있다.

2.4.3 서비스군

사용자가 (혹은 고객이) 소프트웨어 개발을 통하여 궁극적으로 얻고자 하는 것은 최종 개발 결과물인 구현의 실행을 통하여 제공하는 서비스이다. 따라서 사용자 관점에서 중요한 것은 서비스가 어떻게 구현되었는가 보다도 서비스 그 자체이다. 이와 같이 소프트웨어 제품을 통해서 (소프트웨어) 서비스를 이용하는 것은 흔히 찾아 볼 수 있는 소프트웨어 사업모델이다. 여기서 한 걸음 더 나아가서 서비스 제공자가 하나의 소프트웨어 제품을 이용하여 다양한 사용자에 대하여 다양한 서비스를 제공하는 사업모델도 생각할 수도 있다. 이 경우 다양한 서비스는 하나의 소프트웨어 제품으로부터 제공되는 것이므로 서비스의 많은 부분이 사용자들 간에 서로 같을 것이다. 따라서 이들 다양한 서비스들의 집합을 하나의 서비스군으로 볼 수 있다. 그림 2.3.3-1의 경로 (D)는 이러한 서비스군의 도출 경로를 나타낸다. Enterprise Resource Planning(ERP)[74] 는 이 경로를 따라 개발되어 서비스군을 제공하는 제품의 예이다. 이와 같이 하나의 제품을 통하여 서비스군을 제공하는 방법이 제품라인 개발 방법으로 제품군을 개발하여 서비스군을 제공하는 방법에 비하여 갖는 단점은, 기기에 설치되어야 할 소프트웨어의 규모가 커지고, 소프트웨어의 복잡도가 높아져서 유지보수에 많은 노력이 들어가게 된다는 것이다.

각기 다른 제품을 개발하여 서비스군을 제공하는 방법과 하나의 제품을 개발하여 서비스군을 제공하는 방법의 중간에 위치하는 방법이 서비스 플랫폼을 개발하여 서비스군을 제공하는 방법이다. 이 방법에서는 하나의 서비스 플랫폼 위에 다양한 응용소프트웨어들이 탑재되어 다양한 서비스군을 제공한다. 서비스 플랫폼에 상세한 논의는 제 3.1.4절에 있다.

2.4.4 피처 단계가 추가된 SSPLD 공정모델

SPLD 공정의 첫 단계를 피처모델로 시작하는 제품라인 개발 방법들이 있다. 그림 2.2-2의 SSPLD 공정모델에 피처 단계를 추가하여 그림 2.4.4-1과 같이 확장할 수 있다. 다른 단계들과 마찬가지로 피처도 플랫폼 피처모델과 제품 피처모델을 가져야 한다. 그리고 제품별 피처바인딩은 어떤 플랫폼 피처의 가변점에 해당되는 노드가 어떤 피처로 인스턴스화되는지를 정의해야 한다. 피처를 요구사항으로 상세화해가며 내린 결정을 $\mathcal{D}0$라 하고 피처로부터 요구사항으로의 추적성을 $\mathcal{TR}0$라고 하면, 플랫폼 요구사항결정과 피처-요구사항 추적성을 얻기 위한 바인딩들을 포함하여 그림 2.4.4-1과 같은 공정을 얻을 수 있다.

74 [Sommerville 11] p. 7 참조.

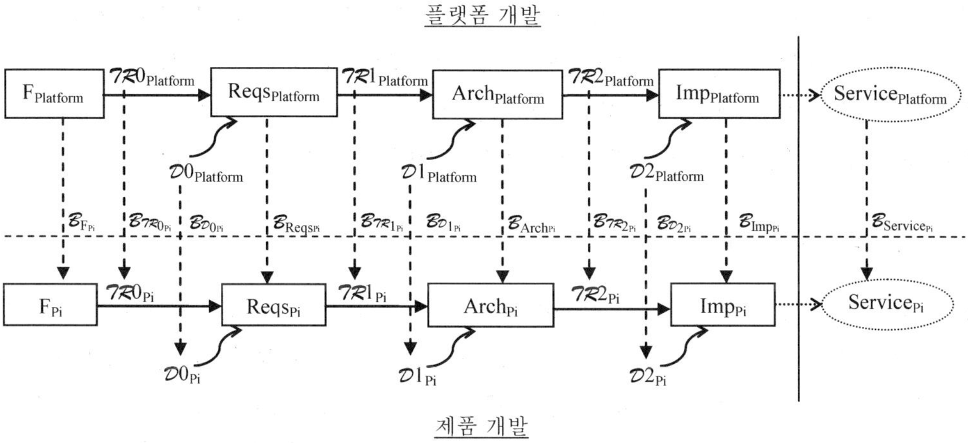

그림 2.4.4-1. 피처 단계가 추가된 확장된 SSPLD 공정모델

그림 2.4.4-1의 $F_{Platform}$은 FODA로부터 FORM로 발전한 전통적인 피처모델과 구별된다. 전통적 피처모델은 다른 종류의 가변성 모델과 함께 사용되기보다는 그 자체로서 제품라인 개발 전체의 가변성을 나타내는 수단으로 사용되었다.[75] 반면에 그림 2.4.4-1의 $F_{Platform}$은 (가변성을 갖고 있는) (외부)피처모델로, 그 외의 (가변성을 갖고 있는) 가변성 모델로서 $Reqs_{Platform}$, $Arch_{Platform}$, $Imp_{Platform}$과 함께 개발에 사용된다. SSPLD는 그림 2.4.4-1의 $F_{Platform}$, $Reqs_{Platform}$, $Arch_{Platform}$과 $Imp_{Platform}$을 제시할 때 이 플랫폼 산출물들 안에 있는 가변성 모델을 위하여 제 5장에서 소개되는 PfAML을 따르는 가변성 모델을 만들 것을 추천한다.

2.4.5 SPLD와 MDD의 유사성

모델 주도적 개발(Model Driven Development: MDD)[Mellor 04]은 소프트웨어 제품이 배치되는 타겟 환경으로부터 독립적인 모델인 Platform Independent Model(PIM)을 먼저 개발하고 나서, 이를 특정 타겟 환경에 맞는 모델 Platform Specific Model(PSM)로 변환하고, 이 PSM으로부터 구현이 개발되는 소프트웨어 개발 패러다임이다. SPLD는 공통성과 가변성의 분석에 기반한 가변점의 사용과 가변점들의 인스턴스화를 통하여 주로 개발이 이루어지는데, MDD가 인스턴스화를 통하여 가변적인 것으로의 변환을 달성한다는 점에서 MDD와 SPLD는 흡사하다.

그러나 SPLD는 가변성을 나타내고, 인스턴스화하는 다양한 방법을 다 포함하는 일반적인 접근인데 반하여, MDD는 이를 위해 매개변수화(parameterization)라는 특정한 방법들을 사용하고, 이를 통해 생성하는 제품들이 특정한 종류라는 점에서 MDD를 SPLD의 특별한 경우

75 이와 관련하여 CVL[CVL 12]은 피처모델 기호를 사용하지만 외부피처(external feature)의 의미에서의 피처가 아니라 가변성 모델을 제시하는데 사용하고 있다.

로 볼 수 있다. 즉 MDD에서는 사용자 관점에서는 같은 제품이지만 다른 플랫폼에서 동작한다는 점에서만 차이가 있는 제품군을 만드는 SPLD 방법이라고 볼 수 있다.

제 3장 3.5.3절 그림 3.5.3-1은 MDD 개발 방법의 개념을 보여 준다. 그 밖에도 제 3장 3.5.4절, 그리고 제 II부 1장 1.8절 관련연구의 1.8.1절에 MDD에 대한 추가적인 논의가 있다.

2.4.6 서비스군과 SaaS

소프트웨어의 사용자가 소프트웨어 제품을 소유하고 자신의 컴퓨터에서 사용함으로써 그 소프트웨어의 서비스를 이용하는 대신, 서비스 제공자가 소프트웨어 제품을 소유하고 사용자는 단지 클라이언트-서버의 연결방식을 통하여 서비스만을 이용하게 되는 소프트웨어의 사용방법 (혹은 사업모델)을 Software as a Service(SaaS)[76]라고 부른다. SaaS의 예로는 Gmail과 같은 Web 기반의 이메일 시스템, Google Docs, Youtube등이 있다.

SaaS에서는 고객맞춤(customization)이 가능한 유사한 서비스를 사용자에게 제공하기 위하여 서비스 제공자는 단일 제품인 서비스 플랫폼[77]을 운영한다. 따라서 이 서비스 플랫폼에는 공통성과 가변성이 맞춤화될 수 있는 형태로 전부 설계되어 내장되어 있다. 이러한 SaaS는 서비스군을 제공하기 위하여, 제품라인 개발의 한 특별한 형태로서 제 2.3.3절의 그림 2.3.3-1 SSPLD 공성 모델의 경로 (D)를 따른 개발 방법을 사용한다고 볼 수 있다. 이 서비스 플랫폼은 생성적 플랫폼으로 볼 수 있는데, 왜냐하면 실질적인 고객맞춤이 (혹은, 나중에 우리가 정의할 용어를 먼저 사용하면, 바인딩의 형성과 적용이) 실행 시에 사용자 혹은 관리자들에 의하여 수행되기 때문이다.[78] SaaS에서의 Multi-tenancy[79] 서비스는 고객맞춤의 능력의 일부를 사용자 측에서 갖는 경우로, 이는 이 책의 제 II부 3장과 4장의 주제가 되는 다계층 (서비스) 제품라인에 해당된다고 볼 수 있다.

2.4.7 SPLD 공정과 개발 조직의 구조

개발 조직의 구조가 개발 공정과 결과에 많은 영향을 미친다는 것은 잘 알려져 있다 [Conway 68]. 이 장에서 논의한 바와 같이 SPLD와 SSPLD의 공정이 SPD와 SSPD의 공정과는 다르게 두 개의 단계군으로 구성되어 플랫폼의 개발과 제품의 개발이 공정상 분리되기 때문에 효과적인 개발 조직 구조도 단일 제품 개발을 위한 조직 구조보다 복잡해진다. 이에 대한 논의는 [Bosch 00]과 [Pohl 05]에서 찾을 수 있다.

---

76 [Sommerville 11] Section 18.4 참조.
77 서비스 플랫폼에 대하여는 3.1.4절에서 상세히 논의한다.
78 그러나 SasS의 진보된 형태에서는 서비스의 요구되는 고객맞춤이 전부 실행 시에 이루어지고 따라서 제품이 서비스인 제품군 개발의 한 특수한 경우로 볼 수 있다.
79 [Sommerville 11] p. 504.

제3장 플랫폼과 가변점

제품군 $\mathcal{F}$ = {P1, ... , Pn}의 플랫폼[80] π는 각 제품 Pi에 대하여, $1 \le i \le n$,

$$Pi = \pi \cup \Delta_{Pi}$$

을 충족시켜야 한다. 여기서 π는 제품군 $\mathcal{F}$의 공통성 (즉 $P1 \cap \ldots \cap Pn$)을 나타내고, Δ_{Pi}는 Pi 와의 차이이다.

플랫폼은 공통 부분 이외에도 가변점들을 포함한다. 가변점의 선언은

vp: v1, . . . , vn

의 구문으로 표현되는데, 여기서 vp는 가변점이고, v1, ..., vn는 vp가 가질 수 있는 가변값들이다.

그림 3-1. 플랫폼과 가변점 개요

SPLD의 플랫폼과 가변점

Oxford 사전의 정의에 따르면 플랫폼의 의미들 중 하나가 "기차역에서 승객이 타고 내리기 위해 철도와 나란히 놓인 올라간 구조물"이다. 또 다른 플랫폼의 정의로 "다른 기술 혹은 공정이 그 위에 구축되는 기술기반"이 있다.[81] 이 두 정의는 일맥상통하며, 이 플랫폼의 정의들의 공통적인 함의를 추출하여 보다 일반적인 플랫폼의 개념으로 "최종적인 해결이 쉽게 가능하도록 미리 만들어진 부분적인 해결책"을 생각할 수 있다.

SPLD에서는 이러한 개념의 플랫폼을 기반으로 개별 제품의 도출이 이루어진다. 따라서 SPLD 개발 접근방식의 주된 부분이 주어진 제품군으로부터 플랫폼을 정의하고 구축하는 것이다. 이를 위해 플랫폼의 가변적인 부분들은 가변점으로 나타내며, 개별 제품은 플랫폼의 가변점들에 개별 제품의 도출을 위하여 필요한 (바인딩) 정보를 적용하여 생성되거나, 생성된 결과를 기반으로 추가적인 개발 작업을 수행하여 만들어진다.

SSPLD의 플랫폼과 가변점

이 장에서는 플랫폼의 정의와 플랫폼의 구성 요소로서 가변점과 가변값의 정의를 내린다.

---

80 엄밀히 말하여 플랫폼은 어떤 타입의 산출물의 플랫폼으로 존재하지만, 여기서는 플랫폼의 개념을 쉽게 소개하기 위해서 타입의 언급 없이 플랫폼으로 말하였다.

81 "A platform is any base of technologies on which other technologies or processes are built [TechTarget 2004]." ([Pohl 05] p.6.)

용어

표 3-1. 플랫폼과 가변점 관련 용어

용어	설명
공통 부분 (common part)	제품군의 모든 제품들이 공유하는 부분
공유 부분 (shared part)	제품군의 두 개 이상의 제품들이 공유하는 부분
제품특정 부분 (product-specific part)	제품군의 단 하나의 제품에만 있는 부분
가변 부분 (variable part)	공유 부분과 제품특정 부분
플랫폼[82](platform)	개별 제품들을 인스턴스로 도출할 수 있도록 제품군의 공통 부분과 가변적인 부분을 추상화한 가변점들로 구성된 산출물

82 이 정의는 표 2-2에 있는 플랫폼의 정의를 가변점의 개념을 적용하여 구체화한 정의이다.

3.1 플랫폼

3.1.1 플랫폼의 개념

플랫폼의 개념을 이해하기 위하여 그림 3.1.1-1의 제품 A, B와 C를 개발한다고 가정하자.

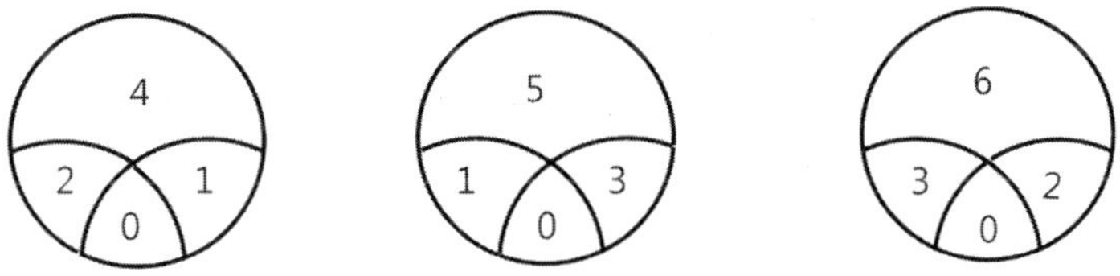

제품 A　　　제품 B　　　제품 C

그림 3.1.1-1. 제품군의 제품들

제품 A, B, C는 각각 여러 가지 요소들로 이루어져 있고, 제품을 구성하는 같은 요소들은 그림 3.1.1-1에서처럼 같은 수로 표시되어 있다. 즉 제품 A는 0, 1, 2, 4의 (구성) 요소로 이루어지고, 제품 B는 0, 1, 3, 5로 구성되고, 제품 C는 0, 2, 3, 6으로 구성된다. 또한 그림 3.1.1-1에 따르면 1은 A와 B에, 2는 A와 C에, 3은 B와 C에 공통이다. 반면 4는 A에만 있는 요소이고, 5는 B에만 있는 요소이고, 6은 C에만 있는 요소이다.

충분한 시간과 예산이 주어질 경우 제품 A, B, C를 개발하는 가능한 접근방법은 세 개의 팀을 두어 각 팀이 A, B와 C를 하나씩 독립적으로 만들도록 하는 것이다. 그러나, 이러한 접근방법은 어떤 공통 요소들은, 즉 0, 1, 2, 3은 두 번 이상 만들어지게 되어 비효율적이다.

더 효율적으로 개발하기 위해서는, 이와는 다른 접근방법을 택할 필요가 있다. 이 접근방법은 준비 단계군과 생산 단계군의 두 개의 단계군으로 구성된다 (제 2장 그림 2.2-1과 그림 2.2-2 참조). 첫 번째 준비 단계군에서는, **(공통) 플랫폼**을 구축한다. 두 번째 단계군에서는 공통 플랫폼을 이용하여 특정 제품을 완성하기 위하여 필요한 부분만[83]을 추가하여 대상 제품을 얻어낸다.

플랫폼의 중요한 특징은 플랫폼으로부터 제품들을 만드는데 필요한 요소들을 갖추고 있는 것이다.[84] 이를 위해서는 플랫폼은 모든 제품들이 갖고 있는 (구체적인) **공통 부분들**을 포함할 뿐 아니라, 제품들 간에 서로 다른 부분들인 가변 부분을 **공통 부분으로 추상화하여** 포함하여 모든 제품을 생성할 수 있는 기반을 갖춰야 한다. 그러면 계획한 모든 제품들을 플랫폼으로부터 생성할 수 있게 되어 효율적인 개발이 가능하게 된다.

---

83 제품을 완성하기 위하여 필요한 "부분들"을 두 단계들의 어느 쪽에서 만드는 것이 효과적인지는 해당 부분이 얼마만큼 공유되는지, 그리고 개발 공정이 어떤 순서로 진행되는지에 따라 달라진다.

84 생성적 제품라인의 경우.

예제 3.1.1-1

아래 그림은 동그란 포인터 모양을 가진 제품 Red Laser Pointer와 제품 Green Laser Pointer로 구성된 레이저 포인터 제품군(Laser Pointer Family: LPF)과, 이 제품들을 생성할 수 있는 레이저 포인터 플랫폼 $LPPL_{Platform}$을 아키텍처 수준에서 보여 준다. 레이저 포인터는 Battery Tube, 붉은색 혹은 초록색을 만드는 레이저 모듈(Laser Module: LM)과 포인터의 모양으로 구성된다. 플랫폼은 BatteryTube만으로 구성되어 붉은색 레이저 모듈과 동그란 포인터 모양을 함께 플랫폼에 연결하거나 초록색 레이저 모듈과 동그란 포인터 모양을 함께 플랫폼에 연결하여 제품군의 제품들을 만든다.

제품군	Red Laser Pointer	[BatteryTube] — [RedLM] — ○
	Green Laser Pointer	[BatteryTube] — [GreenLM] — ○
플랫폼	$LPPL_{Platform}$	[BatteryTube] — — ○

■

3.1.2 공통 부분과 가변 부분

제 3.1.1절에서 플랫폼이 모든 (구체적인) 공통 부분들을 포함하고 가변 부분들을 추상화하여 포함하여야 한다고 말했는데, 공통 부분과 가변 부분의 정확한 정의를 다음과 같이 내릴 수 있다.

> **정의 3.1.2-1**
>
> **공통 부분, 공유 부분, 제품특정 부분, 가변 부분**
>
> 제품군의 **공통 부분**(common part)은 제품군의 모든 제품들이 공통적으로 가지는 부분을 말한다. 제품군의 **공유 부분**(shared part)은 제품군의 두 개 이상의 제품이 공통적으로 가지는 부분을 말한다. 제품군의 **제품 특정 부분**(product-specific part)은 한 제품이 가지고 있지만 다른 제품에 의하여 공유되지 않는 부분을 말한다. 제품군의 공유 부분과 제품 특정 부분을 함께 일컬어 **가변 부분**(variable part)이라고 한다.

예제 3.1.2-1

그림 3.1.1-1의 세 개의 제품 A, B와 C는 각각 {0, 1, 2, 3, 4, 5, 6}의 부분집합으로 구성된다. 다음 표는 각 제품의 부분들을 보여 준다.

제품 \ 부분	0	1	2	3	4	5	6
A	✓	✓	✓		✓		
B	✓	✓		✓		✓	
C	✓		✓	✓			✓

* '✓' 는 해당 요소가 해당 제품에 포함됨을 나타내다.

이 세 제품에 대하여 정의 3.1.2-1에 따른 공통 부분, 공유 부분, 제품특정 부분은 다음과 같다:

공통성 (공통 부분) : 0
가변성 (공유 부분) : 1, 2, 3
가변성 (제품특정 부분) : 4, 5, 6

■

3.1.3 플랫폼의 정의

지금까지 엄밀한 정의 없이 사용한 플랫폼 용어를 정의 3.1.2-1에서 도입된 용어들을 사용하여 다음과 같이 더 정확히 정의할 수 있다.

정의 3.1.3-1

첫번째 플랫폼의 정의[85]

제품군의 **플랫폼**은 (1) 제품군의 공통 부분과 (2) 가변 부분들의 추상화로 구성되어, 추상화된 가변 부분들의 인스턴스화를 통하여 제품군의 각 제품을 얻을 수 있는 모델 혹은 산출물이다.

3.1.4 플랫폼의 분류

플랫폼의 범위

그림 3.1.1-1의 제품군 {A, B, C}를 생산하는데 사용할 플랫폼은 플랫폼에 포함되는 공통 부분과 추상화된 가변 부분의 범위에 따라 여러 가지로 정의될 수 있다. 그림 3.1.4-1은 세 개의 서로 다른 플랫폼을 보여 준다.

85 가변점의 개념을 사용하는 더 구체적인 플랫폼의 정의가 정의 3.3-1에 있다.

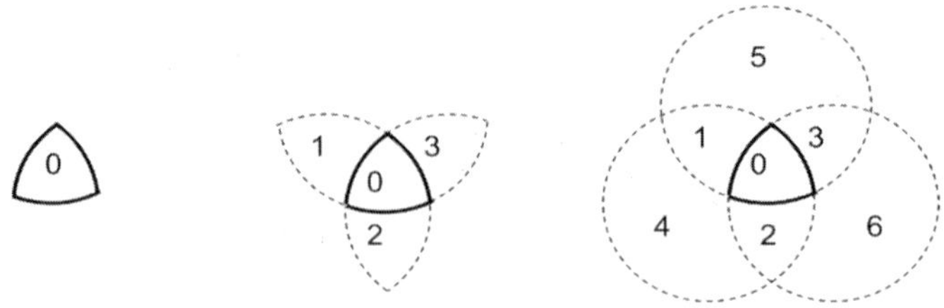

(a) 최소 플랫폼 (b) 전형적 플랫폼 (c) 최대 플랫폼

그림 3.1.4-1. 다양한 범위의 플랫폼들

첫 번째(그림 3.1.4-1(a))는 모든 제품에 공통적인 단지 공통 부분(즉 요소 0)만을 포함하고 있는 **최소 플랫폼**(minimal platform)이다. 최소 플랫폼은 정의 3.1.3-1에서 말하는 가변 부분이 전혀 없는 플랫폼이다. 두 번째(그림 3.1.4-1(b))는 공통 부분 이외에 가변적인 부분으로 공유 부분(즉 1, 2와 3)[86]도 포함하고 있는 **전형적 플랫폼**(typical platform)이다. 이 그림에서는 공통 부분이 아닌 공유 부분을 점선으로 나타내어 추상화하였다. 세번째 (그림 3.1.4-1(c))는 공통 부분과 모든 제품들을 생성하는데 충분하도록 가변적인 부분들[87](즉 공유 부분과 제품특정 부분)을 모두 포함하는 **최대 플랫폼**(maximal platform)이다.[88] 이 그림은 공유 부분뿐 아니라 제품특정 부분을 모두 점선으로 나타내어 추상화한 예를 보여 준다.

제품 플랫폼과 서비스 플랫폼

플랫폼은 개발에 이용되는 방식에 따라서 제품 플랫폼과 서비스 플랫폼으로 나눌 수 있다. **제품 플랫폼**은 제품군의 제품들을 만드는데 반복적으로 이용된다. 반면 **서비스 플랫폼**은 서비스군을 제공하기 위하여 서비스를 제공하는 응용소프프트웨어군을 탑재하고 이들을 지원한다. 예를 들어 운영체제는 시스템에 탑재된 응용소프트웨어들을 지원하여 사용자가 그 응용소스트웨어들의 서비스를 이용할 수 있게 하는 서비스 플랫폼이다.

[Baldwin 08]은 플랫폼 기반의 소프트웨어 환경에서 플랫폼이 고정된 부분을 나타내고, 플랫폼과 함께 협력하지만 쉽게 변경되는 부분을 **컴플리멘트**(complement)라고 불렀다. 이 개념을 SSPLD의 플랫폼의 정의에 맞게 다음과 같이 정의할 수 있다.[89]

---

86 엄밀히 말해서, 1, 2와 3의 추상이라고 말해야 한다.
87 엄밀히 말해서, 부분들의 추상들이다.
88 최대 플랫폼의 예로 제 II부 1장에서 자세히 다루게 될 생성적 제품라인의 플랫폼들이 있다.
89 [Baldwin 08]p.9.

정의 3.1.4-1

플랫폼의 컴플리멘트

플랫폼의 컴플리멘트는 플랫폼과 결합되어 완전한 제품을 구성하거나 혹은 완전한 서비스를 제공하는 (그 자체로서는 불완전한) 소프트웨어 산출물을 말한다.

이제 플랫폼과 컴플리멘트의 개념을 써서 제품 플랫폼과 서비스 플랫폼을 이용한 제품과 서비스의 개발을 각각 그림 3.1.4-2, 그림 3.1.4-3과 같이 나타낼 수 있다.

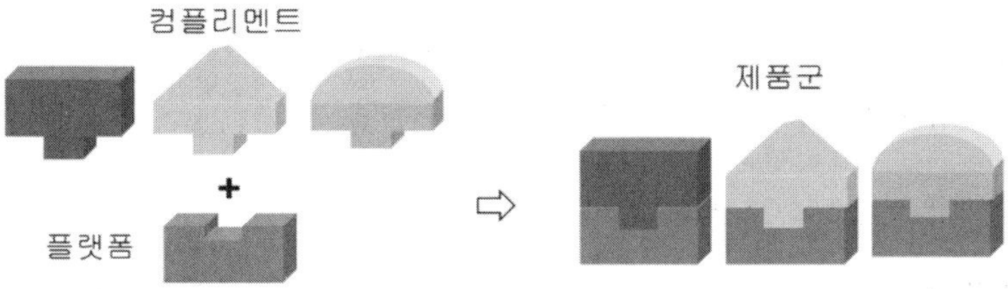

그림 3.1.4-2. 제품 플랫폼을 이용한 제품군 개발

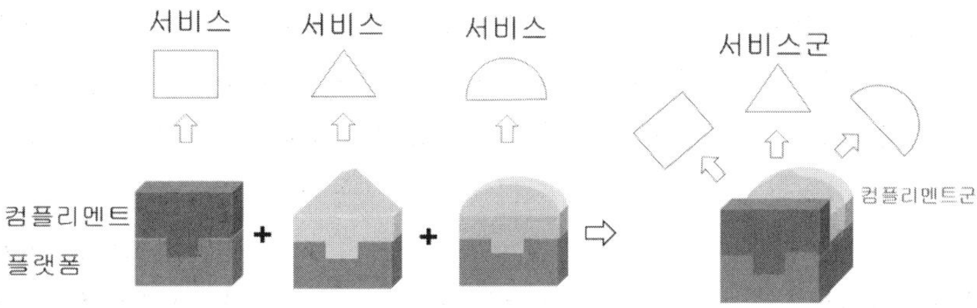

그림 3.1.4-3. 서비스 플랫폼을 이용한 서비스군 개발

제품 플랫폼을 이용한 제품군 개발에서는 하나의 제품 플랫폼이 서로 다른 컴플리멘트와 결합하여 이 둘이 합쳐진 형태의 다양한 제품들을 만들어 내게 된다. 이렇게 만들어진 제품들은 사용자에게 인도된 후 서비스 환경에 설치되어 각기 자신의 서비스를 제공하게 된다. 서비스 플랫폼을 이용한 서비스군 개발에서는 하나의 서비스 플랫폼 위에 다양한 컴플리멘트가 탑재되고, 컴플리멘트는 서비스 플랫폼과의 연동을 통하여 사용자가 필요한 서비스를 만들어 내게 된다.

서비스 플랫폼의 한 극단적인 경우가 컴플리멘트가 전혀 없이 서비스 플랫폼으로만 서비스군을 제공하는 경우이다. 이 경우 서비스 플랫폼은 단일 제품에 지나지 않기 때문에 서비

스군이 갖는 다양성의 모델링과 관리를 제외하고는 단일 소프트웨어 제품의 개발과 다를 바가 없다.[90]

SSPLD에서는 그림 2.2-1(a)이 보여 주듯이 서비스군의 개발을 제품군 개발의 궁극적인 목적으로 본다. 이 절에서 논의한 제품 플랫폼과 서비스 플랫폼의 비교는 SSPLD의 이러한 관점과도 일치한다. 그러나 SPLD의 개발 방법이 기존의 개발 방법과 다른 주된 차이점이 제품 플랫폼을 이용하여 제품 개발을 수행하는데 있기 때문에, 이하의 논의에서는 플랫폼이라고 말할 때 제품 플랫폼을 뜻한다.

생성적 플랫폼과 비생성적 플랫폼

위의 분류 외에도 플랫폼은 생성적 플랫폼과 비생성적 플랫폼으로 나뉠 수 있다. 이 분류에 대해서는 제 6장 6.2절과 6.3절에서 자세히 논의한다.

단일 계층 플랫폼과 다계층 플랫폼

위의 분류 외에도 플랫폼은 단일 계층 플랫폼과 다계층 플랫폼으로 나뉠 수 있다. 이 분류에 대해서는 제 II부 3장 서두에서 논의한다.

3.1.5 플랫폼의 범위와 최적 플랫폼

그림 3.1.4-1의 최소 플랫폼은 만일 그것이 제품 개발자(혹은 개발팀)에 넘겨지면, 1이 A와 B를 위하여, 2가 A와 C를 위하여, 3이 B와 C를 위하여 사용되는데도 불구하고, A, B와 C를 독자적으로 개발하여 1, 2, 3을 중복 개발할 가능성이 있다. 따라서 플랫폼 최적화의 관점에서 보면 최소 플랫폼은 재사용을 충분히 이용하지 못하고 있다.

전형적인 플랫폼은 그 범위(전체에서 공통 부분 혹은 공유 부분이 차지하는 비율)에 있어서 최소 플랫폼과 최대 플랫폼 사이의 중간 어느 지점에 있는 플랫폼이다. 전형적인 플랫폼의 경우, 만일 그림 3.1.4-1(b)와 같이 1, 2와 3은 두 개 이상의 제품에서 사용되지만, 4, 5와 6은 단지 하나의 제품에서만 사용된다는 것을 인지하여 만들어졌다고 가정하면, 플랫폼이 제품 개발자에게 넘겨질 때, 제품 개발자는 개별 제품의 고유한 부분만을 개발하게 된다.

최대 플랫폼은 제품들이 공통 부분과 공유 부분뿐 아니라 개별 제품의 고유한 부분들까지도 포함한다. 그러므로 이 경우에는 모든 필요한 부분들이 이미 만들어져 있어서, 개별 제품의 생산은 단지 플랫폼으로부터 그것을 생성하거나 혹은 이미 만들어진 부분들을 조립하여 그것을 만드는 활동에 지나지 않는다. 그러나 최대 플랫폼을 만드는 데에는 전형적인 플랫폼을 만드는 것보다 많은 노력이 들어가게 된다.

---

90 제 2.4.3절은 이런 경우의 예로 ERP를 들고 서비스플랫폼에 관한 관련논의를 한다.

제품군 개발에 들어가는 비용대비 이득(Return on Investment: ROI) 관점에서 최적인 플랫폼은 최소 플랫폼과 최대 플랫폼 사이의 중간에 있는 어떤 전형적인 플랫폼이다. 제품라인을 구축하는데 관련된 중요한 결정사항의 하나가, 가장 효율적인 SPLD 개발이 되도록 하기 위해서 많은 가능한 플랫폼들 가운데 어떤 것을 제품라인의 플랫폼으로 선택해야 하는가 하는 문제이다.

최적 플랫폼을 결정하는 요소로는 위에선 논의한 플랫폼의 크기 외에도 플랫폼 가변점의 크기도 있다. 가변점과 가변값의 크기와 그에 따른 가변점의 개수가 플랫폼의 재사용 효과에 미치는 영향에 대해서는 제 4장 4.2절에서 상세히 논의한다.

최적 플랫폼의 결정에 영향을 미치는 요소로 플랫폼의 범위 외에도 제 4장 4.3절에서 논의하는 바와 같이 가변값의 단위크기와 가변점의 개수가 있다.

3.2 가변점과 가변값

정의 3.1.3-1에서 플랫폼을 제품군이 공통 부분들과 추상화된 가변 부분들로 구성된다고 정의하였는데, SPLD에서 하나의 가변 부분을 가변점이라는 특별한 모델요소로 나타낸다. SSPLD에서는 가변점과 가변값이 개발 산출물의 일부로서[91], 개발 산출물의 타입을 그 타입으로 갖는다고 본다. 따라서 정의 3.1.2-1의 개념들을 사용하여, 가변점과 가변값은 각각 정의 3.2-1과 3.2-2와 같이 정의될 수 있다.

> **정의 3.2-1**
>
> **가변점**
>
> **가변점**(variation point)은 제품군의 공유 부분 혹은 제품특정 부분을 추상화하여 공통 부분이 된 산출물 요소이다.

이 책에서는 가변점이 산출물의 다른 요소들과 분명히 구별되도록 하기 위하여, 가변점에는 다음과 같이 'vp'로 시작하는 이름을 주기로 한다:

vp*Name1*, vp*Name2*, …

> **정의 3.2-2**
>
> **가변값**
>
> **가변값**(variant)은 제품 산출물 요소로, 가변점이 가질 수 있는 가능한 (인스턴스화 될 수 있는) (구체적) 값이다.

하나의 가변점이 구체적으로 어떻게 나타내지고 정의될 수 있는지를 예를 통하여 보기로 한다.

예제 3.2-1

아래 그림은 Laser Pointer 제품군을 위한 플랫폼 $LPPL_{Platform}$을 보여주고, $LPPL_{Platform}$의 가변점과, $LPPL_{Platform}$으로부터 생성될 수 있는 제품들을 보여 준다. $LPPL_{Platform}$은 하나의 가변점 vpLM을 가지며, vpLM 자리에 레이저 모듈(Laser Module)로 RedLM 혹은 GreenLM을 가질 수 있다. 이와 같이 정의된 플랫폼과 그 가변점의 가변값을 갖는 $LPPL_{Platform}$으로부터 두

91 [Pohl 05]의 OVM 기반의 개발에서는 이와 대조적으로 가변점과 가변값이 OVM 모델의 일부로 산출물과 독립적으로 존재한다고 본다. 이러한 관점의 차이가 갖는 의미에 대하여 제 3.5.6절에서 상세히 논의한다.

개의 제품 Red Laser Pointer와 Green Laser Pointer가 생성될 수 있다.

$LPPL_{Platform}$	가변점 도입에 의한 가변 부분의 추상화	BatteryTube – vpLM – ○
	가변점의 가변성 정의	vpLM : RedLM , GreenLM
추상화된 가변점을 (가변점의 가변성으로서의) 구체적인 가변값으로 대입한 결과	Red Laser Pointer	BatteryTube – RedLM – ○
	Green Laser Pointer	BatteryTube – GreenLM – ○

■

예제 3.2-1에서 볼 수 있는 것처럼 가변점은 각 제품들의 차이점들을 추상화하여 서로 다른 제품들이 동일하게 보이도록 하고 (즉 공통 부분으로 만들고), 또한 동시에 해당 부분에서 제품들 사이에 차이가 발생할 수 있는 방식을 내포하고 있어서 (즉 가변성을 갖고 있어서) 인스턴스화에 의하여 제품에 맞는 부분으로 구체화될 수 있으므로, 가변점을 그림 3.2-1이 나타내는 것처럼 공통성과 가변성의 연결점으로 볼 수 있다.

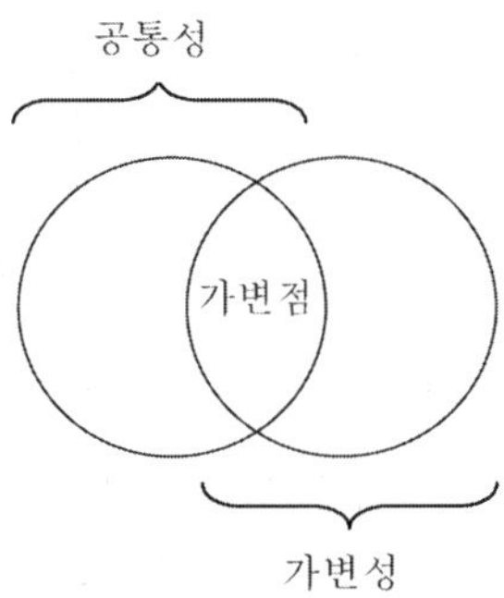

그림 3.2-1. 공통성과 가변성의 연결점으로서의 가변점

3.3 가변점을 사용한 플랫폼의 정의

이제 제 3.1.1절에서 소개되었던 예를 다시 사용하여, 예제 3.2-1보다 조금 더 복잡한 상황에 등장하는 가변점의 예를 보기로 한다.

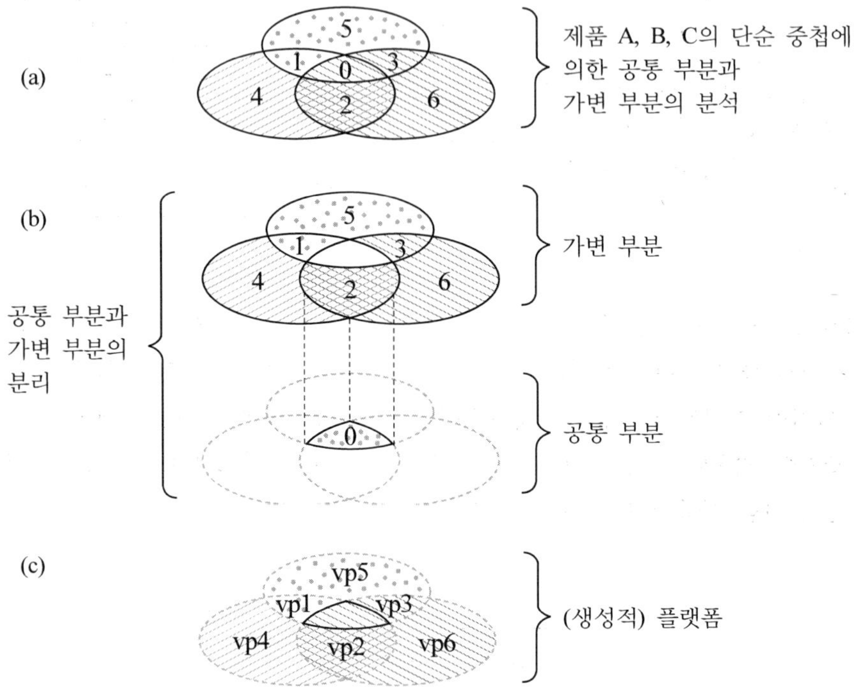

그림 3.3-1. 가변점을 사용하여 가변 부분을 추상화한 플랫폼

그림 3.3-1(a)에서 원으로 나타낸 세 개의 제품 A, B, C의 중첩된 부분들은 세 제품들의 공통 부분과 공유 부분을 보여 주지만, 제품 A, B, C를 생성할 수 있는 플랫폼을 어떻게 정의할 수 있는 지를 보여 주지는 않는다. 공통 부분은 당연히 플랫폼에 포함되어야 하겠지만, 공통 부분이 아니면서 부분적인 공통성에 해당되는 공유 부분을 어떻게 다룰지를 직접 제시하지는 않는다.

그림 3.3-1(b)는 그림 3.3-1(a)의 제품 A, B, C의 단순중첩으로부터 공통 부분과 가변 부분을 분리하여 보여 준다. 개별 제품 (즉 제품 A, B와 C)의 관점에서 보면, 이들은 모두 '0'을 공통 부분으로 갖는다. 이제 제품군의 가변부를 나타내기 위하여, 그림 3.3-1(c)와 같이 가변점을 사용하기로 한다. 이때 가변점은 두 가지 목적으로 사용된다: (1) 제품들 사이의 서로 다른 부분들을 추상화하여 플랫폼에 포함함으로써 플랫폼의 어떤 부분에서 가변성이 발생하는지를 보여 준다. 이와 같이 플랫폼에서 가변점이 나타나는 것을 **가변점의 사용**이라고 부른다. 그리고 (2) 가변점은 가변적인 부분이 어떤 가변성의 범위를 (혹은 선택을) 갖는지(즉

어떻게 달라질 수 있는지)를 보여 준다. 이를 **가변점의 선언** 혹은 **가변점의 정의**라고 부른다. 가변점의 이 두 가지 목적 가운데 (1)로 인하여, 가변점은 공통성의 부분이 되고 (2)로 인하여 특정한 가변점의 가변성이 표현된다.

그러면 제품 A, B, C를 생성할 수 있는 플랫폼을 그림 3.3-1(c)가 제시하는 것처럼 다음과 같이 기술할 수 있다.

Platform = {0, vp1, vp2, vp3, vp4, vp5, vp6}

그러면, 예를 들어 제품 A = {0, 1, 2, 4} 는 다음의 대입들을 적용하여 얻어진다.

vp1\1, vp2\2, vp3\null, vp4\4, vp5\null, vp6\null

여기서 null은 아무것도 가변점을 대체하지 않음을 나타낸다. 그러므로 가변점이 null로 대체되면 특정 제품이 플랫폼으로부터 만들어질 때 가변점에 해당되는 부분은 존재하지 않게 된다.

이제 이러한 가변점의 개념을 사용하여 플랫폼을 다음과 같이 다시 정의할 수 있다.

정의 3.3-1

두번째 플랫폼의 정의

제품군의 **플랫폼**은 (1) 제품군의 공통 부분과, (2) 가변점의 집합[92]으로 구성된 산출물로, 플랫폼의 각 가변점들에 제품별 해당 가변값을 대입하여, 공통 부분을 포함한 그 제품의 전부 혹은 일부를 얻을 수 있는 산출물을 말한다.

플랫폼과 가변점의 타입

지금까지 우리는 플랫폼의 일반적인 개념에 대하여 논의하였다. 그러나 개발에서 사용되는 플랫폼은 항상 플랫폼 요구사항명세, 플랫폼 아키텍처, 플랫폼 구현과 같이 특정한 타입의 플랫폼 산출물로서 존재한다. 따라서 SSPLD에서 논의되는 플랫폼은 항상 구체적인 타입의 플랫폼 산출물로서 만들어지고 사용된다. SSPLD에서는 가변점도 플랫폼과 마찬가지로 자신의 타입을 갖는데, 그것은 그 가변점이 속하는 플랫폼 산출물의 타입과 동일한 타입이다. SSPLD에서는 각 가변점이 타입을 갖기 때문에 이를 통해 가변점의 사용 문맥이 명시적으로 한정되어, 가변점이 타입을 갖지 않는 가변성 표현에서 생길 수 있는 모호성이 발생하지 않는다.

92 가변점 정의의 집합이 아니라 가변점의 집합이라고 말한 점은 중요하다. 전자와 같이 말했다면, 가변값들까지도 플랫폼의 일부가 되겠지만, 이 책은 후자로 표현하여 가변점까지만 플랫폼에 포함된다고 정의하고 있다.

3.4 가변성 제약사항

제약사항은 산출물들의 요소들 간의 의존관계로 단일 제품에 대한 제약사항과 제품군에 대한 제약사항으로 나눌 수 있다. 제품군에 대한 제약사항으로 제 3.2절에서 논의한 가변점과 가변값의 개념은, 가변점이 주는 방식으로밖에 가변점과 가변값들 간의 관계를 정의하지 못하기 때문에, 이 방법만으로는 가변점과 가변값이 가질 수 있는 복잡하고 다양한 관계를 다 표현하지 못한다. 따라서 가변점 이외에 방법으로, 가변점들과 가변값들 간의 관계를 제약하여 이들의 관계를 정교하게 정의할 수 있는 방법이 필요하다.

정의 3.4-1

가변성 제약사항

플랫폼의 가변점들과 가변값들 간의 제약사항을 **가변성 제약사항**(variability constraint)이라고 부른다.

가변성 제약사항은 제품군 전체에 대한 공통적인 제약사항이며 따라서 제품군의 공통성의 표현이다.[93] 가변점이 제공하는 가변성은 가변성 제약사항의 하나로 볼 수 있다. 제 5장 5.2.3절에서는 그 외에 가변성 제약사항과 그 표현방법을 제시한다.

93 이러한 가변성 제약사항의 개념은 생성적 제품라인의 경우 그대로 성립되나, 제 6장 6.1절에서 논의되는 비생정적 제품라인의 경우나 다계층 제품라인의 경우에는 일반화되어 재정의되어야 한다.

3.5 관련 연구

3.5.1 공통성과 가변성의 분류

[Schmid 12]은 제품군에서 발견되는 가변성을 **공통 부분**(common part), **가변 부분**(variable part) 그리고 **제품특정 부분**(product specific part)의 세 가지로 분류 하였다. 정의 3.1.2-1과 [Schmid 12]의 분류는 공통 부분의 정의에서는 일치한다. 그러나 가변 부분이 정의 3.1.2-1에서는 공유 부분과 제품특정 부분을 모두 포함하지만, [Schmid 12]에서는 공유 부분만을 의미한다는 점에서 서로 다르다.

[Bass 13]에서는 품질속성으로서의 '가변성(variability)'에 대하여 논의한다. 그러나 가변성이라는 용어는 여러 개념을 나타내기 위하여 사용되었으며, 제품군 요구사항으로서의 가변성뿐 아니라, 설계를 통하여 결정된 가변성 그리고 달성된 품질속성으로서의 가변성 등을 포함한다. 따라서 이 용어의 의미를 올바로 파악하기 위해서는 어떤 문맥 속에서 사용되는지 먼저 명확히 알아야 한다.

3.5.2 플랫폼 산출물의 타입

소프트웨어 개발 과정에 요구사항명세, 아키텍처, 구현을 비롯한 다양한 타입의 산출물들이 만들어지는 것처럼, 도메인공학의 산출물인 플랫폼도 역시 다양한 타입이 있다. 다양한(타입의) 플랫폼 산출물들 중 플랫폼 피처와 플랫폼 요구사항명세의 경우 보통 가변점을 갖고 있는 피처 또는 요구사항의 집합 혹은 리스트의 모습을 갖게 되고, 플랫폼 아키텍처의 경우 가변점을 갖고 있는 그래프나 도형 혹은 테이블과 같은 구조체의 모습을 갖는다.

3.5.3 SSPLD의 플랫폼과 MDD의 플랫폼의 차이

SPLD와 MDD의 유사성에 대하여 제 2장 2.4.5절에 논의하였다. MDD 의 PIM와 PSM에서 'P'는 '플랫폼'을 나타내는데, 여기서의 '플랫폼'의 의미는 SPLD에서의 플랫폼의 의미와 다르다. MDD에서는 '플랫폼'이 개발되는 구현을 배치하는 대상 시스템을 지칭하지만, SSPLD에서는 그것에 바인딩을 적용하여 그 바인딩에 상응하는 제품 산출물을 그것으로부터 도출할 수 있는 도메인공학의 산출물을 뜻한다. 제 3장 3.1.4절 그림 3.1.4-3의 SSPLD의 플랫폼 개념과 대비하여 MDD의 플랫폼의 개념을 그림 3.5.3-1과 같이 나타낼 수 있다.

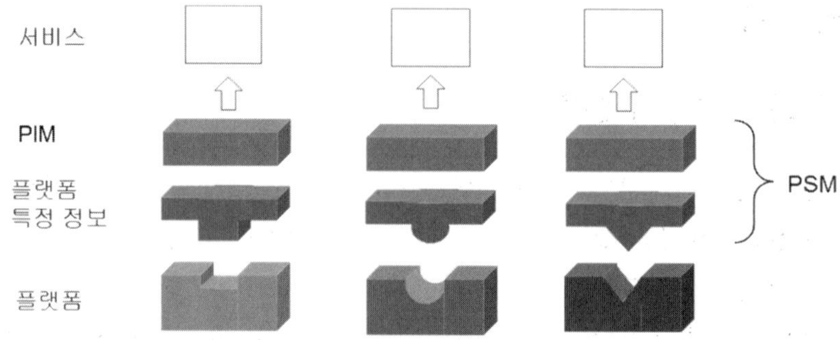

그림 3.5.3-1. MDD 개발 방법에서의 플랫폼의 개념[94]

3.5.4 SSPLD와 MDD개발 방법의 비교

MDD에서 PIM은 목표 시스템과 독립적인 공통적 기능들을 포함하기 때문에 PIM을 다양한 가능한 목표 시스템을 포함하는 '플랫폼'으로 볼 수 있다. 따라서 여러 가지 가능한 가변성의 종류들 가운데, 목표 시스템의 피처들에서만 발생하는 특정한 가변성만을 포함한다고 볼 수 있고, 제 2장 2.4.5절에서 논의한 바와 같이 특별한 종류의 제품군을 대상으로 하는 특별한 SPLD 방법으로 볼 수 있다.

그러나 특별한 종류의 제품군을 대상으로 할 경우에도 MDD 방법이 SSPLD가 제안하는 SPLD 방법에 비하여 갖는 단점은, 설계 단계가 $\mathcal{TR}$에 묵시적으로 들어 있어서, MDD가 큰 규모의 시스템 개발에 쉽게 적용되지 않는다는 것이다. 또한, 설계 단계가 MDD 공정에서 명시적이지 않으므로, 설계 단계에 문제 해결(즉 요구사항)을 위한 방법을 제공하지 않는다는 것이다. 이와 대조적으로 SSPLD의 경우에는, 설계는 분리된 단계이고 SPDL 공정으로부터 벗어나지 않고, 중요한 문제들을 해결하는 활동이 설계 단계에 수행될 수 있다.

Aspect - Oriented 개발 혹은 MDD를 SPLD와 연결 짓는 시도에 관한 문헌으로 [Rashid 11], [Arboleda 12] 등이 있다.

3.5.5 제품군의 최적화된 개발을 위한 중복 개발의 회피 및 중복 변경의 회피

최적 플랫폼을 만들기 위해서는 중복 개발의 회피(혹은 재사용)의 관점은 물론, 제품군의 효과적인 진화의 측면에서 중복 변경[95]의 회피(혹은 변경 국지화)도 중요한 고려사항이다.

---

94 정형적으로 MDD는 다음의 단계를 갖는 개발 패러다임으로 볼 수 있다:

$PIM_P = Reqs_P \ \mathcal{TR}_{Reqsp \to PIM_P}$

$PSM_P = PIM_P[vp_1 \setminus V_{1,P}, \cdots, vp_k \setminus V_{k,P}]$

95 여기에서 '중복 변경'이라 함은 같은 변경 요청을 반복함을 의미하는 것이 아니라, 하나의 변경 요청으로 인해 동일한 변경을 해야 하는 부분이 한군데가 아니라 두군데 이상임을 의미한다.

중복 개발과 중복 변경의 회피를 위하여 많은 제품들이 공유하는 부분을 플랫폼에 포함시켜야 한다. 또한 진화의 측면에서 변경이 빈번한 부분을 플랫폼에 포함시킴으로써 중복 변경의 회피 효과가 극대화될 수 있는데, 많은 제품이 공유하지만 모든 제품이 공유하지 않는 부분의 경우, 변경이 빈번하기 때문에 플랫폼에 포함시켜야 하는가의 문제에 대하여는 신중한 판단이 필요하다.

3.5.6 산출물과 통합된 가변성 모델과 산출물과 직교적인 가변성 모델의 비교

[Pohl 05] Figure 4.5의 가변성 피라미드는 가변성의 총 개수가 개발이 진행되면서 증가함을 보여 준다. 또한 개발은 상세화 과정으로 요구사항명세, 설계, 구현으로 진행됨에 따라 추가되는 가변점의 가변값의 크기가 점점 작아지게 된다. 산출물과 직교적인 가변성 모델을 사용하는 경우, 적절한 가변성의 단위크기는 무엇인가? 혹은 요구사항명세, 설계, 구현에서 발생할 수 있는 가변성이 모두 하나의 가변성 모델에 포함되어야 하는가? 만일 가변성의 크기를 요구사항명세에서 나오는 가변성의 크기로 둔다면, 구현의 상세한 가변성을 표현하고 사용하는데 어려움이 발생할 수 있다. 반면, 여러 산출물의 가변성을 하나의 모델에 포함시킬 경우, 가변성 모델이 매우 복잡해지는 문제가 발생한다. 그러나 가변성 모델을 산출물(예를 들어, 제 2장 그림 2-1의 $Reqs_{Platform}$, $Arch_{Platform}$, $Imp_{Platform}$, $\mathcal{D}1_{Platform}$, $\mathcal{D}2_{Platform}$)별로 두면, 가변성 모델의 관리가 용이해진다.

3.5.7 플랫폼과 프레임워크

[Pohl 05]에 따르면, 프레임워크 즉 컴포넌트 프레임워크는 “컴포넌트 혹은 객체 클래스로 이루어진 구조물”로 “플러그인 컴포넌트 혹은 객채 클래스가 구조물의 명시된 지점에 추가될 수 있다. 이를 위해서는 플러그인 컴포넌트는 프레임워크가 정의한 규칙들을 준수하여야 한다.”[96] 이 장에서 정의된 플랫폼 개념과 비교하면, 프레임워크는 하나의 특별한 종류의 플랫폼 산출물이다. 제품군의 개발에 프레임워크를 사용하는 것은 바람직한 기법이지만, 제품라인 개발 방법을 사용하기 위해서는 프레임워크의 사용만으로는 충분하지 않고 가변점, 가변값, 인스턴스화 같은 개념을 제품군 개발의 전체 주기에 적용할 수 있어야 한다.

96 “A Component framework is a structure of components, or object classes, where plug-in components or object classes may be added at specified plug-in locations. To fit, each plug-in has to obey rules defined by the framework.” [Pohl 05]p.128.

제4장 바인딩과 플랫폼 기반의 제품 개발

제품 산출물 X_P을 위한 플랫폼 산출물 $X_{Platform}$의 바인딩은

$vpj \backslash vj_i$

형태의 대입의 집합으로 정의된다. 여기서 vj_i는 vpj의 가변값들 $vj_1, \ldots, vj_n$중 하나이다. 대입의 집합은

$[vp1 \backslash v1_i, \ldots, vpm \backslash vm_i]$

의 구문으로 기술되는데, 여기서 vp1, ... , vpm는 $X_{Platform}$의 가변점들이고, vj_i는 X_P를 정의하기 위하여 선정된 vpj의, $1 \leq j \leq m$, 가변값이다.

그림 4-1. 바인딩과 플랫폼 기반의 제품 개발 개요

SPLD

SPLD에서 도메인공학 산출물과 응용공학 산출물 간의 두드러진 관계는 인스턴스화 관계[97]이다. 그 이유는 제품 산출물이 플랫폼 산출물의 인스턴스화로부터 바로 얻어지는 것이 바람직하기 때문이다.

SSPLD

SPLD가 추구하는 인스턴스화 관계에 의한 제품 개발은 SSPLD에서는 바인딩의 형성과 적용에 의하여 실현된다.[98] 바인딩은 가변점을 특정한 가변값으로 인스턴스화하여 제품군 모델로부터 제품 산출물 모델을 얻어내는 장치로, SPLD에서 도메인 산출물들로부터 제품 산출물들을 얻는 주요 수단이다 [Gomaa 04][99][Pohl 05][Taylor 09][100]. 제품을 위하여 필요한 가변점에 대입할 가변값의 결정을 **바인딩의 형성**이라고 부르고, 그 결과를 **바인딩**이라고 부른다. SPLD에서 DE단계군의 목적이 AE에서 사용될 다양한 도메인 산출물을 준비하는데 있기 때문에, DE단계군에서 만들어진 많은 산출물들이 인스턴스화 되어 AE단계군에서 특정 제품을 만드는데 사용될 수 있어야 한다. 이 과정의 인스턴스화 동작을 SSPLD에서는 **바인**

97 제 2장 정의 2.1-1 참조.

98 다른 SPLD의 방법에서도 바인딩의 형성과 바인딩의 적용이 발견된다. 예를 들어 [Bertolino 06] p. 439와 [Reuys 06] p. 489는 시험항목 생성을 위한 바인딩의 형성을 보여 준다. 그러나 SPLD에서 개발의 다른 단계에 바인딩의 명시적 정의를 하는 경우는 찾기 어렵다. 예를 들어 [Pohl 05]의 OVM의 경우 바인딩의 표현 방법이 정의되어 있지 않고, 바인딩을 적용하는 연산도 명시적으로 정의되어 있지 않다. SSPLD는 이를 명시적으로 정의하여 개발 방법의 중심에 두는 점에서 SPLD와 다르다.

99 예를 들어 [Gomaa 04]pp. 357-365 참조.

100 예를 들어 [Taylor 09]pp. 594-599 참조.

딩의 적용이라고 부른다. 제품군 모델과 제품 산출물 모델이 인스턴스화 관계를 가지려면, 제품군 모델이 가변점들을 가져야 하고, 제품 산출물 모델은 그 가변점들에 특정한 가변값들을 대입[101]하여 얻어져야 한다. SPLD의 주된 효과는 이와 같이 일련의 대입이라는 간단한 동작에 의하여 제품을 얻을 수 있는 데 있다.

용어

표 4-1. 바인딩과 플랫폼 기반의 제품군 개발 관련 용어

용어	설명
바인딩 (binding)	가변점들에 대한 특정 가변값들의 결정 결과
바인딩의 형성 (formation of binding)	주어진 플랫폼에 대한 특정 제품을 위한 바인딩의 결정 행위 (즉 바인딩의 정의 행위)
바인딩의 적용 (application of binding)	주어진 플랫폼의 가변점들에 특정 제품의 바인딩에 정의된 가변값을 대입하는 행위
계획된 제품 (planned product)	개발대상 제품군에 속한 제품

101 정의 4.1-1 참조.

4.1 바인딩의 형성과 적용

SPLD가 추구하는 인스턴스화 관계에 의한 제품 개발은 SSPLD에서는 바인딩의 형성과 적용에 의하여 실현된다고 제4장 서두에 말하였다. 이제 바인딩의 형성과 바인딩의 적용이라는 산출물에 대한 연산(operation)을 명확히 정의하기 위하여 '바인딩(binding)'의 정의와 바인딩을 구성하는 '대입(substitution)'의 정의를 내린다.

정의 4.1-1

대입

vpX가 가변점이고, Xi가 1≤ i ≤ n, vpX의 가변값일 때

vpX\Xi

을 **대입**이라고 부르고, 해당 (플랫폼) 산출물 안의 vpX가 있는 모든 장소를 Xi로 대치(replace)해야 함을 나타낸다.

정의 4.1-2

바인딩

플랫폼 산출물 $X_{Platform}$에 대한 **제품 산출물 X_P의 바인딩**은 $X_{Platform}$의 모든 가변점 vpYi에 대한, 1≤ i ≤ n, 대입의 집합으로, vpYi의 X_P를 위한 가변값이 Yi_{ji}일 때

[vpY1\Y$1_{j1}$, . . . , vpYn\Y$n_{jn}$]

으로 표현된다.

이제 바인딩 형성과 바인딩 적용의 개념들을 정의한다.

정의 4.1.-3

바인딩의 형성

제품 산출물을 위한 바인딩을 정의하는 행위를 **바인딩의 형성**이라고 부른다.

예제 4.1-1 바인딩의 형성

세 개의 제품으로 이루어진 제품군 $\mathcal{F}$ = {P1, P2, P3}가 있다. P1이 피처 f1, f2, f4로 구성되고, P2는 피처 f1, f2, f5로, P3는 피처 f1, f3, f5로 구성된다고 하자. (따라서 P1 ={f1, f2, f4}, P2 = {f1, f2, f5}이고 P3 = {f1, f3, f5}이다.) vpf23가 f2 혹은 f3의 가변값을 갖는 가변점이라고 하고, vpf45가 f4 혹은 f5의 가변값을 갖는 가변점이라고 하면, $\mathcal{F}$를 위한 피처 플랫폼 (혹은 플랫폼 피처집합) $F_{Platform}$을 "f1와 vpf23와 vpf45 (즉 {f1, vpf23, vpf45})"로 정의할 수

있다. 그러면 P1, P2, P3를 위한 피처 바인딩을 각각 [vpf23\f2, vpf45\f4], [vpf23\f2, vpf45\f5]와 [vpf23\f3, vpf45\f5]로 정의할 수 있다. 여기서 각 바인딩은 두 개의 대입으로 구성되었다.
■

정의 4.1-4

고유 바인딩

제품군 $\mathcal{F}$ = {P1, P2, ... , Pn}가 있고 이 제품군을 위한 플랫폼이 있을 때, 만일 그 플랫폼의 바인딩 $\mathcal{B}$가 $\mathcal{F}$ 의 한 제품 Pi를 고유하게 정의하면(즉 $\mathcal{B}$의 적용 결과로 단 하나의 제품 Pi만이 도출되면) $\mathcal{B}$를 Pi의 **고유 바인딩**이라고 한다.[102]

개념적으로, 고유 바인딩은 "추상적인 가변성의 구체화"를 나타낸다.

예제 4.1-2 고유 바인딩

예제 4.1-1에 나오는 세 개의 바인딩 [vpf23\f2, vpf45\f4], [vpf23\f2, vpf45\f5] 와 [vpf23\f3, vpf45\f5]는 각각 P1, P2와 P3의 고유 바인딩이다. 왜냐하면 이들 바인딩이 각각 P1, P2와 P3를 정의하여 다른 제품은 나타낼 수 없기 때문이다. 그러나 [vpf23\f2]는 P1이나 P2의 고유 바인딩이 아니다. 왜냐하면 $F_{Platform}$ = {f1, vpf23, vpf45}에 [vpf23\f2]을 적용하여 얻어진 결과는 {f1, f2, vpf45}로, 이 피처집합은 P1이나 P2 중 어느 하나를 규정하지 못하고 vpf45에 f4 혹은 f5의 어느 것을 대입하느냐에 따라서 P1이나 P2의 어느 것으로도 인스턴스화될 수 있기 때문이다.
■

정의 4.1-5

바인딩의 적용

플랫폼 $X_{Platform}$과 제품 P의 산출물 타입 X에 대한 제품 바인딩 $\mathcal{B}_{X_p}$가 주어졌을 때, $\mathcal{B}_{X_p}$를 $X_{Platform}$에 적용한 결과는 $X_{Platform}$의 가변점들에 $\mathcal{B}_{X_p}$에 명시된 대응되는 가변값을 대입한 결과이고, 이를 다음과 같이 표기한다:

$$(X_{Platform})\ \mathcal{B}_{X_p}$$

102 고유 바인딩이 되기 위하여 바인딩은 플랫폼에 있는 모든 가변점에 대한 가변값의 대입을 정의해야 한다. 그렇지 않은 경우에는 그 바인딩의 적용에 의하여 제품이 도출되지 않고, 더 구체화된 (하위)플랫폼이 도출되어 잠재적으로 하나의 (하위)제품라인을 형성하게 된다. (제 II부 3장 서두 참조.)

바인딩 적용 규칙

정의 4.1-5에서 바인딩 적용을 산출물 $X_{Platform}$에 바인딩 $\mathcal{B}_{X_p}$을 적용하는 연산으로 정의하였다. 일반적으로 어떤 플랫폼 산출물을 X라고 하고, vpV가 하나의 가변점이라고 할 때, 이 연산은 다음과 같이 진행된다.

만일 vp가 X에 없으면

X[… , vpV\V, __] = X[… , __]

이다. 만일 vp가 X에 있으면

X[… , vpV\V, __] = $X^{vpV\backslash V}$[… , __]

이고, 여기서 $X^{vpV\backslash V}$는 각 vpV에 V가 대입된 것을 제외하고는 X와 동일한 표현을 나타낸다.

개념적으로, 바인딩의 적용은 "플랫폼에 있는 추상적인 가변성을 구체화함으로써 플랫폼으로부터 제품을 구축하는 연산"을 나타낸다. 플랫폼 산출물에 바인딩을 적용함으로써 제품 산출물의 인스턴스를 얻기 때문에, 플랫폼 산출물모델에 바인딩을 적용하는 행위가 폴랫폼 산출물의 인스턴스화에 해당된다.

예제 4.1-3 바인딩의 적용

예제 4.1-1의 세 개의 제품 P1, P2, P3에 대해서, 예제 4.1-1에서 형성된 플랫폼 피처

$F_{Platform}$ = {f1, vpf23, vpf45}

에 이들 제품의 피처 바인딩 [vpf23\f2, vpf45\f4], [vpf23\f2, vpf45\f5], [vpf23\f3, vpf45\f5]을 적용하면

F_{P1} = $F_{Platform}$[vpf23\f2, vpf45\f4] = {f1, f2, f4}
F_{P2} = $F_{Platform}$[vpf23\f2, vpf45\f5] = {f1, f2, f5}
F_{P3} = $F_{Platform}$[vpf23\f3, vpf45\f5] = {f1, f3, f5}

이 되어, 의도한 대로 플랫폼으로부터 계획된 제품들을 생성할 수 있다.

■

4.2 플랫폼 기반의 제품 개발

제 2장에서 가정 2-4를 통하여 개발대상 제품군의 제품들이 확정되었음을 가정하였다. 개발대상 제품군에 포함되어 있는 이러한 제품을 **계획된 제품**이라고 부른다.

> **정의 4.2-1**
>
> **(제품군의) 계획된 제품**
>
> 개발대상 제품군이 $\mathcal{F}$ = {P1, P2, ... , Pn}이면, Pi는, 1 ⊆ i ⊆ n, ($\mathcal{F}$의) **계획된 제품**이다.

주어진 제품군 $\mathcal{F}$를 위한 플랫폼을 Π라고 하자. 그러면 어떤 제품을 Π에 그 제품의 바인딩을 적용하여 생성할 수 있으면[103], 가장 손쉽게 그 제품을 얻게 된다. 따라서 우리는 각 제품 Pi∈$\mathcal{F}$을 Pi의 바인딩 $\mathcal{B}_{Pi}$를 이용하여

$$Pi =_{df} \Pi\ \mathcal{B}_{Pi} \qquad \text{- (Eq. 4.2-1)}$$

의 방법으로 얻을 수 있기를 기대한다.

이제 Π와 다른 플랫폼으로 π를 다음과 같이 정의하자.

$$\pi =_{df} P1 \cap P2 \cap \dots \cap Pn \qquad \text{- (Eq. 4.2-2)}$$

그러면 π는 $\mathcal{F}$의 공통 부분으로 이루어진 최소 플랫폼이다. 이 경우에, 각 제품 Pi에 대하여, Pi를 구축하기 위하여 필요하지만 π에 들어 있지 않은 Δ_{Pi}가 있다. 즉,

$$Pi =_{df} \pi \cup \Delta_{Pi} \qquad \text{- (Eq. 4.2-3)}$$

이다. 여기서 Δ_{Pi}는 π의 일부가 아니며 π와 Pi의 차이에 해당된다.

Pi를 만드는 이상적인 개발 방법은 π와 Δ_{Pi}를 결합하여 만드는 것이 아니라, (Pi를 얻을 수 있는) 어떤 '정보'를 적용하여 Pi를 얻을 수 있는 플랫폼을 확보하여 그로부터 Pi를 얻는 것이다.[104] 즉 공통적이면서도 제품간의 차이를 내포하는 Δ와, Δ와 각 제품 Pi를 연결해 주는 $\mathcal{B}_{Pi}$가 있어서 각 Δ_{Pi}가

$$\Delta_{Pi} = \Delta\ \mathcal{B}_{Pi} \qquad \text{- (Eq. 4.2-4)}$$

103 개념 혹은 모델 관점에서 우리가 바인딩의 적용이라고 부르는 연산은, 구현의 관점에서는 이미 만들어진 부품들 혹은 가능한 값들의 집합에서 맞는 부품들 혹은 값들을 선택함으로써 해당 제품이 편리하게 만들어지는 경우에 해당된다.

104 이러한 이상적인 플랫폼을 생성적 플랫폼이라고 부른다. (정의 6.2.3-1 참조.)

를 충족시켜야 한다. 이를 위하여 Δ를 (제품별 가변성(Δ_{Pi})이 드러나지 않게 이를 추상화한) 가변점의 집합으로 정의하기로 한다. 이제 플랫폼 Π를

$$\Pi =_{df} \pi \cup \Delta \qquad \text{- (Eq. 4.2-5)}$$

로 정의하자. 그러면

$Pi = \Pi\ \mathcal{B}_{Pi}$	- Pi 의 바인딩 $\mathcal{B}_{Pi}$을 이용한 Pi의 도출
$= (\pi \cup \Delta)\ \mathcal{B}_{Pi}$	- 가변점 Δ을 포함한 플랫폼 Π의 정의
$= \pi \cup \Delta\ \mathcal{B}_{Pi}$	- π는 가변점 Δ을 포함하지 않는다.
$= \pi \cup \Delta_{Pi}$	- $\Delta_{Pi} = \Delta\ \mathcal{B}_{Pi}$

이다. 즉 만일 우리가 $\Delta_{Pi} = \Delta\mathcal{B}_{Pi}$가 되도록 Δ와 $\mathcal{B}_{Pi}$를 정의할 수 있으면, $\pi \cup \Delta$로 정의된 플랫폼 Π을 각 제품을 생성하기 위하여 사용할 수 있다. 왜냐하면, Π은 모든 제품에 공통적인 구체적인 공통 부분을 갖고 있고, 그 외에는 제품마다 달라지는 부분들을 추상화하여 공통 부분이 된 Δ를 가지고 있고, 따라서 Δ를 Δ_{Pi}로 구체화해서 Pi를 생성할 수 있기 때문이다.

위에서 사용된 다양한 개념의 예가 예제 4.2-2에 있다.

예제 4.2-1

세 개의 계획된 제품 P1, P2와 P3가 있다. 각 제품은 요구사항으로 {r1, r2, r3, r4, r5}의 부분집합을 갖는다. 다음의 표는 각 제품별 요구사항들을 보여 준다. 요구사항 중에 r1은 계획된 모든 제품에 공통이고, r2, r3와 r4는 하나의 제품에만 해당되는 요구사항이고, r5는 P1과 P2에만 해당되는 요구사항이라고 가정하자.

요구사항 / 제품	r1	r2	r3	r4	r5
P1	✓	✓			✓
P2	✓		✓		✓
P3	✓			✓	

위의 분석에 기초하여, 다음과 같이 기술할 수 있다:

$\pi = \{r1\}$

$\wedge_{P1} = \{r2, r5\}$, $\wedge_{P2} = \{r3, r5\}$, $\wedge_{P3} = \{r4\}$

그러면 여기에 r2, r3와 r4 중 정확히 하나를 선택하는 가변점으로 vp1을 도입하고, r5를 선택하거나 선택하지 않는 가변점으로 vp2를 도입하여[105], $\triangle_{P1}$, $\triangle_{P2}$와 $\triangle_{P3}$가 갖는 가변성을 공통화하기로 한다. 즉 이들을 추상화하는 가변점 집합이

$$\triangle = \{vp1,\ vp2\}$$

이 된다. 그러면

$$\mathcal{B}_{P1} = [vp1\backslash r2,\ vp2\backslash r5],\ \mathcal{B}_{P2} = [vp1\backslash r3,\ vp2\backslash\ r5],\ \mathcal{B}_{P3} = [vp1\backslash r4,\ vp2\backslash null]$$

이고

$$\triangle\mathcal{B}_{P1} = \{r2,\ r5\} = \triangle_{P1},\ \triangle\mathcal{B}_{P2} = \{r3,\ r5\} = \triangle_{P2},\ \triangle\mathcal{B}_{P3} = \{r4\} = \triangle_{P3}$$

$$\Pi = \{r1,\ vp1,\ vp2\}$$

이다.

■

105 여기에서 보인 것과 다른 가변점들(△)의 설계도 가능하다.

4.3 바인딩 형성시점과 바인딩 적용시점

SPLD에서는 제품들이 플랫폼으로부터 개발될 수 있도록 플랫폼의 가변성이 설계되고 명시되어야 한다. SSPLD의 기본적인 **바인딩 형성시점**으로 Reqs 단계, Arch 단계 혹은 Imp 단계가 있다. 또한 $\mathcal{D}1$을 통하여 Reqs 단계에 없는 새로운 가변점이 Arch 단계에 추가될 수 있고, $\mathcal{D}2$를 통하여 Arch 단계에 없는 새로운 가변점이 Imp 단계에 추가될 수 있다.[106]

제품 산출물을 생성하기 위해서는 개발 공정의 어느 시점에는 플랫폼 산출물에 바인딩이 적용돼야 하는데, 이 시점을 **바인딩 적용시점**이라고 부른다.[107] SSPLD에서는 산출물 별로 고유한 가변점들을 갖기 때문에 바인딩의 적용은 다양한 시점에 이루어 질 수 있다. 기본적인 바인딩 적용시점은 바인딩 형성시점과 마찬가지로 Reqs 단계, Arch 단계와 Imp 단계가 있다. 형성된 바인딩이 바로 적용되지 않고 늦춰져서 적용될 경우, 형성된 바인딩은 추적성 맵핑을 통하여 적용되는 바인딩에 기여한다.

각 개발단계의 바인딩은 그 앞 단계에서의 바인딩의 영향을 받지만, 일반적으로 앞 단계의 바인딩에 의하여 완전히 결정되지는 않는다. 예를 들어, Imp의 바인딩을 구성하는 대입들의 일부가 Arch 단계에 적용되고, 나머지 대입은 Imp 단계에 적용될 수도 있다.[108]

그러면 이제 남아 있는 문제로, 바인딩 정보는 어떻게 이어지는 개발 단계에 전달되는가? 그것은 다양한 모델들 사이의 추적성 관계를 통하여 이루어진다. 제품 산출물 간의 추적성에 대하여는 제 1장 1.1.3절과 1.1.9절에서 논의하였고, 플랫폼 추적성에 대한 논의는 제 7장에서 수행된다.

---

106 [Pohl 05] Figure 4.5의 가변성 피라미드가 보여 주는 바와 같이 개발이 진행되며 외부 가변성(external variability) 외에 내부 가변성(internal variability)이 발생한다. 이러한 가변성의 발생은 설계결정, 구현결정과 같은 개발 결정에 의하여 도입되는 것이며, 그 결정의 출처가 고객인지 개발자인지에 따라 도입된 가변성은 외부 가변성 또는 내부 가변성으로 불리운다. SSPLD에서처럼 가변점이 개발 결정을 통하여 개발 결정으로 만들어진 산출물의 요소로 명시적으로 정의되면, 그 가변점이 외부 가변성인지 내부 가변성인지 쉽게 유추할 수 있게 된다.

107 제 4.4.3절에서 '바인딩'이라는 용어에 대하여 추가적인 논의를 한다.

108 이러한 대입의 분할에 따른 해당 가변점 집합의 분할은, 제 6장 6.3절에서 논의하는 바와 같이, 하나의 단일계층 제품라인을 다계층 제품라인으로 만든다.

4.4 최적 플랫폼을 위한 가변값의 단위크기와 가변점의 개수

제품라인 개발을 효율적으로 수행하기 위해서는 재사용 비율을 높이는 한편 또한 통합비용을 최소화할 필요가 있다. 이 두 가지 중 어느 쪽을 지향하는가에 따라, 플랫폼 개발을 위한 가변값의 단위크기(granularity)와 가변점의 개수 결정에 대한 각각 두 개의 극단적인 접근방법이 있을 수 있다.

가변값의 단위크기의 관점으로 보면 다음 두 가지의 접근방법을 생각할 수 있다:

(1) 하나의 극단적인 접근방법은 재사용되는 부분의 단위크기를 가능한 한 크게 한다. 이 방법은 제품군의 제품들을 만드는데 필요한 통합 비용을 최소화한다. 즉 이를 위해 각 제품 Pi에 대하여, 1 < = i < = n,

$$\triangle_{Pi} = d_1 \cup d_2 \cup \ldots \cup d_{m_i}$$

이 되고, $D = \cup_{i=1}^{n}\{d_1, d_2, \ldots, d_{m_i}\}$의 |D|값이 최소가 되게 하는 Pi의 구성 요소들 $d_1, d_2, \ldots, d_{m_i}$를 발견하여야 한다.[109]

(2) 다른 극단적인 접근방법은 재사용되는 부분의 단위크기를 가능한 한 작게 하는 것이다. 이 경우 재사용은 극대화되지만, 많은 단위 요소들을 통합해야 하기 때문에 통합 비용은 증가한다.

또한 SPLD의 다양한 단계들을 거쳐 산출물이 만들어 질 때, 가변점의 개수를 결정하는 두 개의 극단적인 접근방법을 생각할 수 있다: 하나는 최소 개수의 가변점을 사용하는 방법이고, 다른 하나는 상이한 문맥에서 사용될 때 모호성이 생기지 않도록 충분히 많은 개수의 가변점을 사용하는 방법이다.

최적 플랫폼을 위해서는 이 극단들 사이의 어느 지점에 해당되는 가변값 단위크기와 가변점 개수의 결정을 하는 것이 필요하다. 일반적으로 가변값의 단위크기를 크게 결정하면 가변점의 개수는 적어지고, 가변값의 단위크기를 작게 결정하면 가변점의 개수는 늘어나게 된다. 최적 플랫폼을 결정하기 위해서는 가변값의 단위크기와 가변점의 개수 외에도 제 3장 3.1.5절에서 논의한 바와 같이 플랫폼의 범위도 함께 고려해야 한다. 최적 플랫폼 결정의 중요성은 모든 제품이 플랫폼으로부터 자동적으로 생성될 경우보다 제품 개발에 수작업이 필요할 때 더 커진다.

---

109 특히 진화하는 제품군의 경우에는 더 작은 단위크기를 갖는 플랫폼이 때로는 유용할 수 있다. 왜냐하면 이 경우 플랫폼이 모든 계획된 제품을 생성하고 나아가 새로운 제품을 생산하는 것이 용이해 지기 때문이다.

4.5 관련 연구

4.5.1 공간적 가변성과 제품라인 개발

[Pohl 05]는 가변성을 공간적 가변성(variability in space)과 시간적 가변성(variability in time)으로 나누었다. 전자는 서로 유사한 제품들이 같은 시점에 만들어지는 경우를 나타내고, 후자는 하나의 제품이 진화하면서 서로 다른 시점에 존재하는 유사한 제품들이 하나의 제품군을 형성한다는 시각이다. 공간적 가변성으로 지칭되는 제품군의 불규칙성은 SPLD의 방법들로 관리할 수 있다. 왜냐하면 가변점을 도입하여 공간 안의 불규칙성을 추상화할 수 있기 때문이다. 그러나 시간적 가변성으로 지칭되는 제품군의 불규칙성을 가변점으로 추상화하여 같은 방법으로 관리할 수 없다. 왜냐하면 그것은 단지 개념적으로만 하나의 제품군으로 존재할 뿐이지, 그런 제품군을 만들어낼 수 있는 플랫폼이 존재한다거나 그런 플랫폼을 쉽게 만들 수 있다는 것을 뜻하지 않기 때문이다.

4.5.2 공통성, 가변성의 분류

제품군의 공통 부분과 가변 부분은 '생성적' 플랫폼에 의하여 처리될 수 있는 부분들이고, 제품특정 부분은 생성적 플랫폼 개념에 의하여 처리될 수 없지만 SSPLD가 말하는 '비생성적' 플랫폼 개념으로 처리될 수 있는 부분이다. '비생성적' 플랫폼은 제품 특정 부분을 포함하도록 확장 또는 진화되면 생성적 플랫폼이 될 수 있다.

4.5.3 '바인딩'이라는 용어에 대하여

전산학에서 '바인딩' 이라는 용어는 프로그램 요소의 이름과 이름이 지칭하는 실제 프로그램 요소가 결합되는 동작을 말하다. SPLD에서는 "제품 바인딩", 즉 정확히 말해서 "제품을 위한 플랫폼 바인딩"에 관심을 갖는다.

[Pohl 05]은 "구현에서의 가변성 해소 순간을 보통 가변성의 바인딩 시점(binding time)"으로 부른다고 하였다.[110] [Pohl 05]이 "제품 아키텍처는 제품 가변성 모델에 정의된 참조 아키텍처의 가변점들에 가변값들을 바인드해야 한다"고 말한 데서[111] 알 수 있듯이, '바인딩'은 가변점들을 위한 가변값을 결정하는 행위 또는 그 결과이다. 행위의 측면에서 볼 때 바인드되는 것은 가변점들을 위한 가변값들의 결정이고, 정의 4.1-3이 말하는 것처럼 SSPLD에서는 바인딩을 결정하는 활동을 바인딩의 형성이라고 부르고 그 결과를 바인딩이라고 부른다.

---

110 [Pohl 05]p. 59.
111 [Pohl 05]p. 336.

여기서 '바인딩'이라는 용어가 서로 다른 두 개의 의미로 사용되지만, 하나는 명사이고 다른 하나는 동사이므로 모호성이 없다. 한편 SSPLD에서는 바인딩라는 용어를 명사의 의미로만 사용한다. 그 이유는 "바인딩 시점"은 SPLD에서는 "가변성 해소 시점"이라고 부르고, 따라서 동사적 의미의 '바인딩'은 "가변성 해소" 혹은 SSPLD에서와 같이 "바인딩의 적용"으로 표현할 수 있기 때문이다. 또한 '바인딩'이라는 용어를 대입의 집합이라는 중요한 개념을 나타내기 위하여 편리하게 사용할 수 있기 때문이다.

4.5.4 Decision Model, Resolution Model과 바인딩의 형성과 적용

[Weiss 99]는 Decision model을 "도메인의 멤버를 명시하기 위하여 내려야 하는 결정들을 정의하는 문서"[112]라고 정의하였다. [Atkinson 02]는 Kobra 소프트웨어 개발 방법의 여러 가지 요소들 중 Decision model과 Decision resolution model을 다음과 같이 정의하였다: Decision model은 " Komponent[113]를 생성적으로 특징 지워주고 제품라인의 서로 다른 멤버들에 대하여 Komponent가 가진 피처들의 그룹들을 기술한다"[114], Decision resolution model은 "Komponent를 특정적(specific)으로 결정지어주고, 특정한 어플리케이션에 대하여 그것을 특정적으로 만들기 위하여 생성적 Komponent에 있는 가변성들을 해소하기 위하여 만들어진 선택들을 기술한다."[115] [OMG-CVL 12]에서는 Decision model에 해당되는 요소로 VSpec이, Decision resolution model에 해당되는 요소로 Resolution model이 있어서, 이들이 Base model에 적용되어 Resolved model이 만들어진다. SSPLD의 관점에서 보면 Decision model은 플랫폼 산출물에 포함되고, Resolution model은 SSPLD의 바인딩이고, Resolved model은 SSPLD의 제품 산출물이 된다.

4.5.5 가변점을 포함하는 가변값에 대하여

가변점의 가변값들 가운데에는 그 자체에 가변점이 들어 있지 않는 간단한 가변값도 있지만, 가변점을 포함한 가변값도 있을 수 있다. 가변점을 포함하는 가변값은 "생성적"이어서 인스턴스화를 통하여 다음 수준의 가변값군을 형성할 수 있다.

가변점들은 그 타입에 따라, 피처 수준, 요구사항명세 수준, 아키텍처 수준, 구현 수준 그

---

112 [Weiss 99] p. 65.

113 "Komponent는 소프트웨어 시스템의 논리적인 구성 블럭(block)을 나타내는 '논리적' 컴포넌트이다." [Atkinson 02] p. xvii.

114 "Characterizes a Komponent as being specific, and describes the choices that were made to resolve the variabilities in a generic Komponent in order to make it specific for a certain application. It therefore describes the resolution of the variation points in the product line for a specific applicatin." [Atkinson 02] p. 484.

115 [Atkinson 02] p. 485.

리고 실행 수준에서 인스턴스화될 수 있다. SSPLD에서 단지 세계의 단계만을 기본 단계로 고려하였지만, 이들은 바인딩이 형성되고 적용될 수 있는 여러 단계들 중의 일부일 뿐이다.

플랫폼 시험항목의 경우, 시험항목 전체를 가변값으로 갖는 가변점이 하나의 플랫폼 시험항목을 구성할 수도 있고, 하나의 시험항목이 가변점을 포함함으로써 플랫폼 시험항목이 될 수도 있다. 전자의 경우, 가변값인 시험항목 역시 가변점을 포함할 수도 있고 하지 않을 수도 있다.

4.5.6 가변성의 해소와 가변성의 해소 시점에 대하여

SSPLD에서 바인딩의 적용이라고 부른 연산을 전통적인 SPLD에서는 가변성 해소(variability resolution)라고 지칭한다. 제 4.3절의 바인딩 형성시점과 적용시점의 논의는 제 2장 그림 2-1을 기준으로 논의되었고, 그림 2-1에서 Imp는 하나의 단계로 나타내 졌지만, Imp 단계는 컴파일, 링킹, 로딩 및 실행으로 더 세분화되어 그 각각이 가변성을 해소하는, 바인딩의 적용시점이 될 수 있다. 이를 SSPLD 공정모델로 나타내면 그림 4.5.6-1과 같이 표현된다. 가변성 해소 시점에 대한 추가적인 논의가 제 II부 1장 1.8.3절에 있다.

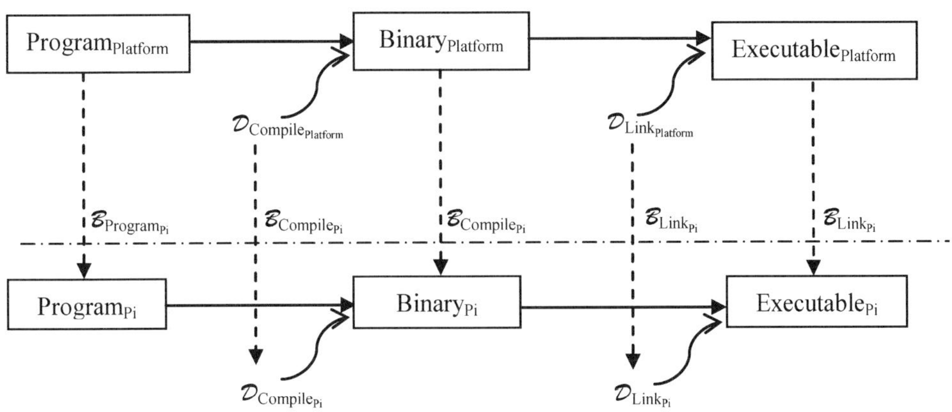

그림 4.5.6-1. Imp 단계의 세분화된 바인딩 형성시점과 적용시점[116] [117]

116 그림 4.5.6-1은 Imp를 예로 들어 기본 공정의 한 단계의 세분화된 바인딩의 형성시점과 적용시점을 보여주고 있다. 이러한 세분화는 Reqs에 대하여 적용될 수도 있고, Arch에 대하여 적용될 수도 있다. 특히 Arch의 경우 여러 개의 아키텍처 뷰의 노출이 필요할 수 있으므로 이를 반영하기 위해서는 SSPLD의 기본 공정모델이 확장되어야 한다.

117 제 II부 1장 1.8절 관련연구의 1.8.3절에서는 구현 가변성 해소 시점에 대한 추가적인 논의를 한다.

4.5.7 바인딩의 적용시점과 개발 성숙도의 관계

SSPLD에서는 각 가변점은 특정한 타입의 산출물의 가변점이기 때문에 가변점에 바인딩 적용시점에 관한 정보를 포함할 필요가 없다. 특정 가변점의 가변성이 해소되기 위해서는 가변점을 포함한 플랫폼 산출물이 인스턴스화되거나, 아니면 추적성을 통하여 이어지는 산출물로 넘어간 뒤 인스턴스화되어 해소되어야 한다.

바인딩이 적용될 수 있는 다양한 시점(제 2장 그림 2-1 참조)이 있는데 바인딩이 늦은 시점에 적용되면 플랫폼으로부터의 제품 개발이 높은 재사용 효과를 볼 수 있다. 일반적으로 바인딩의 적용시점을 늦추면, 더 자동화된 제품의 개발이나 서비스의 제공이 가능하게 된다. 그러나 해당 제품군이 어떤 도메인에 속하는가에 따라, 그리고 어떤 환경에서 실행되느냐에 따라 가장 적절한 바인딩 시점이 달라지게 된다. 따라서 바인딩 시점과 개발 성숙도를 직접 대응되는 것으로 보는 시각은 옳지 않다.

제5장 플랫폼 산출물 모델링 언어[118]

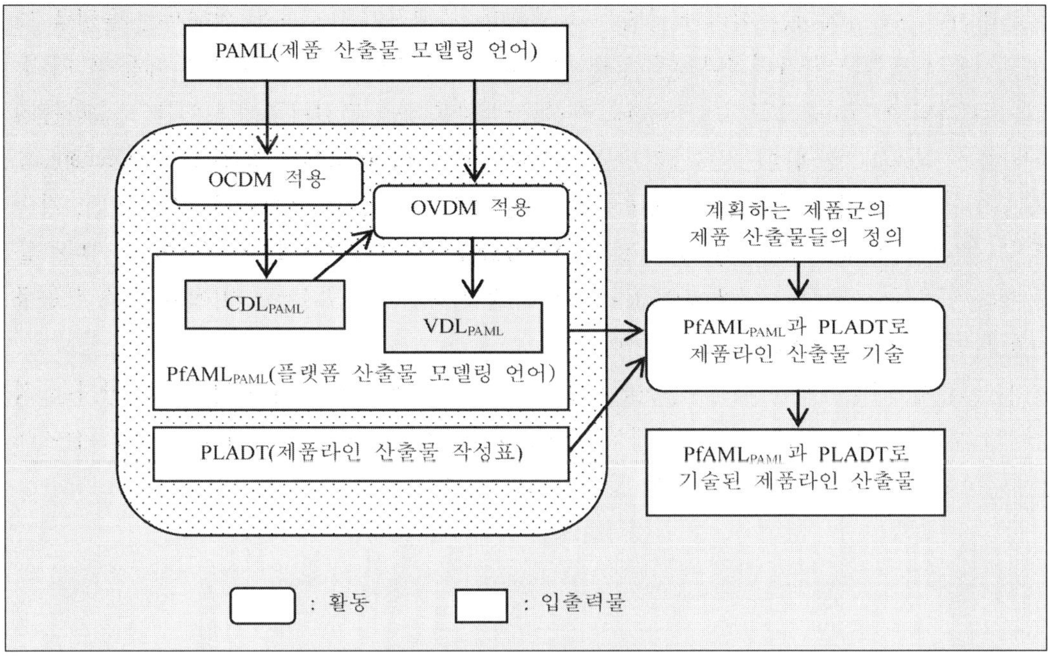

그림 5-1. 플랫폼 산출물 모델링 언어의 도출 개요[119]

제품 산출물 모델링 언어와 플랫폼 산출물 모델링 언어

소프트웨어 개발과정에는 다양한 종류의 기술언어나 모델링 언어들이 사용된다. 이들은 **형식적 언어**(formal language)[120]일 수도 **비형식적 언어**(informal language)일 수도 있다. 또한 **텍스트 언어**(textual language)일 수도 **도형 언어**(diagram language)[121]일 수도 있다. 이 언어가 단일 제품 산출물을 모델링하기 위한 언어이면 그 언어를 **제품 산출물 모델링 언어**(product artifact modeling language)[122]라고 부르고, 플랫폼 산출물을 모델링하기 위한 언어이면 **플랫폼 산출물 모델링 언어**(platform artifact modeling language)[123]라고 부른다.

118 이 장에서 논의된 내용은 논문 [강성원 10]에서 처음 소개되었었다.
119 제품라인 산출물 작성표는 제 6장에서 자세히 논의한다.
120 형식적 언어는 그 구문과 의미가 엄밀히 정의되어 컴퓨터 소프트웨어에 의하여 처리가 가능한 언어를 말한다.
121 또는 *그림 언어*(graphical language).
122 또는 *응용 산출물 모델링 언어*(application artifact modeling language).
123 SPLD에서는 이를 도메인 모델링 언어라고 부른다.

이 장의 내용과 구성

SSPLD를 적용하는 개발자가 필요한 플랫폼 산출물 모델링 언어를 자신이 사용하는 단일 제품의 모델링 언어를 확장하여 얻을 수 있다면, 새로운 언어를 배우는 노력을 줄일 수 있어서 편리하다. 이 장에서는 이러한 방법을 제시한다. 체계적인 재사용을 위해서는 플랫폼 개발 단계에서 제품군의 가변성과 공통성을 식별하여 모델링할 수 있어야 하기 때문에, 이 방법은 두 개의 메커니즘으로 구성되는데, 제품군의 공통성을 모델링하는 언어를 도출하는데 사용하는 직교적 공통성 기술메커니즘(Orthogonal Commonality Description Mechanism: OCDM)과 제품군의 가변성을 모델링하는 언어를 도출하는데 사용되는 직교적 가변성 기술메커니즘(Orthogonal Variability Description Mechanism: OVDM)이 그것이다. 이 메커니즘들은 제품 산출물 모델링 언어에 관계없이 동일하게 적용될 수 있다는 의미에서 제품 산출물 모델링 언어와 **직교적**(orthogonal)[124]이다.

이 장의 제 5.1절에서는 제품 산출물 모델링 언어를 플랫폼의 모델링 언어로 확장하는 절차를 소개한다. 제 5.2절과 제 5.3절에서는 OCDM과 OVDM을 각각 소개한다. 제 5.4절에서는 이 장에서 제시한 방법을 적용한 사례를 보여 준다.

124 '직교적'이라는 단어와 '독립적(independent)'이라는 단어의 의미는 비슷하다. 그러나 '독립적'은 관련성이 없음을 나타내는데 비하여, '직교적'은 "독립적이면서도 관련되어 사용됨"을 나타내기 때문에 '직교적'이라는 단어를 사용하였다.

용어

표 5-1. 플랫폼 산출물 모델링 언어 관련 용어

용어	설명
직교적 공통성 기술메커니즘 (Orthogonal Commonality Description Mechanism: OCDM)	제품군의 제품 산출물 간의 공통성을 기술하기 위한 언어를 만드는 방법으로 제품 산출물 모델링언어와 직교적이다.
직교적 가변성 기술메커니즘 (Orthogonal Variability Description Mechanism: OVDM)	제품군의 제품 산출물 간의 가변성을 기술하기 위한 언어를 만드는 방법으로 제품 산출물 모델링언어와 직교적이다.
공통성 기술언어 (Commonality Description Language: CDL)	제품군의 제품 간의 공통성을 기술하기 위한 언어
가변성 기술언어 (Variability Description Language: VDL)	제품군의 제품 간의 가변성을 기술하기 위한 언어
단순가변점 (simple variation point)	하나의 요소에서 가변성이 발생하는 가변점
복합가변점 (complex variation point)	두 개 이상의 요소들에서 가변성이 동시에 발생하는 가변점
원소가변점 (element variation point)	집합 수준이 아닌 원소 수준의 가변값들을 갖는 가변점
집합가변점 (collection variation point)	동일한 타입의 원소들로 이루어진 집합들을 가변값으로 갖는 가변점

5.1 제품 산출물 모델링 언어의 플랫폼 산출물 모델링 언어로의 확장

이 절에서는 제품 산출물 모델링 언어를 확장하여 플랫폼 산출물 모델링 언어로 만드는 방법을 제시한다. 이 방법은 제품 산출물 모델링 언어에 관계없이 동일하게 적용된다.

5.1.1 PfAML의 도출 절차와 사용의 개요

그림 5.1.1-1은 플랫폼 산출물 모델링 언어의 도출 절차와 도출된 언어의 사용에 대한 개요를 보여 준다. 주어진 제품 산출물 모델링 언어 PAML(Product Artifact Modeling Language)에 이 절차를 적용하여 도출한 플랫폼 산출물 모델링 언어를 $PfAML_{PAML}$(Platform Artifact Modeling Language for PAML)로 부르기로 한다. $PfAML_{PAML}$을 도출하기 위해서는 제품군 산출물의 공통 부분과 가변 부분을 표현할 수 있어야 한다. 공통 부분을 표기하는 언어를 CDL_{PAML}이라 부르고, 가변 부분을 표현하는 언어를 VDL_{PAML}이라 부르기로 한다.

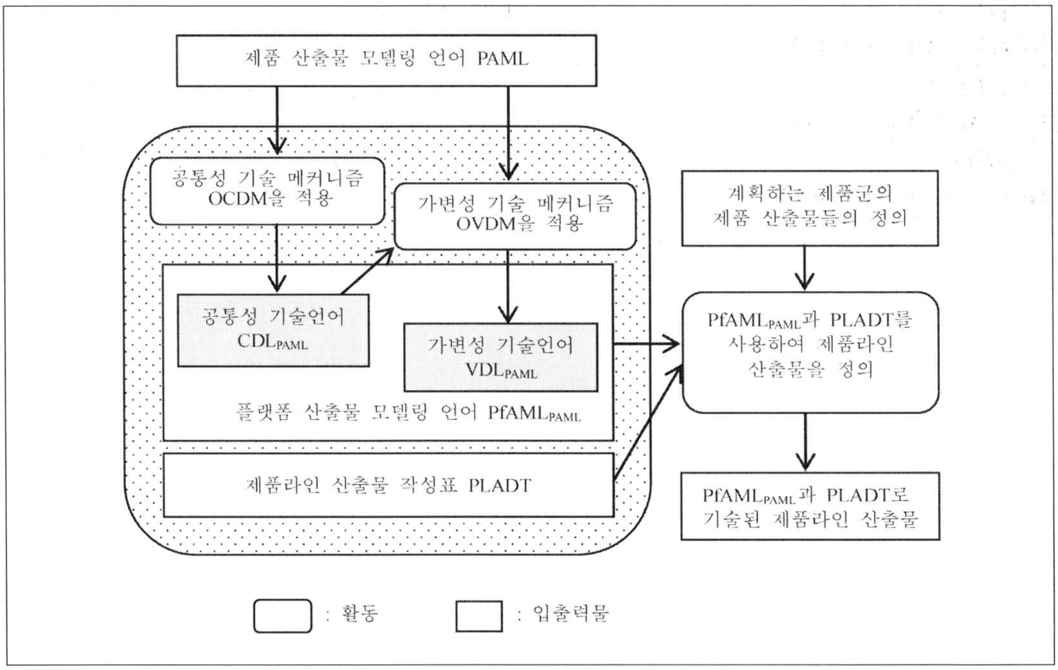

그림 5.1.1-1. 제품군 모델링 언어의 도출과 사용[125]

125 이 도식은 제품 모델링 언어로부터 제품군 모델링 언어를 도출하는 절차를 보여 주는데, 이 절차는 [CVL 12]의 임의의 도메인 특정 언어와 공통 가변성 언어를 결합하여 사용하는 접근방법과 흡사하다. 제 5.5.4절은 이 두 방법의 차이점에 대하여 논의한다.

이 도출 절차를 사용하여 다양한 타입의 플랫폼 산출물을 기술하기 위한 $\text{PfAML}_{\text{PAML}}$을 도출할 수 있다. 또한 $\text{PfAML}_{\text{PAML}}$과 더불어 제 6장에서 소개하는 제품라인 산출물 작성표 PLADT를 사용하면 제품군의 다양한 산출물의 제품라인들을 체계적으로 기술할 수 있다.

5.1.2 제품 산출물 모델링 언어의 플랫폼 산출물 언어로의 확장 절차

그림 5.1.2-1은 제품 산출물 모델링 언어를 플랫폼 산출물 모델링 언어로 확장하는 절차를 보여 준다.

입력: 제품 산출물 모델링 언어 PAML
출력: 플랫폼 산출물 모델링 언어 $\text{PfAML}_{\text{PAML}}$
단계 1) (OCDM의 적용) 공통성 표현을 위한 언어 CDL_{PAML}를 도출한다.
단계 2) (OVDM의 적용) 가변성 표현을 위한 언어 VDL_{PAML}를 도출한다.
단계 3) CDL_{PAML}과 VDL_{PAML}의 결합을 $\text{PfAML}_{\text{PAML}}$로 정의한다.

그림 5.1.2-1. 제품 산출물 모델링 언어를 플랫폼 산출물 모델링 언어로 확장하는 절차

절차의 입력은 제품 산출물 모델링 언어 PAML이고, 출력은 플랫폼 산출물 모델링 언어 $\text{PfAML}_{\text{PAML}}$이다. 절차의 단계 1에서는 PAML을 최대한 그대로 이용하여 이를 확장함으로써, PAML로 기술되는 모델들의 공통성을 기술하는 언어, 즉 **공통성 기술언어**(Commonality Description Language: **CDL**)인 CDL_{PAML}을 도출한다. 이 절차에서 CDL을 도출하는데 사용하는 메커니즘은 PAML이 달라져도 동일하게 적용되므로 이를 **직교적 공통성 기술메커니즘**(Orthogonal Commonality Description Mechanism: **OCDM**)이라고 부른다. PAML과 CDL_{PAML} 사이에는

$$\text{CDL}_{\text{PAML}} = \mathit{OCDM}(\text{PAML}) \qquad \text{– (Eq. 5.1.2-1)}$$

의 관계가 성립된다. OCDM은 제 5.2절에서 상세히 설명한다.

단계 2에서는 CDL_{PAML}과 PAML에 **직교적인 가변성 기술메커니즘** (Orthogonal Variability Description Mechanism: **OVDM**)을 적용하여 구체적인 **가변성 기술언어**(Variability Description Language: **VDL**)인 VDL_{PAML}을 도출한다. 즉, PAML, CDL_{PAML}과 VDL_{PAML} 사이에는

$$\text{VDL}_{\text{PAML}} = \mathit{OVDM}(\text{PAML}, \text{CDL}_{\text{PAML}}) \qquad \text{– (Eq. 5.1.2-2)}$$

의 관계가 성립된다. OVDM은 제 5.3절에서 상세히 설명한다.

이와같이 주어진 PAML로부터 CDL_{PAML}와 VDL_{PAML}가 도출되면, 이들이 합쳐져서 $PfAML_{PAML}$을 구성하게 된다. 즉

$$PfAML_{PAML} = CDL_{PAML} + VDL_{PAML} \qquad \text{– (Eq. 5.1.2–3)}$$

이다.

제품 개발의 단계별로 여러 가지 다양한 산출물 모델링 언어가 존재한다. 그 언어들로부터 이 절에서 제시된 확장 방법을 사용하여 제품라인 개발에 필요한 플랫폼 산출물 모델링 언어들을 도출할 수 있다.

5.2 OCDM 공통성 기술메커니즘

공통성의 기술을 위해서는 두 가지 경우를 고려해야 한다. 첫 번째 경우로, 모든 제품에 공통적인 부분이다. 복잡한 산출물들의 경우 공통적인 부분으로 가변성을 담고 있지 않은 공통적인 부분뿐 아니라 가변성을 담고 있는 공통적인 부분도 가질 수 있다. 두 번째 경우로, 제품군의 모든 제품에 공통은 아니지만, 서로 다른 제품들을 가로지르는 공통성을 나타내는 방법으로서의 가변점이다. 즉 가변점은 제품들 간의 차이점을 플랫폼 수준에서 보이지 않게 만드는 추상화 수단으로 그 적용 결과로서 공통성이 표현된다. 가변점은 제 5.2.1절과 5.2.2절에서 각각 논의하는 바와 같이, 단순가변점 혹은 복합가변점으로 나눌 수 있고 또한 원소가변점 혹은 집합가변점으로 나눌 수 있다.

5.2.1 단순가변점과 복합가변점

가변점은 복잡도에 따라 단순가변점과 복합가변점의 두 가지 종류로 나눌 수 있다. CDL 언어로 작성된 산출물에서 **단순가변점**(simple variation point)은 하나의 CDL 요소에서 발생하는 가변점을 의미하고, **복합가변점**(complex variation point)은 두 개 혹은 그 이상의 기본적인 CDL 요소들에서 동시에 발생하는 가변점을 의미한다.

정의 5.2.1-1

단순가변점

CDL 언어로 작성된 산출물의 가변점에서 가변성으로 인한 변화가 일어나는 지점(place)이 하나인 경우, 이 가변점을 **단순가변점**이라고 부른다.

텍스트 언어와 같이 선형적인 구조를 가진 CDL언어로 작성된 산출물에서, 단일한 언어요소의 가변성 혹은 서로 인접한 언어요소 전체를 하나로 볼 수 있는 가변성을 단순가변점으로 추상화할 수 있다.

예제 5.2.1-1 단순가변점

Home Security System 제품군은 제품 HSS1에 대해 "시스템에 Black_and_White_Camera가 설치된다"는 요구사항이 있고, 제품 HSS2에 대해 "시스템에 Color_Camera가 설치된다"는 요구사항이 있다고 하자. 또한 이 제품군에는 "이 두 종류의 카메라 중 단 하나만 설치된다"는 제약사항이 있다고 하자. 위의 요구사항의 가변성은 "시스템에 ___가 설치된다"의 단 한 지점 "___"에서 발생하고 있다. 따라서 이 가변점은 단순가변점이다.

■

텍스트 언어의 경우 단순가변점은 단어(word), 구절(phrase), 문장(sentence) 등의 지점에서 발생할 수 있으며, 그래프를 표현하는 도형 언어에서는 노드 또는 엣지에서 발생할 수 있다.

> **정의 5.2.1-2**
>
> **복합가변점**
>
> CDL 언어로 작성된 산출물의 가변점에서 가변성이 두 개 혹은 그 이상의 기본적인 CDL 요소들에서 동시에 발생할 경우, 이 가변점을 **복합가변점**이라고 부른다.

예제 5.2.1-2 텍스트 언어에서의 복합가변점

Home Security System 제품군은 제품 HSS3에 대해 "시스템에 Black_and_White_Camera와 Keypad Device가 설치된다"는 요구사항이 있고, 제품 HSS4에 대해 "시스템에 Color_ Camera와 Fingerprint Recognition Device가 설치된다"는 요구사항이 있다고 하자. 위의 요구사항의 가변성은 "시스템에 ___가 설치된다"와 같이 하나의 (단순)가변점이 있고 이 가변점이 "Black_and_White Camera와 Keypad Device" 또는 "Color_Camera와 Fingerprint Recognition Device"의 가변값을 갖는다고 볼 수도 있지만, "시스템에 ___$_{1}$과 ___$_{2}$가 설치된다"와 같이 두 개의 (단순)가변점이 있고 " ___$_{1}$"의 가변점이 "Black_and_White Camera" 또는 "Color_Camera"의 가변값을 "___$_{2}$"의 가변점이 "Keypad Device" 또는 "Fingerprint Recognition Device"의 갖는다고 볼 수도 있다. 또 다른 방법으로, "시스템에 ___가 설치된다"의 가변점 "___"를 하나의 복합가변점으로 보아, 이 가변점이 "<vpCamera, vpRecognitionDevice>"를 유일한 가변값으로 갖고, 이 가변값의 요소 중 vpCamera가 "Black_and_White Camera" 또는 "Color_Camera"를 가변값으로 갖고 vpRecognitionDevice가 "Keypad Device" 또는 "Fingerprint Recognition Device"를 가변값으로 갖게 할 수도 있다.

■

예제 5.2.1-2에서 첫 번째 방법은 Camera와 RecogintionDevice를 한 묶음으로 보아 새로운 조합을 허용하는 유연성이 떨어진다. 두 번째 방법은 Camera와 RecogintionDevice가 독립적으로 변경될 수 있도록 하여 유연성은 뛰어나나, 제한된 조합만이 허용되어야 할 경우 이를 가변성 제약사항으로 일일이 제약하여야 하고 이를 위해 매우 많은 제약사항들이 사용되어야 할 수 있다. 이 두 방법의 장점을 취하기 위하여 택할 수 있는 방법이 복합 가변점을 쓰는 방법이다. 다음 예제는 복합가변점이 유용한 경우를 보여 준다.

예제 5.2.1-3 도형언어에서의 복합가변점

그림 5.2.1-1은 도형언어에서의 복합가변점의 예이다. 그림 5.2.1-1(a)는 제품P1, P2, P3 의 도형 모델의 일부를 보여 준다. 여기서 노드 A, B, C에 인접한 부분을 제외한 나머지는 제품들 사이에 공통이라고 가정한다. P1, P2, P3에서 A, B, C로 구성된 부분이 서로 다른 부분이므로, 공통성 설계를 위하여 A, B, C를 포함하는 부분을 그림 5.2.1-1(b)와 같이 가변점 vpV로 결정하였다고 가정한다. vpV은 A에서 D로의 엣지와 B에서 D로의 엣지의 두군데에서 외부와 연결이 이루어지고, 따라서 가변값도 이 두 엣지를 포함하여야 한다. 그러므로 이 가변점은 복합가변점이고, 이 가변점에 대입하여 그림 5.2.1-1(a)의 P1, P2, P3의 부분들을 얻을 수 있는 가변값으로 그림 5.2.1-1(c)의 V1, V2, V3이 있다.

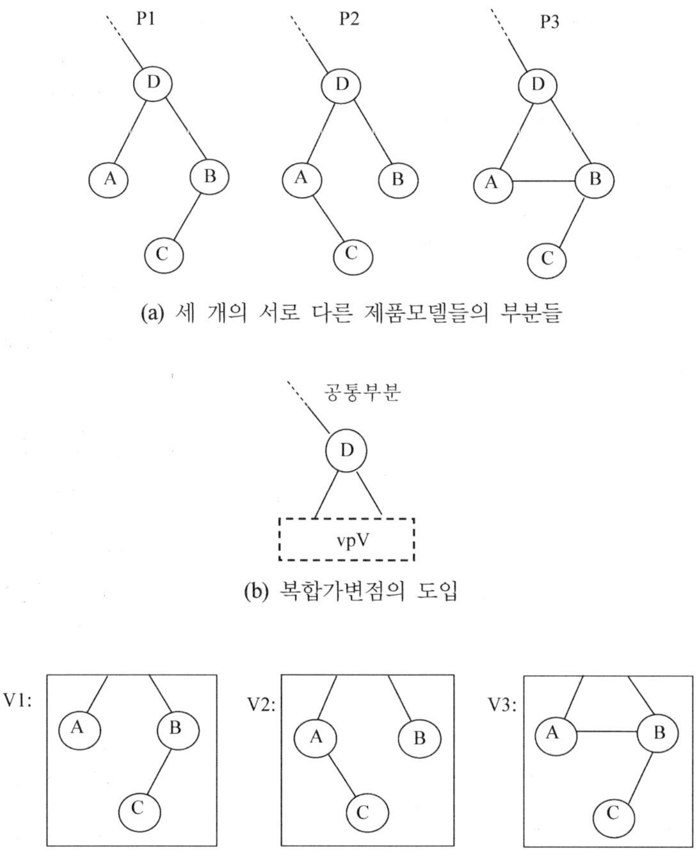

(a) 세 개의 서로 다른 제품모델들의 부분들

(b) 복합가변점의 도입

(c) P1, P2, P3의 가변점 vpV의 가변값들

그림 5.2.1-1. 복합가변점의 예

■

예제 5.2.1-4 단순가변점과 복합가변점의 비교

그림 5.2.1-2(a)는 플랫폼 산출물에 하나의 단순가변점을 두 번 사용한 예이다. 그림 5.2.1-2(b)는 두 부분에서 동시에 발생하는 가변성을 두 개의 단순가변점을 써서 추상화한 예이다. 그러나 단순가변점들 사이에 가변성은 독립적으로 일어나므로, 가변성이 동시적으로 일어나도록 만들기 위해서는 가변성 제약사항을 추가해야 한다. 그림 5.2.1-2(c)는 그림 5.2.1-2(b)와 동일한 제품 산출물들로부터 하나의 복합가변점을 사용하여 플랫폼 산출물을 만든 예이다. 플랫폼 산출물에서 *V1*의 가변값은 <e1, e2>의 첫 번째 요소 e1이고, *V2*의 가변값은 두 번째 요소 e2이다. 복합가변점은 동시에 발생하는 가변성을 여러 개의 단순가변점을 사용하지 않고도 모델링할 수 있도록 해준다.

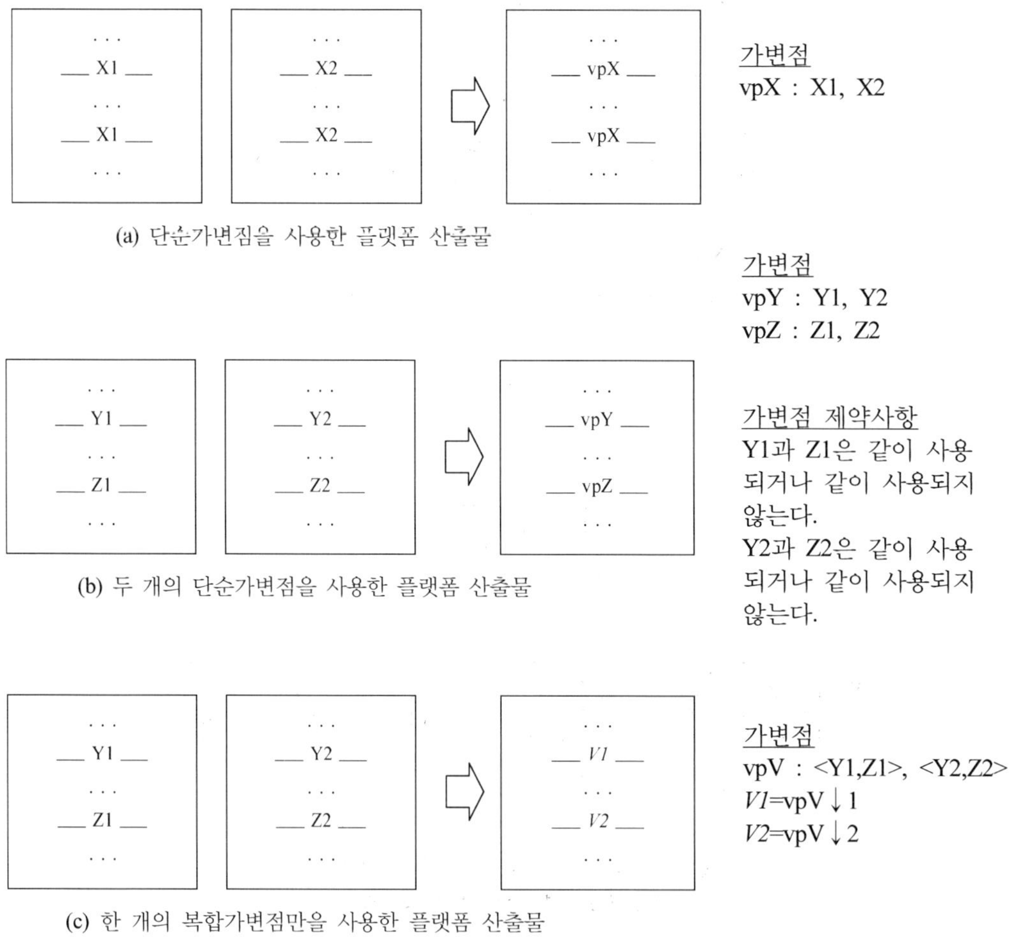

그림 5.2.1-2. 단순가변점 사용과 복합가변점 사용의 비교

■

도형 언어처럼 비선형적인 구조를 갖는 모델링 언어의 경우에는, 가변성이 일어나는 대상으로 단위 언어요소만을 고려하는 것은 매우 제약적이며 우리는 종종 둘 혹은 그 이상의 지점으로 구성된 **부분**(part)을 변화시킬 필요성을 발견하게 된다. 여기서 '부분'이라 함은 도형의 **연속적인 지역**(contiguous region)을 말한다. 모델의 부분에 가변값이 대입되기 위해서는, 그 부분이 먼저 가변성이 발생할 수 있는 지점 즉 가변점이 되어야 한다. 이 절의 앞에서 이와 같이 복수 개의 변화지점이 하나의 가변점을 형성하는 곳을 복합가변점이라고 부르기로 했다. 단순가변점의 경우 모델의 하나의 지점이 독립적으로 가변성을 갖는데 비하여, 복합가변점에서는 하나의 복합가변점을 구성하는 복수 개의 변화지점들이 가변값들로 대치될 때, 모든 변화지점들에 해당 가변값들이 동시에 대입된다.

5.2.2 원소가변점과 집합가변점

제품 산출물 모델링 언어의 모든 모델링 요소들은 자신의 타입을 가지며 이들을 **원소 타입**[126](element type)이라고 부른다. 동일한 타입의 원소들로 이루어진 집합들은 "(해당 타입 원소들의) **집합 타입**(collection type)을 가진다"고 말한다. 요소의 타입과 요소들의 집합의 타입을 일반적으로 다르게 보는 것처럼, SSPLD에서는 요소를 가변값으로 갖는 가변점과 요소들의 집합을 가변값으로 갖는 가변점의 타입은 서로 다르다고 본다.

정의 5.2.2-1

원소가변점

원소들의 집합 T = {e1, ... , en}이 있을 때, 가변점 vpT가 T의 하나의 원소를 그 가변값으로 가질 경우 vpT는 **원소가변점**(element variation point) 이다.

원소가변점은 자신의 타입을 가지며, 이는 그 가변값의 타입과 동일하다. PAML은 원소의 기본타입들을 제공한다. PAML이 원소의 집합을 나타내는 기호를 가지고 있을 경우 CDL_{PAML}은 이 기호와 구별되는 기호로 PAML 원소의 집합을 표현하여야 한다.

집합가변점의 경우 가변점이 원소들의 집합을 가변값으로 갖는다.

정의 5.2.2-2

집합가변점

원소들의 집합 T = {e1, ... , en}이 있을 때, 가변점 vpTs가 T의 부분집합을 그 가변값으로 가질 경우 vpTs는 **집합가변점**(collection variation point)이다.

---

126 여기서 '타입'은 "언어요소의 타입"의 의미로 사용되었다. 앞서 제 1장 1.1.1절과 제 1.1.5절에서 "산출물의 타입"으로서의 '타입'과 "언어요소의 타입"으로서의 '타입'의 용어를 소개하였다.

PAML이 이미 집합 타입을 가진 언어인 경우에는, CDL$_{PAML}$는 새로운 집합기호를 이용하여 PAML 원소의 집합의 집합을 표시해야 한다.

예제 5.2.2-1 텍스트 언어에서의 집합가변점

제 5.2절의 예제 5.2.2-1에서 Home Security System 제품군에서 “Black_and_White_Camera와 Color_Camera의 두 종류의 카메라 중 단 하나만 설치할 수 있다”는 제약사항이 제거되고, 또 다른 제품 HSS3가 있어서 “시스템에 Black_and_White_Camera와 Color_Camera가 설치된다”는 요구사항을 가지고 있다고 하자. 그러면 이 제품군을 위한 플랫폼 요구사항의 가변성은 “시스템에 ___가 설치된다”의 “___”에서 발생하고, “___”는 {Black_and_White_Camera, Color_Camera}의 공집합이 아닌 부분집합을 가변값으로 갖는 집합가변점이다.

■

예제 5.2.2-2 도형 언어에서의 집합가변점

그림 5.2.2-1의 왼쪽 (a), (b)에는 각각 두 개의 제품의 (부분) 모델들이 있다. 맨 오른쪽 열은 이 두 모델을 가변값으로 갖는 가변점을 보여 준다. (a)의 경우 하나의 모델은 하나의 노드를 가지고 있고, 다른 모델은 노드의 집합을 가지고 있다.[127] 그 자리에 단일한 노드 혹은 노드들의 집합이 올 수 있음을 나타내기 위하여 노드 자리를 집합가변점 vpNode로 대체하였다. vpNode가 가변점이라는 것을 나타내기 위하여 vpNode를 점선으로 나타내었고, vpNode 자리에 하나 이상의 노드들로 이루어진 노드집합이 올 수 있다는 것을 나타내기 위하여 가변점을 이중 원으로 나타내었다. 같은 방법으로 집합가변점 vpEdge를 정의할 수 있다.

	제품 산출물 모델들	플랫폼 모델
(a) 노드 집합가변점의 도입	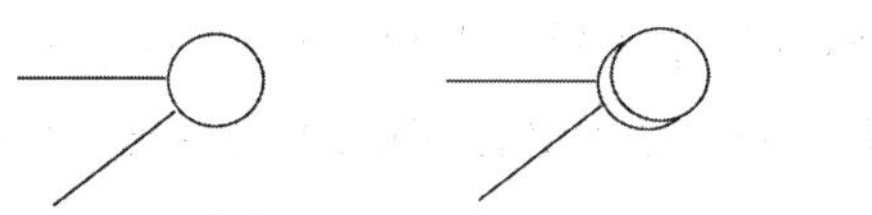	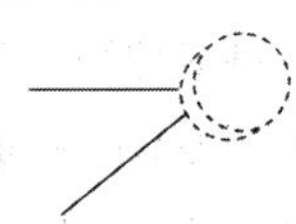 vpNode
(b) 에지 집합가변점의 도입	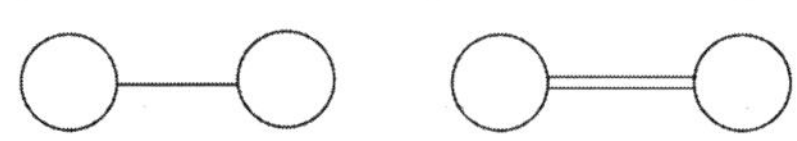	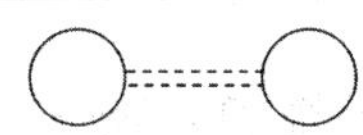 vpEdge

그림 5.2.2-1 도형 모델에서의 집합가변점 표현의 예

■

127 UML의 표기 방식을 좇아, 두 개의 도형이 겹쳐진 기호는 해당 도형을 원소들로 갖는 집합을 나타낸다고 가정한다.

5.2.3 가변성 제약사항의 표현

제 3장 3.4절에서 언급한 바와 같이 가변성 제약사항은 제품군의 제품들 사이의 관계를 표현하기 때문에 공통성을 표현한다.

단일 제품에 대한 제약사항은 단일 제품의 모델링 언어에서 정의가 되기 때문에, 여기에서는 제품군의 가변성에 대한 제약사항 즉 가변성 제약사항만을 논의한다. 표 5.2.3-1은 OCDM에서 제시하는 가변성 제약사항의 표기법을 보여 준다. 표 5.2.3-1에서 x와 y는 가변점 혹은 가변값이 된다. 가변값 V가 선택가변점 vpV를 요구할 경우 v req vp1으로 표현되며, 이는 V가 null이 아닌 vpV의 가변값을 요구한다는 것을 의미한다. x와 y가 가변값일 경우, 가변값이 여러 가변점에 속할 수 있기 때문에, 어느 가변점에 속하는 가변값인지를 명시하기 위하여 vp.v의 형태로 그 가변값이 속하는 가변점과 함께 기술해 주어야 한다. 가변값만을 표기한 경우에는 특정 가변점에 국한되지 않는 일반적인 제약을 나타낸다.

표 5.2.3-1. 가변성 제약사항의 표기법

구문	의미
x req y	x가 산출물의 요소이면, y도 그 산출물의 요소이다.
x req {y1, ... , yn}	x req y1 ∧ . . . ∧ x req yn
x excl y	x가 산출물의 요소이면, y는 그 산출물의 요소가 될 수 없다.
x excl {y1, ... , yn}	x excl y1 ∧ . . . ∧ x excl yn
x m-req y	x req y ∧ y req x // "mutually require"로 읽는다.
x m-excl y	x excl y ∧ y excl x // "mutually exclude"로 읽는다.

표 5.2.3-1의 req나 excl 관계는 일반적으로 대칭적인 관계가 아니다. 예를 들어 특정 소프트웨어가 실행되기 위해서는 운영체제가 반드시 필요하지만, 운영체제가 특정 소프트웨어를 반드시 필요로 하지 않을 수 있는 데서 알 수 있듯이 req 관계는 일반적으로 대칭적인 관계가 아니다. excl 관계는 좀 더 미묘하여, 이 관계가 대칭적이냐 비대칭적이냐에 대해서는 논의의 여지가 있지만, 어떤 경우에도 표현이 가능하도록 SSPLD에서는 표 5.2.3-1의 하단에 대칭적인 관계인 m-req과 m-excl를 정의하였다.

5.2.4 OCDM의 적용 절차

그림 5.2.4-1는 OCDM의 적용 절차를 보여 준다. 먼저 공통 부분의 표현을 위하여 PAML 언어를 전부 CDL_{PAML}에 포함한다. 그 결과 PAML을 포함한 CDL_{PAML}은 제품군의 모든 제품에 공통적인 것들을 표현할 수 있다. 즉 CDL_{PAML}모델의 의미는 그것으로부터 바인딩의 적

용에 의하여 생성될 수 있는 PAML 모델들로, PAML로 표현된 부분은 공통 부분이고 CDL_{PAML} 모델로부터 생성된 어떤 인스턴스도 이 공통 부분을 갖게 된다. PAML만을 포함하는 현재의 CDL_{PAML}에 가변점 기호를 추가하기 위하여, 단순가변점과 복합가변점, 그리고 원소가변점과 집합가변점을 식별한다. 그리고 식별된 각 가변성의 타입에 대하여 CDL_{PAML} 표기법을 결정한다. 필요 시 가변성을 담고 있는 요소를 위한 새로운 기호를 CDL_{PAML}에 포함시킨다. 끝으로 제 5.2.3절에서 소개된 가변성 제약사항 표기법을 CDL_{PAML}에 포함시킨다.

입력: 제품 산출물 모델링 언어 PAML
출력: 공통성 기술언어 CDL_{PAML}
1) 공통 부분의 표현을 위하여 PAML 언어 전부를 채택한다.
2) (PAML을 기반으로) 단순가변점을 표현하기 위한 기호를 결정한다.
3) 복합가변점을 표현하기 위한 새로운 기호들을 결정한다.
4) 집합가변점을 표현하기 위한 기호를 결정한다. (PAML에 집합을 표시하는 기호가 이미 있을 경우 이와 구별되도록 결정한다.)
5) 가변점은 아니지만 가변성을 담고 있는 요소를 가변성을 담고 있지 않은 요소와 구별할 필요가 있을 경우, 이를 위한 새로운 기호를 정의한다.
6) 가변점과 가변값 간의 가변성 제약사항을 가변성 제약사항 표기법으로 표현한다.

그림 5.2.4-1. OCDM의 적용 절차

5.3 OVDM 가변성 기술메커니즘

5.3.1 가변성의 유형

제 5.2절에서는 OCDM을 통하여, 필요한 타입의 가변점들을 CDL_{PAML}에 포함할 수 있었다. 가변점은 가변점과 같은 타입의 가변값이 들어서기 위한 지점이다. 반면에 가변값은 제품 산출물 모델의 어떤 타입의 요소 혹은 특정 부분이다.

OVDM에서 **택일(擇一)가변성**(Alternative variability 혹은 Exclusive_or variabiltiy)은 가장 기본적인 가변성으로 본다. 택일가변성은 가변점 자리에 일련의 가변값들 가운데 정확히 하나가 들어온다. 택일가변점의 가변값으로 새로운 가변점이 올 수도 있다. 이 경우 가변점의 계층이 형성되어 가변값들을 그룹핑하는 효과가 있다. 또 택일가변점의 일련의 가변값들 중 하나가 null일 수 있는데, 이는 가변값이 선택되지 않거나 null이 아닌 가변값들 중 하나가 선택됨을 나타낸다.[128] 택일가변성의 특수한 경우로 **선택가변성**(Optional variability)은 (null이 아닌) 하나의 가변값과 그 이외의 유일한 가변값으로 null이라는 특수한 값 중 하나만을 선택하도록 하는 가변성이다. 택일가변성의 또 하나의 특수한 경우로 가변값이 서로 배타적인 집합들인 가변성으로, 이 집합들은 같은 종류의 요소들의 집합들이다. 이를 **집합택일가변성**(Collection Alternative variability) 혹은 **집합가변성**(Collection variability)이라고 부른다. 표 5.3.1-1은 이 세 가지 가변성의 의미를 정의한다.[129]

표 5.3.1-1. OVDM의 가변성 유형

가변성 유형	가변성의 의미
택일가변성	가변값 V1, … , Vk 들 중 하나만이 가변점 vpV의 값으로 선택됨
선택가변성	null이 아닌 가변값 V와 null 중 하나만이 가변점 vpV의 값으로 선택됨
집합가변성	가변점 vpV는 집합 타입이고, vpV의 가변값 V는 주어진 요소들의 집합 {e1, ... , ek}의 부분집합이다.

예제 5.3.1-1 택일가변성, 선택가변성, 집합가변성

사용자에게 음료수를 제공하는 자판기(Vending Machine: VM)가 있다. VM은 동전주입구를 통하여 10원, 50원, 100원, 500원의 주화로 사용자로부터 500원을 받은 후, 사용자가 커피, 우유, 쥬스 중 하나의 음료를 선택할 수 있게 허용한다. 사용자가 커피를 선택할 경우에는, 설탕을 추가할 수 있도록 설탕 버튼을 누를 수 있게 허용한다. 이 VM은 다음과 같은 기

128 이런 경우의 예가 제 6장 6.4절 그림 6.4-2의 vpAuthentication이다.
129 다른 연구들은 가변성 유형에 대하여 이와 다른 접근방법을 취한다. 그러나 SSPLD에서는 가장 기본적인 가변성으로 이 유형들을 채택한다.

능들을 가지고 있다고 볼 수 있다: “커피제공”, “설탕추가”, “우유제공”, “쥬스제공”, “10원짜리 동전 수령”, “50원짜리 동전 수령”, “100원짜리 동전 수령”, “500원짜리 동전 수령”. 그러나 이러한 피처들은 모두 독립적이지 않고, 다음과 같은 의존관계와 제약을 갖고 있다: “설탕추가”는 “커피제공”의 경우에만 가능하다; 동전수령은 투입된 동전의 합이 500원이 될 때까지 진행된다.

이러한 VM의 경우 여러 가지 서비스를 제공하고 있다고 볼 수 있고, 이들 서비스들이 갖는 가변성은 다음과 같다: 1) 10원짜리 동전 X1개, 50원짜리 동전 X2개, 100원짜리 동전 X3개, 500원짜리 동전 X4개를 수령하여 10원 × X1 + 50 원 × X2 + 100원 × X3 + 500원 × X4 = 500원이 되도록 한다, 2) VM은 음료 Y를 제공한다, 3) VM이 커피를 제공할 경우, (사용자의 선택에 따라) 설탕을 추가하거나 추가하지 않는다.

여기서 Y가 갖는 가변성은 커피, 우유, 쥬스 중 단지 하나만을 선택할 수 있는 것이고, 따라서 이는 택일가변성이다. “설탕추가”는 커피를 고른 사용자가 선택할 수 도 있고, 선택하지 않을 수도 있기 때문에 이는 선택가변성이다. 마지막으로, 수령 가능한 동전은 합계가 500원이 되는 동전들의 집합이므로 투입 가능한 동전들의 가변성은 집합가변성이다.[130]

■

기존의 가변성 모델들([Kang K.90][Kang K.02][CVL 12][Pohl 05][Czarnecki 12][Kang K. 13])이 다양한 종류의 가변성을 지원하도록 만들어졌지만, 이들은 모두 순수한 가변성 관계 외에도 구성관계나 포함관계 같은 가변성 관계가 아닌 종류의 관계와 가변성 관계가 혼합된 관계 - 이를 **혼합적 가변성 관계**라고 부르기로 한다 - 까지 지원한다. [Pohl 05]의 직교적 가변성 언어인 Othogonal Variability Model(OVM)의 경우에도, 택일적 가변성 관계와 그 가변값들과 그 가변값들의 요소들 사이에 성립되는 포함관계의 두 관계가 혼재된 혼합적 가변성 관계인 inclusive-or를 포함하고 있다. 그 결과 기존의 가변성 모델들은 다음의 문제점들을 갖는다: (1) 사용자들이 가변성의 두 가지 요소인 가변성의 주체(variability subject)와 가변성의 대상(variability object)[131]들을 즉각적으로 파악하지 못하고 분석과정을 거쳐서야 식별할 수 있다; (2) 순수한 가변성 관계들에 성립되는 추론관계가 혼합적 가변성 관계들에는 성립되지 않을 수 있기 때문에, 단순하면서도 추론을 통해 높은 표현력과 확장성을 가질 수 있는 가변성 모델이 되지 못하였다; (3) 또한 필요 이상으로 복잡한 가변성 관계를 지원함으로써, 이를 구현하는 가변성 모델링/분석 도구도 불필요하게 복잡해질 수 있다. 이 절에서 제시된 OVDM은 이러한 문제점을 갖지 않도록 순수한 가변성 관계만을 지원한다.

130 예를 들어 100원짜리 동전이 5개가 투입된 경우 이들은 서로 다른 동전이고, 이 경우 {100원, 100원, 100원, 100원, 100원}으로 나타내거나, 혹은 중복을 허용하기 위하여 〈100원, 100원, 100원, 100원, 100원〉으로 나타낼 수 있다.

131 [Pohl 05] Section 4.2는 가변성 주체와 가변성 대상의 개념을 소개한다.

OVDM을 사용하면 혼합적 가변성 관계의 경우 순순한 가변성 관계를 제외한 다른 관계는 그 관계를 다루는 모델을 통하여 제공되어야 한다.

5.3.2 가변성의 표현

제 5.2.1절과 5.2.2절에서 가변점을 단순가변점 혹은 복합가변점, 그리고 원소가변점 혹은 집합가변점으로 분류하였다. 그러면 각 가변점에 대한 가변값은 어떻게 선언하는가? 표 5.3.2-1은 단순가변점을 선언하는 방법으로 **택일가변점**(Alternative variation point), **선택가변점**(Optional variation point)을 보여주고, 택일가변점의 특수한 경우로 집합가변점을 선언하는 구문을 보여 준다.

표 5.3.2-1. OVDM의 가변점 선언 구문

가변점의 종류	가변점 선언 구문
택일가변점	vpV: V1, ⋯ , Vk
선택가변점	vpV: V, null
집합가변점	vpV: V ⊆ {e1, ⋯ , ek} V에 대한 제약사항의 리스트

가변점은 가변점의 이름에 이어 가변점이 가질 수 있는 가변값들을 다음과 같이 열거하여 선언한다.

V1, V2, ⋯

열거된 가변값들은 서로 배타적인 관계에 있어서, 하나가 선택되면 다른 가변값들은 선택될 수 없다.[132] 택일가변점의 가변값의 하나로 null이 오는 경우는 선택가변점을 일반화한 경우로 볼 수 있다.

예제 5.3.2-1 집합가변점 선언을 위한 구문의 예

vpV: V ⊆ {e1, ... , ek}
min ≤ |V| ≤ max // 1 ≤ min 을 가정

집합가변점 선언을 위한 위의 구문에서, 제약의 의미는 vpV의 가변값 V는 최소 min 개의 원소를 갖고, 최대 max 개의 원소를 갖고, min의 값이 0일 경우에는 min을 사용하여 원소의 최소 개수를 한정하는 것이 불필요다는 것을 나타낸다.

■

132 따라서 예를 들어 제 6장 6.5절 그림 6.5-3에서 Black_and_White_Camera와 Color_Camera가 배타적 관계에 있음을 “Variability Constraints” 구역에 제약사항으로 기술할 필요가 없다.

집합가변점은 원소 대신 원소들의 집합이 가변값이 된다는 점을 제외하고는 원소가변점의 가변성과 같은 가변성을 가질 수 있다.[133] 집합가변점에서 아무 원소도 포함하지 않은 공집합을 가변값으로 가질 수 있는 경우는 null을 가변값으로 갖는 경우에 해당된다.

가변값이 복잡할 경우 가변값의 이름을 다음과 같이 먼저 열거한 후, 각 이름 별로 가변값을 정의해 주면 편리하다. 예를 들어, 가변점 vpV가 취할 수 있는 가변값들이 V1, V2, ... , Vk일 때, 가변값의 이름을 사용한 다음과 같이 가변점이 선언될 수 있다:

vpV: *Name1, Name2, ... , Namek*

Name1 : V1

Name2 : V2

. . .

Namek : Vk

이 선언도 택일 가변점의 선언으로 vpV의 자리에 V1, V2, ... , Vk중 오직 하나만 들어가게 된다는 것을 의미한다.

다음 예는 복잡도가 높은 가변성을 OVDM의 표기법으로 표현할 수 있음을 보인다.

예제 5.3.2-2 OVDM을 사용한 가변성 표현의 예

그림 5.3.2-1은 가변성을 표현한 피처트리([Kang K.90])의 한 예이다. 이 가변성을 OVDM으로 표현하고자 한다.

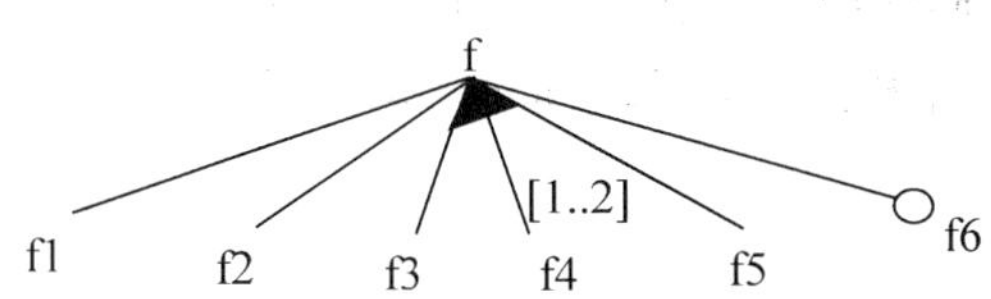

설명 (1) : f1와 f2는 필수적인 피처이다

설명 (2) : f3, f4, f5의 피처 중에 최소 하나 최대 두 개가 포함되어야 한다.

설명 (3) : f6는 포함될 수도 있고 포함되지 않을 수도 있는 피처이다.

그림 5.3.2-1. 피처트리의 예[134]

---

133 복합가변점인 집합가변점의 선언도, 원소가변점의 경우와 마찬가지로, 복합가변값의 이름을 먼저 열거하고, 각 이름 별로 가변값을 정의해줄 수 있다.

134 이 피처트리에 대하여 f1과 f2가 필수적인 피처이므로 공통 부분으로 보아야 하지 않을까 하는 의문을 제기할 수 있다. 이와 같은 의문제기는 타당하다. 이런 의문이 생기는 이유는 피처트리가 압축적인 표현을 사용하고 있어서 가변성 이외에 관계를 포함하고 있기 때문이다. 이 피처트리에서는 우선 피처 f가 어떤 피처들로 구성되는지를 말하고 있고, 동시에 구성 피처들 사이에 어떤 가변성이 있는지를

우선 설명 (1)에 의하여 가변점 vpV의 가변값 V는

$$vpV:\ \{f1,\ f2\} \subseteq V$$

이다. 그리고 설명 (2)가 f3, f4, f5에 대하여 집합의 원소 개수가 [1..2]의 가변성 제약사항을 갖고 있는 경우로 볼 수 있다. 이를 위의 설명 (1)의 결과와 결합하면

$$vpV:\ \{f1,\ f2\} \subseteq V \subseteq \{f1,\ f2,\ f3,\ f4,\ f5\}$$
$$3 \le |V| \le 4$$

를 얻을 수 있다. 이제 설명 (3)에 의하여 vpV의 가변값 V는

$$vpV:\ V' \subseteq V \subseteq V' \cup \{f6\}$$

이고, V′에 대한 가변성 제약사항은 위에서 설명 (2)의 적용 결과로 얻어진 것처럼

$$\{f1,\ f2\} \subseteq V' \subseteq \{f1,\ f2,\ f3,\ f4,\ f5\}$$
$$3 \le |V'| \le 4$$

이다.

예제 5.3.2-2는 다양한 가변성의 유형에 대하여 OVDM 의 가변성 표현법이 기존의 가변성 표현법 이상의 표현력을 가지고 있을 가능성을 보여 준다. 나아가, OVDM은 복수 개의 가변값을 갖는 가변성을 집합택일 가변성으로 정의함으로써 가변값을 집합으로 명확히 규정할 수 있게 한다. 이는 다양한 가변성의 유형에 대하여 각각 다른 가변성의 설계와 구현을 시도하는 대신에, 가변성의 유형에 관계없이 택일 가변성의 해석을 적용할 수 있도록 해주며, 집합의 설계 및 구현에 집중할 수 있도록 해준다. 제 5.5.1절은 과거 연구에서 고려된 대부분의 가변성을 OVDM 의 표현으로 나타낼 수 있다는 것을 보여 준다.

말하고 있다. 즉 가변 지점을 명시적으로 표현하지 않은 채 구성관계와 가변성을 모두 표현하고 있다. 이러한 압축적 표현은 간략하게 많은 정보를 표현할 수 있다는 장점을 갖지만, 가변지점이 명시적으로 보이지 않으므로 이해에 혼란을 가져올 수 있다. 특히 피처의 개념과 가변성의 개념 간의 유사성과 차이점을 사용자가 분명히 인식하기 어렵게 만들 수 있다. 이 피처트리는 FODA[Kang K.90]의 피처트리로 이러한 문제를 해결하는 개선된 형태의 피처트리가 FORM[Kang K.98]에서 제시되었다. 제 5.5절 관련연구의 5.5.3절에서는 피처트리를 SSPLD의 장치로 대체하는 방법을 제시한다.

5.3.3 OVDM의 적용 절차

그림 5.3.3-1는 OVDM의 적용 절차를 보여 준다.

입력: 제품 산출물 모델링 언어 PAML
출력: 가변성 기술 언어 VDL_{PAML}
1) CDL_{PAML}의 가변점 기호들을 VDL_{PAML} 에 포함한다.
2) 가변값을 PAML 또는 $PfAML_{PAML}$로 표현한다.
3) 가변점과 가변값 간의 관계를 기술하기 위하여 표 5.3.2-1의 가변점 선언구문을 사용한다.

그림 5.3.3-1. OVDM의 적용 절차

OVDM 적용 절차의 두 번째 단계에 따르면 가변값을 표현하기 위해 $PfAML_{PAML}$이 사용될 수도 있다. 가변값이 가변성을 포함하지 않을 경우에는 가변값을 표현하는데 PAML로서 충분하지만, 가변값이 가변점을 포함하거나 또는 가변성을 가진 요소를 포함하는 복잡한 경우에는 PAML로는 가변값들이 표현될 수 없고 $PfAML_{PAML}$가 필요하다. $PfAML_{PAML}$이 CDL_{PAML}과 VDL_{PAML}로 이루어지기 때문에 이는 $PfAML_{PAML}$이 재귀적으로 만들어지는 언어임을 보여 준다.

5.4 적용예제

이 절에서는 제 5.2절과 5.3절의 메커니즘들을 적용한 예를 보인다.

5.4.1 전통적 가변성 기호의 OVDM 표현

과거의 연구 [Kang K. 90][Pohl 05]에서 고려된 가변점과 가변값들 가운데 대표적인 관계가 여섯 가지가 있다. 이들은 표 5.4.1-1의 좌측 열에 열거되어 있다. 표 5.4.1-1의 우측 열은 이 여섯 개의 관계를 OVDM으로 표현하고 있다. 가변값들 사이의 의존관계 혹은 가변점과 가변값 사이의 의존관계를 표현할 때, 5.2.3절에서 언급한 바와 같이 동일한 가변값이 여러 가변점에서 사용될 수 있기 때문에 OVDM에서는 가변값을 자신의 가변점과 함께 'vpV.V'의 형태로 기술한다.

표 5.4.1-1. 전통적 가변성 기호의 OVDM 표현

전통적 기호	OVDM의 가변성 표현
V1, ⋯ , Vk **Exclusive_or**	가변성의 이름을 vpV라 하면 택일가변점으로 표현된다: vpV : V1, ⋯, Vk
e1, ⋯ , ek [min .. max] **Inclusive_or**[135]	가변성 제약사항과 함께 집합택일가변점으로 표현된다: vpV : V $\subseteq$ {e1, ... , ek} min $\le$ |V| $\le$ max
——o V **Optional**	단독으로 사용될 경우에는 OVDM의 선택가변점과 동일하다. 전통적인 다른 Optional 혹은 Mandatory와 같이 사용될 경우에는 집합택일가변점으로 표현되며 가변값 V는 $e \in V$ 혹은 $e \notin V$이다.[136]
—— e **Mandatory**	단독으로 사용될 경우에는 OVDM의 택일가변점이 단 하나의 가변값을 갖는 경우와 동일하다. Optional 혹은 또 다른 Mandatory와 같이 사용될 경우에는 집합택일가변점으로 표현되며 가변값 V는 $\{e\} \subseteq V$를 충족시킨다.
- - -> **Requires**	OVDM가변성 제약사항으로 표현되며 다음 중 하나의 경우에 해당된다: vp1 <u>req</u> vp2.V vp1 <u>req</u> vp2 vp1.V1 <u>req</u> vp2.V2 vp1.V <u>req</u> vp2
- - - - - -× **Excludes**	OVDM가변성 제약사항으로 표현되며 다음 중 하나의 경우에 해당된다: vp1 <u>excl</u> vp2.V vp1 <u>excl</u> vp2 vp1.V1 <u>excl</u> vp2.V2 vp1.V <u>excl</u> vp2

135 [min .. max]가 [1..1]인 경우 범위표시가 불필요하고, 이 경우 가변성은 Exclusive_or와 동일하다. 제 5.5.9절에 이 기호에 대한 추가적인 논의가 있다.

136 이와 같이 전통적인 가변성 모델은 문맥에 따라 의미가 달라지기 때문에 의사소통이나 도구개발의 수단으로 이용하고자 할 때 사용자에게 혼란을 줄 수 있다. 제 5.5절의 관련연구는 전통적 가변성 모델의 이러한 문제점에 대하여 논의한다. PfAML은 가변성 표현에 있어서 이러한 모호성이 발생하지 않도록 설계되어 있다.

5.4.2 [Pohl 05]의 플랫폼 아키텍처의 PfAML 표현

[Pohl 05]는 가변성을 나타내기 위해 OVM을 사용하는데, OVM에서 가변점은 'vpV' 표시가 있는 삼각형으로 나타내고, 가변값은 'V' 표시가 있는 사각형으로 나타낸다. 가변점에서 점선으로 연결된 가변값은 선택사항(Optional)이므로 선택될 수도 있고 선택되지 않을 수도 있으며, 선택사항들이 호(arc)로 연결이 되어 있을 경우 선택할 수 있는 개수의 범위를 지정할 수 있고, 범위가 지정되지 않은 경우에는 호로 연결된 선택사항들 중에 정확히 한 개만 선택될 수 있음을 의미한다. 예를 들어 그림 5.4.2-1의 가변점 Door Lock의 경우 가변값으로 Electronic이 선택되거나 또는 Manual이 선택될 수 있으나 둘 다 선택될 수는 없다. 표 5.2.3-1에 정의된 바와 같이 "vp1.V <u>req</u> vp2"는 가변값이 가변점을 요구함을 나타낸다. 따라서 가변점 Door Lock의 가변값으로 Electronic이 선택되면, 다시 가변점 Lock Authentication의 가변값으로 None 또는 Keypad 중 하나가 선택되어야 한다.

OVM이 제공하는 서로 다른 산출물을 연결하는 선에 의하여, 그림 5.4.2-1에서 Lock Authentication 가변점의 가변값이 Keypad 피처로 선택될 경우, 왼쪽의 Lock Control의 서비스를 제공받는 컴포넌트로 Electronic Door Lock Control with Keypad Authentication 컴포넌트가 선택된다.

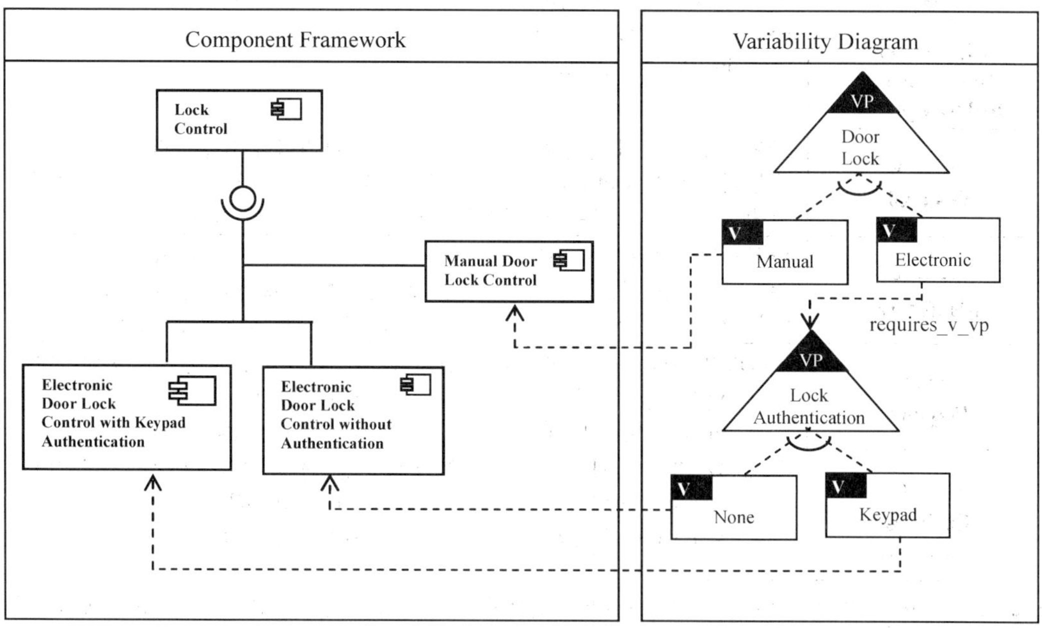

그림 5.4.2-1. 컴포넌트 다이어그램 예제 ([Pohl 05] Figure 6-4)[137]

137 그림 5.4.2-1과 제 6장 그림 6.4-1는 UML 다이어그램으로 작성된 [Pohl 05]의 Figure 6-4와 Figure 6-5를 각각 UML 2.0 표준에 맞게 수정한 결과이다.

이 책의 플랫폼 아키텍처 그림에서는 그림 5.4.2-2가 보이는 바와 같이 아키텍처 컴포넌트를 가변값으로 갖는 가변점은 점선 네모로 나타내고, 가변점을 담고 있는 컴포넌트를 대시('-')와 점('·')이 교차하여 나오는 점선으로 된 네모로 표시하여, 가변점을 포함하지 않은 컴포넌트와 구별한다. 커넥터를 위해서도 이와 유사한 규약을 사용자가 정의하여 플랫폼 아키텍처 다이어그램에 사용할 수 있다.

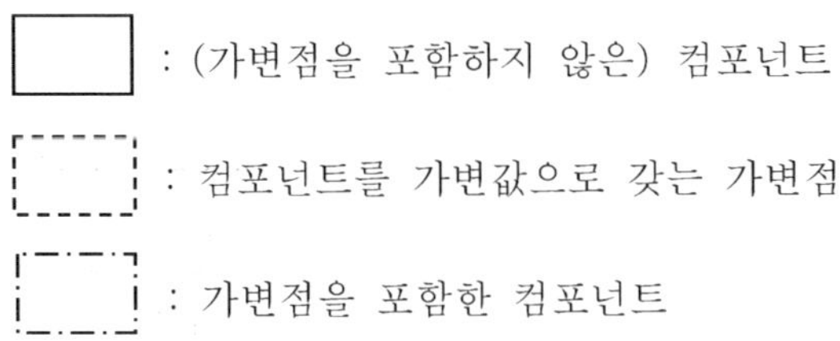

그림 5.4.2-2. 플랫폼 아키텍처 다이어그램에서 컴포넌트의 표현[138]

그림 5.4.2-1의 모델링 언어들을 OVDM을 써서 확장하여 PfAML들을 도출하고, 그림 5.4.2-1을 다시 의도에 맞게 도출된 PfAML들로 표현하면 그림 5.4.2-3의 (a)와 (b)와 같이 된다. 그림 5.4.2-3(a)는 피처모델의 PfAML로, 이는 그림 5.4.2-1의 오른쪽에 Lock Control 가변점과 Lock Authentication 가변점이 피처 가변점이기 때문에 이들에 대한 가변성 정의를 그림 5.4.2-3(a)이 담고 있다. 그림 5.4.2-3(a)은 또한 그림 5.4.2-1의 오른쪽의 의존관계가 가변성 제약사항의 일부로 표현되고 있고, 제품 바인딩은 OVM 모델이 제시하는 피처 조합이 모두 3개이므로 각각을 하나의 제품을 형성하는 것으로 간주하여 예에 맞게 정의하였다.

그림 5.4.2-3(b)은 그림 5.4.2-1의 왼쪽의 모델을 그에 대한 PfAML로 표현한 것으로서, 하나의 컴포넌트 타입의 가변점 vpV이 존재하고, 이 가변점이 가질 수 있는 가변값이 세 개가 있음을 보여 준다. 가변값은 컴포넌트 그림을 써서 나타낼 수도 있지만, 여기서는 V1, V2, V3의 새로운 가변값 이름을 도입하여, 의미의 손실 없이 편리하게 가변성을 표현할 수 있도록 하였다. 그림 5.4.2-3(a)에 있는 피처 수준의 제품 바인딩에 상응하는 컴포넌트 수준의 제품 바인딩을 그림 5.4.2-3(b)의 Bindings 구역에서 정의하고 있다.

플랫폼 추적성도 동일한 방법으로 표현할 수 있다. 그림 5.4.2-1에 담겨 있는 추적성을 그림 5.4.2-3(c)가 표현하고 있다. 추적성에 대하여는 제 7장에서 자세히 논의한다.

138 가변점을 포함한 컴포넌트는 그림 5.4.2-3에는 나오지 않고 제 6장 6.8절의 예에서 나온다.

Platform	vpDoorLock, ...
VP Declarations	vpDoorLock: Electronic, Manual vpLockAuthentication: Keypad, Null
Variability Constraints	vpDoorLock.Electronic <u>req</u> vpLockAuthentication
Bindings	P1: [vpDoorLock\Manual, vpLockAuthentication\Null] P2: [vpDoorLock\Electronic, vpLockAuthentication\Keypad] P3: [vpDoorLock\Electronic, vpLockAuthentication\Null]

(a) 제품라인 피처

Platform

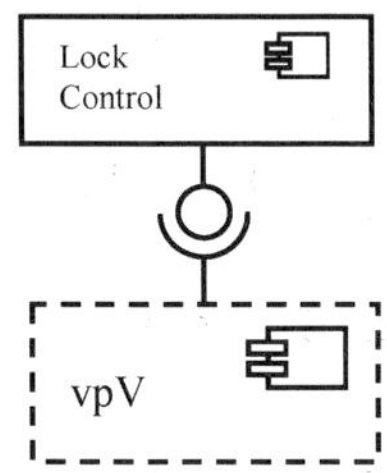

VP Declarations

vpV: V1, V2, V3

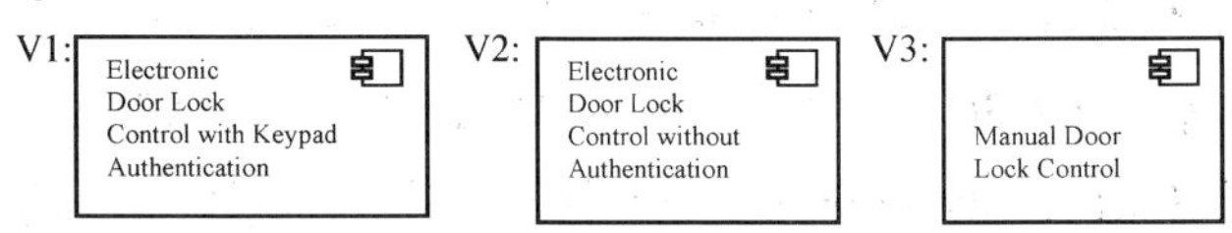

Variability Constraints

Bindings

P1: [vpV\V3]
p2: [vpV\V1]
P3: [vpV\V2]

(b) 제품라인 아키텍처

Features-to-Arch Traceability	
Features	**Architecture**
Manual	Manual Door Lock Control
Keypad	Electronic Door Lock Control with Keypad Authentication
...	...
Variability Constraints	
vpLockAuthentication.null <u>req</u> vpV.V2	

(c) 피처-아키텍처 플랫폼 추적성

그림 5.4.2-3. 그림 5.4.2-1의 PfAML 기술

5.5 관련 연구

5.5.1 가변성 모델에 대한 기존 연구

가변성 모델링 언어에 관한 연구는 크게 (1) 피처모델, 요구사항명세모델, 아키텍처모델링 등과 같은 특정한 언어를 위한 가변성 모델링에 대한 연구와 (2) 모델링 언어에 직교적인 가변성 모델링 방법에 대한 연구로 나눌 수 있다.

과거 연구에서 여러 가지 종류의 가변성이 고려되었다. 가장 기본적인 종류의 가변성은 [Kang K. 90][Pohl 04]에서 찾아볼 수 있듯이, 택일가변성, 선택가변성을 포함하고, 그 외에도 특정 범위의 개수의 선택을 허용하는 복수선택가변성(Inclusive variability)가 있다.

5.5.2 특정 언어를 위한 가변성 모델링

특정한 언어를 위한 가변성 모델링에 대한 과거 연구로는 피처트리([Kang K. 90][Ye 05])가 가장 많이 연구되었다. 그 밖에 요구사항 수준에서의 가변성 모델링에 대한 연구는 [Halmans 03][Berenbach 06][Bertolino 03][Bertolino 06]가 있고, 가변성 모델링을 포함하는 아키텍처 기술언어로는 Koala ([Jazayeri 00]), xADL ([Dashofy 01a][Dashofy 01b])이 있다.

5.5.3 피처모델과 가변성 모델

피처모델은 [Kang K. 90]의 FODA로 처음 소개된 이 후, [Kang K. 98][Kang K. 02]를 통하여 FORM으로 발전하였고, [Kang K. 09]에서 보고된 FODA와 FORM의 여러 가지 문제점의 해결이 [Kang K. 13]에서 시도되었다. 이 절에서는 먼저 **전통적인 피처모델**([Kang K. 90][Kang K. 98][Kang K. 02])의 문제점을 검토하고, 이어 [Kang K. 13]의 해결 시도를 살펴본 뒤 여전히 남아 있는 문제점을 지적한다.

그림 5.5.3-1은 전통적인 피처모델의 예로, 이 피처모델에서 Car는 Car_Body, Transmission, Engine를 반드시 포함한다. (전통적인 피처가변성 표현 기호들에 대한 정의가 표 5.4.1-1에 있다.) Car에 Trailer_Coupling는 포함될 수도 있고 그렇지 않을 수도 있다. Transmission의 종류는 Automatic과 Manual로 이 둘 중에 정확히 하나만 Car에 포함된다. Engine의 경우 Electric Engine과 Gasoline Engine 두 가지가 있는데, 이 중에 Gasoline Engine은 반드시 포함되어야 하고, Electric Engine은 포함될 수도 있고, 포함되지 않을 수도 있다. Trailer_Coupling이 포함될 경우에는 Transmission은 반드시 Manual Transmission이 포함되어야 한다.

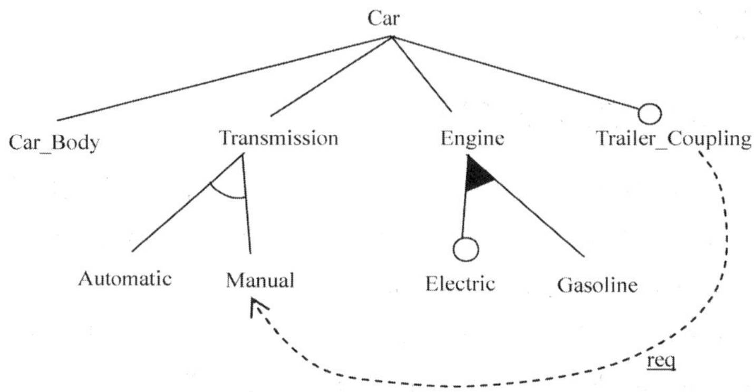

그림 5.5.3-1. [Berenbach 06]의 피처모델 예

[Pohl 05]는 전통적 피처모델([Kang K. 90][Kang K. 98][Kang K. 02])의 두 가지 문제점으로 모호성과 피처들 간의 그룹핑 방법의 부재를 지적했다.[139]

첫 번째로, 모호성의 문제는 피처모델로부터 어느 부분이 제품 구성에 해당되는 부분이고 어느 부분이 제품라인에 관한 것인지 판단할 수 없다는 점이다. 즉 피처모델에서 선택이 모든 제품에 "공통적인 선택기능"을 의미하는지, 그 선택들이 제품마다 달라지는 선택들을 나타낸 것이지 명확하지 않다.

두 번째 문제점인 그룹핑 방법의 부재는 피처트리 안에서 그룹핑을 표현하지 못한다는 것이다. 이 문제와 관련하여 지적될 수 있는 또 다른 문제점은 개발의 어떤 단계에서의 그룹핑인지를 나타내지 못한다는 점이다. 예를 들어 요구사항 수준의 그룹핑, 아키텍처 수준의 그룹핑, 아키텍처의 다양한 뷰들에서의 그룹핑, 구현에서의 개발 단계별로 그룹핑이 다를 수 있는데, 하나의 모델에 이를 모두 담기 어려운 문제를 피처트리는 갖고 있다.

또한 [Kang K. 09]에 따르면 피처모델의 연구자들이 전통적 피처모델에 대하여 다음과 같은 문제점들을 지적하였다: (1) 과학적 원리가 없다; (2) 피처트리와 다른 도메인 산출물을 어떻게 연결시키는지 불분명하다; (3) 규모가 큰 제품라인의 경우에 피처모델이 커진다; (4) 제품라인의 규모가 커지면서, 피처트리가 복잡해지고 이해하기 어려워진다.

[Kang K. 13]에서는 이러한 문제점들의 주된 원인이 비즈니스 목표, 제품라인이 제공하는 기능적인 능력, 품질속성, 운영환경, 그리고 기능과 품질속성 구현을 위한 주요 아키텍처설계결정 등 여러 가지 관점들이 하나의 모델 안에 공존한 데 있다고 본다.[140], 그리고 피처모델을 목표 피처, 사용문, 품질속성피처의 세 개의 하위공간으로 구성된 문제공간과, 기능적, 운영적, 기술적 피처들을 포함하는 해결 공간으로 나누고, 피처모델을 이러한 관점 별로 분리하여 표현하여, 피처모델을 개발주기 전체에 걸쳐 사용될 수 있는 가변성 모델의 모습을

139 [Pohl 05] p.100.
140 [Kang K. 13] pp. 30-31.

갖도록 만드는 시도를 한다.

그러나 [Kang K. 13]의 제안에도 불구하고 피처모델은 다음의 문제점들을 여전히 해결하지 못한 채 갖고 있다. 첫째로, 피처모델이 순수한 가변성 이외에 피처가 나타내는 요소들 사이의 구성관계(decomposition relationship)과 일반화 관계(generalization relationship)와 같은 여러 가지 관계들까지 담는다. 그 결과, 가변성 자체에 대한 명확한 모델링과 추론이 어려워진다. 두 번째 문제점은 다음과 같다. 가변성 모델은 개발 프로세스의 초기에만 필요한 것이라기 보다, 개발의 진행과 함께 계속 상세화되고 확장되는 모델이다. 전통적 피처모델과 [Kang K. 13]은 고객관점의 제품의 규정에 사용되는 (외부) 피처에서 출발하여, 피처의 개념을 내부 피처로 확장하여 이를 가변성 모델로 사용함으로써, 앞에서 열거된 문제점 외에도 피처의 개념과 가변성의 개념의 차이를 흐리게 하는 문제점 뿐 아니라, 개발의 여러 단계에서 발생하는 다양한 가변성을 하나의 모델에 포함하여 이들 간의 추적성 문제를 간과하기 쉽게 만드는 문제점이 있다. 일반적으로 가변성이 Reqs, Arch, Imp 그리고 이들의 분석과 평가의 어느 단계에서도 도입될 수 있기 때문에, 일반적인 개발에서 발생하는 모든 가변성을 피처트리에 담을 수 없다.[141]

5.5.4 모델링 언어에 직교적인 가변성 모델링

모델링 언어에 직교적인 가변성 모델링에 관한 연구([Weiss 99][Bachmann 01][Atkinson 02][Bachmann 04][Bachmann 05][Pohl 05][Schmid 11][Schmid 12])는 모두 직교적인 가변성 모델링이 필요하다고 인식하였다.

[Weiss 99][Atkinson 02][Schmid 11][Schmid 12]의 Decision model과 Decision resolution model은 하나의 가변성 모델링 접근방법을 나타낸다. 이 접근방법은 구체적인 수준에서 모델이 제시되어 제품라인 전체에 대한 뷰를 주는데 적합하지 않다. 또한 개발의 다양한 단계에서 출현하게 되는 가변성들을 서로 구별해 주지 못했고[142], 따라서 이들 간의 추적성도 명시적으로 다루어야 하는 문제로 보지 못하였다.

[Pohl 05]는 Orthogonal Variability Model(OVM)을 통하여 [Bachmann 01][Bachmann 04][Bachmann 05]보다 더 구체적인 언어와 메커니즘을 제공하였다. 그러나 OVM은 기존언어를 확장하는 방법을 명시적으로 정의하지 않고 가변성의 표현에 초점을 맞추었다. 가변대상을 표현하기 위하여 가변영역을 선으로 그리고 이를 OVM 모델과 연결하는 방법과 같이, 모델링 언어를 OVM에서는 예시적으로 보여 준다. 따라서 OVM을 새로운 언어에 적용하여 사용 해야 하는 사용자는 OVM의 예시에서 그 방법을 추측해야 하는 어려움을 겪게 된다.

---

141 관련된 상세한 논의는 [Kang S. 14]에서 볼 수 있다.

142 SSPLD의 관점에서 보면 적용시점은 구별해 주지만 형성시점을 구별해 주지 못한다.

또한 OVM 의 도형 모델링은 계층적 사용이 정확히 정의되지 않아 확장성에도 문제가 있다. OVM은 가변성의 타입에 대하여 명시적으로 표현하는 방법을 제공하고 있지 않으므로, 가변점이 정확히 어떤 종류인지를 알기 위해서는 문맥으로부터 유추하여야 한다.

[CVL 12]에서는 공통성과 가변성을 기술하는 언어인 CVL로 작성된 가변성 모델이 도메인 특정 언어로 작성된 모델과 결합하여 플랫폼 모델을 형성하게 되고, 그로부터 Resolution Model들을 적용하여 제품들을 만들 수 있게 된다. 이는 기존의 모델링 언어를 확장하는 PfAML의 접근방법과 매우 흡사하다. 그러나 중요한 차이점은 PfAML에서는 VDL을 사용하여 플랫폼 언어를 만들고, CVL에서는 두 개가 독립적으로 존재하며, 이 둘을 가변점들이 연결하게 된다는 것이다. 이러한 CVL의 접근 방식에 몇 가지 어려움이 발생할 수 있다: (1) OVM에서와 마찬가지로 가변점과 기존모델을 연결시키는 방법을 사용자가 정의하여야 하는 어려움이 있을 수 있다; (2) 가변점이 가변성모델의 노드와 연결될 때 어떤 방법으로 연결되어야 하는가의 문제가 있는데, 만일 일-대-일로 연결이 된다면 가변성 모델 외에 가변점이 추가적으로 필요한지에 대해 의문이 제기될 수 있다. 또한 만일 일-대-일이 아니라면 어떤 방식으로 연결될 수 있는지에 대한 표준이 필요하다; (3) 피처모델에서와 마찬가지로 가변성 모델이 갖고 있는 트리 구조, 즉 포함관계가 Base Model과 상충되지 않는가 하는 문제이다[143]; (4) 요구사항명세와 아키텍처와 같이 서로 다른 두 종류의 모델에 CVL의 방법을 적용하고자 하면 두 종류의 가변성 모델이 존재하게 되는데 이들 간의 추적성은 어떻게 정의할 수 있는가 하는 것이다.

5.5.5 기존의 가변성 모델링 언어의 문제점

기존의 가변성 모델링에 대한 연구들은 xADL과 같이 가변성모델링이 특정 산출물에 한정되어 있어서, 공정의 다양한 단계에 사용될 적절한 가변성 모델링 언어들을 사용자가 직접 찾아야 하고, 모델링 언어마다 서로 다른 공통성기호와 가변성기호를 사용해야 하기 때문에 사용자가 서로 다른 이질적인 많은 언어를 배워야 하는 부담을 안게 된다. OVM의 경우와 같이 가변성 모델링 언어가 특정 산출물에 제한되지 않는 경우에는 확장성이 취약하고 추적성 모델링이 불완전하여[144] 효과적으로 사용하기 어렵다. 또한 OVM의 경우와 같이 특히 제품군의 모델링을 위한 언어요소들이 타입을 갖지 않는 경우가 많은데, 이 경우 예를 들어 원소의 타입과 원소의 집합 타입을 엄밀히 구별하지 않아서 해석의 모호성이 발생한다. 따라서 도메인 모델의 사용자가 올바른 해석을 해야 하는 부담을 갖게 되며, 그 결과 OVM을 사용한 모델들이 의사소통을 위한 효과적인 매체 역할을 하지 못하게 되는 문제가 발생한다.

---

143 이는 CVL이 피처모델을 가변성 모델로 사용하여 발생하는 문제로 OVM과 같은 가변성 모델링을 채택하면 해결될 수 있을 것이다.

144 제 7장 7.5.5절 참조.

5.5.6 PfAML

제 5장에서는 다양한 소프트웨어 제품의 모델링 언어를 확장하여 소프트웨어 제품군의 모델링 언어로 만드는 통일적인 방법을 제시하였다. 이를 위하여 첫 번째로 이 장은 제품군을 모델링 하는데 있어서, 공통성과 가변성의 의미를 명확히 하였고 이들의 관계를 정의하였다. 두 번째로, 공통성을 표현하는 언어를 만드는 메커니즘과, 가변성을 표현하는 언어를 만드는 메커니즘을 제시하였다. 셋째로, 기존의 제품 산출물 모델링 언어로부터 이 방법들을 사용하여 제품군의 공통성과 가변성을 표현할 수 있는 제품군의 모델링 언어로 만드는 절차를 제시하였다.

OVDM은 과거 연구에서 고려된 여러 가지 종류의 가변성 중 표 5.3.1-1과 같이 세 가지 종류의 가변성 택일가변성, 선택가변성과 집합가변성을 언어에 채택한다.[145] 가변성 표현 메커니즘은 택일가변성을 기본적인 가변성으로 보고, 기존의 다른 연구에서 다루었던 선택가변성과 집합가변성 등을 택일가변성의 특수한 경우로 봄으로써, 다양한 가변성에 대한 통일된 이해와 처리가 가능하도록 한다.

5.5.7 피처모델 가변성의 PfAML표현

PfAML은 피처모델의 가변성을 포함하여 요구사항명세, 아키텍처, 구현의 가변성 등을 포함하여 이들 산출물들 사이의 추적성까지도 표현할 수 있다. 이 절에서는 피처모델을 예로 들어 PfAML이 가변성을 어떻게 표현하는지 그 구체적인 사례를 보기로 한다.

그림 5.5.3-1의 피처모델은 가변점, 가변값을 명시적으로 나타내지 않기 때문에 이를 명시적으로 나타내면 그림 5.5.7-1과 같이 된다. 그림 5.5.7-1에서는 가변점이 4개가 존재하고, 각 가변점이 어떤 종류의 가변성을 갖는지가 분명히 드러난다. 이제 이를 제 6장에서 소개될 제품라인 산출물 작성표를 사용하여 표현하면 그림 5.5.7-2와 같다. 그림 5.5.7-1에서는 vpElectric이 존재하였으나, 그림 5.5.7-2에서는 vpElectric을 사용하지 않고 바로 vpEngine을 정의하였다. 이것은 일반적으로 Optional이 Inclusive_or와 같이 쓰일 때 Optional을 독립된 가변점으로 둘 필요가 없기 때문이다.

145 이 세 개의 유형이 가변성의 유형들을 적절히 망라하는지는 사람들이 가변성을 어떻게 표현하는지와 그 표현된 가변성을 손쉽게 구현할 수 있는 구현방법이 존재하는지에 달려있다.

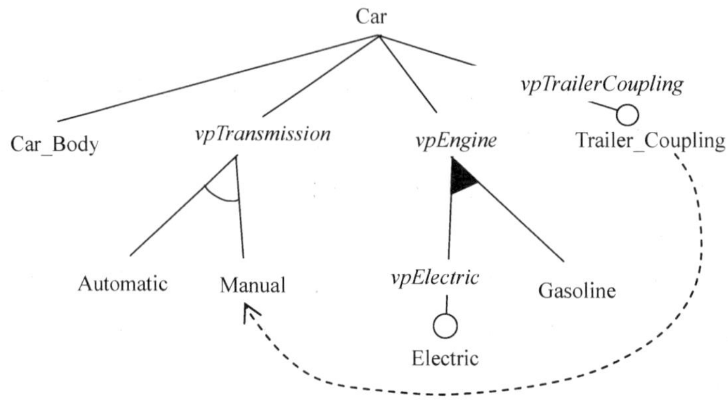

그림 5.5.7-1. 가변점을 명시적으로 표현한 그림 5.5.3-1의 피처모델

Car1:	Car_Body, Manual, {Gasoline}, Trailer_Coupling
Car2:	Car_Body, Manual, {Gasoline, Electric}, Trailer_Coupling
Car3:	Car_Body, Automatic, {Gasoline}
Car4:	Car_Body, Automatic, {Gasoline, Electric}
Variability constraints:	Trailer_Coupling req Manual
Platform:	Car_Body, *vpTtransmission*, vpEngine, vpTrailerCoupling
VP declarations:	*vpTtransmission*:Automatic, Manual *vpEngine*: {Gasoline} ⊆ v ⊆ {Gasoline, Electric} *vpTrailerCoupling*: Trailer_Coupling, **null**
Variability constraints:	*vpTrailerCoupling*.Trailer_Coupling req *vpTtransmission*.Manual

그림 5.5.7-2. 그림 5.5.7-1의 PfAML기술

5.5.8 OVM의 직교성과 SSPLD의 직교성

직교적 가변성 모델링 방법인 OVM의 직교성(orthogonality)은 가변성 모델링 방법이 산출물 혹은 모델에 독립적이라는 뜻이다. 그러나 가변성 모델링 방법이 모델 독립적인 것과 가변성이 그 가변성이 정의된 산출물과 독립적인 것은 서로 구별되는 문제이다. 전자는 OVM이 많은 산출물들을 대상으로 쓰일 수 있게 만드는 반면, 후자는 가변성의 정의를 불명확하게 만들어 사용에 문제를 일으킬 수 있다.

SSPLD의 OCDM와 OVDM의 직교성 개념은 전자에 있어서는 OVM과 일치하나, 후자에 있어서는 OVM과는 반대된 입장을 갖고 있다. SSPLD는 가변성의 개념은 산출물에 직교적이고 따라서 여러 산출물에 공통적이지만, 그렇다고 가변성이 타입을 가지고 있지 않는 것처럼 취급하는 것은 바람직하지 않다는 입장이다. SSPLD는 오히려 가변성은 (그것이 정의된 산출물에 해당되는) 타입을 가지고 서로 다른 산출물간의 가변성은 추적성으로 연결되어야 한다는 입장이다. PfAML은 제품 모델링 언어를 제품군의 모델링 언어로 확장하는데 필요한 요소들을 명확히 정의하며, 직교성의 의미를 제 5.1.2절의 (Eq. 5.1.2-1)와 (Eq. 5.1.2-2)의 등식으로 명확히 한다.

5.5.9 피처모델의 개수 기반 가변성 모델링과 집합가변점 타입

개수기반 가변성 모델링(Cardinality-Based Feature Modeling: CBFM)[Czarnecki 00][Czarnecki 04]은 많이 사용되는 피처모델이면서 비교적 엄밀히 정의되었다는 특징을 갖는다. 그러나 원소가변성과 집합가변성의 구별을 흐리게 함으로써, 명확한 가변점의 추상을 갖기 힘든 접근방법이다.

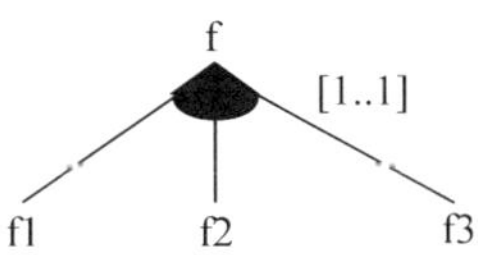

(a) 원소가변성을 나타내는 피처모델

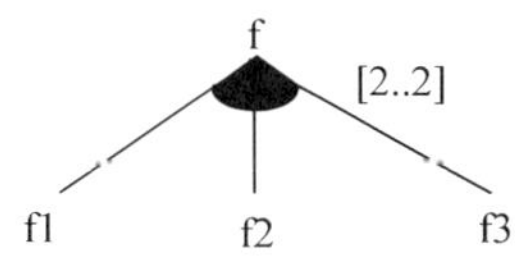

(b) 집합가변성을 나타내는 피처모델

그림 5.5.9-1. 피처모델의 개수 기반 가변성 모델링

그림 5.5.9-1(a)와 (b)는 개수, 즉 [1..1]과 [2..2]에서만 차이가 있을 뿐, 그 나머지는 동일한 피처모델이다. 따라서 이 둘의 차이보다는 동일성이 부각되고 있다. 그러나 (a)의 f는 f1, f2, f3 중 하나로 대치되고, (b)의 f는 {f1, f2}, {f2, f3}, {f1, f3} 중 하나로 대치된다. 따라서 같은 자식노드의 부모노드이지만 이 둘의 타입은 전혀 다르다. 이러한 차이를 분명히 드러내는 모델링 기호 혹은 언어가 개발자가 쉽게 배워 사용할 수 있는 표현방법이다.

제6장 제품라인의 기술

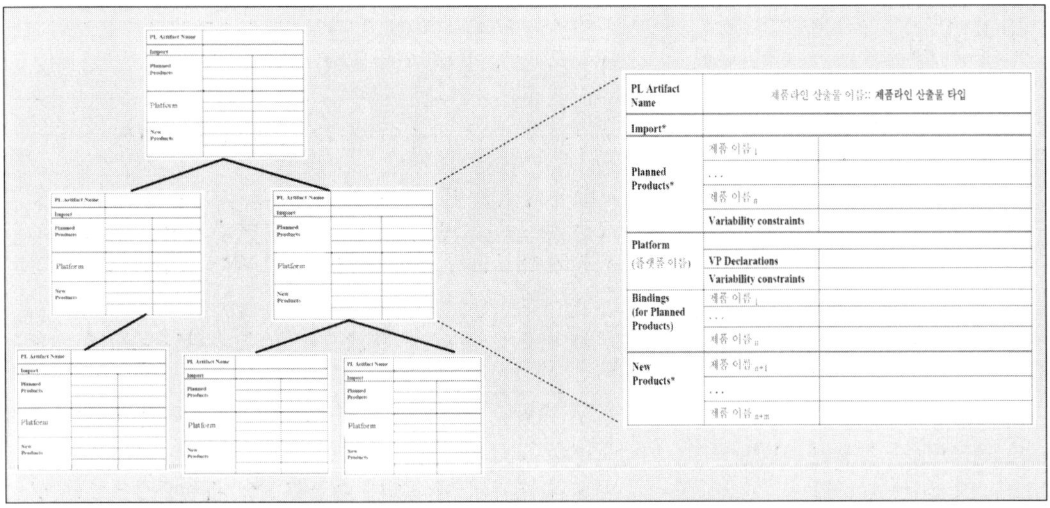

그림 6-1. 제품라인 산출물 작성표와 제품라인 산출물 작성표의 계층적 사용

이 장에서는 제품라인을 기술하는 데 사용할 수 있는 제품라인 산출물 작성표(Product Line Artifact Description Table: PLADT)와 이 작성표를 계층적으로 사용하여 규모가 큰 제품라인을 체계적으로 기술하는 방법을 설명한다.

이를 위해 먼저 제 6.1절은 제품군, 플랫폼, 제품라인의 세 개념을 비교하고, 제 6.2절에서는 제품라인을 생성적 제품라인과 비생성적 제품라인으로 분류하고, 제 6.3절에서는 제품라인을 단일 계층 제품라인과 다계층 제품라인으로 분류한다. 제 6.4절에서는 제품라인 개념의 엄밀한 정의를 제시하고, 제 6.5절에서는 PLADT의 템플릿을 제시한다. 제 6.6 절에서는 PLADT의 인스턴스화와 계층적 사용을 설명한다. 제 6.7절과 6.8절에서는 PfAML과 PLADT의 사용예제를 보인다.

제품라인 기술(description)의 대상은 엄밀히 말하여 제품라인 산출물이지 제품라인 그 자체가 아니다. 그러나 제품라인의 모든 산출물들에 공통적인 개념의 경우 제품라인에 관한 것으로 볼 수 있다. 따라서 이 장의 논의도 제 6.1절부터 6.4절까지는 개념적인 논의로서 '제품라인'의 용어를 사용하여 논의하고, 제 6.5절부터 6.8절까지는 제품라인의 구체적인 기술에 관한 논의이므로 '제품라인 산출물'의 용어를 사용하여 논의한다.

표 6-1. 제품라인의 기술 관련 용어

용어	설명
생성적 플랫폼 (generative platform)	제품군의 모든 제품을 생성하는 플랫폼
계획되지 않은 제품 (unplanned product)	제품군 안에 들어 있지 않은 제품
비생성적 플랫폼 (non-generative platform)	제품군의 일부 제품을 생성하지 못하는 플랫폼
제품라인 (product line)	제품군의 계획된 제품들을 생성 또는 도출하기 위해 필요한 플랫폼, 가변점의 선언 및 가변성 제약사항, 그리고 계획된 제품들과 새로운 제품들에 대한 바인딩으로 구성된 산출물
생성적 제품라인 (generative product line)	모든 계획된 제품이 플랫폼의 인스턴스화에 의하여 도출되는 제품라인
비생성적 제품라인 (non-generative product line)	일부 계획된 제품들이 플랫폼의 인스턴스화에 의하여 도출되지 않는 제품라인
계획되지 않은 새 제품 (unplanned new product)	계획된 제품이 아니지만 제품라인의 플랫폼으로부터 생성되는 제품
(단일계층) 제품라인 (Single Layer Product Line) 혹은 비계층적 제품라인 (Non-hierarchical Product Line)	단일한 플랫폼을 가진 제품라인
다계층 제품라인 (Hierarchical Product Line: HPL)	상위플랫폼으로부터 인스턴스화에 의하여 생성된 하위플랫폼들을 가진 제품라인
생성 제품 (generated product)	플랫폼으로부터 인스턴스화만으로 만들어진 제품
파생 제품 (derived product)	플랫폼에서 생성된 제품을 변경하여 만든 제품
파생 제품라인 (derived product line)	상위플랫폼에서 생성된 제품라인을 변경하여 만든 제품라인
PLADT (Product Line Artifact Description Table)	생성적 제품라인의 산출물을 기술하기 위한 템플릿으로, 플랫폼 산출물과 제품군의 계획된 제품의 산출물 그리고 제품라인의 계획되지 않은 새로운 제품들의 산출물을 기술하는 데 이용된다.

6.1 제품군, 플랫폼, 제품라인

제 1장 1.1.4절에서 제품, 제품 산출물, 제품 서비스의 개념을 정의하였다. 이 절에서는 이 정의에 기반하여 제품군, 플랫폼, 제품라인의 개념을 정의한다. 제품군, 플랫폼, 제품라인 세 개념의 관계를 그림 6.1-2와 같이 나타낼 수 있다.

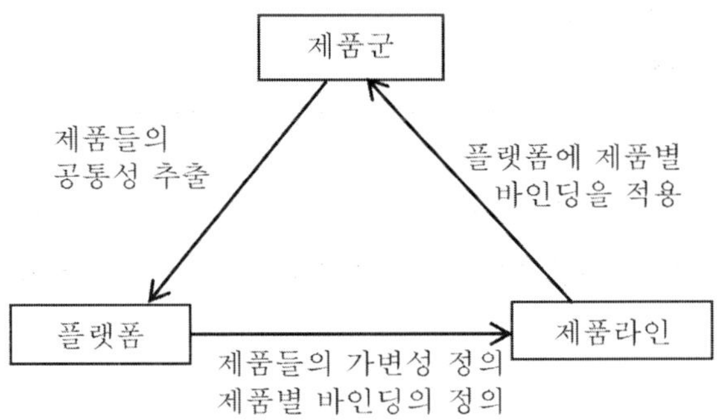

그림 6.1-2. 제품군, 플랫폼, 제품라인 간의 관계

제품군은 제품들의 집합을 말한다. 제품군에 대한 요구사항 중에는 제품군의 각 제품을 제품군의 다른 제품들과 구별해주는 요구사항이 존재한다고 가정한다. 플랫폼은 제품들 간의 공통성과 가변성의 분석에 기반하여 얻어진 산출물로 제품들 간의 공통 부분과 가변점들을 포함한다. 제품라인은 플랫폼이 정의되고 제품들을 생성 또는 도출하는데 사용되는 제품별 바인딩이 정의됨으로써 비로소 존재하게 된다.[146]

위에서는 제품군, 플랫폼과 제품라인의 관계를 제품 관점에서 설명하였다. 그러나 개발이 진행되는 과정에 제품을 위한 요구사항명세, 아키텍처, 구현 등의 다양한 산출물들이 만들어지고, 플랫폼과 제품라인의 개념도 이러한 산출물의 플랫폼과 산출물의 제품라인에서부터 적용되어야 하는 개념들이다. 제품군, 플랫폼, 제품라인 세 개념들의 관계에 기초하여 **산출물의 제품라인**을 다음과 같이 정의할 수 있다.

146 엄밀히 말하여 제품라인에는 가변점의 정의 외에도 가변점과 가변값들 간의 의존관계인 가변성 제약사항이 포함된다. 가변성 제약사항은 제 5장 5.3.3절에서 상세히 논의한다.

정의 6.1-1

첫 번째 제품라인 정의[147]

제품군 $\mathcal{F}$의 제품들이 P1, ... , Pn이고 X가 산출물의 타입이면, 제품군 $\mathcal{F}$를 위한 산출물 $X_{\mathcal{F}}$는

$X_{\mathcal{F}} = \{X_{P1}, \ldots, X_{Pn}\}$

으로 정의된다. 이제 $X_{\mathcal{F}}$의 플랫폼을 $X_{Platform}$로 나타내고, $\mathcal{B}_{X_{\mathcal{F}}}$가 $X_{Platform}$으로부터 $X_{P1}, \ldots, X_{Pn}$을 생성하는 바인딩의 집합 $\{\mathcal{B}_{X_{P1}}, \ldots, \mathcal{B}_{X_{Pn}}\}$이라고 하면, 산출물 X의 제품라인은

$\mathcal{PL}_X(\mathcal{F}) = \langle X_{\mathcal{F}}, X_{Platform}, \mathcal{B}_{X_{\mathcal{F}}} \rangle$

으로 정의된다.

$\mathcal{PL}_X(\mathcal{F})$를 언급할 때 산출물 X가 문맥으로부터 분명하거나 혹은 해당 논의가 산출물의 종류에 관계없이 성립할 경우 이를 $\mathcal{PL}(\mathcal{F})$로 나타낼 수 있다.

147 두 번째 제품라인의 정의는 제 6장 4절 정의 6.4-1에 있다.

6.2 생성적 제품라인과 비생성적 제품라인

생성적 제품라인[148]의 경우에는 바인딩의 적용에 의하여 제품군의 모든 제품들이 플랫폼으로부터 바로 생성된다. 비생성적 제품라인[149]의 경우에는 모든 제품들이 플랫폼으로부터 바로 생성되지는 않지만, 생성되지 않는 제품은 새로이 만드는 대신 바인딩의 적용으로 생성된 제품을 수정함으로써 효율적으로 만들 수 있다. 제 3장의 플랫폼의 개념과 제 4장 4.2절의 플랫폼 기반의 제품 개발은 엄밀히 말하면 생성적 플랫폼과 생성적 플랫폼을 기반으로 한 생성적 제품라인의 개발에 관한 논의였다. 그러나 현장에서 생성적 제품라인을 만들 수 있는 제품군은 아직까지는 제한적이며, 개발되는 많은 제품라인은 비생성적 제품라인이다. 따라서 이 절에서는 생성적 플랫폼과 생성적 제품라인의 개념을 먼저 엄밀히 정의하고, 이를 바탕으로 비생성적 플랫폼과 비생성적 제품라인의 개념을 정의한다.

6.2.1 산출물과 제품의 생성과 파생

정의 6.2.1-1

산출물의 생성

산출물이 플랫폼 산출물로부터 해당 산출물 바인딩의 적용에 의하여 (완전히) 도출될 때, 그 산출물은 플랫폼 산출물로부터 (해당 바인딩의 적용에 의하여) **생성**된다고 말한다.

제품의 다양한 산출물들 가운데 구현이 해당 플랫폼 구현으로부터 생성되면 그 제품은 해당 플랫폼으로부터 생성된다고 말한다.

정의 6.2.1-2

제품의 생성

제품의 구현이 플랫폼 구현으로부터 생성될 때, 그 제품은 플랫폼으로부터 **생성**된다고 말한다. 플랫폼으로부터 생성된 제품을 **생성 제품**(generated product)이라고 부른다.

주어진 제품 산출물을 생성할 수 있는 플랫폼 산출물을 만들기 어려울 경우, 주어진 제품 산출물과 유사한 제품 산출물을 플랫폼 산출물로부터 먼저 생성한 후, 이를 변경하여 주어진 제품 산출물을 만들 수 있다. 이 경우 최종 산출물은 생성된 산출물로부터 **파생되었다**고 한다.

148 정의 6.2.3-2 참조.

149 정의 6.2.4-2 참조.

정의 6.2.1-3

산출물의 파생

산출물 $X_{P'}$이 산출물 X_P를 수정하여 얻어지면 산출물 $X_{P'}$이 산출물 X_P로부터 **파생되었다**고 한다. 이 경우 X_P가 플랫폼 산출물 $X_{Platform}$으로부터 생성되었으면 산출물 $X_{P'}$이 플랫폼 산출물 $X_{Platform}$로부터 **파생되었다**고한다.

제품의 다양한 산출물들 가운데 구현이 해당 플랫폼 구현으로부터 파생되었으면 그 제품은 해당 플랫폼으로부터 **파생되었다**고 말한다.

정의 6.2.1-4

제품의 파생

제품 P′의 구현 $Imp_{P'}$이 제품 P의 구현 Imp_P으로부터 파생되었으면, 제품 P′는 제품 P로부터 **파생되었다**고 한다. 이 경우에 제품 P′은 제품 P의 **파생 제품**(derived product)이라고 부른다. 이 경우 구현 Imp_P가 플랫폼 구현 $Imp_{Platform}$으로부터 생성되었으면 제품 P′이 플랫폼 구현 $Imp_{Platform}$으로부터 **파생되었다**고 한다. 또한 제품 P′은 플랫폼 구현 $Imp_{Platform}$의 **파생 제품**이라고 부른다.

6.2.2 계획된 제품과 계획되지 않은 제품

제 I부에서 지금까지는 제품라인 개발의 대상을 계획된 제품으로 한정하여 논의하였다. 계획되지 않은 제품들은 플랫폼에 의하여 생성될 수도 있고, 생성되지 않을 경우에는 생성된 제품을 기반으로 용이하게 만들 수 있다.

제 2장의 가정 2-4를 충족시키는 제품을 주어진 제품군에 들어 있는 제품으로 볼 수 있고, 그렇지 않은 제품을 주어진 제품군에 들어 있지 않는 제품으로 볼 수 있다.

정의 6.2.2-1

계획되지 않은 제품

제품군 안에 포함되지 않는 제품을 **(제품군의) 계획되지 않은 제품**(unplanned product)이라고 부른다.

예제 6.2.2-1

제품 P4 = {r1, r6}은 제 4장 예제 4.2-2의 제품군의 계획되지 않은 제품의 하나이다.

■

정의 6.2.2-2

계획되지 않은 새로운 제품

제품라인의 플랫폼으로부터 생성될 수 있는 계획되지 않은 제품을 (제품라인의) **계획되지 않은 새로운 제품**(unplanned new product)이라고 부른다.

예제 6.2.2-2

제 4장 예제 4.2-2의 플랫폼으로부터 제품군의 계획되지 않은 새로운 제품들 P5 = {r1, r2}, P6 = {r1, r3}, P7 = {r1, r4, r5}가 다음의 바인딩을 적용하여 얻어질 수 있다:

$$\mathcal{B}_{P5} = [vp1\backslash r2,\ vp2\backslash null],\quad \mathcal{B}_{P6} = [vp1\backslash r3,\ vp2\backslash null],\quad \mathcal{B}_{P7} = [vp1\backslash r4,\ vp2\backslash r5]$$

■

"계획되지 않은 제품"과 "계획되지 않은 새로운 제품"의 차이는, 전자는 단순히 제품군에 빠져 있는 제품을 말하지만, 후자는 해당 제품군에서는 들어 있지 않지만 제품라인의 플랫폼으로부터 생성될 수 있는 제품을 만드는데 있다.[150]

6.2.3 생성적 플랫폼과 생성적 제품라인

생성적 플랫폼과 생성적 제품라인을 정의하기 위하여, 먼저 개발대상인 제품군은 고정되어 있다고 가정하고 이 고정된 제품군에 포함되지 않은 제품들은 계획되지 않은 제품이므로 이에 대해서는 제품라인의 개발자가 개발의 책임이 없다고 가정하자.[151] 비록 실세계에 이러한 제품군은 많지 않지만, 이러한 제품군의 개발에 대한 이론적인 논의는 더 단순하기 때문에 그것을 통하여 제품라인 공학의 많은 흥미로운 중요한 특징들을 빨리 파악할 수 있다.

150 비생성적 제품라인의 경우에는, 계획되지 않은 새로운 제품이 제품군에 들어 있을 수도 있고 플랫폼으로부터 생성되지 않는 제품이 될 수도 있다.

151 이것은 플랫폼 혹은 제품라인의 능력을 논의할 때 중요한 이슈이다. 예를 들어, [Kang S. 14]에 따르면 시스템의 아키텍치가 진화성을 충분히 가졌는지의 여부가 진화의 기긴이 유한하게 확징되어 있는지 아니면 불확정적인지에 따라서 달라질 수 있다. 이와 마찬가지로, 새로운 제품에 대한 책임이 요구되느냐 아니냐에 따라서, 제품을 만드는데 있어서의 플랫폼 혹은 제품라인의 능력을 달리 규정짓게 된다.

정의 6.2.3-1

생성적 플랫폼

제품군의 계획된 모든 제품을 생성할 수 있는 플랫폼을 **생성적 플랫폼**(generative platform)이라고 부른다.[152]

정의 6.2.3-2

생성적 제품라인

생성적 플랫폼과 계획된 제품의 제품별 바인딩을 가지고 있는 제품군을 **생성적 제품라인**(generative product line: GPL)이라고 부른다.

GPL의 경우 그 정의에 의하여 제품군의 모든 제품이 그 제품라인의 (생성적) 플랫폼으로부터 생성될 수 있다. 따라서 GPL에 있어서, 생성적 플랫폼을 구축하는 것은 제품 생산을 위하여 필요한 거의 전부라고 말할 수 있다. 또한 GPL의 생성적 플랫폼으로부터 계획되지 않은 새로운 제품들이 생성될 수도 있다. GPL은 제품라인 개발의 핵심적인 요소를 이론적으로 설명하기 좋은 이상적인 제품라인의 종류이다.

6.2.4 비생성적 플랫폼과 비생성적 제품라인

비생성적 플랫폼을 만들게 되는 경우로는, 우선 주어진 제품군을 위한 생성적 플랫폼을 만들기 어려운 경우가 있는데 이 때에는 먼저 생성적 플랫폼에 근접한 플랫폼을 만들고 그 플랫폼으로부터 생성된 (불완전한) 제품을 수정 또는 확장하여 제품군의 계획된 제품을 만든다. 또한 생성적 플랫폼이 구축된 후에도, 제품군의 진화로 인하여 제품군의 요구사항명세가 변경되어 더 이상 구축된 플랫폼의 인스턴스화로부터 제품군의 제품들을 생성할 수 없게 될 수도 있다. 이런 경우에 제품라인은 새로운 계획된 제품을 생성할 수 없고 계획된 제품의 생산을 위하여 플랫폼을 인스턴스화하는 것 이상의 작업이 필요하다.

152 Merriam-Webster 사전 (http://www.merriam-webster.com/dictionary/generative)에 따르면, '생성적(generic)'이라는 단어는 "생성하고, 발생시키고, 생산하거나 혹은 재생산하는 능력 혹은 기능"을 의미한다. 예를 들어, Noam Chomsky에 의하여 1950년대에 만들어진 "생성적 문법(generic grammar)"은 문법 규칙의 집합이 언어의 모든 가능한 문장들을 생성하는 문법에 대한 접근방법을 지칭한다.

정의 6.2.4-1

비생성적 플랫폼

제품라인의 계획된 제품 중 그 제품라인의 플랫폼으로부터 생성되지 않는 제품이 있는 경우 그 플랫폼을 **비생성적 플랫폼**(non-generative platform)이라고 부른다.

정의 6.2.4-2

비생성적 제품라인

제품라인이 계획된 각 제품들에 대하여 바인딩을 갖고 있지만 그 제품라인의 플랫폼이 비생성적 플랫폼인 경우, 그러한 제품라인을 **비생성적 제품라인**(non-generative product line: **NGPL**)이라고 부른다.

NGPL의 경우 플랫폼에서 생성되지 않는 계획된 제품이 존재한다. NGPL은 모든 제품을 생성할 수 있도록 플랫폼을 변경 또는 확장함으로써 GPL이 될 수도 있다. GPL의 경우와 마찬가지로 비생성적 플랫폼으로부터도 계획되지 새로운 제품들이 생성될 수도 있고, 생성된 결과가 생성되지 않는 제품의 개발 기반으로 유용하게 이용될 수도 있다.

비생성적 제품라인의 정의는 다계층 제품라인에 적용되도록 제 II부 4장에서 일반화되어 재정의된다.

6.2.5 파생 플랫폼과 파생 제품라인

파생관계는 제품들 뿐 아니라 플랫폼들 사이에서 그리고 제품라인들 사이에서도 성립될 수 있다.

정의 6.2.5-1

파생 플랫폼

플랫폼(Platform)을 변경하여 (Platform′)이 만들어질 때, Platform′가 Platform로부터 파생되었다고 하고, Platform′은 Platform의 **파생 플랫폼**(derived platform)이라고 부른다.

정의 6.2.5-2

파생 제품라인

주어진 제품라인의 플랫폼으로부터 파생된 플랫폼을 가진 제품라인을 주어진 제품라인의 파생 **제품라인**(derived product line)이라고 부른다.

파생 플랫폼은 이미 존재하는 플랫폼을 변경하여 만들어진 플랫폼을 말한다. 우리가 파생 제품을 도출하는 제품 개발 방법 외에도 파생 플랫폼을 구축하여 이용하는 이유는, 그 플랫폼을 중심으로 독자적으로 진화하는 제품라인이 형성될 수 있기 때문이다.

6.2.6 개방형 플랫폼과 개방형 제품라인

지금까지의 제품라인의 논의에서는 생산하고자 하는 제품들이 있어서, 그 제품들을 생성 또는 파생시킬 수 있는 플랫폼을 만드는 데 SPLD의 주된 역할이 있는 것으로 설명하였다. 그러나 제품군 개발에서 특정 제품들을 겨냥하기 보다는, 보다 포괄적으로 대상 도메인을 겨냥하여 플랫폼을 구축할 경우도 있다. 이러한 경우에는 특정 제품군이 플랫폼을 결정하지 않고, 도메인을 특징짓는 플랫폼이 제품군과 제품라인을 결정하게 된다.[153]

정의 6.2.6-1

개방형 플랫폼

사전 계획된 제품 없이, 플랫폼에 의하여 생성 또는 파생되는 모든 제품들을 개발 대상으로 볼 경우 이 플랫폼을 **개방형 플랫폼** (open platform)이라고 부른다.

정의 6.2.6-2

개방형 제품라인

개방형 플랫폼과 그로부터 생성 또는 파생되는 모든 제품들로 이루어진 제품라인을 **개방형 제품라인**(open product line)이라고 부른다.

153 도메인특정소프트웨어공학(Domain-Specific Software Engineering: DSSE)에서는 특정 제품 혹은 제품군을 겨냥하지 않고 도메인을 겨냥한 참조아키텍처를 제시하여 해당 도메인의 제품 개발이 용이하도록 한다. ([Taylor 09] Chapter 15 참조.)

6.3 단일 계층 제품라인과 다계층 제품라인

제품군을 위한 제품라인이 하나만 존재할 수도 있지만, 주어진 제품군을 위하여 여러 개의 제품라인이 복수 개의 계층을 형성하며 존재할 수도 있다. 전자를 **단일계층 제품라인**(single layer product line 혹은 product line) 혹은 **비계층적 제품라인**(non-hierarchical product line 혹은 flat product line)이라고 부른다. 후자의 경우 인스턴스화를 위하여 플랫폼의 모든 가변점들에 바인딩의 모든 대입을 한꺼번에 적용하여 바로 제품을 생성하는 대신, 가변점들에 대한 가변값의 대입을 단계적으로 나누어 수행하여 재사용을 높이는 유연한 개발을 할 수 있다. 예를 들어 제품라인을 2 계층으로 계층화하기 위해서는, 먼저 (1) 모든 공통성과 가변성을 포함하도록 **상위플랫폼**을 구성한다. 그리고 (2) 주어진 제품군의 일부 제품들이 공유하는 가변성이 있다면[154], 그 제품들에 해당되는 가변값을 대입하여 이 제품들을 위한 **하위플랫폼**들이 생성되도록 하고, (3) 하위플랫폼의 생성에 사용되지 않은 나머지 가변성을 사용하여 최종적으로 그 제품들을 얻는다.

계층화된 제품라인에는 복수 개의 하위플랫폼이 존재하게 되고, 각 하위플랫폼은 제품군의 일부 제품들만을 생성하거나 만드는데 이용될 수 있다.

> **정의 6.3-1**
>
> **부분제품군**
>
> 주어진 제품군의 부분집합을 (그 제품군의) **부분제품군**(product subfamily)이라고 부른다.

계층화된 제품라인은 그 복잡성으로 인하여 관리가 어렵지만, 제품라인이 진화하며 파생 제품라인이 도출될 경우에 그 효과가 극명하게 나타나게 된다. 다계층 제품라인의 경우 제품라인이 진화하며 발생하는 변경 요구가 모든 제품에 해당되는 것이 아니고 하위플랫폼으로부터 생성되는 제품들에만 해당될 경우, 해당 하위플랫폼은 변경되고 다른 하위플랫폼들은 영향을 받지 않게 된다.[155] 이런 경우 만일 다계층 제품라인을 구축하는 대신 단일 계층 제품라인을 구축하면, 모든 제품에 공통적인 변경이 발생할 경우에는 플랫폼의 변경으로 처리가 되지만, 일부 제품들만이 공유하는 변경의 경우에는 변경이 플랫폼에 반영되지 않고 해당 제품별로 중복 개발되거나 혹은 플랫폼을 변경하면 해당하지 않는 제품들을 이 변경을 회피하도록 개발해야 하기 때문에 개발에 추가적인 노력이 들어가게 된다.[156]

154 그렇지 않은 경우에는 제품라인의 계층화는 불필요하다.
155 상위플랫폼의 경우 모든 가변점을 갖고 있지만, 제 I부 3장의 플랫폼의 정의 3.3-1에서 정의된 바와 같이 가변값은 (제품라인에는 속하지만) 플랫폼에 속하지 않기 때문에 이와 같이 말할 수 있다. 그러나 가변점의 가변값들은 영향을 받기 때문에 상위 제품라인은 영향을 받는다고 말해야 한다.
156 하위플랫폼이 파생되어 만들어지는 경우에 대해서는 제 II부 4장에서 상세히 논의한다.

6.3.1 다계층 플랫폼과 다계층 제품라인

정의 6.3.1-1

다계층 플랫폼

주어진 제품군을 위한 플랫폼들이 가변성 전체를 포함하는 하나의 최상위플랫폼과 가변성의 일부만을 포함하는 하위플랫폼들로 이루어져 인스턴스화 관계의 계층을 형성할 때, 이 플랫폼들의 집합을 **다계층 플랫폼** (hierarchical platform)이라고 부른다.

정의 6.3.1-2

다계층 제품라인

다계층 플랫폼을 가지고 있는 제품군을 **다계층 제품라인**(hierarchical product line: HPL)이라고 부른다.

다계층 제품라인의 경우 여러 개의 제품라인으로 구성되며, 두 개의 계층을 갖는 다계층 제품라인의 경우 하나의 **상위계층 제품라인**과 두 개 이상의 **하위계층 제품라인**을 가지게 된다. 각 제품라인에는 하나의 플랫폼이 존재하여, 두 개의 계층을 갖는 다계층 제품라인의 경우 상위계층 제품라인의 플랫폼, 즉 **상위플랫폼**으로부터 **하위플랫폼**들이 생성 또는 파생되어 두 개의 플랫폼 계층을 형성하게 된다.

예제 6.3.1-1은 다계층 제품라인 중 2계층 제품라인을 예로 하여, 단일계층 제품라인과 다계층 제품라인을 비교한다.

예제 6.3.1-1

그림 6.3.1-1의 네 개의 레이저포인터로 구성된 제품군 LPF을 만들려고 한다.

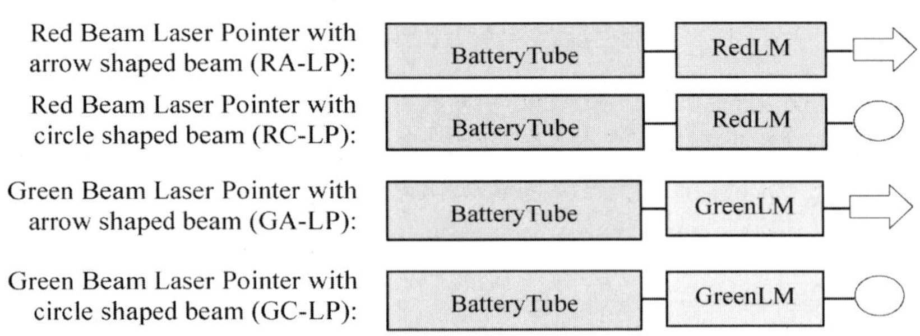

그림 6.3.1-1. 레이저포인터 제품군 LPF

제품군 LPF를 만들기 위해서 그림 6.3.1-2와 같이 단일계층의 제품라인 Laser Pointer Product Line(LPPL)을 구축할 수 있다. 플랫폼 LPPL$_{Platform}$은 공유 부분의 가변성을 공통화하기 위하여 두 개의 가변점 vpLM과 vpPointerShape을 사용한다. 그러면 예를 들어 제품 GA-LP는 플랫폼 LPPL$_{Platform}$에 바인딩 [vpLM\GreenLM, vpPointerShape\Arrow]를 적용함으로써 그림 6.3.1-1과 같이 만들어진다.

플랫폼 LPPL$_{Platform}$	BatteryTube ─ vpLM ─ vpPointerShape
가변점	vpLM : RedLM, GreenLM ; vpPointerShape : ⇨ (Arrow), ○ (Circle)
GA-LP	LPPL$_{Platform}$[vpLM\GreenLM, vpPointerShape\Arrow]
GC-LP	LPPL$_{Platform}$[vpLM\GreenLM, vpPointerShape\Circle]
RA-LP	LPPL$_{Platform}$[vpLM\RedLM, vpPointerShape\Arrow]
RC-LP	LPPL$_{Platform}$[vpLM\RedLM, vpPointerShape\Circle]

그림 6.3.1-2. LPF를 위한 단일 계층 제품라인 LPPL

그러나 그림 6.3.1-1의 LPF를 만들기 위해서 그림 6.3.1-3의 다계층 제품라인 Hierarchical Laser Pointer Product Line(H-LPPL)을 이용할 수도 있다. H-LPPL의 최상위 수준의 플랫폼을 H-LPPL$_{SuperPlatform}$로 나타내기로 한다. H-LPPL$_{SuperPlatform}$은 vpLM과 vpPointerShape의 두 개의 가변점을 가진다. 이제 최상위플랫폼과 차상위플랫폼을 분리해 주는 가변점 집합을 그림 6.3.1-3에서와 같이 {vpLM}로 선택하기로 한다.

플랫폼 H-LPPL$_{SuperPlatform}$	BatteryTube ─ vpLM ─ vpPointerShape
가변점	vpLM : RedLM, GreenLM ; vpPointerShape : ⇨ (Arrow), ○ (Circle)
H-GLPPL$_{SubPlatform}$	H-LPPL$_{SuperPlatform}$[vpLM\GreenLM]
H-RLPPL$_{SubPlatform}$	H-LPPL$_{SuperPlatform}$[vpLM\RedLM]

그림 6.3.1-3. H-LPPL의 상위계층 제품라인

H-GLPPL$_{SubPlatform}$을 위한 바인딩 [vpLM\GreenLM]을 적용하여, 그림 6.3.1-4 (a)의 하위플랫폼이 생성되고, H-RLPPL$_{SubPlatform}$을 위한 바인딩 [vpLM\RedLM]을 적용하여, 그림 6.3.1-4 (b)의 하위플랫폼이 생성된다. 바인딩 [vpLM\GreenLM]와 [vpLM\RedLM]은 상위플랫폼의 모든 가변점을 사용하지 않고, 일부 가변점만을 사용한다는 의미에서 **부분바인딩**이라고 부른다.

플랫폼 H-GLPPL$_{SubPlatform}$	BatteryTube — GreenLM — vpPointerShape
가변점	vpPointerShape : ⇨ (Arrow), ○ (Circle)
GA-LP	H-GLPPL$_{SubPlatform}$[vpPointerShape\Arrow]
GC-LP	H-GLPPL$_{SubPlatform}$[vpPointerShape\Circle]

(a) 하위계층 제품라인 H-GLPPL과 제품 바인딩

플랫폼 H-GLPPL$_{SubPlatform}$	BatteryTube — RedLM — vpPointerShape
가변점	vpPointerShape : ⇨ (Arrow), ○ (Circle)
RA-LP	H-RLPPL$_{SubPlatform}$[vpPointerShape\Arrow]
RC-LP	H-RLPPL$_{SubPlatform}$[vpPointerShape\Circle]

(b) 하위계층 제품라인 H-RLPPL과 제품 바인딩

그림 6.3.1-4. H-LPPL의 하위계층 제품라인

이제 제품라인의 진화를 위하여 GreenLM을 BlueLM으로 대체하기로 개발 정책이 결정되었다고 가정하자. 이 경우 상위계층 제품라인의 가변점 vpLM의 가변값들 중 GreenLM을 BlueLM으로 변경해야 하고, 하위계층 제품라인에서는 H-GLPPL$_{SubPlatform}$의 GreenLM이 BlueLM으로 변경하는 것으로 충분하며, 각 제품의 바인딩은 변경될 필요가 없다. 그러나 만일 단일 계층 제품라인으로 개발이 될 경우 위의 변경은 상위플랫폼에서 BlueLM이 GreenLM으로 대체될 뿐 아니라 두 개의 제품의 바인딩 정보에서 "vpLM\GreenLM"이 "vpLM\BlueLM"으로 바뀌어야 한다.

■

다계층 제품라인의 경우 파생 플랫폼뿐만 아니라 파생 하위플랫폼도 구축될 수 있는데, 제 6.2.4절에서 언급한 바와 같이, 하위계층 제품라인이 파생 하위플랫폼을 중심으로 독자적으로 진화하여 상위계층 제품라인과 대등한 하나의 제품라인을 형성할 수 있다.

이 책의 제 II부에서는 SSPLD가 생성적 제품라인과 비생성적 제품라인, 그리고 단일계층 제품라인과 다계층 제품라인의 개발에 어떻게 적용될 수 있는지를 보인다.

6.3.2 가변점 집합의 분할과 다계층 제품라인

제품라인을 n개의 계층으로 구성된 다계층 제품라인으로 만들기 위해서는 먼저 제품군 전체의 가변성을 정의하는 모든 가변점 집합은 n개의 그룹으로 분할한다. 이 그룹의 수가 2개이면, 이 분할은 제품라인의 제품라인, 즉 2계층 제품라인을 구축한다. 만일 이 그룹의 수가 3개이면, 이 분할은 제품라인의 제품라인의 제품라인, 즉 3계층 제품라인을 구축한다.

플랫폼 산출물 X의 모든 가변점 집합을 XVPs이라고 하고, XVPs에 있는 모든 가변점을 두 개의 그룹으로 분할하여 각각 XVPs1와 XVPs2라고 부르자.[157] SSPLD의 기본 산출물들이 Reqs, Arch, Imp이므로 가변점의 집합 XVPs는 ReqsVPs, ArchVPs, ImpVPs의 세 개의 타입이 존재하고, 이들 각각은 다시 VPs1 그룹과 VPs2 그룹으로 분할될 수 있다. 그러면 ReqsVPs1, ArchVPs1, ImpVPs1의 가변점들에 대한 바인딩들이 적용되어 하위플랫폼들을 생성하고, 특정 하위플랫폼에 ReqsVPs2, ArchVPs2, ImpVPs2의 가변점들에 대한 바인딩들을 적용하여 제품들을 생성하게 된다.

예제 6.3.2-1

H-GPL에서 $X_{SuperPlatform}$가 제품군 $\mathcal{F}$를 위한 산출물 X의 상위의 생성적 플랫폼이고 SubPlatformj이 이 상위플랫폼에 바인딩 $\mathcal{B}_{X_{SubPlatform}}^{XVPs1}$를 적용하여 생성된 하위플랫폼이면,

$$X_{SubPlatform} = X_{SuperPlatform}\ \mathcal{B}_{X_{SubPlatform}}^{XVPs1} \qquad \text{- (Eq. 6.3.2-1)}$$

이다. 그러면, 예를 들어

$$Reqs_{SubPlatform} = Reqs_{SuperPlatform}\ \mathcal{B}_{Reqs_{SubPlatform}}^{ReqsVPs1} \qquad \text{- (Eq. 6.3.2-2)}$$

이 된다.

■

제품라인을 계층화하는데 가변점들을 효과적으로 분할하기 위한 여러 가지 가이드라인이 있다. 먼저 제품군의 가변점들이 변경 가능성이 높은 가변점들과 변경 가능성이 낮은 가변점들로 나누어진다면, 변경 가능성이 작은 가변점들을 제품 도출이 아니라 하위플랫폼 도출에 이용함으로써 하위플랫폼들이 높은 안정성을 갖도록 할 수 있다. 또한 가변점들이 가변

157 고려되는 산출물 X가 알려져 있을 경우 XVPs, XVPs1와 XVPs2에서 X를 생략하여 VPs, VPs1과 VPs2로 지칭할 수 있다.

점의 가변값의 개수가 적은 가변점들과 가변값의 개수가 많은 가변점들로 나누어진다면, 가변값의 개수가 적은 가변점들을 하위플랫폼의 도출에 활용함으로써 (하위) 제품라인을 유지관리하는데 들어가는 노력을 줄일 수 있다. 또한 많은 제품들이 같은 가변값을 갖는 가변점들을 하위플랫폼을 결정하는데 사용하고, 소수의 제품들만이 같은 가변값을 갖는 가변점을 하위플랫폼으로부터 제품을 도출하는데 사용하면, 재사용성을 높일 수 있다. 제품라인 계층의 형성 시에, 각 플랫폼으로부터 적어도 두 개의 하위플랫폼 혹은 제품이 생성되어야 한다.[158]

158 제품군은 적어도 두 개의 제품으로 구성되고, 상위 제품라인은 적어도 두 개의 하위계층 제품라인으로 구성된다고 가정한다.

6.4 제품라인의 정의

이제 제 6.1절의 정의 6.1-1의 첫 번째 제품라인 정의와 제 5.2.3절에서 정의된 가변성 제약사항의 개념을 반영하여 제품라인을 다음과 같이 다시 정의할 수 있다.

> **정의 6.4-1**
>
> **두 번째 제품라인의 정의**
>
> 제품군을 위한 **제품라인**은 (1) 제품군을 위한 플랫폼 산출물, (2)플랫폼 산출물의 가변점들의 정의, (3) 플랫폼 산출물에 대한 가변성 제약사항과 (4) 제품군의 계획된 제품들을 위한 바인딩들로 구성되어, (a) 바인딩의 적용으로 계획된 제품 산출물을 모두 생성하거나 혹은 (b) 생성된 제품 산출물들로부터 추가적인 개발을 통하여 계획된 모든 제품 산출물들을 도출할 수 있는 관련 산출물들의 집합을 말한다.

정의 6.4-1의 (a)의 경우 제품라인과 플랫폼은 생성적 제품라인, 생성적 플랫폼이고, (b)의 경우는 비생성적 제품라인, 비생성적 플랫폼이다.

6.5 제품라인 산출물 작성표 PLADT

제품라인 산출물 작성표(Product Line Artifact Description Table: PLADT)는 제품군의 모든 계획된 제품 산출물들이 플랫폼 산출물로부터 오직 바인딩에 의하여 생성되도록 하는 해당 산출물들의 생성적 제품라인을 기술하기 위한 장치이다. 그림 6.5-1은 PLADT의 템플릿을 보여 준다. 플랫폼이 요구사항명세, 아키텍처와 구현 등의 다양한 타입이 있는 것처럼, 제품라인 산출물도 다양한 타입이 있다. 즉 우리가 제품라인을 이용하여 개발하려는 제품들은, 요구사항명세 제품라인, 아키텍처 제품라인, 구현 제품라인 등 다양한 산출물의 제품라인들을 거쳐서 만들어지게 된다. 생성되지 않고 추가적인 개발에 의하여 만들어진 파생 제품 산출물의 제품라인의 경우에는 PLADT를 적절히 확장하여 기술하거나 아니면 별도의 방법으로 기술하여야 한다.

<table>
<tr><th>PL Artifact Name</th><th colspan="2">제품라인 산출물 이름:: 제품라인 산출물 타입</th></tr>
<tr><td>Import*</td><td colspan="2"></td></tr>
<tr><td rowspan="4">Planned Products*</td><td>제품 이름 $_{1}$</td><td></td></tr>
<tr><td>. . .</td><td></td></tr>
<tr><td>제품 이름 $_{n}$</td><td></td></tr>
<tr><td>Variability constraints</td><td></td></tr>
<tr><td rowspan="3">Platform
(플랫폼 이름)</td><td colspan="2"></td></tr>
<tr><td>VP Declarations</td><td></td></tr>
<tr><td>Variability constraints</td><td></td></tr>
<tr><td rowspan="3">Bindings
(for Planned Products)</td><td>제품 이름 $_{1}$</td><td></td></tr>
<tr><td>. . .</td><td></td></tr>
<tr><td>제품 이름 $_{n}$</td><td></td></tr>
<tr><td rowspan="3">New Products*</td><td>제품 이름 $_{n+1}$</td><td></td></tr>
<tr><td>. . .</td><td></td></tr>
<tr><td>제품 이름 $_{n+m}$</td><td></td></tr>
</table>

그림 6.5-1. PLADT 템플릿

PLADT는 여섯 개의 구역으로 구성된다. 그림 6.5-1의 PLADT 템플릿에서 굵은 글씨로 쓴 단어들은 대상 제품라인에 관계없이 사용되는 사전 정의된 용어들을 나타내고 보통 글씨로 된 부분은 제품라인마다 달라지는 부분을 나타낸다.

첫 번째 구역은 "제품라인 산출물 이름"구역으로, 대상 제품라인 산출물의 이름을 적고 '::'을 넣은 뒤 이어 그 산출물의 타입을 기술한다. 제품라인 산출물의 이름은 제품군 산출물의 이름 혹은 플랫폼 산출물의 이름을 "*PL*(_)"안의 '_'에 넣어 표기한다.

두 번째 구역은 'Import(가져오기)' 구역으로, 여기에 열거된 산출물에 포함된 정의 혹은 선언들을 해당 PLADT에서 사용할 수 있도록 한다. '**가져오기**'는 **가져오기된** 외부 산출물의 요소들이 **가져오기한** 산출물에서 보이게 만든다.[159] 가져오기된 산출물에 포함된 가변점, 가변값과 가변성 제약사항은 가져오기한 산출물에서도 유효하여, 다시 정의되지 않고 사용될 수 있다. 또한 가져오기된 산출물에 이미 가져오기된 산출물도, 가져오기한 산출물에 가져오기된 것과 동일한 효과를 갖는다.

세 번째 구역은 "Planned Products" 구역으로, 여기서는 모든 계획된 제품과 이들 제품들에 대한 가변성 제약사항(variability constraints)을 기술한다. 하나의 제품은 피처, 요구사항명세, 아키텍처 혹은 구현 등의 다양한 타입의 산출물로 모델링될 수 있다. 이 구역의 모델링에 사용되는 언어는 그림 5.1.1-1의 PAML이다.

네 번째, 'Platform' 구역은 제품라인의 설계결과를 기술한다. 이 구역에는 괄호를 사용하여 괄호 안에 해당 플랫폼 산출물의 이름을 기록할 수 있다. 제품라인 산출물과 플랫폼 산출물은 같은 타입의 산출물인 경우에도 서로 구별되어야 하는 산출물이다. 왜냐하면 제품라인 산출물은 플랫폼 산출물을 포함하고, 그 외에도 제품 산출물의 바인딩을 포함하기 때문이다. 플랫폼 산출물의 이름은 '$X_{Platform}$' 또는 'X_{AA}'에서와 같이 산출물 타입('X')에 'Platform'을 또는 제품군의 이름(예를 들어, 'AA')을 하위 첨자로 붙여서 표기한다. 'Platform' 구역에는 두 개의 하위구역이 있다: "VP Declarations" 하위 구역에는 가변점들을 정의한다. 이 구역에 명시적으로 기술하지 않아도, 가져오기된 PLADT의 모든 가변점이 이 PLADT에서 사용될 수 있다. "Variability Constraints" 하위 구역에서는 가변점과 가변값들에 제약사항을 기술한다. 제 5장 표 5.2.3-1은 가변성 제약사항의 표기법을 정의한다. 이 표기법을 사용함으로써 'Platform'구역의 Variability Constraints는 Planned Products 구역의 Variability Constraints 보다 더 높은 추상수준에서 가변성에 대한 제약사항을 기술할 수 있다. 가져오기된 PLADT의 모든 가변성 제약사항은 여기에 기술된 제약사항과 같은 효과를 갖는다.

다섯 번째, 'Bindings' 구역에는 계획된 각 제품 산출물에 대하여 그것이 플랫폼 산출물로

---

159 'Import'의 사용은 UML과 같은 모델링 언어나 Java등의 프로그래밍 언어들에서도 보편적으로 사용되는 재사용 메커니즘으로, 'public'이나 'private'과 같은 산출물의 요소에 대한 가시성(visibility) 범위 표현을 추가하여 가져오기되는 산출물의 요소들에 대한 접근권한을 더욱 정교하게 제어하는 메커니즘으로 만들 수 있다. 이 책에서는 논의를 단순하게 하기 위하여 모든 요소들이 'public'이라고 가정한다.

부터 얻어지는 방법, 즉 제품 산출물의 바인딩을 기술한다. 여기서 "for Planned Products"를 괄호 안에 넣은 이유는 이 키워드 자체를 생략할 수 있기 때문이다.

여섯 번째 구역은 "New Products" 구역으로, 제 6.5.1절에서 논의한 바와 같이 플랫폼 산출물은 계획된 제품 산출물들뿐 아니라 계획되지 않은 새로운 제품 산출물들을 생성할 수 있는데, 이 구역에서는 계획되지 않은 새로운 제품 산출물들의 바인딩을 기술한다.

제품라인 산출물 기술의 출발점은 여섯 개의 구역 중 첫 네 구역이고, 플랫폼 산출물 개발의 결과로 다섯 번째와 여섯 번째 구역의 내용이 얻어지게 된다. 'Import' 구역과 같이 구역이름에 '*'가 표시된 경우, 이는 이 구역이 선택적인 구역으로 PLADT에 포함될 수도 있고 포함되지 않을 수도 있다는 것을 나타낸다.

예제 6.5-1

그림 6.5-2는 그림 6.5-1의 템플릿에 따라 기술된 PLADT의 예이다. 이 PLADT에서 Fi는 피처를 나타내고, 제품라인으로부터 세 개의 제품 P1, P2와 P3를 생성하고자 한다. P1이 F1, F2, F3, F4의 피처를 가지고, P2가 F1, F2, F5, F3의 피처를 가지고, P3가 F1, F2, F3, F6의 피처를 가지며, F3와 F5 그리고 F4와 F6가 각각 대체 관계에 있는 피처라고 하자. 이 경우 F1과 F2는 P1, P2, P3에 공통적인 피처로 플랫폼에 구현되어야 한다. 그러나 플랫폼은 이 공통 피처 이외에 가변점 vp1과 vp2를 공통으로 가지며, vp1은 F3와 F5, vp2는 F4와 F6를 각각 자신의 가변값으로 갖는다. 이렇게 정의된 플랫폼 피처로부터 계획되지 않은 새로운 제품 P4가 생성될 수 있다. 그림 6.5-2는 이러한 피처수준의 제품라인을 PLADT를 사용하여 기술하고 있다.

PL Artifact Name	$\mathcal{PL}$(SampleProductLine) :: Features	
Planned products	P_1	F1, F2, F3, F4
	P_2	F1, F2, F4, F5
	P_3	F1, F2, F3, F6
	Variability Constraints	F3와 F5는 대체관계에 있고, 둘 중 하나만이 선택될 수 있다. F4와 F6는 대체관계에 있고, 둘 중 하나만이 선택될 수 있다.
Platform	F1, F2, vp1, vp2	
	VP Declarations	vp1: F3, F5; vp2: F4, F6
	Variability Constraints	// Planned Products의 가변성 제약사항은 vp1과 vp2의 // 가변점 정의에 흡수됨.
Bindings	P_1	[vp1\F3, vp2\F4]
	P_2	[vp1\F5, vp2\F4]
	P_3	[vp1\F3, vp2\F6]
New products	P_4	[vp1\F5, vp2\F6]

그림 6.5-2. PLADT로 기술된 제품라인 피처

■

예제 6.5-2

그림 6.5-3의 PLADT는 Home Security System 제품라인 요구사항명세를 기술한다. 이 제품라인에서는 두 개 제품 HSS1과 HSS2의 요구사항명세의 생성을 계획하고 있다.

<table>
<tr><th>PL Artifact Name</th><th colspan="2">*PL*(HomeSecuritySystems) :: Requirements</th></tr>
<tr><td rowspan="3">Planned Products</td><td>HSS1</td><td>…
The home security system shall be equipped with Black_and_White_Camera.</td></tr>
<tr><td>HSS2</td><td>…
The home security system shall be equipped with Color_Camera.</td></tr>
<tr><td>Variability Constraints</td><td>Home Security System에는 단 한 개의 Camera 만이 장착된다.</td></tr>
<tr><td rowspan="3">Platform</td><td colspan="2">…
The home security system shall be equipped with vpCamera.</td></tr>
<tr><td>VP Declarations</td><td>vpCamera: Black_and_White_Camera, Color_Camera</td></tr>
<tr><td>Variability Constraints</td><td>// Planned Products의 가변성 제약사항은 vpCamera의
// 가변점 정의에 흡수됨.</td></tr>
<tr><td rowspan="2">Bindings</td><td>HSS1</td><td>[vpCamera\Black_and_White_Camera]</td></tr>
<tr><td>HSS2</td><td>[vpCamera\Color_Camera]</td></tr>
<tr><td>New Products</td><td>None</td><td></td></tr>
</table>

그림 6.5-3. PLADT로 기술된 제품라인 요구사항명세

그림 6.5-3에서 HSS1은 Black_and_White_Camera를 장착하고 HSS2는 Color_Camera를 장착한다. 이 제품군 요구사항명세의 가변성 제약사항(Planned Products 구역의 Variability Constraints)에 따르면, 이 제품군에서는 Camera는 단 한 개만 장착될 수 있다. 이 제품군의 Platform 요구사항명세는 “The home security system shall be equipped with vpCamera.”으로 이 요구사항명세는 가변점을 가짐으로써 HSS1와 HSS2가 가지고 있는 모든 공통적인 요구사항명세를 포함하고 있다. 가변점 vpCamera의 가변값은 Black_and_White_Camera 과 Color_Camera의 두 개로, “Home Security System에는 단 한 개의 Camera 만이 장착된다.”의 가변성 제약사항은 이 가변점의 정의에 이미 내포되어 있기 때문에 Variability Constraints구역에 기술할 필요가 없다. HSS1과 HSS2는 Bindings 구역에서 정의된 Platform 가변점에 대한 각 가변값의 대입에 의하여 얻어진다. 그림 6.5-3의 제품라인 요구사항명세의 Platform 구역의 플랫폼 요구사항명세로부터는 계획되지 않은 새로운 제품 요구사항명세가 도출되지 않기 때문에 New Products 구역에 바인딩이 없다.

■

6.6 PLADT의 사용

제 6.5절에서는 PLADT의 기본적인 용도를 설명하였다. PLADT는 그 외에도 주어진 PLADT를 인스턴스화한 결과를 기술하거나 계층적인 구조를 가진 제품라인 산출물을 기술하는 데 사용되어, 체계적인 제품라인 개발에 폭넓게 활용될 수 있다.

6.6.1 PLADT의 인스턴스화

PLADT의 인스턴스화는 하나 이상의 가변점을 가진 PLADT에 제품 산출물 바인딩을 적용하여 이루어진다. 이때 플랫폼 산출물뿐 아니라, 가져오기되는 산출물도 모두 동일한 바인딩을 적용하여 얻어진다. 그림 6.6.1-1은 PLADT를 인스턴스화하여 제품 산출물 표가 생성되는 것을 보여 준다.

PL Artifact Name	$\mathcal{PL}_X(\mathcal{F})$ :: **X**	
Import	... Y ...	
Planned products	. . .	
Platform	$X_{Platform}$	
	VP Declarations	...
	Variability Constraints	...
Bindings	...	...
	Pj	$\mathcal{B}_{X,Pj}$
	...	...

⇨

X_{Pj} :: **X**	
Import	... Y $\mathcal{B}_{X,Pj}$ ...
$X_{Platform}$ $\mathcal{B}_{X,Pj}$	

그림 6.6.1-1. PLADT의 제품 산출물로의 인스턴스화

예제 6.6.1-1

다음 PLADT는 제품라인 요구사항 분석관점의 예를 보인다. 플랫폼 요구사항 분석관점은 두 개의 가변점 vp1과 vp2를 갖고 있고, 제품 P1과 P2를 위한 제품 요구사항 분석관점은 각각 아래 PLADT에 있는 바인딩을 적용하여 생성된다. Reqs가 가져오기된 이유는 vp1, V11, V12가 Reqs에서 정의되어 있기 때문이다.

PL Artifact Name	$\mathcal{PL}$(ReqsPerspective) :: Requirements Analysis Perspective	
Import	Reqs[vp1]	
Platform	$\text{ReqsPerspective}_{\text{Platform}}$[vp1,vp2]	
	VP Declarations	vp2: V21, V22
	Variability Constraints	
Bindings	$\text{ReqsPerspective}_{\text{P1}}$	[vp1\V11, vp2\V21]
	$\text{ReqsPerspective}_{\text{P2}}$	[vp1\V12, vp2\V22]

$$\text{ReqsPerspective}_{\text{Platform}}\ \mathcal{B}_{\text{ReqsPerspective}_{\text{P1}}}$$
$$= \text{ReqsPerspective}_{\text{Platform}}[\text{vp1, vp2}]\ \mathcal{B}_{\text{ReqsPerspective}_{\text{P1}}}$$
$$= \text{ReqsPerspective}_{\text{Platform}}[\text{vp1, vp2}][\text{vp1}\backslash\text{V11, vp2}\backslash\text{V21}]$$
$$= \text{ReqsPerspective}_{\text{Platform}}[\text{vp1}\backslash\text{V11, vp2}\backslash\text{V21}]$$

에 의하여, 위의 PLADT로부터 인스턴스화로 만들어지는 P1의 제품 요구사항 분석관점은 다음과 같다.

$\text{ReqsPerspective}_{\text{P1}}$ :: Requirements Analysis Perspective	
Import	Reqs[vp1\V11]
$\text{ReqsPerspective}_{\text{Platform}}$[vp1\V11, vp2\V21]	

위의 제품 요구사항 분석관점의 명세에서 'Import' 구역이 포함된 이유는 vp1과 V11가 Reqs에서 정의되었기 때문이다.

■

그림 6.6.1-1에서 $\text{X}_{\text{Platform}}\ \mathcal{B}_{\text{X,Pj}}$가 가변점이나 산출물 혹은 요소의 이름을 포함하지 않고 상수값으로 계산될 경우, 가져오기되는 산출물이 사용되지 않으므로 "Import" 구역을 표시하지 않는다. 이 경우 PLADT의 인스턴스화 결과는 제품 산출물의 바인딩을 적용하여 제품 산출물을 생성한 것과 동일하다.

계층적인 제품라인 산출물의 경우, 제품라인 산출물의 모든 가변점들이 한꺼번에 인스턴스화되지 않고, 두 개 이상의 그룹으로 나뉘어 한 그룹씩 인스턴스화가 진행된다. 이 때 인스턴스화의 결과로, 인스턴스화에서 적용된 가변점 그룹의 가변점과 그 가변점이 요구하는 제약사항이 없는 PLADT가 만들어진다. 그림 6.6.1-2는 PLADT를 인스턴스화하여 제품라인 산출물 표가 생성되는 것을 보여 준다.

PL Artifact Name	$\mathcal{PL}_X(\mathcal{F})$ :: **X**	
Import	... Y ...	
Planned products	. . .	
Platform	$X_{SuperPlatform}$	
	VP Declarations	...
	Variability Constraints	...
Bindings	...	...
	$SubPlatform_j$	$\mathcal{B}_{X,SubPlatformj}$
	...	...

⇨

X_{Pj} :: **X**		
Import	... $Y\mathcal{B}_{X,SubPlatformj}$ ...	
Planned products	. . .	
Platform	$X_{SubPlatformj}$	
	VP Declarations	...
	Variability Constraints	...
Bindings	...	...
	...	...
	...	...

그림 6.6.1-2. PLADT의 제품라인 산출물로의 인스턴스화

예제 6.6.1-2

다음 PLADT는 제품라인 요구사항 분석관점으로 가져오기된 Reqs[vp1]의 가변점 vp1외에 가변점 vp2와 vp3를 사용한다. 하위플랫폼 SubPlatform1과 SubPlatform2를 위한 요구사항 분석관점은 상위플랫폼 요구사항 분석관점의 vp3에 적절한 가변값을 대입하여 생성된다.

PL Artifact Name	$\mathcal{PL}$(ReqsPerspective) :: Requirements Analysis Perspective	
Import	Reqs[vp1]	
Platform	$ReqsPerspective_{SuperPlatform}$[vp1,vp2,vp3]	
	VP Declarations	vp2: V21, V22; vp3: V31, V32
	Variability Constraints	
Bindings	$ReqsPerspective_{SubPlatform1}$	[vp3\V31]
	$ReqsPerspective_{SubPlatform2}$	[vp3\V32]

$$ReqsPerspective_{SuperPlatform}\ \mathcal{B}_{ReqsPerspective_{SubPlatform1}}$$
$$= ReqsPerspective_{SuperPlatform}[vp1,\ vp2,\ vp3]\ \mathcal{B}_{ReqsPerspective_{SubPlatform1}}$$
$$= ReqsPerspective_{SuperPlatform}[vp1,\ vp2,\ vp3][vp3 \backslash V31]$$
$$= ReqsPerspective_{SuperPlatform}[vp1,\ vp2,\ vp3 \backslash V31]$$

에 의하여, 위의 PLADT로부터 인스턴스화로 만들어지는 제품라인 요구사항 분석관점은 다음과 같다.

PL Artifact Name	$\mathcal{PL}$(ReqsPerspective) :: Requirements Analysis Perspective	
Platform	$\text{ReqsPerspective}_{SubPlatform1}$[vp1, vp2]	
	VP Declarations	
	Variability Constraints	
Bindings	$\text{ReqsPerspective}_{P1}$	[vp1\V11, vp2\V21]
	$\text{ReqsPerspective}_{P2}$	[vp1\V12, vp2\V22]

위의 제품 요구사항 분석관점 표에서 'Import' 구역이 없는 이유는 가변점 vp1과 vp2가 $\text{ReqsPerspective}_{SubPlatform1}$에 들어 있기 때문이다.

■

6.6.2 PLADT의 계층적 사용

큰 규모의 시스템을 모델링하기 위해서는 모델은 계층적 구조를 가질 수 있어야 한다. 이런 경우를 위하여 SSPLD는 제 6.5절에서 소개된 PLADT를 계층적으로 사용하는 제품라인 산출물 작성 방법을 제시한다. 따라서 그림 6.6.2-1과 같이 최상위 수준의 PLADT가 하위 수준의 PLADT들과 함께 트리 구조를 형성하게 된다. 최상위 수준의 PLADT는 대상 시스템 전체에 대한 PLADT이며 다른 하위 PLADT들과 함께 피처모델, 요구사항명세 모델, 아키텍처 모델 혹은 구현 모델 등 중 특정한 하나의 모델의 관점에서 전체 제품군에 대한 제품라인 산출물의 설계를 제시한다.

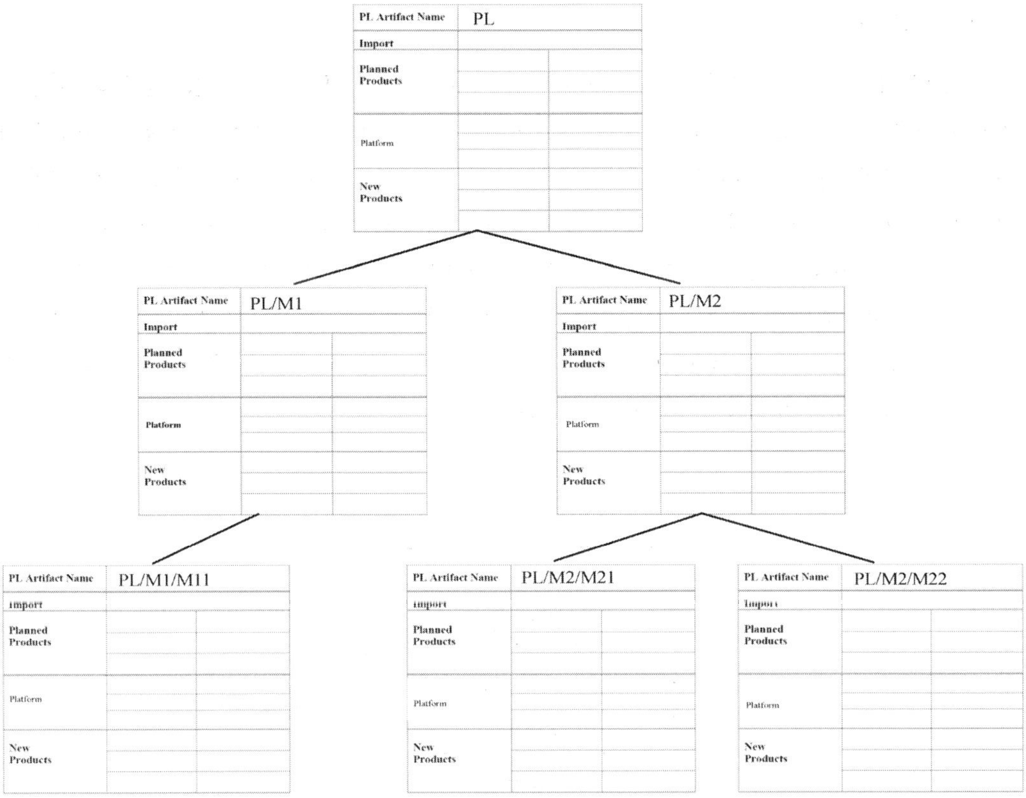

그림 6.6.2-1. 제품라인 산출물 기술을 위한 계층적 PLADT 사용

계층적인 모델링을 위하여, 최상위의 루트에 해당되지 않는 PLADT들은 최상위 PLADT로부터의 경로를 이름에 포함하여야 한다. 제 6.7절과 6.8절은 이와 같은 계층적 모델링의 적용 예를 보여 준다. PLADT를 사용한 계층적 모델링은, 해당 모델링이 계층적 모델링을 허용하면, 그에 따라 PLADT가 계층적으로 사용될 수 있고, 그렇지 않으면 PLADT도 계층적으로 사용될 필요가 없다.

계층적 PLADT에서 가변점과 가변값의 참조방식은 다음과 같다. PLADT에서 선언된 가변점의 범위는 그 PLADT로 제한된다. 그리고 계층간의 가변점 혹은 가변값의 가시성(혹은 접근성)은 단일 시스템을 위한 대상 모델링 언어가 허용하는 방식으로 가시성이 제공된다. 예를 들어 대상 모델링 언어가 계층적 표현을 허용하는 컴포넌트 커넥터 아키텍처의 기술언어이면, 이 언어에서 허용되는 가시성을 기본적으로 가질 수 있다. 그리고 이를 위해 해당 가변점과 가변값을 포함한 PLADT는 명시적으로 가져오기되어야 한다.

만일 서로 다른 PLADT에서 같은 가변점 이름이 사용되었다면, 이들은 이름이 동일할 뿐이며 서로 다른 가변점이 된다. 또한 한 PLADT에서 선언된 가변점은 다른 PLADT에서는 보이지 않고, 먼저 해당 PLADT가 가져오기된 후에 보이게 된다.

예제 6.6.2-1

다음의 PLADT 트리를 고려하자. 그리고 이 트리에서 PLADT1이 상위 컴포넌트의 제품라인 아키텍처를 기술하고 PLADT2와 PLADT3이 상위 컴포넌트를 구성하는 하위 컴포넌트의 제품라인 아키텍처를 기술한다고 하자. 아래 트리에서 각 노드는 PLADT의 요약된 형태로 표현되어 있고, 이 예제에서 논의되지 않는 내용은 생략되어 있다. 이 트리에서 각 PLADT는 자신의 가변점이나 가변값이 다른 PLADT의 가변점과 가변값에 대한 가변성 제약사항을 표현하기 위하여 대상 가변점과 가변값을 선언한 PLADT들을 가져오기하고 있다. PLADT1이 PLADT3을 가져오고, PLADT3이 PLADT2를 가져오고 있기 때문에, PLADT1은 PLADT2를 가져오기하지 않고도 vp2를 사용할 수 있다.

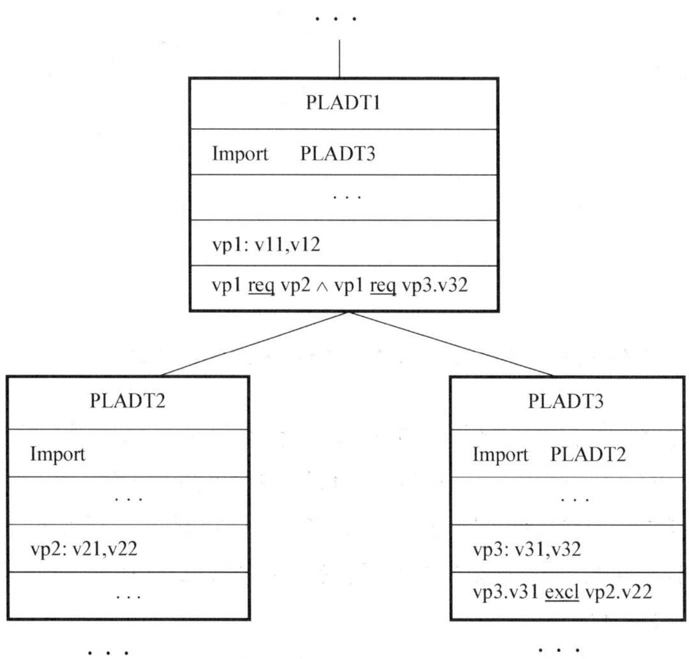

■

6.7 PfAML과 PLADT 사용예제

그림 6.7-1은 [Pohl 05]에 나오는 예제로 실선 부분은 공통 부분이고 점선 부분은 선택적 부분 또는 가변적 부분이다. 그림 6.7-1를 PfAML을 적용하여 표현하기 위하여, 먼저 그림 6.7-1에서 가변성을 나타내는 부분을 (1) - (6)으로 표시하였다.

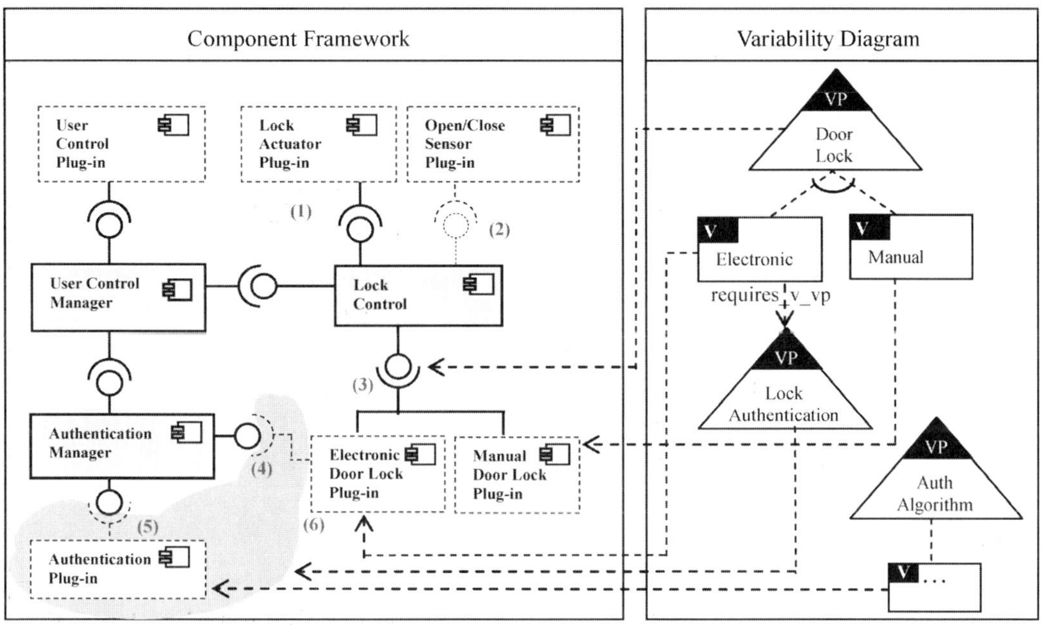

그림 6.7-1. [Pohl 05]의 컴포넌트 프레임워크 예제([Pohl 05] Figure 6-5)

그림 6.7-1의 (1)-(6)에 대한 [Pohl 05]의 설명은 다음과 같다: (1)은 플러그인 컴포넌트로 가는 선이 실선으로 표시되어 있어 적어도 하나의 Lock Actuator 플러그인(plug-in) 컴포넌트가 들어와야 한다는 것을 의미한다. (2)는 인터페이스와 연결이 점선으로 되어 있어, Open/close sensor 플러그인 컴포넌트가 선택적임을 나타낸다. (3)은 내부적 가변점이며, 인터페이스가 복수 개의 컴포넌트를 수용할 수 있어서, Lock Control 컴포넌트로 연결되는 플러그인 컴포넌트가 적어도 하나는 존재해야 한다. 이는 다시 오른쪽 가변성 모델에서 Exclusive-or로 규정되어 있어, 오직 하나만이 들어가게 된다. (4)는 Electronic door lock 플러그인 컴포넌트에서 Authentication manager의 인터페이스로 가는 연결이 선택적이기 때문에, Manual Door lock 플러그인이 선택되면 이 인터페이스는 존재하지 않게 된다. (5)에는 Authentication 플러그인은 선택적이며 나아가 다양한 Authentication Algorithm이 들어올 수 있다. (6)의 경우에는 오른쪽 가변성 모델의 dependency에 의하여 추가적인 선택사항이 발생하는데, 즉 Lock Authentication이 있는 경우와 없는 경우가 모두 가능하여, 있는 경우에는

(4)와 (5)가 동시에 존재하거나 존재하지 않게 된다.

그림 6.7-1의 모델링 언어들을 OVDM을 써서 확장하여 해당 PfAML들을 도출하고, 그림 6.7-1를 다시 의도에 맞게 도출된 PfAML들로 표현하면 그림 6.7-2와 같이 된다.

<table>
<tr><th>PL Artifact Name</th><th colspan="2">$\mathcal{PL}$(HomeSecuritySystems) :: Architecture</th></tr>
<tr><td rowspan="3">Platform</td><td colspan="2">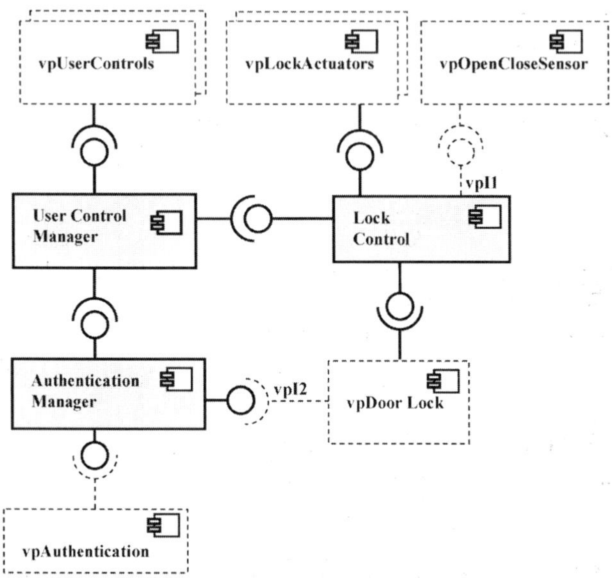
</td></tr>
<tr><td>VP Declarations</td><td>vpUserControls: v $\subseteq$ {UserControl1, UserControl2, ... }, 1 $\le$ |v|;
vpLockActuators: v $\subseteq$ {LockActuator1, LockActuator2,...}, 1 $\le$ |v|;
vpOpenCloseSensor: OpenCloseSensor, null;
vpDoorLock: V1, V2
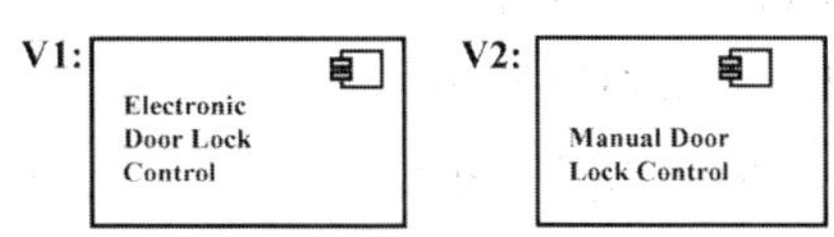

vpAuthentication: Authentication1, Authentication2, ... , null;
vpI1: ISlidingDoor, null;
vpI2: IElectronicDoorLockControl, null</td></tr>
<tr><td>Variability Constraints</td><td>Electronic req vpAuthentication;
vpAuthenticaion req vpI2;
vpOpenCloseSensor req vpI1</td></tr>
<tr><td>Bindings</td><td colspan="2">// 생략</td></tr>
</table>

그림 6.7-2. 그림 6.7-1의 제품라인 아키텍처의 PLADT 기술

그림 6.7-1의 (1)-(6)에 맞추어 그림 6.7-2를 설명하면 다음과 같다. 그림 6.7-1의 (1)에서는 정확히 하나의 가변값이 들어가게 되는데, 따라서 가변값이 들어가는 지점은 가변점이 되고 가변점의 타입은 컴포넌트 타입이고 이는 컴포넌트 아이콘으로 표시되었다. 가변점의 가변값은 VP Declarations 구역에 나온다. vpLockActuators의 경우, Lock Actuator 플러그인에 각각 하나 이상의 컴포넌트가 플러그인 되어야 하므로, 그림 6.7-1에서는 이를 집합가변점으로 반영하였다. 그림 6.7-2에서 집합 타입의 표기를 위하여 원소 모델요소를 겹쳐서 나타내는 방법을 선택하였다.[160] (2)의 경우 Lock Control의 제공인터페이스가 선택적이므로 독립적인 가변점 vpI1이 되었다. 그리고 vpOpenCloseSensor도 독립적인 가변점으로 선언되었다. 그리고 이 두 가지가 같이 존재하거나 같이 존재하지 않아야 하기 때문에 Variability Constraints 구역에 이를 명시하였다. vpOpenCloseSensor가 null값을 가질 때 vpI1은 불필요하다. 이 두 개의 가변점의 동기성을 가변성 제약사항에서 vpOpenCloseSensor req vpI1으로 나타냈다.[161] (3)의 경우 Door Lock 컴포넌트의 배타적인 선택이므로 가변점으로 표현되었다. 그리고 이 가변컴포넌트의 인터페이스는 vpI2로 독립적인 인터페이스로 선언되었다. 그 이유는 Manual이 들어올 경우 이 컴포넌트와 인터페이스는 필요하지 않으므로, 이 두 개는 동기적으로 가변성이 발생하지 않기 때문이다.[162] (4)의 경우 인터페이스가 독립적인 가변점을 형성하므로 vpI2의 가변점이 되었고, 이 가변점과 vpAuthentication의 종속성은 가변성 제약사항으로 정의되었다. Electronic이 선택될 때 이 인터페이스가 존재해야 한다는 것은 Electronic req vpI2에 의하여 표현되었다. (5)의 경우 그림 6.7-1에 있는 Authentication Algorithm 가변점으로부터의 종속성은 추적성 표에 들어가야 할 사항이므로 그림 6.7-2에는 표시되지 않았다. (6)의 경우, 컴포넌트와 요구인터페이스가 동시에 선택적으로 포함될 수도 있고 동시에 포함되지 않을 수 있음을 나타내는데, 이는 Variability Constraints 구역에 Electronic req vpAuthentication와 vpAuthentication req vpI2의 두 개의 가변성 제약사항으로 표현되었다.

그 밖의 사항으로 그림 6.7-1의 vpAuthAlgorithm는 피처 PLADT에, vpAuthAlgorithm req vpAuthentication 은 추적성 표에 들어갈 내용이므로 그림 6.7-2에는 나타나지 않았다.

---

160 이는 UML의 집합 타입의 표현 방법과 동일하다.

161 이를 처리하는 다른 방법으로 vpOpenCloseSensor와 vpI1을 하나의 복합가변점으로 나타내는 것이다. 여기서는 [Pohl 05]의 의도를 가능한 한 충실하게 나타내기 위하여 이들을 독립적인 가변점으로 선언하였고, 그 대신 그들의 동기성을 Constraints에서 정의하였다. vpOpenCloseSensor req vpI1의 제약사항은 vpI1이 null이 아닌 경우 vpOpenCloseSensor도 null이 아닌 값을 가져야 한다는 점을 표현하지 못하기 때문에 불충분한 제약사항으로 볼 수도 있다. 그 경우는 vpI1 req vpOpenCloseSensor도 제약사항에 포함시킨다.

162 [Pohl 05]Figure 6-5의 (3)에 대한 해석을 다음과 같이 할 수도 있다. 즉 아키텍처 상에서는 Door Lock 컴포넌트가 하나 이상 들어올 수 있게 설계되었지만, 피처 수준에서 배타적으로 선언되었다. 이 해석에서는 vpDoorLock은 집합가변점이 되어야 하고 추적성 표에서 단일원소집합으로된 가변값이 선택되도록 맵핑이 정의되어야 한다.

6.8 복잡한 제품라인 아키텍처의 기술에 PLADT를 적용한 사례

이 절은 PLADT를 Moriana 보고서([Moriana 08])에 나오는 융합서비스 플랫폼(Service Delivery Platform: SDP)의 플랫폼 아키텍처(즉 공통도메인 아키텍처)의 기술에 적용한 사례를 소개한다.

제 5장의 PfAML를 만드는 절차에 따라 먼저 제품군의 아키텍처를 모델링하는 언어를 정의하였다. 그 일부가 제 5장 5.4.2절의 그림 5.4.2-2에 나와 있다. 그 다음, 도출된 언어를 이용하여 그림 6.8-1과 같이 SDP_R의 플랫폼 아키텍처를 작성하였다. 그림 6.8-2의 Platform 구역은 그림 6.8-1에 나온 SDP_R의 플랫폼 아키텍처를 최상위 수준에서 보여 준다.

그림 6.8-1은 플랫폼 아키텍처 SDP_R의 다이어그램이고, 그림 6.8-2는 PL(SDP_R)의 PLADT 기술이다. 그림 6.8-2에서 플랫폼을 "SDP_R[_,_,_,_,_]"의 형태로 나타냈는데, 이는 SDP_R이 어떤 주요 구성요소들로 이루어져 있음을 보여 준다. 그림 6.8-2의 Platform 구역에서 SDP_R 플랫폼은 4개의 가변점을 갖고 있고 하나의 공통 컴포넌트를 갖고 있다. 이 PLADT 기술의 대상이 아키텍처이기 때문에 이러한 표현은 그림 6.8-1과 같은 아키텍처 다이어그램과 함께 사용되어야 한다. 그림 6.8-1에서 vpClients는 복합가변점이고 <u>RE</u>는 그 자체가 가변점은 아니지만, 내부에 가변점을 포함하고 있는 가변적 부분이므로, 밑줄을 그어 가변점을 포함하고 있음을 나타내었다. 그림 6.8-1에서 vpClients와 <u>RE</u> 사이에 세 개의 커넥터가 있는데, 하나는 공통적인 커넥터이고 두 개는 커넥터 가변점으로 vpTR1과 vpTR2로 명명되어 있다. SDP_R은 <u>RE</u>를 가져오기하여 이 PLADT에서 선언되지 않은 가변점 vpSerApp을 사용할 수 있고, 이 가변점을 사용하여 가변성 제약사항

<u>RE</u>.vpSerApp.Appl_Exec_Runtime <u>req</u> vpTR2

를 선언하였다.

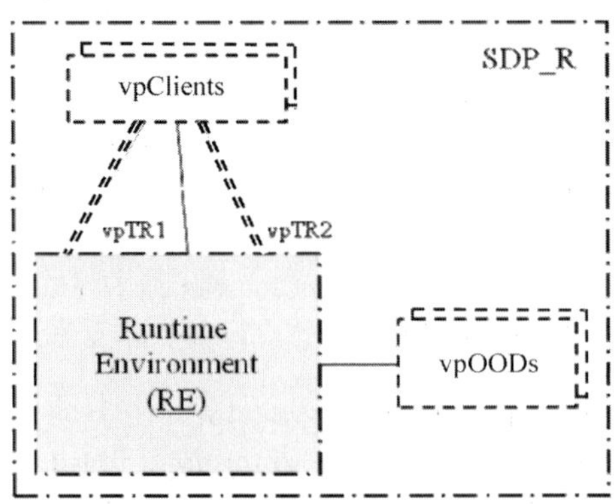

그림 6.8-1. 최상위 수준의 SDP 플랫폼 아키텍처 SDP_R

<table>
<tr><th>PL Artifact Name</th><th colspan="2">PL(SDP_R):: Architecture</th></tr>
<tr><td>Import</td><td colspan="2">RE</td></tr>
<tr><td rowspan="3">Platform</td><td colspan="2">SDP_R[vpClients, vpOODs, vpTR1, vpTR2, RE]</td></tr>
<tr><td>VP Declarations</td><td>vpClients: v⊆{Thin_Client, Fat_Client}, 1≤|v|≤2;
vpOODs: v ⊆ {PX_GW, Naver}, 1≤|v|≤2;
vpTR1: v ⊆ {REST, HTTP, RIA}, 1≤|v|≤3;
vpTR2: v⊆ {REST, Web_ Services}, 1≤|v|≤2
Thin_Client: [Thin_Client]
Fat_Client: [Fat_Client]</td></tr>
<tr><td>Variability Constraints</td><td>vpClients.Thin_Client req vpTR1;
vpClients.Fat_Client req vpTR2;
RE.vpSerApp.Appl_Exec_Runtime req vpTR2</td></tr>
<tr><td>Bindings</td><td colspan="2">// 생략</td></tr>
</table>

그림 6.8-2. SDP_R 시스템 아키텍처의 PLADT 기술

그림 6.8-3과 그림 6.8-4는 SDP_R의 하위 시스템으로서의 RE의 제품라인 아키텍처를 표현한다. 그림 6.8-3은 그림 6.8-1의 자식 PLADT로 6.8.2절에서 소개된 PLADT의 계층적 사용을 보여주고 있다. 그림 6.8-4에서 RE와 연결된 커넥터들은 그 수와 타입들이 모두 그림 6.8-3과 일치하여야 한다. RE를 외부와 연결해 주는 커넥터들이 어느 외부 컴포넌트들과 연결되는 것인지를 명시적으로 나타내주기 위하여 RE와 연결이 있는 외부 컴포넌트는 모두 그림 6.8-3에 포함하였다. 가변성 제약사항

vpSerApp.Appl_Exec_Runtime req SDP_R/vpTR2

은 이 PLADT에서 선언되지 않은 가변점 vpTR2을 사용하고 있어서 SDOP_R을 가져오기하여 이 가변점을 사용할 수 있도록 하였다. 이 가변성 제약사항은 위의 가변성 제약사항과 같은 제약사항이지만, RE에서는 정의의 관점에서 SDP_R에서는 그 정의의 사용의 관점에서 명시한 것이다.

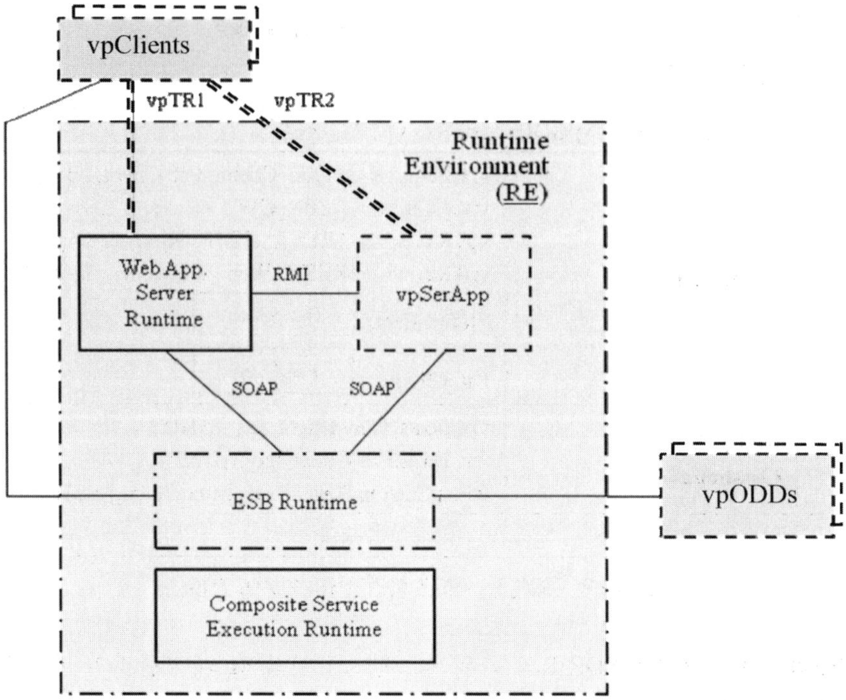

그림 6.8-3. SDP_R/RE의 플랫폼 아키텍처

PL Artifact Name	*PL*(SDP_R/RE):: Architecture	
Platform	RE[vpSerApp, ESB_Runtime]	
	VP Declarations	vpSerApp: Appl_Exec_Runtime, null Appl_Exec_Runtime: 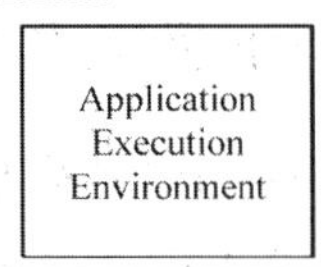
	Variability Constraints	
Bindings	// 생략	

그림 6.8-4. SDP_R/RE 컴포넌트 아키텍처의 PLADT 기술

이와 같이 그림 6.8-1부터 그림 6.8-4에 걸쳐 도출된 PLADT들을 계층구조를 사용하여 그림 6.8-5와 같이 나타낼 수 있다.

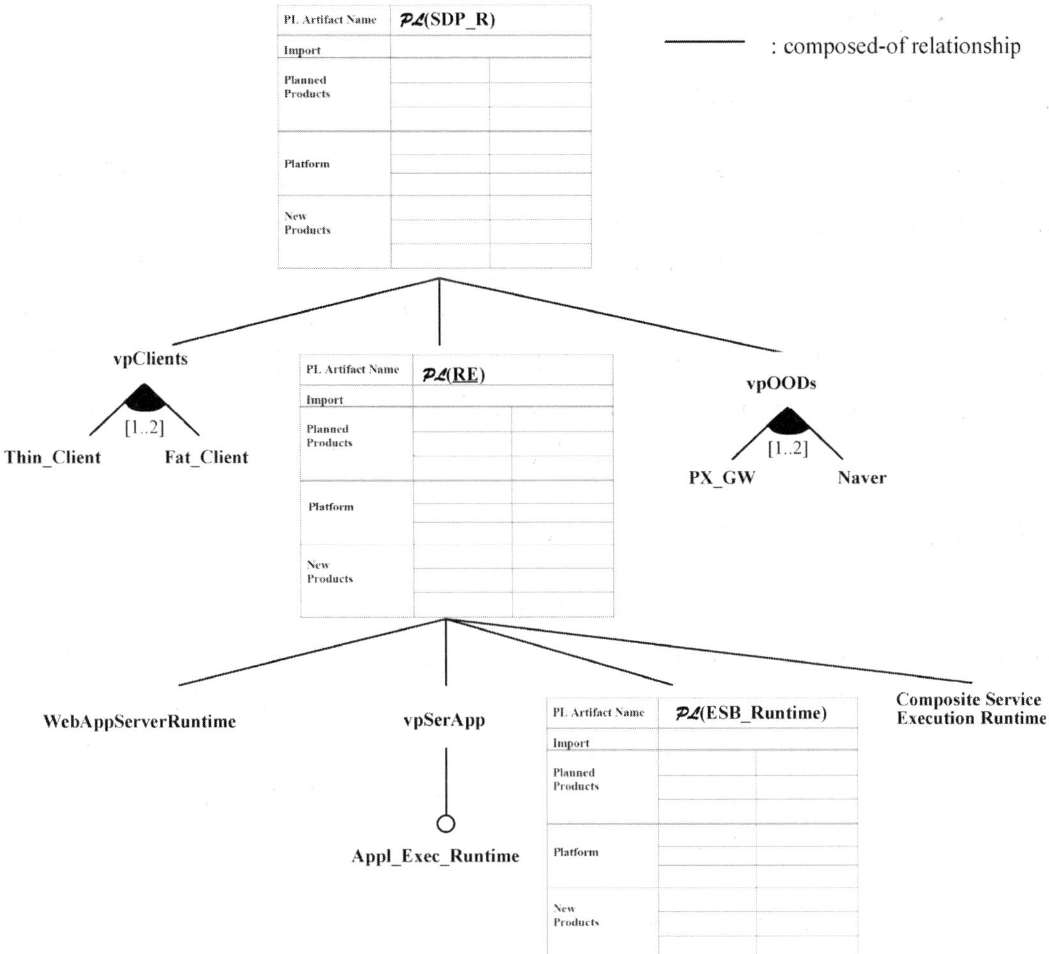

그림 6.8-5. SDP 제품라인 아키텍처의 계층적 PLADT 기술

6.9 관련연구

6.9.1 제품라인의 제품의 종류

[Pohl 05]은[163] 제품군의 제품들을 두 개의 기본적인 카테고리로 분류한다: 도메인 요구사항의 부분집합만을 자신의 요구사항으로 갖는 제품들과, 도메인 요구사항이 아닌 요구사항을 자신의 요구사항에 포함하는 제품들이다. 이 분류는 GPL과 NGPL의 구별과 관계가 있다. 왜냐하면 전자의 카테고리는 생성적 제품라인 요구사항에 해당되고, 후자의 카테고리는 비생성적 제품라인 요구사항에 해당되기 때문이다. 그러나 [Pohl 05]의 분류는 요구사항 관점의 분류인 반면, GPL과 NGPL은 산출물의 종류에 관계 없는 개념들로, 제품군의 계획된 제품들의 산출물들과 플랫폼 산출물로부터 생성된 제품 산출물들 간의 관계이다.

6.9.2 진화 제품군과 계획되지 않은 새 제품

진화 제품군(evolving product family)은 진화의 계획을 갖고 있는 제품군을 말하고, **비진화 제품군**(non-evolving product family)은 진화의 계획이 없는 제품군을 말한다. 제품군 진화의 중요한 결과의 하나가 계획되지 않은 새 제품이 계획된 제품의 하나로 진화된 제품군에 포함되는가 하는 것이다. 진화 제품군에서는 계획에 의하여 진화가 진행되므로, 플랫폼을 계획되지 않은 제품을 생성할 수 있도록 진화시킬 것인지는 중요한 관심사항인 반면, 비진화 제품군에서는 진화의 계획이 없으므로 중요한 관심사항이 아니다.

6.9.3 제품라인의 계층화와 부분평가

제품라인의 계층화는 "부분평가(partial evaluation)"[164]에 비유될 수 있다. 부분평가에서는, k개의 서로 다른 특정함수를 독립적으로 정의하는 대신에, 그 함수들에 '공통적'인 함수를 정의하고, 그 공통적인 함수를 부분적으로 인스턴스화하여 특정 함수를 얻는다. 예를 들어, 다음과 같은 두 개의 입력을 갖는 (함수)프로그램 P가 있다고 하자.

```
P: f(n,x) = if n = 0 then 1
                     else if even(n) then f(n/2,x) ** 2
                                    else    x * f(n-1,x)
```
[165]

그러면 이 프로그램 P를 입력 n = 5에 대하여 다음과 같이 인스턴스화시킬 수 있다.

163 [Pohl 05]p. 309.
164 [Jones 93] 참조.
165 출처: [Jones 93]p. 3.

P5 = f5(x) = f(5,x) = x * ((x** 2)**2)

이 경우 원래의 함수는 P는 '상위플랫폼'에, P5와 같이 부분평가로 얻어진 특정 함수들은 '하위플랫폼'에, 이 특정함수들의 적용에 의하여 얻어진 결과들은 '제품'에 각각 비교될 수 있다.

6.9.4 다계층 제품라인에 관한 연구

[Bosch 00]은 "최상위계층 제품라인(top level product line)"과 "특화된 제품라인(specialized product line)"의 구분으로 계층화된 제품라인 개발 방법을 소개하였다. [Thompson 02]은 Flight Guidance System(FGS)의 제품라인을 소개하여, 이 제품라인이 Fixed Wing FGS 하위계층 제품라인, Helicoper FGS 하위계층 제품라인, Tilt-Rotor FGS 하위계층 제품라인으로 구성된다고 설명하였다. 그리고 이 세 개의 하위계층 제품라인은 많은 공통 부분을 갖기 때문에 하나의 제품라인에 속해야 하면서도 제어 메커니즘이 서로 간에 매우 다르기 때문에 전부를 하나의 제품라인으로 개발하는 것이 어렵고, 그 해결책으로 다계층 제품라인이 필요하다고 하였다. [Bartholdt 11]은 Healthcare 도메인의 이미징 어플리케이션 제품들이 모든 제품들에 공통적인 것들을 포함하는 이미징 플랫폼, 스캐너 환경에 공통적인 것을 모두 포함하는 스캐너 플랫폼, 검사(diagnostic)에 관련된 제품들에 공통적인 것을 모두 포함하는 검사 플랫폼으로 구성된 다계층 제품라인을 통하여 가장 효과적으로 개발된다고 하였다. 그 이유는 스캐너 하위플랫폼과 검사 하위플랫폼이 공통적인 부분을 가졌음에도 불구하고 다른 하위플랫폼에만 해당되는 사항을 서로 포함할 필요가 없기 때문이라고 하였다.

6.9.5 PLADT의 계층적 사용과 다계층 제품라인

제 5장 5.4.2절에서는 플랫폼 산출물 모델링에 필요한 요소를 공통적인 요소, 가변적인 요소, 가변성을 포함한 요소로 분류함으로써, 기존의 제품 산출물 모델링 언어 PAML가 계층적인 모델링을 허용할 경우, 제품군의 요소들도 이에 따라 계층적으로 표현될 수 있게 하여 PfAML가 확장성을 갖도록 하였다. 이 장에서 제안된 PLADT는 PfAML과 같이 사용되어, 규모가 크고 복잡한 제품라인 산출물도 체계적으로 표현할 수 있도록 한다.

제7장 제품 추적성에서 제품라인의 추적성으로

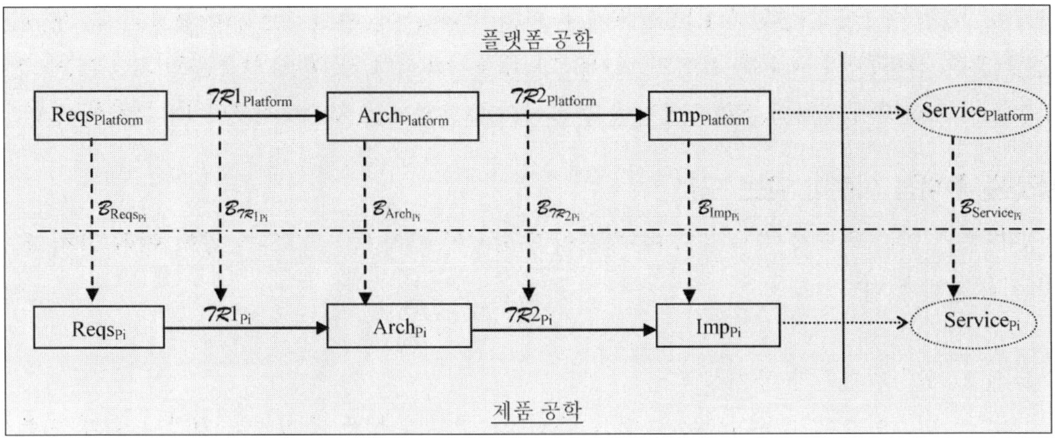

그림 7-1. 제품 추적성과 플랫폼 추적성의 관계 개요

제 1장 서두에서 **추적성**을 개발 공정 단계의 서로 다른 산출물들의 요소들 간의 인과관계로 이를 맵핑의 집합으로 정의하였고, 제품의 추적성 모델링에 대해서는 제 1장 1.1.8절에서 설명하였다. 추적성을 다루기 위해서는 추적성을 나타내는 방법인 **추적성의 모델링** 방법과 추적성 모델링에 의해 정의된 표현의 형태로 추적성을 만드는 절차인 **추적성의 구축** 방법이 필요하다. 이 장에서는 제품라인의 추적성 모델링과 추적성 구축 방법에 대하여 논의한다.

SPLD

플랫폼 추적성은 플랫폼 공정단계의 서로 다른 산출물들의 요소들 간의 맵핑들의 집합으로 플랫폼 Reqs-to-Arch 추적성, 플랫폼 Arch-to-Imp 추적성을 포함한다. **제품라인의 추적성**은 플랫폼의 추적성과 플랫폼 추적성으로부터 생성 또는 파생된 제품 추적성으로 구성된다. 그림 7-1는 플랫폼 요구사항과 플랫폼 아키텍처 간의 추적성, 그리고 플랫폼 아키텍처와 플랫폼 구현 간의 추적성 관계를 보여 준다. SPLD는 개별 제품 개발에서의 추적성을 위한 고려사항 이외에도, 제품군의 제품간의 공통성과 가변성을 고려하고 플랫폼 공정과 제품 공정 간의 관계도 고려해야 하므로, 개별 제품 개발의 경우보다 추적성의 구축과 관리가 복잡하다.

SSPLD

SSPLD의 주요 산출물들 간의 특징적인 관계로 플랫폼 산출물과 제품 산출물들 사이의 인스턴스화 관계 외에도, 플랫폼 산출물 사이의 **추적성 관계**와 제품 산출물 사이의 추적성 관계가 있다. 제 1장 1.1.3절과 1.1.8절에서 논의된 바와 같이, 추적성은 일반적으로 두 개 모델들 (혹은 산출물)의 요소들 사이의 다-대-다 대응관계이다. 플랫폼 산출물의 요소에는 가변점들이 포함되기 때문에, SPLD에서의 추적성의 대응관계는 SPD에서보다 더 복잡해 진다.

플랫폼 추적성 이론이 갖는 도전

SSPLD을 위한 추적성 이론은 SSPD에서의 추적성이 갖지 않는 다음과 같이 여러 가지 도전을 해결해야 한다.:

도전 1: 인스턴스화의 용이성

인스턴스화의 용이성은 플랫폼 추적성으로부터 제품 추적성을 얼마나 쉽게 얻을 수 있는가를 말한다. 이를 위해서는 가능하면 제품 추적성이 플랫폼 추적성으로부터 바인딩의 적용을 통하여 자동적으로 생성되어야 한다. 즉, SSPLD에서는 인스턴스화가 용이하도록 추적성이 만들어져야 한다.

도전 2: 가변점의 처리

SSPD와 달리 SSPLD에서는 추적성에서 가변점이 맵핑의 소스 요소와 타깃 요소가 될 수 있다. 그리고 가변점의 가변성의 종류에 따라 소스 요소에서 타깃 요소로의 맵핑의 성격이 달라지게 된다. 즉 상세화 과정을 거치면서 개발이 진행될 때, 맵핑도 올바른 상세화 과정을 거쳐야 한다.

도전 3: 일관성

SSPD에서의 추적성과 비교하여, SSPLD에서의 추적성이 더 복잡해지는 또 다른 이유는 플랫폼 산출물로부터 제품 산출물들이 도출되는 경로가 다양하고 따라서 동일한 산출물에 도달하는 서로 다른 경로들이 일치된 결과를 주어야 하기 때문이다.

용어

표 7-1. 추적성 관련 용어

용어	설명
요구사항-아키텍처 추적성 (Reqs-to-Arch traceability)	요구사항과 아키텍처 간의 추적성으로 TR_1으로 나타낸다.
아키텍처-구현 추적성 (Arch-to-Imp traceability)	아키텍처와 구현 간의 추적성으로 TR_2로 나타낸다.
플랫폼 추적성 (platform traceability)	플랫폼 공정단계의 서로 다른 산출물들의 요소들 간의 맵핑들의 집합으로 플랫폼 Reqs-to-Arch 추적성, 플랫폼 Arch-to-Imp 추적성을 포함한다.
제품라인 추적성 (product line traceability)	제품라인 플랫폼의 추적성과 플랫폼 추적성으로부터 생성 또는 파생된 제품들의 추적성들로 구성된다.
추적성 모델링 (traceability modelling)	추적성을 어떻게 나타낼 것인가에 관한 추적성의 표현방법
추적성 (관계) (traceability (relationship))	개발 공정 단계의 서로 다른 산출물들의 요소들 간의 인과관계로 이를 맵핑의 집합으로 나타낼 수 있다.
추적성 구축 (traceability contruction)	추적성을 추적성 모델링에 의해 정의된 표현의 형태로 만드는 절차

7.1 SSPLD의 추적성 관계

앞서 제 1장 1.1.3절과 1.1.8절에서는 단일 제품 개발의 산출물들 간의 추적성 관계에 대하여 설명하였다. 이 절에서는 제품군 개발의 산출물들 간의 추적성 관계를 표현하기 위하여 산출물의 요소들에 가변점들을 포함시킨 플랫폼 산출물 간의 추적성 관계를 표현하는 방법에 대하여 논의한다.

7.1.1 플랫폼 수준의 맵핑에 대한 제약사항

추적성 맵핑의 유형

D가 소스집합(혹은 정의역), R이 타깃집합(혹은 치역), VP_D는 D의 가변점의 집합, VP_R 는 R의 가변점의 집합이면, 추적성 관계 $\mathcal{TR}$은

$$\mathcal{TR} \subseteq \{(D \cup VP_D) \leftrightarrow (R \cup VP_R)\}$$

이다. 즉 $\mathcal{TR}$ 은 $D \cup VP_D$의 요소들과 $R \cup VP_R$ 사이의 관계이다. SSPLD에서 가변점은 제 1장 1.8.1절에서 논의한 것처럼 일차적(first class) 요소이기 때문에, '요소'라고 말할 때 당분간 가변점이 아닌 요소를 지칭하기로 하면 추적성 맵핑은 다음 네 가지 중 하나의 유형을 가지게 된다:

유형 1) 요소-요소(Element-to-element) 맵핑
유형 2) 가변점-요소(Variation point-to-element) 맵핑
유형 3) 요소-가변점(Element-to-Variation point) 맵핑
유형 4) 가변점-가변점(Variation point-to-Variation point) 맵핑

이 중 유형 1은 SSPD에 이미 존재하는 맵핑이고, 유형 2 ~ 유형 4가 SSPLD에서 새로이 나타나는 맵핑의 유형이다. 제 5장 5.3.1절에서 논의한 바와 같이 SSPLD에서는 가변점의 세 가지 유형 중 택일가변점을 가장 기본적인 가변성 유형으로 보고, 가변값이 null인 경우가 예외적인 상황이기 때문에, SSPLD에서 새로이 고려해야 하는 경우는 크게 두 가지 경우이다. 즉 택일가변점의 가변값 중에 null이 있는 경우와 null이 없는 경우이다. 따라서 표 7.1.1-1이 보여 주는 바와 같이 유형 2에서 2개, 유형 3에서 2개, 그리고 유형 4에서 4개, 총 8개의 새로운 종류의 맵핑이 플랫폼 추적성에 나타날 수 있게 된다.

표 7.1.1-1. 플랫폼 추적성에서의 맵핑의 유형

맵핑의 종류	소스 요소의 유형	타깃 요소의 유형	맵핑의 유형
1	가변점이 아닌 요소	가변점이 아닌 요소	유형 1
2	null 가변값이 없는 가변점	가변점이 아닌 요소	유형 2
3	null 가변값을 갖는 가변점	가변점이 아닌 요소	유형 2
4	가변점이 아닌 요소	null 가변값이 없는 가변점	유형 3
5	가변점이 아닌 요소	null 가변값을 갖는 가변점	유형 3
6	null 가변값이 없는 가변점	null 가변값이 없는 가변점	유형 4
7	null 가변값이 없는 가변점	null 가변값을 갖는 가변점	유형 4
8	null 가변값을 갖는 가변점	null 가변값이 없는 가변점	유형 4
9	null 가변값을 갖는 가변점	null 가변값을 갖는 가변점	유형 4

택일가변점을 포함하는 맵핑의 의미는, 이 가변점이 소스이면 특정 제품에서 이 가변점에 바인드되는 가변값을 소스로 갖는 추적성 맵핑이 그 제품에 존재하고, 그 가변점이 타깃이면 바인드되는 가변값을 타깃으로 갖는 추적성 맵핑이 그 제품에 존재한다는 것을 의미한다. 선택가변점을 포함하는 맵핑의 의미는 선택가변점에 바인드되는 가변값이 null이 아닌 가변값이면 그 가변값으로부터 타깃으로의 맵핑이 존재하고, null인 경우에는 그러한 맵핑이 존재하지 않음을 의미한다.

예제 7.1.1-1

vpO가 O를 가변값으로 갖는 선택가변점, vpA가 A1, A2를 가변값으로 갖는 택일가변점이라고 하자. 그러면 vpO↦vpA의 의미는 특정 제품에서 vpO가 O의 가변값으로 바인드 될 경우, 특정 제품에서 vpA가 A1 또는 A2로 바인드될 경우, 특정 제품에 해당되는 추적성 맵핑은 각각 O↦A1과 O↦A2가 된다. vpO 또는 vpA가 null이 될 경우 제품을 위한 해당 추적성 맵핑은 없다.

■

플랫폼 수준의 맵핑에 대한 가변성 제약사항

맵핑의 소스 또는 타깃의 어느 한쪽이 가변점인 경우, 가변점이 여러 개의 구체적인 요소들을 나타내기 때문에 가변점이 들어가는 맵핑은 여러 개의 **구체적인 맵핑**[166]을 내포한다. 그러나 실제 추적성은 가변점을 갖는 맵핑이 내포하는 모든 구체적인 맵핑을 포함하지 않을 수도 있다. 이런 경우 구체적인 맵핑을 일일이 열거함으로써 SPLD 방법이 가지는 장점인 가변성을 사용하여 맵핑의 집합을 압축적으로 표현하는 방법을 포기하든가, 아니면 그 방법

166 즉 소스도 타깃도 가변점을 갖지 않는 맵핑을 말한다.

을 사용하면서 동시에 제약사항을 사용하여 포함되지 않는 구체적인 맵핑들을 배제해야 한다. 예를 들어, 소스 요소의 가변점이 택일가변점이고 타깃 요소에 가변점이 없는 경우, 이것은 가변점과 하나의 타깃 요소 간의 맵핑이다. 그리고 이 맵핑은 가변점이 택일가변점이기 때문에 가변점이 n개의 가변값 중에서 하나의 값으로 대치될 수 있어 n개의 맵핑을 나타내지만 실제 추적성 중에서는 제품군 추적성에 존재하지 않는 맵핑이 생성될 수 있다.
■

예제 7.1.1-2

소스 요소에 가변점 vpS가 있고 다음과 같이 선언되었다고 하자.

vpS: S1, S2, S3, S4, S5

또한 다음과 같이 타깃 요소로의 추적성이 존재한다고 가정하자.

S1↦T, S2↦T, S3↦T, S4↦T

이를 효율적으로 나타내기 위하여 vpS↦T로 나타내고자 할 경우 S5↦T를 제외시켜야 한다. 그 결과를 다음과 같이 나타낼 수 있다.

vpS↦T <u>excl:</u> S5↦T
■

7.1.2 플랫폼 추적성 모델링

앞서 제 1장 1.1.8절에서 추적성을 소스 요소로부터 타깃 요소로의 맵핑의 집합으로 정의하였는데, 이제 플랫폼 추적성은 다음과 같이 정의할 수 있다.

> **정의 7.1.2-1**
>
> **플랫폼 추적성**
> 플랫폼 개발 단계군의 인접한 플랫폼 공정단계의 산출물들 간의 추적성을 **플랫폼** 추적성이라고 말한다.

그러면 플랫폼 추적성 관계는 어떤 형태를 가졌으며, 어떻게 구축할 수 있는가? 먼저 이 절에는 그 형태에 대해 알아보고 구축하는 방법은 7.3절에서 논의한다.

플랫폼 추적성과 단일 제품에서의 추적성과 다른 점은 플랫폼 산출물들에 가변점이 포함되어 플랫폼 추적성도 가변성을 포함한 맵핑을 갖게 된다는 것이다. 그것을 보기 위하여, 세 개의 다른 단일 제품의 추적성의 예를 먼저 고려하자. 그림 7.1.2-1은 세 개의 제품 Pa, Pb1와 Pb2의 추적성 관계를 보여 준다. 각 제품에 대하여, 그림 7.1.2-1는 $\mathcal{TR}1$과 $\mathcal{TR}2$을 모두 보여 준다. 여기서 'r'은 하나의 요구사항을 나타내고, 'de'는 설계요소 그리고 'pe'는 구현 요소를 나타낸다. 추적성의 맵핑이 진한 실선으로 표시된 경우 그것은 세 제품에 공통인 맵핑을 나타내고, 가는 선으로 표시된 경우에는 세 제품에 공통이 아닌 맵핑을 나타낸다.

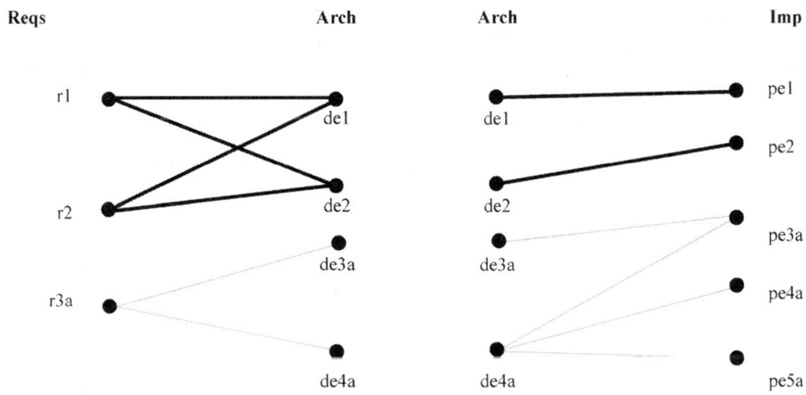

(a) 제품 Pa의 추적성

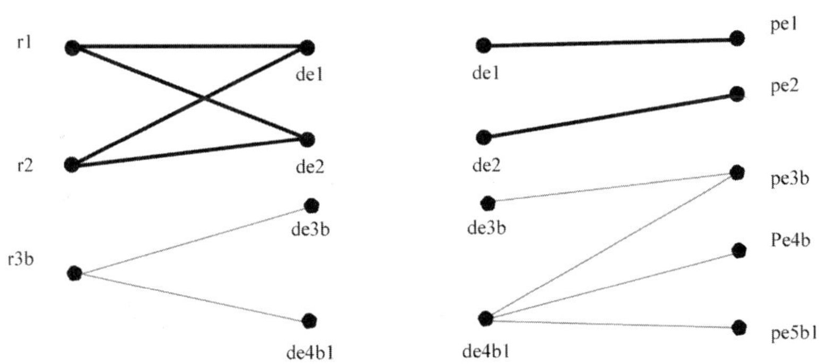

(b) 제품 Pb1의 추적성

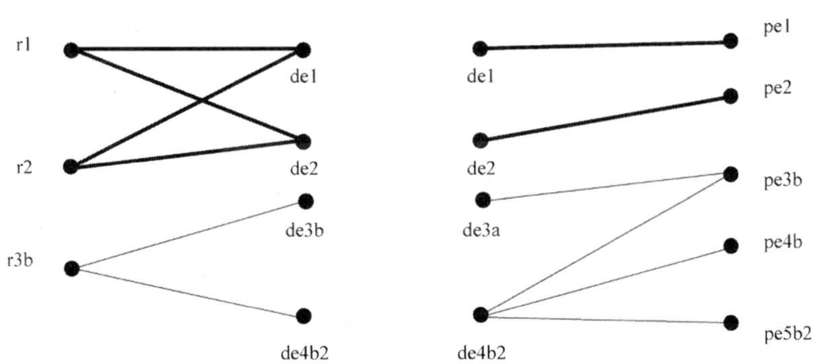

(c) 제품 Pb2의 추적성

그림 7.1.2-1. 단일 제품의 추적성 관계 예

만일 Pa, Pb1과 Pb2의 세 개의 추적성을 결합하면, 그림 7.1.2-2의 추적성을 얻게 된다, 그림 7.1.2-2의 추적성 모델링은 같은 맵핑이 여러 번 발생하는 것을 허용하고 있다.[167] 그림 7.1.2-2의 모델링의 문제는 불필요하게 많은 맵핑이 만들어진다는 것이다.

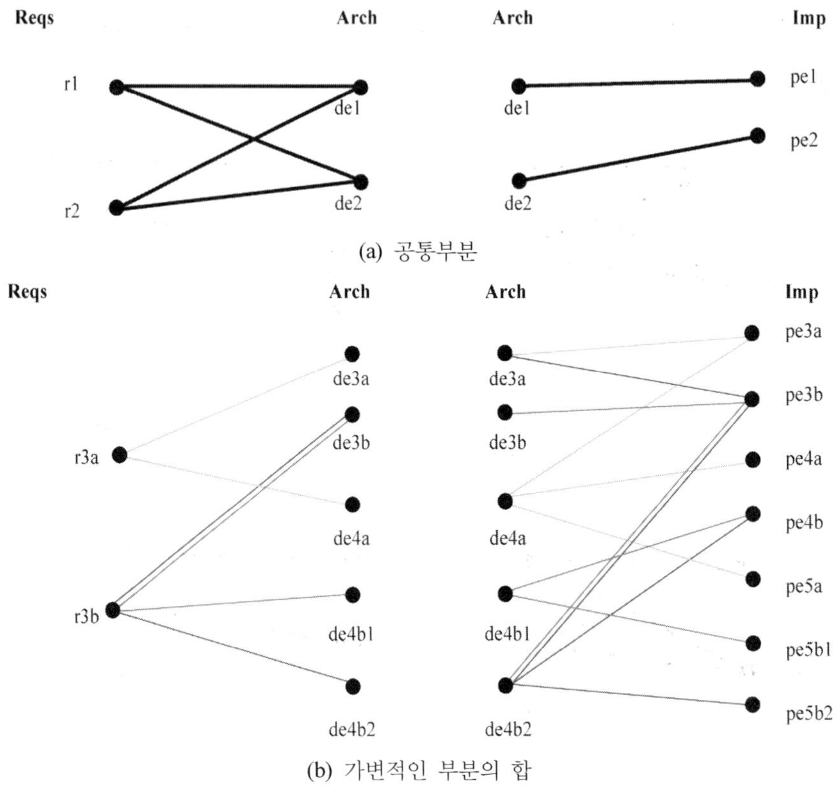

그림 7.1.2-2. Pa, Pb1 와Pb2의 추적성 관계의 가변적인 부분의 합

그림 7.1.2-3은 그림 7.1.2-1의 세 제품의 추적성에 대하여 이와 동등한 플랫폼 추적성을 보여 준다. 위 구역은 플랫폼 추적성을 보여 주는데, 하나의 Reqs 가변점과 하나의 Arch 가변점으로 제품들 간의 가변성을 공통화한다. 이와 같이 가변점을 사용하여 가변값들을 추상화 할 수 있는 것은, 가변값들이 서로 선택적인 관계에 있다, 혹은 그 가변값들이 같이 가변점에 해당되는 개념을 구성한다고 가정하기 때문에 가능한 것이고, 임의적으로 가변점을 도입해서는 안된다. 아래 구역은 Reqs과 Arch가변점들을 구성하는 가변값들 간의 맵핑을 정의한다. 그림 7.1.2-2과 7.1.2-3을 비교하면, 그림 7.1.2-2는 세 개의 제품의 추적성의 합집합(union)인 반면, 그림 7.1.2-3은 요구사항명세와 아키텍처의 가변성을 포함하여야 한다.

167 그림 7.1.2-2의 표현의 다른 한 가지 문제점은 그것으로부터 개별 제품의 추적성을 도출할 수 없다는 것이다. 왜냐하면 어느 맵핑이 어느 제품에 속하는지의 정보가 사라졌기 때문이다.

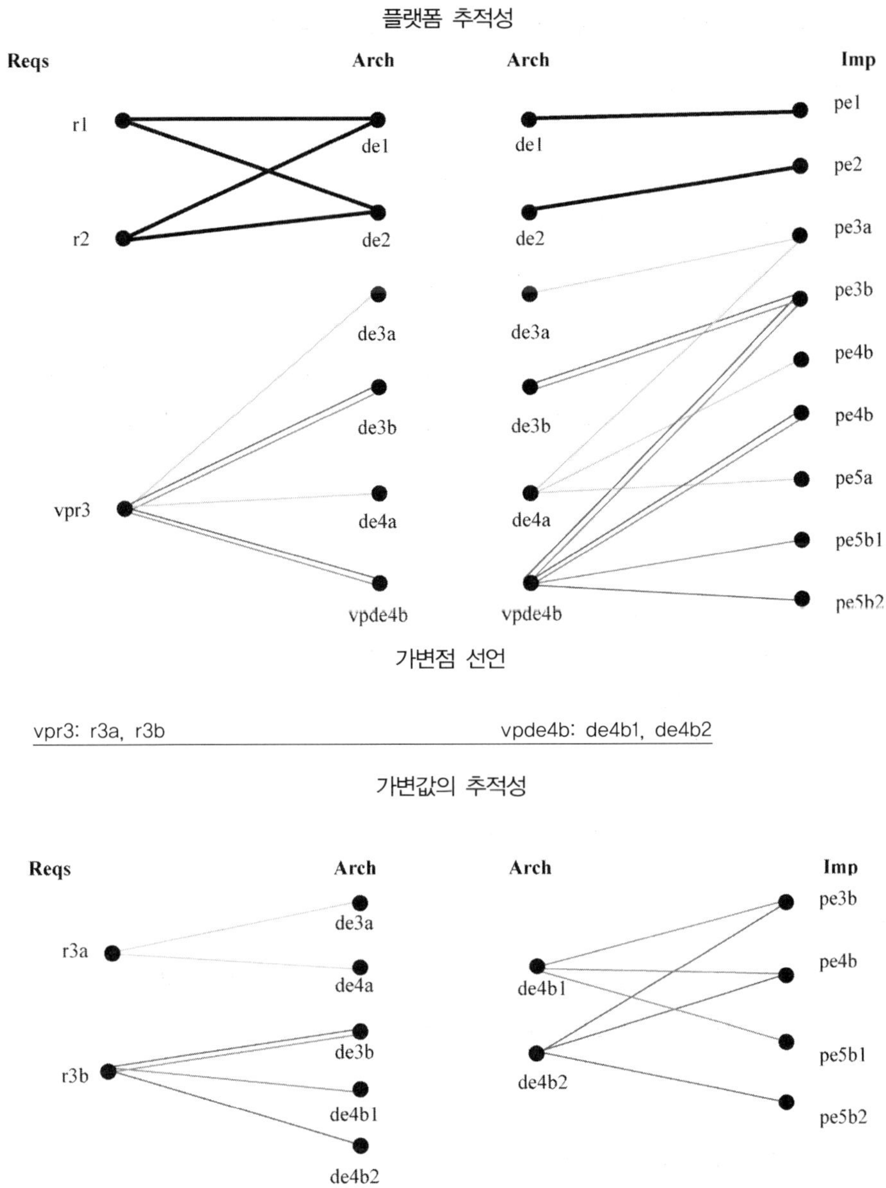

그림 7.1.2-3. 플랫폼 추적성의 예

그림 7.1.2-2부터 7.1.2-3은 추적성을 그래프로 나타낸 예들을 보여 준다. 예제 7.1.2-1은 추적성을 텍스트로 나타낸 예이다.

예제 7.1.2-1 **텍스트로 나타낸 플랫폼 추적성의 구축 예**

제품 P1, P2와 P3의 피처와 요구사항 간의 추적성이 각각 다음과 같다고 하자:

$\mathcal{TR}_{P1}$: f1 $\mapsto$ {r1}, f2 $\mapsto$ {r1, r2}, f3 $\mapsto$ {r3, r4}

$\mathcal{TR}_{P2}$: f1 $\mapsto$ {r1}, f2 $\mapsto$ {r1}, f3 $\mapsto$ {r3, r4, r5}, f4 $\mapsto$ {r6, r7}

$\mathcal{TR}_{P3}$: f1 $\mapsto$ {r1}, f2 $\mapsto$ {r2}, f3 $\mapsto$ {r3}, f5 $\mapsto$ {r8}

그러면 P1, P2와 P3의 플랫폼 추적성을 생성하기 위해서는, 피처들 (즉 피처 가변점들을 가진 플랫폼 피처들) 과 요구사항들 (즉 요구사항명세 가변점들을 가진 플랫폼 요구사항명세) 사이의 플랫폼 추적성은 다음과 같을 것이다.

$\mathcal{TR}_{Platform}$: f1 $\mapsto$ {r1}

f2 $\mapsto$ vpf2, vpf2 $\subseteq$ {r1, r2}, |vpf2| $\geq$ 1

f3 $\mapsto$ {r3} $\cup$ vpf3, vpf3: {r4}, {r4, r5}, null

vpf4: {r6, r7}, null

vpf5: {r8}, null

$\mathcal{TR}_{Platform}$로부터 $\mathcal{TR}_{P1}$, $\mathcal{TR}_{P2}$와 $\mathcal{TR}_{P3}$를 다음과 같이 도출할 수 있다:

$\mathcal{TR}_{P1}$ = $\mathcal{TR}_{Platform}$ $\mathcal{B}_{P1}$[vpf2\{r1, r2}, vpf3\{r4}, vpf4\null, vpf5\null]

$\mathcal{TR}_{P2}$ = $\mathcal{TR}_{Platform}$ $\mathcal{B}_{P2}$[vpf2\{r1}, vpf3\{r4, r5},vpf4\{r6, r7}, vpf5\null]

$\mathcal{TR}_{P3}$ = $\mathcal{TR}_{Platform}$ $\mathcal{B}_{P3}$[vpf2\{r2}, vpf3\null, vpf4\ null, vpf5\{r8}]

■

7.1.3 다계층 플랫폼에서의 가변점의 맵핑

제 6장 6.3.2절에서는 제품군의 다계층 제품라인이 가변점 집합이 분할되며 형성되는 것을 보았다. 한편 제품군의 가변점 집합은 산출물의 타입별로 존재하기 때문에, 제품라인이 다계층을 형성할 경우, 가변점을 갖는 산출물의 경우 어떻게 개발이 진행되면서 추적성이 구축되는가 그리고 가변점의 맵핑이 어떻게 이루어지는가 하는 질문이 제기된다. 다음은 제 6장 6.3.2절의 논의에 사용된 가변점 집합들에 대하여, 다계층 제품라인에서 플랫폼 산출물 간의 추적성 구축을 위하여 가변점의 맵핑이 이루어지는 방식을 보인다.

규칙 7.1.3-1

다계층 플랫폼의 가변점의 맵핑 규칙

VPs1 그룹에 속하는 가변점들 간의 추적성은, ReqsVPs1의 가변점들이 ArchVPs1의 가변점들로 또 ArchVPs1의 가변점들이 ImpVPs1의 가변점들로 맵핑되어야 한다. 또한 VPs2 그룹에 속하는 가변점들 간의 추적성은, ReqsVPs2의 가변점들이 ArchVPs2의 가변점들로 또 ArchVPs2의 가변점들이 ImpVPs2의 가변점들로 맵핑되어야 한다.[168]

168 즉, 가변점들은 바인딩이 이루어지는 계층에 해당되는 계급이 있고, 가변점 간의 맵핑은 다른 계급 간에는 이루어지지 않고 같은 계급 간에만 이루어진다고 생각할 수 있다.

7.2 복잡한 제품을 위한 추적성 모델링

복잡한 제품 산출물은 트리 형태의 계층적 구조를 가질 수 있다. 이 경우 하위시스템 혹은 컴포넌트를 지칭하기 위하여, "*SystemName/SubsystemName/⋯/ComponentName*"과 같이 경로를 포함한 이름을 사용하기로 한다. 제품을 나타내는 계층 구조에서 하위시스템은 다른 하위시스템 혹은 컴포넌트를 포함할 수 있고 컴포넌트는 다른 컴포넌트를 포함할 수 있지만, 컴포넌트가 시스템을 포함할 수는 없다고 가정한다.

가변성의 상속

각 타입의 산출물들은 개발이 진행되면 점차 상세화되어 간다. 상세화에는 수직적 상세화와 수평적 상세화의 두 가지 종류가 있다. **수직적 상세화**(혹은 분해)는 상세화의 결과로서 포함관계의 계층이 하나 증가하는 상세화이고, **수평적 상세화**(혹은 상세화)는 포함관계에 있지 않은 상세화를 말한다.

예제 7.2.1 수직적 상세화

아래 그림에서 왼쪽은 가변점을 포함하고 있는 Control 컴포넌트로 아직 내부 구조를 알 수 없다. 오른쪽 그림은 이 컴포넌트를 수직적으로 상세화한 결과로 내부를 구성하는 하위 컴포넌트와 하위컴포넌트들을 연결하는 커넥터들을 볼 수 있다. 아래 플랫폼 아키텍처 그림에서 사용되는 기호의 설명은 제 5장 그림 5.4.2-2에 있다.

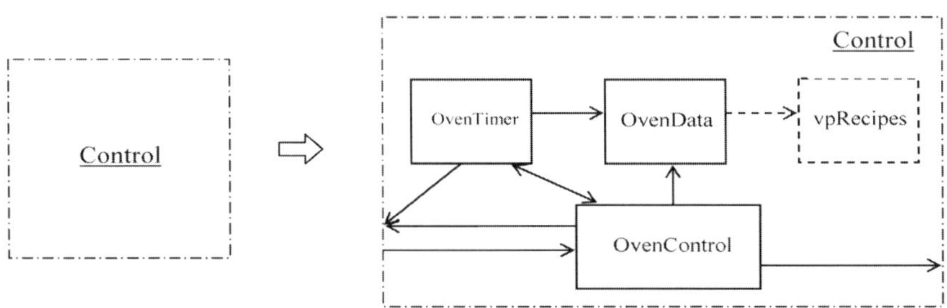

예제 7.2-2 수평적 상세화

아래 왼쪽 요구사항 R01은 다음과 같이 두 개의 요구사항 R01.1과 R01.2로 상세화될 수 있다.

R01: Microwave oven shows the cooking time. ⇨ R01.1: Microwave oven outputs the time data to the display.
R01.2: Microwave oven controls cooking time.

■

정의 7.2-1

가변성의 상속 규칙

수평적 상세화로 인하여 부모 가변점이 자식가변점들로 상세화될 때, 같은 가변점을 부모로 갖는 자식가변점들은 부모 가변점과 같은 종류의 가변점이 된다.

이 규칙에 따르면 산출물이 수평적으로 상세화될 때, 부모 가변점이 선택가변점이면 자식 가변점도 선택가변점이 되고, 부모 가변점이 택일가변점이면 자식 가변점도 택일가변점이 되어야 한다. 또한 선택가변점인 자식 가변점들은 모두 같이 null이 되거나 같이 null인 가변값을 갖게 된다.

예제 7.2-3 가변성의 상속

예제 7.2-2에서, 요구사항 가변점 vpR01이 R01을 가변값으로 갖는 선택가변점이라고 하자. 그러면 위의 요구사항의 상세화를 가변점의 상세화에 반영하면, 가변점 vpR01은 두 개의 가변점 vpR01.1과 vpR01.2로 상세화되며, 각각 R01.1과 R01.2을 가변값으로 갖는 선택가변점이 된다.

■

수직적 상세화의 경우 가변성의 상속은 발생하지 않는다. 즉 가변값 혹은 가변점을 내포하는 가변값이 상세화되고 가변점 자체는 상세화의 대상이 아니다.

7.3 플랫폼 요구사항-아키텍처 추적성의 구축

이 절에서는 플랫폼 요구사항-아키텍처 추적성의 구축절차를 제안한다. 요구사항명세의 경우 보통 텍스트로 표현되고 집합과 같이 단순한 구조를 갖는 반면, 아키텍처는 일반적으로 계층을 구성할 수 있고 컴포넌트들로 구성된 복잡한 구조를 가질 수 있기 때문에, 요구사항에서 아키텍처로의 맵핑을 엄밀히 표현하려면 아키텍처 요소에 대한 명확한 정의가 필요하다. 아키텍처의 중심적인 요소로서 컴포넌트를 다음과 같이 정의할 수 있다.

Comp = < Reqs, Comps, Structure >
이고
Reqs: Comp의 요구사항명세
Comps: 컴포넌트의 집합
Structure: 컴포넌트들의 연결
이다.

컴포넌트를 이와 같이 정의할 때, 제품을 구성하는 시스템은 최상위 수준의 컴포넌트가 되고, 최하위 수준의 컴포넌트인 단말 컴포넌트(혹은 원자 컴포넌트)의 경우 위의 Comp의 정의에서 Comps = Structure = {}가 된다. 시스템을 포함하여, 단말 컴포넌트가 아닌 컴포넌트는 복합 컴포넌트(즉 분해 가능한 컴포넌트)인데, 이 경우에는 Comps ≠ {} 이고, Structure ≠ {} 이다.

7.3.1 플랫폼 $\mathcal{TR}$1의 구축절차

그림 7.3.1-1은 플랫폼 $\mathcal{TR}$1의 구축절차를 보여 준다. 이 절차의 입력은 $Reqs_{Platform}$이다. 구축절차에서

{r1, ... , rm} := Comp.Reqs

는 Comp의 요구사항명세들이 m개이며, 각 요구사항의 이름을 r1, ... , rm으로 명명함을 나타낸다. 마찬가지로

$\{r_{i_1}, \ldots, r_{i_m}\}$:= Ci.Reqs

는 컴포넌트 Ci의 요구사항이 i_m개이며, 각 요구사항의 이름을 $r_{i_1}, \ldots, r_{i_m}$으로 명명함을 나타낸다.

```
procedure Construct_Platform_TR1
// 너비우선으로 진행되는 아키텍처설계 절차
입력: Reqs_Platform = {r1, ... , rm};
출력: Arch_Platform, TR1_Platform
    C := <Reqs_Platform, {}, {}> // 최초의 블랙박스 상태의 아키텍처
    Arch_Platform := <> // 아키텍처 산출물은 일련이 분해과정에 따른 산출물들로 구성된다.
    TR1_Platform := {r1 ↦ Arch, ... , rm ↦ Arch};
    W := < >;   // W는 설계가 필요한 컴포넌트를 담는 큐이다.
    enqueue(W, C);
    while W ≠ < > do
     C := dequeue(W);
     if C가 분해가능하다 then begin
          <comps, st> := decompose(C); // comps = {comp1, ... , compn}
          C.Comps := comps;
          C.Structure := st; // st = {<cj,ck> | <cj,ck> 가 분해로 얻어진 연결이다. }
          for c∈comps do enqueue(W,c) end for;
     end
     Arch_Platform := Arch_Platform ++ <C>;
     end while
end procedure

function decompose(Comp)
    Comp에 대한 아키텍처설계결정 D가 내려졌다;
    {comp_1.Reqs, ... , comp_n.Reqs } := Comp.Reqs;
                       // comp_i는 D의 결정들에 의하여 도입된 Comp의 하위컴포넌트이다.
for i := 1 to n do     // n은 D에 의하여 얻어진 컴포넌트의 개수이다.
    {r_i1, ... , r_im} := comp_i.Reqs;
    comp_i.Comps := { };
    comp_i.Structure := { };
    TR1_Platform := TR1_Platform ∪ { r_i1 ↦ compi, ... , r_im ↦ compi };
    if r′∈{r_i1, ..., r_im}이 r ∈ Comp.Reqs의 상세화이다 then (r ↦ compi)∈TR1;
    end for;
    return {comp_1, ... , comp_n};
end function
```

그림 7.3.1-1. 요구사항과 아키텍처 간 플랫폼 추적성의 구축절차

그림 7.3.1-1의 절차는 플랫폼 추적성의 구축절차를 보여 주지만, 플랫폼 공학단계의 추적성 구축은 플랫폼 추적성 구축에 그치지 않고, 플랫폼의 가변점들의 가변값들에 대한 추적성까지를 포함해야 한다. 가변값 추적성 구축의 경우, 플랫폼 추적성의 요구사항에 속하는 가변점들의 가변값들이 가변값 추적성의 요구사항이 되고, 추적성의 아키텍처 요소들은 가변값 추적성의 요구사항이 맵핑되는 모든 아키텍처 요소들을 포함한다.[169]

7.3.2 적용사례

[Gomaa 04]는 UML 기반의 SPLD 아키텍처 설계의 사례연구를 보였다. 전자레인지 제품라인(Microwave Oven Product Line: MOPL)의 사례연구는 SPLD에서의 각 개발 단계의 산출물을 제공해 준다. 이 절에서는 Gomaa가 제공한 사례연구 내용의 일부를 수정하여 제품라인의 추적성 구축 사례를 만드는데 사용한다. 이 절의 사례연구에 사용될 제품군 요구사항은 표 7.3.2-1과 같다.

표 7.3.2-1. 전자레인지 제품군의 요구사항

R01	Microwave oven shows the cooking time.
R02	Input buttons with numeric keypad for selecting Cooking Time, Start, and Cancel are provided.
R03	A door sensor senses when the door is open.
R04	A beeper beeps when cooking is finished.
R05	A lamp is switched on when the door is open and when food is being cooked.
R06	A turntable turns during cooking.
R07	One-level heating element provides over 300 degree.
R08	Multi-level heating element provides low, medium, and high heating degrees.
R09	User can adjust power level.
R10	The microwave oven provides recipes for cooking.

이 절에서는 표 7.3.2-1의 제품군 요구사항으로부터 먼저 플랫폼 요구사항명세를 도출하고, 그림 7.3.1-1의 추적성 구축절차를 플랫폼 아키텍처 설계의 단계별로 적용하며 전자레인지 제품군의 요구사항명세와 아키텍처 간의 플랫폼 추적성을 구축한다.

169 가변값 추적성의 구축절차는 단일 제품에서의 추적성 구축에 해당되어, 여기서는 따로 구축절차를 제시하지 않는다.

Level-1설계에 따른 추적성 구축

그림 7.3.2-1은 제품군의 계획된 제품이 P1, P2, P3와 같다고 가정하고, 표 7.3.2-1의 제품군 요구사항으로부터 도출한 제품라인 요구사항명세이다.

<table>
<tr><th>PL Artifact Name</th><th colspan="2">$\mathcal{PL}(Reqs_{MOPL})$ :: Requirements
(첫 번째 상세화 이전의 제품라인 요구사항명세)</th></tr>
<tr><td rowspan="4">Planned Products</td><td>P1</td><td>R01, R02, R03, R05, R07</td></tr>
<tr><td>P2</td><td>R01, R02, R03, R04, R05, R06, R08, R09</td></tr>
<tr><td>P3</td><td>R01, R02, R03, R04, R05, R06, R08, R09, R10</td></tr>
<tr><td>Variability Constraints</td><td>R09 <u>req</u> R08
R10 <u>req</u> R08</td></tr>
<tr><td rowspan="3">Platform</td><td colspan="2">R01, R02, R03, vpR04, R05, vpR06, vpR0708, vpR09, vpR10</td></tr>
<tr><td>VP Declarations</td><td>vpR04: R04, null;
vpR06: R06, null;
vpR0708: R07, R08;
vpR09: R09, null;
vpR10: R10, null</td></tr>
<tr><td>Variability Constraints</td><td>R09 <u>req</u> R08;
R10 <u>req</u> R08</td></tr>
<tr><td rowspan="3">Bindings</td><td>P1</td><td>[vpR04\null, vpR06\null, vpR0708\R07, vpR09\null, vpR10\null]</td></tr>
<tr><td>P2</td><td>[vpR04\R04, vpR06\R06, vpR0708\R08, vpR09\R09, vpR10\null]</td></tr>
<tr><td>P3</td><td>[vpR04\R04, vpR06\R06, vpR0708\R08, vpR09\R09, vpR10\R10]</td></tr>
</table>

그림 7.3.2-1. MOPL 제품라인의 요구사항명세

그림 7.3.2-2는 그림 7.3.2-1의 $\mathcal{PL}(Reqs_{MOPL})$로부터 제품라인 아키텍처를 설계하기 위해 내려진 일련의 설계결정 $\mathcal{PL}(\mathcal{D}1_{MOPL})$[170]에 따라 만들어진 MOPL의 Level-1 제품라인 아키텍처를 보여 준다.

---

170 $\mathcal{PL}(\mathcal{D}1_{MOPL})$는 이 절에서 생략되었다.

<table>
<tr><th>PL Artifact Name</th><th colspan="2">$\mathcal{PL}$(Arch$_{MOPL}$) :: Architecture
(Level-1 제품라인 아키텍처설계)</th></tr>
<tr><td>Import</td><td colspan="2">$\mathcal{PL}$($\mathcal{D}$1$_{MOPL}$) // 아래 아키텍처의 설계결정 산출물들이 정의한 아키텍처
// 설계결정을 가져오기한다.</td></tr>
<tr><td rowspan="3">Platform</td><td colspan="2">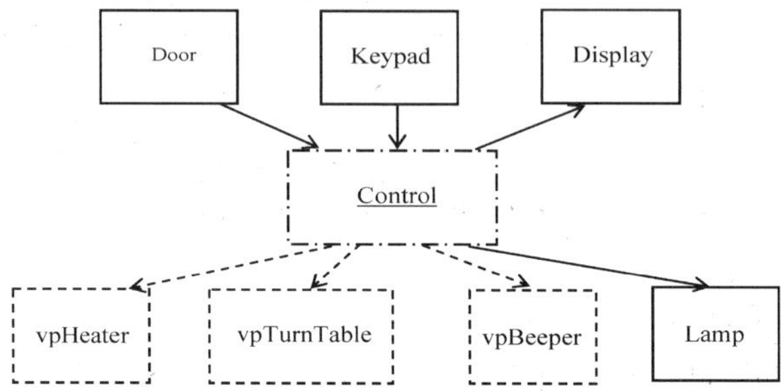
</td></tr>
<tr><td>VP Declarations</td><td>vpBeeper : [Beeper], null ;
vpTurnTable : [TurnTable], null ;
vpHeater : [Heater1], [Heater2]</td></tr>
<tr><td>Variability Constraints</td><td>vpR0708.R07 req vpHeater/Heater1; // 아키텍처설계결정의 결과
vpR0708.R08 req vpHeater/Heater2 // 아키텍처설계결정의 결과</td></tr>
<tr><td rowspan="3">Bindings</td><td>P1</td><td>[vpBeeper\null, vpTurntable\null, vpHeater\Heater1]</td></tr>
<tr><td>P2</td><td>[vpBeeper\Beeper, vpTurntable\TurnTable, vpHeater\Heater2]</td></tr>
<tr><td>P3</td><td>[vpBeeper\Beeper, vpTurntable\TurnTable, vpHeater\Heater2]</td></tr>
</table>

그림 7.3.2-2. MOPL의 제품라인 아키텍처

그림 7.3.2-3은 MOPL 제품라인의 플랫폼 $\mathcal{TR}$1이다. 플랫폼 추적성에서 선택가변점 간의 맵핑이 달리 표시되지 않으면, 소스 가변점의 가변값으로 null이 선택될 경우 타깃으로의 맵핑의 결과는 null이 되고, 소스 가변점의 가변값이 null이 아닌 가변값이 선택되면 null이 아닌 가변값이 맵핑의 결과가 된다. 택일가변점의 경우에는 그림 7.3.2-3의 Variability Constraints 구역에서와 같이 가변점을 사용한 맵핑에 예외인 경우들을 가변성 제약사항으로 표현하여 상세히 명시적으로 나타내야 한다.

가변값 추적성은 요구사항명세의 가변값으로 나오는 모든 요구사항(즉, R04, R06, R07, R08, R09, R10)과 아키텍처의 가변값으로 나오는 모든 설계요소 (즉, Beeper, TurnTable, Heater1, Heater2)를 대상으로 추적성을 정의한다. Control의 경우, 가변값에 나오는 설계요소가 아니지만, 가변값에 나오는 요구사항들이 Control로 맵핑이 되기 때문에 가변값 추적성에 포함되었다.

<table>
<tr><th>PL
Artifact
Name</th><th colspan="2">$\mathcal{PL}(\mathcal{TR}1_{MOPL})$ :: Reqs-to-Arch Traceability
(제품라인 요구사항명세의 첫 번째 상세화 이전,
Level-1 제품라인 아키텍처설계 이후)</th></tr>
<tr><td>Import</td><td colspan="2">$\mathcal{PL}(\mathcal{D}1_{MOPL})$ // 그림 7.3.2-2에서 가져오기한 $\mathcal{PL}(\mathcal{D}1_{MOPL})$와 동일하다.</td></tr>
<tr><td rowspan="3">Platform</td><td colspan="2">플랫폼 추적성
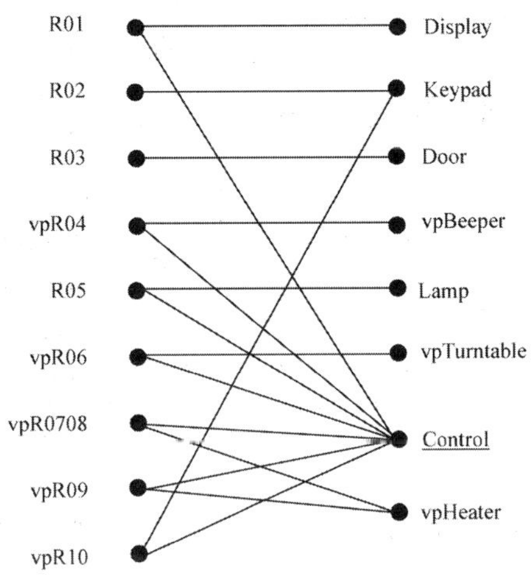
</td></tr>
<tr><td>VP
Declarations</td><td>// 가변점은 가져오기로 포함되나 여기에서는 반복하여 보이지
// 않는다.
가변값 추적성
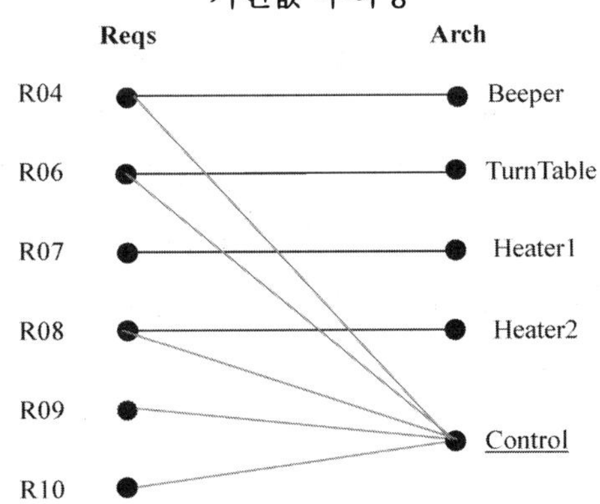
</td></tr>
<tr><td>Variability
Constraints</td><td><u>excl</u>: R07↦<u>Control</u></td></tr>
<tr><td rowspan="3">Bindings</td><td>P1</td><td rowspan="3">// Pi의 추적성 바인딩은 Reqs 바인딩과 Arch 바인딩의 합집합이다.</td></tr>
<tr><td>P2</td></tr>
<tr><td>P3</td></tr>
</table>

그림 7.3.2-3. MOPL 제품라인의 $\mathcal{TR}1$

표 7.3.2-2. Level-1 제품라인 아키텍처 설계에 따른 제품라인 요구사항명세의 첫 번째 상세화 (상세화된 요구사항만 포함)

R01	Microwave oven shows the cooking time.	R01.1	Output time data to the display
		R01.2	Control cooking time
R04	A beeper beeps when cooking is finished.	R04.1	Provide interface to external beeper
		R04.2	Control when to start the beeper
R05	A light is switched on when the door is open and when food is being cooked.	R05.1	Provide interface to external lamp
		R05.2	Control when to switch the lamp on and off
R06	A turntable turns during cooking.	R06.1	Provide interface to external turntable
		R06.2	Control when to start and stop the turntable
R08	Multi-level heating element provides low, medium, and high heating degrees.	R08.1	Provide interface to external multi-level heating element
		R08.2	Control different level heating
R09	User can adjust power level.	R09.1	Provide user button for high, medium, and low power levels
		R09.2	Control the power level action
R10	The microwave oven provides recipes for cooking the food.	R10.1	Provide a user button for each recipe
		R10.2	Control cooking with recipe

상위 수준의 컴포넌트가 하위 수준의 컴포넌트로 분할되면서, 상위 컴포넌트에 할당된 요구사항은 상세화되어 하위 컴포넌트에 할당된다. 그림 7.3.2-4는 그림 7.3.2-1의 제품라인 요구사항명세에 표 7.3.2-2의 (수평적) 상세화를 반영한 결과이다. R02, R03, R07은 상세화되지 않은 요구사항들이다. 그림 7.3.2-4에서 상세화는, 먼저 계획된 제품들에 대하여 수행되고 이어서 새로운 적절한 가변점들이 선언되어 반영된다. 새로운 가변점의 선언은 먼저 수평적 상세화로 얻어진다.

<table>
<tr><th>PL Artifact Name</th><th colspan="2">PL($Reqs_{MOPL'}$) :: Requirements
(제품라인 요구사항명세의 첫 번째 상세화)</th></tr>
<tr><td>Import</td><td colspan="2">PL($Reqs_{MOPL}$) // 그림 7.3.2-1</td></tr>
<tr><td rowspan="4">Planned Products</td><td>P1</td><td>R01.1, R01.2, R02, R03, R05.1, R05.2, R07</td></tr>
<tr><td>P2</td><td>R01.1, R01.2, R02, R03, R04.1, R04.2, R05.1, R05.2, R06.1, R06.2, R08.1, R08.2, R09.1, R09.2</td></tr>
<tr><td>P3</td><td>R01.1, R01.2, R02, R03, R04.1, R04.2, R05.1, R05.2, R06.1, R06.2, R08.1, R08.2, R09.1, R09.2, R10.1, R10.2</td></tr>
<tr><td>Variability Constraints</td><td>(R09.1 ∨ R09.2) req R08.1; (R09.1 ∨ R09.2) req R08.2; (R10.1 ∨ R10.2) req R08.1; (R10.1 ∨ R10.2) req R08.2</td></tr>
<tr><td rowspan="3">Platform</td><td colspan="2">R01.1, R01.2, R02, R03, vpR04.1,vpR04.2, R05.1, R05.2, vpR06.1, vpR06.2, vpR070812, vpR070812, vpR09.1,vpR09.2, vpR10.1, vpR10.2</td></tr>
<tr><td>VP Declarations</td><td>vpR04.1: R04.1, null; vpR04.2: R04.2, null;
vpR06.1: R06.1, null; vpR06.2: R06.2, null;
vpR070812: R07, (R08.1 ∧ R08.2);
vpR09.1: R09.1, null; vpR09.2: R09.2, null;
vpR10.1: R10.1, null; vpR10.2: R10.2, null</td></tr>
<tr><td>Variability Constraints</td><td>(R09.1 ∨ R09.2) req R08.1; (R09.1 ∨ R09.2) req R08.2; (R10.1 ∨ R10.2) req R08.1; (R10.1 ∨ R10.2) req R08.2</td></tr>
<tr><td rowspan="3">Bindings</td><td>P1</td><td>[vpR04.1\null, vpR04.2\null, vpR06.1\null, vpR06.2\null, vpR070812\R07, vpR09.1\null, vpR09.2\null, vpR10.1\null, vpR10.2\null]</td></tr>
<tr><td>P2</td><td>[vpR04.1\R04.1, vpR04.2\R04.2, vpR06.1\R06.1, vpR06.2\R06.2, vpR070812\ (R08.1 ∧ R08.2), vpR09.1\R09.1, vpR09.2\R09.2, vpR10.1\null, vpR10.2\null]</td></tr>
<tr><td>P3</td><td>[vpR04.1\R04.1, vpR04.2\R04.2, vpR06.1\R06.1, vpR06.2\R06.2, vpR070812\(R08.1 ∧ R08.2), vpR09.1\R09.1, vpR09.2\R09.2, vpR10.1\R10.1, vpR10.2\R10.2]</td></tr>
</table>

그림 7.3.2-4. 표 7.3.2-2에 따라 상세화된 제품라인 요구사항명세

그림 7.3.2-5는 플랫폼 요구사항명세 상세화에 따른 TR1의 상세화 결과이다. 요구사항명세가 상세화되며, 하나의 요구사항이 여러 개의 설계 요소로 맵핑되는 경우가 이제는 더 상세한 요구사항이 자신에 해당되는 더 적은 개수의 설계요소로 맵핑되게 된다. 예를 들어, R01이 R01.1과 R01.2로 상세화되면, R01으로부터 Display와 <u>Control</u>로 가던 맵핑이, R01.1는 Display으로만 맵핑이 되고 R01.2는 <u>Control</u>으로만 맵핑으로 바뀐다. 또한 요구사항이 상세화되며, 상세화된 요구사항들에 상응하는 가변점의 자식가변점들이 생성되었다. 예를 들어, R04가 R04.01과 R04.02로 상세화되며, 가변점 vpR04는 vpR04.1과 vpR04.2로 상세화되었다.

가변성 제약사항의 상세화

가변성 제약사항으로 R1 req R2유형의 가변성 제약사항이 있다. 만일 R1이 R1.1과 R1.2로 상세화되고 R2가 R2.1과 R2.2로 상세화되었다고 하자. 이 경우 상세화된 요구사항들의 관점에서 위의 가변성 제약사항은 어떻게 번역되어야 할까? R2는 R2.1과 R2.2를 모두 포함하므로

$$R1\ \underline{req}\ R2 \ \equiv\ R1\ \underline{req}\ (R2.1\ \wedge\ R2.2) \ \equiv\ (R1\ \underline{req}\ R2.1)\ \wedge\ (R1\ \underline{req}\ R2.2)$$

로 볼 수 있다. 이제 R1의 상세화된 요구사항 R1.1과 R1.2의 관점에서 R1 req R2의 의미를 고려하자. 이를 “R1.1이 R2를 요구하고, R1.2가 R2를 요구한다”로 해석한다면, 만일 R1.1 혹은 R1.2의 하나만이 R2를 요구할 경우 사실과 다르게 되어 올바른 해석으로 볼 수 없다. 따라서 이를 “R1.1이 R2을 요구하거나 R1.2가 R2를 요구한다”, 즉 “R1.1 혹은 R1.2은 R2를 요구한다”로 해석해야 한다. 따라서 다음과 같이 표현할 수 있다.

$$R1\ \underline{req}\ R2 \ \equiv\ (R1.1\ \vee\ R1.2)\ \underline{req}\ R2 \ \equiv\ (R1.1\ \underline{req}\ R2)\ \vee\ (R1.2\ \underline{req}\ R2)$$

따라서 이 가변성 제약사항을 R1.1, R1.2, R2.1, R2.2의 관점에서 표현하면 다음과 같다.

$$\begin{aligned} R1\ \underline{req}\ R2 &\equiv (R1.1\ \vee\ R1.2)\ \underline{req}\ (R2.1\ \wedge\ R2.2) \\ &\equiv ((R1.1\ \vee\ R1.2)\ \underline{req}\ R2.1)\ \wedge\ ((R1.1\ \vee\ R1.2)\ \underline{req}\ R2.2) \end{aligned}$$

요구사항 상세화에 따른 추적성의 상세화

그림 7.3.2-4과 같이 제품라인 요구사항이 상세화된 결과로, 요구사항 요소들이 그림 7.3.2-5의 플랫폼 추적성의 왼쪽과 같이 식별된다. 표 7.3.2-2에서 요구사항의 이름이 ‘.01’로 끝나는 요구사항과 ‘.02’로 끝나는 요구사항으로 상세화되었는데, 이 가운데 Control에 관련된 기능 부분은 ‘.02’를 갖는 요구사항로 상세화되고 그렇지 않은 경우는 ‘.01’을 갖는 요구사항으로 상세화되었다고 가정한다. 그림 7.3.2-3의 추적성은 그림 7.3.2-5와 같이 상세화 된다. 따라서 ‘.02’로 끝나는 이름의 요구사항들만 Control로의 맵핑을 갖게 된다.

<table>
<tr><td>PL Artifact Name</td><td colspan="2">$\mathcal{PL}(\mathcal{TR}1_{MOPL}')$ :: Reqs-to-Arch Traceability
(제품라인 요구사항명세의 첫 번째 상세화 이후,
Level-1 제품라인 아키텍처설계 이후)</td></tr>
<tr><td>Import</td><td colspan="2">$\mathcal{PL}(\mathcal{TR}1_{MOPL})$ // 그림 7.3.2-3
$\mathcal{PL}(Reqs_{MOPL}')$ // 그림 7.3.2-4</td></tr>
<tr><td rowspan="3">Platform</td><td colspan="2">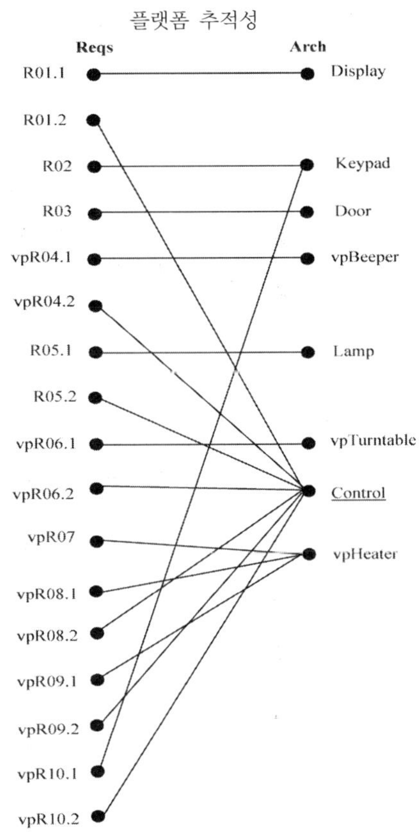
</td></tr>
<tr><td>VP Declarations</td><td>// 가변점은 가져오기로 인하여 포함되나 여기에서는
// 반복하여 보이지 않는다.
// 가변값 추적성은 따로 그림 7.3.2-6에 기술한다.</td></tr>
<tr><td>Variability Constraints</td><td>// 가변성 제약사항은 가져오기로 포함된다.
// 여기서는 추가적인 가변성 제약사항만 기술한다.
vpR09.1.R09.1 <u>req</u> vpR070812.R08;
vpR08.1.R08.1 <u>req</u> vpHeater.Heater2</td></tr>
<tr><td rowspan="3">Bindings</td><td>P1</td><td rowspan="3">// Pi의 추적성 바인딩은 $Reqs_{MOPL}$ 바인딩과 $Arch_{MOPL}$
// 바인딩의 합집합이다.</td></tr>
<tr><td>P2</td></tr>
<tr><td>P3</td></tr>
</table>

그림 7.3.2-5. 제품라인 요구사항명세의 상세화에 따른 $\mathcal{PL}(\mathcal{TR}1_{MOPL})$의 상세화

가변값 추적성

그림 7.3.2-3의 가변값 추적성의 경우와 마찬가지로, 가변값 추적성의 요구사항은 플랫폼 추적성의 가변점의 가변값들이 되고, 추적성의 아키텍처 요소들은 가변값 추적성의 요구사항이 맵핑되는 모든 아키텍처 요소들을 포함한다. 가변값 추적성은 요구사항의 가변값으로 나오는 모든 요구사항(즉, R04.1, R04.2, R06.1, R06.2, R07, (R08.1 ∧ R08.2), R09.1, R09.2, R10.1, R10.2)과 아키텍처의 설계요소 <u>Control</u>을 대상으로 한다. 따라서 가변값 추적성은 그림 7.3.2-6과 같다.

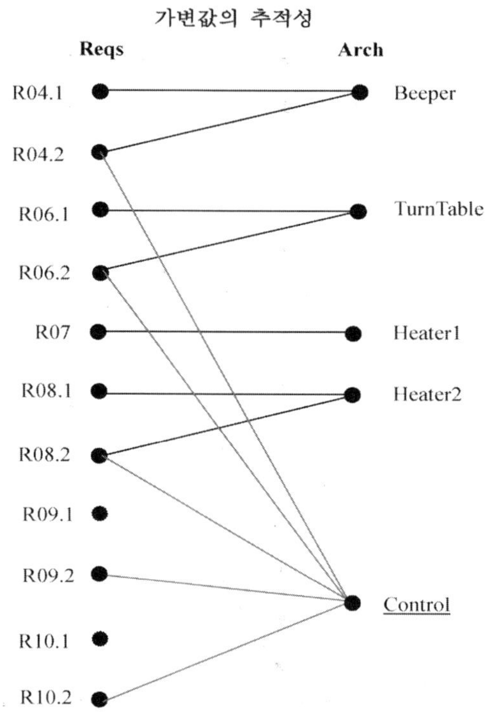

그림 7.3.2-6. 그림 7.3.2-5의 가변값 추적성

Level-2 제품라인 아키텍처 설계에 따른 제품라인 추적성

Level-2 제품라인 아키텍처 설계는 <u>Control</u> 컴포넌트에 대하여 수행된다. 이에 앞서, <u>Control</u> 컴포넌트의 제품라인 요구사항명세를 그림 7.3.2-7(a)와 같이 추출할 수 있다. 먼저 그림 7.3.2-5의 플랫폼 추적성에서 <u>Control</u>로 가는 맵핑을 추출하면 그림 7.3.2-7(a)의 왼쪽과 같이 된다. 여기에 등장하는 요구사항 가변점들은 전부 선택가변점이고, 소스가 null인 경우의 맵핑을 제외하면 그림 7.3.2-7(a)의 오른쪽과 같이 된다. 그림 7.3.2-7(b)이 가변값 요

구사항 추출의 경우 역시 그림 7.3.2-6에 있는 그림 7.3.2-5의 가변값 추적성에서 Control로 가는 맵핑을 추출하면, 그림 7.3.2-7(b)의 왼쪽과 같다. 또한 요구사항 요소 중 가변값이 없기 때문에, 최종적인 요구사항 추출 결과는 왼쪽과 같이 동일하다.

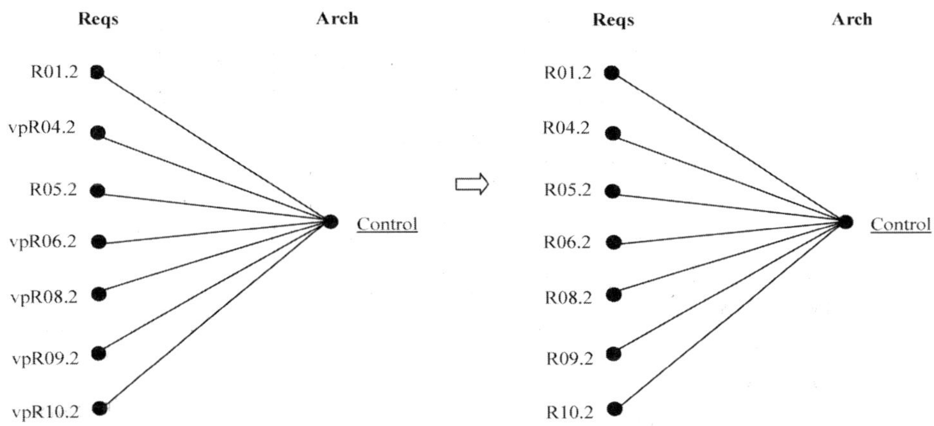

(a) 플랫폼 요구사항의 추출

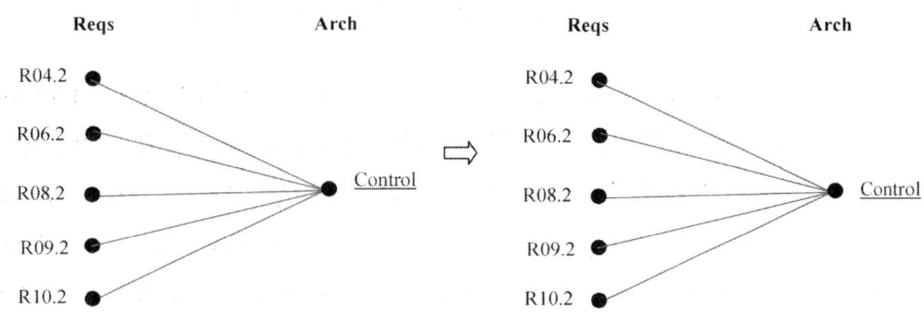

(b) 가변값 요구사항의 추출

그림 7.3.2-7. Control 컴포넌트의 플랫폼 요구사항의 추출

그림 7.3.2-7와 같이 추출한 Control 컴포넌트의 요구사항으로부터 아키텍처 설계를 위한 일련의 설계결정이 내려진다. 이를 $\mathcal{PL}(\mathcal{D}1_{\underline{Control}})$이라고 부르기로 한다. 그림 7.3.2-8은 $\mathcal{PL}(\mathcal{D}1_{\underline{Control}})$에 따라 설계된 Control 컴포넌트의 아키텍처를 보여 준다.

<table>
<tr><th>PL Artifact Name</th><th colspan="2">$\mathcal{PL}(Arch_{Control})$ :: Architecture
(Level-2 제품라인 아키텍처설계)</th></tr>
<tr><td>Import</td><td colspan="2">$\mathcal{PL}(\mathcal{D}1_{Control})$ // Control 컴포넌트에 대한 아키텍처설계결정</td></tr>
<tr><td rowspan="3">Platform</td><td colspan="2">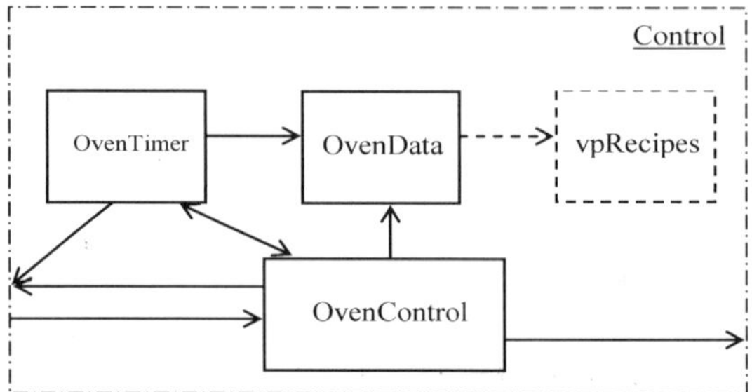
</td></tr>
<tr><td>VP Declarations</td><td>vpRecipes : [Recipes], null</td></tr>
<tr><td>Variability Constraints</td><td></td></tr>
<tr><td rowspan="3">Bindings</td><td>P1</td><td>[vpRecipes\null]</td></tr>
<tr><td>P2</td><td>[vpRecipes\null]</td></tr>
<tr><td>P3</td><td>[vpRecipes\Recipes]</td></tr>
</table>

그림 7.3.2-8. Control 컴포넌트의 제품라인 아키텍처설계

Control 컴포넌트는 가변성을 가진 컴포넌트로, Control 컴포넌트의 경우 vpRecipes라는 하위 컴포넌트의 가변점에서 가변성이 발생하고, 다른 컴포넌트에 할당되는 기능은 가변적이지 않다. 따라서 Control 컴포넌트의 플랫폼 추적성에서 플랫폼 요구사항들 중 R10.2는 선택적으로 컴포넌트 Recipes에 의하여 수행되기 때문에 가변점 vpR10.2로 나타낼 수 있다. 그 결과가 그림 7.3.2-9에 있다. 또한 R10.2 기능의 일부는 OvenControl 컴포넌트에 의하여 구현되어야 하기 때문에 R10.2에서 OvenControl으로의 맵핑이 가변값 추적성에 추가된다.

<table>
<tr><td>PL Artifact Name</td><td colspan="2">PL(TR1$_{Control}$) :: Reqs-to-Arch Traceability
(제품라인 요구사항명세의 첫 번째 상세화 이후, Level-2 제품라인 아키텍처설계 이후)</td></tr>
<tr><td>Import</td><td colspan="2">Control 컴포넌트의 요구사항명세 // 그림 7.3.2-7
PL(Arch$_{Control}$) // 그림 7.3.2-8</td></tr>
<tr><td rowspan="3">Platform</td><td colspan="2">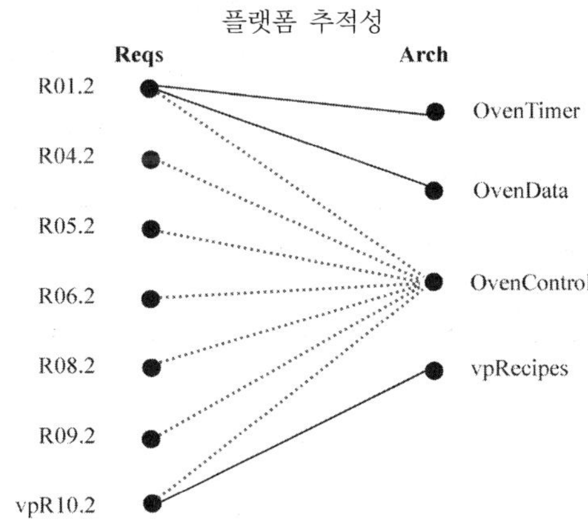
</td></tr>
<tr><td>VP declarations</td><td>// 가변점은 가져오기로 인하여 포함되나 여기에서는
// 반복하여 보이지 않는다.
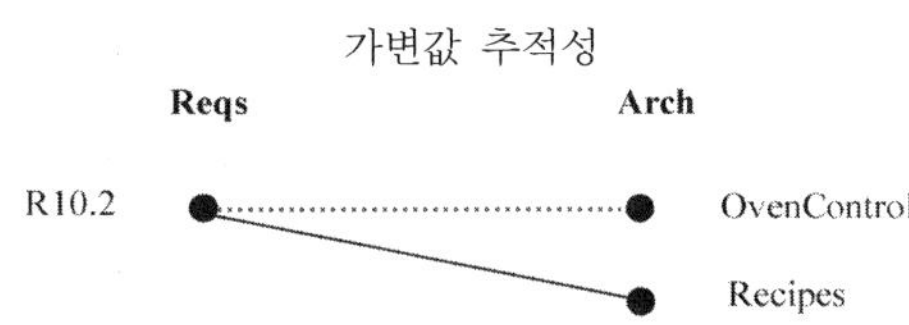
</td></tr>
<tr><td>Variability Constraints</td><td>// 가변성 제약사항은 가져오기로 포함된다. 여기서는
// 추가적인 가변성 제약사항만 기술한다.</td></tr>
<tr><td rowspan="3">Bindings</td><td>P1</td><td rowspan="3">// Pi의 TR1 바인딩은 Reqs$_{Control}$의 바인딩과 Arch$_{Control}$의
// 바인딩의 합집합이다.</td></tr>
<tr><td>P2</td></tr>
<tr><td>P3</td></tr>
</table>

그림 7.3.2-9. Control 컴포넌트의 TR1

그림 7.3.2-9에서는 Control 컴포넌트의 하위 컴포넌트에 정확히 어떤 요구사항들이 할당되었는지 정의되어 있지 않다. 아키텍처 설계에 따른 요구사항명세 상세화를 수행하면 그림 7.3.2-10과 같다.

<table>
<tr><td rowspan="3">R01.2</td><td>R01.2.1</td><td>Calculate cooking time</td></tr>
<tr><td>R01.2.2</td><td>Store time data</td></tr>
<tr><td>R01.2.3</td><td>Control messages for displaying cooking time</td></tr>
<tr><td rowspan="2">R10.2</td><td>R10.2.1</td><td>Provide cooking recipes</td></tr>
<tr><td>R10.2.2</td><td>Control cooking with recipe</td></tr>
</table>

그림 7.3.2-10. Level-2 제품라인 아키텍처 설계에 따른 Control 컴포넌트 요구사항명세의 두 번째 상세화 (상세화된 요구사항만 포함)

R01.2는 비가변적인 요구사항으로 그림 7.3.2-9에서 OvenTimer, OvenData, OvenControl 컴포넌트로 맵핑되었으나 그림 7.3.2-10에서와 같이 세 개의 하위 요구사항으로 상세화됨에 따라, 그림 7.3.2-11에서와 같이 일-대-일의 맵핑 관계로 변환되었다. R10.2의 경우 두 개의 하위 요구사항 R10.2.1과 R10.2.2로 상세화되었다. 그 결과, R10.2.1는 가변적인 컴포넌트인 vpRecipes로 맵핑되고, R10.2.2는 비가변적인 컴포넌트인 OvenControl로 맵핑되었다. 그리고 R10.2.1의 맵핑은 가변적인 요구사항 vpR10.2.1의 맵핑으로 변환되었다.[171]

<table>
<tr><th>PL Artifact Name</th><th colspan="2">$PL(TR1_{\underline{Control}}')$ :: Reqs-to-Arch Traceability
(제품라인 요구사항명세의 두 번째 상세화 이후, Level-2 제품라인 아키텍처설계 이후)</th></tr>
<tr><td>Import</td><td colspan="2">$PL(TR1_{\underline{Control}})$ // 그림 7.3.2-9
<u>Control</u> 컴포넌트의 요구사항명세의 두 번째 상세화 // 그림 7.3.2-10</td></tr>
<tr><td rowspan="3">Platform</td><td colspan="2">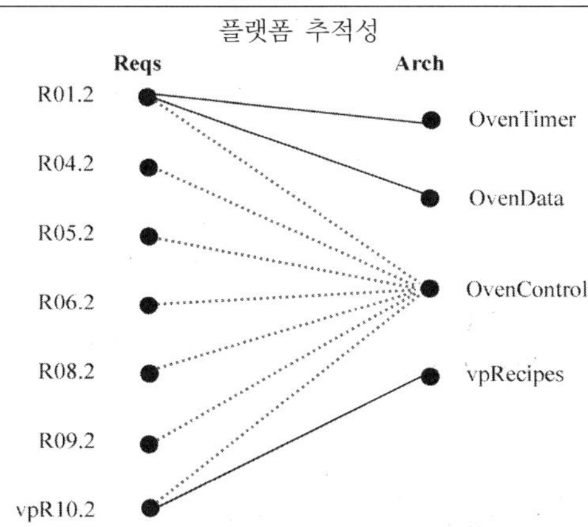
</td></tr>
<tr><td>VP Declarations</td><td>// 가변점은 가져오기로 인하여 포함되나, 여기에서는 가변값
// 추적성의 가변값을 위한 가변점만을 보인다.
// vpR10.2.1: R10.2.1, R10.2.2
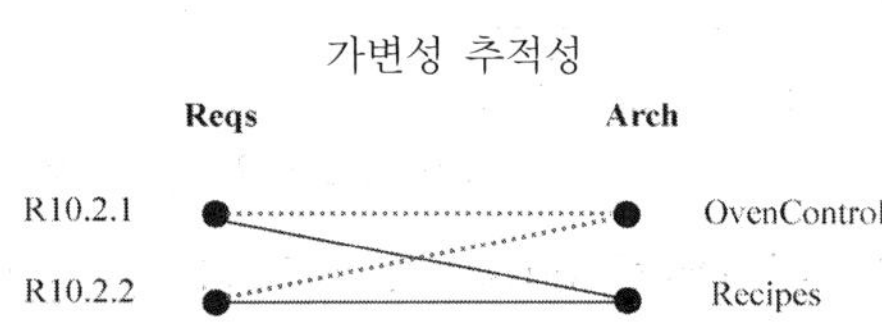
</td></tr>
<tr><td>Variability Constraints</td><td>// 가변성 제약사항은 가져오기로 포함된다. 여기서는
// 추가적인 가변성 제약사항만 기술한다.</td></tr>
<tr><td rowspan="3">Bindings</td><td>P1</td><td rowspan="3">// Pi의 TR1 바인딩은 $Reqs_{\underline{Control}}$의 바인딩과 $Arch_{\underline{Control}}$의
// 바인딩의 합집합이다.</td></tr>
<tr><td>P2</td></tr>
<tr><td>P3</td></tr>
</table>

그림 7.3.2-11. 상세화된 <u>Control</u> 컴포넌트의 TR1

171 만일 R10.2.2의 맵핑까지도 예를들어 vpR10.2.2로 변환되었다면, 그 의미는 OvenControl이 가변적인 요소를 포함하는 컴포넌트이고, 그 가변적인 요소는 Recipes 컴포넌트의 존재와 동기화된다는 것을 의미하게 된다.

7.4 플랫폼 아키텍처–구현 간 추적성 구축

아키텍처-구현 추적성(TR2)의 모델링은 구현이 어떤 형태를 갖느냐에 따라 달라진다. 구현이 아키텍처 코드뷰의 실현이라고 가정하면, 아키텍처 코드뷰가 아키텍처 모듈뷰의 구조를 따르게 되므로 아키텍처-구현 간 추적성의 상세내용은 아키텍처 논리뷰로부터 모듈뷰로의 추적성뿐 아니라 모듈뷰로부터 코드뷰로의 추적성과 코드뷰로부터 구현으로의 추적성이 필요하다.[172] 구현을 프로그램 혹은 프로그램들의 집합으로 보면, 프로그램을 트리구조로 보느냐 선형적인 구조로 보느냐에 따라 TR2의 모습이 달라지게 된다. 따라서 TR2의 구축을 위한 구체적인 절차들을 이 책에서는 일일이 논의하지 않는다.

예제 7.4-1 TR2 모델링 예

왼쪽의 아키텍처가 오른쪽의 프로그램으로 구현되었다고 하자. 오른쪽의 구현은 6개의 구현요소로 이루어져 있다고 본다. 6개의 구현 요소는 각각 네모로 표시되어 있으며 다음과 같다: procedure B, fmod 연산의 경우의 procedure A1의 호출과 procedure A1실행으로부터의 반환, fquot 연산의 경우의 procedure A1의 호출과 procedure A1 실행으로부터의 반환, 그리고 procedure A1이다.

172 논리뷰, 모듈뷰, 코드뷰의 용어에 대해서는 [강성원 15]를 참조.

아키텍처	구현

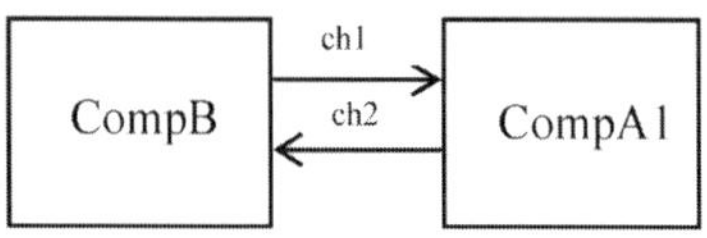


```
procedure B:
   x, y, result: real; OP: string;
   ReadNumber(x); ReadNumber(y); ReadOperation(OP);
   case OP of
      "+": result := (x + y)
      "–": result := (x - y)
      "*": result := (x * y)
      "/": result := (x / y)
      "fmod" : result : = A1(x,y,OP)

      "fquot" : result : = A1(x,y,OP)

      WriteNumber (result);
   end case
end procedure
```

```
procedure A1 (x,y:real, OP:string): real
   case OP of
      "fmod":  return (x fmod y)
      "fquot":  return (x fquot y)
   end case
end procedure
```

그림 7.3.2-12 아키텍처와 그 구현의 예

아키텍처 요소의 구현인 CompB가 procedure B로 맵핑되고, CompA가 procedure A1으로 맵핑되고, ch1이 fmod과 fquot의 경우의 procedure A1의 호출을 위한 채널이고, ch2가 fmod과 fquot의 경우의 procedure A1으로부터의 반환값을 받기 위한 채널이라고 가정하면, 위의 아키텍처로부터 구현으로의 추적성은 다음과 같이 표현된다.

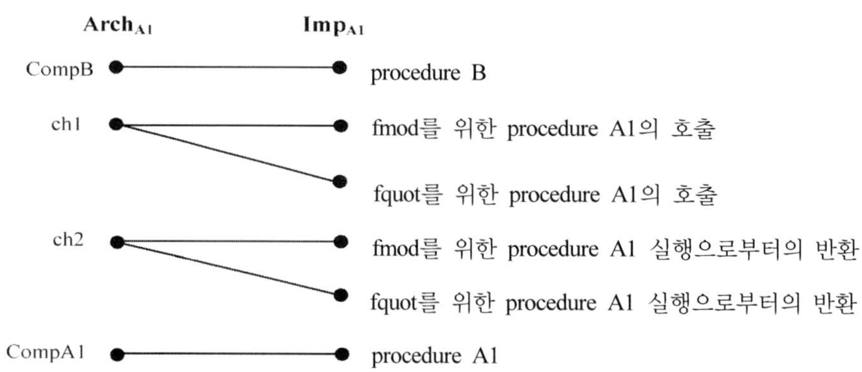

■

7.5 관련 연구

7.5.1 SSPLD의 추적성이론의 적용

SSPLD가 이상화된 소프트웨어 제품라인 개발 방법인것처럼, SSPLD의 추적성 이론과 구축방법도 이상화된 이론과 방법이다. SSPLD 추적성 이론과 구축방법의 이용자는 사용하고 있는 소프트웨어 제품라인 개발 방법의 체계적인 정도에 따라 그리고 추적성 구축의 비용대비 효과를 잘 따져서 어느 범위로 이용하는 것이 최적인지 잘 판단하여야 한다. 소프트웨어 제품라인 개발 방법의 많은 부분이 체계화되고 정형화된 산출물들이 만들어지면, 추적성 구축의 많은 부분을 도구가 맡을 수 있고 추적성 구축의 비용대비 효과는 더욱 높아지게 된다.

7.5.2 플랫폼 추적성에 대한 연구

SPLD에서는 다양한 종류의 산출물이 생성되므로 이들 산출물 사이의 추적성을 구축하는 것은 복잡한 작업을 요구한다. 이런 작업의 복잡성을 줄이기 위해 미리 대상을 정의하고 그 사이의 추적성 역시 결정하는 연구가 수행되었다. Bayer 등([Bayer 02])은 SPLD에서의 개발 공정에서의 산출물을 뷰(view) 기반으로 정의하였고, 또한 뷰 사이의 관계를 정의하는 메타 모델을 제시하였다. 그러나 메타모델을 통한 구체적인 모델링 방법을 제안하지 못하였고, 추적성 이용 방법의 가능성에 대해서만 언급하였다. Kim 등([Kim 05])은 SPLD 산출물의 메타모델을 정의하고, 각 산출물 사이의 추적 링크와 맵핑 관계를 정하여 기술하는 추적성 지도를 제안하였다. 추적성 지도에서는 11개의 추적 링크를 정의하고 각 추적 링크에서는 세부적인 맵핑 유형과 룰을 정의하여 각 산출물 사이의 관계를 정의할 수 있도록 하였고, 그 결과로써 SPLD 프로세스를 자동화할 수 있는 기반을 제공하였다. 그러나 이 역시 플랫폼 추적성을 모델링하는 방법은 제공하지 않고, 도메인 산출물과 제품 산출물 사이의 추적성 관계를 구체적으로 드러내지 않는다. 또한 제품군 수준에서의 추적성 관리보다는 제품군의 각 제품의 개발과정 상의 추적성 관리에 집중하고 있다. Anquetil 등([Anquetil 10])은 소프트웨어 제품라인을 위한 모델기반의 추적성 프레임워크인 AMPLE Traceability Framework (ATF)를 제안하였다. ATF는 산출물 간의 추적성을 표현하는 하이퍼링크를 정의하는 추적성 메타모델을 기반으로 하여 이 메타모델을 인스턴스화함으로써 다양한 개발 프로세스에 적합하도록 구성된다. 또한 SPLD를 위해 필요한 추적성을 상세화(refinement), 유사성(similarity), 시간(time)과 가변성(variability)의 네 가지로 분류하였으나, 도메인 산출물과 응용 산출물 사이의 관계는 고려하지 않았다. 즉 응용 산출물이 어떤 도메인 산출물로부터 도출되었는지에 대한 정보는 추적성 관계로 설명하지 않는다. Ramesh 등([Ramesh 01])은 두 개의 추적성 이용 그룹을 식별하여 각 그룹에서 이용되는 추적성의 참조 모델을 제시하였으며, 그 모델에서 나타나는 추적성 링크를 유형별로 구분하여 정의하였다. 이는 개별 제품 개발 과정에서의 추적성만을 대상으로 하고 있다.

7.5.3 피처와 요구사항 간의 플랫폼 추적성에 관한 연구

Kang 등([Kang S. 14])은 SPLD에서 피처와 요구사항 간의 플랫폼 추적성에 대한 정형화된 모델링 방법을 제안하였다. 제품군 내의 각각의 제품들의 피처와 요구사항 간의 맵핑을 기반으로 제품군의 공통성과 가변성을 도출하고, 이로부터 제품군의 피처와 요구사항 간의 플랫폼 추적성을 모델링한다. 그리고 이 연구는 그 후속연구로 도메인 요구사항과 도메인 아키텍처 사이의 플랫폼 추적성에 대한 정형화된 모델링 방법에 대한 연구를 제안한다.

7.5.4 SPLD에서의 가변성 추적에 관한 연구

단일 시스템 개발을 위한 소프트웨어공학은 전통적으로 수평적 추적성과 수직적 추적성을 고려하였다[Anquetil 10][Sousa 04]. 수평적 추적성은 같은 추상화 수준에 있는 산출물 간의 연결이고, 수직적 추적성은 서로 다른 추상화 수준을 가지는 산출물 사이의 연결이다. 이러한 추적성들을 **상세화 추적성**(refinement traceability)이라고 부를 수 있다. SPLD에서는 그 외에도 가변점을 포함한 추적성이 고려되어야 하며, 이는 플랫폼 수준 산출물 간의 상세화 추적성과 플랫폼 산출물과 제품 산출물 간의 **인스턴스화 추적성**(instantiation traceability)을 포함한다.[173]

Pohl 등은 [Pohl 05]에서 OVM을 이용한 도메인공학 산출물 사이의 가변성의 추적성 관계를 보여 준다. 이는 가변점을 포함하는 도메인공학의 개발 공정 산출물들 사이의 추적성이다. Berg 등([Berg 05])은 피처를 중심으로 도메인공학 산출물 사이의 가변성 추적에 대한 연구를 하였다. 피처와 요구사항, 피처와 아키텍처 요소, 피처와 구현 아이템과 같이 피처를 중심으로 각 개발 공정의 산출물들을 추적성 링크로 연결하여 가변성을 관리하였다. 그러나 [Berg 05]의 피처모델과 [Pohl 05]의 OVM은, 산출물의 가변성에 대한 추적성만을 제공하고, 가변적인 요소들과 비가변적인 요소들을 모두 포함한 산출물 간의 추적성은 지원하지 못하였다.

173 [Kim 14] 참조. 상세화 추적성은 개발의 진행에 따라 상세화되어 가는 요구사항, 설계, 구현 산출물들 간의 추적성이고, 인스턴스화 추적성은 플랫폼 산출물과 제품 산출물 간의 추적성으로 SSPLD에서는 바인딩이 이 후자의 추적성을 명시적으로 제공한다.

7.5.5 OVM 추적성 모델링의 한계

[Pohl 05]의 OVM은 플랫폼 산출물 간의 추적성을 명시적으로 정의하는 메커니즘을 따로 제공하지 않고, 가변성모델과 산출물 간의 연결로 제공한다. 그림 7.5.5-1(a)[174]는 OVM이 제공하는 추적성의 예를 보여주고, (b)는 (a)의 예로부터 추출된 추적성 정보를 보여 준다. 그러나 이 방법은 가변성이 없는 부분에 대한 추적성 모델링 방법을 명확히 제시하지 않는 문제 이외에도, 아래에서 설명하는 바와 같이 가변성 간의 맵핑을 충분히 표현하지 못하는 문제점을 갖는다.

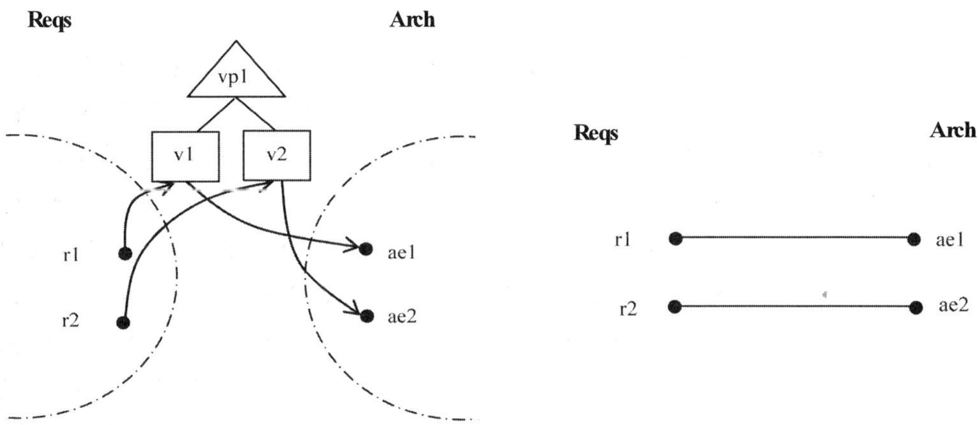

(a) OVM 모델이 제공하는 추적성의 예 (b) (a)의 OVM 모델이 제공하는 추적성 정보

그림 7.5.5-1. OVM이 제공하는 추적성

그림 7.5.5-2(a)는 그림 7.5.5-1(a)에 들어있는 추적성을 SSPLD의 플랫폼 산출물 추적성 모델링 방법으로 모델링한 결과이다. 그림 7.5.5-2(b)는 (a)의 예로부터 추출된 추적성 정보를 보여 준다. 그림 7.5.5-2(a)는 요구사항 r1와 r2가 택일적 관계에 있고 이 관계가 vpr로 추상화되었으며, 설계요소 ae1와 ae2가 서로 택일적 관계에 있고 이 관계가 vpae로 추상화되었음을 나타낸다. 또한 그림 7.5.5-2(a)는 r1은 ae1로 r2는 ae2로 각각 맵핑되고, 이런 요구사항의 택일가변성 vpr이 설계의 택일가변성 vpae로 맵핑된다는 것을 나타낸다.

---

174 [Pohl 05]의 추적성 모델에서는 화살표가 가변성 모델로부터 각 산출물로 향하게 되어 있으나, 궁극적으로 개발자는 요구사항의 변화에 반응하여 요구사항으로부터 관련되는 설계요소, 구현요소를 찾아가게 되기 때문에, 그림 7.5.5-1(a)에서 사용자 입장에서의 추적성의 흐름을 나타내기 위하여 화살표가 r1과 r2로부터 각각 ae1과 ae2로 가도록 하였다.

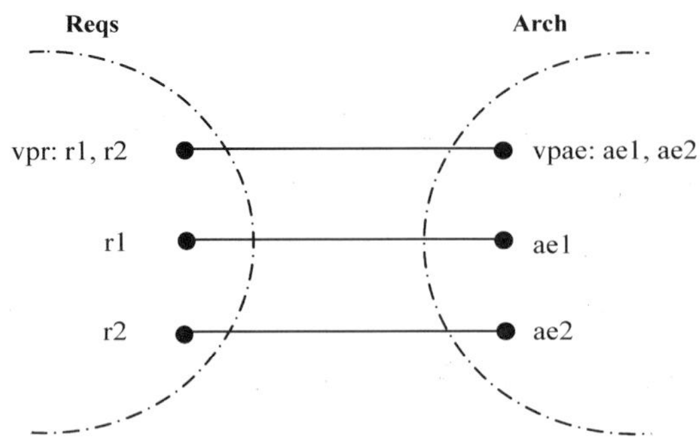

(a) SSPLD가 제공하는 추적성

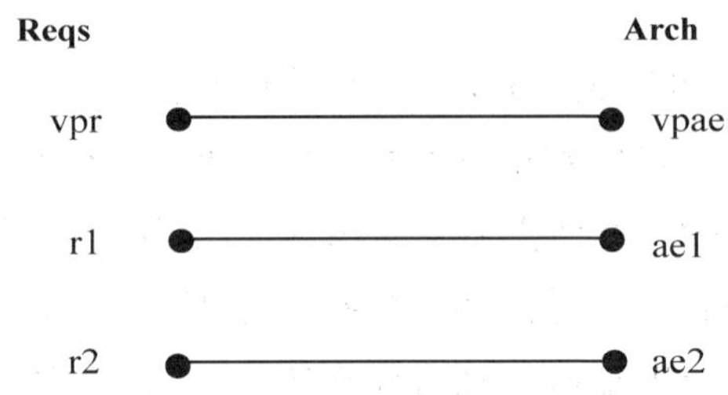

(b) (a)의 SSPLD 추적성 모델의 추적성 정보

그림 7.5.5-2. 그림 7.5.5-1 예의 SSPLD에서의 모델링

그러나 그림 7.5.5-1(a)의 OVM 모델의 vp1은 요구사항들이 정확히 어떤 가변성을 갖고, 아키텍처 요소들이 어떤 가변성을 갖는지 말하지 않는다. 단지 (그림 7.5.5-1(b)가 나타내는 방식으로) vp1이 어떤 가변성을 갖고 그것에 r1, r2, ae1, ae2가 어떻게 참여하는지만을 나타낸다. 반면 그림 7.5.5-1(a)의 SSPLD의 추적성 모델은 그림 7.5.5-1(a)의 OVM 모델에 없는 다음과 같은 추가적인 정보를 담고 있다: (1) vpr이 r1과 r2간의 택일가변성이다, (2) vpae가 ae1과 ae2 간의 택일가변성이다, (3) vpr이 전체로서 vpae로 맵핑된다. 이 추가적인 정보로 인하여 SSPLD 추적성 모델은 변경이 발생할 경우에도 쉽게 수용할 수 있는 높은 유연성을 갖는다. 예를 들어, 아키텍처 요소 ae1, ae2와 같은 종류로 새로운 아키텍처 요소 ae3가 도입되었을 경우, SSPLD 추적성 모델에서는 그림 7.5.5-2(a)에 vpae의 가변값으로 ae3가 추가되면 충분하다. 그러나 OVM 모델에서 이를 표현하기 위해서는 vp1에 ae3를 추가하는 것으로 충분하지 않다. 왜냐하면 이 경우 변경된 vp1은 원래의 vp1처럼 요구사항이나 아키텍처에 독립적인(orthogonal) 가변성을 나타내는 것이 아니라, ae1, ae2, ae3간의 가변성을 나타내는 가변점에 가까워지기 때문이다. vp1을 원래의 vp1처럼 독립적으로 두기 위해서는 ae1, ae2, ae3를 가변값으로 갖는 새로운 가변점을 도입할 수 있지만, 이 경우 새로운 가변점은 아키텍처요소들 간의 가변성을 나타내는 가변점이 된다.

즉, SSPLD의 추적성 모델은 가변점을 산출물과 독립적으로 보지 않고 산출물의 일부로 봄으로써 가변성을 산출물별로 표현할 수 있다. 그리고 그런 이유로 SSPLD의 추적성 모델은 이와 같이 정확한 정보를 담을 수 있고 유연성을 가질 수 있다.

제 2 부

SSPLD의 적용

제 I부의 SSPLD 이론을 통하여 인스턴스화라는 간단한 연산이 제품군의 개발에서 광범위한 재사용을 가능하게 하는데 중추적인 역할을 수행함을 보았다. 따라서 제 I부 6장에서 인스턴스화에 의하여 개발 대상 제품군의 모든 제품이 생성될 수 있는지의 여부에 따라 제품라인의 종류를 생성적 제품라인과 비생성적 제품라인으로 나누었다. 또한 제품군이 가질 수 있는 다양한 가변성들을 모두 같은 수준의 변경 가능성으로 (혹은 우선순위로) 볼 것인지 아니면 이들을 서로 다른 수준의 변경 가능성을 가진 것으로 볼 것인지에 따라, 제품라인의 종류를 단일계층 제품라인과 다계층 제품라인으로 나눌 수 있음을 보았다. 이러한 분류로부터 (단일계층) **생성적 제품라인**(GPL), (단일계층) **비생성적 제품라인**(NGPL), **다계층 생성적 제품라인**(hierarchical GPL: H-GPL), **다계층 비생성적 제품라인**(hierarchical NGPL: H-NGPL)의 네 개의 제품라인 종류가 나온다.

제 II부는 제 I부의 SSPLD 이론을 작은 규모의 제품군에 적용하여 이 이론을 적용하는 예를 보인다. 제 I부에서 소개된 SSPLD 이론은 기본적으로 단일계층 생성적 제품라인 즉 GPL을 대상으로 하여 전개되었다. 그 이유는 독자가 SSPLD을 쉽게 이해할 수 있도록 최소한의 개념만을 사용하여 설명하기 위해서였다. 제 II부에서는 제 1장부터 4장에 걸쳐 GPL, NGPL, H-GPL, H-NGPL의 네 종류의 제품라인에 SSPLD을 적용한다. 이를 위해 그림 1의 제품라인 *PL*(AA&G)을 사용한다. 이 책에서 '*PL*(_)'은 '_'의 이름을 갖는 제품라인을 나타낸다. 그림 1에서 제품라인 *PL*(AA&G)는 두 개의 하위계층 제품라인 *PL*(AA)와 *PL*(GAA)[175]로 구성되어 있다. 제품라인 *PL*(AA)는 제품 A1와 A2로 구성되며, 제품 A1'은 A1로부터 파생된 제품이다. 제품라인 *PL*(AA)와 *PL*(GAA)는 그들의 제품들과 함께 *PL*(AA&G)를 최상위계층 제품라인으로 갖는 다계층 제품라인을 형성하고 있다. *PL*(AA′)은 *PL*(AA)으로부터 파생된 제품라인이다.[176]

그림 2는 그림 1에 있는 제품 혹은 제품라인이 각각 그 제품의 제품라인 혹은 그 제품라인의 상위 제품라인과 어떤 기능적인 차이를 가지고 있는지 보여 준다. 그림 2에 나오는 기능들에 대한 설명은 표 1에 있다. 제 I부 2장 서두에서 언급한 바와 같이 SSPLD가 적용되기에 앞서 제품라인 범위결정이 선행되어야 하는데, *PL*(AA&G)에 대해 제품라인 범위결정을 수행한 결과가 그림 1, 그림 2와 표 1로 간략히 나타나 있다.

---

175 제품군의 이름 'GAA'와 제품의 이름 'GA1', 'GA2'에서 'G'는 해당 제품군의 제품이나 해당 제품이 "텍스트 사용자 인터페이스(Text User Interface)"가 아니라 "그래픽 사용자 인터페이스(Graphical User Interface)"를 갖고 있음을 나타낸다.

176 PL(AA′)로부터도 제품이 도출될 수 있지만 그림 1에는 PL(AA′)로부터 도출되는 제품들이 나타나 있지 않다. 그 이유는, 제 II부 4장에서 PL(AA′)이 제 논의되는데 그에 앞서 제 II부 1장과 2장에서 이미 제품라인으로부터 제품을 도출하는 과정을 보이고, 따라서 PL(AA′)으로부터 제품이 도출되는 과정은 새로운 내용이 없기 때문이다.

제 II부는 제 1장부터 4장까지의 네 개의 장으로 이루어진다. 제 1장에서는 $\mathcal{PL}$(AA)로부터 A1이 생성되는 과정을 보임으로써 GPL을 위한 SSPLD의 적용 예를 보인다. 제 2장은 A1으로부터 A1′을 만드는 예를 통하여 NGPL을 위한 SSPLD의 적용 예를 보인다. 제 3장에서는 상위계층 제품라인 $\mathcal{PL}$(AA&G)의 플랫폼으로부터 하위계층 제품라인 $\mathcal{PL}$(AA)와 $\mathcal{PL}$(GAA)의 플랫폼이 생성되는 과정을 예로하여 H-GPL을 위한 SSPLD의 적용 예를 보인다. 제 4장에서는 하위계층 제품라인 $\mathcal{PL}$(AA)로부터 하위계층 제품라인 $\mathcal{PL}$(AA′)이 파생되는 과정을 보임으로써, H-NGPL에 대한 SSPLD의 적용 예를 보인다.

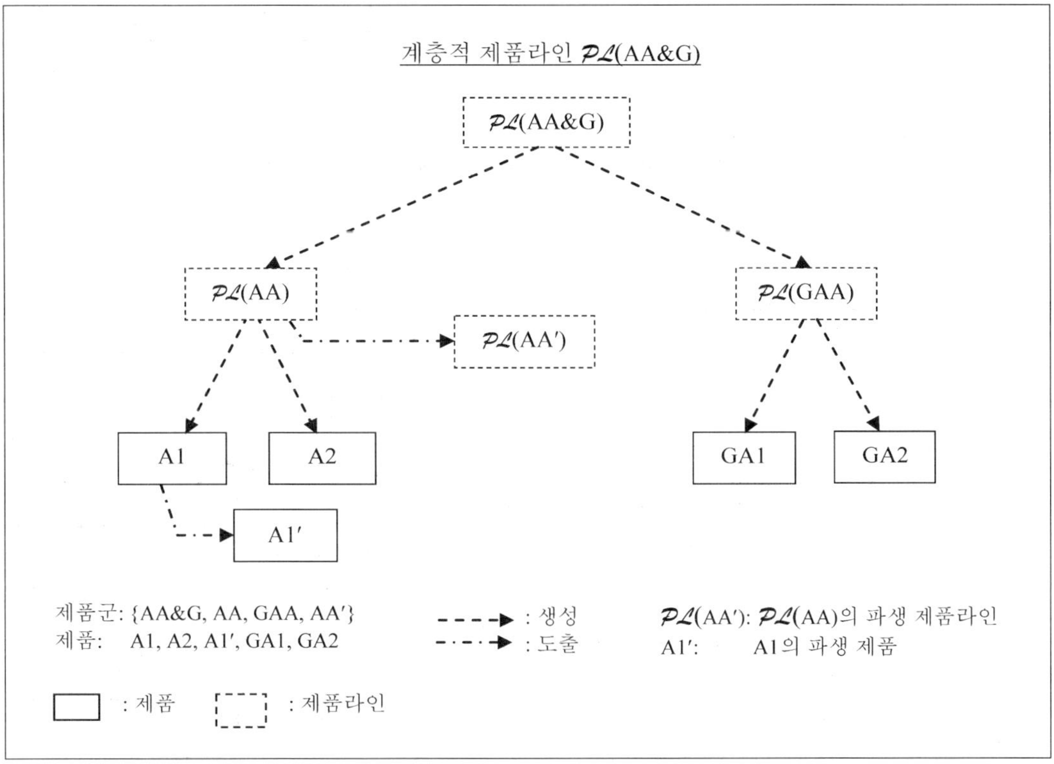

그림 1. 제 II부 예제들의 생성 및 도출관계

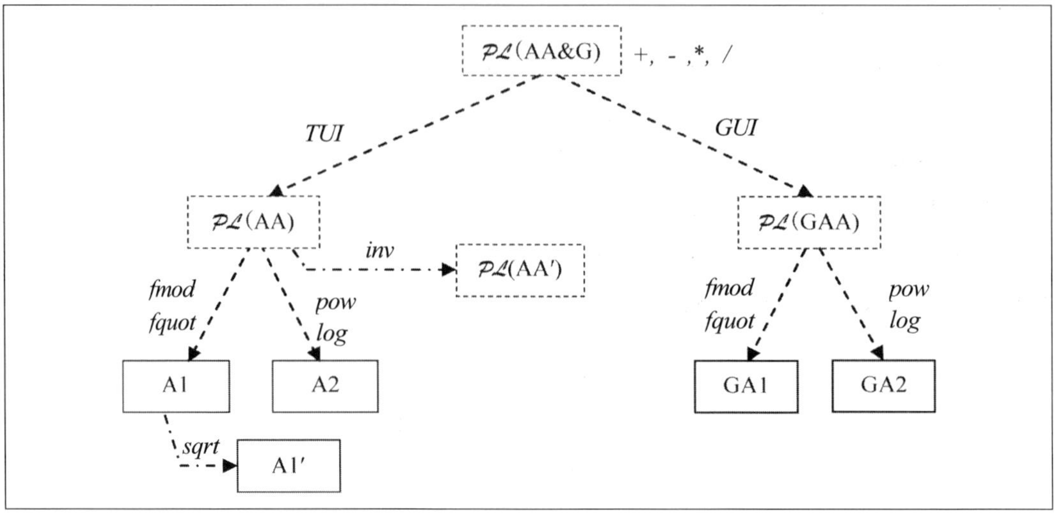

그림 2. 계산기 상위계층 제품라인, 하위계층 제품라인들과 제품들 간의 기능 차이

표 1. 계산기 기능의 정의와 예

구분	기능(연산)	정의	예
기본연산	+	두 수의 합	13.5 + 2.5 = 16.0
	-	앞의 수에서 뒤의 수를 뺀 값	13.5 - 2.5 = 11.0
	*	두 수의 곱	13.5 * 2.5 = 33.75
	/	앞의 수를 뒤의 수로 나눈 몫	13.5/2.5 = 5.4
추가연산	*fmod*	fmod(x,y) = x를 y로 나눈 나머지	fmod(13.5, 2.5) = 1.0
	fquot	fquot(x,y) = (x - fmod(x,y))/y	fquot(13.5, 2.5) = 5.0
	pow	pow(x,y) = x^y	pow(1.2, 2.5) = $1.2^{2.5}$ = 1.57744
	log	$\log_y z = x$ if and only if $x^y = z$	$\log_{2.5}$ 1.57744 = 1.2
	inv	inv(x) = 1/x	inv(0.25) = 1/0.25 = 4.0
	sqrt	sqrt(x) = $\sqrt{x}$	sqrt(2) = 1.414
사용자 인터페이스	*TUI*	텍스트 사용자 인터페이스	
	GUI	그래픽 사용자 인터페이스	

그림 3은 그림 1에 있는 제품라인들의 플랫폼 아키텍처을 보여 준다. 이들은 모두 플랫폼 아키텍처이기 때문에, 한 개 이상의 컴포넌트 가변점 혹은 커넥터 가변점을 갖는다. 플랫폼 아키텍처의 표현을 비롯하여, 제 II부에서 사용하는 플랫폼 요구사항명세, 플랫폼 구현 등의 각종 플랫폼 산출물의 표현에는 제 I부 5장에서 제시한 PfAML 언어도출 방법을 사용한다. 즉 제 I부 1장의 SSPD에서 사용한 각종 제품 산출물을 표현하는 언어에 PfAML 언어도출 방법을 적용하여 확장한 플랫폼 산출물 기술언어들을 사용한다.

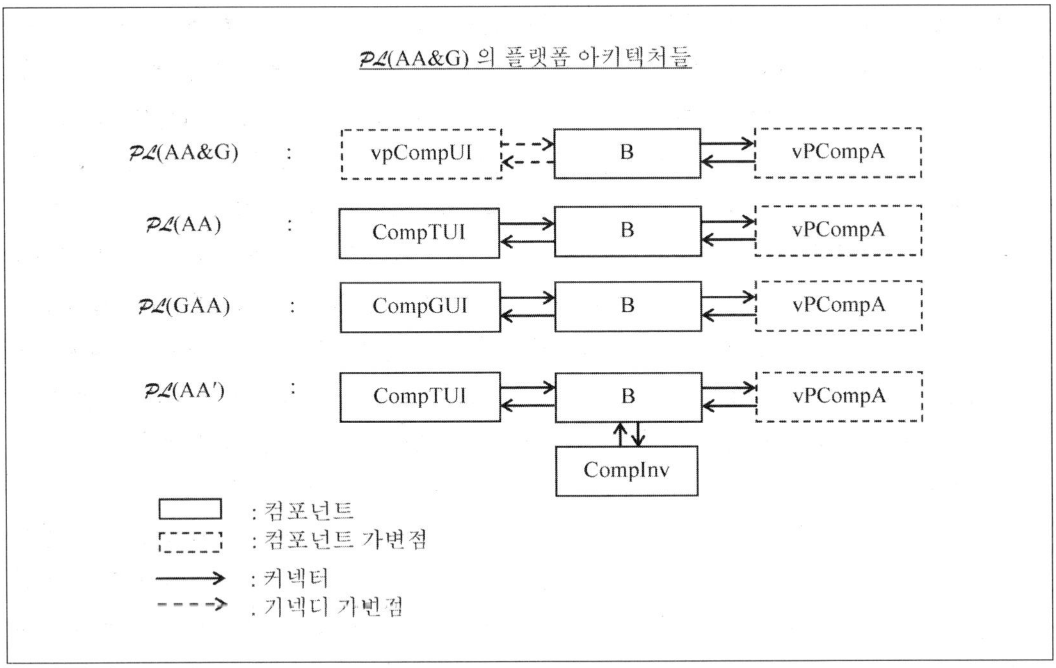

그림 3. PL(AA&G)의 플랫폼 아키텍처들

제 II부의 각 장은 다음과 같은 구성을 갖는다:

제 1절 개요
제 2절 요구사항명세의 도출
제 3절 요구사항명세의 분석과 평가
제 4절 아키텍처의 설계
제 5절 아키텍처의 분석과 평가
제 6절 구현의 개발
제 7절 구현의 분석과 평가
제 8절 관련연구

또한 각 장의 절들에서는 각 산출물에 대하여 플랫폼 산출물 개발에 제품 산출물 개발이 즉각적으로 이어진다. 이는 SPLD의 전형적인 프로세스에서 각종 플랫폼 산출물을 개발하는 도메인공학에 이어 각종 제품 산출물을 개발하는 제품공학이 이어지는 것과 다르지만, SSPLD에서 많은 경우에 플랫폼 산출물로부터 제품 산출물의 도출이 즉각적임을 잘 보여 주는 장점이 있기 때문에 제 II부의 각 장은 이와 같은 구성을 갖는다.

제 II부의 각 장은 제 1장의 그림 1-1과 같은 제품라인 종류별 SSPLD의 개요도로 시작된다. 제품라인 종류별 SSPLD 개요도는 플랫폼 개발로부터 제품의 개발이 이루어지기까지 과정의 주요단계를 도식적으로 보여 준다. 그림 1-1을 포함하여 제 2장부터 4장까지의 그림 2-1, 3-1, 4-1은 Arch 단계가 개발의 기본 단계임에도 불구하고, 그림을 단순화하기 위하여 Arch 단계를 보이지 않는다. 이들 그림에서 왼쪽에서 오른쪽으로 가는 화살표 '→'는 개발의 진행을 나타낸다. 요구사항명세가 아키텍처로 변환되는 것처럼 개발이 진행되며 추상적인 산출물이 점점 구체적인 산출물로 상세화되기 때문에 개발의 진행을 **상세화**(refinement)라고도 말한다. 제 II부 각 장의 제 2절부터 제 7절까지의 각 절은, 제 I부 1장의 제 2절부터 제 7절과 마찬가지로 그 절의 SSPLD 활동의 개요를 보여 주는 개요도와 그 개요의 정형적 표현으로 시작한다. 개요도와 개요의 정형적 표현에서 사용되는 기호들은 책의 서두에 나오는 "책에서 사용되는 기호들"에서 도식기호와 개발활동 함수로 정의되어 있다.

제 II부에서는 각 장의 가장 핵심적인 내용을 이탤릭 글꼴로 기술하여 시각적으로 식별이 용이하도록 한다. 제 I부에서와 마찬가지로 새로운 용어를 정의할 때 이탤릭 글꼴로 나타낸다. 또한 생성적 제품라인을 다루는 제 1장과 제3장에서는 상위계층의 플랫폼 산출물로부터 하위계층으로 플랫폼 산출물로 혹은 제품 산출물로 인스턴스화가 이루어질때 가변적인 요소들을 이탤릭 글꼴로 표기한다. 파생 제품과 파생 제품라인을 다루는 제 2장과 제 4장에서는 기존의 제품 또는 플랫폼 산출물을 기준으로 하여 이들과 다른 부분을 이탤릭 글꼴로 표기한다.

제1장 생성적 제품라인의 개발

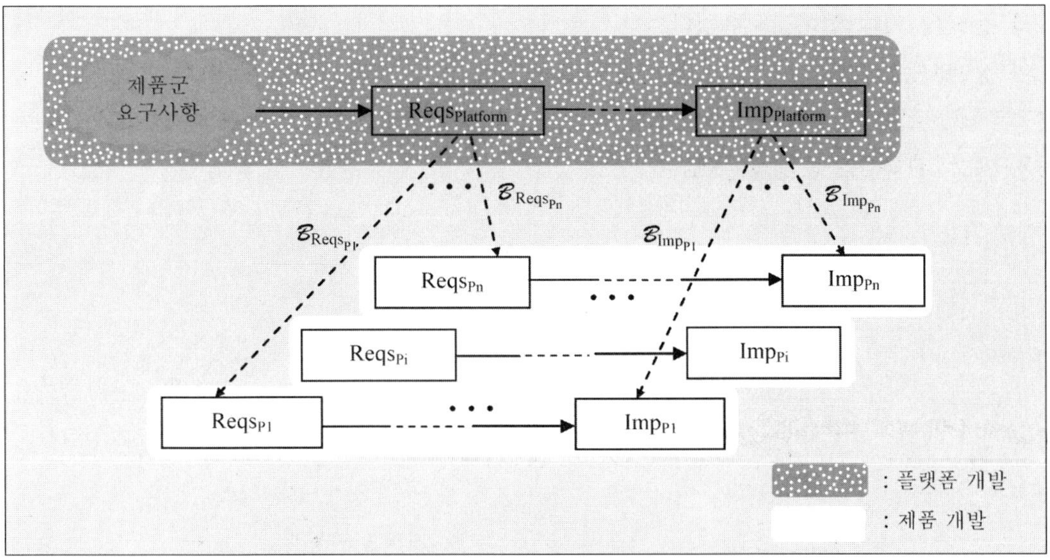

그림 1-1. 생성적 제품라인을 위한 SSPLD의 개요도[177]

제 I부 6장 6.2.3절에서 생성적 제품라인(GPL)을 정의하였다. 이 장에서는 GPL을 위한 SSPLD 적용의 예를 보인다.

SSPLD를 GPL 개발에 적용하는 개발자는 플랫폼 산출물 $X_{Platform}$에 해당 산출물의 제품 바인딩 $\mathcal{B}_{X_{Pi}}$를 적용하여 제품 산출물 X_{Pi}를 생성한다. 제 I부 2장에서 논의한 SSPLD의 체계적인 개발은 제품의 각 산출물이 해당 플랫폼 산출물로부터 생성될 것을 요구한다.

그림 1-2는 그림 1-1이 보여 주는 개발과정을 정형적으로 기술한다.

제품군 $\mathcal{F}$ = {P1, ... , Pn}에 대하여 GPL개발을 할 경우, 제품군 산출물 $X_{\mathcal{F}}$ = {X_{P1}, ... , X_{Pn}}의 제품 산출물 X_{Pi}은 플랫폼 산출물 $X_{Platform}$으로부터 다음 등식에 의하여 생성된다.

$$X_{Pi} = (X_{Platform})\ \mathcal{B}_{X_{Pi}}$$

여기서 $\mathcal{B}_{X_{Pi}}$는 X_{Pi}를 위한 바인딩이다.

그림 1-2. GPL을 위한 SSPLD의 개요

177 제 II부 각 장 서두의 그림에서, Reqs와 Imp 사이에 있는 중간에 점선을 가진 화살표는 아키텍처설계 단계가 생략되었음을 나타낸다.

그림 1-2에 따르면, 예를 들어 $Reqs_{Pi}$는

$$Reqs_{Pi} = (Reqs_{Platform})\ \mathcal{B}_{Reqs_{Pi}} \qquad - \text{(Eq. 1-1)}$$

의 등식에 의해 얻어질 수 있다.

이 장에서는 그림 1에서 소개한 제품라인과 제품들 중 그림 1-3에서 (실선 혹은 점선의) 네모로 표시된 제품라인과 제품들이 사용된다. 즉 GPL로 $\mathcal{PL}$(AA)가 사용되며 $\mathcal{PL}$(AA)로부터는 제품 A1과 A2가 생성된다.

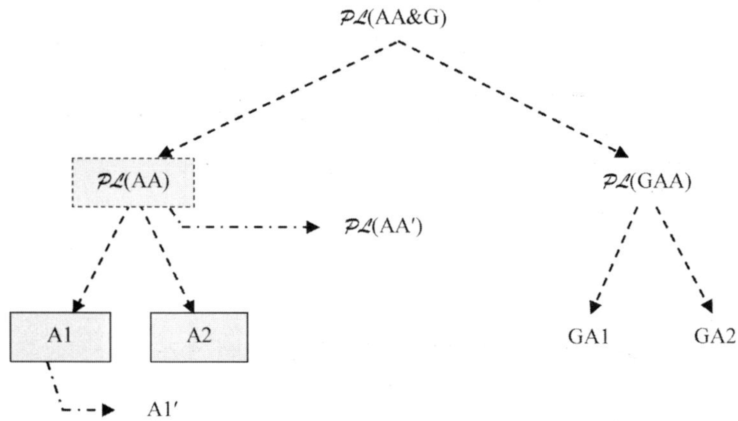

그림 1-3. 제 1장 예제의 도출관계

1.1 개요

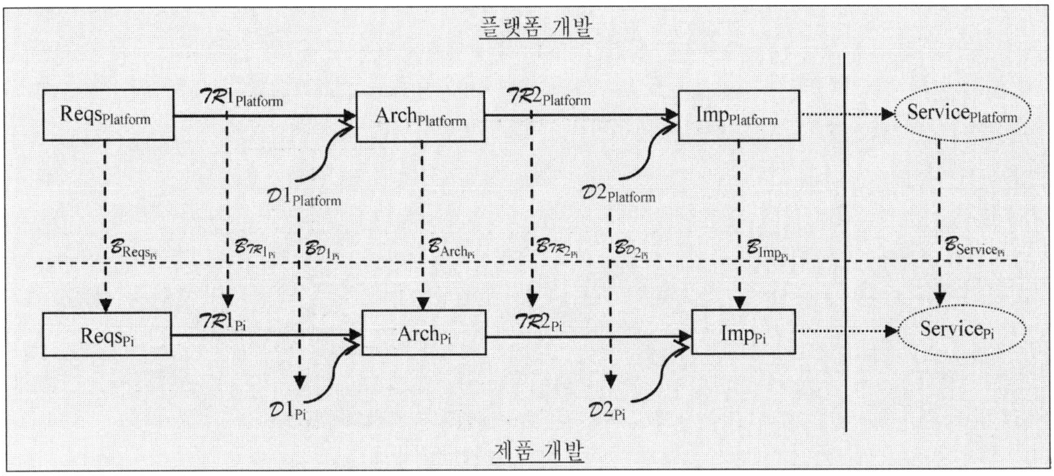

그림 1.1-1. GPL을 위한 SSPLD의 개요도(제 I부 2장 그림 2.2-1과 동일)

그림 1.1-1은 GPL에서 제품 개발을 위하여 플랫폼을 사용하는 SSPLD 적용의 개요를 보여준다. 기본적으로 SSPLD와 SSPD의 차이는 SSPLD가 플랫폼 개발과 제품 개발의 두 개의 공정 단계군으로 구성되며, 플랫폼 산출물의 경우 (그 산출물 타입의) 가변점을 가질 수 있는 산출물이라는 것이다. 그림 1.1-1은 제 I부 2장 그림 2.2-1과 동일한데 그 이유는 제 I부 2장에서 GPL을 사용하여 SSPLD의 근본 개념들을 소개하였기 때문이다. GPL은 가장 단순한 유형의 제품라인으로 이를 통해 SPLD의 장점을 직관적으로 쉽게 이해할 수 있다.

1.2 요구사항명세의 도출

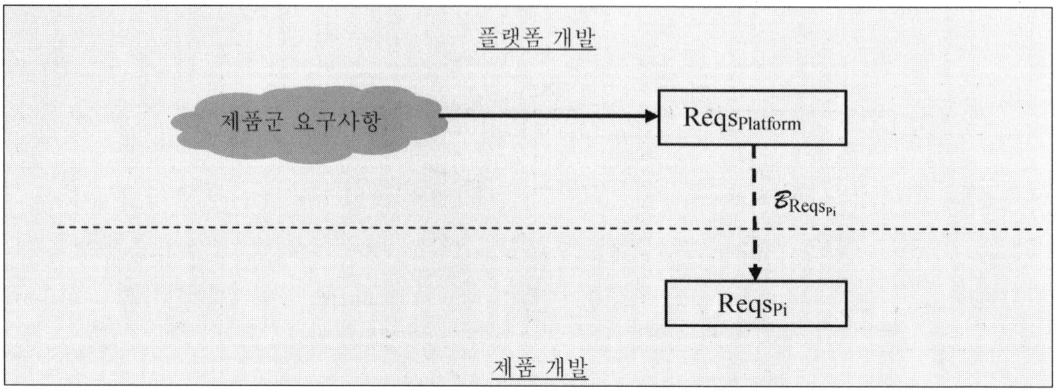

그림 1.2-1. GPL에서 제품 요구사항명세 도출의 개요도

그림 1.2-1은 GPL에서 제품 요구사항명세의 도출이 다음 활동들로 이루어짐을 나타낸다: (1) 제품군 요구사항으로부터 이해관계자들이 합의한 플랫폼 요구사항명세 $Reqs_{Platform}$을 만든다; (2) 이 결과에 Pi의 요구사항명세 바인딩을 적용하여 Pi의 요구사항명세 $Reqs_{Pi}$를 생성한다. 그림 1.2-2는 이 활동을 정형적으로 표현한다.

플랫폼 개발

$Reqs_{Platform} = \mathcal{RE}$(제품군 요구사항)

제품 개발

$Reqs_{Pi} = Reqs_{Platform}\ \mathcal{B}_{Reqs_{Pi}}$

그림 1.2-2. GPL에서 제품 요구사항명세 도출의 정형적 표현

플랫폼 요구사항명세는 하나 이상의 가변점[178]을 가진다는 점에서 제품 요구사항명세와 다르다. 이 가변점들로 구성된 바인딩인 개발 대상 제품의 요구사항명세 바인딩을 플랫폼 요구사항명세에 적용하여 해당 제품의 요구사항명세를 생성한다.

그림 1.2-1과 그림 1.2-2는 개요도와 개요도의 정형적 표현을 보여 준다. 제 I부 1장에 나오는 개요도와 개요도의 정형적 표현과 달리, 제 II부에서 나오는 개요도나 개요도의 정형적 표현은 2개 이상의 구역으로 구성되며, 두 개의 인접한 구역은 '---'와 같은 단선 점선 혹은 '==='와 같은 이중 점선으로 나뉜다. 단선 점선은, 점선 아래 구역의 산출물이 점선 위 구역의 산출물로부터 인스턴스화에 의하여 얻어진다는 것을 나타내고, 이중 점선은 점선 아래

178 일반적으로 플랫폼의 가변점은 개발 대상 제품군만을 위해 도입된 가변점일 수도 있고, 현재의 개발 대상 제품군 뿐 아니라 다른 많은 제품군에도 적용될 수 있는 일반적인 가변점일 수도 있다.

구역의 산출물이 점선 위 구역의 산출물로부터 인스턴스화에 의하여 바로 얻어지지는 않지만 인스턴스 관계에 있는 제품 산출물을 수정하거나 확장하여 얻어진다는 것을 나타낸다.

1.2.1 제품라인 요구사항명세의 도출

제품군 요구사항

다음 예제는 제품군 요구사항의 예를 보여 준다.

예제 1.2.1-1 제품군 AA에 대한 요구사항

제품군 AA가 두 개의 계획된 제품 A1과 A2로 구성되어 있고, 제품군에 대한 요구사항이 다음과 같다고 가정하자.

제품군 AA에 대한 요구사항

기능 요구사항

FR_T) The system provides a TUI[179].

FR_B) The system performs +, −, * and / operations.

FR_A1) The system performs modular ('fmod') and quotient ('fquot') operations.

FR_A2) **Alternatively** to FR_A1, the system performs power ('pow') and logarithm ('log') operations.

제약사항

C_1) The system should reuse the existing component for fmod and fquot operations.

C_2) Existing code for fmod and fquot operations was implemented in CompA1.

C_3) The system should reuse the existing component for pow and log operations.

C_4) Existing code for pow and log operations was implemented in CompA2.

가변성 제약사항

RD_1) **FR_A1 requires C_1 and C_2.**

RD_2) **FR_A2 requires C_3 and C_4.**

■

위의 요구사항과 제 II부의 다른 장에 나오는 요구사항을 기술하는 데 있어서 다음과 같은 규칙을 따르기로 한다. 굵은 글씨로 표시된 부분은 제품 요구사항명세에서는 사용되지 않는 명세방법의 사용을 나타낸다. 제품군 요구사항명세에서 '**Alternatively**(다른 대안으로)'는 가변성을 나타내는 표현이며, "가변성 제약사항(variability constraints)"은 요구사항들 간

179 텍스트 사용자 인터페이스(Text User Interface)

의 의존관계를 명시한다.[180] 가변성 제약사항은 단일 제품의 요구사항명세에는 나올 수 없는 요구사항들 간의 관계이지만, 제품군에 대한 요구사항에서는 개별 요구사항들 간의 공존관계 혹은 배타적 관계를 나타내는 '규칙'들에 해당된다.[181]

예 1.2.1-1에서는 제품별 요구사항이 명확히 드러나지 않았지만, 의도된 제품군의 제품별 요구사항을 명확히 기술하면 예제 1.2.1-2와 같다.

예제 1.2.1-2 제품 A1과 A2에 대한 요구사항

예제 1.2.1-1의 제품군 AA의 요구사항으로부터 제품 A1의 요구사항을 추출하면 다음과 같다.

기능 요구사항

FR_T) The system provides a TUI.

FR_B) The system performs +, −, * and / operations.

FR_A1) The system performs fmod and fquot operations.

제약사항

C_1) The system should reuse the existing component for fmod and fquot operations.

C_2) Existing code for fmod and fquot operations was implemented in CompA1.

예제 1.2.1-1의 제품군 AA의 요구사항으로부터 제품 A2의 요구사항을 추출하면 다음과 같다.

기능 요구사항

FR_T) The system provides a TUI.

FR_B) The system performs +, −, * and / operations.

FR_A2) The system performs pow and log operations.

제약사항

C_3) The system should reuse the existing component for pow and log operations.

C_4) Existing code for pow and log operations was implemented in CompA2.

■

180 제 I부 5장 표 5.2.3-1은 가변성 제약사항의 종류별로 해당 정형적 표기법을 보여 준다.

181 제 I부 6장 6.2절의 PLADT 템플릿의 "Variability Constraints" 구역의 가변성 제약사항은 이 가변성 제약사항과 동일한 역할은 수행한다. 그러나 제품군 요구사항의 가변성 제약사항과 달리 PLADT에서는 명확히 정의된 가변점과 가변값을 사용하여 가변성 제약사항을 기술한다.

이제 SSPLD를 적용한 개발을 위하여 제품군 요구사항을 제품라인 요구사항명세로 바꾼다. 제품라인 산출물은 플랫폼과 제품별 바인딩을 모두 포함하는 복잡한 산출물이므로, 제II부의 예제에서 필요한 경우 다음과 같이 먼저 플랫폼 산출물을 만드는 방법에 대한 논의를 하고 이어 제품라인 산출물을 만드는 예를 보인다.

플랫폼 요구사항명세

요구사항명세는 기본적으로 SSPD의 요구공학 공정과 같이 전통적인 단일시스템 개발방법을 따라 만들어진다. 그러나 플랫폼 요구사항명세는 가변점이 포함될 수 있다는 점에서 단일 시스템의 요구사항명세와 다르다. 따라서 요구사항명세는 다음과 같이 하나의 집합으로 나타낼수 있다.

$$Reqs_{Platform} = \{r1, \ldots, rn\} \cup \{vp1, \ldots, vpk\}$$

여기서 vpj는, $1 \leq j \leq k$, 가변점이고, ri는, $1 \leq i \leq n$, 이 가변점들을 사용하는 요구사항이다.

다음 예제에서는 비정형적으로 기술된 제품군 요구사항으로부터 정형화된 제품라인 요구사항명세을 만든 예를 보인다. 이 책에서는 이 예를 포함하여 모든 제품라인 산출물을 PLADT를 사용하여 기술한다.

예제 1.2.1-3 $\mathcal{PL}$($Reqs_{AA}$)

예제 1.2.1-1의 제품군 AA에 대한 요구사항으로부터 PLADT를 이용하여 다음과 같이 제품라인 요구사항명세를 만들 수 있다.

<table>
<tr><th>PL Artifact Name</th><th colspan="2">𝒫𝓛(Reqs_{AA}) :: Requirements</th></tr>
<tr><td rowspan="3">Platform
(Reqs_{AA})</td><td colspan="2"><u>기능 요구사항</u>
FR_T) The system provides a TUI.
FR_B) The system performs +, −, * and / operations.
FR_A12[vpOP])[182] The system performs vpOP operations.

<u>제약사항</u>
C_13[vpOP]) The system should reuse the existing component for vpOP operations.
C_24[vpOP, vpCompA]) Existing code for vpOP operations was implemented in vpCompA.

<u>가변성 제약사항</u>
RD_12[vpOP, vpCompA]) FR_A12[vpOP] requires C_13[vpOP] and C_24[vpOP, vpCompA].</td></tr>
<tr><td>VP Declarations</td><td>vpOP: "fmod and fquot", "pow and log";
vpCompA: CompA1, CompA2
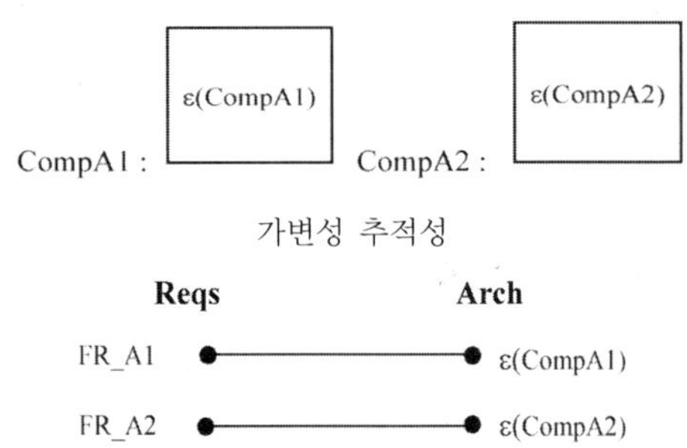</td></tr>
<tr><td>Variability Constraints</td><td>vpOP."fmod and fquot" <u>req</u> vpCompA.CompA1;
vpOP."pow and log" <u>req</u> vpCompA.CompA2</td></tr>
<tr><td rowspan="2">Bindings</td><td>Reqs_{A1}</td><td>[vpOP\"fmod and fquot", vpCompA\CompA1]</td></tr>
<tr><td>Reqs_{A2}</td><td>[vpOP\"pow and log", vpCompA\CompA2]</td></tr>
</table>

제품군 AA의 플랫폼 요구사항명세 $Reqs_{AA}$는 위의 PLADT의 VP Declarations 구역에 정의된 것처럼 vpOP와 vpCompA를 가변점으로 가지며, 가변점 중 vpOP는 그 가변값들로 연산쌍을 의미하는 스트링 "fmod and fquot"과 "pow and log"를, vpCompA는 그 가변값들로 컴포넌트 CompA1과 CompA2를 갖는다.

182 이 요구사항의 이름으로 FR_A12를 사용한 이유는, 이 요구사항이 제 I부 예제 1.2-2에 정의된 대로 그것이 FR_A1과 제 I부에서 소개되지 않았던 FR_A2를 가변값으로 취하는 가변점임을 나타내기 위해서이다.

Variability Constraints 구역에서는 VP Declarations 구역에 정의된 가변점과 가변값을 사용하여 예제 1.2.1-1의 제품군 AA에 대한 요구사항 중 가변성제약사항을 기술한다.

이 책에서는 플랫폼 요구사항명세에서 요구사항이 가변성을 갖고 있다는 것을 강조하기 위하여 해당 요구사항의 이름에 가변점들을 매개변수로 포함하였다. 가변점 매개변수는 요구사항 안에 해당 가변점이 한 번 이상 나올 수 있음을 나타내며, 플랫폼 요구사항의 인스턴스화 시점에 해당 가변점에 특정한 가변값이 대입되어 인스턴스화된 요구사항을 생성하게 된다. 위의 PLADT에서 "FR_A12[vpOP]"는 vpOP에 "fmod and fquot"가 대입될 경우에는 그 인스턴스가 FR_A1이 되고, "pow and log"가 대입될 경우에는 그 인스턴스가 FR_A2가 되는 추상화된 요구사항이다. C_13, C_24 그리고 RD_12도 마찬가지로 추상화된 요구사항이다. ■

제 1장 전체에 걸쳐 플랫폼 산출물의 인스턴스화에 관련된 부분은 이탤릭 글꼴로 나타낸다.

1.2.2 제품 요구사항명세의 도출[183]

제품 요구사항명세는 이 절이 보여 주는 바와 같이 플랫폼 요구사항명세를 인스턴스화하여 쉽게 얻을 수 있다. 다음 예제는

$$Reqs_{Pi} = (Reqs_{Platform})\ \mathcal{B}_{Reqs_{Pi}}$$

의 관계를 이용하여 플랫폼 요구사항명세로부터 제품 요구사항명세를 생성하는 예를 보인다.

예제 1.2.2-1 $Reqs_{A1}$와 $Reqs_{A2}$

$Reqs_{A1}$

= ($Reqs_{AA}$[vpOP, vpCompA]) $\mathcal{B}_{Reqs_{A1}}$

= ($Reqs_{AA}$[vpOP, vpCompA])[vpOP\"fmod and fquot", vpCompA\CompA1]

= $Reqs_{AA}$[vpOP\"fmod and fquot", vpCompA\CompA1]

에 의하여, 예제 1.2.1-3의 $Reqs_{AA}$로부터 다음과 같이 $Reqs_{A1}$가 생성된다.

---

183 제 II부의 서두에서 언급한 바와 같이 플랫폼 산출물로부터의 제품 산출물의 도출이 즉각적임을 부각시키기 위해서, "1.2.1 제품라인 요구사항명세의 도출"절에 이어 "1.2.2 제품라인 아키텍처의 설계"절이 나오지 않고 "1.2.2 제품 요구사항명세의 도출"이 나온다.

$Reqs_{A1}$ :: Requirements

<u>기능 요구사항</u>
FR_T) The system provides a TUI.
FR_B) The system performs +, −, * and / operations.
FR_A1) The system performs fmod and fquot operations.

<u>제약사항</u>
C_1) The system should reuse the existing component for fmod and fquot operations.
C_2) Existing code for fmod and fquot operations was implemented in CompA1.

CompA1의 추적성

Reqs		Arch
FR_A1	●————●	ε(CompA1)

마찬가지로,

$$
\begin{aligned}
& Reqs_{A2} \\
&= (Reqs_{AA}[vpOP,\ vpCompA])\ \mathcal{B}_{Reqs_{A2}} \\
&= (Reqs_{AA}[vpOP,\ vpCompA])[vpOP\backslash\text{“pow and log”},\ vpCompA\backslash CompA2] \\
&= Reqs_{AA}[vpOP\backslash\text{“pow and log”},\ vpCompA\backslash CompA2]
\end{aligned}
$$

에 의하여, 예제 1.2.1-3의 $Reqs_{AA}$로부터 다음과 같이 $Reqs_{A2}$가 생성된다.

$Reqs_{A2}$ :: Requirements

<u>기능 요구사항</u>
FR_T) The system provides a TUI.
FR_B) The system performs +, −, * and / operations.
FR_A2) The system performs pow and log operations.

<u>제약사항</u>
C_3) The system should reuse the existing component for pow and log operations.
C_4) Existing code for pow and log operations was implemented in CompA2.

CompA2의 추적성

Reqs		Arch
FR_A2	●————●	ε(CompA2)

■

1.3 요구사항명세의 분석과 평가

제품 요구사항명세의 분석/평가와 달리 플랫폼의 요구사항명세는 가변점을 가질 수 있고, 분석관점이나 평가방법도 가변점을 가질 수 있다. 그 결과 다음의 두 가지 경우가 가능하다:

(1) 분석관점 또는 평가방법에 가변점이 없고, 플랫폼 요구사항명세 중 해당 분석관점 또는 평가방법이 적용되는 부분에도 가변점이 포함되지 않을 수 있다. 이 경우에는 분석과 평가로부터 구체적인 결과를 얻을 수 있고, 제품 요구사항명세의 분석/평가와 플랫폼 요구사항명세의 분석/평가의 차이가 없어진다.

(2) 분석관점 또는 평가방법에 가변점이 있거나, 플랫폼 요구사항명세 중 해당 분석관점 또는 평가방법이 적용되는 부분에 가변점이 포함될 수 있다. 이 경우에는 분석과 평가의 결과는 가변점을 포함할 수 있고, 제품 요구사항명세의 분석/평가 결과와 플랫폼 요구사항명세의 분석/평가 결과가 다른 모습을 갖게 된다.[184]

위의 논의는 요구사항명세의 분석과 평가뿐 아니라 아키텍처와 구현의 분석과 평가에도 동일하게 적용된다.

제 I부 1장 1.1.9절에서 논의한 바와 같이 요구사항명세 평가는 요구사항명세 분석의 반복으로 얻어진 결과들의 종합이다.

1.3.1 요구사항명세의 분석

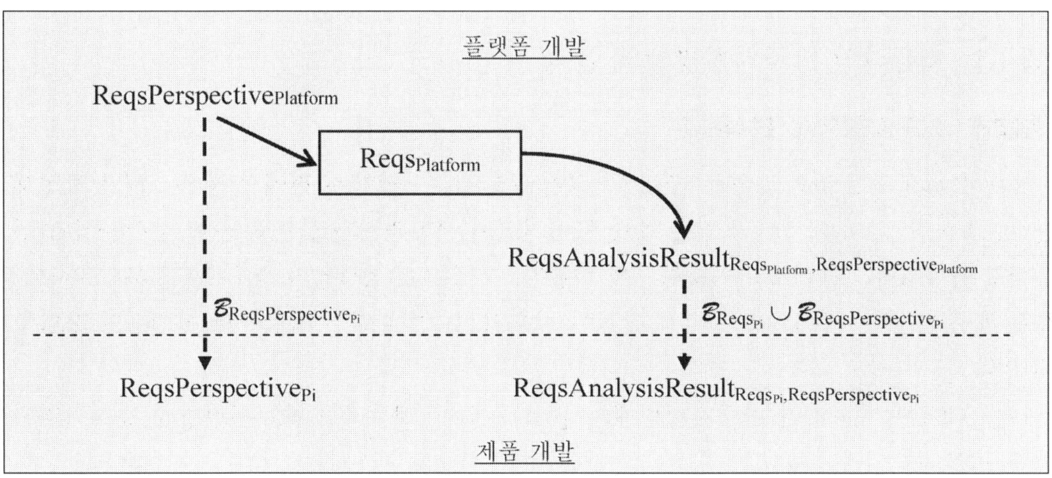

그림 1.3.1-1. GPL에서 제품 요구사항명세 분석의 개요도

184 그러나 구체적이지 않은 분석/평가의 경우에도, 기호적 실행(symbolic execution, [King 76] 참조)을 수행하면 적절한 바인딩의 적용에 의하여 구체적인 결과를 만들 수 있고, 부분평가(partial evaluation, 제 6장 6.9.3절 참조)를 사용하여 효과적인 구현의 분석/평가를 수행할 수 있다.

그림 1.3.1-1은 GPL에서 제품 요구사항명세의 분석이 다음 활동들로 이루어짐을 나타낸다: (1) 플랫폼 요구사항명세 $Reqs_{Platform}$에 플랫폼 요구사항명세 분석관점 $ReqsPerspective_{Platform}$을 적용하여 플랫폼 요구사항명세 분석결과 $ReqsAnalysisResult_{Reqs_{Platform}, ReqsPerspective_{Platform}}$를 얻는다; (2) 이 분석결과에 Pi의 요구사항명세 분석결과 바인딩을 적용하여 Pi의 요구사항명세 분석결과를 생성한다. 그림 1.3.1-2는 이 활동을 정형적으로 표현한다.

플랫폼 개발

$$ReqsAnalysisResult_{Platform, ReqsPerspectivePlatform} = \mathcal{Analysis}(Reqs_{Platform}, ReqsPerspective_{Platform})$$

제품 개발

$$ReqsPerspective_{Pi} = ReqsPerspective_{Platform}\ \mathcal{B}_{ReqsPerspective_{Pi}}$$

$$ReqsAnalysisResult_{Reqs_{Pi}, ReqsPerspective_{Pi}} = ReqsAnalysisResult_{Reqs_{Platform}, ReqsPerspective_{Platform}}\ (\mathcal{B}_{Reqs_{Pi}} \cup \mathcal{B}_{ReqsPerspective_{Pi}})$$

그림 1.3.1-2. GPL에서 제품 요구사항명세 분석의 정형적 표현

플랫폼 요구사항명세 분석관점을 인스턴스화하여, 제품에 해당되는 구체적인 분석관점을 얻을 수 있다. 플랫폼 분석결과는 플랫폼 전체에 대한 분석결과이므로 제품의 바인딩을 적용하여 구체화시키기 전까지는 제품의 분석결과를 정확하게 알 수 없다. 플랫폼 분석결과를 특정 제품의 요구사항명세 및 요구사항명세 분석관점의 바인딩을 적용하여 인스턴스화함으로써 해당 제품에 대한 분석결과를 얻을 수도 있다.

1.3.1.1 제품라인 요구사항명세의 분석

제품라인 요구사항명세 분석관점

플랫폼 요구사항명세 분석관점은 가변점이 포함될 수 있다는 점에서 제품 요구사항명세 분석관점과 다르다. 이러한 차이는 플랫폼 아키텍처 분석관점과 플랫폼 구현 분석관점의 경우에도 동일하다. 여러 개의 제품라인에 적용될 수 있는 분석관점의 경우, 현재 분석 대상인 특정 제품라인의 가변점 외에, 분석 관점이 적용될 수 있는 다른 제품군의 가변점도 포함할 수 있다.

다음 예제는 제품라인 요구사항명세의 분석을 위한 제품라인 요구사항명세 분석관점의 예를 보인다.

예제 1.3.1.1-1 $\mathcal{PL}$(ReqsPerspective3$_{AA}$)

예제 1.2.1-3의 $\mathcal{PL}$(Reqs$_{AA}$)를 분석하기 위해 다음 제품라인 분석관점을 채택하기로 한다.

PL Artifact Name	$\mathcal{PL}$(ReqsPerspective3$_{AA}$):: Requirements Analysis Perspective	
Import	$\mathcal{PL}$(Reqs$_{AA}$) // 예제 1.2.1-3	
Platform	"요구사항 *vpFR_A*은 이해관계자 *vpStakeholder*의 요구를 충실히 반영하는가?" **Result space** = {True, False}	
	VP Declarations	*vpFR_A: FR_A1, FR_A2;* *vpStakeholder: S1, S2, S3*
	Variability Constraints	*vpFR_A.FR_A1 req vpStakeholder.S1;* *vpFR_A.FR_A2 req vpStakeholder.S2*
Bindings	ReqsPerspective3$_{A1}$	[*vpFR_A\FR_A1, vpStakeholder\S1*]
	ReqsPerspective3$_{A2}$	[*vpFR_A\FR_A2, vpStakeholder\S2*]

위의 PLADT에서 $\mathcal{PL}$(Reqs$_{AA}$)가 가져오기된 이유는 VP Declarations 구역에서 사용되고 있는 FR_A1과 FR_A2가 Reqs$_{AA}$에 정의되어 있기 때문이다.

■

제품라인 요구사항명세 분석결과

다음 예제는 채택한 제품라인 분석관점으로 제품라인 요구사항명세를 분석한 결과의 예를 보인다.

예제 1.3.1.1-2 $\mathcal{PL}$(ReqsAnalysisResult3$_{ReqsAA, ReqsPerspective3AA}$)

예제 1.2.1-3의 $\mathcal{PL}$(Reqs$_{AA}$) 를 예제 1.3.1.1-1의 $\mathcal{PL}$(ReqsPerspective3$_{AA}$)의 분석관점으로 분석한 결과는 다음과 같다.

<table>
<tr><td>PL Artifact Name</td><td colspan="2">$\mathcal{PL}$(ReqsAnalysisResult3$_{Reqs_{AA},ReqsPerspective3Reqs,_{AA}}$) :: Requirements Analysis Result</td></tr>
<tr><td>Import</td><td colspan="2">$\mathcal{PL}$(Reqs$_{AA}$) // 예제 1.2.1-3
$\mathcal{PL}$(ReqsPerspective3$_{AA}$) // 예제 1.3.1.1-1</td></tr>
<tr><td rowspan="3">Platform</td><td colspan="2">case (vpFR_A, vpStakeholder) of
(FR_A1, S1): True;
(FR_A2, S2): True;
otherwise: False;
end case</td></tr>
<tr><td>VP Declarations</td><td>// vpFR_A: FR_A1, FR_A2;
// vpStakeholder: S1, S2, S3</td></tr>
<tr><td>Variability Constraints</td><td>// vpFR_A.FR_A1 <u>req</u> vpStakeholder.S1;
// vpFR_A.FR_A2 <u>req</u> vpStakeholder.S2</td></tr>
<tr><td rowspan="2">Bindings</td><td>ReqsAnalysisResult3$_{Reqs_{A1},ReqsPerspective3_{A1}}$</td><td>[vpFR_A\FR_A1, vpStakeholder\S1]</td></tr>
<tr><td>ReqsAnalysisResult3$_{Reqs_{A2},ReqsPerspective3_{A2}}$</td><td>[vpFR_A\FR_A2, vpStakeholder\S2]</td></tr>
</table>

Declarations과 Variability Constraints 구역에서 가변점과 가변성 제약사항을 주석 처리한 이유는, 이들이 이 PLADT에서 새로이 정의된 것이 아니라, Import 구역에 가져오기된 산출물에 이미 정의되어 있어서 여기서는 이를 사용하고 있다는 것을 나타내기 위해서이다. ■

1.3.1.2 제품 요구사항명세의 분석

제품 요구사항명세 분석관점

다음 예제는

$$\text{ReqsPerspective}_{Pi} = (\text{ReqsPerspective}_{Platform})\ \mathcal{B}_{\text{ReqsPerspective}_{P_i}}$$

의 관계를 이용하여, 플랫폼 요구사항명세 분석관점으로부터 제품 요구사항명세 분석관점을 생성한 예를 보인다.

예제 1.3.1.2-1 ReqsPerspective3$_{A1}$ 와 ReqsPerspective3$_{A2}$

ReqsPerspective3$_{A1}$

$$= (\text{ReqsPerspective3}_{AA})\mathcal{B}_{\text{ReqsPerspective3}_{A1}}$$

$$= (\text{ReqsPerspective3}_{AA}[\text{vpFR\_A, vpStakeholder}])[\text{vpFR\_A}\backslash\text{FR\_A1, vpStakeholder}\backslash\text{S1}]$$

$$= \text{ReqsPerspective3}_{AA}[\text{vpFR\_A}\backslash\text{FR\_A1, vpStakeholder}\backslash\text{S1}]$$

에 의하여, 예제 1.3.1.1-1의 $ReqsPerspective3_{AA}$로부터 다음과 같이 $ReqsPerspective3_{A1}$가 생성된다.

$ReqsPerspective3_{A1}$ :: Requirements Analysis Perspective	
Import	$Reqs_{AA}$[vpFR_A\FR_A1, vpStakeholder\S1] // 예제 1.2.1-3
"요구사항 FR_A1은 이해관계자 S1의 요구를 충실히 반영하는가?"	

또한

$$
\begin{aligned}
&ReqsPerspective3_{A2}\\
&= (ReqsPerspective3_{AA})\mathcal{B}_{ReqsPerspective3_{A2}}\\
&= (ReqsPerspective3_{AA}[vpFR\_A,\ vpStakeholder])[vpFR\_A \backslash FR\_A2,\ vpStakeholder \backslash S2]\\
&= ReqsPerspective3_{AA}[vpFR\_A \backslash FR\_A2,\ vpStakeholder \backslash S2]
\end{aligned}
$$

에 의하여, 예제 1.3.1.1-1의 $ReqsPerspective3_{AA}$로부터 다음과 같이 $ReqsPerspective3_{A2}$가 생성된다.

$ReqsPerspective3_{A2}$ :: Requirements Analysis Perspective	
Import	$Reqs_{AA}$[vpFR_A\FR_A2, vpStakeholder\S2] // 예제 1.2.1-3
"요구사항 FR_A2는 이해관계자 S2의 요구를 충실히 반영하는가?"	

■

제품 요구사항명세 분석결과

$ReqsAnalysisResult_{Reqs_{Platform},ReqsPerspective_{Platform}}$는 $Reqs_{Platform}$을 $ReqsPerspective_{Platform}$ 관점에서 분석한 결과이다. 다음 예제는 플랫폼 요구사항명세 분석결과로부터 제품 요구사항명세 분석결과를 생성한 예를 보인다.

예제 1.3.1.2-2 $ReqsAnalysisResult3_{ReqsA1,ReqsPerspective3A1}$

$$
\begin{aligned}
&ReqsAnalysisResult3_{Reqs_{A1},ReqsPerspective3_{A1}}\\
&= (ReqsAnalysisResult3_{Reqs_{AA},ReqsPerspective3_{AA}})(\mathcal{B}_{Reqs_{A1}} \cup \mathcal{B}_{ReqsPerspective3_{A1}})
\end{aligned}
$$

= ((**case** (vpFR_A, vpStakeholder) of
 (FR_A1, S1): True;
 (FR_A2, S2): True;
 otherwise: False;
\+ **end case**)[vpFR_A, vpStakeholder])[vpOP\"fmod and fquot",

```
        vpCompA\CompA1, vpFR_A\FR_A1, vpStakeholder\S1]
= (case (vpFR_A, vpStakeholder) of
        (FR_A1, S1): True;
        (FR_A2, S2): True;
        otherwise: False;
   end case)[vpOP\"fmod and fquot", vpCompA\CompA1,
        vpFR_A\FR_A1, vpStakeholder\S1]
= (case (FR_A1, S1) of
        (FR_A1, S1): True;
        (FR_A2, S2): True;
        otherwise: False;
   end case)
   = True
```

에 의하여, 예제 1.3.1.1-2의 $\text{ReqsAnalysisResult3}_{\text{Reqs}_{AA},\text{ReqsPerspective3}_{AA}}$로부터 다음과 같이 $\text{ReqsAnalysisResult3}_{\text{Reqs}_{A1},\text{ReqsPerspective3}_{A1}}$가 생성된다.

$\text{ReqsAnalysisResult3}_{\text{Reqs}_{A1},\text{ReqsPerspective3}_{A1}}$ :: Requirements Analysis Result
True

$\mathcal{B}_{\text{Reqs}_{A1}} \cup \mathcal{B}_{\text{ReqsPerspective3}_{A1}}$의 세 개의 대입 중 단지 두 개의 대입만이 요구사항명세 분석결과에 관련된다. 제 I부 6장 6.3.1절에서 언급된 바와 같이, 예제 1.3.1.2-1의 산출물들과 달리 이 산출물에서는 바인딩의 적용 결과에서 참조하는 다른 산출물의 요소가 없으므로 'Import' 구역이 생략되었다.

■

1.3.2 요구사항명세의 평가

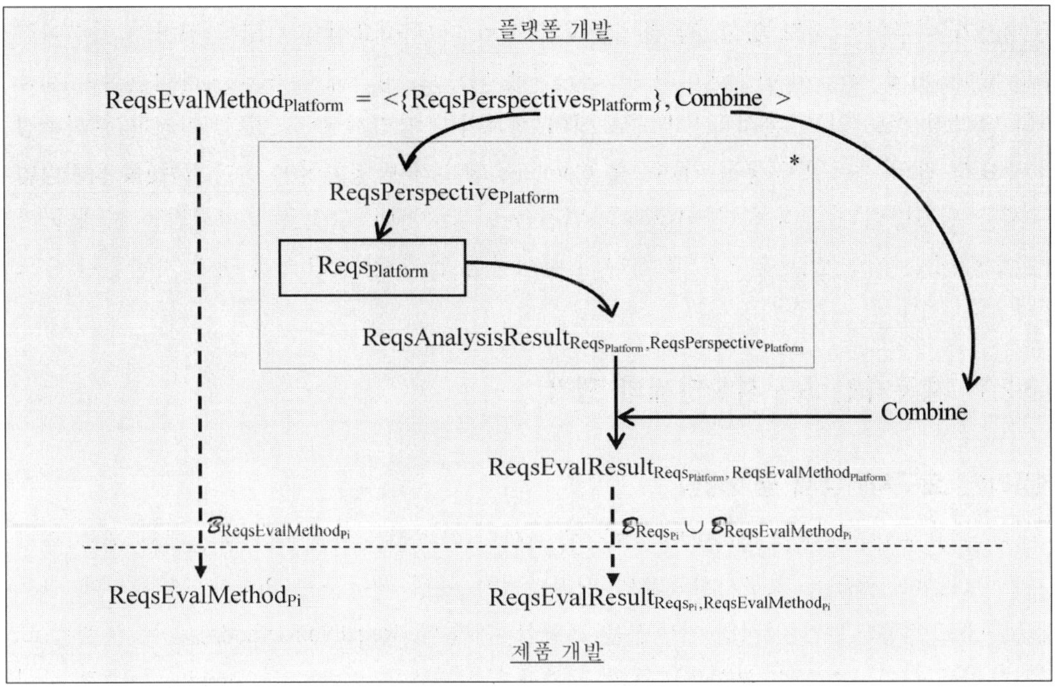

그림 1.3.2-1. GPL에서 제품 요구사항명세 평가의 개요도

그림 1.3.2-1은 GPL에서 제품 요구사항명세의 평가가 다음 활동들로 이루어짐을 나타낸다: (1) 플랫폼 요구사항명세 $Reqs_{Platform}$에 플랫폼 요구사항명세 분석관점 $ReqsPerspective_{Platform}$들을 적용하여 얻은 플랫폼 분석결과 $ReqsAnalysisResult_{Reqs_{Platform}, ReqsPerspective_{Platform}}$들에 이들을 종합하는 함수 Combine을 적용하여 플랫폼 요구사항명세 평가결과 $ReqsEvalResult_{Reqs_{Platform}, ReqsEvalMethod_{Platform}}$를 얻는다; (2) 이 평가결과에 Pi의 요구사항명세 평가결과 바인딩을 적용하여 Pi의 요구사항명세 평가결과 $ReqsEvalResult_{Reqs_{Pi}, ReqsEvalMethod_{Pi}}$를 생성한다. 그림 1.3.2-2는 이 활동을 정형적으로 표현한다.

플랫폼 개발

$$ReqsEvalResult_{Reqs_{Platform}, ReqsEvalMethod_{Platform}} = \mathcal{E}val(Reqs_{Platform}, ReqsEvalMethod_{Platform})$$

제품 개발

$$ReqsEvalMethod_{Pi} = ReqsEvalMethod_{Platform}\ \mathcal{B}_{ReqsEvalMethod_{Pi}}$$

$$ReqsEvalResult_{Reqs_{Pi}, ReqsEvalMethod_{Pi}} = ReqsEvalResult_{Reqs_{Platform}, ReqsEvalMethod_{Platform}}\ (\mathcal{B}_{Reqs_{Pi}} \cup \mathcal{B}_{ReqsEvalMethod_{Pi}})$$

그림 1.3.2-2. GPL에서 제품 요구사항명세 평가의 정형적 표현

제 I부 1장 1.3.2절에 논의한 바와 같이 Combine 함수는 각 분석관점으로부터 얻어진 분석결과를 결합한다. 이때 Combine 함수의 정의에 따라 각 분석결과가 동등한 중요성을 갖도록 평가가 이루어질 수도 있고, 각 분석결과가 서로 다른 중요성을 갖도록 평가가 이루어질 수도 있다. 이제 여러 제품에 대하여 평가를 하게 되므로, 평가에 적용되는 분석관점이 제품마다 달라질 수도 있고, 분석관점별 중요성이 제품마다 달라질 수도 있다. 이러한 분석관점과 중요성 간의 제품별 공통성 가변성을 Combine 함수가 반영하여야 한다. **플랫폼 평가방법**은 제품 평가방법과 달리 하나 이상의 가변점을 포함하는데, 그것은 분석관점들 자체를 가변값으로 갖는 가변점일 수도 있고 하나의 분석관점 안에 있는 요소에 대한 가변점일 수도 있다.

1.3.2.1 제품라인 요구사항명세의 평가

제품라인 요구사항명세 평가방법

플랫폼 요구사항명세의 평가방법은 한 개 이상의 가변점을 포함한다는 점에서 제품 평가방법과 다르다. 플랫폼 요구사항명세의 평가방법은 특정 제품군을 위한 가변점 외에 다른 제품군에도 적용되는 일반적인 가변점을 포함할 수 있다. $ReqsEvalMethod_{Platform}$는 플랫폼 요구사항명세 평가방법으로, 분석관점들의 집합과 분석결과를 종합하는 Combine 함수로 구성된다.

다음 예제는 이 함수를 포함하는 제품라인 요구사항명세 평가방법의 예를 보인다.

예제 1.3.2.1-1 $\mathcal{PL}$($ReqsEvalMethod_{AA}$)

예제 1.2.1-3의 $Reqs_{AA}$를 평가하기 위해 다음의 평가방법을 채택하기로 한다.

<table>
<tr><td>PL Artifact Name</td><td colspan="2">$\mathcal{PL}$(ReqsEvalMethod$_{AA}$) :: Requirements Evaluation Method</td></tr>
<tr><td>Import</td><td colspan="2">$\mathcal{PL}$(Reqs$_{AA}$) // 예제 1.2.1-3
$\mathcal{PL}$(ReqsPerspective3$_{AA}$) // 예제 1.3.1.1-1</td></tr>
<tr><td rowspan="3">Platform</td><td colspan="2"><
{ ReqsPerspective1$_{AA}$,
ReqsPerspective2$_{AA}$,
ε(ReqsPerspective3$_{AA}$)[vpFR_A, vpStakeholder],
ReqsPerspective4$_{AA}$
},
$\wedge_j$ ReqsAnalysisResult$_{Reqs_{AA}, ReqsPerspectivej_{AA}}$
>
이고, 여기서 가져오기되지 않은 분석관점들은 다음과 같다:
ReqsPerspective1$_{AA}$: "요구사항들 간에 모순이 없는가?"
ReqsPerspective2$_{AA}$: "모든 요구사항이 검증가능한가?"
ReqsPerspective4$_{AA}$: "요구사항 FR_T는 이해관계자 TUI 사용자의 요구를 충실히 반영하는가?"</td></tr>
<tr><td>VP Declarations</td><td>// vpFR_A: FR_A1, FR_A2;
// vpStakeholder: S1, S2, S3</td></tr>
<tr><td>Variability Constraints</td><td>// vpFR_A.FR_A1 <u>req</u> vpStakeholder.S1;
// vpFR_A.FR_A2 <u>req</u> vpStakeholder.S2</td></tr>
<tr><td rowspan="2">Bindings</td><td>ReqsEvalMethod$_{A1}$</td><td>[vpFR_A\FR_A1, vpStakeholder\S1]</td></tr>
<tr><td>ReqsEvalMethod$_{A2}$</td><td>[vpFR_A\FR_A2, vpStakeholder\S2]</td></tr>
</table>

ReqsPerspective1$_{AA}$는 제 I부 1장 예제 1.3.1-1의 요구사항명세 분석관점 ReqsPerspective1이 AA에 특화된 분석관점을 나타낸다. ReqsPerspective1과 ReqsPerspective1$_{AA}$의 차이점은, 전자의 경우 분석 사항들이 정확히 무엇인지는 결정되지 않고 분석관점의 적용 대상이 결정되는 시점에야 비로서 구체적인 분석 사항들이 확정되지만, 후자의 경우에는 구체적인 분석 사항들이 AA에 관한 것으로 확정되어 있다는 것이다.[185] ReqsPerspective2$_{AA}$와 ReqsPerspective4$_{AA}$는 이 평가를 위하여 새로이 채택된 분석관점들이다. ReqsPerspective3$_{AA}$는 재사용함수 ε이 적용되어 이미 존재하는 요구사항 분석관점 ReqsPerpective3$_{AA}$을 재사용하고 있음을 알 수 있다. ε을 포함하여 이 책에서 사용되는 재사용함수들은 이 책 서두의 "책에서 사용되는 기호들"에 정의되어 있다. 이 분석관점들의 결과공간이 전부 {True, False}이므로 결과공간을 분석관점별로 따로 표시하지 않았다. Reqs$_{AA}$가 가져오기된 이유는 ReqsPerspective$_{AA}$가 요구사항 FR_T를 참조하기 때문이다.

■

185 그러나 ReqsPerspective1$_{AA}$의 경우에도 AA가 제품군이기 때문에 적용대상이 제품의 요구사항들로 구체화되기 전까지는 여전히 '요구사항들'이 완전히 구체화된 것은 아니다.

제품라인 요구사항명세 평가결과

다음 예제는 채택한 제품라인 평가방법으로 제품라인 요구사항명세를 평가한 결과의 예를 보인다.

예제 1.3.2.1-2 $\mathcal{PL}$(ReqsEvalResult$_{Reqs_{AA}, ReqsEvalMethod_{AA}}$)

예제 1.2.1-3의 Reqs$_{AA}$를 평가하기 위하여 다음의 분석결과를 가정하자.

분석결과표		
분석관점	**분석결과**	**근거**
ReqsPerspective1$_{AA}$	True	가정
ReqsPerspective2$_{AA}$	True	가정
ε(ReqsPerspective3$_{AA}$)[vpFR_A, vpStakeholder]	**case** <vpFR_A, vpStakeholder> **of** <FR_A1, S1>:True; <FR_A2, S2>:True; **otherwise**: False; **end case**	예제 1.3.1.1-2
ReqsPerspective4$_{AA}$	True	가정

만일 X가

case <vpFR_A, vpStakeholder> **of**
<FR_A1, S1>: True;
<FR_A2, S2>: True;
otherwise: False;
end case

이면

$$True \wedge True \wedge X \wedge True = X$$

이므로, 예제 1.2.1-3의 Reqs$_{AA}$를 예제 1.3.2.1-1의 ReqsEvalMethod$_{AA}$로 평가한 결과는 다음과 같다.

<table>
<tr><td>PL Artifact Name</td><td colspan="2">𝒫ℒ($ReqsEvalResult_{Reqs_{AA}, ReqsEvalMethod_{AA}}$) :: Requirements Evaluation Result</td></tr>
<tr><td>Import</td><td colspan="2">𝒫ℒ($Reqs_{AA}$) // 예제 1.2.1-3
𝒫ℒ($ReqsEvalMethod_{AA}$) // 예제 1.3.2.1-1</td></tr>
<tr><td rowspan="3">Platform</td><td colspan="2">case <vpFR_A, vpStakeholder> of
<FR_A1, S1>: True;
<FR_A2, S2>: True;
otherwise: False;
end case</td></tr>
<tr><td>VP Declarations</td><td>// vpFR_A: FR_A1, FR_A2;
// vpStakeholder: S1, S2, S3</td></tr>
<tr><td>Variability Constraints</td><td>// vpFR_A.FR_A1 <u>req</u> vpStakeholder.S1;
// vpFR_A.FR_A2 <u>req</u> vpStakeholder.S2</td></tr>
<tr><td rowspan="2">Bindings</td><td>$ReqsEvalResult_{Reqs_{A1}, ReqsEvalMethod_{A1}}$</td><td>[vpFR_A\FR_A1, vpStakeholder\S1]</td></tr>
<tr><td>$ReqsEvalResult_{Reqs_{A2}, ReqsEvalMethod_{A2}}$</td><td>[vpFR_A\FR_A2, vpStakeholder\S2]</td></tr>
</table>

■

1.3.2.2 제품 요구사항명세의 평가

제품 요구사항명세 평가방법

다음 예제는 플랫폼 요구사항명세 평가결과로부터 생성되는 제품 요구사항명세 평가결과의 예를 보인다.

예제 1.3.2.2-1 $ReqsEvalMethod_{A1}$

$ReqsEvalMethod_{A1}$

= ($ReqsEvalMethod_{AA}$[vpFR_A, vpStakeholder])[vpFR_A\FR_A1, vpStakeholder\S1]

= $ReqsEvalMethod_{AA}$[vpFR_A\FR_A1, vpStakeholder\S1]

에 의하여, 예제 1.3.2.1-1의 $ReqsEvalMethod_{AA}$로부터 다음과 같이 $ReqsEvalMethod_{A1}$가 생성된다.

<table>
<tr><th colspan="2">$\text{ReqsEvalMethod}_{A1}$ :: Requirements Evaluation Method</th></tr>
<tr><td>Import</td><td>Reqs_{AA}[vpFR_A\FR_A1, vpStakeholder\S1] // 예제 1.2.1-3
$\text{ReqsPerspective3}_{AA}$[vpFR_A\FR_A1, vpStakeholder\S1] // 예제 1.3.1.1-1</td></tr>
<tr><td colspan="2"><
{$\text{ReqsPerspective1}_{AA}$,
$\text{ReqsPerspective2}_{AA}$,
ε($\text{ReqsPerspective3}_{AA}$[FR_A1,S1]),
$\text{ReqsPerspective4}_{AA}$
},
$\wedge_j \text{ ReqsAnalysisResult}_{\text{Reqs}_{AA}, \text{ReqsPerspectivej}_{AA}}$
>
이고, 여기서 가져오기되지 않은 분석관점들은 다음과 같다:
$\text{ReqsPerspective1}_{AA}$: "요구사항들 간에 모순이 없는가?"
$\text{ReqsPerspective2}_{AA}$: "모든 요구사항이 검증가능한가?"
$\text{ReqsPerspective4}_{AA}$: "요구사항 FR_T는 이해관계자 TUI 사용자의 요구를 충실히 반영하는가?"</td></tr>
</table>

■

제품 요구사항명세 평가결과

다음 예제는

$$\text{ReqsEvalResult}_{\text{Reqs}_{Pi}, \text{ReqsEvalMethod}_{Pi}} = \text{ReqsEvalResult}_{\text{Reqs}_{Platform}, \text{ReqsEvalMethod}_{Platform}} (\mathcal{B}_{\text{Reqs}_{Pi}} \cup \mathcal{B}_{\text{ReqsPerspective}_{Pi}})$$

의 관계를 이용하여 플랫폼 요구사항명세 평가결과로부터 제품 요구사항명세 평가결과를 생성한 예를 보인다.

예제 1.3.2.2-2 $\text{ReqsEvalResult}_{\text{Reqs}_{A1}, \text{ReqsEvalMethod}_{A1}}$

$\text{ReqsEvalResult}_{\text{Reqs}_{A1}, \text{ReqsEvalMethod}_{A1}}$

= $\text{ReqsEvalResult}_{\text{Reqs}_{AA}, \text{ReqsEvalMethod}_{AA}} (\mathcal{B}_{\text{Reqs}_{A1}} \cup \mathcal{B}_{\text{ReqsPerspective}_{A1}})$

= ($\text{ReqsEvalResult}_{\text{Reqs}_{AA}, \text{ReqsEvalMethod}_{AA}}$[vpFR_A, vpStakeholder])
[vpOP\"fmod and fquot", vpCompA\CompA1, vpFR_A\FR_A1, vpStakeholder\S1]

= ($\text{ReqsEvalResult}_{\text{Reqs}_{AA}, \text{ReqsEvalMethod}_{AA}}$[vpFR_A\FR_A1, vpStakeholder\S1]

= (**case** <vpFR_A, vpStakeholder> of
<FR_A1, S1>: True;
<FR_A2, S2>: True;
otherwise: False;
end case)[vpFR_A\FR_A1, vpStakeholder\S1]

```
= (case < FR_A1, S1> of
      <FR_A1, S1>: True;
      <FR_A2, S2>: True;
      otherwise:     False;
   end case)
= True
```

에 의하여, 예제 1.3.2.1-2의 $ReqsEvalResult_{Reqs_{AA}, ReqsEvalMethod_{AA}}$로부터 다음과 같이 $ReqsEvalResult_{Reqs_{A1}, ReqsEvalMethod_{A1}}$가 생성된다.

$ReqsEvalResult_{Reqs_{A1}, ReqsEvalMethod_{A1}}$ :: Requirements Evaluation Result
True

■

1.4 아키텍처의 설계

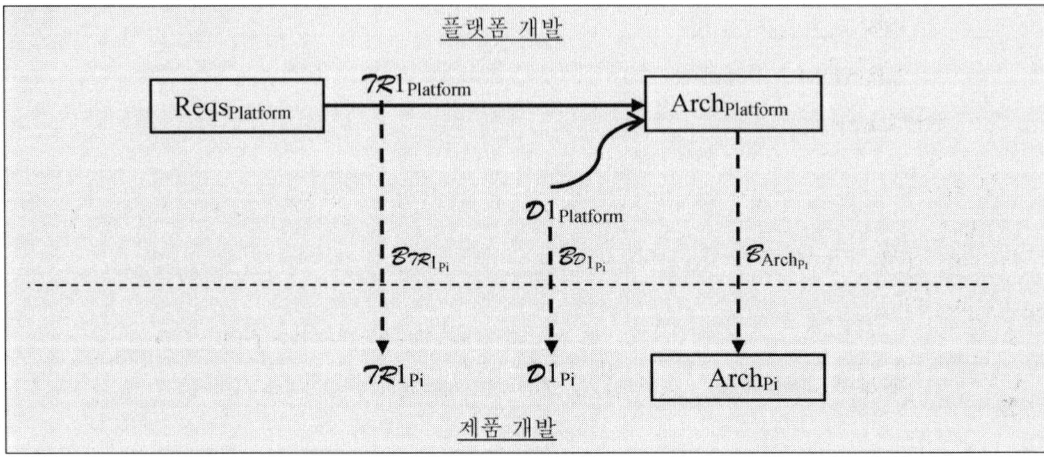

그림 1.4-1. GPL에서 제품 아키텍처설계의 개요도

그림 1.4-1은 GPL에서 제품 아키텍처의 도출이 다음 활동들로 이루어짐을 나타낸다: (1) 플랫폼 요구사항명세 $Reqs_{Platform}$에 플랫폼 아키텍처설계결정 $\mathcal{D}1_{Platform}$을 적용한 결과로서 플랫폼 아키텍처 $Arch_{Platform}$과 플랫폼 요구사항-아키텍처 추적성 $\mathcal{TR}1_{Platform}$이 만들어 진다; (2) 플랫폼 아키텍처에 Pi의 아키텍처 바인딩을 적용하여 Pi의 아키텍처 $Arch_{Pi}$를 생성한다. 그림 1.4-2는 이 활동을 정형적으로 표현한다.

플랫폼 개발

$(Arch_{Platform}, \mathcal{TR}1_{Platform}) = \mathit{ArchDesign}(Reqs_{Platform}, \mathcal{D}1_{Platform})$

제품 개발

$\mathcal{D}1_{Pi} = \mathcal{D}1_{Platform}\ \mathcal{B}_{\mathcal{D}1_{Pi}}$

$Arch_{Pi} = Arch_{Platform}\ \mathcal{B}_{Arch_{Pi}}$

$\mathcal{TR}1_{Pi} = \mathcal{TR}1_{Platform}\ \mathcal{B}_{\mathcal{TR}1_{Pi}}$

그림 1.4-2. GPL에서 제품 아키텍처설계의 정형적 표현

1.4.1 제품라인 아키텍처의 설계

제품라인 아키텍처설계결정

플랫폼 아키텍처설계결정은 요구사항명세 요소와 아키텍처 요소에 요구사항명세 가변점과 아키텍처 가변점이 각각 포함될 수 있다는 점에서 제품 아키텍처설계결정과 다르다.

$\mathcal{D}1_{Platform}$ = <D1, ... , Dn>

에서 각 결정 Di는 (1) 어떤 플랫폼 기능을 플랫폼 아키텍처 요소에 할당하는 행위이거나 (2) 플랫폼 아키텍처의 구성을 결정하는 행위이거나 혹은 (3) 플랫폼의 아키텍처 결을 결정하는 행위이다. 제품 아키텍처설계결정과 달리 플랫폼 아키텍처설계결정 $\mathcal{D}1_{Platform}$에는 플랫폼 요구사항명세의 가변점들과 플랫폼 아키텍처의 가변점들이 나타난다.

다음 예제는 제품라인 아키텍처의 설계를 수행하기에 앞서 먼저 제품라인 아키텍처에서 사용될 재사용 플랫폼 컴포넌트를 보인다.

예제 1.4.1-1 $\mathcal{PL}$(vpCompA)

$Reqs_{AA}$는 vpCompA가 재사용될 플랫폼 컴포넌트로서 FR_A12[*vpOP*]이 요구하는 vpOP 연산을 구현하고 있음을 기술하고 있다. 이에 기반하여 $\mathcal{PL}$($Arch_{AA}$)의 설계에 사용하기 위한 플랫폼 컴포넌트로서 vpComp의 아키텍처를 명시적으로 정의하여 다음과 같다.

<table>
<tr><th>PL Artifact Name</th><th colspan="2">$\mathcal{PL}$(vpCompA) :: Architecture</th></tr>
<tr><td>Import</td><td colspan="2">$\mathcal{PL}$($Reqs_{AA}$) // 예제 1.2.1-3</td></tr>
<tr><td rowspan="3">Platform
(vpCompA)</td><td colspan="2">vpCompA</td></tr>
<tr><td>VP Declarations</td><td>// vpCompA: CompA1, CompA2
// CompA1 : ε(CompA1) CompA2 : ε(CompA2)
// vpOP: "fmod and fquot", "pow and log"</td></tr>
<tr><td>Variability Constraints</td><td>// vpOP."fmod and fquot" <u>req</u> vpCompA.CompA1;
// vpOP."pow and log" <u>req</u> vpCompA.CompA2</td></tr>
<tr><td rowspan="2">Bindings</td><td>$\mathcal{D}1_{A1}$</td><td>[vpOP\"fmod and fquot", vpCompA\CompA1]</td></tr>
<tr><td>$\mathcal{D}1_{A2}$</td><td>[vpOP\"pow and log", vpCompA\CompA2]</td></tr>
</table>

■

다음 예제는 제품라인 아키텍처설계결정의 예를 보인다.

예제 1.4.1-2 $\mathcal{PL}(\mathcal{D}1_{AA})$

예제 1.2.1-3의 $\mathcal{PL}$(Reqs$_{AA}$)로부터 다음과 같이 아키텍처설계결정을 내렸다고 가정하자.

<table>
<tr><th>PL Artifact Name</th><th colspan="2">$\mathcal{PL}(\mathcal{D}1_{AA})$ :: Architecture Design Decisions</th></tr>
<tr><td>Import</td><td colspan="2">$\mathcal{PL}$(Reqs$_{AA}$) // 예제 1.2.1-3</td></tr>
<tr><td rowspan="3">Platform
($\mathcal{D}1_{AA}$)</td><td colspan="2"><
D1: [FR_B의 요구에 따라 +, −, *, / 연산을 하나의 컴포넌트 CompB에 구현하여, C_13[vpOP]이 요구하는 바와 같이 FR_A12[vpOP]가 요구하는 연산을 위하여 기 개발된 컴포넌트를 재사용할 수 있도록 한다; 외부 연산을 위한 커넥터 ch1과 ch2를 제공한다.],
D2: [FR_T의 요구에 따라 UI를 CompTUI로 구현한 뒤, 이를 커넥터 ch3와 ch4로 CompB에 연결한다.],
D3: [컴포넌트 vpCompA에 FR_A12[vpOP]이 요구하는 vpOP 연산을 구현한다.],
D4: [C_13[vpOP]이 요구하는 대로 기 개발된 컴포넌트 vpCompA를 재사용한다.],
D5: [컴포넌트 vpCompA를 컴포넌트 CompB의 커넥터 ch1과 ch2에 연결한다.]
></td></tr>
<tr><td>VP Declarations</td><td>// vpOP: "fmod and fquot", "pow and log";
// vpCompA: CompA1, CompA2</td></tr>
<tr><td>Variability Constraints</td><td>// vpOP."fmod and fquot" <u>req</u> vpCompA.CompA1;
// vpOP."pow and log" <u>req</u> vpCompA.CompA2</td></tr>
<tr><td rowspan="2">Bindings</td><td>$\mathcal{D}1_{A1}$</td><td>[vpOP\"fmod and fquot", vpCompA\CompA1]</td></tr>
<tr><td>$\mathcal{D}1_{A2}$</td><td>[vpOP\"pow and log", vpCompA\CompA2]</td></tr>
</table>

■

다음은 vpCompA의 가변값 CompA1과 CompA2 가운데, CompA2에 대한 플랫폼 아키텍처설계결정의 예이다.

예제 1.4.1-3 $\mathcal{D}1_{AA/CompA2}$

예제 1.4.1-2의 $\mathcal{D}1_{AA}$에서 컴포넌트 CompA2에 대한 요구사항을 다음과 같이 정의하였다고 가정하자.

$Reqs_{AA/CompA2}$ :: Requirements
기능 요구사항 FR_A2_1) The component CompA2 performs pow and log operations. **제약사항** C_A2_1) For modularity, the system should implement pow and log operations in separate subcomponents.

위의 $Req_{sAA/CompA2}$로부터 다음과 같이 CompA2의 아키텍처설계결정을 내렸다고 가정하자.

$\mathcal{D}1_{AA/CompA2}$ :: Architecture Design Decisions	
Import	$Reqs_{AA/CompA2}$ // 예제 1.4.1-3
< D1: C_A2_1이 요구하는 pow 연산을 수행하는 컴포넌트 CompPow와 log 연산을 수행하는 컴포넌트 CompLog를 정의한다. D2: 사용자의 연산 요청에 따라 적절한 연산컴포넌트를 선택하는 컴포넌트 CompSelector를 정의한다. D3: 외부와의 상호작용을 CompSelector가 하도록 커넥터로 연결한다. D4: CompSelector와 CompPow를 커넥터로 연결하고, 병행하여 CompSelector와 CompLog를 커넥터로 연결한다. >	

■

플랫폼 아키텍처 $Arch_{Platform}$은 하나 이상의 가변점을 가진다는 점에서 제품 아키텍처와 다르다. 플랫폼 아키텍처는 제 I부 5장에서 소개한 PfAML로 확장된 플랫폼 아키텍처 기술언어로 모델링된다.

$$Arch_{Platform} = < \{Comps\} \cup \{\text{VPsComps}\}, \{Connectors\} \cup \{\text{VPsConnectors}\}, \{Connections\} \cup \{\text{VPsComplex}\}>$$

이고, 여기서

*Comps, Connectors*와 *Connections*은 전과 같고,

VPsComps는 컴포넌트들을 위한 가변점 집합이고,

VPsConnectors는 커넥터를 위한 가변점 집합이고,

VPsComplex는 필요한 것으로 식별된 복합가변점의 집합

이다.

다음 예제는 제품라인 아키텍처설계결정에 따라 만들어진 제품라인 아키텍처의 예를 보인다.

예제 1.4.1-4 PL(Arch$_{AA}$)

예제 1.4.1-2의 PL(D1$_{AA}$)에 따라 만들어지는 제품라인 아키텍처는 다음과 같다.

Artifact Name	PL(Arch$_{AA}$) :: Architecture	
Import	PL(D1$_{AA}$) // 예제 1.4.1-2	
Platform (Arch$_{AA}$)	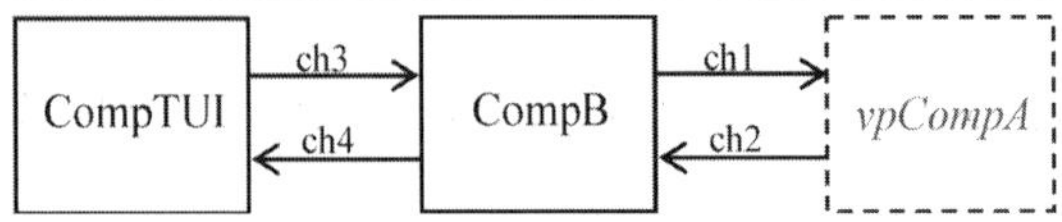	
	VP Declarations	// *vpCompA: CompA1, CompA2*
	Variability Constraints	
Bindings	Arch$_{A1}$	[*vpCompA\CompA1*]
	Arch$_{A2}$	[*vpCompA\CompA2*]

플랫폼 아키텍처 Arch$_{AA}$에서 CompB와 가변 컴포넌트 vpCompA를 연결하는 커넥터 ch1과 ch2는 실선으로 표시되어 가변적이지 않음을 나타내고 있다. 따라서 ch1과 ch2는 vpCompA의 일부로 구현되어서는 안 된다.

■

예제 1.4.1-4에서 Arch$_{A1}$과 Arch$_{A2}$의 바인딩의 가변점은 vpCompA으로만 표현되어 있으나, 아키텍처는 시스템과 컴포넌트들의 요구사항을 포함하기 때문에, 예를 들어 D1$_{AA}$에서 가져오기된 가변점 vpOP가 바인딩에 포함되어야 한다고 볼 수 있다. 이 책에서는 간략한 표현으로 각 산출물의 중요한 도출과정을 강조하기 위하여, PLADT에서 바인딩의 모든 대입을 열거하는 대신, Platform 구역에 나오는 가변점에 대한 대입만을 바인딩에 명시적으로 포함시킨다. 이렇게 바인딩에 묵시적인 대입이 있는 경우, 사용자는 먼저 바인딩을 완전히 정의된 바인딩으로 복구한 뒤 적용하여야 한다.

다음 예제는 컴포넌트의 아키텍처설계결정에 따라 만들어진 컴포넌트 아키텍처의 예를 보인다.

예제 1.4.1-5 **$Arch_{AA/CompA2}$**

예제 1.4.1-3의 $\mathcal{D}1_{AA/CompA2}$에 따라 만들어지는 컴포넌트 아키텍처는 다음과 같다.

$Arch_{AA/CompA2}$ :: Architecture		
Import	$\mathcal{D}1_{AA/CompA2}$	// 예제 1.4.1-3
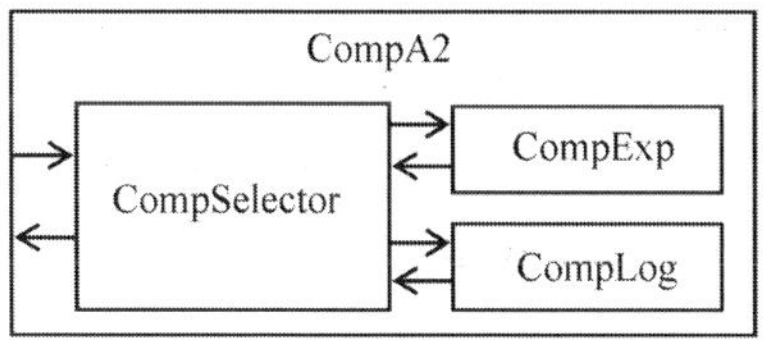		

■

제품라인 요구사항-아키텍처 추적성

제 I부 7장의 이론에 기초하여, $\mathcal{TR}1_{Platform}$은 네 개의 서로 다른 타입의 요소들 간의 맵핑으로 이루어진다. $\mathcal{TR}1_{Platform}$은 아키텍처 플랫폼 구축이 결과로서 만들어진다. 그러면

$$\mathcal{TR}1_{Platform} = \{r \mapsto ae\}$$

이며, 여기서 $r \in Reqs_{Platform}$, $ae \in Arch_{Platform}$이고, $Reqs_{Platform}$과 $Arch_{Platform}$에 대하여 $r \mapsto ae$는 참이다.

다음 예제는 제품라인 요구사항-아키텍처 추적성의 예를 보인다.

예제 1.4.1-6 $PL(TR1_{AA})$

예제 1.4.1-2의 $PL(D1_{AA})$에 따라 만들어지는 추적성은 다음과 같다.

<table>
<tr><th>PL Artifact Name</th><th colspan="2">$PL(TR1_{AA})$ :: Reqs-to-Arch Traceability</th></tr>
<tr><td>Import</td><td colspan="2">$PL(D1_{AA})$ // 예제 1.4.1-2</td></tr>
<tr><td rowspan="3">Platform
($TR1_{AA}$)</td><td colspan="2">플랫폼 추적성
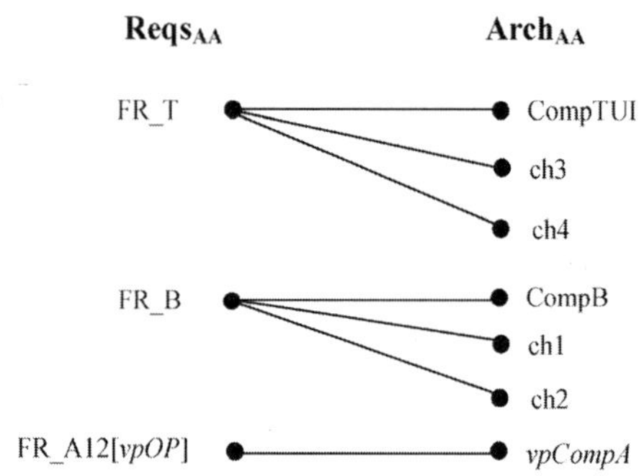</td></tr>
<tr><td>VP Declarations</td><td>// vpOP: "fmod and fquot", "pow and log";
// vpCompA: CompA1, CompA2
가변값 추적성
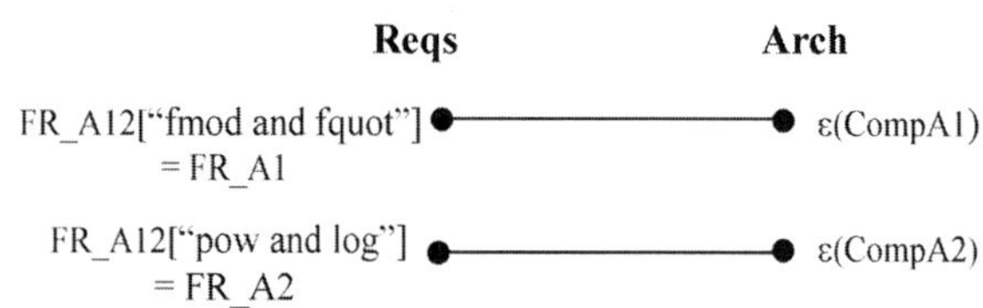</td></tr>
<tr><td>Variability Constraints</td><td>// vpOP."fmod and fquot" <u>req</u> vpCompA. CompA1;
// vpOP."pow and log" <u>req</u> vpCompA.CompA2</td></tr>
<tr><td rowspan="2">Bindings</td><td>$TR1_{A1}$</td><td>[vpOP\"fmod and fquot", vpCompA\CompA1]</td></tr>
<tr><td>$TR1_{A2}$</td><td>[vpOP\"pow and log", vpCompA\CompA2]</td></tr>
</table>

위의 추적성은 예제 1.4.1-3와 1.4.1-4의 CompA2의 내부 설계는 반영하고 있지 않다. 가변값 추적성에서

FR_A12["fmod and fquot"] = FR_A1

이고

FR_A12["pow and log"] = FR_A2

인 것은 제 1장 예제 1.2.1-3에서 설명한 바와 같다.

■

1.4.2 제품 아키텍처의 설계

제품 아키텍처설계결정

다음 예제는 플랫폼 아키텍처설계결정으로부터 제품 아키텍처설계결정이 생성되는 예를 보인다.

예제 1.4.2-1 $\mathcal{D}1_{A1}$와 $\mathcal{D}1_{A2}$

예제 1.4.1-3의 $\mathcal{D}1_{AA}$로부터 다음과 같이 $\mathcal{D}1_{A2}$가 생성된다.

$\mathcal{D}1_{A1}$ :: Architecture Design Decisions	
Import	$Reqs_{AA}$[vpOP\"fmod and fquot", vpCompA\CompA1] // 예제 1.2.1-3
< D1: [FR_B의 요구에 따라 +, −, *, / 연산들을 하나의 컴포넌트 CompB에 구현하여, C_13[vpOP\"fmod and fquot"]이 요구하는 바와 같이 FR_A12[vpOP\"fmod and fquot"]가 요구하는 연산을 위하여 기 개발된 컴포넌트를 사용할 수 있도록 한다; 외부 연산을 위한 커넥터 ch1과 ch2를 제공한다.], D2: [FR_T의 요구에 따라 UI를 CompTUI로 구현한 뒤, 이를 커넥터 ch3와 ch4로 CompB에 연결한다.], D3: [C_13[vpOP\"fmod and fquot"]이 요구하는 대로 기 개발된 컴포넌트 CompA1을 재사용한다(즉 ε(CompA1)을 사용한다).], D4: [컴포넌트 ε(CompA1)을 컴포넌트 CompB의 커넥터 ch1과 ch2에 연결한다.] >	

$\mathcal{D}1_{A1}$에서 FR_A12[vpOP\"fmod and fquot"]은 FR_A1과 동일하고, C_13[vpOP\"fmod and fquot"]는 C1과 동일하다.

예제 1.4.1-3의 $\mathcal{D}1_{AA}$로부터 다음과 같이 $\mathcal{D}1_{A2}$가 생성된다.

$\mathcal{D}1_{A2}$ :: Architecture Design Decisions	
Import	$Reqs_{AA}$[vpOP\“pow and log”, vpCompA\CompA2] // 예제 1.2.1-3

D1: [FR_B의 요구에 따라 +, −, *, / 연산들을 하나의 컴포넌트 CompB에 구현하여, C_13[vpOP\“pow and log”]이 요구하는 바와 같이 FR_A12[vpOP\“pow and log”]가 요구하는 연산을 위하여 기 개발된 컴포넌트를 사용할 수 있도록 한다; 외부 연산을 위한 커넥처 ch1과 ch2를 제공한다.],
D2: [FR_T의 요구에 따라 UI를 CompTUI로 구현한 뒤, 이를 커넥터 ch3와 ch4로 CompB에 연결한다.],
D3: [C_13[vpOP\“pow and log”]이 요구하는 대로 기 개발된 컴포넌트 CompA2를 재사용한다.],
D4: [컴포넌트 ε(CompA2)를 컴포넌트 CompB의 커넥터 ch1과 ch2에 연결한다.]
>

$\mathcal{D}1_{A2}$에서 FR_A12[vpOP\“pow and log”]는 FR_A2와 동일하며 C_13[vpOP\“pow and log”]은 C3와 동일하다.

■

제품 아키텍처

다음 예제는

$$Arch_{P_i} = (Arch_{Platform})\ \mathcal{B}_{Arch_{P_i}}$$

의 관계를 이용하여 플랫폼 아키텍처로부터 제품 아키텍처가 생성되는 예를 보인다.

예제 1.4.2-2 $Arch_{A1}$와 $Arch_{A2}$

예제 1.4.1-4의 플랫폼 아키텍처 $Arch_{AA}$로부터 다음과 같이 제품 아키텍처 $Arch_{A1}$가 생성된다.

$Arch_{A1}$ :: Architecture	
Import	$\mathcal{D}1_{AA}$[vpOP\“fmod and fquot”, vpCompA\CompA1] // 예제 1.4.1-2

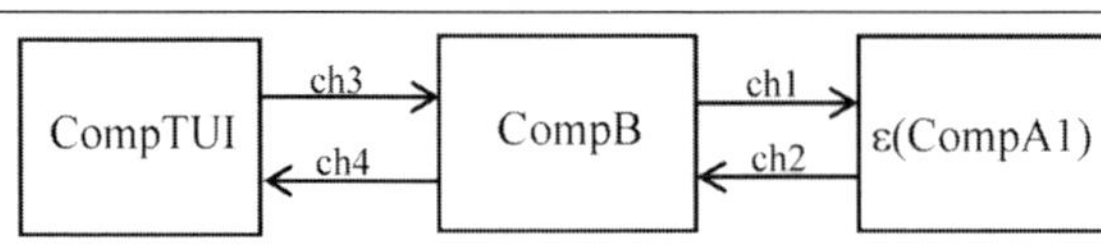

또한 같은 $Arch_{AA}$로부터 다음과 같이 제품 아키텍처 $Arch_{A2}$가 생성된다.

$Arch_{A2}$ :: Architecture	
Import	$\mathcal{D}1_{AA}$[vpOP\“pow and log”, vpCompA\CompA2] // 예제 1.4.1-2

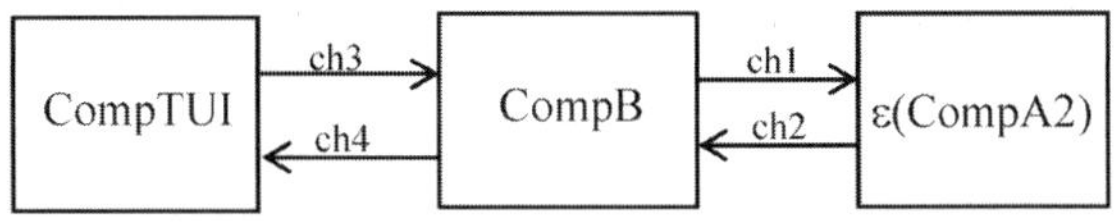

■

제품 요구사항-아키텍처 추적성

다음 예제는 플랫폼 요구사항-아키텍처 추적성으로부터 제품 요구사항-아키텍처 추적성을 생성하는 예를 보인다.

예제 1.4.2-3 $\mathcal{TR}1_{A1}$

제품 A1을 위한 Reqs-to-Arch 추적성의 바인딩은

$\mathcal{D}1_{A1}$ = [vpOP\“fmod and fquot”, vpCompA\CompA1]

이다. 따라서

$\mathcal{TR}1_{A1}$

= ($\mathcal{TR}1_{AA}$[vpOP, vpCompA])[vpOP\“fmod and fquot”, vpCompA\CompA1]

= $\mathcal{TR}1_{AA}$[vpOP\“fmod and fquot”, vpCompA\CompA1]

에 의하여, 예제 1.4.1-6의 $\mathcal{TR}1_{AA}$로부터 다음과 같이 $\mathcal{TR}1_{A1}$이 생성된다.

$\mathcal{TR}1_{A1}$ :: Reqs-to-Arch Traceability	
Import	$\mathcal{D}1_{AA}$[vpOP\“fmod and fquot”, vpCompA\CompA1] // 예제 1.4.1-2

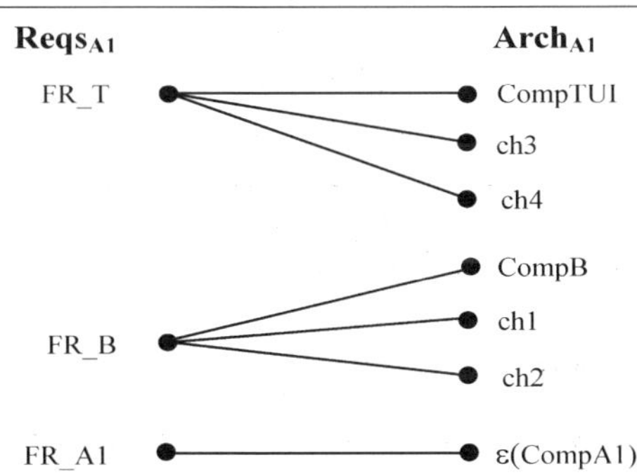

$\mathcal{TR}1_{AA}$의 가변적인 맵핑 FR_A12[vpOP] $\mapsto$ vpCompA의 인스턴스화로부터 $\mathcal{TR}1_{A1}$의 맵핑 FR_A1 $\mapsto$ ε(CompA1)이 도출되었다.

■

1.5 아키텍처의 분석과 평가

제 I부 1장 1.1.9절에서 논의한 바와 같이 아키텍처 평가는 아키텍처 분석의 반복으로 얻어진 결과들의 종합이다.

1.5.1 아키텍처의 분석

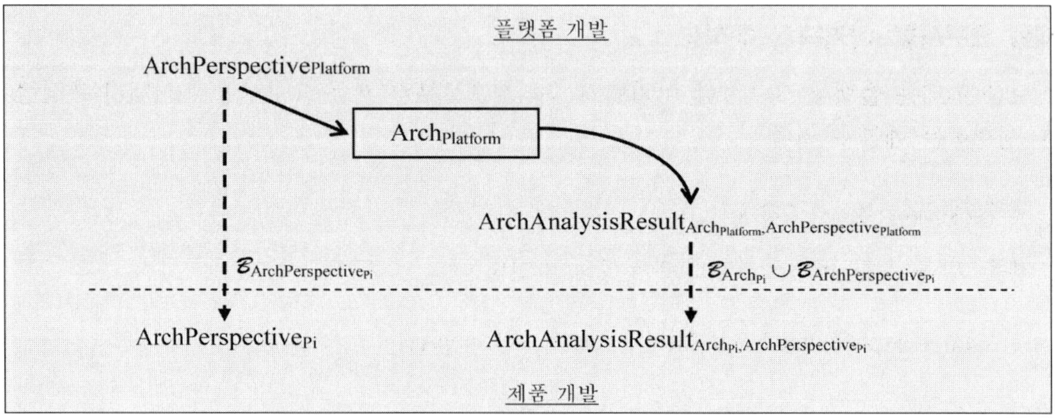

그림 1.5.1-1. GPL에서 제품 아키텍처 분석의 개요도

그림 1.5.1-1은 GPL에서 제품 아키텍처의 분석이 다음 활동들로 이루어짐을 나타낸다: (1) 플랫폼 아키텍처 $\text{Arch}_{\text{Platform}}$에 플랫폼 아키텍처 분석관점 $\text{ArchPerspective}_{\text{Platform}}$을 적용하여 플랫폼 분석결과 $\text{ArchAnalysisResult}_{\text{Arch}_{\text{Platform}},\text{ArchPerspective}_{\text{Platform}}}$를 얻는다; (2) 이 분석결과에 Pi의 아키텍처 분석결과 바인딩을 적용하여 Pi의 아키텍처 분석결과 $\text{ArchAnalysisResult}_{\text{Arch}_{\text{Pi}},\text{ArchPerspective}_{\text{Pi}}}$를 생성한다. 그림 1.5.1-2는 이 활동을 정형적으로 표현한다.

플랫폼 개발

$$\text{ArchAnalysisResult}_{\text{Arch}_{\text{Platform}},\text{ArchPerspective}_{\text{Platform}}} = \mathcal{Analysis}(\text{Arch}_{\text{Platform}}, \text{ArchPerspective}_{\text{Platform}})$$

제품 개발

$$\text{ArchPerspective}_{\text{Pi}} = \text{ArchPerspective}_{\text{Platform}}\ \mathcal{B}_{\text{ArchPerspective}_{\text{Pi}}}$$

$$\text{ArchAnalysisResult}_{\text{Arch}_{\text{Pi}},\text{ArchPerspective}_{\text{Pi}}} = \text{ArchAnalysisResult}_{\text{Arch}_{\text{Platform}},\text{ArchPerspective}_{\text{Platform}}}\ (\mathcal{B}_{\text{Arch}_{\text{Pi}}} \cup \mathcal{B}_{\text{ArchPerspective}_{\text{Pi}}})$$

그림 1.5.1-2. GPL에서 제품 아키텍처 분석의 정형적 표현

1.5.1.1 제품라인 아키텍처의 분석

제품라인 아키텍처 분석관점

플랫폼 아키텍처 분석관점은 가변점을 포함한다는 점에서 제품 구현의 분석관점과 다르다. 플랫폼 아키텍처 분석관점은 특정 제품군을 위한 가변점 외에 다른 제품군에도 적용되는 일반적인 가변점을 포함할 수 있다.

다음 예제는 제품라인 아키텍처의 분석을 위한 제품라인 아키텍처 분석관점의 예를 보인다.

예제 1.5.1.1-1 $\mathcal{PL}$(ArchPerspective1$_{AA}$)

예제 1.4.1-4의 $\mathcal{PL}$(Arch$_{AA}$)를 분석하기 위해 다음의 분석관점을 채택하기로 한다.

PL Artifact Name	$\mathcal{PL}$(ArchPerspective1$_{AA}$) :: Architecture Analysis Perspective	
Import	$\mathcal{PL}$(Arch$_{AA}$) // 예제 1.4.1-4	
Platform	"(제품군의) 계산기가 두 실수에 대하여 *vpOP1* 연산을 1μs 이내에 수행하는가?" **Result space** = {True, False}.	
	VP Declarations	*vpOP1: "fmod와 fquot", "pow와 log"*
	Variability Constraints	*vpOP1."fmod와 fquot" <u>req</u> vpCompA. CompA1;* *vpOP1."pow와 log" <u>req</u> vpCompA.CompA2*
Bindings	ArchPerspective1$_{A1}$	[*vpOP1\"fmod와 fquot"*]
	ArchPerspective1$_{A2}$	[*vpOP1\"pow와 log"*]

vpOP1가 "fmod와 fquot" 혹은 "pow와 log"의 어느 가변값으로 대입되는 가에 따라, 플랫폼 아키텍처의 분석대상인 vpCompA가 CompA1 혹은 CompA2로 대입되어야 하는데, 이 조건을 PLADT에 가변성 제약사항으로 기술하였다.

■

제품라인 아키텍처 분석결과

다음 예제는 채택한 제품라인 분석관점으로 제품라인 아키텍처를 분석한 결과의 예를 보인다.

예제 1.5.1.1-2 $\mathcal{PL}$(ArchAnalysisResult1$_{Arch_{AA}, ArchPerspective1_{AA}}$)

예제 1.5.1.1-1의 ArchPerspective1$_{AA}$이 "fmod와 fquot"에 대하여 참이지만 "pow와 log"에 대하여 False라고 가정하자. 그러면 예제 1.4.1-4의 Arch$_{AA}$를 ArchPerspective1$_{AA}$로 분석한 결과는 다음과 같다.

PL Artifact Name	$\mathcal{PL}$(ArchAnalysisResult1$_{Arch_{AA}, ArchPerspective1_{AA}}$) :: Architecture Analysis Result	
Import	$\mathcal{PL}$(Arch$_{AA}$) $\mathcal{PL}$(ArchPerspective1$_{AA}$)	// 예제 1.4.1-4 // 예제 1.5.1.1-1
Platform	**case** *vpOP1* **of** "fmod와 fquot": True; "pow와 log": False; **end case**	
	VP Declarations	// *vpOP1: "fmod와 fquot", "pow와* log"
	Variability Constraints	
Bindings	ArchAnalysisResult1$_{Arch_{A1}, ArchPerspective1_{AA}}$	[*vpOP1\\"fmod와 fquot"*]
	ArchAnalysisResult1$_{Arch_{A2}, ArchPerspective1_{AA}}$	[*vpOP1\\"pow와 log"*]

1.5.1.2 제품 아키텍처의 분석

제품 아키텍처 분석관점

다음 예제는

$$\text{ArchPerspective}_{Pi} = (\text{ArchPerspective}_{Platform})\ \mathcal{B}_{\text{ArchPerspective}_{Pi}}$$

의 관계를 이용하여 플랫폼 아키텍처 분석관점으로부터 제품 아키텍처 분석관점을 생성하는 예를 보인다.

예제 1.5.1.2-1 ArchPerspective1$_{A1}$와 ArchPerspective1$_{A2}$

ArchPerspective1$_{A1}$

= (ArchPerspective1$_{AA}$) $\mathcal{B}_{\text{ArchPerspective1}_{A1}}$

= (ArchPerspective1$_{AA}$)[vpOP1\"fmod와 fquot"]

= (ArchPerspective1$_{AA}$[vpOP1])[vpOP1\"fmod와 fquot"]

= ("계산기가 두 실수에 대하여 vpOP1 연산을 1μs 이내에 수행하는가?")
[vpOP1\"fmod와 fquot"]

에 의하여, 예제 1.5.1.1-1의 ArchPerspective1$_{AA}$로부터 다음과 같이 ArchPerspective1$_{A1}$가 생성된다.

$ArchPerspective1_{A1}$ :: Architecture Analysis Perspective
"계산기가 두 실수에 대하여 fmod와 fquot 연산을 1μs 이내에 수행하는가?"

$ArchPerspective1_{A2}$

$= (ArchPerspective1_{AA})\ \mathcal{B}_{ArchPerspective1_{A2}}$

$= (ArchPerspective1_{AA})$[vpOP1\"pow와 log"]

$= (ArchPerspective1_{AA}$[vpOP1])[vpOP1\"pow와 log"]

= ("계산기가 두 실수에 대하여 vpOP1 연산을 1μs 이내에 수행하는가?")
[vpOP1\"pow와 log"]

에 의하여, 예제 1.5.1.1-1의 $ArchPerspective1_{AA}$로부터 다음과 같이 $ArchPerspective1_{A2}$가 생성된다.

$ArchPerspective1_{A2}$ :: Architecture Analysis Perspective
"계산기가 두 실수에 대하여 pow와 log 연산을 1 μs 이내에 수행하는가?"

■

제품 아키텍처 분석결과

$ArchAnalysisResult_{Arch_{Platform},ArchPerspective_{Platform}}$가 $Arch_{Platform}$을 $ArchPerspective_{Platform}$ 관점에서 분석한 결과라고 하자. 다음 예제는

$ArchAnalysisResult_{Arch_{Pi},ArchPerspective_{Pi}}$

$= (ArchAnalysisResult_{Arch_{Platform},ArchPerspective_{Platform}})\ (\mathcal{B}_{Arch_{Pi}} \cup \mathcal{B}_{ArchPerspective_{Pi}})$

의 관계를 이용하여 플랫폼 분석결과로부터 제품 아키텍처 분석결과를 생성하는 예를 보인다.

예제 1.5.1.2-2 $ArchAnalysisResult1_{Arch_{A1},ArchPerspective1_{A1}}$

예제 1.5.1.1-1과 예제 1.4.1-4의 바인딩에 의하여

$\mathcal{B}_{ArchPerspective1_{A1}} \cup \mathcal{B}_{Arch_{A1}}$

= [vpOP1\"fmod와fquot"] ∪ [vpCompA\CompA1]

= [vpOP1\"fmod와fquot", vpCompA\CompA1]

이고

$ArchAnalysisResult1_{Arch_{A1},ArchPerspective1_{A1}}$

= $ArchAnalysisResult1_{Arch_{AA},ArchPerspective1_{AA}}$ $(\mathcal{B}_{Arch_{A1}} \cup \mathcal{B}_{ArchPerspective1_{A1}})$

= (**case** vpOP1 **of**

"fmod와 fquot": True;

"pow와 log": False;

end case)[vpOP1\"fmod와 fquot", vpCompA\ CompA1]

이다. 따라서 예제 1.5.1.1-2의 $ArchAnalysisResult1_{Arch_{AA},ArchPerspective1_{AA}}$로부터 다음과 같이 $ArchAnalysisResult1_{Arch_{A1},ArchPerspective1_{A1}}$가 생성된다.

$ArchAnalysisResult1_{Arch_{A1},ArchPerspective1_{A1}}$ :: Architecture Analysis Result
True

마찬가지로 예제 1.5.1.1-2의 $ArchAnalysisResult1_{Arch_{AA},ArchPerspective1_{AA}}$로부터 다음과 같이 $ArchAnalysisResult1_{Arch_{A2},ArchPerspective1_{A2}}$가 생성된다.

$ArchAnalysisResult1_{Arch_{A2},ArchPerspective1_{A2}}$ :: Architecture Analysis Result
False

■

1.5.2 아키텍처의 평가

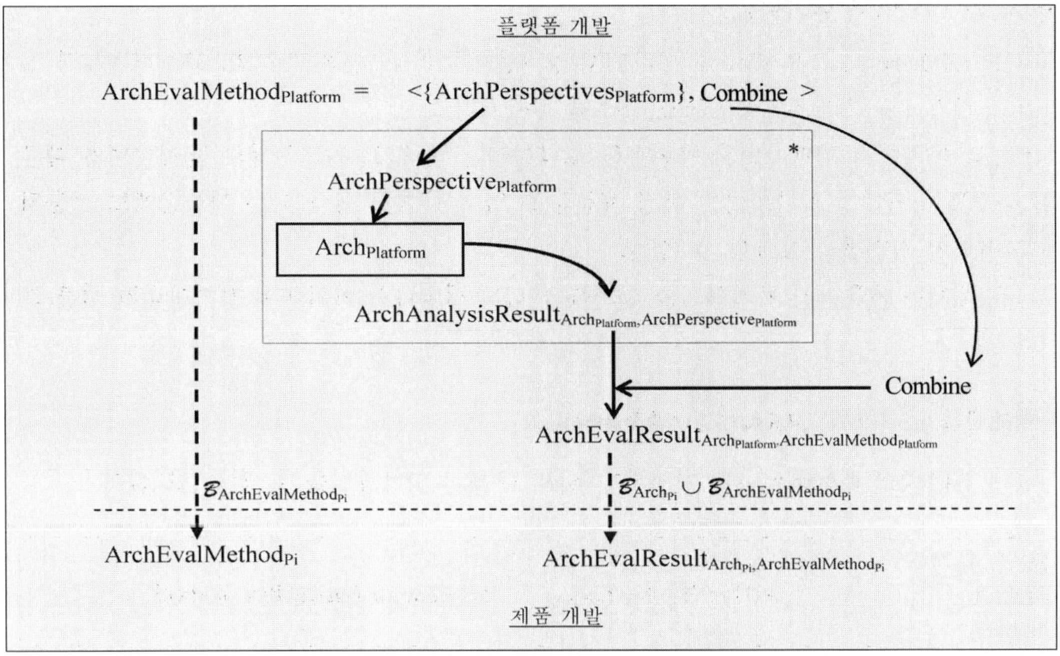

그림 1.5.2-1. GPL에서 제품라인 아키텍처 평가의 개요도

그림 1.5.2-1은 GPL에서 제품 아키텍처의 평가가 다음 활동들로 이루어짐을 나타낸다: (1) 플랫폼 아키텍처 $\mathrm{Arch}_{\mathrm{Platform}}$에 플랫폼 아키텍처 분석관점 $\mathrm{ArchPerspective}_{\mathrm{Platform}}$들을 적용하여 얻은 플랫폼 분석결과 $\mathrm{ArchAnalysisResult}_{\mathrm{Arch}_{\mathrm{Platform}},\mathrm{ArchPerspective}_{\mathrm{Platform}}}$들에 이들을 종합하는 함수 Combine을 적용하여 플랫폼 아키텍처 평가결과 $\mathrm{ArchEvalResult}_{\mathrm{Arch}_{\mathrm{Platform}},\mathrm{ArchEvalMethod}_{\mathrm{Platform}}}$를 얻는다; (2) 이 평가결과에 Pi의 아키텍처 평가결과 바인딩을 적용하여 Pi의 아키텍처 평가결과 $\mathrm{ArchEvalResult}_{\mathrm{Arch}_{\mathrm{Pi}},\mathrm{ArchEvalMethod}_{\mathrm{Pi}}}$를 생성한다. 그림 1.5.2-2는 이 활동을 정형적으로 표현한다.

플랫폼 개발

$$\mathrm{ArchEvalResult}_{\mathrm{Arch}_{\mathrm{Platform}},\mathrm{ArchEvalMethod}_{\mathrm{Platform}}} = \mathcal{E}val(\mathrm{Arch}_{\mathrm{Platform}},\ \mathrm{ArchEvalMethod}_{\mathrm{Platform}})$$

제품 개발

$$\mathrm{ArchEvalMethod}_{\mathrm{Pi}} = \mathrm{ArchEvalMethod}_{\mathrm{Platform}}\ \mathcal{B}_{\mathrm{ArchEvalMethod}_{\mathrm{Pi}}}$$

$$\mathrm{ArchEvalResult}_{\mathrm{Arch}_{\mathrm{Pi}},\mathrm{ArchEvalMethodPi}} = \mathrm{ArchEvalResult}_{\mathrm{Arch}_{\mathrm{Platform}},\mathrm{ArchEvalMethod}_{\mathrm{Platform}}}\ (\mathcal{B}_{\mathrm{Arch}_{\mathrm{Pi}}} \cup \mathcal{B}_{\mathrm{ArchEvalMethod}_{\mathrm{Pi}}})$$

그림 1.5.2-2. GPL에서 제품라인 아키텍처 평가의 정형적 표현

1.5.2.1 제품라인 아키텍처의 평가

제품라인 아키텍처 평가방법

$ArchEvalMethod_{Platform}$은 플랫폼 아키텍처 평가방법으로, (플랫폼 수준의) 분석관점들의 집합과 분석결과를 종합하는 Combine 함수로 구성된다.

플랫폼 아키텍처 평가방법은 가변점을 포함한다는 점에서 제품 구현의 평가방법과 다르다. 플랫폼 아키텍처 평가방법은 특정 제품군을 위한 가변점 외에 다른 제품군에도 적용되는 일반적인 가변점을 포함할 수 있다.

다음 예제는 제품라인 아키텍처를 평가하기 위한 제품라인 아키텍처 평가방법의 예를 보인다.

예제 1.5.2.1-1 $\mathcal{PL}$($ArchEvalMethod_{AA}$)

예제 1.4.1-4의 $\mathcal{PL}$($Arch_{AA}$)를 평가하기 위해 다음의 평가방법을 채택하기로 한다.

<table>
<tr><th>PL Artifact Name</th><th colspan="2">$\mathcal{PL}$($ArchEvalMethod_{AA}$) :: Architecture Evaluation Method</th></tr>
<tr><td>Import</td><td colspan="2">$\mathcal{PL}$($Arch_{AA}$) // 예제 1.4.1-4
$\mathcal{PL}$($ArchPerspective1_{AA}$) // 예제 1.5.1.1-1</td></tr>
<tr><td rowspan="3">Platform</td><td colspan="2"><
{ ε($ArchPerspective1_{AA}$[vpOP1]),
ArchPerspective2$_{AA}$
},
$\sum_{j=\{1,2\}}$(Weight of ArchPerspectivej ×
Analysis(Arch$_{AA}$, ArchPerspectivej))
>
이고, 여기서 가져오기되지 않은 분석관점들은 다음과 같다:
ArchPerspective2$_{AA}$[vpCompA]: "컴포넌트
vpCompA가 2년 경력의 프로그래머에 의하여
하루 안에 업그레이드가 가능한가?"</td></tr>
<tr><td>VP Declarations</td><td>// vpOP1: "fmod와 fquot", "pow와 log";
// vpCompA: CompA1, CompA2</td></tr>
<tr><td>Variability Constraints</td><td>// vpOP1."fmod와 fquot" <u>req</u> vpCompA.CompA1;
// vpOP1."pow와 log" <u>req</u> vpCompA.CompA2</td></tr>
<tr><td rowspan="2">Bindings</td><td>ArchEvalMethod$_{A1}$</td><td>[vpOP1\"fmod와 fquot", vpCompA\CompA1]</td></tr>
<tr><td>ArchEvalMethod$_{A2}$</td><td>[vpOP1\"pow와 log", vpCompA\CompA2]</td></tr>
</table>

앞의 PLADT에서 Combine 함수로 $\sum_j$(Weight of ArchPerspectivej × *Analysis*(Arch$_{AA}$, ArchPerspectivej))를 채택하였다. 이 아키텍처의 평가에서 분석관점으로 ε(ArchPerspective1$_{AA}$)를 채택한 이유는 fmod, fquot, pow, log의 연산을 빨리 수행하는 것이 중요하고, 또 하나의 분석관점으로 ArchPerspective2$_{AA}$를 채택한 이유는 CompA1과 CompA2의 설계가 확장이 용이하도록 만들어지는 것이 중요하기 때문이다. 가변성 제약사항들은 Arch$_{AA}$의 아키텍처 요소들과 Arch$_{AA}$에 내포된 기능 요구사항과의 관계에 관한 제약사항들이다.

■

제품라인 아키텍처 평가결과

다음 예제는 채택한 제품라인 평가방법으로 제품라인 아키텍처를 평가한 결과의 예를 보인다.

예제 1.5.2.1-2 *PL*(ArchEvalResult$_{Arch_{AA}, ArchEvalMethod_{AA}}$)

평가 대상 아키텍처가 예제 1.4.1-4의 플랫폼 아키텍처 Arch$_{AA}$라고 하고, ArchEvalMethod$_{Arch_{AA}}$가 예제 1.5.2.1-1의 평가방법이라고 하자. 평가방법에 정의된 두 개의 아키텍처 분석관점으로 분석이 수행되어 다음과 같은 결과가 나왔다고 가정하자.

분석결과표		
분석관점	가능한 분석결과	근거
ε(ArchPerspective1$_{AA}$)[vpOP1]	ε(True)	가정
ArchPerspective2$_{AA}$[vpCompA]	True	가정

또한 가능한 분석결과에 따라 분석결과의 가치를 다음과 같다고 가정하자.

분석결과환산표			
분석관점	가능한 분석결과	분석결과의 가치	근거
ε(ArchPerspective1$_{AA}$)[vpOP1]	ε(True)	**case** vpOP1 **of** "fmod와 fquot": 20; "pow와 log": 15; **end case**	가정
	False	0	가정
ArchPerspective2$_{AA}$[vpCompA]	True	10	가정
	False	0	가정

ArchPerspective1$_{AA}$ 분석관점의 가중치를 6으로 가정하고 ArchPerspective2$_{AA}$ 분석관점의 가중치를 vpCompA의 가변값으로 CompA1이 대입되느냐 혹은 CompA2가 대입되느냐에 따라 각각 5와 4로 가정하면, 위의 분석결과표와 분석결과환산표로부터 다음의 평가계산표가 만들어진다.

평가계산표				
분석관점	분석 결과	분석결과의 가치	분석관점의 가중치	분석결과의 가치 × 분석관점의가중치
ε(ArchPerspective1$_{AA}$) [vpOP1]	ε(True)	**case** vpOP1 of "fmod와 fquot": 20; "pow와 log": 15; **end case**	6	**case** vpOP1 **of** "fmod와 fquot": 120; "pow와 log": 90; **end case**
ArchPerspective2$_{AA}$ [vpCompA]:	True	10	**case** vpCompA **of** CompA1: 5; CompA2: 4; **end case**	**case** vpCompA **of** CompA1: 50; CompA2: 40; **end case**

■

평가결과를 얻기 위하여 분석관점의 가중치와 분석결과의 가치의 곱들을 합하면 다음 결과가 나온다.

case <vpOP1, vpCompA> **of**
<"fmod와 fquot", CompA1>: 170;
<"fmod와 fquot", CompA2>: 160;
<"pow와 log", CompA1>: 140;
<"pow와 log", CompA2>: 130;
end case

그러나 ArchEvalMethod$_{AA}$의 가변성 제약사항은 "fmod와 fquot"와 "pow와 log"는 서로 배타적이며, 각각 CompA1와 CompA2만 같이 적용될 것을 요구하기 때문에 위의 case문의 네 가지 경우 중 두 가지 경우만 가능하다. 따라서 예제 1.4.1-4의 플랫폼 아키텍처 Arch$_{AA}$를 예제 1.5.2.1-1의 플랫폼 아키텍처 평가방법 ArchEvalMethod$_{AA}$로 평가한 결과는 다음과 같다.

<table>
<tr><th>PL Artifact Name</th><th colspan="2">$\mathcal{PL}(ArchEvalResult_{Arch_{AA},ArchEvalMethod_{AA}})$ :: Architecture Evaluation Result</th></tr>
<tr><td>Import</td><td colspan="2">$\mathcal{PL}(Arch_{AA})$ // 예제 1.4.1-4
$\mathcal{PL}(ArchEvalMethod_{AA})$ // 예제 1.5.2.1-1</td></tr>
<tr><td rowspan="3"><b>Platform</b></td><td colspan="2"><b>case</b> <<i>vpOP1, vpCompA</i>> <b>of</b>
<“fmod와 fquot”, CompA1>: 170;
<“pow와 log”, CompA2>: 130;
<b>end case</b></td></tr>
<tr><td>VP Declarations</td><td>// vpOP1: “fmod와 fquot”, “pow와 log” ;
// vpCompA: CompA1, CompA2</td></tr>
<tr><td>Variability Constraints</td><td>// vpOP1.“fmod와 fquot” <u>req</u>
// vpCompA.CompA1;
// vpOP1.“pow와 log” <u>req</u>
// vpCompA.CompA2</td></tr>
<tr><td rowspan="2">Bindings</td><td>$ArchEvalResult_{Arch_{A1},ArchEvalMethod_{A1}}$</td><td>[vpCompA\CompA1, vpOP1\“fmod와 fquot”]</td></tr>
<tr><td>$ArchEvalResult_{Arch_{A2},ArchEvalMethod_{A2}}$</td><td>[vpComp\CompA2, vpOP1\“pow와 log”]</td></tr>
</table>

■

1.5.2.2 제품 아키텍처의 평가

제품 아키텍처 평가방법

다음 예제는 플랫폼 아키텍처 평가방법으로부터 제품 아키텍처 평가방법이 생성되는 예를 보인다.

예제 1.5.2.2-1 $\mathcal{PL}(ArchEvalMethod_{A1})$

$ArchEvalMethod_{A1}$

= $ArchEvalMethod_{AA}$[vpCompA\CompA1, vpOP1\“fmod와 fquot”]

= <{$ArchPerspective1_{A1}$, $ArchPerspective2_{A1}$},

$\sum_{j=\{1,\ 2\}}$ (Weight of ArchPerspectivej × Value of ArchPerspectivej)>

이고

$ArchPerspective1_{A1}$: “계산기가 두 실수에 대하여 fmod와 fquot 연산을 1μs 이내에 수행하는가?”

ArchPerspective2$_{A1}$: "컴포넌트 CompA1가 2년 경력의 프로그래머에 의하여 하루 안에 업그레이드가 가능한가?"

이다. 따라서 예제 1.5.2.1-2의 ArchEvalMethod$_{AA}$로부터 다음과 같이 ArchEvalMethod$_{A1}$가 생성된다.

<table>
<tr><th colspan="2">ArchEvalMethod$_{A1}$ :: Architecture Evaluation Method</th></tr>
<tr><td>Import</td><td>Arch$_{AA}$[vpOP1\"fmod와 fquot", vpCompA\CompA1] // 예제 1.4.1-4
ArchPerspective1$_{AA}$[vpOP1\"fmod와 fquot", vpCompA\CompA1] // 예제 1.5.1.1-1</td></tr>
<tr><td colspan="2"><
{ ε(ArchPerspective1$_{A1}$),
ArchPerspective2$_{A1}$
},
$\sum_{j = \{1,\ 2\}}$ (Weight of ArchPerspectivej × Value of ArchPerspectivej)
>
ArchPerspective2$_{AA}$[CompA1]: "컴포넌트 CompA1가 2년 경력의 프로그래머에 의하여 하루 안에 업그레이드가 가능한가?"</td></tr>
</table>

■

제품 아키텍처 평가결과

다음 예제는

$$\text{ArchEvalResult}_{\text{Arch}_{Pi},\text{ArchEvalMethod}_{Pi}} = \text{ArchEvalResult}_{\text{Arch}_{Platform},\text{ArchEvalMethod}_{Platform}} (\mathcal{B}_{\text{Arch}_{Pi}} \cup \mathcal{B}_{\text{ArchPerspective}_{Pi}})$$

의 관계를 이용하여 플랫폼 아키텍처 평가결과로부터 제품 아키텍처 평가결과를 생성하는 예를 보인다.

예제 1.5.2.2-2 $\mathcal{PL}$(ArchEvalResult$_{\text{ArchA1},\text{ArchEvalMethodA1}}$)

```
(case <vpOP1, vpCompA> of
  <"fmod와 fquot", CompA1>:  170;
  <"pow와 log", CompA2>:     130;
  end case) [vpOP1\"fmod and fquot", vpCompA\ CompA1]
  = (case <"fmod and fquot", CompA1 > of
        <"fmod와 fquot", CompA1>: 170;
        <"pow와 log", CompA2>:    130;
    end case)
```

에 의하여, 예제 1.5.2.1-2의 $ArchEvalResult_{Arch_{AA},ArchEvalMethod_{AA}}$로부터 다음과 같이 $ArchEvalResult_{Arch_{A1},ArchEvalMethod_{A1}}$가 생성된다.

$ArchEvalResult_{Arch_{A1},ArchEvalMethod_{A1}}$ :: Architecture Evaluation Result
170

■

이와 같은 아키텍처 평가를 두 개의 이상의 서로 다른 아키텍처 후보(대안 아키텍처)에 대해 수행하여, 가장 높은 평가를 받는 아키텍처를 실제 구현의 대상으로 선정할 수 있다.

1.6 구현의 개발

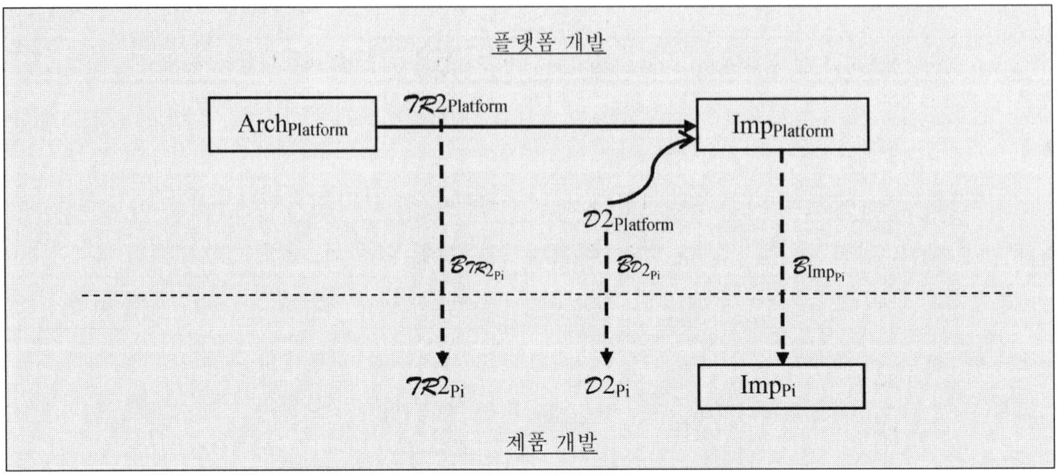

그림 1.6-1. GPL에서 제품 구현 개발의 개요도

그림 1.6-1은 GPL에서 제품 구현의 도출이 다음 활동들로 이루어짐을 나타낸다: (1) 플랫폼 아키텍처 $Arch_{Platform}$에 플랫폼 구현결정 $\mathcal{D}2_{Platform}$을 적용한 결과로서 플랫폼 구현 $Imp_{Platform}$과 플랫폼 아키텍처-구현 간의 추적성 $\mathcal{TR}2_{Platform}$이 만들어진다; (2) 플랫폼 구현에 Pi의 구현 바인딩을 적용하여 Pi의 구현 Imp_{Pi}을 생성한다. 그림 1.6-2는 이 활동을 정형적으로 표현한다.

플랫폼 개발

$$(Imp_{Platform}, \mathcal{TR}2_{Platform}) = \mathcal{Implement}(Arch_{Platform}, \mathcal{D}2_{Platform})$$

제품 개발

$$\mathcal{D}2_{Pi} = \mathcal{D}2_{Platform}\ \mathcal{B}_{\mathcal{D}2_{Pi}}$$

$$Imp_{Pi} = Imp_{Platform}\ \mathcal{B}_{Imp_{Pi}}$$

$$\mathcal{TR}2_{Pi} = \mathcal{TR}2_{Platform}\ \mathcal{B}_{\mathcal{TR}2_{Pi}}$$

그림 1.6-2. GPL에서 제품 구현 개발의 정형적 표현

구현은 특정한 프로그래밍 언어로 작성된 산출물이다. 구현결정을 담은 산출물인 구현 모델은 아키텍처로부터의 "변형 결과"이기 때문에, 구현결정뿐 아니라 아키텍처에 있는 모든 '정보'를 담고 있다.

플랫폼 아키텍처 요소와 플랫폼 구현 요소 사이에는 다음 네 개의 서로 다른 논리적 관계가 있다:

(1) vpArchElt ↦ vpProgramElt
(2) ArchElt ↦ ProgramElt
(3) vpArchElt ↦ ProgramElt
(4) ArchElt ↦ vpProgramElt

가변점은 개념적인 존재이다. 가변점의 역할을 수행하는 프로그램 코드로 가변점을 구현하기로 결정할 경우, 그 프로그램 코드는 코드 수준에서의 가변점으로 볼 수 있다.

1.6.1 제품라인 구현의 개발

제품라인 구현결정

플랫폼 구현결정은 아키텍처 요소와 구현 요소에 아키텍처 가변점과 구현 가변점이 각각 포함될 수 있다는 점에서 제품 구현결정과 다르다.

다음 예제는 제품라인 구현을 위한 제품라인 구현결정의 예를 보인다.

예제 1.6.1-1 $\mathcal{PL}(\mathcal{D}2_{AA})$

예제 1.4.1-4의 $\mathcal{PL}(Arch_{AA})$로부터 다음과 같이 구현결정을 내렸다고 가정하자.

<table>
<tr><th>PL Artifact Name</th><th colspan="2">$\mathcal{PL}(\mathcal{D}2_{AA})$ :: Implementation Decisions</th></tr>
<tr><td>Import</td><td colspan="2">$\mathcal{PL}(\mathrm{Arch}_{AA})$ // 예제 1.4.1-4</td></tr>
<tr><td rowspan="3">Platform
($\mathcal{D}2_{AA}$)</td><td colspan="2"><
D1: [CompTUI는 program TUI로 구현한다;
ch3와 ch4는 procedure B의 호출과
procedure B의 실행으로부터의 반환으로 각각 구현한다.]
D2: [컴포넌트 CompB를 procedure B로 구현한다.]
D3: [procedure B는 사용자가 요구하는 다양한 계산요청을 처리하기 위하여,
Case문을 사용하여
사용자가 요청한 연산의 종류에 따라 해당 연산을 실행한다.]
D4: [procedure B는 코드 수준의 가변점 vpOperator1와 vpOperator2를
사용하여 연산 vpOP를 처리한다.]
D5: [procedure B는 vpOperator1 연산과 vpOperator2 연산을
처리하기 위하여 vpCallA를 호출한다.]
D6: [컴포넌트 vpCompA를 ε(procedure A1) 또는 procedure A2의
선택으로 맵핑한다.]
></td></tr>
<tr><td>VP Declarations</td><td>// vpOP: "fmod and fquot", "pow and log";
// vpCompA: CompA1, CompA2;
vpOperator1: "fmod", "pow";
vpOperator2: "fquot", "log";
vpCallA: A1, A2;</td></tr>
<tr><td>Variability Constraints</td><td>// vpOP."fmod and fquot" <u>req</u> vpCompA.CompA1;
// vpOP."pow and log" <u>req</u> vpCompA.CompA2;
vpOP."fmod and fquot" <u>m-req</u> (vpOperator1."fmod" ∧
vpOperator2."fquot") <u>m-req</u> vpCallA.A1;
vpOP."pow and log" <u>m-req</u> (vpOperator1."pow" ∧
vpOperator2."log") <u>m-req</u> vpCallA.A2</td></tr>
<tr><td rowspan="2">Bindings</td><td>$\mathcal{D}2_{A1}$</td><td>[vpCompA\CompA1, vpOP\"fmod and fquot", vpOperator1\"fmod",
vpOperator2\"fquot", vpCallA\A1]</td></tr>
<tr><td>$\mathcal{D}2_{A2}$</td><td>[vpCompA\CompA2, vpOP\"pow and log", vpOperator1\"pow",
vpOperator2\"log", vpCallA\A2]</td></tr>
</table>

위의 산출물에는 두 가지 종류의 가변점이 존재하는데 Arch_{AA}에 포함된 가변점과 위 산출물에서 새로이 정의된 코드 수준 가변점들이 그것이다. 예를 들어 vpOP는 Req_{AA}에서 정의되어 Arch_{AA}로 상속되어 들어온 가변점이다.

■

제품라인 구현

플랫폼의 구현방법으로는 플랫폼 모델에서 제품군의 코드를 생성하는 방법 이외에, 버전관리를 통해 제품군의 구현을 정의하는 방법[186], 빌드 스크립트[187]를 통해 제품군의 코드를 생성하는 방법, 그리고 기존 언어를 가변성 표현언어로 확장하여 전처리기[188]로 제품군의 코드를 생성하는 방법 등 다양한 방법들이 있다. 제 II부에서는 제 I부 5장에서 소개한 방법을 사용하며, 이를 위해 제품 구현을 위하여 사용하는 프로그래밍 언어를 PfAML로 확장하여 사용하며 제품군의 코드를 생성하기 위해서 전처리기를 사용한다.

프로그래밍 언어의 구성요소들은, 만일 '플랫폼' 피처를 구현하기 위하여 적절한 요소나 요소들의 결합이 있으면 그대로 사용될 수 있지만, 그렇지 않은 경우에는 필요한 요소들을 새로이 정의해서 추가해야 한다. 또한 프로그래밍 언어의 고유한 요소들로부터 추가적인 요소들을 식별할 수 있는 규약이 필요하다.

다음 예제는 제품라인 구현의 예를 보인다.

예제 1.6.1-2 $\mathcal{PL}(\mathrm{Imp}_{AA})$

예제 1.6.1-1의 $\mathcal{PL}(\mathcal{D}2_{AA})$에 따라 만들어지는 제품라인 구현은 다음과 같다.

---

186 기존의 단일 시스템 개발을 위한 버전관리시스템을 사용하여 제품라인의 제품들을 도출하는 방법 [van Gurp 06].

187 Unix 시스템의 makefile과 같이 프로그램을 구성 모듈로부터 빌드하는 과정을 자동화하기 위하여 그 각 단계를 순차적으로 기술한 실행가능한 파일.

188 "컴퓨터 처리에서 중심적인 처리를 행하는 프로그램의 조건에 맞추기 위한 사전 처리나 사전 준비적인 계산 또는 편성을 행하는 프로그램." - 컴퓨터.IT 용어 대사전, 일진사, 2015.

PL Artifact Name	$\mathcal{PL}$(Imp_{AA}) :: Implementation
Import	$\mathcal{PL}$($\mathcal{D}2_{AA}$) // 예제 1.6.1-1

Platform (Imp_{AA})	```
	program TUI
	    OP: string; x, y: real
	    ReadOperation(OP); ReadNumber(x); ReadNumber(y);
	    WriteNumber(B(OP,x,y));
	end program
	
	procedure B(OP: string; x, y: real): real
	    result: real;
	    case OP of
	        "+": result := (x + y);
	        "−": result := (x - y);
	        "*": result := (x * y);
	        "/" : result := (x / y);
	
	        vpOperator1: result := vpCallA(OP, x,y);
	
	        vpOperator2: result := vpCallA(OP, x,y);
	    end case;
	    return result;
	end procedure
	
	if vpCompA == CompA1
	then include begin /* Existing code for CompA1 */
	    ε(procedure A1 (OP: string; x,y:real): real
	        case OP of
	            "fmod": return (x fmod y);
	            "fquot": return (x fquot y);
	        end case;
	    end procedure)
	end
	
	if vpCompA == CompA2
	then include begin /* Existing code for CompA2 */
	    ε(procedure A2 (OP: string; x,y:real): real
	        case OP of
	            "pow": return pow(a,b);
	            "log": return log(x,y);
	        end case;
	    end procedure)
	end
	``
	
	VP Declarations:
	// *vpCompA: CompA1, CompA2*
	// *vpOperator1: "fmod", "pow";*
	// *vpOperator2: "fquot", "log";*
	// *vpCallA: A1, A2;*

	Variability Constraints	*//vpOP."fmod and fquot" m-req vpCompA.CompA1 m-req* *// (vpOperator1."fmod" ∧ vpOperator2."fquot") m-req* *// vpCallA.A1;* *//vpOP."pow and log" m-req vpCompA.CompA2 m-req* *// (vpOperator1."pow" ∧ vpOperator2."log") m-req* *//vpCallA.A2*
Bindings	Imp_{A1}	[*vpComp\CompA1, vpOperator1\"fmod",* *vpOperator2\"fquot"vpCallA\A1*]
	Imp_{A2}	[*vpComp\CompA2, vpOperator1\"pow",* *vpOperator2\"log"vpCallA\A2*]

이 예에서 Platform 구역의 구현은 "if <가변점> == <가변값> then include begin <포함될 코드> end"의 전처리를 위한 문법을 사용하여, 전처리기가 바인딩을 적용한 뒤 계산된 "<가변점> == <가변값>"의 값에 따라 "<포함될 코드>"의 포함 여부를 결정하도록 한다.

위의 구현에서처럼 procedure A1과 procedure A2를 따로 구현하는 대신에 기능적인 측면만을 고려하여 아래와 같이 하나로 구현하는 방법도 생각할 수 있다.

```
procedure A(OP: string a, b:real): real
    case OP of
        "fmod": return a fmod b
        "fquot": return a fquot b
        "pow": return pow(a,b)
        "log": return log(a,b)
    end case
end procedure
```

그러나 이 구현은 예제 1.4.1-4에 있는 플랫폼 아키텍처에 부합되지 않는다. 왜냐하면 예제 1.6.1-2의 구현에는 예제 1.4.1-4의 플랫폼 아키텍처의 가변점과 가변값들에 해당되는 컴포넌트들의 코드가 명시적으로 존재하는 반면, 위의 procedure A를 두면 이들이 명시적으로 존재하지 않게 되고 또한 구현코드에서 플랫폼 아키텍처가 요구하는 컴포넌트 가변점에 컴포넌트 가변값으로 procedure A를 사용하는 것도 적절하지 않기 때문이다.

Imp_{AA}에 등장하는 가변점들 중에는 플랫폼 아키텍처 $Arch_{AA}$의 가변점(vpCompA)이 그대로 맵핑된 가변점 코드도 있고, 플랫폼 구현의 코딩을 위하여 새로 도입된, 새로운 가변점들(vpOperator1, vpOperator2)도 있다. 이들 가변점의 맵핑 관계 혹은 도입은 예제 1.6.1-3의 플랫폼 아키텍처-구현 추적성에 명확히 드러난다.

제품라인 아키텍처-구현 추적성

플랫폼 아키텍처-구현 추적성은 아키텍처 플랫폼 구현의 결과로서 만들어지며,

$$\mathcal{TR}2_{Platform} = \{ae \mapsto ie\}$$

으로 나타낼 수 있다. 여기서 $ae \in Arch_{Platform}$, $ie \in Imp_{Platform}$이고, 이 두 요소간에 $ae \mapsto ie$ 의 맵핑이 성립한다.

다음 예제는 제품라인 아키텍처-구현 추적성의 예를 보인다.

예제 1.6.1-3 $\mathcal{PL}(\mathcal{TR}2_{AA})$

예제 1.6.1-1의 $\mathcal{PL}(\mathcal{D}2_{AA})$에 따라 만들어지는 추적성은 다음과 같다.

PL Artifact Name	$\mathcal{PL}(\mathcal{TR}2_{AA})$ :: Arch-to-Imp Traceability
Import	$\mathcal{PL}(\mathcal{D}2_{AA})$ // 예제 1.6.1-1
Platform ($\mathcal{TR}2_{AA}$)	플랫폼 추적성 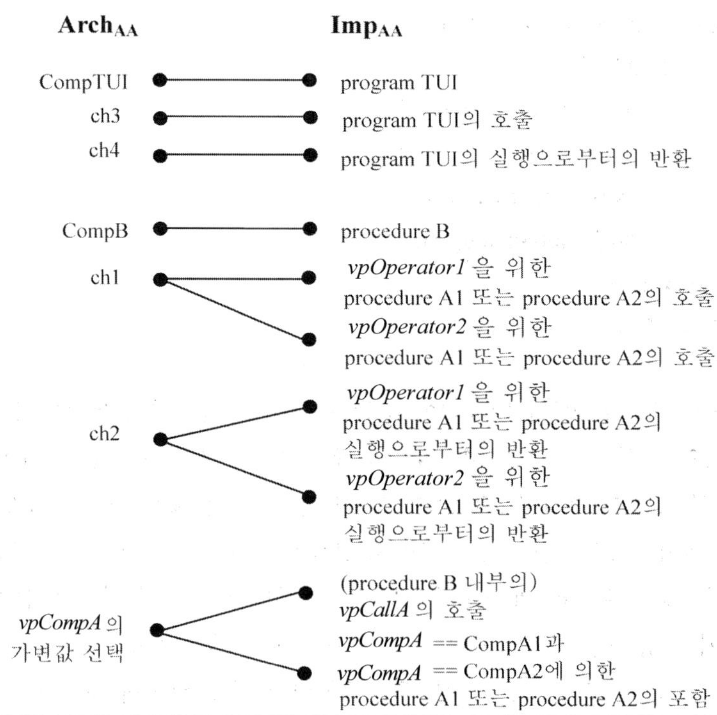

	VP Declarations	*// vpCompA: CompA1, CompA2;* *// vpOperator1: "fmod", "pow";* *// vpOperator2: "fquot", "log";* *// vpCallA: A1, A2;* **가변값 추적성** **Arch** **Imp** ε(CompA1) ●——● ε(procedure A1) ε(CompA2) ●——● ε(procedure A2)
	Variability Constraints	*// vpOP."fmod and fquot" m-req vpCompA.CompA1 m-req* *// (vpOperator1."fmod" ∧ vpOperator2."fquot") m-req* *// vpCallA.A1;* *// vpOP."pow and log" m-req vpCompA.CompA2 m-req* *// (vpOperator1."pow" ∧ vpOperator2."log") m-req* *// vpCallA.A2*
Bindings	$\mathcal{TR}2_{A1}$	*[vpCompA\CompA1, vpOperator1\"fmod", vpOperator2\"fquot",vpCallA\A1]*
	$\mathcal{TR}2_{A2}$	*[vpCompA\CompA2, vpOperator1\"pow", vpOperator2\"log", vpCallA\A2]*

위의 추적성에서 vpCompA는 procedureB에 있는 'vpCallA'의 표현으로 대표되는데, 구현에서는 vpCompA의 가변성을 vpCompA의 가변값과 vpCallA의 가변값의 일치성, 즉 호출과 호출되는 프로그램 간의 일치성으로 구현하였다. vpOperator1와 vpOperator2는 구현요소의 가변점으로 $Arch_{AA}$에는 나타나지 않지만 Imp_{AA}에 나타난다. vpCompA라는 아키텍처 요소는 구체적인 구현요소로 맵핑되지 않지만, 플랫폼 아키텍처가 갖는 "vpCompA의 가변값 선택"이라는 요소는, $\mathcal{TR}2_{AA}$이 보여 주는 바와 같이, 플랫폼 구현 Imp_{AA}의 구체적인 요소들로 맵핑된다. vpOP는 Req_{AA}에서 정의되고 $\mathcal{D}2_{AA}$로 상속되고 $\mathcal{TR}2_{AA}$에 영향을 주는 가변점이다. 따라서 관련 가변성 제약사항을 $\mathcal{TR}2_{AA}$의 Variability Constraints 구역에 코멘트 처리하여 $\mathcal{TR}2_{AA}$에 어떻게 영향을 주는지 나타내었다.

■

1.6.2 제품 구현의 개발

제품 구현결정

다음 예제는 플랫폼 구현결정으로부터 제품 구현결정이 생성되는 예를 보인다.

예제 1.6.2-1 $\mathcal{D}2_{A1}$

예제 1.6.1-1의 $\mathcal{PL}(\mathcal{D}2_{AA})$로부터 다음과 같이 $\mathcal{D}2_{A1}$가 생성된다.

$\mathcal{D}2_{A1}$ :: Implementation Decisions	
Import	$Arch_{AA}$[vpOP\"fmod와 fquot", vpCompA\CompA1, vpOperator1\"fmod", vpOperator2\"fquot", vpCallA\A1] // 예제 1.4.1-4
< D1: [CompTUI는 program TUI로 구현한다; ch3와 ch4는 procedure B의 호출과 procedure B의 실행으로부터의 반환으로 각각 구현한다.] D2: [컴포넌트 CompB를 procedure B로 구현한다.] D3: [procedure B는 사용자가 요구하는 다양한 계산요청을 처리하기 위하여, Case문을 사용하여 사용자가 요청한 연산의 종류에 따라 해당 연산을 실행한다.] D4: [procedure B는 fmod와 fquot를 사용하여 연산 "fmod and fquot"를 처리한다.] D5: [procedure B는 fmod 연산과 fquot 연산을 처리하기 위하여 procedure A1을 호출한다.] D6: [컴포넌트 ε(CompA1)을 ε(procedure A1)으로 맵핑한다.] >	

예제 1.6.1-1의 $\mathcal{PL}(\mathcal{D}2_{AA})$로부터 다음과 같이 $\mathcal{D}2_{A2}$가 생성된다.

$\mathcal{D}2_{A2}$ :: Implementation Decisions	
Import	$Arch_{AA}$[vpOP\"pow와 log", vpCompA\CompA2, vpOperator1\"pow", vpOperator2\"log", vpCallA\A2] // 예제 1.4.1-4
< D1: [CompTUI는 program TUI로 구현한다; ch3와 ch4는 procedure B의 호출과 procedure B의 실행으로부터의 반환으로 각각 구현한다.] D2: [컴포넌트 Comp B를 procedure B로 구현한다.] D3: [procedure B는 사용자가 요구하는 다양한 계산요청을 처리하기 위하여, Case문을 사용하여 사용자가 요청한 연산의 종류에 따라 해당 연산을 실행한다.] D4: [procedure B는 pow와 log를 사용하여 연산 "pow and log"를 처리한다.] D5: [procedure B는 pow 연산과 log 연산을 처리하기 위하여 procedure A2를 호출한다.] D6: [컴포넌트 ε(CompA2)를 ε(procedure A2)으로 맵핑한다.] >	

■

제품 구현

다음 예제는

$$Imp_{Pi} = (Imp_{Platform})\ \mathcal{B}_{Imp_{Pi}}$$

의 관계를 이용하여 플랫폼 구현으로부터 제품 구현이 생성되는 예를 보인다.

예제 1.6.2-2 Imp_{A1}와 Imp_{A2}

예제 1.6.1-4의 Imp_{AA}로부터 다음과 같이 Imp_{A1}가 생성된다.

Imp_{A1} :: Implementation	
Import	$\mathcal{D}2_{AA}$[vpCompA\CompA1, vpOperator1\“fmod”, vpOperator2\“fquot”, vpCallA\ A1] // 예제 1.6.1-1

```
program TUI
   OP: string;    x, y: real
   ReadOperation(OP);   ReadNumber(x);   ReadNumber(y);
   WriteNumber(B(OP,x,y));
end program

procedure B(OP: string;    x, y: real): real
   result: real;
   case OP of
     “+”: result := (x + y);
     “–”: result := (x - y);
     “*” : result := (x * y);
     “/ ” : result := (x / y);

     “fmod” :  [result := [A1(OP,x,y);]]

     “fquot” : [result := [A1(OP,x,y);]]

   end case;
   return result;
end procedure

[ε(procedure A1)]             // 예제 1.6.1-2의 procedure A1
```

Imp_{A1}은 네모로 표시되어 있는 다음의 구현요소들로 이루어져 있다: “procedure B”, fmod 연산의 경우의 “procedure A1의 호출”과 “procedure A1로부터의 반환”, fquot 연산의 경우의 “procedure A1의 호출”과 “procedure A1로부터의 반환”, 그리고 “procedure A1”이다.

예제 1.6.1-4의 Imp_{AA}로부터 다음과 같이 Imp_{A2}가 생성된다.

Imp_{A2} :: Implementation

Import	$\mathcal{D}2_{AA}$[vpOperator1\“pow”, vpOperator2\“log”, vpCallA\A2] // 예제 1.6.1-1

```
program TUI
    OP: string;    x, y: real;
    ReadOperation(OP);    ReadNumber(x);    ReadNumber(y);
    WriteNumber(B(OP,x,y));
end program

procedure B(OP: string;    x, y: real): real
      result: real;
      case OP of
         "+": result := (x + y);
         "−": result := (x  -  y);
         "*" :result := (x * y);
         "/" : result := (x / y);
         "pow": result := A2(OP,x,y);
         "log":  result :=  A2(OP,x,y);
      end case;
    WriteNumber(result);
end procedure

ε(procedure A2)  // 예제 1.6.1-2의 procedure A2
```

■

제품 아키텍처-구현 추적성

$\mathcal{B}_{Arch_{Pi}}$가 제품 Pi를 위한 플랫폼 아키텍처 바인딩이고, $\mathcal{B}_{Imp_{Pi}}$가 제품 Pi를 위한 플랫폼 구현 바인딩이면, 제품 Pi를 위한 아키텍처-구현 추적성은 다음과 같이 얻어진다.

$$\mathcal{TR}2_{Pi} = (\mathcal{TR}2_{Platform})\ (\mathcal{B}_{Arch_{Pi}} \cup \mathcal{B}_{Imp_{Pi}})$$

다음 예제는 플랫폼 아키텍처-구현 추적성으로부터 제품 아키텍처-구현 추적성이 생성되는 예를 보인다.

예제 1.6.2-3 $\mathcal{TR}2_{A1}$

$\mathcal{TR}2_{A1}$

$= (\mathcal{TR}2_{AA})\ \mathcal{B}_{\mathcal{TR}2_{A1}}$

= ($\mathcal{TR}2_{AA}$)[vpCompA\CompA1, vpOperator1\“fmod”, vpOperator2\“fquot”, vpCallA\A1]

에 의하여, 예제 1.6.1-3의 $\mathcal{TR}2_{AA}$로부터 다음과 같이 $\mathcal{TR}2_{A1}$가 생성된다.

$\mathcal{TR}2_{A1}$ :: Arch-to-Imp Traceability	
Import	$\mathcal{D}2_{AA}$[vpCompA\CompA1, vpOperator1\“fmod”, vpOperator2\“fquot”, vpCallA\A1] // 예제 1.6.1-1

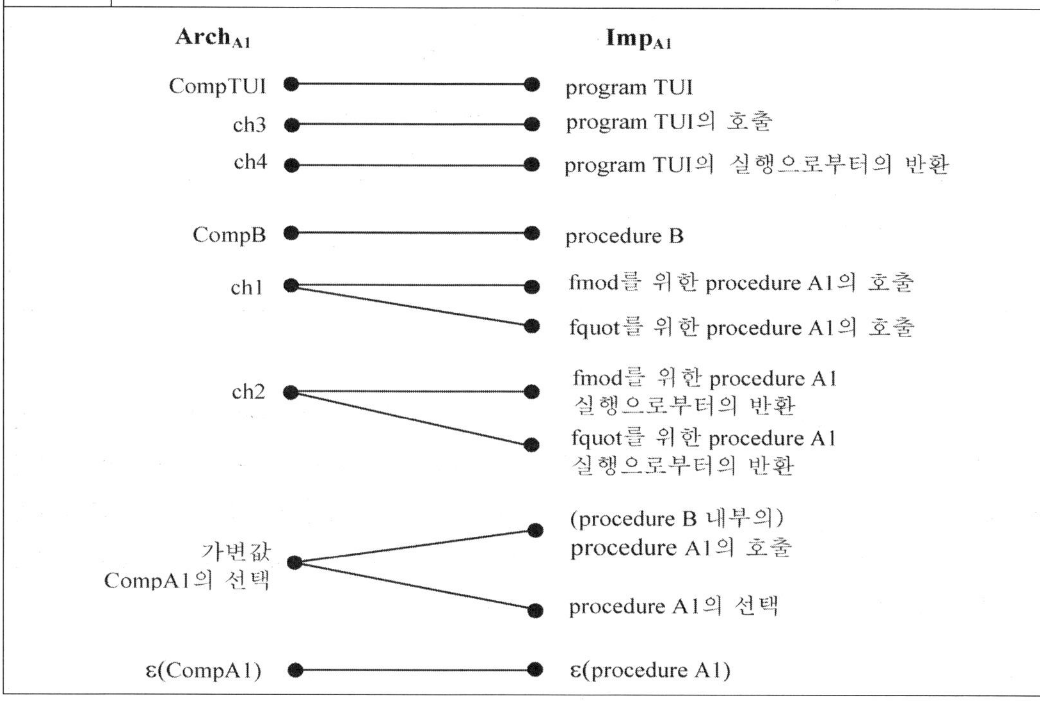

1.7 구현의 분석과 평가

제 I부 1장 1.1.9절에서 논의한 바와 같이 구현의 평가는 구현 분석의 반복으로 얻어진 결과들의 종합이다.

1.7.1 구현의 분석

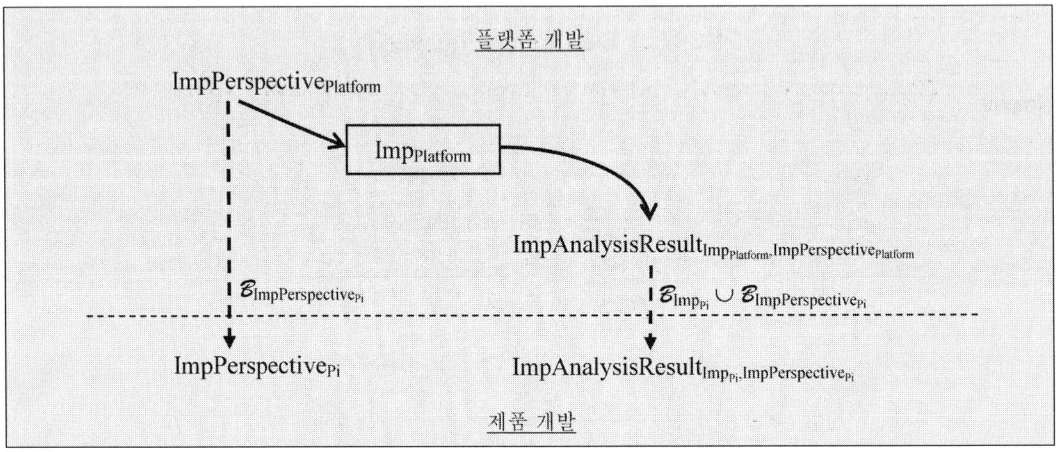

그림 1.7.1-1. GPL에서 제품 구현 분석의 개요도

그림 1.7.1-1은 GPL에서 제품 구현의 분석이 다음 활동들로 이루어짐을 나타낸다: (1) 플랫폼 구현 $\mathrm{Imp}_{\mathrm{Platform}}$에 플랫폼 구현 분석관점 $\mathrm{ImpPerspective}_{\mathrm{Platform}}$을 적용하여 플랫폼 분석결과 $\mathrm{ImpAnalysisResult}_{\mathrm{Imp}_{\mathrm{Platform}},\mathrm{ImpPerspective}_{\mathrm{Platform}}}$를 얻는다; (2) 이 분석결과에 Pi의 구현 분석결과 바인딩을 적용하여 Pi의 구현 분석결과 $\mathrm{ImpAnalysisResult}_{\mathrm{Imp}_{\mathrm{Pi}},\mathrm{ImpPerspective}_{\mathrm{Pi}}}$를 생성한다. 그림 1.7.1-2는 이 활동을 정형적으로 표현한다.

플랫폼 개발

$$\mathrm{ImpAnalysisResult}_{\mathrm{Imp}_{\mathrm{Platform}},\mathrm{ImpPerspective}_{\mathrm{Platform}}} = \mathcal{Analysis}(\mathrm{Imp}_{\mathrm{Platform}},\ \mathrm{ImpPerspective}_{\mathrm{Platform}})$$

제품 개발

$$\mathrm{ImpPerspective}_{\mathrm{Pi}} = \mathrm{ImpPerspective}_{\mathrm{Platform}}\ \mathcal{B}_{\mathrm{ImpPerspective}_{\mathrm{Pi}}}$$

$$\mathrm{ImpAnalysisResult}_{\mathrm{Imp}_{\mathrm{Pi}},\mathrm{ImpPerspective}_{\mathrm{Pi}}} = \mathrm{ImpAnalysisResult}_{\mathrm{Imp}_{\mathrm{Platform}},\mathrm{ImpPerspective}_{\mathrm{Platform}}}\ (\mathcal{B}_{\mathrm{Imp}_{\mathrm{Pi}}} \cup \mathcal{B}_{\mathrm{ImpPerspective}_{\mathrm{Pi}}})$$

그림 1.7.1-2. GPL에서 제품 구현 분석의 정형적 표현

시험생성은 시험 공정 중 까다로운 작업을 요구하는 단계이다. 시험생성을 위한 SPLD의 여러 기법들이 알려져 있다.[189] 이 책은 제품라인 시험항목들이 이미 만들어져 있다고 가정하고, 구현의 분석에 해당되는 시험의 실행 측면에 대해서만 논의한다.

1.7.1.1 제품라인 구현의 분석

제품라인 구현 분석관점

플랫폼 분석관점에 해당되는 플랫폼 시험항목은 제품 시험항목과 달리 하나 이상의 가변점을 가질 수 있다. 플랫폼 시험항목은 특정 제품군을 위한 가변점 외에 다른 제품군에 적용되는 일반적인 가변점을 포함할 수 있다.

다음 예제는 제품라인 구현 분석관점의 예를 보인다.

예제 1.7.1.1-1 $\mathcal{PL}$(TestCase1$_{AA}$), $\mathcal{PL}$(TestCase2$_{AA}$), $\mathcal{PL}$(TestCase3$_{AA}$)

예제 1.6.1-2의 Imp_{AA}를 시험하기 위한 플랫폼 시험항목을 도출하기 위하여, 먼저 예제 1.4.1-4의 $Arch_{AA}$를 기반으로 다음의 플랫폼 시험아키텍처를 만들 수 있다.

PL Artifact Name	$\mathcal{PL}$(TestArch$_{AA}$) :: Test Architecture	
Import	$\mathcal{PL}$(Arch$_{AA}$) // 예제 1.4.1-4	
Platform (TestArch$_{AA}$)	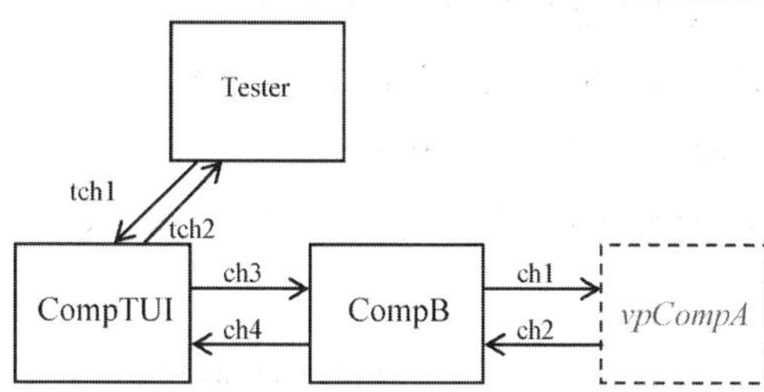	
	VP Declarations	// *vpCompA: CompA1, CompA2*
	Variability Constraints	
Bindings	TestArch$_{A1}$	[*vpCompA\CompA1*]
	TestArch$_{A2}$	[*vpCompA\CompA2*]

예제 1.6.1-2의 Imp_{AA}를 시험하기 위해, $TestArch_{AA}$에 기반하여 만들어진 다음의 제품라인 시험항목을 사용하기로 한다.

189 [Lee 12] 참조.

PL Artifact Name	$\mathcal{PL}$(TestCase1$_{AA}$) :: Test Case	
Import	$\mathcal{PL}$(Imp$_{AA}$) // 예제 1.6.1-2 $\mathcal{PL}$(TestArch$_{AA}$) // 예제 1.7.1.1-1	
Platform (TestCase1$_{AA}$)	Tester.tch1! "+", 3, 5 Tester.tch2? 8	
	VP Declarations	
	Variability Constraints	
Bindings	TestCase1$_{A1}$	[ ]
	TestCase1$_{A2}$	[ ]

TestCase1$_{AA}$는 제 I부 1장 예제 1.7.1-1의 TestCase1$_{A1}$과 같은 목적을 가진 시험항목이지만 플랫폼 구현과 플랫폼 시험아키텍처를 가졌다는 점이 다르다. TestCase1$_{AA}$이 실행되기 위해서는 TestCase1$_{AA}$와 더불어 Imp$_{AA}$와 TestArch$_{AA}$가 제품 수준으로 인스턴스화되어야 한다. 시험아키텍처가 컴포넌트 가변점 vpCompA를 가지고 있지만, 이 가변점이 인스턴스화되지 않아도 TestCase1$_{AA}$는 실행가능하기 때문에 TestCase1$_{AA}$는 vpCompA를 포함하지 않고 있다. TestCase1$_{A1}$과 TestCase1$_{A2}$ 바인딩을 '[ ]'로 표시한 이유는 TestCase1$_{AA}$가 가변점을 갖고 있지 않지만 플랫폼 산출물이기 때문이다.

또 하나의 플랫폼 시험항목으로 다음을 고려할 수 있다.

PL Artifact Name	$\mathcal{PL}$(TestCase2$_{AA}$) :: Test Case	
Import	$\mathcal{PL}$(Imp$_{AA}$) // 예제 1.6.1-2 $\mathcal{PL}$(TestArch$_{AA}$) // 예제 1.7.1.1-1	
Platform (TestCase2$_{AA}$)	Tester.tch1! "−", 3, 5 Tester.tch2? −2	
	VP Declarations	
	Variability Constraints	
Bindings	TestCase2$_{A1}$	[ ]
	TestCase2$_{A2}$	[ ]

TestCase1$_{AA}$과 TestCase2$_{AA}$는 플랫폼 시험항목이지만 가변점을 가지고 있지 않다. 그러나 아래 TestCase3$_{AA}$는 두 개의 가변점 vpOP2과 vpRES를 가지고 있다. 그 중 가변점 vpOP2는 분석대상 선정을 결정하는 가변점이고, 가변점 vpRES는 그에 종속적인 연산의 결과값을 갖는 가변점으로, 이들 간의 종속적인 관계는 req관계로 표현되어 있다.

<table>
<tr><th>PL Artifact Name</th><th colspan="2">$\mathcal{PL}$(TestCase3$_{AA}$) :: Test Case</th></tr>
<tr><td>Import</td><td colspan="2">$\mathcal{PL}$(Imp$_{AA}$) // 예제 1.6.1-2
$\mathcal{PL}$(TestArch$_{AA}$) // 예제 1.7.1.1-1</td></tr>
<tr><td rowspan="3">Platform
(TestCase3$_{AA}$)</td><td colspan="2">Tester.tch1! vpOP2, 12, 3
Tester.tch2? vpRES</td></tr>
<tr><td>VP Declarations</td><td>vpOP2: "fmod", "pow";
vpRES: 0, 1728</td></tr>
<tr><td>Variability Constraints</td><td>vpOP2."fmod" <u>req</u> vpRES.0;
vpOP2."pow" <u>req</u> vpRES.1728</td></tr>
<tr><td rowspan="2">Bindings</td><td>TestCase3$_{A1}$</td><td>[vpOP2\"fmod", vpRES\0]</td></tr>
<tr><td>TestCase3$_{A2}$</td><td>[vpOP2\"pow", vpRES\1728]</td></tr>
</table>

vpOP2는 플랫폼구현의 가변점 vpOperator2와 같은 역할을 하는 가변점이지만 이 둘이 서로 다른 다입의 가변점으로서, 추적성에 의하여 명시적으로 맵핑되어야 한다는 점을 분명히 보이기 위하여 서로 다른 가변점 이름을 사용하였다. TestCase3$_{A1}$는 제 I부 1장 예제 1.7.2-2의 TestCase3과 동일하다.

■

제품라인 구현 분석결과

다음 예제는 채택한 제품라인 분석관점으로 제품라인 구현을 분석한 결과의 예를 보인다.

예제 1.7.1.1-2 $\mathcal{PL}$(ImpAnalysisResult$_{Imp_{AA}, TestCase_{AA}}$)

예제 1.6.1-2의 Imp$_{AA}$에서 CompB가 실행될 준비가 되어 있다고 하자. 그러면 DE단계군에서 TestCase1$_{AA}$와 TestCase2$_{AA}$는 실행될 수 있다. 예를 들어

Analysis(Imp$_{AA}$,TestCase1$_{AA}$) = Pass

가 된다. 그러나 TestCase3$_{AA}$는 **실행가능성**(executability)이 없다.[190] 왜냐하면 (1) 가변점이 존재하고, (2) CompB와 vpCompA가 아직 통합되지 않았기 때문이다. 그래서 *Analysis*(Imp$_{AA}$,TestCase3$_{AA}$)는 구현과 시험항목을 인스턴스화하기 전에는 실행될 수 없지만, 예제 1.6.1-1의 Imp$_{AA}$에 대해 예제 1.7.1.1-1의 TestCase3$_{AA}$를 적용하여 부분평가[191]한 결과는 다음과 같다.

---

190 실행될 수 있는 코드로 컴파일될 수 없기 때문이다.
191 제 I부 4장 4.7.8절 참조.

PL Artifact Name	$\mathcal{PL}$(ImpAnalysisResult$_{Imp_{AA},TestCase3_{AA}}$) :: Implementation Analysis Result	
Import	$\mathcal{PL}$(Imp$_{AA}$) // 예제 1.6.1-2 $\mathcal{PL}$(TestCase3$_{AA}$) // 예제 1.7.1.1-1	
Platform	*Analysis*(Imp$_{AA}$[*vpCompA, vpCallA, vpOperator1, vpOperator2*], TestCase3$_{AA}$[*vpOP2, vpRES*])	
	VP Declarations	// *vpCompA: CompA1, CompA2;* // *vpCallA: A1, A2;* // *vpOperator1: "fmod", "pow";* // *vpOperator2: "fquot", "log";* // *vpOP2: "fmod", "pow";* // *vpRES: 0, 1728*
	Variability Constraints	// *vpOP."fmod and fquot"* m-req // *vpCompA.CompA1* m-req // *(vpOperator1."fmod"* ∧ // */vpOperator2."fquot")* m-req // *vpCallA.A1;* // *vpOP."pow and log"* m-req // *vpCompA.CompA2* m-req // *(vpOperator1."pow"* ∧ // *vpOperator2."log")* m-req // *vpCallA.A2;* // *vpOP2."fmod"* req *vpRES.0;* // *vpOP2."pow"* req *vpRES.1728*
Bindings	ImpAnalysisResult$_{Imp_{A1},TestCase3_{A1}}$	[*vpCompA\CompA1, vpCallA\A1,* *vpOperator1\"fmod",* *vpOperator2\"fquot", vpOP2\"fmod",* *vpRES\0*]
	ImpAnalysisResult$_{Imp_{A2},TestCase3_{A2}}$	[*vpCompA\CompA2, vpCallA\A2,* *vpOperator1\"pow",* *vpOperator2\"log", vpOP2\"pow",* *vpRES\1728*]

■

1.7.1.2 제품 구현의 분석

제품 구현 분석관점

다음 예제는 플랫폼 구현 분석관점으로부터 제품 구현 분석관점이 생성되는 예를 보인다.

예제 1.7.1.2-1 $TestCase3_{A1}$

$TestCase3_{A1}$

= ($TestCase3_{AA}$[vpOP2, vpRES])[vpOP2\“fmod”, vpRES\0]

= $TestCase3_{AA}$[vpOP2\“fmod”, vpRES\0]

에 의하여, 예제 1.7.1.1-1의 $TestCase3_{AA}$로부터 다음과 같이 $TestCase3_{A1}$가 생성된다.

$TestCase3_{A1}$ :: Test Case	
Import	Imp_{AA}[vpOP2\“fmod”, vpRES\0] // 예제 1.6.1-2 $TestArch_{AA}$[vpOP2\“fmod”, vpRES\0] // 예제 1.7.1.1-1
Tester.tch1! “fmod”, 12, 3 Tester.tch2? 0	

시험실행에 필요한 구현과 시험아키텍처는 $TestCase3_{AA}$를 통하여 가져오기되었다.

$TestCase3_{A1}$의 도출을 위하여 제 3장 예제 3.7.1.1-1 의 $TestArch_{AA}$로부터 $TestArch_{A1}$을 생성하는 것은 불필요하다. 왜냐하면 해당 시험아키텍처가 $TestCase3_{A1}$의 도출에 이미 반영되었기 때문이다.

■

제품 구현 분석결과

다음 예제는

$$ImpAnalysisResult_{Imp_{Pi},TestCase_{Pi}} = ImpAnalysisResult_{Imp_{Platform},TestCase_{Platform}} (\mathcal{B}_{Imp_{Pi}} \cup \mathcal{B}_{TestCase_{Pi}})$$

의 관계를 이용하여 플랫폼 구현 분석결과로부터 제품 구현 분석결과가 생성되는 예를 보인다.

예제 1.7.1.2-1 $ImpAnalysisResult_{Imp_{A1},TestCase3_{A1}}$

$ImpAnalysisResult_{Imp_{A1},TestCase3_{A1}}$

= $ImpAnalysisResult_{Imp_{AA},TestCase3_{AA}}$[vpCallA\A1,vpCompA\CompA1, vpOperator1\“fmod”, vpOperator2\“fquot”, vpOP2\“fmod”]

= *Analysis*(Imp_{AA}[vpOperator1, vpOperator2, vpCallA], $TestCase3_{AA}$[vpOP2, vpRES]) [vpCallA\A1, vpCompA\CompA1, vpOperator1\“fmod”, vpOperator2\“fquot”, vpOP2\“fmod”, vpRES\0]

= *Analysis*(Imp_{AA}[vpCompA\CompA1, vpOperator1\“fmod”, vpOperator2\“fquot”, vpCallA\A1], $TestCase3_{AA}$[vpOP2\“fmod”, vpRES\0])

= *Analysis*(Imp_{A1}, $TestCase3_{AA}$[vpOP2\“fmod”, vpRES\0]) // 예제 1.6.1-2

= *Analysis*(Imp_{A1}, $TestCase3_{A1}$) // 예제 1.7.1.1-1

= *Analysis*(Imp_{A1}, TestCase3) // 예제 1.7.1.1-1

= Pass // 제 I부 1장 예제 1.7.2-2의 시험항목 실행 결과

에 의하여, 예제 1.7.1.1-2의 $ImpAnalysisResult_{Imp_{AA},TestCase3_{AA}}$로부터 다음과 같이 $ImpAnalysisResult_{Imp_{A1},TestCase3_{A1}}$가 생성된다.

$ImpAnalysisResult_{Imp_{A1},TestCase3_{A1}}$ :: Implementation Analysis Result
Pass

■

1.7.2 구현의 평가

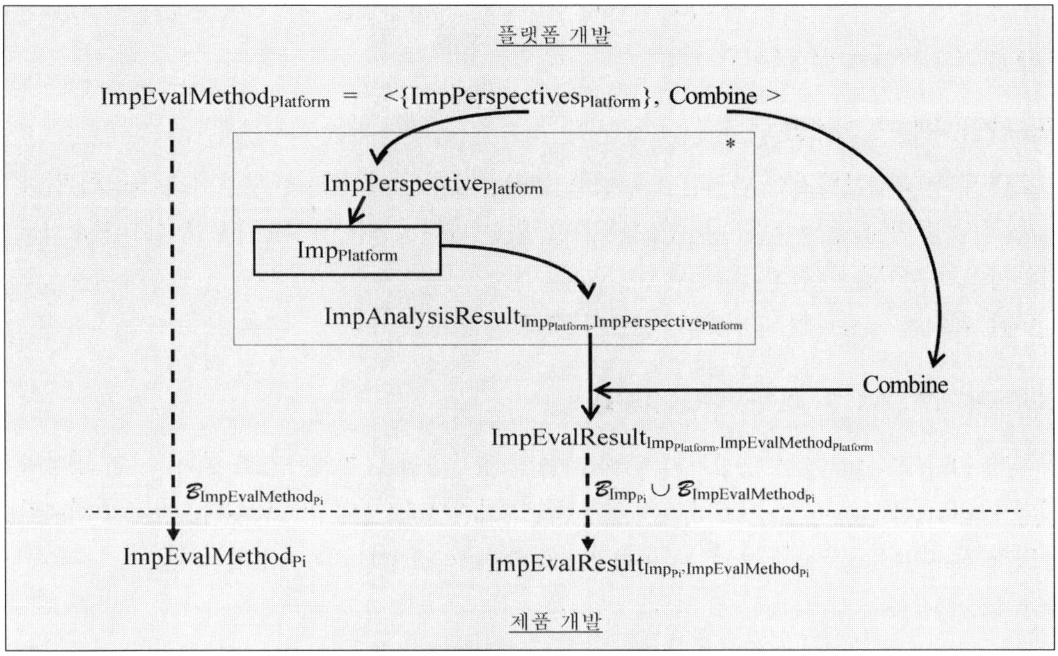

그림 1.7.2-1. GPL에서의 제품 구현 평가의 개요도

그림 1.7.2-1은 GPL에서 제품 구현의 평가가 다음 활동들로 이루어짐을 나타낸다: (1) 플랫폼 구현 $Imp_{Platform}$에 플랫폼 구현 분석관점 $ImpPerspective_{Platform}$들을 적용하여 얻은 플랫폼 분석결과 $ImpAnalysisResult_{Imp_{Platform}, ImpPerspective_{Platform}}$들에 이들을 종합하는 함수 Combine을 적용하여 플랫폼 구현 평가결과 $ImpEvalResult_{Imp_{Platform}, ImpEvalMethod_{Platform}}$를 얻는다; (2) 이 평가결과에 Pi의 구현 평가결과 바인딩을 적용하여 Pi의 구현 평가결과 $ImpEvalResult_{Imp_{Pi}, ImpEvalMethod_{Pi}}$를 생성한다. 그림 1.7.2-2는 이 활동을 정형적으로 표현한다.

플랫폼 개발

$$ImpEvalResult_{Imp_{Platform}, ImpEvalMethod_{Platform}} = \mathcal{E}val(Imp_{Platform}, ImpEvalMethod_{Platform})$$

제품 개발

$$ImpEvalMethod_{Pi} = ImpEvalMethod_{Platform}\ \mathcal{B}_{ImpEvalMethod_{Pi}}$$

$$ImpEvalResult_{Imp_{Pi}, ImpEvalMethod_{Pi}} = ImpEvalResult_{Imp_{Platform}, ImpEvalMethod_{Platform}}\ (\mathcal{B}_{Imp_{Pi}} \cup \mathcal{B}_{ImpEvalMethod_{Pi}})$$

그림 1.7.2-2. GPL에서의 제품 구현 평가의 정형적 표현

1.7.2.1 제품라인 구현의 평가

구현의 평가에서는 평가방법의 Combine 함수로서 시험결과를 종합한는 표준적인 함수인 VerdictCalculation을 사용할 수 있다.

제품라인 구현 평가방법

플랫폼 구현 평가방법의 관점은 가변점을 포함한다는 점에서 제품 구현의 평가방법과 다르다. 플랫폼 구현 평가방법은 특정 제품군을 위한 가변점 외에 다른 제품군에도 적용되는 일반적인 가변점을 포함할 수 있다.

다음 예제는 제품라인 구현 평가방법의 예를 보인다.

예제 1.7.2.1-1 $\mathcal{PL}$(ImpEvalMethod$_{AA}$)

예제 1.6.1-2의 Imp$_{AA}$를 평가하기 위해 다음의 평가방법을 채택하기로 한다. 구현 평가방법의 VerdictCalculation 함수의 정의는 제 I부 1장 예제 1.7.2-1의 VerdictCalculation의 정의와 동일하고, 따라서 평가결과는 Pass, Fail과 Inconclusive 중 하나의 판정값이 된다.

<table>
<tr><th>PL Artifact Name</th><th colspan="2">$\mathcal{PL}$(ImpEvalMethod$_{AA}$) :: Implementation Evaluation Method</th></tr>
<tr><td>Import</td><td colspan="2">$\mathcal{PL}$(Imp$_{AA}$) // 예제 1.6.1-2
$\mathcal{PL}$(TestArch$_{AA}$) // 예제 1.7.1.1-1
$\mathcal{PL}$(TestCase1$_{AA}$) // 예제 1.7.1.1-1
$\mathcal{PL}$(TestCase2$_{AA}$) // 예제 1.7.1.1-1
$\mathcal{PL}$(TestCase3$_{AA}$) // 예제 1.7.1.</td></tr>
<tr><td rowspan="3">Platform</td><td colspan="2"><
TestSuite$_{AA}$ = {
ε(TestCase1$_{AA}$),
ε(TestCase2$_{AA}$),
ε(TestCase3$_{AA}$)[vpOP2, vpRES]
},
VerdictCalculation
></td></tr>
<tr><td>VP Declarations</td><td>// vpOP2: "fmod", "pow";
// vpRES: 0, 1728</td></tr>
<tr><td>Variability Constraints</td><td>// vpOP2."fmod" <u>req</u> vpRES.0;
// vpOP2."pow" <u>req</u> vpRES.1728</td></tr>
<tr><td rowspan="2">Bindings</td><td>ImpEvalMethod$_{A1}$</td><td>[vpOP2\"fmod", vpRES\0]</td></tr>
<tr><td>ImpEvalMethod$_{A2}$</td><td>[vpOP2\"pow", vpRES\1728]</td></tr>
</table>

제품라인 구현 평가결과

다음 예제는 채택한 제품라인 평가방법으로 제품라인 구현을 평가한 결과의 예를 보인다.

예제 1.7.2.1-2 $\mathcal{PL}(\text{ImpEvalResult}_{\text{Imp}_{AA},\text{ImpEvalMethod}_{AA}})$

예제 1.6.1-2의 Imp_{AA}를 평가하기 위하여 다음의 분석결과를 가정하자.

분석결과표		
분석관점	**분석결과**	**근거**
TestCase1_{AA}	Pass	가정
TestCase2_{AA}	Pass	가정

그러면

$\text{ImpEvalResult}_{\text{Imp}_{AA},\text{ImpEvalMethod}_{AA}}$

$= \mathcal{E}val(\text{Imp}_{AA}, \text{ImpEvalMethod}_{AA})$ // $\text{ImpEvalResult}_{\text{Imp}_{AA},\text{ImpEvalMethod}_{AA}}$의 정의

$= \textit{VerdictCalculation}(\mathcal{A}nalysis(\text{Imp}_{AA}, \text{TestCase1}_{AA}), \mathcal{A}nalysis(\text{Imp}_{AA}, \text{TestCase2}_{AA}),$

$\mathcal{A}nalysis(\text{Imp}_{AA}, \text{TestCase3}_{AA}[\text{vpOP2}, \text{vpRES}))$

// $\mathcal{E}val$의 정의와 TestSuite_{AA}의 정의 (예제 1.7.2.1-1)

$= \mathcal{A}nalysis(\text{Imp}_{AA}, \text{TestCase1}_{AA}) \land \mathcal{A}nalysis(\text{Imp}_{AA}, \text{TestCase2}_{AA})$

$\land\ \mathcal{A}nalysis(\text{Imp}_{AA}, \text{TestCase3}_{AA}[\text{vpOP2}, \text{vpRES}])$

// VerdictCalculation의 정의 (제 I부 1장 예제 1.7.2-1참조)

$= \text{Pass} \land \text{Pass} \land \mathcal{A}nalysis(\text{Imp}_{AA}, \text{TestCase3}_{AA})$

$= \mathcal{A}nalysis(\text{Imp}_{AA}, \text{TestCase3}_{AA}[\text{vpOP2}, \text{vpRES}])$

// 판정 합성의 정의 (제 I부 1장 예제 1.7.2-1참조)

에 의하여, $\mathcal{PL}(\text{ImpEvalResult}_{\text{Imp}_{AA},\text{ImpEvalMethod}_{AA}})$는 다음과 같다.

<table>
<tr><td>PL Artifact Name</td><td colspan="2">𝒫ℒ(ImpEvalResult$_{Imp_{AA},ImpEvalMethod_{AA}}$) :: Implementation Evaluation Result</td></tr>
<tr><td>Import</td><td colspan="2">𝒫ℒ(Imp$_{AA}$) // 예제 1.6.1-2
𝒫ℒ(ImpEvalMethod$_{AA}$) // 예제 1.7.2.1-1</td></tr>
<tr><td rowspan="3">Platform</td><td colspan="2">Analysis(Imp$_{AA}$[vpCompA, vpCallA, vpOperator1, vpOperator2],
TestCase3$_{AA}$[vpOP2, vpRES])</td></tr>
<tr><td>VP Declarations</td><td>// vpCompA:CompA1, CompA2;
// vpOperator1: “fmod”, “pow”;
// vpOperator2: “fquot”, “log”;
// vpCallA: A1, A2;
// vpOP2: “fmod”, “pow”;
// vpRES: 0, 1728</td></tr>
<tr><td>Variability Constraints</td><td>// vpOP.“fmod and fquot” <u>m-req</u>
// vpCompA.CompA1 <u>m-req</u>
// (vpOperator1.“fmod” ∧
// vpOperator2.“fquot”) <u>m-req</u>
// vpCallA.A1;
// vpOP.“pow and log” <u>m-req</u>
// vpCompA.CompA2 <u>m-req</u>
// (vpOperator1.“pow” ∧
// vpOperator2.“log”) <u>m-req</u>
// vpCallA.A2;
// vpOP2.“fmod” <u>req</u> vpRES.0;
// vpOP2.“pow” <u>req</u> vpRES.1728</td></tr>
<tr><td rowspan="2">Bindings</td><td>ImpEvalResult$_{Imp_{A1},ImpEvalMethod_{A1}}$</td><td>[vpCompA\CompA1, vpOperator1\“fmod”,
vpOperator2\“fquot”, vpCallA\A1,
vpOP2\“fmod”, vpRES\0]</td></tr>
<tr><td>ImpEvalResult$_{Imp_{A2},ImpEvalMethod_{A2}}$</td><td>[vpCompA\CompA2, vpOperator1\“pow”,
vpOperator2\“log”, vpCallA\A2,
vpOP2\“pow”, vpRES\1728]</td></tr>
</table>

■

1.7.2.2 제품 구현의 평가

제품 구현 평가방법

다음 예제는 플랫폼 구현 평가방법으로부터 제품 구현 평가방법이 생성되는 예를 보인다.

예제 1.7.2.2-1 ImpEvalMethod$_{A1}$와 ImpEvalMethod$_{A2}$

ImpEvalMethod$_{A1}$ = ImpEvalMethod$_{AA}$[vpOP2\“fmod”, vpRES\0]

에 의하여 ImpEvalMethod$_{AA}$로부터 다음과 같이 ImpEvalMethod$_{A1}$가 생성된다.

ImpEvalMethod$_{A1}$ :: Implementation Evalutaion Method	
Import	Imp$_{AA}$ // 예제 1.6.1-2 TestArch$_{AA}$[vpOP2\“fmod”, vpRES\0] // 예제 1.7.1.1-1 TestCase1$_{AA}$[vpOP2\“fmod”, vpRES\0] // 예제 1.7.1.1-1 TestCase2$_{AA}$[vpOP2\“fmod”, vpRES\0] // 예제 1.7.1.1-1 TestCase3$_{AA}$[vpOP2\“fmod”, vpRES\0] // 예제 1.7.1.1-1
<TestSuite$_{A1}$,VerdictCalculation>	

ImpEvalMethod$_{A2}$ = ImpEvalMethod$_{AA}$[vpOP2\“pow”, vpRES\1728]

에 의하여 ImpEvalMethod$_{AA}$로부터 다음과 같이 ImpEvalMethod$_{A2}$가 생성된다.

ImpEvalMethod$_{A2}$ :: Implementation Evalutaion Method	
Import	Imp$_{AA}$ // 예제 1.6.1-2 TestArch$_{AA}$[vpOP2\“pow”, vpRES\1728] // 예제 1.7.1.1-1 TestCase1$_{AA}$[vpOP2\“pow”, vpRES\1728] // 예제 1.7.1.1-1 TestCase2$_{AA}$[vpOP2\“pow”, vpRES\1728] // 예제 1.7.1.1-1 TestCase3$_{AA}$[vpOP2\“pow”, vpRES\1728] // 예제 1.7.1.1-1
<TestSuite$_{A2}$,VerdictCalculation>	

TestSuite$_{A1}$와 TestSuite$_{A2}$는

TestSuite$_{A1}$ = {TestCase1$_{AA}$, TestCase2$_{AA}$, TestCase3$_{AA}$[vpOP2\“fmod”, vpRES\0]}

TestSuite$_{A2}$ = {TestCase1$_{AA}$, TestCase2$_{AA}$, TestCase3$_{AA}$[vpOP2\“pow”, vpRES\1728]}

이고, VerdictCalculation는 예제 1.7.2.1-1에서와 같다. vpOP2와 vpRES는 예제 1.7.2.1-1의 ImpEvalMethod$_{AA}$로부터 ImpEvalMethod$_{A1}$과 ImpEvalMethod$_{A2}$를 얻기 위해 사용되는 바인딩의 가변점들이다. ImpEvalMethod$_{AA}$의 플랫폼에 이 바인딩을 적용하여 ImpEvalMethod$_{A1}$과 ImpEvalMethod$_{A2}$가 얻어지고 이를 위해 동시에, 가져오기되는 AA의 산출물들도 동일한 바인딩으로 인스턴스화되었다.

■

제품 구현 평가결과

다음 예제는

$$ImpEvalResult_{Imp_{Pi},ImpEvalMethod_{Pi}} = ImpEvalResult_{Imp_{Platform},ImpEvalMethod_{Platform}}(\mathcal{B}_{Imp_{Pi}} \cup \mathcal{B}_{ImpEvalMethod_{Pi}})$$

에 의하여 플랫폼 구현 평가결과로부터 제품 구현 평가결과가 생성되는 예를 보인다.

예제 1.7.2.2-2 $ImpEvalResult_{Imp_{A1},ImpEvalMethod_{A1}}$와 $ImpEvalResult_{Imp_{A2},ImpEvalMethod_{A2}}$

예제 1.6.2-2의 Imp_{A1}와 Imp_{A2}에 대하여, Imp_{A1}은 올바른 구현이지만 Imp_{A2}는 CompA2 안에 오류를 갖고 있다고 가정하자. 또한 예제 1.7.2.1-2의 분석결과를 가정하자. 그러면 Imp_{AA}에 대한 $TestCase1_{AA}$와 $TestCase2_{AA}$의 적용 결과가 모두 Pass이므로, Imp_{A1}와 Imp_{A2}에 대한 평가의 최종 결과는

$$\mathcal{Analysis}(Imp_{AA}[vpCallA, vpCompA, vpOperator1, vpOperator2], TestCase3_{AA}[vpOP2, vpRES]) (\mathcal{B}_{Imp_{Pi}} \cup \mathcal{B}_{ImpEvalMethod_{Pi}})$$

의 분석결과와 같다. 이 결과는 $TestCase3_{AA}$의 가변성을 해소한 뒤에 그 결과를 실행해서 얻을 수 있다. 따라서

$$\begin{aligned}
&ImpEvalResult_{Imp_{A1},ImpEvalMethod_{A1}} \\
&= ImpEvalResult_{Imp_{AA},ImpEvalMethod_{AA}}[vpCompA\backslash CompA1, vpCallA\backslash A1, vpOperator1\backslash``fmod", vpOperator2\backslash``fquot", vpOP2\backslash``fmod", vpRES\backslash 0] \\
&= \mathcal{Analysis}(Imp_{AA}[vpCompA, vpOperator1, vpOperator2, vpCallA], TestCase3_{AA}[vpOP2, vpRES])[vpCompA\backslash CompA1, vpCallA\backslash A1, vpOperator1\backslash``fmod", vpOperator2\backslash``fquot", vpOP2\backslash``fmod", vpRES\backslash 0] \\
&= \mathcal{Analysis}(Imp_{AA}[CompA1, ``fmod", ``fquot", A1], TestCase3_{AA}[``fmod", 0]) \\
&= \mathcal{Analysis}(Imp_{A1}, TestCase3_{A1}) && \text{// 예제 1.6.1-2와 예제 1.7.1.1-1} \\
&= ImpAnalysisResult_{Imp_{A1},TestCase3_{A1}} \\
&= Pass && \text{// 예제 1.7.1.2-2}
\end{aligned}$$

에 의하여, $ImpEvalResult_{Imp_{AA},ImpEvalMethod_{AA}}$로부터 $ImpEvalResult_{Imp_{A1},ImpEvalMethod_{A1}}$가 다음과 같이 생성된다.

$ImpEvalResult_{Imp_{A1},ImpEvalMethod_{A1}}$ :: Implementation Evalutaion Result
Pass

반면에,

$ImpEvalResult_{Imp_{A2},ImpEvalMethod_{A2}}$

= $ImpEvalResult_{Imp_{AA},ImpEvalMethod_{IAA}}$[vpCompA\CompA2, vpCallA\A2, vpOperator1\“pow”, vpOperator2\“log”, vpOP2\“pow”, vpRES\1728]

= *Analysis*(Imp_{AA}[vpCompA, vpOperator1, vpOperator2 ,vpCallA], $TestCase3_{AA}$[vpOP2, vpRES])[vpCompA\CompA2, vpCallA\A2, vpOperator1\“pow”, vpOperator2\“log”, vpOP2\“pow”, vpRES\1728]

= *Analysis*(Imp_{AA}[CompA2, “pow”,“log”, A2], $TestCase3_{AA}$[“pow”,1728])

= *Analysis*(Imp_{A2},$TestCase3_{A2}$) // 예제 1.6.1-2와 예제 1.7.1.1-1

= Fail // 가정

에 의하여, $ImpEvalResult_{Imp_{AA},ImpEvalMethod_{AA}}$로부터 $ImpEvalResult_{Imp_{A2},ImpEvalMethod_{A2}}$는 다음과 같이 생성된다.

$ImpEvalResult_{Imp_{A2},ImpEvalMethod_{A2}}$ :: Implementation Evalutaion Result
Fail

■

1.8 관련 연구

1.8.1 생성적 제품라인과 MDD

생성적 제품라인 개발의 한 예를 MDD[192]에서 볼 수 있다. MDD에서는 Platform Model은 모든 Platform Independent Model(PIM)과 모든 Platform Specific Model(PSM)을 포함하고, 제품들 간의 공통성은 PIM으로 처리하고, 제품들 간의 차이점은 PSM을 통하여 처리한다. 그러면 PIM은 SPLD의 도메인공학 결과에 해당되고, PSM은 제품 개발 결과에 해당된다. 이러한 점에서 MDD가 SPLD와 유사하다. 반면 SPLD 관점에서 볼 때 MDD가 특별한 점은 도메인공학 단계군 동안에 구현이 전혀 이루어지지 않고, 구현이 제품 개발 단계군에서만 이루어진다는 점이다.

1.8.2 구현의 단계들

구현은 많은 경우 코딩을 의미하지만, 상세설계 단계와 코딩 단계를 함께 지칭하기 위하여 구현이라는 용어가 사용되기도 한다. 상세설계 단계에서는, 아키텍처(즉 아키텍처 설계)에 기반하여 상세설계가 만들어진다. 코딩 단계에서는, 상세설계에 기반하여 프로그램이 만들어진다. 구현 단계의 산출물로는 컴포넌트, 인터페이스, 데이터베이스 테이블, 프로토콜, 데이터 포맷, 구성 메커니즘(configuration mechanism) 등이 있다.[193] 구성 메커니즘은 제품이 진화함에 따라 제품을 최신 버전으로 유지할 수 있게 해준다. 컴포넌트의 설계는 제공되는 인터페이스와 요구되는 인터페이스에 의하여 제약을 받는다. 컴포넌트의 구현은 인터페이스의 상세설계와 코딩을 포함한다.

1.8.3 가변성 해소 시점별 구현 기법

가변성의 해소와 가변성의 해소 시점에 대하여 제 I부 4장 4.5.6절에서 논의했다. [Svahnberg 05]는 가변성 해소 시점이 제품 아키텍처 도출 시점, 컴파일 시점, 링크 시점, 실행 시점 중 어느 시점인지에 따라, 그리고 소프트웨어 요소를 컴포넌트와 프레임워크, 프레임워크 구현과 클래스, 코드로 나누어 가변성 실현 기법을 분류하였다. [Pohl 05]는 가변성 해소 시점에 따른 구현기법을 표 1.8.3-1과 같이 제시하였다.

---

192 제 I부 2장 2.4.5절 참조.

193 [Pohl 05] p. 242 참조.

표 1.8.3-1. 가변성 해소 시점별 구현 기법 ([Pohl 05] Chapter 12 Section 12.5)

가변성 해소 시점	가변성 해소 구현 기법
컴파일 이전	Auto code generation, AOP, MDD
컴파일 시점	IFDEF, Precompiler macro, Conditional compilation
링크 시점	Makefile
로딩 시점	Configuration Files
실행 시점	Registry

제2장 비생성적 제품라인의 개발

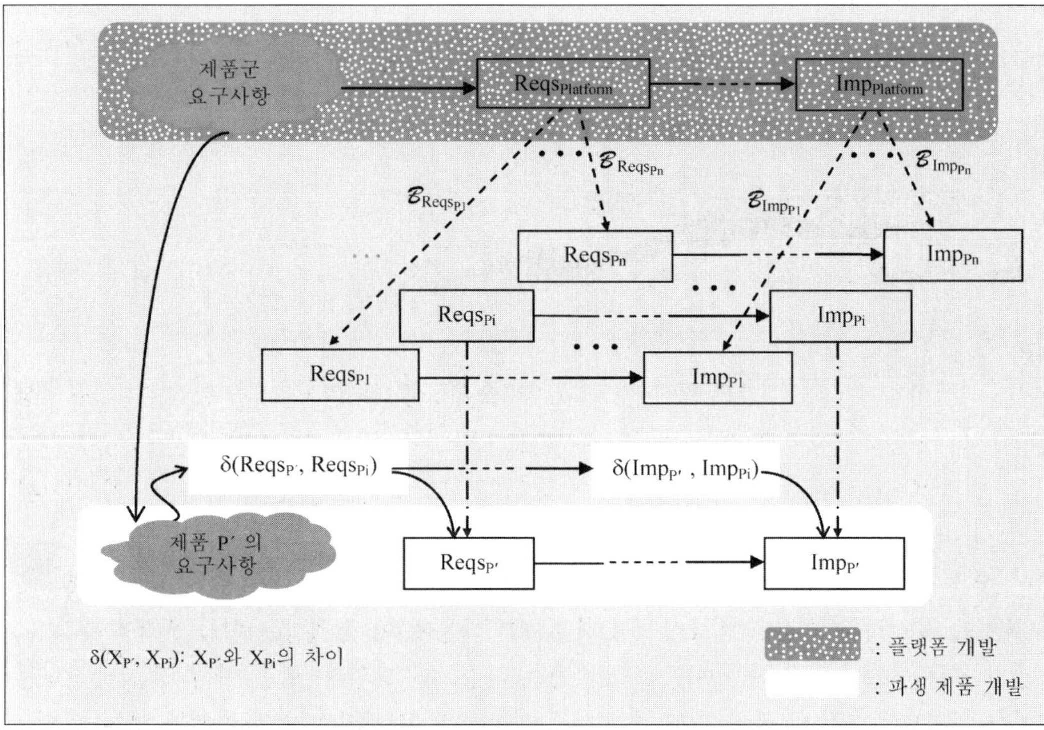

그림 2-1. 비생성적 제품라인을 위한 SSPLD의 개요도

제 I부 6장 6.2.4절에서 비생성적 제품라인(NGPL)을 정의하였다. 이 장에서는 NGPL을 위한 SSPLD 적용의 예를 보인다.

그림 2-1에서 P′은 플랫폼으로부터 생성되지 않는 제품을 나타낸다.[194] $\delta(X_{P'}, X_{Pi})$는 P′의 산출물 $X_{P'}$이 Pi의 산출물 X_{Pi}과 다른 부분을 나타낸다. SSPLD를 NGPL 개발에 적용하는 개발자는 Pi가 속하는 제품라인의 플랫폼으로부터 P′이 도출될 수 있음을 알고, 먼저 Pi를 생성한 뒤 그로부터 파생 제품 P′을 도출한다. Pi의 개발에는 제 1장에서 소개한 SSPLD의 체계적인 개발이 적용되어 Pi의 각 산출물은 해당 플랫폼 산출물로부터 생성된다고 가정한다.

그림 2-2는 그림 2-1이 보여 주는 개발과정을 정형적으로 기술한다.

194 해당 제품은 계획되었을 수도 있고 계획되지 않았을 수도 있다.

개발대상 제품군이 $\mathcal{F}'$이고, $\mathcal{F}'$를 위한 플랫폼 산출물이 $X_{Platform}$이고, $X_{Platform}$로부터 인스턴스화에 의하여 생성되는 제품군 산출물이 $X_{\mathcal{F}} = \{X_{P1}, ..., X_{Pn}\}$이고, 파생 제품 산출물 $X_{P'} \in X_{\mathcal{F}'}$와 유사한 $X_{\mathcal{F}}$의 제품 산출물이 X_{Pi}이라고 하면, $X_{P'}$와 X_{Pi} 사이의 관계는 다음과 같이 표현될 수 있다.

$$X_{P'} = X_{Platform}\ \mathcal{B}_{X_{Pi}} + \delta(X_{P'}, X_{Pi})$$ [195]

여기서 $X_{Platform}\ \mathcal{B}_{X_{Pi}}$는 X_{Pi}이고, $\delta(X_{P'}, X_{Pi})$는 $X_{P'}$와 X_{Pi}의 차이이다.

그림 2-2. NGPL을 위한 SSPLD의 개요

그림 2-2에 따르면, 예를 들어 $Reqs_{P'}$는

$$Reqs_{P'} = Reqs_{Platform}\ \mathcal{B}_{Reqs_{Pi}} + \delta(Reqs_{P'}, Reqs_{Pi}) \quad \text{– (Eq. 2-1)}$$

의 등식에 의해 얻어진다.

δ를 제품군 $\mathcal{F}$에 대한 채택된 플랫폼 $X_{Platform}$의 **불규칙성**[196]이라고 부를 수 있다. 불규칙성은 하나의 특정 제품으로 그 범위가 제한될 수도 있고, 두 개 이상의 제품에서 발생할 수도 있다. 이 장에서는 제품 수준의 불규칙성 처리를 다루고, 플랫폼 수준 불규칙성의 처리는 제 4장에서 다루어진다.

이 장에서 사용할 예제는 그림 2-3에서 네모로 표시한 제품라인과 제품들이다. 플랫폼에서 제품을 생성하는 과정을 제 1장에서 다루었기 때문에 이 장에서는 이를 반복하지 않고, 생성된 제품을 기반으로 파생 제품을 개발하는 과정만을 보인다. 또한 파생 제품의 진화는 다양한 방식으로 가능하지만, 이에 대한 상세한 논의는 이 책의 논의의 범위를 벗어난다.[197]

---

195 만일 메트릭 m에 대하여 $\sum_{i=1}^{n} m(\delta_i)$의 값이 최소이면, $X_{Platform}$은 메트릭 m의 관점에서 최대 플랫폼 산출물이 된다.

196 그렇게 부를 수 있는 이유는 그러한 불규칙성이 없으면 제 1장의 생성적 접근방법이 적용될 수 있기 때문이다.

197 제 2.8절 관련연구의 2.8.2절에서는 파생 제품의 진화 방식에 대하여 설명한다.

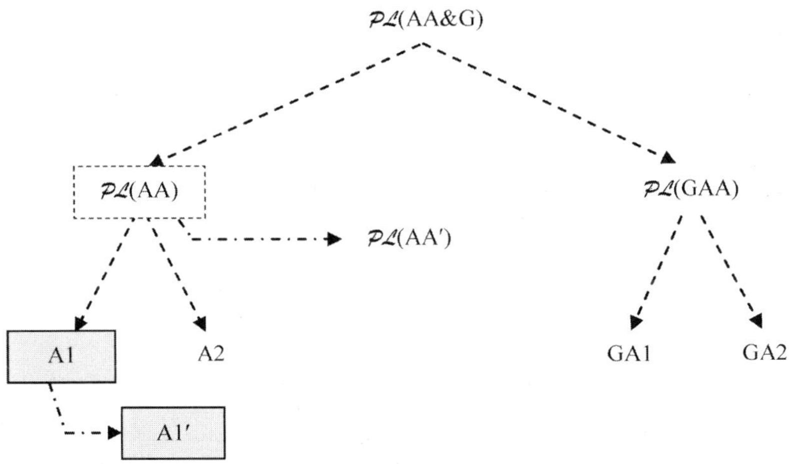

그림 2-3. 제 2장 예제의 도출관계

이 장의 비생성적 제품라인의 예를 보이며, 생성된 산출물과 파생 산출물 간의 차이를 이탤릭 글쓸로 나타낸다. 따라서 일반 글쓸로 되어 있는 부분은 재사용된 부분이고, 비생성적 제품라인에서는 많은 부분이 재사용되기 때문에 재사용된 부분들을 재사용 연산 ε을 써서 일일이 나타내지 않는다.

2.1 개요

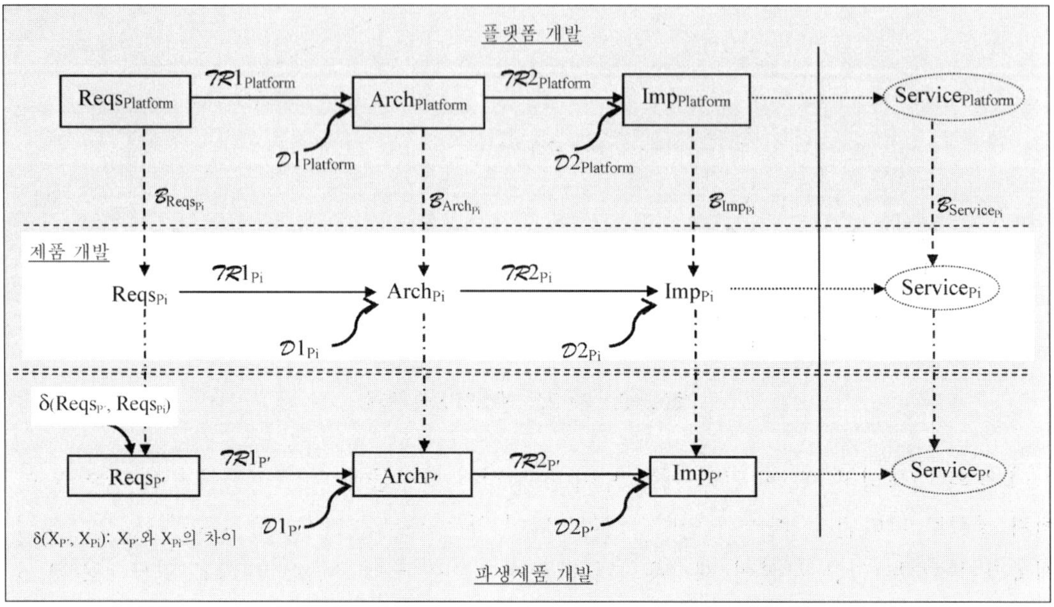

그림 2.1-1. NGPL 위한 SSPLD의 개요도[198]

그림 2.1-1은 NGPL에서 파생 제품 개발을 위하여 플랫폼을 사용하는 SSPLD 적용의 개요를 보여준다. 그림을 복잡하지 않게 하기 위하여 일부 바인딩만을 보여준다.[199] 그림 2.1-1에서 밝은색 띠로 표시된 부분은 플랫폼 산출물로부터 인스턴스화에 의하여 생성된 제품 산출물들, 즉 GPL 개발의 결과물들을 보여준다.

제 2장과 4장에서는 각각 단일 계층의 제품라인과 다계층 제품라인에 대하여, 플랫폼으로부터 생성되지 않는 파생 제품과 상위플랫폼으로부터 생성되지 않는 파생 하위플랫폼을 도출하는 과정을 보인다. 파생 제품의 도출은 플랫폼으로부터 생성된 제품을 기반으로, 생성된 제품과 파생 제품 사이의 차이에 초점을 두어 진행되어야 하기 때문에 이를 위해 필요한 산출물들을 그림 2.1-1의 밝은 색 띠 안에 두어 식별하기 쉽게 하였다.

198 그림 2.1-1과 같은 그림들에 나오는 이중 점선 수평선은 점선 위의 지역의 산출물들로부터 점선 아래 산출물들이 파생됨을 나타낸다. (이 책 머리말의 범례 참조.)

199 그림 2.1-1에 나와 있지 않은 바인딩은 제 1장 그림 1.1-1을 참조.

2.2 요구사항명세의 도출

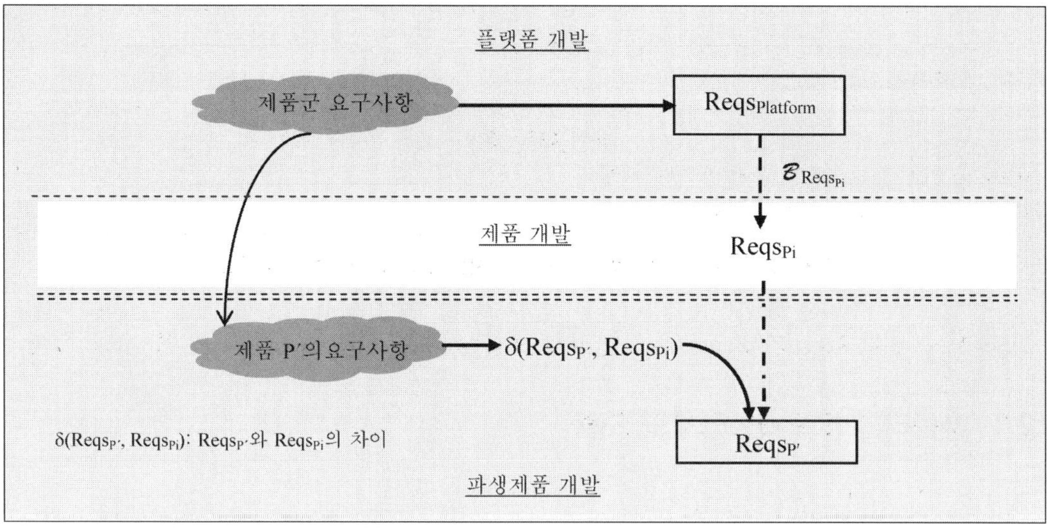

그림 2.2-1. NGPL에서 파생 제품 요구사항명세 도출의 개요도

그림 2.2-1은 NGPL의 플랫폼 요구사항명세로부터 생성되지 않는 제품 요구사항명세의 도출과정을 보여준다. 파생 제품 요구사항명세는, 목표로하는 요구사항명세와 유사한 요구사항명세를 플랫폼 요구사항명세로부터 먼저 생성하고 이로부터 도출한다. 그림 2.2-1에서, 제품 P′의 요구사항에 대한 분석결과 P′의 요구사항명세가 플랫폼 요구사항명세로부터 생성되지 않지만 다른 제품보다도 제품 Pi의 요구사항과 공통 부분이 많았다고 가정한다.[200] 그러면 구체적으로 그림 2.2-1의 도출과정은 다음 활동들로 이루어진다: (1) 플랫폼 요구사항명세 $Reqs_{Platform}$로부터 제품 Pi의 요구사항명세 $Reqs_{Pi}$를 생성한다; (2) P′의 요구사항과 Pi의 요구사항의 차이를 반영하여 $Reqs_{Pi}$로부터 P′의 요구사항명세 $Reqs_{P'}$를 도출한다.

그림 2.2-2는 이 활동을 정형적으로 표현한다. 그림 2.2-2에 나오는 μ함수는 변형 혹은 업데이트를 나타낸다.

200 P′의 요구사항을 수용하기 위하여 기존의 플랫폼을 수정하여 NGPL을 GPL로 만든다면 제품생성을 위해 제 1장의 접근방법을 그대로 적용할 수 있다.

플랫폼 개발

$Reqs_{Platform} = \mathcal{RE}$(제품군 요구사항)

제품 개발

$Reqs_{Pi} = Reqs_{Platform}\ \mathcal{B}_{Reqs_{Pi}}$

파생 제품 개발

$\delta(Reqs_{P'}, Reqs_{Pi}) = \mathcal{RE}$(제품 P′의 요구사항)

$Reqs_{P'} = \mu(Reqs_{Pi}, \delta(Reqs_{P'}, Reqs_{Pi}))$

그림 2.2-2. NGPL에서 파생 제품 요구사항명세 도출의 정형적 표현

그림 2.2-2에서 $Reqs_{P'}$과 $Reqs_{Pi}$는 가변점을 포함할 수도 있고 포함하지 않을 수도 있다.

2.2.1 제품라인 요구사항명세의 도출

제 1장 1.2.1절의 내용과 동일하다.

2.2.2 제품 요구사항명세의 도출

제 1장 1.2.2절의 내용과 동일하다.

2.2.3 파생 제품 요구사항명세의 도출

파생 제품을 위한 요구사항

다음 예제는 제품라인의 플랫폼으로부터 생성되지 않지만, 플랫폼으로부터 생성되는 제품과 유사한 제품에 대한 요구사항의 예를 보인다.

예제 2.2.3-1 A1′을 위한 제품 요구사항

제품 A1′에 대한 요구사항을 다음과 같이 가정하자.

제품 A1′에 대한 요구사항

기능 요구사항

FR_T) The system provides a TUI.

FR_B) The system performs +, −, * and / operations.

FR_A1) The system performs fmod and fquot operations.

FR_D) The product A1′ can perform the square root (‘sqrt’) operation.

제약사항

C_1) The system should reuse the existing component for fmod and fquot operations.

C_2) Existing code for fmod and fquot operations was implemented in CompA1.

C_5) For easy upgrade, the sqrt operation should be componentized.

■

생성 제품 요구사항과 파생 제품 요구사항의 차이

다음 예제는 두 제품의 요구사항을 비교 분석하여 그 차이를 도출하는 예를 보인다.

예제 2.2.3-2 $\delta(Reqs_{A1'}, Reqs_{A1})$

제 1장 예제 1.2.1-2의 A1에 대한 요구사항과 예제 2.2.3-1의 A1′에 대한 요구사항을 비교하여, 그 차이 $\delta(Reqs_{A1'}, Reqs_{A1})$이 다음과 같다는 것을 파악할 수 있다.

제품 A1′ 만이 갖는 기능 요구사항

FR_D) The system performs the sqrt operation.

제품 A1′ 만이 갖는 제약사항

C_5) For easy upgrade, the sqrt operation should be componentized.

■

이 장 서두의 끝에서 언급한대로, 위 예제에서 A1′의 산출물이 A1의 산출물과 다른 부분은 이탤릭 글꼴로 나타내었다.

파생 제품 요구사항명세

다음 예제는 플랫폼 요구사항명세로부터 생성된 제품 요구사항명세로부터 파생된 제품 요구사항명세의 예를 보여준다.

예제 2.2.3-3 $Reqs_{A1'}$

제 1장 1.2.2절 예제 1.2.2-1의 제품 A1의 요구사항명세를 재사용하고 이에 예제 2.2.3-2의 $\delta(Reqs_{A1'}, Reqs_{A1})$를 반영하여, 예제 2.2.3-1의 제품 A1′에 대한 요구사항의 요구사항명세를 다음과 같이 정의할 수 있다.

$$Reqs_{A1'} = \varepsilon(Reqs_{A1}) + \delta(Reqs_{A1'}, Reqs_{A1})$$

그러면 이 모델의 뷰는 다음과 같다.

$Reqs_{A1'}$ :: Requirements

<u>기능 요구사항</u>

FR_T) The system provides a TUI.
FR_B) The system performs +, −, * and / operations.
FR_A1) The system performs fmod and fquot operations.
FR_D) The system performs the sqrt operation.

<u>제약사항</u>

C_1) The system should reuse the existing component for fmod and fquot operations.
C_2) The existing fmod and fquot code was implemented in the component CompA1.
C_5) For easy upgrade, the sqrt operation should be componentized.

CompA1의 추적성

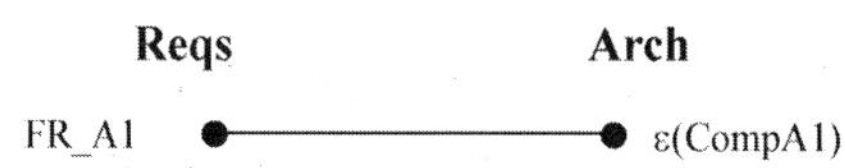

■

2.3 요구사항명세의 분석과 평가

2.3.1 요구사항명세의 분석

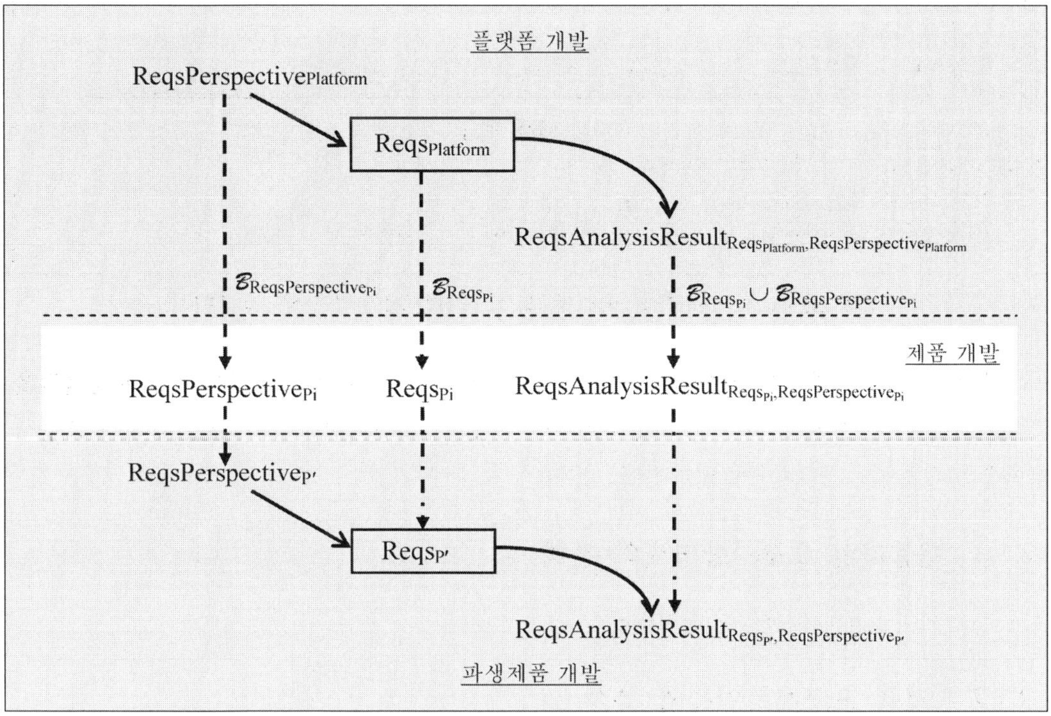

그림 2.3.1-1. NGPL에서 파생 제품의 요구사항명세 분석의 개요도

그림 2.3.1-1은 NGPL에서 플랫폼 요구사항명세로부터 생성되지 않는 제품 요구사항명세의 분석이 다음 활동들로 이루어짐을 나타낸다: (1) 플랫폼 요구사항명세 분석결과 $\text{ReqsAnalysisResult}_{\text{Reqs}_{\text{Platform}},\text{ReqsPerspective}_{\text{Platform}}}$에 P′과 유사한 제품 Pi의 요구사항명세 분석결과 바인딩을 적용하여 $\text{ReqsAnalysisResult}_{\text{Reqs}_{\text{Pi}},\text{ReqsPerspective}_{\text{Pi}}}$를 생성한다; (2) Pi와 P′간의 요구사항명세의 차이와 분석관점의 차이를 반영하여 $\text{ReqsAnalysisResult}_{\text{Reqs}_{\text{Pi}},\text{ReqsPerspective}_{\text{Pi}}}$로부터 P′의 요구사항명세 분석결과 $\text{ReqsAnalysisResult}_{\text{Reqs}_{\text{P}'},\text{ReqsPerspective}_{\text{P}'}}$를 도출한다. 그림 2.3.1-2는 이 활동을 정형적으로 표현한다.

플랫폼 개발

$\text{ReqsAnalysisResult}_{\text{Reqs}_{\text{Platform}},\text{ReqsPerspective}_{\text{Platform}}} = \mathcal{Analysis}(\text{Reqs}_{\text{Platform}}, \text{ReqsPerspective}_{\text{Platform}})$

제품 개발

$\text{ReqsPerspective}_{\text{Pi}} = \text{ReqsPerspective}_{\text{Platform}}\ \mathcal{B}_{\text{ReqsPerspective}_{\text{Pi}}}$

$\text{ReqsAnalysisResult}_{\text{Reqs}_{\text{Pi}},\text{ReqsPerspective}_{\text{Pi}}}$
$= \text{ReqsAnalysisResult}_{\text{Reqs}_{\text{Platform}},\text{ReqsPerspective}_{\text{Platform}}}\ (\mathcal{B}_{\text{Reqs}_{\text{Pi}}} \cup \mathcal{B}_{\text{ReqsPerspective}_{\text{Pi}}})$

파생 제품 개발

$\text{ReqsPerspective}_{\text{P}'} = \mu(\text{ReqsPerspective}_{\text{Pi}}, \text{Reqs}_{\text{P}'})$

$\text{ReqsAnalysisResult}_{\text{Reqs}_{\text{P}'},\text{ReqsPerspective}_{\text{P}'}}$
$= \mu(\text{ReqsAnalysisResult}_{\text{Reqs}_{\text{Pi}},\text{ReqsPerspective}_{\text{Pi}}}, \{\text{Reqs}_{\text{P}'}, \text{ReqsPerspective}_{\text{P}'}\})$

그림 2.3.1-2. NGPL에서 파생 제품의 요구사항명세 분석의 정형적 표현

파생 제품 요구사항명세의 분석결과는 먼저 파생 제품을 위한 요구사항명세 분석관점을 도출하고, 이어 생성된 제품의 분석결과를 파생 제품의 요구사항명세와 파생 제품의 요구사항명세 분석관점을 반영하여 얻어진다.

2.3.1.1 제품라인 요구사항명세의 분석

제 1장 1.3.1.1절의 내용과 동일하다.

2.3.1.2 제품 요구사항명세의 분석

제 1장 1.3.1.2절의 내용과 동일하다.

2.3.1.3 파생 제품 요구사항명세의 분석

파생 제품 요구사항명세 분석관점

다음 예제는 플랫폼 요구사항명세 분석관점으로부터 생성된 제품 요구사항명세 분석관점으로부터 파생된 제품 요구사항명세 분석관점의 예를 보인다.

예제 2.3.1.3-1 $\text{ReqsPerspective1}_{\text{A1}'}$

예제 2.2.3-3의 $\text{Reqs}_{\text{A1}'}$를 분석하기 위해 여러가지 가능한 관점 중에 제 I부 1장 예제 1.3.1-1과 제 II부 1장 예제 1.3.2.1-1에서 사용했던 다음의 분석관점 $\text{ReqsPerspective1}_{\text{A1}}$을 사용하기로 한다.

ReqsPerspective1$_{A1}$ :: Requirements Analysis Perspective	
Import	Reqs$_{A1}$ // 예제 1.2.2-1
"요구사항들 간에 모순이 없는가?"	

이 분석관점을 적용하기 위해서는 A1의 요구사항명세에 대해서는 {FR_B, FR_T, FR_A1, C_1, C_2} 간의 무모순성을 분석해야 하지만, A1′의 요구사항명세에 대해서는 {FR_B, FR_T, FR_A1, *FR_D*, C_1, C_2, *C_5*} 간의 무모순성을 분석해야 한다. 이 두 분석대상 사이에 공통된 부분이 많기 때문에, 앞서 수행한 분석결과를 최대한 재사용하기 위하여, ReqsPerspective1$_{A1'}$을 다음과 같이 두 개의 분석관점으로 나누기로 한다.

ReqsPerspective1$_{A1'}$ :: Requirements Analysis Perspective	
Import	Reqs$_{A1'}$ // 예제 2.2.3-3 ReqsPerspective1$_{A1}$ // 제 1장 예제 1.3.2.2-1
// ReqsPerspective1$_{A1}$: "(A1의) 요구사항들 간에 모순은 없는가?"; *ReqsPerspective1a: "FR_D와 C_5는 A1의 요구사항들과 모순은 없는가?"*	

■

파생 제품 요구사항명세 분석결과

다음 예제는 플랫폼 요구사항명세 분석결과로부터 생성된 제품 요구사항명세 분석결과로부터 파생된 제품 요구사항명세 분석결과의 예를 보인다.

예제 2.3.1.3-2 ReqsAnalysisResult$_{\text{Reqs}_{A1'},\text{ReqsPerspective}_{A1'}}$

예제 2.3.1.3-1의 ReqsPerspective1$_{A1'}$의 첫 부분은 제품 A1을 위한 분석결과가 재사용되는 부분이고, 두 번째 부분은 A1′에만 해당되는 부분이다. 그러면

$\mathcal{Analysis}(\text{Reqs}_{A1}, \text{ReqsPerspective1}_{A1}) = \text{True}$

이다. 그리고,

$\mathcal{Analysis}(\textit{Reqs}_{A1'}, \textit{ReqsPerspective1a}) = \textit{True}$

라고 가정하면

$\mathcal{Analysis}(\text{Reqs}_{A1'}, \text{ReqsPerspective1}_{A1'})$

$= \mathcal{Analysis}(\text{Reqs}_{A1'}, \text{ReqsPerspective1}_{A1}) \wedge \mathcal{Analysis}(\textit{Reqs}_{A1'}, \textit{ReqsPerspective1a})$

$= \text{True} \wedge \textit{True}$

에 의하여, ReqsAnalysisResult$_{\text{Reqs}_{A1'},\text{ReqsPerspective}_{A1'}}$가 다음과 같이 도출된다.

$ReqsAnalysisResult_{Reqs_{A1'}, ReqsPerspective_{A1'}}$ :: **Requirements Analysis Result**
True

■

2.3.2 요구사항명세의 평가

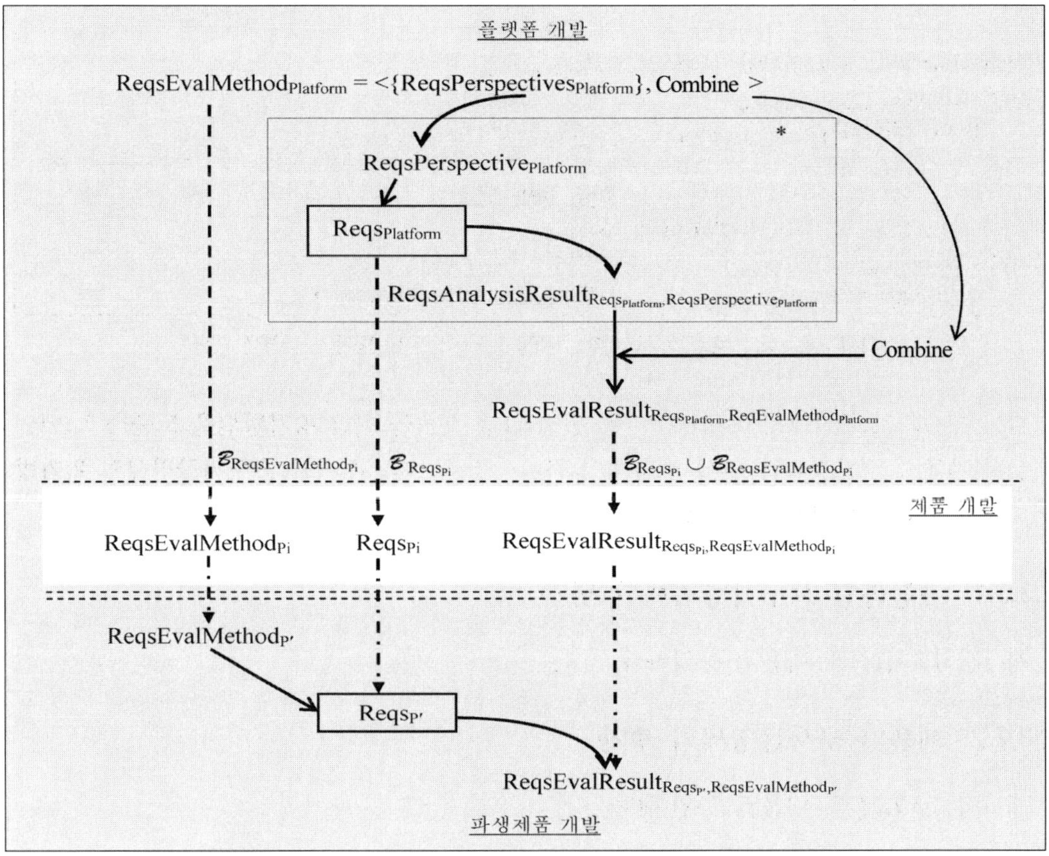

그림 2.3.2-1. NGPL에서의 파생 제품 요구사항명세 평가의 개요도

그림 2.3.2-1은 NGPL에서 플랫폼 요구사항명세로부터 생성되지 않는 제품 요구사항명세의 평가가 다음 활동들로 이루어짐을 나타낸다: (1) 플랫폼 요구사항명세 평가결과 $ReqsEvalResult_{Reqs_{Platform}, ReqsEvalMethod_{Platform}}$에 P′과 유사한 제품 Pi의 요구사항명세 평가결과 바인딩을 적용하여 $ReqsEvalResult_{Reqs_{Pi}, ReqsEvalMethod_{Pi}}$를 생성한다; (2) Pi와 P′간의 요구사항명세의 차이와 평가방법의 차이를 반영하여 $ReqsEvalResult_{Reqs_{Pi}, ReqsEvalMethod_{Pi}}$로부터 P′의 요구사항명세 평가결과 $ReqsEvalResult_{Reqs_{P'}, ReqsEvalMethod_{P'}}$를 도출한다. 그림 2.3.2-2는 이 활동을 정형적으로 표현한다.

플랫폼 개발

$$ReqsEvalResult_{Reqs_{Platform}, ReqsEvalMethod_{Platform}} = \mathcal{Eval}(Reqs_{Platform}, ReqsEvalMethod_{Platform})$$

제품 개발

$$ReqsEvalMethod_{Pi} = ReqsEvalMethod_{Platform}\ \mathcal{B}_{ReqsEvalMethod_{Pi}}$$

$$ReqsEvalResult_{Reqs_{Pi}, ReqsEvalMethod_{Pi}} = ReqsEvalResult_{Reqs_{Platform}, ReqsEvalMethod_{Platform}}\ (\mathcal{B}_{Reqs_{Pi}} \cup \mathcal{B}_{ReqsEvalMethod_{Pi}})$$

파생 제품 개발

$$ReqsEvalMethod_{P'} = \mu(ReqsEvalMethod_{Pi}, Reqs_{P'})$$

$$ReqsEvalResult_{Reqs_{P'}, ReqsEvalMethod_{P'}} = \mu(ReqsEvalResult_{Reqs_{Pi}, ReqsEvalMethod_{Pi}}, \{Reqs_{P'}, ReqsEvalMethod_{P'}\})$$

그림 2.3.2-2. NGPL에서의 파생 제품 요구사항명세 평가의 정형적 표현

파생 제품의 요구사항명세 평가결과는 먼저 파생 제품을 위한 평가방법을 도출하고, 이어 생성된 제품의 평가결과를 파생 제품의 요구사항명세와 파생 제품 요구사항명세의 평가방법의 관점에서 반영하여 얻어진다.

2.3.2.1 제품라인 요구사항명세의 평가

제 1장 1.3.2.1절의 내용과 동일하다.

2.3.2.2 제품 요구사항명세의 평가

제 1장 1.3.2.2절의 내용과 동일하다.

2.3.2.3 파생 제품 요구사항명세의 평가

파생 제품 요구사항명세 평가방법

다음 예제는 플랫폼 요구사항명세 평가방법으로부터 생성된 제품 요구사항명세 평가방법으로부터 파생된 제품 요구사항명세 평가방법의 예를 보인다.

예제 2.3.2.3-1 $ReqsEvalMethod_{A1'}$

예제 2.2.3-3의 $Reqs_{A1'}$를 평가하기 위해 제 1장 예제 1.3.2.2-1의 $ReqsEvalMethod_{A1}$을 기반으로한 다음의 방법을 채택하기로 한다.

$ReqsEvalMethod_{A1'}$ :: Requirements Evaluation Method		
Import	$Reqs_{A1'}$	// 예제 2.2.3-3
	$ReqsEvalMethod_{A1}$	// 제 1장 예제 1.3.2.2-1

$<$

{ $ReqsPerspective1_{A1'} = ReqsPerspective1_{A1} + \mathit{ReqsPerspective1a}$,

$ReqsPerspective2_{A1'} = ReqsPerspective2_{A1} + \mathit{ReqsPerspective2a}$,

$ReqsPerspective3_{A1'} = ReqsPerspective3_{A1}$,

$ReqsPerspective4_{A1'} = ReqsPerspective4_{A1}$

},

$\wedge_j \; ReqsAnalysisResult_{Reqs_{A1'}, ReqsPerspectivej_{A1'}}$

$>$

이고, 여기서 가져오기되지 않은 분석관점들은 다음과 같다:

ReqsPerspective1a // 예제 2.3.1.3-2

ReqsPerspective2a: "FR_D와 C_5이 검증 가능한가?"

A1'의 요구사항명세 $Reqs_{A1'}$의 평가를 위하여 네 개의 분석관점 {$ReqsPerspective1_{A1'}$, $ReqsPerspective2_{A1'}$, $ReqsPerspective3_{A1'}$, $ReqsPerspective4_{A1'}$}이 채택되고, 이들에 의한 평가결과가 각 관점의 분석결과의 논리적 곱이라고 가정한다.

$ReqsPerspective3_{A1'}$과 $ReqsPerspective4_{A1'}$의 경우에는 각각 $ReqsPerspective3_{A1}$과 $ReqsPerspective4_{A1}$과 동일하여 그 결과가 그대로 재사용된다. $ReqsPerspective1_{A1'}$은 제품 A1을 위한 $ReqsPerspective1_{A1}$과 ReqsPerspective1a(예제 2.3.1.3-2 참조)로 분리시키고, $ReqsPerspective2_{A1'}$은 $ReqsPerspective2_{A1}$과 ReqsPerspective2a(예제 2.3.2.3-2 참조)로 분리시킴으로써, A1의 요구사항명세 $Reqs_{A1}$의 평가에서 나온 분석결과를 재사용할 수 있게 된다.

■

파생 제품 요구사항명세 평가결과

다음 예제는 플랫폼 요구사항명세의 평가결과로부터 생성된 제품 요구사항명세의 평가결과로부터 파생된, 제품 요구사항명세의 평가결과의 예를 보인다.

예제 2.3.2.3-2 $ReqsEvalResult_{Reqs_{A1'}, ReqsEvalMethod_{A1'}}$

예제 2.2.3-3의 $Reqs_{A1'}$를 평가하기 위해 다음의 분석결과를 가정하자.

분석결과표		
분석관점	**분석결과**	**근거**
ReqsPerspective1a	*True*	*예제 2.3.1.3-2를 가정*
ReqsPerspective2a	*True*	*가정*

그러면 제 1장 예제 1.3.2.2-1의 $\mathrm{ReqsEvalResult}_{\mathrm{Reqs}_{A1},\mathrm{ReqsEvalMethod}_{A1}}$를 기반으로, 다음과 같이 평가결과를 얻을 수 있다.

$$\begin{aligned}
&\mathrm{ReqsEvalResult}_{\mathrm{Reqs}_{A1'},\mathrm{ReqsEvalMethod}_{A1'}} \\
&\quad = \mathrm{ReqsEvalResult}_{\mathrm{Reqs}_{A1},\mathrm{ReqsEvalMethod}_{A1}} \\
&\qquad\quad ReqsAnalysisResult_{Reqs_{A1'},ReqsPerspective1a} \wedge ReqsAnalysisResult_{Reqs_{A1'},ReqsPerspective2a} \\
&\quad = \mathrm{True} \;\wedge\; True \;\wedge\; True \\
&\quad = True
\end{aligned}$$

에 의하여, $\mathrm{ReqsEvalResult}_{\mathrm{Reqs}_{A1'},\mathrm{ReqsEvalMethod}_{A1'}}$는 다음과 같다.

$\mathrm{ReqsEvalResult}_{\mathrm{Reqs}_{A1'},\mathrm{ReqsEvalMethod}_{A1'}}$ :: Requirements Evaluation Result
True

■

2.4 아키텍처의 설계

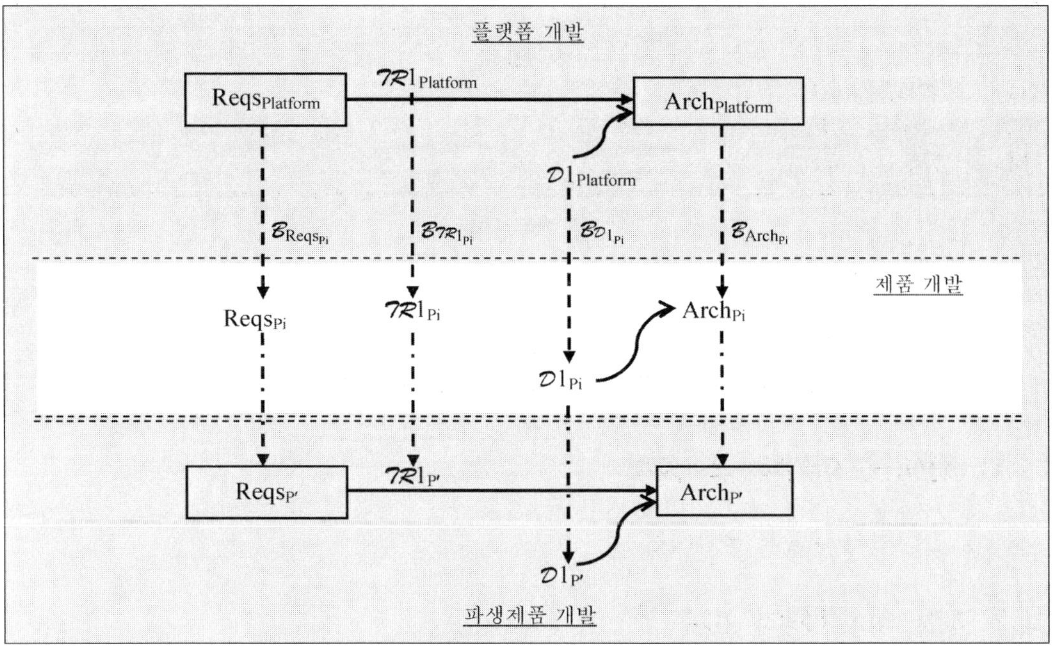

그림 2.4-1. NGPL에서 파생 제품 아키텍처 설계의 개요도

그림 2.4-1은 NGPL에서 플랫폼 아키텍처로부터 생성되지 않는 제품 아키텍처의 도출이 다음 활동들로 이루어짐을 나타낸다: (1) 플랫폼 아키텍처 $Arch_{Platform}$으로부터 P′과 유사한 제품 Pi의 아키텍처 $Arch_{Pi}$를 생성한다; (2) 플랫폼 요구사항 $Reqs_{Platform}$과 플랫폼 아키텍처설계결정 $\mathcal{D}1_{Platform}$으로부터 Pi의 요구사항 $Reqs_{Pi}$과 아키텍처설계결정 $\mathcal{D}1_{Pi}$를 생성한다; (3) $Reqs_{P'}$과 $Reqs_{Pi}$의 차이를 반영하여 $\mathcal{D}1_{Pi}$로부터 $\mathcal{D}1_{P'}$를 도출한다; (4) $\mathcal{D}1_{P'}$과 $\mathcal{D}1_{Pi}$의 차이를 반영하여 $Arch_{Pi}$으로부터 P′의 아키텍처 $Arch_{P'}$를 도출한다. 그림 2.4-2는 이 활동을 정형적으로 표현한다.

플랫폼 개발

$(Arch_{Platform}, \mathcal{TR}1_{Platform}) = \mathcal{ArchDesign}(Reqs_{Platform}, \mathcal{D}1_{Platform})$

제품 개발

$\mathcal{D}1_{Pi} = \mathcal{D}1_{Platform}\ \mathcal{B}_{D}1_{Pi}$

$Arch_{Pi} = Arch_{Platform}\ \mathcal{B}_{Arch_{Pi}}$

$\mathcal{TR}1_{Pi} = \mathcal{TR}1_{Platform}\ \mathcal{B}_{\mathcal{TR}1_{Pi}}$

파생 제품 개발

$\mathcal{D}1_{P'} = \mu(\mathcal{D}1_{Pi}, Reqs_{P'})$

$Arch_{P'} = \mu(Arch_{Pi}, \mathcal{D}1_{P'})$

$\mathcal{TR}1_{P'} = \mu(\mathcal{TR}1_{Pi}, \mathcal{D}1_{P'})$

그림 2.4-2. NGPL에서 파생 제품 아키텍처설계의 정형적 표현

2.4.1 제품라인 아키텍처의 설계

제 1장 1.4.1절의 내용과 동일하다.

2.4.2 제품 아키텍처의 설계

제 1장 1.4.2절의 내용과 동일하다.

2.4.3 파생 제품 아키텍처의 설계

파생 제품 아키텍처설계결정

다음 예제는 플랫폼 아키텍처설계결정으로부터 생성된 제품 아키텍처설계결정으로부터 파생된, 제품 아키텍처설계결정의 예를 보인다.

예제 2.4.3-1 $\mathcal{D}1_{A1'}$

예제 2.2.3-3의 $Reqs_{A1'}$으로부터 제 1장 예제 1.4.2-1의 $\mathcal{D}1_{A1}$을 다음과 같이 수정하여 아키텍처설계결정을 내렸다고 가정하자.

$\mathcal{D}1_{A1'}$ :: Architecture Design Decisions		
Import	$\mathcal{D}1_{A1}$ $Reqs_{A1}$	// 제 1장 예제 1.4.2-1 // 예제 2.2.3-3

<
D1: [FR_B의 요구에 따라 +, −, *, / 연산들을 하나의 컴포넌트 CompB에 구현하여,
C_13[vpOP\"fmod and fquot"]이 요구하는 바와 같이
FR_A12[vpOP\"fmod and fquot"]가 요구하는 연산을 위하여 기 개발된 컴포넌트를
사용할 수 있도록 한다; 외부 연산을 위한 커넥터 ch1과 ch2를 제공한다.],
D2: [FR_T의 요구에 따라 TUI를 CompTUI로 구현한 뒤, 이를 커넥터 ch3와 ch4로
CompB에 연결한다.],
D3: [C_13[vpOP\"fmod and fquot"]이 요구하는 대로 기 개발된 컴포넌트 ε(CompA1)을
재사용한다.],
D4: [컴포넌트 ε(CompA1)을 컴포넌트 CompB의 커넥터 ch1과 ch2에 연결한다.]
D5: [*CompSqrt 컴포넌트는 sqrt 연산을 구현한 뒤, 이를 커넥터 ch5와 ch6로
컴포넌트 CompB에 연결한다.*]
>

■

파생 제품 아키텍처

다음 예제는 플랫폼 아키텍처로부터 생성된 제품 아키텍처로부터 파생된 제품 아키텍처의 예를 보인다.

예제 2.4.3-2 $Arch_{A1'}$

예제 2.4.3-1의 $\mathcal{D}1_{A1'}$에 따라 제 1장 예제 1.4.2-2의 $Arch_{A1}$를 다음과 같이 수정하여 아키텍처를 만든다.

$Arch_{A1'}$ :: Architecture		
Import	$\mathcal{D}1_{A1'}$ $Arch_{A1}$	// 예제 2.4.3-1 // 제 1장 예제1.4.2-2

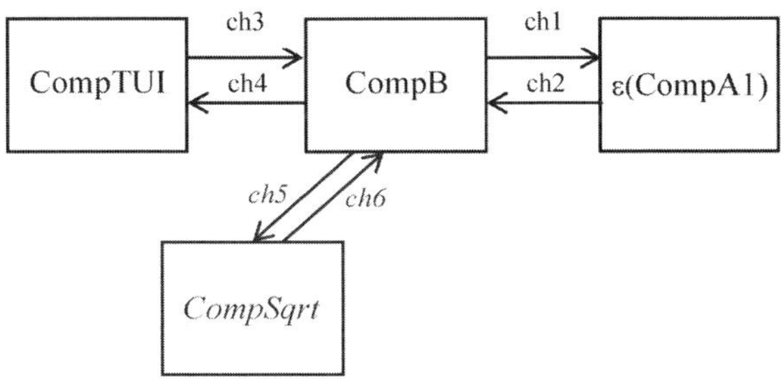

■

파생 제품 요구사항-아키텍처 추적성

다음 예제는 플랫폼 요구사항-아키텍처 추적성으로부터 생성된 제품 요구사항-아키텍처 추적성으로부터 파생된 제품 요구사항-아키텍처 추적성의 예를 보인다.

예제 2.4.3-3 $\mathcal{TR}1_{A1'}$

예제 2.4.3-1의 $\mathcal{D}1_{A1'}$에 따라 제 1장 예제 1.4.2-3의 $\mathcal{TR}1_{A1}$을 다음과 같이 수정하여 $\mathcal{TR}1_{A1'}$을 만든다.

$\mathcal{TR}1_{A1'}$ :: Reqs-to-Arch Traceability	
Import	$\mathcal{D}1_{A1'}$ // 예제 2.4.3-1 $\mathcal{TR}1_{A1}$ // 제 1장 예제1.4.2-3

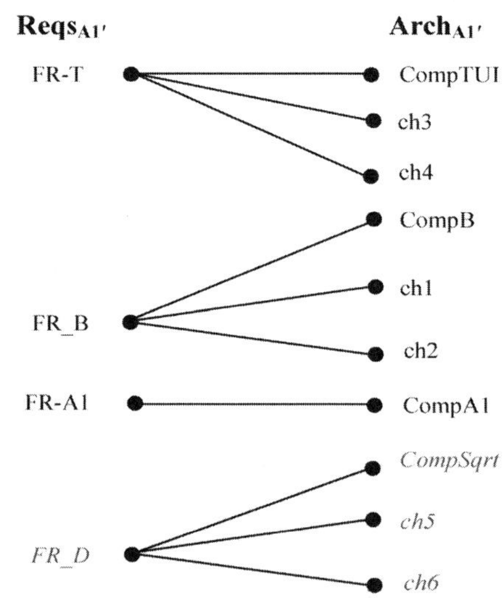

■

2.5 아키텍처의 분석과 평가

2.5.1 아키텍처의 분석

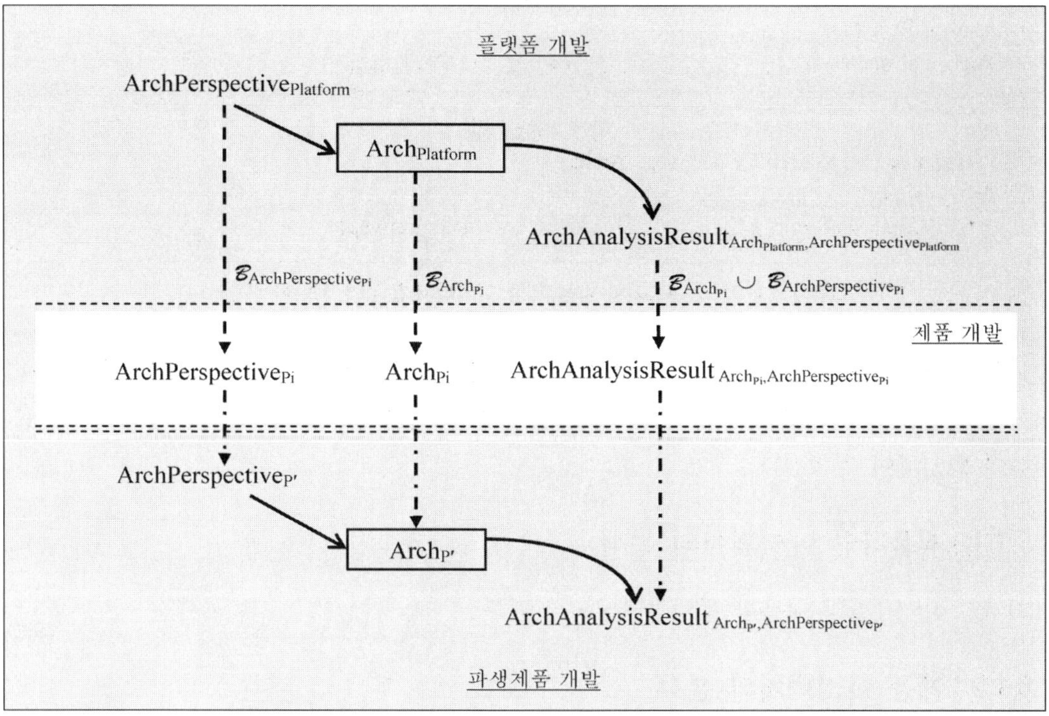

그림 2.5.1-1. NGPL에서 파생 제품 아키텍처 분석의 개요도

그림 2.5.1-1은 NGPL에서 플랫폼 아키텍처로부터 생성되지 않는 제품 아키텍처의 분석이 다음 활동들로 이루어짐을 나타낸다:
(1) 플랫폼 아키텍처 분석결과 $ArchAnalysisResult_{Arch_{Platform}, ArchPerspective_{Platform}}$에 P′과 유사한 제품 Pi의 아키텍처 분석결과 바인딩을 적용하여 $ArchAnalysisResult_{Arch_{Pi}, ArchPerspective_{Pi}}$를 생성한다; (2) Pi와 P′ 간의 아키텍처의 차이와 분석관점의 차이를 반영하여 $ArchAnalysisResult_{Arch_{Pi}, ArchPerspective_{Pi}}$로부터 P′의 아키텍처 분석결과 $ArchAnalysisResult_{Arch_{P'}, ArchPerspective_{P'}}$를 도출한다. 그림 2.5.1-2는 이 활동을 정형적으로 표현한다.

플랫폼 개발

$$\text{ArchAnalysisResult}_{\text{Arch}_{\text{Platform}},\text{ArchPerspective}_{\text{Platform}}} = \mathcal{A}nalysis(\text{Arch}_{\text{Platform}}, \text{ArchPerspective}_{\text{Platform}})$$

제품 개발

$$\text{ArchPerspective}_{\text{Pi}} = \text{ArchPerspective}_{\text{Platform}}\ \mathcal{B}_{\text{ArchPerspective}_{\text{Pi}}}$$

$$\text{ArchAnalysisResult}_{\text{Arch}_{\text{Pi}},\text{ArchPerspective}_{\text{Pi}}} = \text{ArchAnalysisResult}_{\text{Arch}_{\text{Platform}},\text{ArchPerspective}_{\text{Platform}}}\ (\mathcal{B}_{\text{Arch}_{\text{Pi}}} \cup \mathcal{B}_{\text{ArchPerspective}_{\text{Pi}}})$$

파생 제품 개발

$$\text{ArchPerspective}_{\text{P}'} = \mu(\text{ArchPerspective}_{\text{Pi}}, \text{Arch}_{\text{P}'})$$

$$\text{ArchAnalysisResult}_{\text{Arch}_{\text{P}'},\text{ArchPerspective}_{\text{P}'}} = \mu(\text{ArchAnalysisResult}_{\text{Arch}_{\text{Pi}},\text{ArchPerspective}_{\text{Pi}}}, \{\text{Arch}_{\text{P}'}, \text{ArchPerspective}_{\text{P}'}\})$$

그림 2.5.1-2. NGPL에서 파생 제품 아키텍처 분석의 정형적 표현

파생 제품 아키텍처의 분석결과는 먼저 파생 제품을 위한 아키텍처 분석관점을 도출하고, 이어 생성된 제품 아키텍처의 분석결과를 파생 제품 아키텍처와 파생 제품 아키텍처의 분석관점에 반영하여 얻어진다.

2.5.1.1 제품라인 아키텍처의 분석

제 1장 1.5.1.1절의 내용과 동일하다.

2.5.1.2 제품 아키텍처의 분석

제 1장 1.5.2.2절의 내용과 동일하다.

2.5.1.3 파생 제품 아키텍처의 분석

파생 제품 아키텍처 분석관점

다음 예제는 플랫폼 아키텍처 분석관점으로부터 생성된 제품 아키텍처 분석결과로부터 파생된, 제품 아키텍처 분석관점의 예를 보인다.

예제 2.5.1.3-1 ArchPerspective1$_{A1'}$

예제 2.4.3-2의 Arch$_{A1'}$를 분석하기 위해, 제 1장 예제 1.5.1-2의 ArchPerspective1$_{A1}$을 수정하여 만든 다음의 분석관점을 채택하기로 한다.

<table>
<tr><th colspan="2">$ArchPerspective1_{A1'}$ :: Architecture Analysis Perspective</th></tr>
<tr><td>Import</td><td>$Arch_{A1'}$ // 예제 2.4.3-2
$ArchPerspective1_{A1}$ // 제 1장 예제 1.5.1.2-1</td></tr>
<tr><td colspan="2">"계산기가 두 실수에 대한 fmod와 fquot 연산뿐 아니라 sqrt 연산도 1μs 이내에 수행하는가?"</td></tr>
</table>

$ArchPerspective1_{A1'}$의 분석관점은 기존의 분석관점과 분석결과를 재사용하기 위하여 다음과 같이 두 개의 분석관점으로 나눌 수 있다.

<table>
<tr><th colspan="2">$ArchPerspective1_{A1'}$ :: Architecture Analysis Perspective</th></tr>
<tr><td>Import</td><td>$Arch_{A1'}$ // 예제 2.4.3-2
$ArchPerspective1_{A1}$ // 제 1장 예제 1.5.1.2-1</td></tr>
<tr><td colspan="2">$ArchPerspective1_{A1}$;
ArchPerspective3: "계산기가 sqrt 연산을 1μs 이내에 수행하는가?"</td></tr>
</table>

■

파생 제품 아키텍처 분석결과

다음 예제는 플랫폼 아키텍처 분석결과로부터 생성된 제품 아키텍처 분석결과로부터 파생된 제품 아키텍처 분석결과의 예를 보인다.

예제 2.5.1.3-2 $ArchAnalysisResult_{Arch_{A1'}, ArchPerspective_{A1'}}$

우선 제 1장 예제 1.5.1.2-1의 $ArchPerspective1_{A1}$가 fmod와 fquot 연산에 대한 분석이고, 이 두 연산에 관해서는 예제 2.5.1.3-1의 $Arch_{A1'}$과 제 1장 예제 1.4.2-2의 $Arch_{A1}$가 동일한 결과를 준다고 가정할 수 있으므로,

$$\mathcal{Analysis}(Arch_{A1'}, ArchPerspective1_{A1}) = \mathcal{Analysis}(Arch_{A1}, ArchPerspective1_{A1})$$

이다. 그러면 제 1장 예제 1.5.1.2-2로부터

$$\begin{aligned}&\mathcal{Analysis}(Arch_{A1}, ArchPerspective1_{A1})\\&= ArchAnalysisResult1_{Arch_{A1}, ArchPerspective1_{A1}}\\&= True\end{aligned}$$

이다. 또한 다음과 같이 가정하자.

$\mathcal{Analysis}(\text{Arch}_{A1'}, \mathit{ArchPerspective3}) = \mathit{True}$

그러면

$\mathcal{Analysis}(\text{Arch}_{A1'}, \text{ArchPerspective1}_{A1'})$
$= \mathcal{Analysis}(\text{Arch}_{A1'}, \text{ArchPerspective1}_{A1}) \wedge \mathcal{Analysis}(\text{Arch}_{A1'}, \mathit{ArchPerspective3})$
$= \text{True} \wedge \mathit{True}$

이고 다음의 결과를 얻는다.

$\text{ArchAnalysisResult}_{\text{Arch}_{A1'},\text{ArchPerspective}_{A1'}}$ :: **Architecture Analysis Result**
True

2.5.2 아키텍처의 평가

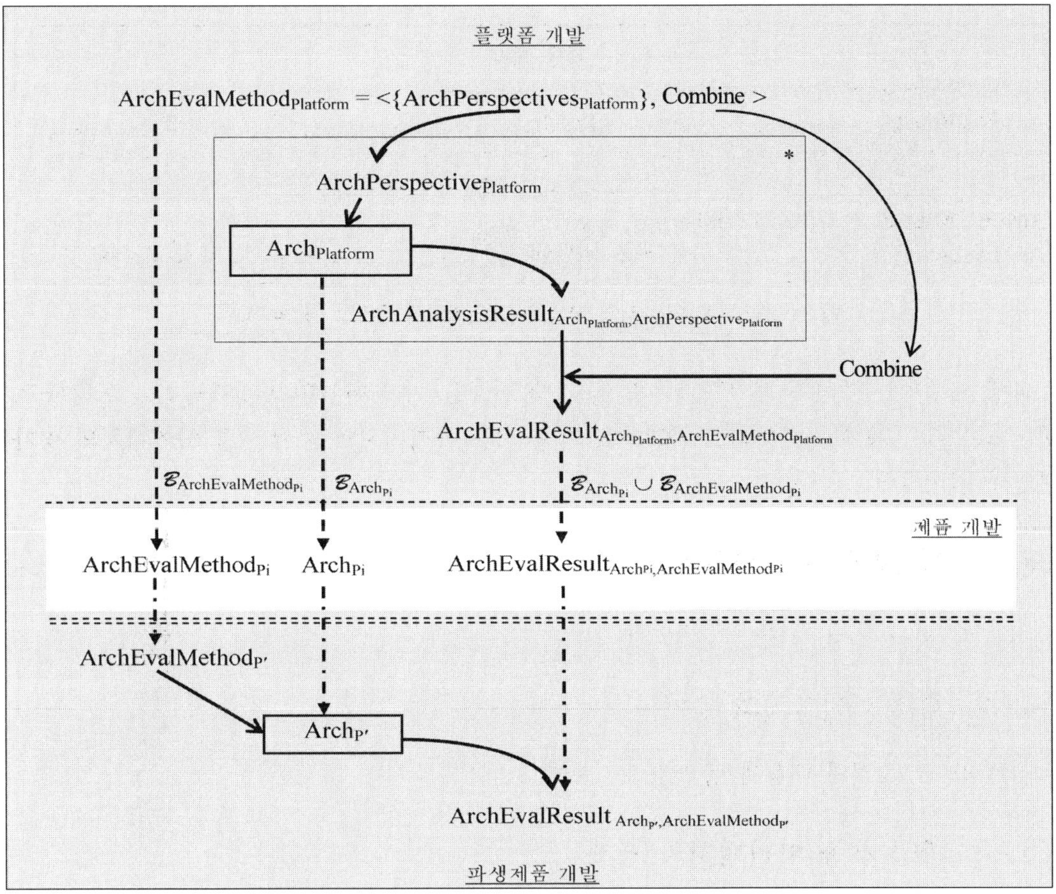

그림 2.5.2-1. NGPL에서의 파생 제품 아키텍처 평가의 개요도

그림 2.5.2-1은 NGPL에서 플랫폼 아키텍처로부터 생성되지 않는 제품 아키텍처의 평가가 다음 활동들로 이루어짐을 나타낸다: (1) 플랫폼 아키텍처 평가결과 $ArchEvalResult_{Arch_{Platform},ArchEvalMethod_{Platform}}$에 P′과 유사한 제품 Pi의 아키텍처 평가결과 바인딩을 적용하여 $ArchEvalResult_{Arch_{Pi},ArchEvalMethod_{Pi}}$를 생성한다; (2) Pi와 P′ 간의 아키텍처의 차이와 평가방법의 차이를 반영하여 $ArchEvalResult_{Arch_{Pi},ArchEvalMethod_{Pi}}$로부터 P′의 아키텍처 평가결과 $ArchEvalResult_{Arch_{P'},ArchEvalMethod_{P'}}$를 도출한다. 그림 2.5.2-2는 이 활동을 정형적으로 표현한다.

플랫폼 개발

$$\text{ArchEvalResult}_{\text{Arch}_{\text{Platform}},\text{ArchEvalMethod}_{\text{Platform}}} = \mathcal{E}val(\text{Arch}_{\text{Platform}}, \text{ArchEvalMethod}_{\text{Platform}})$$

제품 개발

$$\text{ArchEvalMethod}_{\text{Pi}} = \text{ArchEvalMethod}_{\text{Platform}} \ \mathcal{B}_{\text{ArchEvalMethodPi}}$$

$$\text{ArchEvalResult}_{\text{Arch}_{\text{Pi}},\text{ArchEvalMethod}_{\text{Pi}}} = \text{ArchEvalResult}_{\text{Arch}_{\text{Platform}},\text{ArchEvalMethod}_{\text{Platform}}} \ (\mathcal{B}_{\text{Arch}_{\text{Pi}}} \cup \mathcal{B}_{\text{ArchEvalMethod}_{\text{Pi}}})$$

파생 제품 개발

$$\text{ArchEvalMethod}_{\text{P'}} = \mu(\text{ArchEvalMethod}_{\text{Pi}}, \text{Arch}_{\text{P'}})$$

$$\text{ArchEvalResult}_{\text{Arch}_{\text{P'}},\text{ArchEvalMethod}_{\text{P'}}} = \mu(\text{ArchEvalResult}_{\text{Arch}_{\text{Pi}},\text{ArchEvalMethod}_{\text{Pi}}}, \{\text{Arch}_{\text{P'}}, \text{ArchEvalMethod}_{\text{P'}}\})$$

그림 2.5.2-2. NGPL에서의 파생 제품 아키텍처 평가의 정형적 표현

파생 제품 아키텍처의 평가결과는 먼저 파생 제품을 위한 아키텍처 평가방법을 도출하고, 이어 생성된 제품 아키텍처의 평가결과를 파생 제품 아키텍처와 파생 제품 아키텍처의 평가방법에 반영하여 얻어진다.

2.5.2.1 제품라인 아키텍처의 평가

제 1장 1.5.2.1절의 내용과 동일하다.

2.5.2.2 제품 아키텍처의 평가

제 1장 1.5.2.2절의 내용과 동일하다.

2.5.2.3 파생 제품 아키텍처의 평가

파생 제품 아키텍처 평가방법

다음 예제는 플랫폼 아키텍처 평가방법으로부터 생성된 제품 아키텍처 평가방법으로부터 파생된 제품 아키텍처 평가방법의 예를 보인다.

예제 2.5.2.3-1 $\text{ArchEvalMethod}_{\text{A1'}}$

예제 2.4.3-2의 $\text{Arch}_{\text{A1'}}$의 평가를 위해, 제 1장 예제 1.5.2.2-1의 $\text{ArchEvalMethod}_{\text{A1}}$을 수정하여 만든 다음의 평가방법을 채택하기로 한다.

ArchEvalMethod$_{A1'}$ :: Architecture Evalutation Method	
Import	Arch$_{A1'}$ // 2.4.3-2 ArchEvalMethod$_{A1}$ // 제 1장 예제 1.5.2.2-1
< {ArchPerspective1$_{A1'}$, // 예제 2.5.1.3-1 ArchPerspective2$_{A1}$ // 제 1장 예제 1.5.2.2-1 }, Combine // 제 1장 예제 1.5.2.2-1 >	

■

파생 제품 아키텍처 평가결과

다음 예제는 플랫폼 아키텍처 평가결과로부터 생성된 제품 아키텍처 평가결과로부터 파생된 제품 아키텍처 평가결과의 예를 보인다.

예제 2.5.2.3-2 ArchEvalResult$_{Arch_{A1'}, ArchEvalMethod_{A1}}$

예제 1.5.2.2-2의 ArchEvalResult$_{Arch_{A1}, ArchEvalMethod_{A1}}$을 최대한 재사용할 수 있도록 먼저 ArchPerspective1$_{A1'}$을 ArchPerspective1$_{A1}$과 ArchPerspective3로 분리한 후, ArchPerspective3에 대하여 다음의 분석결과를 가정하자.

분석결과표		
분석관점	**분석결과**	**근거**
ArchPerspective3: "계산기가 sqrt 연산을 1μs 이내에 수행하는가?"	*True*	*가정*

ArchPerspective3의 가능한 분석결과가 가질 수 있는 가치를 다음과 같이 가정하자.

분석결과환산표			
분석관점	**분석결과**	**분석결과의 가치**	**근거**
ArchPerspective3: "계산기가 sqrt 연산을 1μs 이내에 수행하는가?"	*True*	*12*	*가정*
	False	*0*	*가정*

그러면 제 1장 예제 1.5.2.2-2에 의하여 ArchPerspective1$_{A1}$ 관점의 분석결과는 ArchPerspective2$_{A1}$와 함께 예제 Arch$_{A1}$의 평가결과를 재사용할 수 있다. 아래 표에서 회색으로 표시된 부분은 평가결과가 재사용된 부분을 나타낸다. 물론 그 평가결과를 수정 없이 그대로 재사용 하려면 A1과 A1′의 차이 δ로 인하여 간섭(interference)이 발생하지 않는다는 가정이 필요하며, 예를 단순화하기 위하여 여기서는 이 가정을 한다.

평가계산표					
분석관점	재사용을 위한 분석관점의 분해	분석 결과	분석결과의 가치	분석관점의 가중치	분석결과의 가치 × 분석관점의 가중치
ArchPerspective1$_{A1'}$	*ArchPerspective3*	*True*	*12*	*4*	*48*
	ArchPerspective1$_{A1}$	True	20	6	170
ArchPerspective2$_{A1}$	ArchPerspective2$_{A1}$	True	10	5	

따라서

$$\text{ArchEvalResult}_{\text{Arch}_{A1'},\text{ArchEvalMethod}_{A1'}} = 170 + 48$$

에 의하여, $\text{ArchEvalResult}_{\text{Arch}_{A1'},\text{ArchEvalMethod}_{A1'}}$는 다음과 같다.

$\text{ArchEvalResult}_{\text{Arch}_{A1'},\text{ArchEvalMethod}_{A1'}}$ :: Architecture Evalutation Result
218

■

2.6 구현의 개발

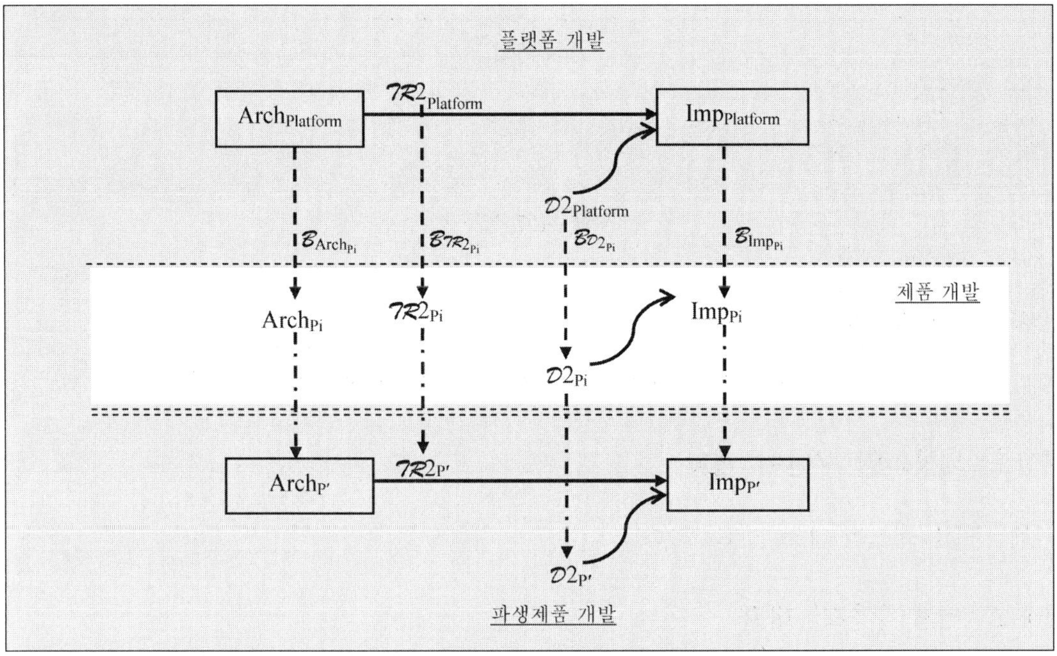

그림 2.6-1. NGPL에서 제품 구현 개발의 개요도

그림 2.6-1은 NGPL에서 플랫폼 구현으로부터 생성되지 않는 제품 구현의 도출이 다음 활동들로 이루어짐을 나타낸다: (1) 플랫폼 구현 $Imp_{Platform}$으로부터 P′과 유사한 제품 Pi의 구현 Imp_{Pi}을 생성한다; (2) 플랫폼 아키텍처 $Arch_{Platform}$과 플랫폼 구현결정 $\mathcal{D}2_{Platform}$으로부터 Pi의 아키텍처 $Arch_{Pi}$과 구현결정 $\mathcal{D}2_{Pi}$를 생성한다; (3) $Arch_{P'}$과 $Arch_{Pi}$의 차이를 반영하여 $\mathcal{D}2_{Pi}$로부터 $\mathcal{D}2_{P'}$를 도출한다; (4) $\mathcal{D}2_{P'}$과 $\mathcal{D}2_{Pi}$의 차이를 반영하여 Imp_{Pi}으로부터 P′의 구현 $Imp_{P'}$를 도출한다. 그림 2.6-2는 이 활동을 정형적으로 표현한다.

플랫폼 개발

$(\mathrm{Imp}_{\mathrm{Platform}}, \mathcal{TR}2_{\mathrm{Platform}}) = \mathit{Implement}(\mathrm{Arch}_{\mathrm{Platform}}, \mathcal{D}2_{\mathrm{Platform}})$

제품 개발

$\mathcal{D}2_{\mathrm{Pi}} = \mathcal{D}2_{\mathrm{Platform}}\ \mathcal{B}_{\mathcal{TR}2_{\mathrm{Pi}}}$

$\mathrm{Imp}_{\mathrm{Pi}} = \mathrm{Imp}_{\mathrm{Platform}}\ \mathcal{B}_{\mathrm{Imp}_{\mathrm{Pi}}}$

$\mathcal{TR}2_{\mathrm{Pi}} = \mathcal{TR}2_{\mathrm{Platform}}\ \mathcal{B}_{\mathcal{TR}2_{\mathrm{Pi}}}$

파생 제품 개발

$\mathcal{D}2_{\mathrm{P'}} = \mu(\mathcal{D}2_{\mathrm{Pi}}, \mathrm{Arch}_{\mathrm{P'}})$

$\mathrm{Imp}_{\mathrm{P'}} = \mu(\mathrm{Imp}_{\mathrm{Pi}}, \mathcal{D}2_{\mathrm{P'}})$

$\mathcal{TR}2_{\mathrm{P'}} = \mu(\mathcal{TR}2_{\mathrm{Pi}}, \mathcal{D}2_{\mathrm{P'}})$

그림 2.6-2. NGPL에서 제품 구현 개발의 정형적 표현

2.6.1 제품라인 구현의 개발

제 1장 1.6.1절의 내용과 동일하다.

2.6.2 제품 구현의 개발

제 1장 1.6.2절의 내용과 동일하다.

2.6.3 파생 제품 구현의 개발

파생 제품 구현결정

다음 예제는 플랫폼 구현결정으로부터 생성된 제품 구현결정으로부터 파생된 제품 구현결정의 예를 보인다.

예제 2.6.3-1 $\mathcal{D}2_{\mathrm{A1'}}$

예제 2.4.3-2의 $\mathrm{Arch}_{\mathrm{A1'}}$으로부터 제 1장 예제 1.6.2-1의 $\mathcal{D}2_{\mathrm{A1}}$을 수정하여 다음과 같이 구현결정을 내렸다고 가정하자.

$\mathcal{D}2_{\mathrm{A1'}}$ :: Implementation Decisions		
Import	$\mathrm{Arch}_{\mathrm{A1'}}$ $\mathcal{D}2_{\mathrm{A1}}$	// 예제 2.4.3-2 // 제 1장 예제 1.6.2-1
< D1: [CompTUI는 program TUI로 구현한다; ch3와 ch4는 procedure B의 호출과 procedure B의 실행으로부터의 반환으로 각각 구현한다.]		

```
D2: [컴포넌트 CompB를 procedure B로 구현한다.]
D3´: [procedure B는 사용자가 요구하는 다양한 계산요청을 처리하기 위하여,
     Case문을 사용하여
     사용자가 요청한 연산의 종류에 따라 해당 연산을 실행한다.
     (이제 연산자의 집합은 sqrt 를 포함한다.) ]
D4: [procedure B는 fmod와 fquot를 사용하여 연산 "fmod and fquot"를 처리한다.]
D5: [procedure B는 fmod 연산과 fquot 연산을 처리하기 위하여 procedure A1을 호출한다.]
D6: [컴포넌트 ε(CompA1)을 ε((procedure A1)으로 맵핑한다.]
D7: [컴포넌트 CompSqrt를 procedure Sqrt으로 맵핑한다.]
>
```

■

파생 제품 구현

다음 예제는 플랫폼 구현으로부터 생성된 제품 구현으로부터 파생된 제품 구현의 예를 보인다.

예제 2.6.3-2 $Imp_{A1'}$

예제 2.6.3-1의 $\mathcal{D}2_{A1'}$에 따라 제 1장 예제 1.6.2-2의 Imp_{A1}을 수정하여 만들어지는 구현은 다음과 같다.

$Imp_{A1'}$ :: Implementation	
Import	$\mathcal{D}2_{A1'}$ // 예제 2.6.3-1 Imp_{A1} // 제 1장 예제 1.6.2-2

```
program TUI
   OP: string; x, y: real
   ReadOperation(OP);   ReadNumber(x);   ReadNumber(y);
   WriteNumber(B(OP,x,y));
end program

procedure B(OP: string; x, y: real): real
   result: real;
   case OP of
     "+": result := (x + y);
     "–": result := (x - y);
     "*": result := (x * y);
     "/" : result := (x / y);
     "fmod": result := A1(OP,x,y);
     "fquot": result := A1(OP,x,y);
     "sqrt": if x ≥ 0 then result := Sqrt(x);  // 파생 제품을 위하여 추가된 코드
   end case;
```

```
    return result;
end procedure

procedure A1 . . .  // 예제 1.6.1-12의 procedure A1과 동일

procedure Sqrt(x real): real        // 파생 제품을 위하여 추가된 코드
    return sqrt(x);
end procedure
```

■

파생 제품 아키텍처-구현 추적성

다음 예제는 플랫폼 아키텍처-구현 추적성으로부터 생성된 제품 아키텍처-구현 추적성으로부터 파생된 제품 아키텍처-구현 추적성의 예를 보인다.

예제 2.6.3-3 $\mathcal{TR}2_{A1'}$

예제 2.6.3-1의 $\mathcal{D}2_{A1'}$에 따라 제 1장 예제 1.6.2-2의 $\mathcal{TR}2_{A1}$을 수정하여 만들어지는 추적성은 다음과 같다.

$\mathcal{TR}2_{A1'}$ :: Arch-to-Imp Traceability		
Import	$\mathcal{D}2_{A1'}$	// 예제 2.6.3-1
	$\mathcal{TR}2_{A1}$	// 제 1장 예제 1.6.2-2
	$Arch_{A1'}$	**$Imp_{A1'}$**
	CompTUI	program TUI
	ch3	program TUI의 호출
	ch4	program TUI의 실행으로부터의 반환
	CompB	procedure B
	ch1	fmod을 위한 procedure A1의 호출
	ch1	fquot을 위한 procedure A1의 호출
	ch2	fmod을 위한 procedure A1 실행으로부터의 반환
	ch2	fquot을 위한 procedure A1 실행으로부터의 반환
	CompA1	procedure A1
	CompSqrt	*procedure Sqrt*
	ch5	*procedure Sqrt의 호출*
	ch6	*procedure Sqrt 실행으로부터의 반환*

■

2.7 구현의 분석과 평가

2.7.1 구현의 분석

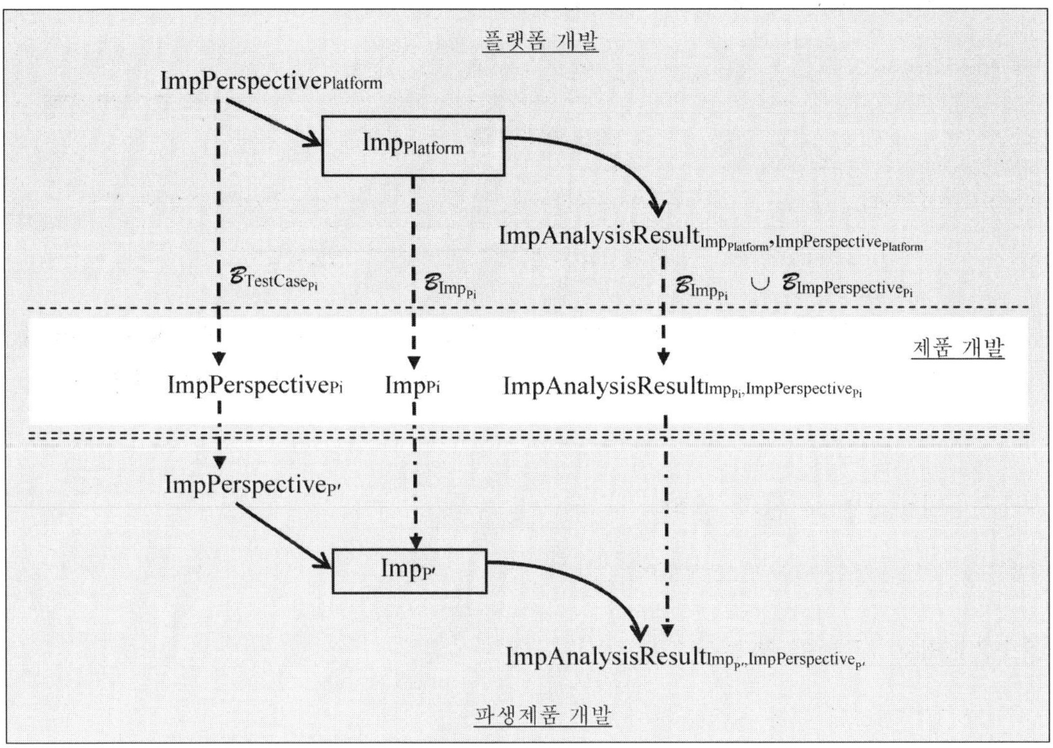

그림 2.7.1-1. NGPL에서의 파생 제품 구현 분석의 개요도

그림 2.7.1-1은 NGPL에서 플랫폼 구현으로부터 생성되지 않는 제품 구현의 분석이 다음 활동들로 이루어짐을 나타낸다: (1) 플랫폼 구현 분석결과 $ImpAnalysisResult_{Imp_{Platform}, ImpPerspective_{Platform}}$에 P′과 유사한 제품 Pi의 구현 분석결과 바인딩을 적용하여 $ImpAnalysisResult_{Imp_{Pi}, ImpPerspective_{Pi}}$를 생성한다. (2) Pi와 P′ 간의 구현의 차이와 분석관점의 차이를 반영하여 $ImpAnalysisResult_{Imp_{Pi}, ImpPerspective_{Pi}}$로부터 P′의 구현 분석결과 $ImpAnalysisResult_{Imp_{P'}, ImpPerspective_{P'}}$를 도출한다. 그림 2.7.1-2는 이 활동을 정형적으로 표현한다.

플랫폼 개발

$$ImpAnalysisResult_{Imp_{Platform}, ImpPerspective_{Platform}} = \mathcal{Analysis}(Imp_{Platform}, ImpPerspective_{Platform})$$

제품 개발

$$ImpPerspective_{Pi} = ImpPerspective_{Platform}\ \mathcal{B}_{ImpPerspective_{Pi}}$$

$$ImpAnalysisResult_{Imp_{Pi}, ImpPerspective_{Pi}} = ImpAnalysisResult_{Imp_{Platform}, ImpPerspective_{Platform}}\ (\mathcal{B}_{Imp_{Pi}} \cup B_{ImpPerspective_{Pi}})$$

파생 제품 개발

$$ImpPerspective_{P'} = \mu(ImpPerspective_{Pi}, Imp_{P'})$$

$$ImpAnalysisResult_{Imp_{P'}, TestCase_{p'}} = \mu(ImpAnalysisResult_{Imp_{Pi}, ImpPerspective_{Pi}}, \{Imp_{P'}, ImpPerspective_{P'}\})$$

그림 2.7.1-2. NGPL에서의 파생 제품 구현 분석의 정형적 표현

파생 제품 구현의 분석결과는 먼저 파생 제품을 위한 구현 분석관점을 도출하고, 이어 생성된 제품 구현의 분석결과를 파생 제품 구현과 파생 제품 구현의 분석관점에 반영하여 얻어진다.

2.7.1.1 제품라인 구현의 분석

제 1장 1.7.1.1절의 내용과 동일하다.

2.7.1.2 제품 구현의 분석

제 1장 1.7.1.2절의 내용과 동일하다.

2.7.1.3 파생 제품 구현의 분석

파생 제품 구현 분석관점

다음 예제는 플랫폼 구현 분석관점으로부터 생성된 제품 구현 분석관점으로부터 파생된 제품 구현 분석관점의 예를 보인다. 파생 제품만이 갖는 요구사항으로 인하여, 새로운 분석 항목을 도입하게 되거나 기존의 분석 항목을 수정해야 한다. 이 절의 예제들은 후자의 경우를 보인다.

예제 2.7.1.3-1 TestCase3$_{A1'}$

예제 2.6.3-2의 Imp$_{A1'}$을 시험하기 위한 시험항목들을 도출하기 위하여 예제 2.4.3-2의 Arch$_{A1'}$를 기반으로 다음의 시험아키텍처를 만들 수 있다.

TestArch$_{A1'}$ :: Test Architecture

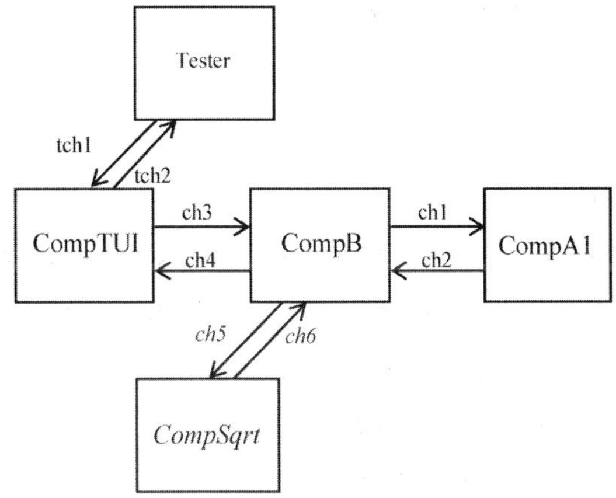

예제 2.6.3-2의 Imp$_{A1'}$을 시험하기 위해, TestArch$_{A1'}$에 기반하여 TestCase3$_{A1}$을 수정하여 만든 다음의 시험항목을 채택하기로 한다.

TestCase3$_{A1'}$ :: Test Case		
Import	Imp$_{A1'}$ TestCase3$_{A1}$	// 예제 2.6.3-2 // 제 1장 예제 1.7.1.2-1

Tester.tch1! "fmod", 12, 3
    Tester.tch2? 0
        Tester.tch1! "sqrt", 2
          Tester.tch2? 1.414		

이 시험항목을 각각 fmod와 sqrt를 시험하는 두 개의 시험항목으로 분리하여 독립적으로 사용할 수도 있다.

■

파생 제품 구현 분석결과

다음 예제는 플랫폼 구현 분석결과로부터 생성된 제품 구현 분석결과로부터 파생된 제품 구현 분석결과의 예를 보인다.

예제 2.7.1.3-2 ImpAnalysisResult$_{Imp_{A1'}, TestCase3_{A1'}}$

예제 2.6.3-2의 Imp$_{A1'}$에 대해 예제 2.7.1.3-1의 TestCase3$_{A1'}$를 실행하기 위하여 다음과 같이 가정하자:

(1) *procedure Sqrt*는 올바로 구현되었고, procedure B에 올바로 연결되어 있다.

(2) *Analysis*($Imp_{A1'}$, < *Tester.tch1! "sqrt", 2; Tester.tch2? 1.414* > = *Pass.*

그러면

$ImpAnalysisResult_{Imp_{A1'},TestCase3_{A1'}}$

= $ImpAnalysisResult_{Imp_{A1},TestCase3_{A1}}$;

Analysis ($Imp_{A1'}$, < *Tester.tch1! "sqrt", 2; Tester.tch2? 1.414* >

= Pass; *Analysis*($Imp_{A1'}$, < *Tester.tch1! "sqrt", 2; Tester.tch2? 1.414* >

\- 제 1장 예제 1.7.1.2-2

= Pass; *Pass* -- 위의 가정 (2)

= *Pass* -- VerdictCalculation 함수

에 의하여, $ImpAnalysisResult_{Imp_{A1'},TestCase3_{A1'}}$는 다음과 같다.

$ImpAnalysisResult_{Imp_{A1'},TestCase3_{A1'}}$ :: **Implementation Analysis Result**
Pass

■

2.7.2 구현의 평가

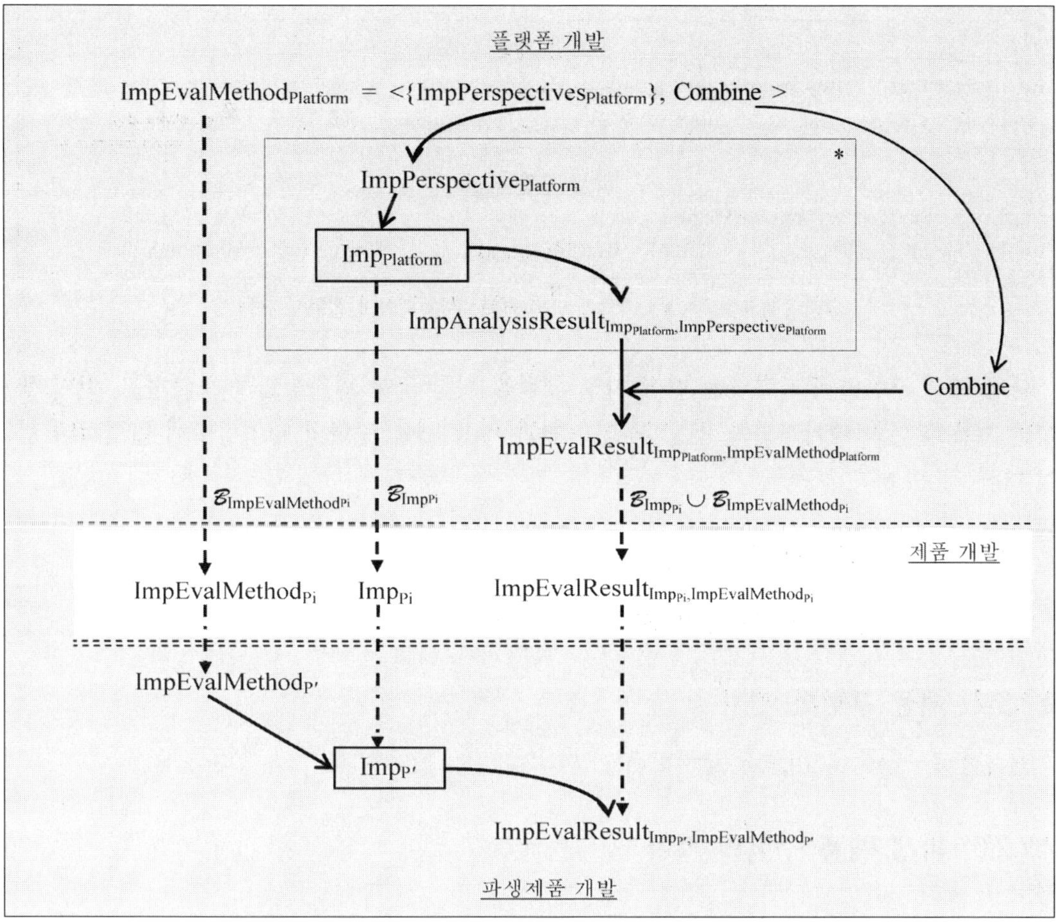

그림 2.7.2-1. NGPL에서의 파생 제품 구현 평가의 개요도

그림 2.7.2-1은 NGPL에서 플랫폼 구현으로부터 생성되지 않는 제품 구현의 평가가 다음 활동들로 이루어짐을 나타낸다: (1) 플랫폼 구현 평가결과 $ImpEvalResult_{Imp_{Platform},ImpEvalMethod_{Platform}}$에 P′과 유사한 제품 Pi의 구현 평가결과 바인딩을 적용하여 $ImpEvalResult_{Imp_{Pi},ImpEvalMethod_{Pi}}$를 생성한다.; (2) Pi와 P 간의 구현의 차이와 평가방법의 차이를 반영하여 $ImpEvalResult_{Imp_{Pi},ImpEvalMethod_{Pi}}$로부터 P′의 구현 평가결과 $ImpEvalResult_{Imp_{P'},ImpEvalMethod_{P'}}$를 도출한다. 그림 2.7.2-2는 이 활동을 정형적으로 표현한다.

플랫폼 개발

$$\text{ImpEvalResult}_{\text{Imp}_{\text{Platform}},\text{ImpEvalMethod}_{\text{Platform}}} = \mathcal{E}val(\text{Imp}_{\text{Platform}},\text{ImpEvalMethod}_{\text{Platform}})$$

제품 개발

$$\text{ImpEvalMethod}_{\text{Pi}} = \text{ImpEvalMethod}_{\text{Platform}}\ \mathcal{B}_{\text{ImpEvalMethod}_{\text{Pi}}}$$

$$\text{ImpEvalResult}_{\text{Imp}_{\text{Pi}},\text{ImpEvalMethod}_{\text{Pi}}} = \text{ImpEvalResult}_{\text{Imp}_{\text{Platform}},\text{ImpEvalMethod}_{\text{Platform}}}\ (\mathcal{B}_{\text{Imp}_{\text{Pi}}} \cup \mathcal{B}_{\text{ImpEvalMethod}_{\text{Pi}}})$$

파생 제품 개발

$$\text{ImpEvalMethod}_{\text{P}'} = \mu(\text{ImpEvalMethod}_{\text{Pi}},\ \text{Imp}_{\text{P}'})$$

$$\text{ImpEvalResult}_{\text{Imp}_{\text{P}'},\text{ImpEvalMethod}_{\text{P}'}} = \mu(\text{ImpEvalResult}_{\text{Imp}_{\text{Pi}},\text{ImpEvalMethod}_{\text{Pi}}},\ \{\text{Imp}_{\text{P}'},\ \text{ImpEvalMethod}_{\text{P}'}\})$$

그림 2.7.2-2. NGPL에서의 파생 제품 구현 평가의 정형적 표현

파생 제품 구현의 평가결과는 먼저 파생 제품을 위한 구현 평가방법을 도출하고, 이어 생성된 제품 구현의 평가결과를 파생 제품 구현과 파생 제품 구현의 평가방법에 반영하여 얻어진다.

2.7.2.1 제품라인 구현의 평가

제 1장 1.7.2.1절의 내용과 동일하다.

2.7.2.2 제품 구현의 평가

제 1장 1.7.2.2절의 내용과 동일하다.

2.7.2.3 파생 제품 구현의 평가

파생 제품 구현 평가방법

다음 예제는 플랫폼 구현 평가방법으로부터 생성된 제품 구현 평가방법으로부터 파생된 제품 구현 평가방법의 예를 보인다.

예제 2.7.2.3-1 $\text{ImpEvalMethod}_{\text{A1}'}$

예제 2.6.3-2의 $\text{Imp}_{\text{A1}'}$을 평가하기 위한 방법 $\text{ImpEvalMethod}_{\text{A1}'}$이, $\text{ImpEvalMethod}_{\text{A1}}$의 시험항목들 $\text{TestCase1}_{\text{A1}}$과 $\text{TestCase2}_{\text{A1}}$을 동일하게 갖고, 추가적으로 $\text{TestCase3}_{\text{A1}'}$을 포함한다고 하자. 그리고 Combine 함수 VerdictCalculation은 제 1장 예제 1.7.2.1-1과 동일하다고 하자. 즉 다음의 구현 평가방법을 채택하기로 한다.

$ImpEvalMethod_{A1'}$ :: Implementation Evaluation Method		

Import	$Imp_{A1'}$
	$ImpEvalMethod_{A1}$
	$TestCase3_{A1'}$
		// 예제 2.6.3-2
		// 제 1장 예제 1.7.2.2-1
		// 예제 2.7.1.3-1

'<
$TestSuite_{A1'}$ = {
    $TestCase1_{A1'}$ = $TestCase1_{A1}$,
    $TestCase2_{A1'}$ = $TestCase2_{A1}$,
    $TestCase3_{A1'}$
},
VerdictCalculation
>		

■

파생 제품 구현 평가결과

다음 예제는 플랫폼 구현 평가결과로부터 생성된 제품 구현 평가결과로부터 파생된 제품 구현 평가결과의 예를 보인다.

예제 2.7.2.3-2 $ImpEvalResult_{Imp_{A1'}, ImpEvalMethod_{A1'}}$

예제 2.6.3-2의 $Imp_{A1'}$를 평가하기 위하여

$$\mathit{Analysis}(Imp_{A1'}, TestCase1_{A1}) = \mathit{Analysis}(Imp_{A1}, TestCase1_{A1})$$

$$\mathit{Analysis}(Imp_{A1'}, TestCase2_{A1}) = \mathit{Analysis}(Imp_{A1}, TestCase2_{A1}),$$

를 가정하고 또한 다음의 분석결과를 가정하자.

분석결과표		
분석관점	**분석결과**	**근거**
$TestCase1_{A1}$	Pass	제 1장의 예제 1.7.2.2-2
$TestCase2_{A1}$	Pass	제 1장의 예제 1.7.2.2-2
$TestCase3_{A1'}$	*Pass*	*예제 2.7.1.3-2*

그러면

$$ImpEvalResult_{Imp_{A1'}, ImpEvalMethod_{A1'}} = \text{Pass; Pass; } \mathit{Pass} = \mathit{Pass}$$

에 의하여, 평가결과는 다음과 같다.

$ImpEvalResult_{Imp_{A1'}, ImpEvalMethod_{A1'}}$ :: Implementation Evaluation Result
Pass

2.8 관련 연구

2.8.1 파생 제품의 도출방법에 관한 연구들

[Pohl 05][201]은 도메인 산출물의 재사용 정도에 따라 제품 개발의 방법을 (1) 제품 요구사항이 도메인 요구사항의 부분집합인 경우와 (2) 제품 요구사항이 도메인 요구사항에 없는 요구사항을 포함하는 경우가 있다고 하였다. 이 중 (2)의 경우에는 먼저 도메인 요구사항 산출물을 얼마만큼 확장할 지를 결정하여 결정된 만큼을 확장하고 나서 도메인 요구사항 산출물로부터 얻을 수 있는 부분은 얻고(2a), 그렇지 않은 부분을 개발한다(2b)고 한다. 이 장에서 논의된 파생 제품 개발에 해당되는 경우는 이 가운데 (2b)이다.

SSPLD의 관점에서는 먼저 제품이 계획된 제품인지를 판단하고, 계획된 제품이면 (1)에 해당되는 경우에는 플랫폼으로부터 제품을 생성한다. (2)에 해당되는 계획된 제품의 경우에는 이 장에서 논의한 비생성적 제품라인에서의 파생 제품 개발 방법을 적용한다. 계획되지 않은 제품의 경우에는, (1)에 해당되면 플랫폼 산출물로부터 인스턴스를 얻고, (2)에 해당되면 [Pohl 05]의 방법에서 이 경우를 다루는 것처럼 얼마만큼 플랫폼을 확장할 지를 먼저 결정하여 필요한 확장을 수행하고, 확장된 플랫폼으로부터 생성 가능한 부분은 생성하고 생성 가능하지 않은 부분은 그 제품만을 위하여 개발해야 한다. 생성되지 않는 제품의 개발의 경우에는 앞 문단에서 논의한 [Pohl 05]의 제품 개발 방법은 SSPLD과 같다고 볼 수 있다.

2.8.2 파생 제품의 진화

파생 제품에 대한 변경이 필요할 경우 그 변경이 (1) 제품군의 다른 제품에게 영향을 미치는 종류의 변경일 수도 있고, 혹은 (2) 파생 제품에 국한된 것일 수도 있다. (1)의 경우에, (1a) 플랫폼의 수정이 효과적인 대응방안이 될 수도 있고, (1b) 그렇지 않을 수도 있다. (1b)의 경우에는 해당제품에 대한 변경으로 충분할 수도 있다. (2) 의 경우에도, (2a) 파생 제품이 플랫폼 기반의 진화를 하기 위한 파생 제품일 수도 있고, (2b) 파생 제품 그 자체가 새로운 진화의 출발점이 될 수도 있다. (2a)의 경우에는 그 파생 제품은 플랫폼의 진화와 더불어 진화하게 되고, (2b)의 경우에는 파생 제품을 도출하는 데까지만 플랫폼이 이용되고, 일단 파생 제품이 도출된 이후에는 파생 제품이 플랫폼의 진화와 독립적으로 진화하게 된다.

201 p. 309.

제3장 다계층 생성적 제품라인의 개발

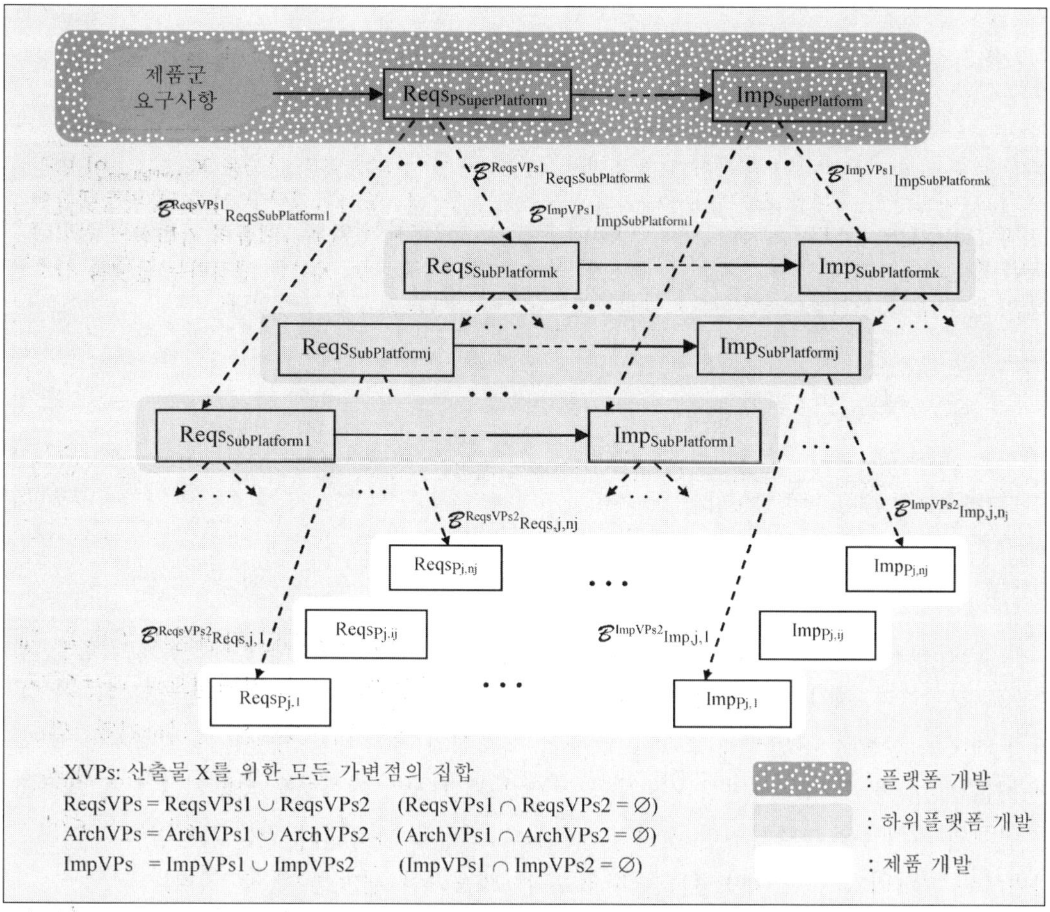

그림 3-1. 다계층 생성적 제품라인을 위한 SSPLD의 개요도

제 I부 6장 6.3.1절에서 다계층 제품라인(HPL)과 생성적 제품라인(GPL)을 정의하였다. 이 정의들에 기반하여 다음과 같이 HPL에서의 GPL을 정의할 수 있다.

정의 3-1

다계층 생성적 제품라인

다계층 제품라인에서 계획된 모든 제품이 하위플랫폼들 중 하나로부터 생성되는 제품라인을 **다계층 생성적 제품라인**(Hierarchical Generative Product Line: **H-GPL**)이라고 부른다.

이 장에서는 H-GPL을 위한 SSPLD 적용의 예를 보인다. 이 장은 제 1장의 GPL을 위한 SSPLD의 적용을 계층을 고려하여 일반화한 결과이다. 제품 개발에는 제 1장에서 소개한 SSPLD의 체계적인 개발이 적용되어, 제품의 각 산출물은 해당 하위플랫폼 산출물로부터 생성된다고 가정한다.

그림 3-1이 보여주는 개발과정을 그림 3-2와 같이 정형적으로 기술할 수 있다.

제품군 $\mathcal{F}$ = {P1, ... , Pn}에 대하여 계층적 개발을 수행하여, 상위플랫폼 산출물 $X_{SuperPlatform}$이 만들어지고, 이로부터 하위플랫폼 산출물 $X_{SubPlatformj}$이, $1 \le j \le k$, 생성되었다고 하자. 상위플랫폼의 가변점의 집합이 XVPs이고, XVPs를 XVPs1과 XVPs2로 분할하여 하위플랫폼의 가변점의 집합이 XVPs2가 되었다고 하자. $X_{SuperPlatform}$이 제품군 산출물 $X_{\mathcal{F}} = \{X_{Pi}, \ldots, X_{Pn}\}$를 생성하는 플랫폼 산출물이면, 다음 등식들을 충족시키는 하위플랫폼 산출물 $X_{SubPlatformj}$가 존재한다:

$$X_{SubPlatformj} = X_{SuperPlatform} \ \mathcal{B}^{XVPs1}_{X_{SubPlatformj}}$$

$$X_{Pi} = X_{SubPlatformj} \ \mathcal{B}^{XVPs2}_{X_{Pi}}$$

여기서 $\mathcal{B}^{XVPs1}_{X_{SubPlatformj}}$는 $X_{SubPlatformj}$를 위한 바인딩이고, $\mathcal{B}^{XVPs2}_{X_{Pi}}$는 X_{Pi}를 위한 바인딩으로 XVPs2의 가변점들에 대한 바인딩이다.

그림 3-2. H-GPL을 위한 SSPLD의 개요

이 장과 제 4장에서는 제품라인의 계층성을 다루기 위하여 제품라인 가변점의 집합을 계층별로 분할한다. 제 I부 서두에서 가변성을 산출물 가변성과 서비스 가변성으로 나누었다. 이 책에서는 산출물 가변성에 초점을 맞추어 체계적인 제품라인 개발을 논의하지만, 만일 산출물 가변성과 서비스 가변성을 모두 고려하고자 한다면, 계층성을 다루기 위하여 제품라인 전체의 가변점을 분할하였던 것처럼 산출물 가변성을 나타내기 위한 가변점들과 서비스 가변성을 나타내기 위한 가변점들을 따로 두어 제품라인 개발을 할 수 있다.

단일 계층 제품라인의 기술과 마찬가지로, 다계층 제품라인의 기술을 위해서도 PLADT가 사용되는데, 이러한 PLADT의 사용은 제 I부 6장 6.3.2절에서 논의한 PLADT의 계층적 사용과 다른 개념이며 서로 독립적이다. 전자는 제품라인 전체의 계층적 구조에 따른 PLADT의 계층적 사용이고, 후자는 제품라인의 특정 산출물이 내부적으로 계층적 구조를 가지기 때문에 발생하는 PLADT의 계층적 사용이다.

이 장에서 사용할 예는 두 개의 계층을 갖는 제품라인으로, 그림 3-3에 네모로 표시한 제품라인들이다. 제품라인에서 제품을 생성하는 과정은 제 1장에서 이미 보였기 때문에 이 장에서는 보이지 않는다.

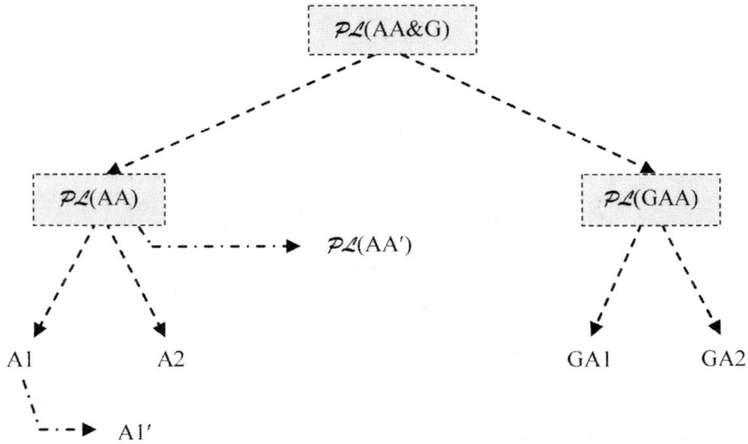

그림 3-3. 제 3장 예제의 도출 관계

3.1 개요

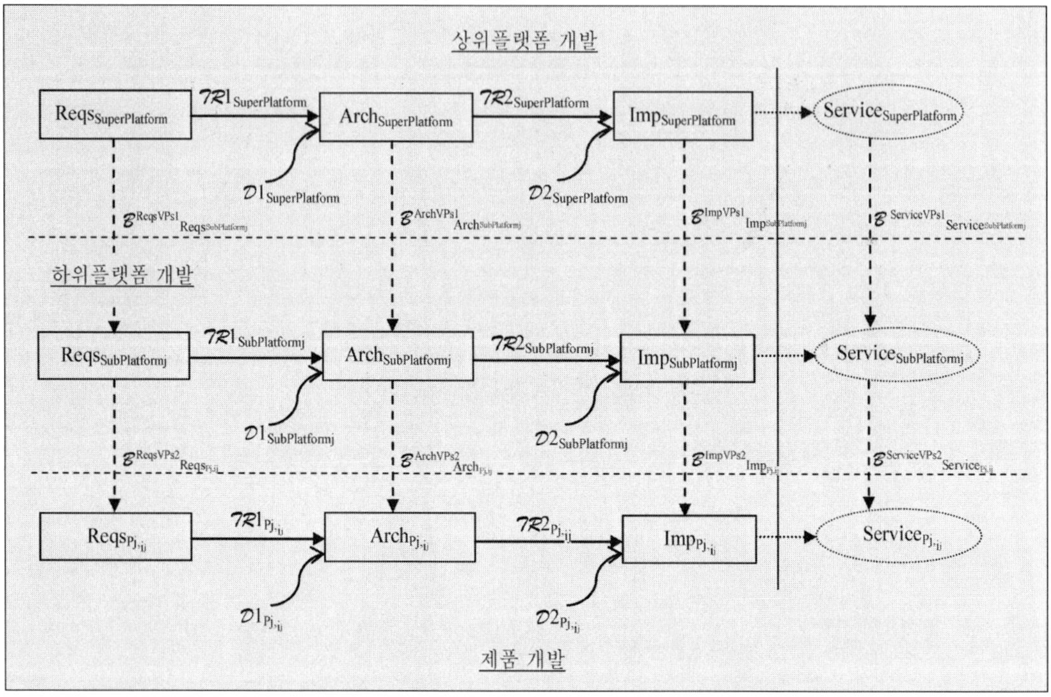

그림 3.1-1. H-GPL를 위한 SSPLD의 개요도

그림 3.1-1은 H-GPL에서 제품 개발을 위해 하위플랫폼을 사용하는 SSPLD 적용의 개요를 보여준다. 그림을 복잡하지 않게 하기 위하여 그림 3.1-1에서 플랫폼 추적성, 플랫폼 설계결정, 플랫폼 구현결정에 대한 바인딩을 생략하였다.[202]

그림 3.1-2는 두 단계에 걸쳐 바인딩이 적용되는 가능한 경로들을 보여준다. 그림 3.1-2에서 곡선 화살표는 여러 가지 가능한 바인딩의 단계적 적용 경로 가운데 하나를 나타낸다. 요구사항은 상위플랫폼 수준에서만 존재하고, 아키텍처는 상위플랫폼 수준과 하위플랫폼 수준에 존재하며, 하위플랫폼 아키텍처는 상위플랫폼 아키텍처로부터 상위플랫폼 아키텍처의 가변점들 중 첫 번째 그룹의 가변점들(ArchVPs1)을 인스턴스화하여 생성하고, 제품 구현은 구현 가변점들 중 두 번째 그룹의 가변점들(ArchVPs2)을 인스턴스화하여 생성한다. 이와 같은 단계적인 적용이 가능하기 위해서는 엄밀히 정의된 아키텍처 가변점들과 구현 가변점들 간의 맵핑이 필요하다.

202 그림 3.1-1에 나와 있지 않은 바인딩은 제 1장 그림 1.1-1을 참조.

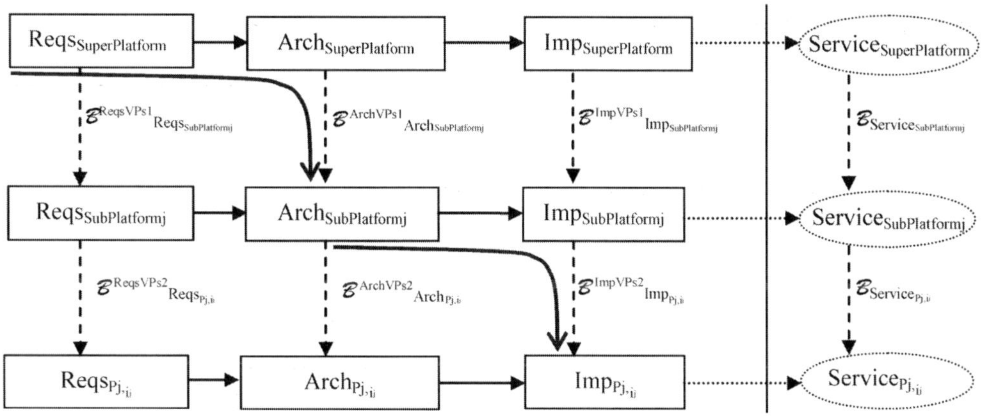

그림 3.1-2 두 단계로 이루어진 바인딩 적용

3.2 요구사항명세의 도출

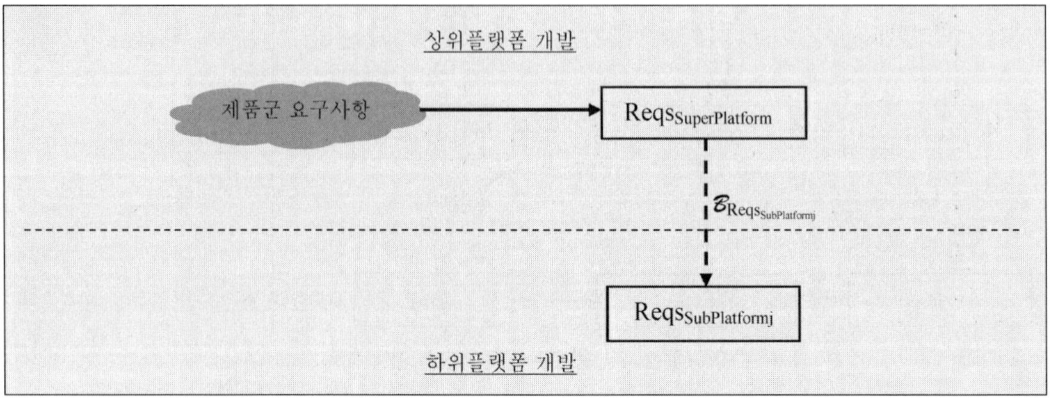

그림 3.2-1. H-GPL에서 하위 제품라인 요구사항명세 도출의 개요도

그림 3.2-1은 H-GPL에서 하위플랫폼 요구사항명세의 도출이 다음 활동들로 이루어짐을 나타낸다: (1) 이해관계자들의 합의된 제품군 요구사항으로부터 상위플랫폼 요구사항명세 $Reqs_{SuperPlatform}$을 만든다; (2) 이 결과에 SubPlatformj의 요구사항명세 바인딩을 적용하여 SubPlatformj의 요구사항명세 $Reqs_{SubPlatformj}$를 생성한다. 그림 3.2-2는 이 활동을 정형적으로 표현한다.

상위플랫폼 개발

$Reqs_{SuperPlatform}$ = $\mathcal{RE}$(제품군 요구사항)

하위플랫폼 개발

$Reqs_{SubPlatformj} = Reqs_{SuperPlatform}\ \mathcal{B}^{ReqsVPs1}_{Reqs_{SubPlatformj}}$

그림 3.2-2. H-GPL에서 하위 제품라인 요구사항명세 도출의 정형적 표현

다계층 제품라인의 경우 상위플랫폼 개발, 하위플랫폼 개발, 제품 개발의 세 개의 수준을 가지므로, 각 공정단계의 개요도와 이어지는 정형적 표현이 각 개발 수준별로 하나의 구역을 할애하여 총 세 개의 구역으로 구성되어야 한다. 그러나 생성적 제품라인이 경우 하위플랫폼으로부터 제품을 생성하는 과정은 제 1장에서 플랫폼으로부터 제품이 생성되는 과정과 동일하기 때문에 이 장에서는 이 과정을 간략히 다루고, 이 장의 다른 개요도와 개요도의 정형적 표현에서 그림 3.2-1과 그림 3.2-2에서처럼, 상위플랫폼 개발과 하위플랫폼 개발의 두 구역만을 보인다.

3.2.1 상위 제품라인 요구사항명세의 도출

제품군에 대한 요구사항

다음 예제는 계층화된 제품라인을 만들 수 있는 규모의 제품군에 대한 요구사항의 예를 보인다.

예제 3.2.1-1 제품군 AA&G에 대한 요구사항

제품군 AA&G에 대한 요구사항을 다음과 같이 가정하자.

제품군 AA&G에 대한 요구사항

기능 요구사항

FR_T) The system provides a TUI.

FR_G) **Alternatively** to FR_T, the system provides GUI[203].

FR_B) The system performs +, −, * and / operations.

FR_A1) The system performs fmod and fquot operations.

FR_A2) **Alternatively** to FR_A1, the system performs pow and log operations.

제약사항

C_1) The system should reuse the existing component for fmod and fquot operations.

C_2) Existing code for fmod and fquot operations was implemented in CompA1.

C_3) The system should reuse the existing component for pow and log operations.

C_4) Existing code for pow and log operations was implemented in CompA2.

가변성 제약사항

RD_1) **FR_A1 requires C_1 and C_2.**

RD_2) **FR_A2 requires C_3 and C_4.**

■

203 그래픽 사용자 인터페이스 (Graphical User Interface).

이 요구사항은 제 1장 예제 1.2.1-1의 제품군 AA에 대한 요구사항과 비교하면 요구사항 FR_G만을 추가적으로 가지고 있다.

다음 예제는 제품군의 부분제품군의 요구사항의 예를 보여준다.

예제 3.2.1-2 **부분제품군 AA와 GAA에 대한 요구사항**

예제 3.2.1-1의 제품군 AA&G의 요구사항으로부터 제 1장 예제 1.2.1-1의 부분제품군 AA의 요구사항을 추출할 수 있다. 또한 예제 3.2.1-1의 제품군 AA&G의 요구사항으로부터 다음과 같이 부분제품군 GAA의 요구사항을 추출할 수 있다.

부분제품군 GAA에 대한 요구사항

기능 요구사항

FR_G) The system provides a GUI.

FR_B) The system performs +, −, * and / operations.

FR_A1) The system performs fmod and fquot operations.

FR_A2) **Alternatively** to FR_A1, the system performs pow and log operations.

제약사항

C_1) The system should reuse the existing component for fmod and fquot operations.

C_2) Existing code for fmod and fquot operations was implemented in CompA1.

C_3) The system should reuse the existing component for pow and log operations.

C_4) Existing code for pow and log operations was implemented in CompA2.

가변성 제약사항

RD_1) **FR_A1 requires C_1 and C_2.**

RD_2) **FR_A2 requires C_3 and C_4.**

■

비계층적 제품라인 요구사항명세

다음 예제는 제품군의 요구사항을 비계층적 (혹은 단일계층) 제품라인 요구사항명세로 표현한 예를 보인다.

예제 3.2.1-3 **비계층적 제품라인 요구사항명세 $\mathcal{PL}$(Reqs$_{AA\&G}$)**

예제 3.2.1-1의 제품군 AA&G에 대한 요구사항들로부터 PLADT를 사용하여 다음과 같이 비계층적 (혹은 단일계층) 제품라인 요구사항명세를 만들 수 있다.

<table>
<tr><th>PL Artifact Name</th><th colspan="2">(Non-hierarchical) *PL*(Reqs$_{AA\&G}$) :: Requirements</th></tr>
<tr><td rowspan="3">Platform
(Reqs$_{AA\&G}$)</td><td colspan="2"><u>기능 요구사항</u>
vpFR_TG)
FR_B) The system performs +, −, * and / operations.
FR_A12[vpOP]) The system performs vpOP operations.

<u>제약사항</u>
C_13[vpOP]) The system should reuse the existing component for vpOP operations.
C_24[vpOP, vpCompA]) Existing code for vpOP operations was implemented in vpCompA.

<u>가변성 제약사항</u>
RD_12[vpOP, vpCompA]) FR_A12[vpOP] requires C_13[vpOP] and C_24[vpOP, vpCompA].</td></tr>
<tr><td>VP Declarations</td><td>vpFR_TG: FR_T, FR_G;
FR_T: "The system provides a TUI."
FR_G: "The system provides a GUI."
vpOP: "fmod and fquot", "pow and log";
vpCompA: CompA1, CompA2;
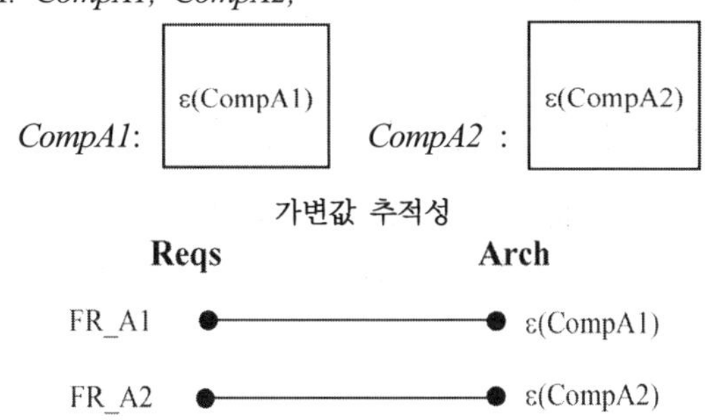
</td></tr>
<tr><td>Variability Constraints</td><td>vpOP."fmod and fquot" <u>req</u> vpCompA.CompA1;
vpOP."pow and log" <u>req</u> vpCompA.CompA2</td></tr>
<tr><td rowspan="4">Bindings</td><td>Reqs$_{A1}$</td><td>[vpFR_TG\FR_T, vpOP\"fmod and fquot", vpCompA\CompA1]</td></tr>
<tr><td>Reqs$_{A2}$</td><td>[vpFR_TG\FR_T, vpOP\"pow and log", vpCompA\CompA2]</td></tr>
<tr><td>Reqs$_{GA1}$</td><td>[vpFR_TG\FR_G, vpOP\"fmod and fquot", vpCompA\CompA1]</td></tr>
<tr><td>Reqs$_{GA2}$</td><td>[vpFR_TG\FR_G, vpOP\"pow and log", vpCompA\CompA2]</td></tr>
</table>

위의 PLADT에 따르면, *PL*(Reqs$_{AA\&G}$)에는 *PL*(Reqs$_{AA}$)에는 없는 요구사항이 하나 더 있는데 그것이 vpFR_TG이다. 이 가변점은 하나의 요구사항 전체를 가변값으로 갖는 가변점이다. vpFR_TG의 가변점 선언에 따르면 이것은 택일 가변점으로 요구사항 FR_T 혹은 FR_G을 그 가변값으로 갖는다. 그러므로, 제품군의 각 제품에 대하여, 이 추가적인 가변성은 두 개의 가능성을 만든다: 하나는 TUI 있는 경우이고 다른 하나는 GUI가 있는 경우이다. 그러

므로 전부 4개의 제품 A1, A2, GA1, GA2가 가능한데, A1과 A2는 TUI를 갖는 제품들이고 GA1와 GA2는 GUI를 갖는 제품들이다.

■

예제 3.2.1-1의 AA&G 제품군이 주어졌을 때, 우리는 이것을 예제 3.2.1-3에서와 같이 4개의 제품을 갖는 하나의 제품라인으로 생성할 수도 있지만, 또한 2개의 (하위)제품라인으로 이루어진 (상위)제품라인으로 생성할 수도 있다. 즉 이 경우 하나의 제품라인은 $\mathcal{PL}$(AA)로 제품 A1와 A2로 구성되고, 다른 제품라인은 $\mathcal{PL}$(GAA)로 제품 GA1와 GA2로 구성된다. 예제 3.2.1-3의 제품라인은 단일계층 제품라인이고, $\mathcal{PL}$(AA)과 $\mathcal{PL}$(GAA)으로 구성된 제품라인은 다계층 제품라인이다. 이 장의 H-GPL을 위한 SSPLD의 적용을 아래 예제 3.2.1-4에서 소개되는 계층적 제품라인 요구사항명세에서 출발한다.

계층적 제품라인 요구사항명세 (상위 제품라인 요구사항명세)

생성적 제품라인에서는 계층적 제품라인 요구사항명세의 작성은 상위 제품라인 요구사항명세의 작성에 의하여 달성된다. 다음 예제는 제품군에 대한 요구사항을 계층적 (혹은 다계층) 제품라인의 요구사항명세로 표현한 예를 보인다.

예제 3.2.1-4 **계층적 제품라인 요구사항명세 $\mathcal{PL}$(Reqs$_{AA\&G}$)**

예제 1.2.1-1의 제품군 AA&G에 대한 요구사항들로부터 PLADT를 사용하여 다음과 같이 계층적 제품라인의 요구사항명세를 만들 수 있다.

<table>
<tr><th>PL Artifact Name</th><th colspan="2">(Hierarchical) 𝒫ℒ($Reqs_{AA\&G}$) :: Requirements</th></tr>
<tr><td rowspan="3">Platform
($Reqs_{AA\&G}$)</td><td colspan="2"><u>기능 요구사항</u>
vpFR_TG)
FR_B) The system performs +, −, * and / operations.
FR_A12[vpOP]) The system performs vpOP operations.

<u>제약사항</u>
C_13[vpOP]) The system should reuse the existing component for vpOP operations.
C_24[vpOP, vpCompA]) Existing code for vpOP operations was implemented in vpCompA.

<u>가변성 제약사항</u>
RD_12[vpOP, vpCompA]) FR_A12[vpOP] requires C_13[vpOP] and C_24[vpOP, vpCompA].</td></tr>
<tr><td>VP Declarations</td><td>vpFR_TG: FR_T, FR_G;
FR_T: "The system provides a TUI."
FR_G: "The system provides a GUI."
vpOP: "fmod and fquot", "pow and log";
vpCompA: CompA1, CompA2;
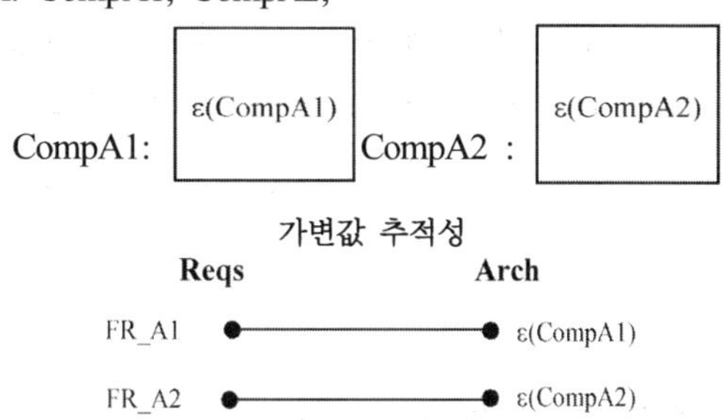
</td></tr>
<tr><td>Variability Constraints</td><td>vpOP."fmod and fquot" <u>req</u> vpCompA.CompA1;
vpOP."pow and log" <u>req</u> vpCompA.CompA2</td></tr>
<tr><td rowspan="2">Bindings</td><td>$Reqs_{AA}$</td><td>[vpFR_TG\FR_T]</td></tr>
<tr><td>$Reqs_{GAA}$</td><td>[vpFR_TG\FR_G]</td></tr>
</table>

이 PLADT의 Bindings 구역이 보여주는 바와 같이 하위계층 제품라인 AA와 GAA는 각각 부분바인딩 [vpFR_TG/FR_T]과 [vpFR_TG/FR_G]를 적용하여 얻어지는데, 그 결과가 예제 3.2.2-1에 있다.

■

이 장 전체에 길처 플랫폼 산출물의 인스턴스화에 관련된 부분은 이탤릭 글꼴로 나타낸다. 이 장에서는 다계층 제품라인을 논의하므로, 인스턴스화가 여러 단계로 진행될 수 있고,

차하위계층으로의 인스턴스화만을 이탤릭 글꼴로 나타낸다.

3.2.2 하위 제품라인 요구사항명세의 도출

하위 제품라인 요구사항명세

다음 예제는

$$Reqs_{SubPlatformj} = (Reqs_{SuperPlatform})\ \mathcal{B}_{Reqs_{SubPlatformj}}$$

의 관계를 이용하여 상위플랫폼 요구사항명세로부터 생성한 하위플랫폼 요구사항명세의 예를 보인다.

예제 3.2.2-1 $\mathcal{PL}(Reqs_{AA})$와 $\mathcal{PL}(Reqs_{GAA})$

$Reqs_{AA}$

$= (Reqs_{AA\&G}[vpFR\_TG,\ vpOP,\ vpCompA])\ \mathcal{B}_{Reqs_{AA}}$

$= (Reqs_{AA\&G}[vpFR\_TG,\ vpOP,\ vpCompA])[vpFR\_TG \backslash FR\_T]$

$= Reqs_{AA\&G}[vpFR\_TG \backslash FR\_T,\ vpOP,\ vpCompA]$

에 의하여, 예제 3.2.1-4의 $Reqs_{AA\&G}$로부터 제 1장 예제 1.2.1-3에 있는 $Reqs_{AA}$가 생성된다.

위의 바인딩의 적용에서 $Reqs_{AA}$의 가변점은 원래 3개 이지만 인스턴스화에 사용된 가변점은 1개뿐이다. 이런 경우에는 다음과 같이 제품 또는 하위플랫폼을 결정하는데 사용되는 가변점만을 보여주기로 한다.

$Reqs_{AA}$

$= (Reqs_{AA\&G}[vpFR\_TG])\ \mathcal{B}_{Reqs_{AA}}$

$= (Reqs_{AA\&G}[vpFR\_TG])[vpFR\_TG \backslash FR\_T]$

$= Reqs_{AA\&G}[vpFR\_TG \backslash FR\_T]$

또한

$Reqs_{GAA}$

$= (Reqs_{AA\&G}[vpFR\_TG])\ \mathcal{B}_{Reqs_{GAA}}$

$= (Reqs_{AA\&G}[vpFR\_TG])[vpFR\_TG \backslash FR\_G]$

$= Reqs_{AA\&G}[vpFR\_TG \backslash FR\_G]$

에 의하여, 예제 3.2.1-4의 $Reqs_{AA\&G}$으로부터 다음과 같이 $Reqs_{GAA}$가 생성된다.

<table>
<tr><th>PL Artifact Name</th><th colspan="2">𝒫ℒ(Reqs_{GAA}) :: Requirements</th></tr>
<tr><td rowspan="3">Platform
(Reqs_{GAA})</td><td colspan="2"><u>기능 요구사항</u>
FR_G) The system provides a GUI.
FR_B) The system performs +, −, * and / operations.
FR_A12[vpOP]) The system performs vpOP operations.

<u>제약사항</u>
C_13[vpOP]) The system should reuse the existing component for vpOP operations.
C_24[vpOP, vpCompA]) Existing code for vpOP operations was implemented in vpCompA.

<u>가변성 제약사항</u>
RD_12[vpOP, vpCompA]) FR_A12[vpOP] requires C_13[vpOP] and C_24[vpOP, vpCompA].</td></tr>
<tr><td>VP Declarations</td><td>// vpOP: "fmod and fquot", "pow and log";
// vpCompA: CompA1, CompA2;

가변성 추적성
Reqs — Arch
FR_A1 ●——● ε(CompA1)
FR_A2 ●——● ε(CompA2)</td></tr>
<tr><td>Variability Constraints</td><td>vpOP."fmod and fquot" <u>req</u> vpCompA.CompA1;
vpOP."pow and log" <u>req</u> vpCompA.CompA2</td></tr>
<tr><td rowspan="2">Bindings</td><td>Reqs_{GA1}</td><td>[vpOP\"fmod and fquot", vpCompA\CompA1]</td></tr>
<tr><td>Reqs_{GA2}</td><td>[vpOP\"pow and log", vpCompA\CompA2]</td></tr>
</table>

■

3.2.3 제품 요구사항명세의 도출

제품 요구사항명세

다음 예제는 하위플랫폼 요구사항명세로부터 생성되는 제품 요구사항명세의 예를 보인다.

예제 3.2.3-1 $Reqs_{GA1}$와 $Reqs_{GA2}$

$Reqs_{GA1}$

$= (Reqs_{GAA}[vpOP,\ vpCompA])\ \mathcal{B}_{Reqs_{GA1}}$

$= (Reqs_{GAA}[vpOP,\ vpCompA])[vpOP\backslash\text{"fmod and fquot"},\ vpCompA\backslash CompA1]$

$= (Reqs_{GAA}[vpOP \backslash \text{“fmod and fquot”}, vpCompA \backslash CompA1])$

에 의하여, 예제 3.2.2-1의 $Reqs_{GAA}$로부터 다음과 같이 $Reqs_{GA1}$가 생성된다.

$Reqs_{GA1}$ :: Requirements
<u>기능 요구사항</u> FR_G) The system provides a GUI. FR_B) The system performs +, −, * and / operations. FR_A1) The system performs fmod and fquot operations. <u>제약사항</u> C_1) The system should reuse the existing component for fmod and fquot operations. C_2) Existing code for fmod and fquot operations was implemented in CompA1. **CompA1의 추적성** **Reqs** **Arch** FR_A1 ●——● ε(CompA1)

마찬가지로

$Reqs_{GA2}$

$= (Reqs_{GAA}[vpOP, vpCompA]) \mathcal{B}_{Reqs_{GA2}}$

$= (Reqs_{GAA}[vpOP, vpCompA])[vpOP \backslash \text{“pow and log”}, vpCompA \backslash CompA2]$

$= (Reqs_{GAA}[vpOP \backslash \text{“pow and log”}, vpCompA \backslash CompA2])$

에 의하여, 예제 3.2.2-1의 $Reqs_{GAA}$로부터 다음과 같이 $Reqs_{GA2}$가 생성된다.

$Reqs_{GA2}$ :: Requirements
<u>기능 요구사항</u> FR_G) The system provides a GUI. FR_B) The system performs +, −, * and / operations. FR_A2) The system performs pow and log operations. <u>제약사항</u> C_3) The system should reuse the existing component for pow and log operations. C_4) Existing code for pow and log operations was implemented in CompA2. **CompA2의 추적성** **Reqs** **Arch** FR_A2 ●——● ε(CompA2)

■

$Reqs_{A1}$와 $Reqs_{A2}$의 생성결과는 제 1장 예제 1.2.2-1에서와 같다.

3.3 요구사항명세의 분석과 평가

3.3.1 요구사항명세의 분석

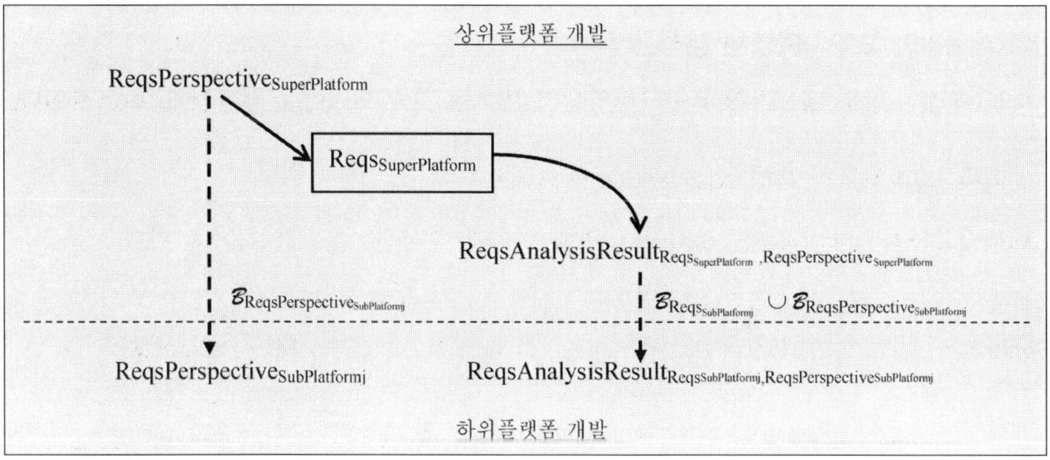

그림 3.3.1-1. H-GPL에서 하위 제품라인 요구사항명세 분석의 개요도

그림 3.3.1-1은 H-GPL에서 하위플랫폼 요구사항명세의 분석이 다음 활동들로 이루어짐을 나타낸다: (1) 상위플랫폼 요구사항명세 $Reqs_{SuperPlatform}$에 플랫폼 요구사항명세 분석관점 $ReqsPerspective_{SuperPlatform}$을 적용하여 플랫폼 분석결과 $ReqsAnalysisResult_{Reqs_{SuperPlatform}, ReqsPerspective_{SuperPlatform}}$를 얻는다; (2) 이 분석결과에 SubPlatformj의 요구사항명세 분석결과 바인딩을 적용하여 SubPlatformj의 요구사항명세 분석결과를 생성한다. 그림 3.3.1-2는 이 활동을 정형적으로 표현한다.

상위플랫폼 개발

$$ReqsAnalysisResult_{Reqs_{SuperPlatform}, ReqsPerspective_{SuperPlatform}} = \mathcal{Analysis}(Reqs_{SuperPlatform}, ReqsPerspective_{SuperPlatform})$$

하위플랫폼 개발

$$ReqsPerspective_{SubPlatformj} = ReqsPerspective_{SuperPlatform}\ \mathcal{B}^{ReqsVPs1}_{ReqsPerspective_{SubPlatformj}}$$

$$ReqsAnalysisResult_{Reqs_{SubPlatformj}, ReqsPerspective_{SubPlatformj}} = ReqsAnalysisResult_{Reqs_{Platform}, ReqsPerspective_{Platform}}\ (\mathcal{B}^{ReqsVPs1}_{Reqs_{SubPlatformj}} \cup \mathcal{B}^{ReqsVPs1}_{ReqsPerspective_{SubPlatformj}})$$

그림 3.3.1-2. H-GPL에서 하위 제품라인 요구사항명세 분석의 정형적 표현

플랫폼 요구사항명세의 분석결과로부터 제품 요구사항명세의 분석결과를 도출하는 과정에는 가변점이 나타나지 않지만, 상위플랫폼 요구사항명세의 분석결과로부터 하위플랫폼

요구사항명세의 분석결과를 도출하는 과정에는 하위플랫폼 요구사항명세의 가변점들과 요구사항명세의 분석관점에 있는 가변점들이 나타난다.

3.3.1.1 상위 제품라인 요구사항명세의 분석

상위 제품라인 요구사항명세 분석관점

다음 예제는 상위 제품라인 요구사항명세의 분석을 위해 채택한 분석관점의 예를 보인다.

예제 3.3.1.1-1 $\mathcal{PL}$(ReqsPerspective4$_{AA\&G}$)

예제 3.2.1-4의 Reqs$_{AA\&G}$를 분석하기 위해 다음의 분석관점을 채택하기로 한다.

PL Artifact Name	$\mathcal{PL}$(ReqsPerspective4$_{AA\&G}$) :: Requirements Analysis Perspective	
Import	$\mathcal{PL}$(Reqs$_{AA\&G}$) // 예제 3.2.1-4	
Platform	*"요구사항 vpFR_TG는 이해관계자 vpUser의 요구를 충실히 반영하는가?"* **Result space** = {True, False}	
	VP Declarations	*// vpFR_TG: FR_T, FR_G;* *vpUser: TUIUser, GUIUser*
	Variability Constraints	*vpFR_TG.FR_T m-req vpUser.TUIUser;* *vpFR_TG.FR_G m-req vpUser.GUIUser*
Bindings	ReqsPerspective4$_{AA}$	[*vpFR_TG\FR_T, vpUser\TUIUser*]
	ReqsPerspective4$_{GAA}$	[*vpFR_TG\FR_G, vpUser\GUIUser*]

위의 PLADT는 제품라인의 서로 다른 산출물의 가변값들 간의 종속관계의 예를 보여준다. vpFR_TG.FR_T m-req vpUser.TUIUser에서 vpFR_TG와 FR_T는 Reqs$_{AA\&G}$에서 선언되어 가져오기된 요소들이고 vpUser와 TUIUser는 위의 PLADT에서 새로이 선언된 요소들이다.

상위 제품라인 요구사항명세 분석결과

다음 예제는 상위 제품라인 요구사항명세를 채택한 분석관점으로 분석한 결과의 예를 보인다.

예제 3.3.1.1-2 $\mathcal{PL}$(ReqsAnalysisResult4$_{Reqs_{AA\&G}, ReqsPerspective_{AA\&G}}$)

예제 3.2.1-4의 Reqs$_{AA\&G}$를 예제 3.3.1.1-1의 ReqsPerspective4$_{AA\&G}$의 관점으로 분석한 결과는, vpFR_TG에 FR_T 혹은 FR_G의 가변값이 대입될 경우 True라고 가정하면 다음과 같다.

PL Artifact Name	$\mathcal{PL}$(ReqsAnalysisResult4$_{Reqs_{AA\&G}, ReqsPerspective_{AA\&G}}$) :: Requirements Analysis Result	
Platform	True	
	VP Declarations	
	Variability Constraints	
Bindings	ReqsAnalysisResult4$_{Reqs_{AA}, ReqsPerspective_{AA}}$	[ ]
	ReqsAnalysisResult4$_{Reqs_{GAA}, ReqsPerspective_{GAA}}$	[ ]

■

3.3.1.2 하위 제품라인 요구사항명세의 분석

하위 제품라인 요구사항명세 분석관점

다음 예제는

$$\text{ReqsPerspective}_{\text{SubPlatformj}} = (\text{ReqsPerspective}_{\text{SuperPlatform}})\ \mathcal{B}_{\text{ReqsPerspective}_{\text{SubPlatformj}}}$$

의 관계를 이용하여, 상위플랫폼 요구사항명세 분석관점으로부터 생성된 하위플랫폼 요구사항명세 분석관점의 예를 보인다.

예제 3.3.1.2-1 $\mathcal{PL}$(ReqsPerspective4$_{GAA}$)

ReqsPerspective4$_{GAA}$

= (ReqsPerspective4$_{AA\&G}$) $\mathcal{B}_{\text{ReqsPerspective4}_{GAA}}$

= (ReqsPerspective4$_{AA\&G}$[vpFR_TG, vpUser])[vpFR_TG\FR_G, vpUser/GUIUser]

= ReqsPerspective4$_{AA\&G}$[vpFR_TG\FR_G, vpUser/GUIUser]

= ("요구사항 vpFR_TG는 이해관계자 vpUser의 요구를 충실히 반영하는가?")
[vpFR_TG\FR_G, vpUser/GUIUser]

에 의하여, 예제 3.3.1.1-1의 ReqsPerspective4$_{AA\&G}$로부터 다음과 같이 ReqsPerspective4$_{GAA}$가 생성된다.

<table>
<tr><td>PL Artifact Name</td><td colspan="2">$\mathcal{PL}$(ReqsPerspective4$_{GAA}$) :: Requirements Analysis Perspective</td></tr>
<tr><td>Import</td><td colspan="2">$\mathcal{PL}$(Reqs$_{AA\&G}$)[vpFR_TG\FR_G] // 예제 3.2.1-4</td></tr>
<tr><td rowspan="3">Platform</td><td colspan="2">“요구사항 FR_G는 이해관계자 GUIUser의 요구를 충실히 반영하는가?”</td></tr>
<tr><td>VP Declarations</td><td></td></tr>
<tr><td>Variability Constraints</td><td></td></tr>
<tr><td rowspan="2">Bindings</td><td>ReqsPerspective4$_{GA1}$</td><td>[ ]</td></tr>
<tr><td>ReqsPerspective4$_{GA2}$</td><td>[ ]</td></tr>
</table>

$\mathcal{PL}$(ReqsPerspective4$_{AA\&G}$)의 가변성 제약사항들은 vpFR_TG에 가변값이 대입되면서 더 이상 필요하지 않게 되었다.

■

하위 제품라인 요구사항명세 분석결과

다음 예제는 상위플랫폼 요구사항명세 분석결과로부터 생성한 하위플랫폼 요구사항명세 분석결과의 예를 보인다.

예제 3.3.1.2-2 $\mathcal{PL}$(ReqsAnalysisResult4$_{ReqsGAA, ReqsPerspective4GAA}$)

ReqsAnalysisResult4$_{Reqs_{AA}, ReqsPerspective4_{AA}}$

= ReqsAnalysisResult4$_{Reqs_{AA\&G}, ReqsPerspective4_{AA\&G}}$[ ]

= True[ ]

= True

에 의하여, 예제 3.3.1.1-2의 ReqsAnalysisResult4$_{Reqs_{AA\&G}, ReqsPerspective4_{AA\&G}}$로부터 생성되는 ReqsAnalysisResult4$_{Reqs_{AA}, ReqsPerspective4_{AA}}$는 제 1장 예제 1.3.1.1-2와 같다.

또한

ReqsAnalysisResult4$_{Reqs_{GAA}, ReqsPerspective4_{GAA}}$

= ReqsAnalysisResult4$_{Reqs_{AA\&G}, ReqsPerspective4_{AA\&G}}$[ ]

= True[ ]

= True

에 의하여, 예제 3.3.1.1-2의 ReqsAnalysisResult4$_{Reqs_{AA\&G}, ReqsPerspective4_{AA\&G}}$로부터 다음과 같이 ReqsAnalysisResult4$_{Reqs_{GAA}, ReqsPerspective4_{GAA}}$가 생성된다.

<table>
<tr><td>PL Artifact Name</td><td colspan="2">$\mathcal{PL}$(ReqsAnalysisResult4$_{Reqs_{GAA},Reqs,Perspective_{GAA}}$) :: Requirements Analysis Result</td></tr>
<tr><td rowspan="3">Platform</td><td colspan="2">True</td></tr>
<tr><td>VP Declarations</td><td></td></tr>
<tr><td>Variability Constraints</td><td></td></tr>
<tr><td rowspan="2">Bindings</td><td>ReqsAnalysisResult4$_{Reqs_{GA1},ReqsPerspective_{GA1}}$</td><td>[ ]</td></tr>
<tr><td>ReqsAnalysisResult4$_{Reqs_{GA2},ReqsPerspective_{GA2}}$</td><td>[ ]</td></tr>
</table>

■

3.3.1.3 제품 요구사항명세의 분석

제 1장 1.3.1.2절 참조.

3.3.2 요구사항명세의 평가

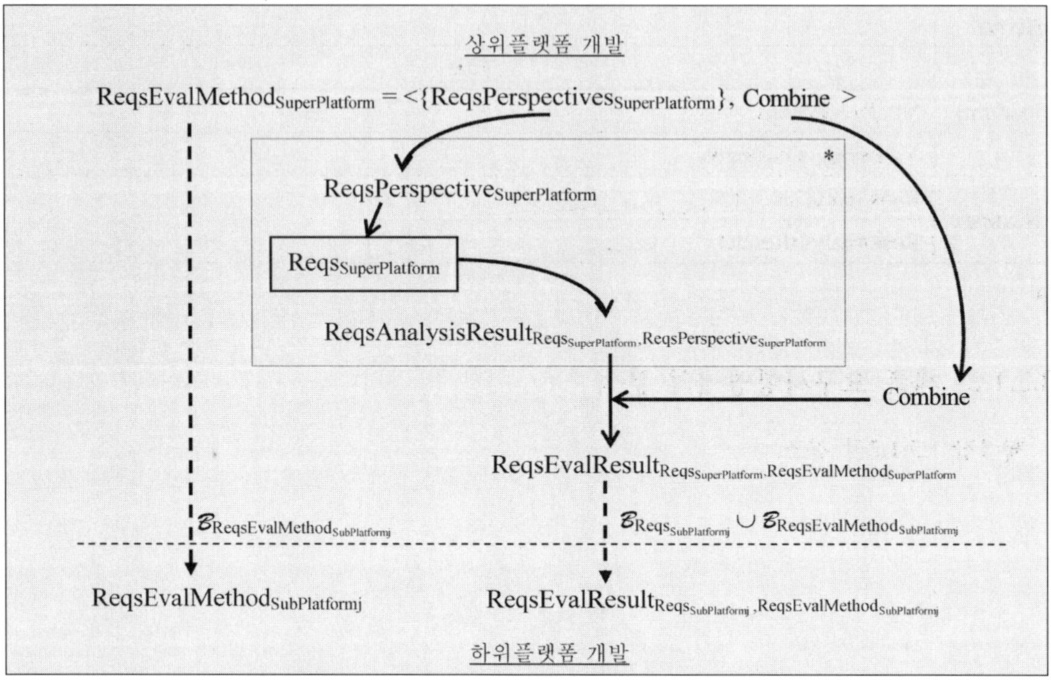

그림 3.3.2-1. H-GPL에서 하위플랫폼 요구사항명세 평가의 개요도

그림 3.3.2-1은 H-GPL에서 하위플랫폼 요구사항명세의 평가가 다음 활동들로 이루어짐을 나타낸다: (1) 상위플랫폼 요구사항명세 $Reqs_{SuperPlatform}$에 플랫폼 요구사항명세 분석관점 $ReqsPerspective_{SuperPlatform}$들을 적용하여 얻은 플랫폼 분석결과 $ReqsAnalysisResult_{Reqs_{SuperPlatform}, ReqsPerspective_{SuperPlatform}}$들에 이들을 종합하는 함수 Combine을 적용하여 상위플랫폼 요구사항명세 평가결과 $ReqsEvalResult_{Reqs_{SuperPlatform}, ReqsEvalMethod_{SuperPlatform}}$를 얻는다. (2) 이 평가결과에 SubPlatformj의 요구사항명세 평가결과 바인딩을 적용하여 SubPlatformj의 요구사항명세 평가결과 $ReqsEvalResult_{Reqs_{SubPlatformj}, ReqsEvalMethod_{SubPlatformj}}$를 생성한다. 그림 3.3.2-2는 이 활동을 정형적으로 표현한다.

상위플랫폼 개발

$$ReqsEvalResult_{Reqs_{SuperPlatform}, ReqsEvalMethod_{SuperPlatform}} = \mathcal{Eval}(Reqs_{SuperPlatform}, ReqsEvalMethod_{SuperPlatform})$$

하위플랫폼 개발

$$ReqsEvalMethod_{SubPlatformj} = ReqsEvalMethod_{SuperPlatform}\ \mathcal{B}^{ReqsVPs1}_{ReqsEvalMethod_{SubPlatformj}}$$

$$ReqsEvalResult_{Reqs_{SubPlatformj}, ReqsEvalMethod_{SubPlatformj}} = ReqsEvalResult_{Reqs_{SuperPlatform}, ReqsEvalMethod_{SuperPlatform}} (\mathcal{B}^{ReqsVPs1}_{Reqs_{SubPlatformj}} \cup \mathcal{B}^{ReqsVPs1}_{ReqsEvalMethod_{SubPlatformj}})$$

그림 3.3.2-2. H-GPL에서 하위플랫폼 요구사항명세 평가의 정형적 표현

플랫폼 요구사항명세의 평가결과로부터 제품 요구사항명세의 평가결과를 도출하는 과정에는 가변점이 나타나지 않지만, 상위플랫폼 요구사항명세의 평가결과로부터 하위플랫폼 요구사항명세의 평가결과를 도출하는 과정에는 하위플랫폼 요구사항명세의 가변점들과 요구사항명세의 평가방법에 있는 가변점들이 나타난다.

3.3.2.1 상위 제품라인 요구사항명세의 평가

상위 제품라인 요구사항명세 평가방법

다음 예제는 상위 제품라인 요구사항명세를 평가하기 위하여 채택한 평가방법의 예를 보인다.

예제 3.3.2.1-1 $\mathcal{PL}$($ReqsEvalMethod_{AA\&G}$)

예제 3.2.1-4의 $Reqs_{AA\&G}$를 평가하기 위한 평가방법의 Combine 함수로

$$\wedge_j \ ReqsAnalysisResult_{Reqs_{AA\&G}, ArchPerspectivej_{AA\&G}}$$

를 채택하기로 한다. 평가를 위한 분석관점들 중, $ReqsPerspective3_{AA\&G}$의 가변점 vpFR_A과 vpStakeholder는 $ReqsPerspective3_{AA\&G}$를 $ReqsEvalMethod_{AA}$와 $ReqsEvalMethod_{GAA}$로 인스턴스화하는 바인딩에 참여하지 않기 때문에 이탤릭으로 표시되지 않았고, $ReqsPerspective4_{AA\&G}$의 가변점 *vpFR_TG*와 *vpUser*는 $ReqsPerspective4_{AA\&G}$를 인스턴스화하는 바인딩에 참여하기 때문에 이탤릭으로 표시되었다.

<table>
<tr><th>PL Artifact Name</th><th colspan="2">$\mathcal{PL}(ReqsEvalMethod_{AA\&G})$ :: Requirements Evaluation Method</th></tr>
<tr><td>Import</td><td colspan="2">$\mathcal{PL}(Reqs_{AA\&G})$ // 예제 3.2.1-4
$\mathcal{PL}(ReqsPerspective4_{AA\&G})$ // 예제 3.3.1.1-1</td></tr>
<tr><td rowspan="3">Platform</td><td colspan="2"><
{ $ReqsPerspective1_{AA\&G}$,
$ReqsPerspective2_{AA\&G}$,
$ReqsPerspective3_{AA\&G}$[vpFR_A, vpStakeholder],
ε($ReqsPerspective4_{AA\&G}$[vpFR_TG, vpUser])
},
$\wedge_j$ $ReqsAnalysisResult_{Reqs_{AA\&G}, ReqsPerspectivej_{AA\&G}}$
>
이고, 여기서 가져오기되지 않은 분석관점들은 다음과 같다:
$ReqsPerspective1_{AA\&G}$: “요구사항들 간에 모순이 없는가?”
$ReqsPerspective2_{AA\&G}$: “모든 요구사항이 검증가능한가?”
$ReqsPerspective3_{AA\&G}$: “요구사항 vpFR_A은 이해관계자 vpStakeholder의 요구를 충실히 반영하는가?”</td></tr>
<tr><td>VP Declarations</td><td>// vpFR_TG: FR_T, FR_G;
// vpUser: TUIUser, GUIUser;
vpFR_A: FR_A1, FR_A2;
vpStakeholder: S1, S2, S3</td></tr>
<tr><td>Variability Constraints</td><td>vpFR_A.FR_A1 <u>req</u> vpStakeholder.S1;
vpFR_A.FR_A2 <u>req</u> vpStakeholder.S2</td></tr>
<tr><td rowspan="2">Bindings</td><td>$ReqsEvalMethod_{AA}$</td><td>[vpFR_TG\FR_T, vpUser\TUIUser]</td></tr>
<tr><td>$ReqsEvalMethod_{GAA}$</td><td>[vpFR_TG\FR_G, vpUser\GUIUser]</td></tr>
</table>

■

상위플랫폼 요구사항명세 평가결과

다음 예제는 채택한 평가방법으로 상위플랫폼 요구사항명세를 평가한 결과의 예를 보인다.

예제 3.3.2.1-2 $\mathcal{PL}(\mathrm{ReqsEvalResult}_{\mathrm{Reqs}_{AA\&G},\mathrm{ReqsEvalMethod}_{AA\&G}})$

예제 3.2.1-4의 $\mathrm{Reqs}_{AA\&G}$를 평가하기 위하여 다음의 분석결과를 가정하자.

분석결과표		
분석관점	분석결과	근거
$\mathrm{ReqsPerspective1}_{AA\&G}$	True	가정
$\mathrm{ReqsPerspective2}_{AA\&G}$	True	가정
$\mathrm{ReqsPerspective3}_{AA\&G}$[vpFR_A, vpStakeholder]	**case** <vpFR_A, vpStakeholder> **of** <FR_A1, S1>: True; <FR_A2, S2>: True; **otherwise**: False; **end case**	가정
$\mathrm{ReqsPerspective4}_{AA\&G}$[vpFR_TG, vpUser]	ε(True)	예제 3.3.1.1-2

그러면 X가

case <vpFR_A, vpStakeholder> **of**
<FR_A1, S1>: True;
<FR_A2, S2>: True;
otherwise: False;
end case

이면

$$\mathrm{True} \wedge \mathrm{True} \wedge X \wedge \mathrm{True} = X$$

이므로, 예제 3.2.1-4의 $\mathrm{Reqs}_{AA\&G}$를 예제 3.3.2.1-1의 $\mathrm{ReqsEvalMethod}_{AA\&G}$로 평가한 결과는 다음과 같다.

<table>
<tr><td>PL Artifact Name</td><td colspan="2">$\mathcal{PL}$(ReqsEvalResult$_{Reqs_{AA\&G}, ReqsEvalMethod_{AA\&G}}$) :: Requirements Evaluation Result</td></tr>
<tr><td>Import</td><td colspan="2">$\mathcal{PL}$(Reqs$_{AA\&G}$) // 예제 3.2.1-4
$\mathcal{PL}$(ReqsEvalMethod$_{AA\&G}$) // 예제 3.3.2.1-1</td></tr>
<tr><td rowspan="3">Platform</td><td colspan="2">case <vpFR_A, vpStakeholder> of
<FR_A1, S1>: True;
<FR_A2, S2>: True;
otherwise: False;
end case</td></tr>
<tr><td>VP Declarations</td><td>// vpFR_A: FR_A1, FR_A2;
// vpStakeholder: S1, S2, S3</td></tr>
<tr><td>Variability Constraints</td><td>// vpFR_A.FR_A1 <u>req</u> vpStakeholder.S1;
// vpFR_A.FR_A2 <u>req</u> vpStakeholder.S2</td></tr>
<tr><td rowspan="2">Bindings</td><td>ReqsEvalResult$_{Reqs_{AA}, ReqsEvalMethod_{AA}}$</td><td>[ ]</td></tr>
<tr><td>ReqsEvalResult$_{Reqs_{GAA}, ReqsEvalMethod_{GAA}}$</td><td>[ ]</td></tr>
</table>

이 하위 제품라인 산출물의 바인딩이 모두 '[ ]'인 이유는 하위 제품라인 산출물이 AA와 GAA를 구분하는 ReqsEvalMethod$_{AA\&G}$의 가변점 vpFR_TG를 포함하지 않기 때문이다.
■

3.3.2.2 하위 제품라인 요구사항명세의 평가

하위 제품라인 요구사항명세 평가방법

다음 예제는 상위플랫폼 요구사항명세 평가방법으로부터 생성한 하위플랫폼 요구사항명세 평가방법의 예를 보인다.

예제 3.3.2.2-1 $\mathcal{PL}$(ReqsEvalMethod$_{AA}$)

ReqsEvalMethod$_{AA}$ = ReqsEvalMethod$_{AA\&G}$[vpFR_TG\FR_T, vpUser\TUIUser]

에 의하여, 예제 3.3.2.1-1의 ReqsEvalMethod$_{AA\&G}$로부터 다음과 같이 ReqsEvalMethod$_{AA}$가 생성된다.

<table>
<tr><th>PL Artifact Name</th><th colspan="2">$\mathcal{PL}$(ReqsEvalMethod$_{AA}$) :: Requirements Evaluation Method</th></tr>
<tr><td>Import</td><td colspan="2">$\mathcal{PL}$(Reqs$_{AA\&G}$)[vpFR_TG\FR_T, vpUser\TUIUser] // 예제 3.2.1-4
$\mathcal{PL}$(ReqsPerspective4$_{AA\&G}$)[vpFR_TG\FR_T, vpUser\TUIUser] // 예제 3.3.1.1-1</td></tr>
<tr><td rowspan="3">Platform</td><td colspan="2"><
{ ReqsPerspective1$_{AA}$ = ReqsPerspective1$_{AA\&G}$,
ReqsPerspective2$_{AA}$ = ReqsPerspective2$_{AA\&G}$,
ReqsPerspective3$_{AA}$[vpFR_A, vpStakeholder] =
ReqsPerspective3$_{AA\&G}$[vpFR_TG\FR_T, vpUser\TUIUser],
ReqsPerspective4$_{AA}$ = ReqsPerspective4$_{AA\&G}$[vpFR_TG\FR_T, vpUser\TUIUser]
},
$\wedge_j$ ReqsAnalysisResult$_{Reqs_{AA}, ReqsPerspectivej_{AA}}$
></td></tr>
<tr><td>VP Declarations</td><td>// vpFR_A: FR_A1, FR_A2;
// vpStakeholder: S1, S2, S3</td></tr>
<tr><td>Variability Constraints</td><td>// vpFR_A.FR_A1 <u>req</u> vpStakeholder.S1;
// vpFR_A.FR_A2 <u>req</u> vpStakeholder.S2</td></tr>
<tr><td rowspan="2">Bindings</td><td>ReqsEvalMethod$_{A1}$</td><td>[vpFR_A\FR_A1, vpStakeholder\S1]</td></tr>
<tr><td>ReqsEvalMethod$_{A2}$</td><td>[vpFR_A\FR_A2, vpStakeholder\S2]</td></tr>
</table>

위의 제품군 AA를 위한 제품라인 요구사항 평가방법은 상위 제품라인 요구사항평가방법으로부터 인스턴스화에 의하여 생성되었다는 것을 제외하고는, 제 1장 예제 1.3.2.1-1의 제품군 AA를 위한 제품라인 요구사항 평가방법과 동일하다.

■

하위 제품라인 요구사항명세 평가결과

다음 예제는 상위플랫폼 요구사항명세 평가결과로부터 생성된 하위플랫폼 요구사항명세 평가결과의 예를 보인다.

예제 3.3.2.2-2 $\mathcal{PL}$(ReqsEvalResult$_{Reqs_{AA}, ReqsEvalMethod_{AA}}$)

예제 3.3.2.1-2에서 ReqsEvalResult$_{Reqs_{AA}, ReqsEvalMethod_{AA}}$의 바인딩이 '[ ]'이므로, ReqsEvalResult$_{Reqs_{AA}, ReqsEvalMethod_{AA}}$는 ReqsEvalResult$_{Reqs_{AA\&G}, ReqsEvalMethod_{AA\&G}}$와 동일하며 다음과 같다.

<table>
<tr><th>PL Artifact Name</th><th colspan="2">$\mathcal{PL}(ReqsEvalResult_{Reqs_{AA},ReqsEvalMethod_{AA}})$ :: Requirements Evaluation Result</th></tr>
<tr><td>Import</td><td colspan="2">$\mathcal{PL}(Reqs_{AA\&G})$ // 예제 3.2.1-4
$\mathcal{PL}(ReqsEvalMethod_{AA\&G})$ // 예제 3.3.2.1-1</td></tr>
<tr><td rowspan="3"><b>Platform</b></td><td colspan="2"><b>case</b> <<i>vpFR_A, vpStakeholder</i>> <b>of</b>
<FR_A1, S1>: True;
<FR_A2, S2>: True;
<b>otherwise</b>: False;
<b>end case</b></td></tr>
<tr><td>VP Declarations</td><td>// vpFR_A: FR_A1, FR_A2;
// vpStakeholder: S1, S2, S3</td></tr>
<tr><td>Variability Constraints</td><td>// vpFR_A.FR_A1 <u>req</u> vpStakeholder.S1;
// vpFR_A.FR_A2 <u>req</u> vpStakeholder.S2</td></tr>
<tr><td rowspan="2">Bindings</td><td>$ReqsEvalResult_{Reqs_{A1},ReqsEvalMethod_{A1}}$</td><td>[vpFR_A\FR_A1, vpStakeholder\S1]</td></tr>
<tr><td>$ReqsEvalResult_{Reqs_{A2},ReqsEvalMethod_{A2}}$</td><td>[vpFR_A\FR_A2, vpStakeholder\S2]</td></tr>
</table>

■

3.3.2.3 제품 요구사항명세의 평가

제 1장 1.3.2.2절 참조.

3.4 아키텍처의 설계

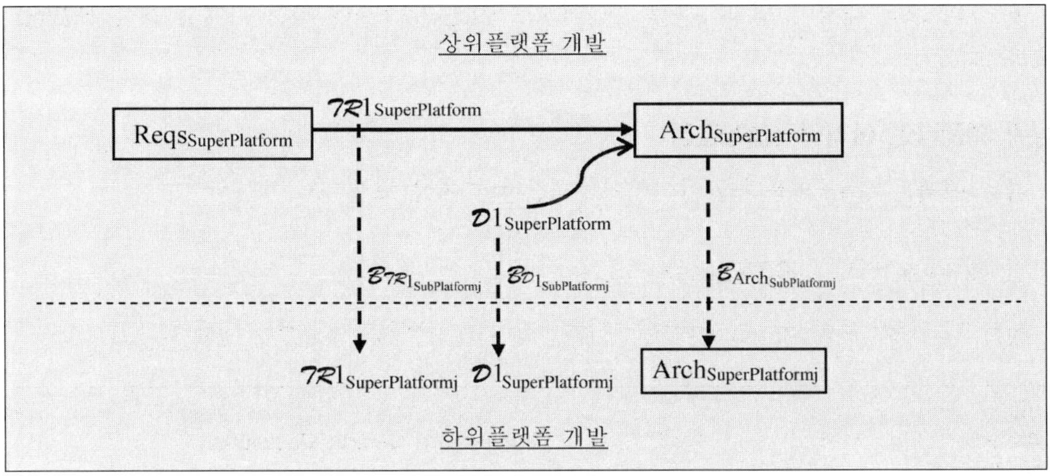

그림 3.4-1. H-GPL에서 하위 제품라인 아키텍처설계의 개요도

그림 3.4-1은 H-GPL에서 하위플랫폼 아키텍처의 도출이 다음 활동들로 이루어짐을 나타낸다: (1) 상위플랫폼 요구사항명세 $Reqs_{SuperPlatform}$에 상위플랫폼 아키텍처설계결정 $\mathcal{D}1_{SuperPlatform}$을 적용한 결과로서 상위플랫폼 아키텍처 $Arch_{SuperPlatform}$과 상위플랫폼의 요구사항-아키텍처 추적성 $\mathcal{TR}1_{SuperPlatform}$이 만들어 진다; (2) 상위플랫폼 아키텍처에 SubPlatformj의 아키텍처 바인딩을 적용하여 SubPlatformj의 아키텍처 $Arch_{SubPlatformj}$를 생성한다. 그림 3.4-2는 이 활동을 정형적으로 표현한다.

상위플랫폼 개발

$$(Arch_{SuperPlatform}, \mathcal{TR}1_{SuperPlatform}) = \mathcal{ArchDesign}(Reqs_{SuperPlatform}, \mathcal{D}1_{SuperPlatform})$$

하위플랫폼 개발

$$\mathcal{D}1_{SubPlatformj} = \mathcal{D}1_{SuperPlatform}\ \mathcal{B}^{ArchVPs1}_{\mathcal{D}1_{SubPlatformj}}$$

$$Arch_{SubPlatformj} = Arch_{SuperPlatform}\ \mathcal{B}^{ArchVPs1}_{Arch_{SubPlatformj}}$$

$$\mathcal{TR}1_{SubPlatformj} = \mathcal{TR}1_{SuperPlatform}\ \mathcal{B}^{ArchVPs}_{\mathcal{TR}1_{SubPlatformj}}$$

그림 3.4-2. H-GPL에서 하위 제품라인 아키텍처설계의 정형적 표현

$\mathcal{B}^{VPsY}{}_{X}$의 기호는 산출물 X를 위한 바인딩을 나타내며 가변점 Y에 포함된 가변점들만을 포함한다. 가변점은 고려 대상인 제품군의 제품들을 위한 가변점일 수도 있고, 많은 제품군과 다른 도메인에 적용될 수 있는 일반적인 가변점일 수 있다.

3.4.1 상위 제품라인 아키텍처의 설계

이 장의 고려 대상이 생성적 제품라인이므로 예제 3.2.1-4에 있는 다계층 제품라인만을 고려한다.

상위 제품라인 아키텍처설계결정

다음 예제는 상위 제품라인 아키텍처설계결정의 예를 보인다.

예제 3.4.1-1 $\mathcal{PL}(\mathcal{D}1_{AA\&G})$

예제 3.2.1-4의 $\mathcal{PL}(Reqs_{AA\&G})$로부터 다음과 같이 아키텍처설계결정을 내렸다고 가정하자.

<table>
<tr><th>PL
Artifact
Name</th><th colspan="2">$\mathcal{PL}(\mathcal{D}1_{AA\&G})$ :: Architecture Design Decisions</th></tr>
<tr><td>Import</td><td colspan="2">$\mathcal{PL}(Reqs_{AA\&G})$ // 예제 3.2.1-4</td></tr>
<tr><td rowspan="2">Platform
($\mathcal{D}1_{AA\&G}$)</td><td colspan="2"><
D1: [FR_B의 요구에 따라 +, −,*, / 연산을
하나의 컴포넌트 CompB에 구현하여,
C_13[vpOP]이 요구하는 바와 같이 FR_A12[vpOP]가
요구하는 연산을 위하여 기 개발된 컴포넌트를
사용할 수 있도록 한다; 외부 연산을 위한 커넥터
ch1과 ch2를 제공한다.],
D2: [vpFR_TG의 요구에 따라 UI를 vpCompUI로 구현한 뒤,
이를 커넥터 vpch37과 vch48로 CompB에 연결한다.],
D3: [C_13[vpOP]이 요구하는 대로 기 개발된 컴포넌트
vpCompA를 재사용한다.],
D4: [컴포넌트 vpCompA를 컴포넌트 CompB의
커넥터 ch1과 ch2에 연결한다.]
></td></tr>
<tr><td>VP
Declarations</td><td>// vpFR_TG: FR_T, FR_G;
vpCompUI: CompTUI, CompGUI
CompGUI: [CompGUI] ; CompTUI: [CompTUI]
vpch37: ch3, ch7;
vpch48: ch4, ch8;
// vpOP: "fmod and fquot", "pow and log";
// vpCompA: CompA1, CompA2</td></tr>
</table>

	Variability Constraints	*vpFR_TG.FR_T* <u>*req*</u> *vpCompUI.ComTUI* <u>*req*</u>
		(vpch37.ch3 ∧ vpch48.ch4);
		vpFR_TG.FR_G <u>*req*</u> *vpCompUI.ComGUI* <u>*req*</u>
		(vpch37.ch7 ∧ vpch48.ch8);
		// vpOP."fmod and fquot" <u>req</u> vpCompA.CompA1;
		// vpOP."pow and log" req vpCompA.CompA2

Bindings	$\mathcal{D}1_{AA}$	[*vpFR_TG\FR_T, vpCompUI\CompTUI, vpch37\ch3, vpch48\ch4*]
	$\mathcal{D}1_{GAA}$	[*vpFR_TG\FR_G, vpCompUI\CompGUI vpch37\ch7, vpch48\ch8*]

■

상위 제품라인 아키텍처

다음 예제는 상위 제품라인 아키텍처의 예를 보인다.

예제 3.4.1-2 $\mathcal{PL}$(Arch$_{AA\&G}$)[204]

예제 3.4.1-1의 $\mathcal{PL}$($\mathcal{D}1_{AA\&G}$)에 따라 만들어지는 아키텍처는 다음과 같다.

PL Artifact Name	$\mathcal{PL}$(Arch$_{AA\&G}$) :: Architecture	
Import	$\mathcal{PL}$($\mathcal{D}1_{AA\&G}$) // 예제 3.4.1-1	
Platform (Arch$_{AA\&G}$)	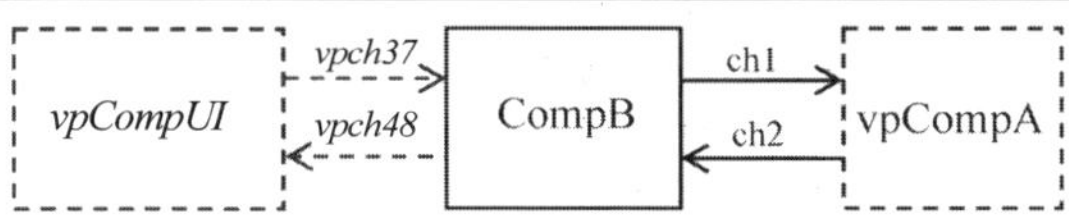	
	VP Declarations	// *vpCompUI: CompTUI, CompGUI;* // *vpch37: ch3, ch7;* // *vpch48: ch4, ch8;* // vpCompA: CompA1, CompA2
	Variability Constraints	// *vpCompUI.ComTUI* <u>*req*</u> *(vpch37.ch3 ∧ vpch48.ch4);* // *vpCompUI.ComGUI* <u>*req*</u> *(vpch37.ch7 ∧ vpch48.ch8)*
Bindings	Arch$_{AA}$	[*vpCompUI\CompTUI, vpch37/ch3, vpch48/ch4*]
	Arch$_{GAA}$	[*vpCompUI\CompGUI, vpch37/ch7, vpch48/ch8*]

CompTUI의 경우에는 커넥터로 ch3과 ch4를, CompGUI의 경우에는 커넥터로 ch7과 ch8를 요구한다고 가정한다.

■

204 이 예에서 아키텍처 모델이 주는 장점을 볼 수 있다. 가변성은 모델과 시스템의 중요한 측면으로서 (제품군) 아키텍처에서 표현되어야 하고, 아키텍처 모델은 제품군의 구현, 특히 제품군의 가변성 구현을 가이드하는 지도로서 기능해야 한다.

상위 제품라인 요구사항–아키텍처 추적성

다음 예제는 상위플랫폼 요구사항–아키텍처 추적성으로부터 생성되는 하위플랫폼 요구사항–아키텍처 추적성의 예를 보인다.

예제 3.4.1-3 *PL*(*TR*1$_{AA\&G}$)

예제 3.4.1-1의 *PL*(*D*1$_{AA\&G}$)에 따라 만들어지는 추적성은 다음과 같다.

<table>
<tr><th>PL
Artifact
Name</th><th colspan="2">PL(TR1$_{AA\&G}$) :: Reqs-to-Arch Traceability</th></tr>
<tr><td>Import</td><td colspan="2">PL(D1$_{AA\&G}$) // 예제 3.4.1-1</td></tr>
<tr><td rowspan="3">Platform
(TR1$_{AA\&G}$)</td><td colspan="2">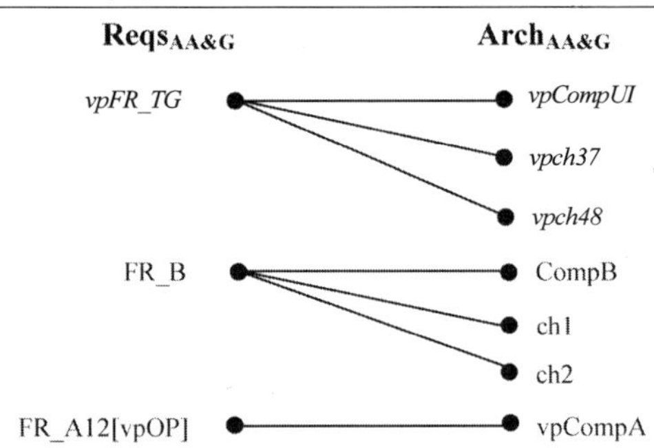
</td></tr>
<tr><td>VP
Declarations</td><td>// vpFR_TG: FR_T, FR_G;
// vpCompUI: CompTUI, CompGUI;
// vpch37: ch3, ch7
// vpch48: ch4, ch8
// vpOP: “fmod and fquot”, “pow and log”;
// vpCompA: CompA1, CompA2
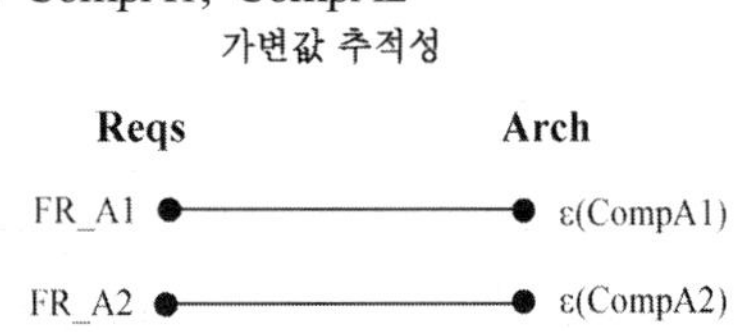
</td></tr>
<tr><td>Variability
Constraints</td><td>// vpFR_TG.FR_T <u>req</u> vpCompUI.ComTUI
// req (vpch37.ch3 ∧ vpch48.ch4);
// vpFR_TG.FR_G <u>req</u> vpCompUI.ComGUI
// req (vpch37.ch7 ∧ vpch48.ch8);
// vpOP.“fmod and fquot” <u>req</u> vpCompA.CompA1;
// vpOP.“pow and log” <u>req</u> vpCompA.CompA2;</td></tr>
<tr><td rowspan="2">Bindings</td><td>TR1$_{AA}$</td><td>[vpFR_TG\FR_T, vpCompUI\CompTUI, vpch37/ch3, vpch48/ch4]</td></tr>
<tr><td>TR1$_{GAA}$</td><td>[vpFR_TG\FR_G, vpCompUI\CompGUI, vpch37/ch7, vpch48/ch8]</td></tr>
</table>

■

3.4.2 하위 제품라인 아키텍처의 설계

하위 제품라인 아키텍처설계결정

다음 예제는 상위플랫폼 아키텍처설계결정으로부터 생성한 하위플랫폼 아키텍처설계결정의 예를 보인다.

예제 3.4.2-1 $\mathcal{PL}(\mathcal{D}1_{AA})$와 $\mathcal{PL}(\mathcal{D}1_{GAA})$

예제 3.4.1-1 의 $\mathcal{D}1_{AA\&G}$로부터 생성되는 $\mathcal{D}1_{AA}$는 제 1장 예제 1.4.1-2과 같다. 또한 예제 3.4.1-1의 $\mathcal{D}1_{AA\&G}$로부터 다음과 같이 $\mathcal{D}1_{GAA}$가 생성된다.

<table>
<tr><th>PL Artifact Name</th><th colspan="2">$\mathcal{PL}(\mathcal{D}1_{GAA})$ :: Architecture Design Decisions</th></tr>
<tr><td>Import</td><td colspan="2">$\mathcal{PL}$(Reqs$_{AA\&G}$)[vpFR_TG\FR_G, vpCompUI\CompGUI] // 예제 3.2.1-4</td></tr>
<tr><td rowspan="3">Platform
($\mathcal{D}1_{GAA}$)</td><td colspan="2"><
D1: [FR_B의 요구에 따라 +, －, *, / 연산을
하나의 컴포넌트 CompB에 구현하여,
C_13[vpOP]이 요구하는 바와 같이 FR_A12[vpOP]가
요구하는 연산을 위하여 기 개발된 컴포넌트를
사용할 수 있도록 한다; 외부 연산을 위한 커넥터
ch1과 ch2를 제공한다.],
D2: [FR_G의 요구에 따라 UI를 CompGUI로 구현한 뒤,
이를 커넥터 ch7과 ch8로 CompB에 연결한다.],
D3: [C_13[vpOP]이 요구하는 대로 기 개발된 컴포넌트
vpCompA를 재사용한다.],
D4: [컴포넌트 vpCompA를 컴포넌트 CompB의
커넥터 ch1과 ch2에 연결한다.]
></td></tr>
<tr><td>VP Declarations</td><td>// vpOP: "fmod and fquot", "pow and log";
// vpCompA: CompA1, CompA2</td></tr>
<tr><td>Variability Constraints</td><td>// vpOP."fmod and fquot" <u>req</u> vpCompA.CompA1;
// vpOP."pow and log" <u>req</u> vpCompA.CompA2</td></tr>
<tr><td rowspan="2">Bindings</td><td>$\mathcal{D}1_{GA1}$</td><td>[vpOP\"fmod and fquot", vpCompA\CompA1]</td></tr>
<tr><td>$\mathcal{D}1_{GA2}$</td><td>[vpOP\"pow and log", vpCompA\CompA2]</td></tr>
</table>

■

하위 제품라인 아키텍처

다음 예제는

$$Arch_{SubPlatformj} = (Arch_{SuperPlatform})\ \mathcal{B}_{Arch_{SubPlatformj}}$$

의 관계를 이용하여, 상위플랫폼 아키텍처로부터 생성한 하위플랫폼 아키텍처의 예를 보인다.

예제 3.4.2-2 $\mathcal{PL}(Arch_{GAA})$ 와 $\mathcal{PL}(Arch_{AA})$

예제 3.4.1-2의 $Arch_{AA\&G}$로부터 생성되는 $Arch_{AA}$는 제 1장 예제 1.4.1-4와 같다. 예제 3.4.1-2의 $Arch_{AA\&G}$로부터 다음과 같이 $Arch_{GAA}$가 생성된다.

PL Artifact Name	$\mathcal{PL}(Arch_{GAA})$ :: Architecture	
Import	$\mathcal{PL}(\mathcal{D}1_{AA\&G})$[vpCompUI\CompGUI, vpch37/ch7, vpch48/ch8] // 예제 3.4.1-1	
Platform ($Arch_{GAA}$)	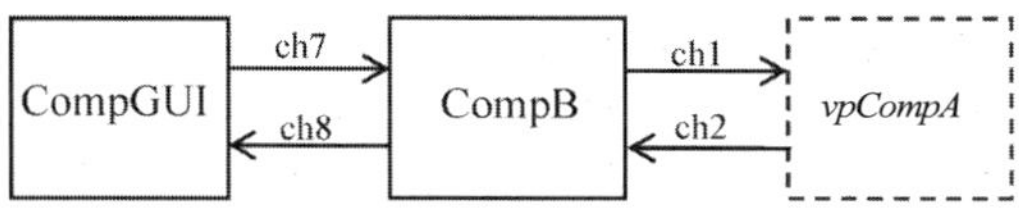	
	VP Declarations	// *vpCompA: CompA1, CompA2*
	Variability Constraints	
Bindings	$Arch_{GA1}$	[*vpCompA\CompA1*]
	$Arch_{GA2}$	[*vpCompA\CompA2*]

■

하위 제품라인 요구사항-아키텍처 추적성

다음 예제는 상위플랫폼 요구사항-아키텍처 추적성으로부터 생성한 하위플랫폼 요구사항-아키텍처 추적성의 예를 보인다.

예제 3.4.2-3 $\mathcal{PL}(\mathcal{TR}1_{AA})$와 $\mathcal{PL}(\mathcal{R}1_{GAA})$

예제 3.4.1-3의 $\mathcal{TR}1_{AA\&G}$로부터 생성되는 $\mathcal{TR}1_{AA}$은 제 1장 예제 1.4.1-6과 같다.

$$\mathcal{B}_{Reqs_{GAA}} \cup \mathcal{B}_{Arch_{GAA}}$$
$$\subseteq \mathcal{D}1_{GAA}$$
$$= [vpFR\_TG\backslash FR\_G,\ vpCompUI\backslash CompGUI]$$

이다. 따라서

$$\mathcal{TR}1_{GAA}$$
$$= (\mathcal{TR}1_{AA\&G}[\text{vpFR\_TG, vpCompUI}])[\text{vpFR\_TG\textbackslash FR\_G, vpCompUI\textbackslash CompGUI}]$$
$$= \mathcal{TR}1_{AA\&G}[\text{vpFR\_TG\textbackslash FR\_G, vpCompUI\textbackslash CompGUI}]$$

에 의하여, 예제 3.4.1-3의 $\mathcal{TR}1_{AA\&G}$로부터 다음과 같이 $\mathcal{TR}1_{GAA}$가 생성된다.

PL Artifact Name	$\mathcal{PL}(\mathcal{TR}1_{GAA})$ :: Reqs-to-Arch Traceability	
Import	$\mathcal{PL}(\mathcal{D}1_{AA\&G})$[vpFR_TG\FR_G, vpCompUI\CompGUI, vpch37/ch7, vpch48/ch8] // 예제 3.4.1-1	
Platform ($\mathcal{TR}1_{GAA}$)	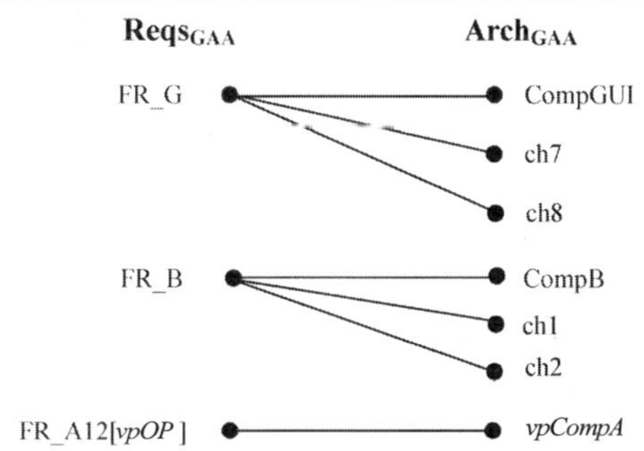	
	VP Declarations	*// vpOP: "fmod and fquot", "pow and log";* *// vpCompA: CompA1, CompA2* 가변값 추적성 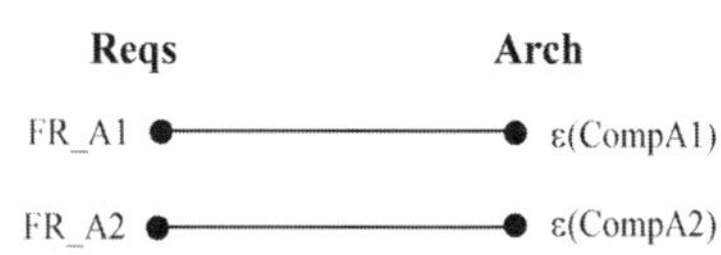
	Variability Constraints	*// vpOP."fmod and fquot" req vpCompA.CompA1;* *// vpOP."pow and log" req vpCompA.CompA2*
Bindings	$\mathcal{TR}1_{GA1}$	*[vpOP\"fmod and fquot", vpCompA\CompA1]*
	$\mathcal{TR}1_{GA2}$	*[vpOP\"pow and log", vpCompA\CompA2]*

■

3.4.3 제품 아키텍처의 설계

제 1장 1.4.2절 참조.

3.5 아키텍처의 분석과 평가

3.5.1 아키텍처의 분석

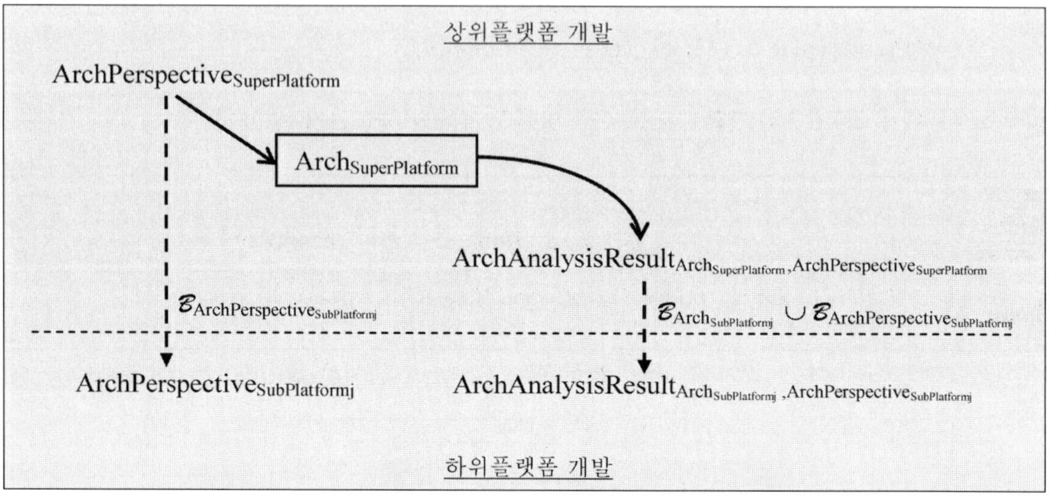

그림 3.5.1-1. H-GPL에서 하위 제품라인 아키텍처 분석의 개요도

그림 3.5.1-1은 H-GPL에서 하위플랫폼 아키텍처의 분석이 다음 활동들로 이루어짐을 나타낸다: (1) 상위플랫폼 아키텍처 Arch$_{SuperPlatform}$에 플랫폼 아키텍처 분석관점 ArchPerspective$_{SuperPlatform}$을 적용하여 플랫폼 분석결과 ArchAnalysisResult$_{Arch_{SuperPlatform}, ArchPerspective_{SuperPlatform}}$를 얻는다. (2) 이 분석결과에 SubPlatformj의 아키텍처 분석결과 바인딩을 적용하여 SubPlatformj의 아키텍처 분석결과를 생성한다. 그림 3.5.1-2는 이 활동을 정형적으로 표현한다.

상위플랫폼 개발

$$ArchAnalysisResult_{Arch_{SuperPlatform}, ArchPerspective_{SuperPlatform}} = \mathit{Analysis}(Arch_{SuperPlatform}, ArchPerspective_{SuperPlatform})$$

하위플랫폼 개발

$$ArchPerspective_{SubPlatformj} = ArchPerspective_{SuperPlatform}\ \mathcal{B}^{ArchVPs1}_{ArchPerspective_{SubPlatformj}}$$

$$ArchAnalysisResult_{Arch_{SubPlatformj}, ArchPerspective_{SubPlatformj}} = ArchAnalysisResult_{Arch_{SuperPlatform}, ArchPerspective_{SuperPlatform}}(\mathcal{B}^{ArchVPs1}_{Arch_{SubPlatformj}} \cup \mathcal{B}^{ArchVPs1}_{ArchPerspective_{SubPlatformj}})$$

그림 3.5.1-2. H-GPL에서 하위 제품라인 아키텍처 분석의 정형적 표현

플랫폼 아키텍처의 분석결과로부터 제품 아키텍처의 분석결과를 도출하는 과정에는 가변점이 나타나지 않지만, 상위플랫폼 아키텍처의 분석결과로부터 하위플랫폼 아키텍처의 분

석결과를 도출하는 과정에는 하위플랫폼 아키텍처의 가변점들과 아키텍처의 분석관점에 있는 가변점들이 나타난다.

3.5.1.1 상위 제품라인 아키텍처의 분석

상위 제품라인 아키텍처 분석관점

다음 예제는 상위 제품라인 아키텍처의 분석을 위해 채택한 분석관점의 예를 보인다.

예제 3.5.1.1-1 $\mathcal{PL}$(ArchPerspective1$_{AA\&G}$)

예제 3.4.1-2의 Arch$_{AA\&G}$를 분석하기 위해 다음의 분석관점을 채택하기로 한다.

PL Artifact Name	$\mathcal{PL}$(ArchPerspective1$_{AA\&G}$) :: Architecture Analysis Perspective	
Import	$\mathcal{PL}$(Arch$_{AA\&G}$) // 예제 3.4.1-2	
Platform	"계산기가 *vpCompUI*로부터 입력된 두 수에 대한 vpOP1 연산을 1μs 이내에 수행하는가?"	
	VP Declarations	// *vpCompUI: CompTUI, CompGUI;* // vpCompA: CompA1, CompA2 vpOP1: "fmod와 fquot","pow와 log"
	Variability Constraints	vpCompA.CompA1 <u>req</u> vpOP1."fmod와 fquot"; vpCompA.CompA2 <u>req</u> vpOP1."pow와 log"
Bindings	ArchPerspective1$_{AA}$	[*vpCompUI\CompTUI*]
	ArchPerspective1$_{GAA}$	[*vpCompUI\CompGUI*]

ArchPerspective1$_{AA\&G}$의 가변점 vpOP1은 $\mathcal{PL}$(Reqs$_{AA\&G}$)의 vpOP에 대응되는 가변점이지만, 이 두 가변점은 서로 다른 산출물에 속하는 가변점들로, 이 분석관점은 Reqs$_{AA\&G}$와 독립적으로 사용될 수 있다. 이 두 가변점이 서로 다른 산출물에 속한다는 것을 명확히 알 수 있도록 이름을 서로 다르게 주었다. 또한 vpOP1의 가변값이 "fmod와 fquot"와 "pow와 log" 중 어느 것이 되는가는 Arch$_{AA\&G}$의 vpComA의 가변값이 CompA1과 CompA2 중 어느 것인가에 따라 결정되기 때문에 위와 같이 두 개의 가변성 제약사항이 포함되었다.

■

상위 제품라인 아키텍처 분석결과

다음 예제는 채택한 분석관점으로 상위 제품라인 아키텍처를 분석한 결과의 예를 보인다.

예제 3.5.1.1-2 $\mathcal{PL}$(ArchAnalysisResult1$_{Arch_{AA\&G}, ArchPerspective1_{AA\&G}}$)

예제 3.4.1.1-1의 분석관점 ArchPerspective1$_{AA\&G}$에 대하여, Result space = {True, False}이고 time(fmod), time(fquot), time(pow)와 time(log)를 이미 계산하였다고 가정한다. GUI에 사용되는 시간을 결정하기 위하여, CompGUI가 모든 연산을 위하여 사용하는 시간이 time(CompGUI)라고 가정한다. CompGUI가 사용될 때 다양한 연산이 제품라인 분석관점에 대하여 서로 다른 결과를 주어서 각 연산이 독립적으로 분석되어야 할 수도 있다.

<table>
<tr><th>PL Artifact Name</th><th colspan="2">$\mathcal{PL}$(ArchAnalysisResult1$_{Arch_{AA\&G}, ArchPerspective1_{AA\&G}}$) :: Architecture Analysis Result</th></tr>
<tr><td>Import</td><td colspan="2">$\mathcal{PL}$(Arch$_{AA\&G}$) // 예제 3.4.1-2
$\mathcal{PL}$(ArchPerspective1$_{AA\&G}$) // 예제 3.5.1.1-1</td></tr>
<tr><td rowspan="3">Platform</td><td colspan="2">case vpCompUI of
 CompTUI:
  case vpOP1 of
    "fmod와 fquot": True;
    "pow와 log": False;
  end case;
CompGUI:
  if time(vpOP1) + time(CompGUI) < 1μs
   then True
   else False
end case</td></tr>
<tr><td>VP Declarations</td><td>// vpCompUI: CompTUI,CompGUI
vpOP1: "fmod와 quot", "pow와 log"</td></tr>
<tr><td>Variability Constraints</td><td></td></tr>
<tr><td rowspan="2">Bindings</td><td>ArchAnalysisResult1$_{Arch_{AA}, ArchPerspective1_{AA}}$</td><td>[vpCompUI\CompTUI]</td></tr>
<tr><td>ArchAnalysisResult1$_{Arch_{GAA}, ReqsArchPerspective1_{GAA}}$</td><td>[vpCompUI\CompGUI]</td></tr>
</table>

■

3.5.1.2 하위 제품라인 아키텍처의 분석

하위 제품라인 아키텍처 분석관점

다음 예제는

$$\text{ArchPerspective1}_{\text{SubPlatformj}} = (\text{ArchPerspective1}_{\text{SuperPlatform}})\ \mathcal{B}_{\text{ArchPerspective1}_{\text{SubPlatformj}}}$$

의 관계를 이용하여, 상위플랫폼 아키텍처 분석관점으로부터 생성한 하위플랫폼 아키텍처 분석관점의 예를 보인다.

예제 3.5.1.2-1 $\mathcal{PL}$(ArchPerspective1$_{\text{GAA}}$)

ArchPerspective1$_{\text{GAA}}$

= (ArchPerspective1$_{\text{AA\&G}}$) $\mathcal{B}_{\text{ArchPerspective1}_{\text{GAA}}}$

= (ArchPerspective1$_{\text{AA\&G}}$)[vpCompUI\CompGUI]

= ("계산기가 vpCompUI로부터 입력된 두 수에 대한 vpOP1 연산을 1μs 이내에 수행하는가?")[vpCompUI\CompGUI]

= "계산기가 CompGUI로부터 입력된 두 수에 대한 vpOP1 연산을 1μs 이내에 수행하는가?"

에 의하여, 예제 3.5.1.1-1예제의 ArchPerspective1$_{\text{AA\&G}}$로부터 다음과 같이 ArchPerspective1$_{\text{GAA}}$가 생성된다.

PL Artifact Name	$\mathcal{PL}$(ArchPerspective1$_{\text{GAA}}$) :: Architecture Analysis Perspective	
Import	$\mathcal{PL}$(Arch$_{\text{AA\&G}}$)[vpCompUI\CompGUI] // 예제 3.4.1-2	
Platform	"계산기가 CompGUI로부터 입력된 두 수에 대한 *vpOP1* 연산을 1μs 이내에 수행하는가?"	
	VP Declarations	*vpOP1: "fmod와 fquot", "pow와 log"*
	Variability Constraints	
Bindings	ArchPerspective1$_{\text{GA1}}$	[*vpOP1\"fmod와 fquot"*]
	ArchPerspective1$_{\text{GA2}}$	[*vpOP1\"pow와 log"*]

■

하위 제품라인 아키텍처 분석결과

$\mathcal{PL}$(ArchAnalysisResult$_{\text{Arch}_{AA},\text{ArchPerspective1}_{AA}}$)는 제 1장 예제 1.5.1.1-2에 있다. 다음 예제는 상위플랫폼 아키텍처 분석결과로부터 생성한 하위플랫폼 아키텍처 분석결과의 예를 보인다.

예제 3.5.1.2-2 $\mathcal{PL}$(ArchAnalysisResult1$_{\text{Arch}_{GAA},\text{ArchPerspective1}_{GAA}}$)

예제 3.5.1.2-1의 ArchPerspective1$_{GAA}$은 Arch$_{GAA}$가 가진 가변점만을 가지고 있다. 그러므로 예제 3.4.1-2과 예제 3.5.1.2-1에 있는 바인딩에 의하여

$$\mathcal{B}_{\text{Arch}_{GAA}} \cup \mathcal{B}_{\text{ArchPerspective1}_{GAA}}$$
$$= [\text{vpCompUI}\backslash\text{CompGUI}] \cup [\text{vpCompUI}\backslash\text{CompGUI}]$$
$$= [\text{vpCompUI}\backslash\text{CompGUI}]$$

이다. 따라서

```
ArchAnalysisResult_{Arch_GAA, ArchPerspective1_GAA}
= ArchAnalysisResult_{Arch_AA&G, ArchPerspective1_AA&G} (B_{Arch_GAA} ∪ B_{ArchPerspective1_GAA})
= (case vpCompUI of
      CompTUI:  case vpOP1 of
                   "fmod와 fquot": True;
                   "pow와 log": False;
                end case;
      CompGUI: if time(vpOP1) + time(CompGUI) < 1μs
                 then True
                 else False;
   end case )[vpCompUI\CompGUI]
= if time(vpOP1) + time(CompGUI) < 1μs
      then True
      else False
```

에 의하여, 예제 3.5.1.1-2의 ArchAnalysisResult1$_{\text{Arch}_{AA\&G},\text{ArchPerspective1}_{AA\&G}}$로부터 다음과 같이 ArchAnalysisResult1$_{\text{Arch}_{GAA},\text{ArchPerspective1}_{GAA}}$가 생성된다.

PL Artifact Name	$\mathcal{PL}$(ArchAnalysisResult1$_{Arch_{GAA}, ArchPerspective1_{GAA}}$) :: Architecture Analysis Result	
Import	$\mathcal{PL}$(Arch$_{AA\&G}$)[vpCompUI\CompGUI] $\mathcal{PL}$(ArchPerspective1$_{AA\&G}$)[vpCompUI\CompGUI]	// 예제 3.4.1-2 // 예제 3.5.1.1-1
Platform	**if** time(*vpOP1*) + time(CompGUI) < 1μs **then** True **else** False	
	VP Declarations	// *vpOP1: "fmod와 quot", "pow와 log"*
	Variability Constraints	
Bindings	ArchAnalysisResult1$_{Arch_{GA1}, ArchPerspective1_{GA1}}$	[*vpOP1**"fmod와 fquot"*]
	ArchAnalysisResult1$_{Arch_{GA2}, ArchPerspective1_{GA2}}$	[*vpOP1**"pow와 log"*]

■

3.5.1.3 제품 아키텍처의 분석

제 1장 1.5.1.2절 참조.

3.5.2 아키텍처의 평가

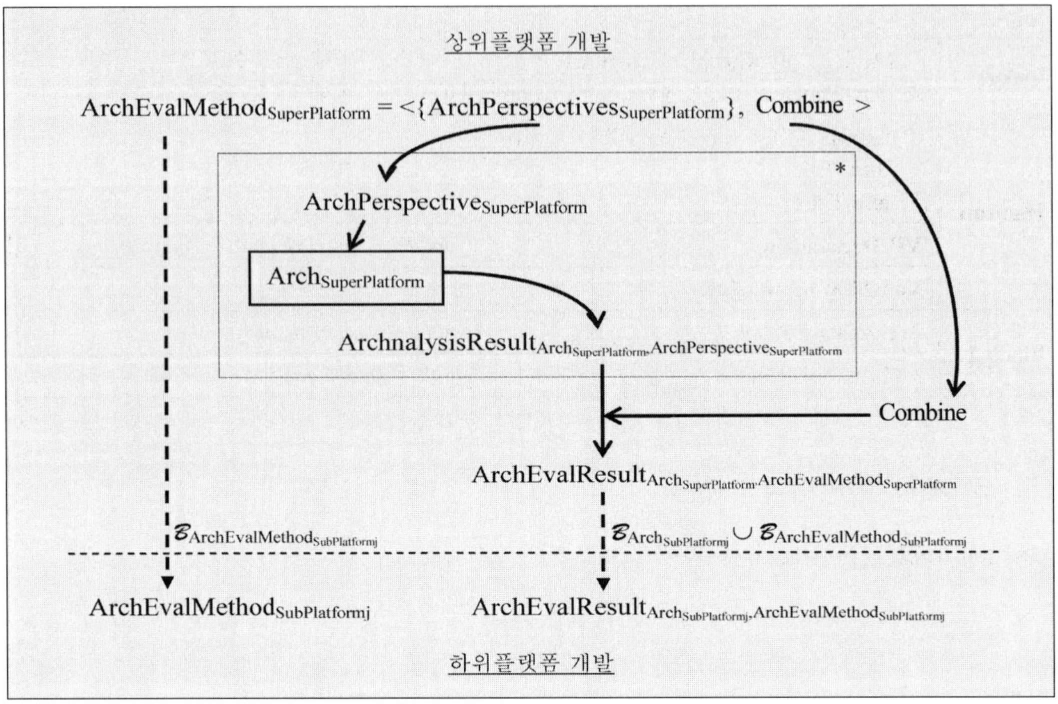

그림 3.5.2-1. H-GPL에서 하위플랫폼 아키텍처 평가의 개요도

그림 3.5.2-1은 H-GPL에서 하위플랫폼 아키텍처의 평가가 다음 활동들로 이루어짐을 나타낸다: (1) 상위플랫폼 아키텍처 $Arch_{SuperPlatform}$에 플랫폼 아키텍처 분석관점 $ArchPerspective_{SuperPlatform}$들을 적용하여 얻은 플랫폼 분석결과 $ArchAnalysisResult_{Arch_{SuperPlatform}, ArchPerspective_{SuperPlatform}}$들에 이들을 종합하는 함수 Combine을 적용하여 상위플랫폼 아키텍처 평가결과 $ArchEvalResult_{Arch_{SuperPlatform}, ArchEvalMethod_{SuperPlatform}}$를 얻는다; (2) 이 평가결과에 SubPlatformj의 아키텍처 평가결과 바인딩을 적용하여 SubPlatformj의 아키텍처 평가결과 $ArchEvalResult_{Arch_{SubPlatformj}, ArchEvalMethod_{SubPlatformj}}$를 생성한다. 그림 3.5.2-2는 이 활동을 정형적으로 표현한다.

상위플랫폼 개발

$$ArchEvalResult_{Arch_{SuperPlatform}, ArchEvalMethod_{SuperPlatform}} = \mathcal{Eval}(Arch_{SuperPlatform}, ArchEvalMethod_{SuperPlatform})$$

하위플랫폼 개발

$$ArchEvalMethod_{SubPlatformj} = EvalMethod_{SuperPlatform}\ \mathcal{B}^{ArchVPs1}{}_{ArchEvalMethod_{SubPlatformj}}$$

$$ArchEvalResult_{Arch_{SubPlatformj}, ArchEvalMethod_{SubPlatformj}} = ArchEvalResult_{Arch_{SuperPlatform}, ArchEvalMethod_{SuperPlatform}} (\mathcal{B}^{ArchVPs1}{}_{Arch_{SubPlatformj}} \cup \mathcal{B}^{ArchVPs1}{}_{ArchEvalMethod_{SubPlatformj}})$$

그림 3.5.2-2. H-GPL에서 하위플랫폼 아키텍처 평가의 정형적 표현

플랫폼 아키텍처의 평가결과로부터 제품 아키텍처의 평가결과를 도출하는 과정에는 가변점이 나타나지 않지만, 상위플랫폼 아키텍처의 평가결과로부터 하위플랫폼 아키텍처의 평가결과를 도출하는 과정에는 하위플랫폼 아키텍처의 가변점들과 아키텍처의 평가방법에 있는 가변점들이 나타난다.

3.5.2.1 상위 제품라인 아키텍처의 평가

상위 제품라인 아키텍처 평가방법

다음 예제는 상위 제품라인 아키텍처의 평가를 위해 채택한 평가방법의 예를 보인다.

예제 3.5.2.1-1 $\mathcal{PL}(ArchEvalMethod_{AA\&G})$

예제 3.4.2-2의 $Arch_{AA\&G}$를 평가하기 위한 평가방법의 Combine 함수로 $\sum_{j \in ArchPerspectives}$ ($ArchPerspectivej_{AA\&G}$의 가중치 × $ArchPerspectivej_{AA\&G}$의 분석결과의 가치)를 채택하기로 한다. 여기에서 $ArchPerspective1_{AA\&G}$가 제 1장 예제 1.5.1.1-1의 $ArchPerspective1_{AA}$라고 하자. 또한 $ArchPerspective2_{AA\&G}$가 제 1장 예제 1.5.2.1-1의 관점이라고 하자.

<table>
<tr><th>PL Artifact Name</th><th colspan="2">$\mathcal{PL}$(ArchEvalMethod$_{AA\&G}$) :: Architecture Evaluation Method</th></tr>
<tr><td>Import</td><td colspan="2">$\mathcal{PL}$(Arch$_{AA\&G}$) // 예제 3.4.2-2
$\mathcal{PL}$(ArchPerspective1$_{AA\&G}$) // 예제 3.5.1.1-1</td></tr>
<tr><td rowspan="3">Platform</td><td colspan="2"><
{ ε(ArchPerspective1$_{AA\&G}$[vpCompUI, vpOP1]),
ArchPerspective2$_{AA\&G}$
},
$\sum_j$(Weight of ArchPerspectivej$_{AA\&G}$ × Analysis(Arch$_{AA\&G}$, ArchPerspectivej$_{AA\&G}$))
>
이고, 여기서 가져오기되지 않은 분석관점들은 다음과 같다:
ArchPerspective2$_{AA\&G}$[vpCompA]:
"컴포넌트 vpCompA가 2년 경력의 프로그래머에 의하여 하루 안에 업그레이드가 가능한가?"</td></tr>
<tr><td>VP Declarations</td><td>// vpCompUI: CompTUI, CompGUI;
// vpOP1: "fmod와 fquot", "pow와 log";
// vpCompA: CompA1, CompA2</td></tr>
<tr><td>Variability Constraints</td><td>// vpCompA.CompA1 <u>req</u> vpOP1."fmod와 fquot";
// vpCompA.CompA2 <u>req</u> vpOP1."pow와 log"</td></tr>
<tr><td rowspan="2">Bindings</td><td>ArchEvalMethod$_{AA}$</td><td>[vpCompUI\CompTUI]</td></tr>
<tr><td>ArchEvalMethod$_{GAA}$</td><td>[vpCompUI\CompGUI]</td></tr>
</table>

■

상위 제품라인 아키텍처 평가결과

다음 예제는 채택한 평가방법으로 상위 제품라인 아키텍처를 평가한 결과의 예를 보인다.

예제 3.5.2.1-2 $\mathcal{PL}$(ArchEvalResult$_{Arch_{AA\&G},ArchEvalMethod_{AA\&G}}$)

예제 3.4.2-2의 Arch$_{AA\&G}$를 예제 3.5.2.1-1의 ArchEvalMethod$_{AA\&G}$로 평가하기 위하여, 평가방법에서 정의한 분석관점들의 분석결과를 다음과 같이 가정하자.

분석결과표		
분석관점	가능한 분석결과	근거
ArchPerspective1$_{AA\&G}$[vpCompUI, vpOP1]	ε(**case** vpCompUI **of** CompTUI: **case** vpOP1 **of** "fmod와 fquot": True; "pow와 log": False; **end case**; CompGUI: **if** time(vpOP1) + time(CompGUI) < 1μs **then** True **else** False **end case**)	예제 3.5.1.1-2
ArchPerspective2$_{AA\&G}$[vpCompA]	True	가정

또한 가능한 분석결과의 가치를 다음과 같이 가정하자.

분석결과환산표			
분석관점	가능한 분석결과	분석결과의 가치	근거
ArchPerspective1$_{AA\&G}$ [vpCompUI, vpOP1]	ε(**case** vpCompUI **of** CompTUI: **case** vpOP1 **of** "fmod와 fquot": True; "pow와 log": False; **end case**; CompGUI: **if** time(vpOP1) + time(CompGUI) < 1μs **then** True **else** False **end case**)	**case** vpCompUI **of** CompTUI: **case** vpOP1 **of** "fmod와 fquot": 20; "pow와 log": 15; **end case**; CompGUI: **if** time(vpOP1) + time(CompGUI) < 1μs **then** 40 **else** 0 **end case**	가정
ArchPerspective2$_{AA\&G}$ [vpCompA]	True	10	가정
	False	0	가정

ArchPerspective1의 분석결과는 True와 False로 나누지 않았는데, 그 이유는 예제 3.5.1.1-2의 분석결과가 이 두 경우를 이미 반영하고 있기 때문이다. ArchPerspective1$_{AA\&G}$ 분석관점의 가중치를 6으로 가정하고 ArchPerspective2$_{AA\&G}$ 분석관점의 가중치를 vpCompA의 가변값으로 CompA1이 대입되느냐 혹은 CompA2가 대입되느냐에 따라 각각 5와 4로 가정하면, 위의 분석결과표와 분석결과환산표로부터 다음의 평가계산표가 만들어진다.

평가계산표				
분석 관점	**분석 결과**	**분석결과의 가치**	**분석관점의 가중치**	**분석결과의 가치 × 분석관점의 가중치**
ArchPerspective1$_{AA\&G}$ [vpCompUI, vpOP1]	**case** vpCompUI **of** CompTUI: **case** vpOP1 **of** "fmod와fquot": True; "pow와 log": False; **end case**; CompGUI: **if** time(vpOP1) + time(CompGUI) < 1μs **then** True **else** False **end case**	**case** vpCompUI **of** CompTUI: **case** vpOP1 **of** "fmod와 fquot": 20; "pow와 log": 15; **end case**; CompGUI: **if** time(vpOP1) + time(CompGUI) < 1μs **then** 40 **else** 0 **end case**	6	**case** vpCompUI **of** CompTUI: **case** vpOP1 **of** "fmod와 fquot": 120; "pow와 log": 90; **end case**; CompGUI: **if** time(vpOP1) + time(CompGUI) < 1μs **then** 240 **else** 0 **end case**
ArchPerspective2$_{AA\&G}$ [vpCompA]	True	10	**case** vpCompA **of** CompA1: 5; CompA2: 4; **end case**	**case** vpCompA **of** CompA1: 50; CompA2: 40; **end case**

이 계산에서 vpCompUI의 가변값이 CompTUI이면, vpOP1와 vpCompA의 가능한 값이 각각 두 개여서, 총 네 개의 서로 다른 평가값이 가능하지만, 예제 3.5.1.1-1의 가변성 제약사항에 의하여 두 가지 경우만 가능하다. 그러므로 이 경우 평가결과는 다음과 같다.

<vpOP1, vpCompA> = <"fmod와 fquot", CompA1> 인 경우
(즉 vpOP1 = "fmod와 fquot"이고, vpCompA = CompA1인 경우),
평가값은 120 + 50 = 170 이고,
<vpOP1, vpCompA> = <"pow와 log", CompA2> 인 경우
(즉 vpOP1 = "pow와 log"이고 vpCompA = CompA2인 경우)
평가값은 90 + 40 = 130 이다.

또한 vpCompUI의 가변값이 CompGUI이면, vpOP1의 가변값에 관계없이 그 결과가

if time(vpOP1) + time(CompGUI) < 1μs
  then 240
  else 0

로 표현될 수 있다. 따라서 예제 3.4.2-2의 $\mathcal{PA}$(Arch$_{AA\&G}$)를 예제 3.5.2.1-1의 $\mathcal{PA}$(ArchEvalMethod$_{AA\&G}$)로 평가한 결과는 다음과 같다.

<table>
<tr><th>PL Artifact Name</th><th colspan="2">$\mathcal{PL}(ArchEvalResult_{Arch_{AA\&G}, ArchEvalMethod_{AA\&G}})$ :: Architecture Evaluation Result</th></tr>
<tr><td>Import</td><td colspan="2">$\mathcal{PL}(Arch_{AA\&G})$ // 예제 3.4.2-2
$\mathcal{PL}(ArchEvalMethod_{AA\&G})$ // 예제 3.5.2.1-1</td></tr>
<tr><td rowspan="3">Platform</td><td colspan="2">case vpCompUI of
CompTUI:
  case <vpOP1, vpCompA> of
    <“fmod와 fquot”, CompA1>: 170;
    <“pow와 log”, CompA2>: 130;
  end case;
CompGUI:
  if time(vpOP1) + time(CompGUI) < 1μs
   then 290 // 240 + 50 = 290
   else 40 // 0 + 40 = 40
end case</td></tr>
<tr><td>VP Declarations</td><td>// vpCompUI: CompTUI, CompGUI;
// vpOP1: “fmod와 fquot”,“pow의 log”
// vpCompA: CompA1, CompA2</td></tr>
<tr><td>Variability Constraints</td><td>// vpCompA.CompA1 <u>req</u>
// vpOP1.“fmod와 fquot”;
// vpCompA.CompA2 <u>req</u>
// vpOP1.“pow와 log”</td></tr>
<tr><td rowspan="2">Bindings</td><td>$ArchEvalResult_{Arch_{AA}, ArchEvalMethod_{AA}}$</td><td>[vpCompUI\CompTUI]</td></tr>
<tr><td>$ArchEvalResult_{Arch_{GAA}, ArchEvalMethod_{GAA}}$</td><td>[vpCompUI\CompGUI]</td></tr>
</table>

■

3.5.2.2 하위 제품라인 아키텍처의 평가

하위 제품라인 아키텍처 평가방법

다음 예제는 상위플랫폼 아키텍처 평가방법으로부터 생성한 하위플랫폼 아키텍처 평가방법의 예를 보인다.

예제 3.5.2.2-1 $\mathcal{PL}(ArchEvalMethod_{AA})$

$$ArchEvalMethod_{AA} = ArchEvalMethod_{AA\&G}[vpCompUI\backslash CompTUI]$$

에 의하여, 예제 3.5.2.1-1의 $ArchEvalMethod_{AA\&G}$로부터 다음과 같이 $ArchEvalMethod_{AA}$가 생성된다.

<table>
<tr><th>PL Artifact Name</th><th colspan="2">$\mathcal{PL}$(ArchEvalMethod$_{AA}$) :: Architecture Evalation Method</th></tr>
<tr><td>Import</td><td colspan="2">$\mathcal{PL}$(Arch$_{AA\&G}$)[vpCompUI\CompTUI] // 예제 3.4.2-2
$\mathcal{PL}$(ArchPerspective1$_{AA\&G}$)[vpCompUI\CompTUI] // 예제 3.5.1.1-1</td></tr>
<tr><td rowspan="3">Platform</td><td colspan="2"><
{ ArchPerspective1$_{AA}$[vpOP1] =
ArchPerspective1$_{AA\&G}$[vpCompUI\CompTUI, vpOP1],
ArchPerspective2$_{AA}$[vpCompA] = ArchPerspective2$_{AA\&G}$[<i>vpCompA</i>],
},
$\sum_{j=1}^{2}$ (Weight of ArchPerspectivej$_{AA}$ × Analysis(Arch$_{AA}$, ArchPerspectivej$_{AA}$))
></td></tr>
<tr><td>VP Declarations</td><td>// vpOP1: “fmod와 fquot”, “pow와 log”;
// vpCompA: CompA1, CompA2</td></tr>
<tr><td>Variability Constraints</td><td>// vpCompA.CompA1 <u>req</u> vpOP1.“fmod와 fquot”;
// vpCompA.CompA2 <u>req</u> vpOP1.“pow와 log”</td></tr>
<tr><td rowspan="2">Bindings</td><td>ArchEvalMethod$_{A1}$</td><td>[vpOP1\“fmod와 fquot”, vpCompA\CompA1]</td></tr>
<tr><td>ArchEvalMethod$_{A2}$</td><td>[vpOP1\“pow와 log”, vpCompA\CompA2]</td></tr>
</table>

하위 제품라인 아키텍처 평가결과

다음 예제는 상위플랫폼 아키텍처 평가결과로부터 생성한 하위플랫폼 아키텍처 평가결과의 예를 보인다.

예제 3.5.2.2-2 $\mathcal{PL}$(ArchEvalResult$_{Arch_{AA}, ArchEvalMethod_{AA}}$)

ArchEvalResult$_{Arch_{AA}, ArchEvalMethod_{AA}}$ =
ArchEvalResult$_{Arch_{AA\&G}, ArchEvalMethod_{AA\&G}}$[vpCompUI\CompTUI]

에 의하여, 예제 3.5.2.1-2의 $\mathcal{PL}$(ArchEvalResult$_{Arch_{AA\&G}, ArchEvalMethod_{AA\&G}}$)로부터 다음과 같이 $\mathcal{PL}$(ArchEvalResult$_{Arch_{AA}, ArchEvalMethod_{AA}}$)가 생성된다.

<table>
<tr><th>PL Artifact Name</th><th colspan="2">𝒫ℒ($\text{ArchEvalResult}_{\text{Arch}_{AA},\text{ArchEvalMethod}_{AA}}$) :: Architecture Evaluation Result</th></tr>
<tr><td>Import</td><td colspan="2">𝒫ℒ($\text{Arch}_{AA\&G}$)[vpCompUI\CompTUI] // 예제 3.4.2-2
𝒫ℒ($\text{ArchEvalMethod}_{AA\&G}$)[vpCompUI\CompTUI] // 예제 3.5.2.1-1</td></tr>
<tr><td rowspan="3"><b>Platform</b></td><td colspan="2"><b>case</b> <<i>vpOP1, vpCompA</i>> <b>of</b>
<“fmod와 fquot”, CompA1>: 170;
<“pow와 log”, CompA2>: 130;
<b>end case</b></td></tr>
<tr><td>VP Declarations</td><td>// vpOP1: “fmod와 fquot”, “pow와 log”
// vpCompA: CompA1, CompA2</td></tr>
<tr><td>Variability Constraints</td><td>// vpCompA.CompA1 <u>req</u>
// vpOP1.“fmod와 fquot”;
// vpCompA.CompA2 <u>req</u>
// vpOP1.“pow와 log”</td></tr>
<tr><td rowspan="2">Bindings</td><td>$\text{ArchEvalResult}_{\text{Arch}_{A1},\text{ArchEvalMethod}_{A1}}$</td><td>[vpOP1\“fmod와 fquot”, vpCompA\CompA1]</td></tr>
<tr><td>$\text{ArchEvalResult}_{\text{Arch}_{A2},\text{ArchEvalMethod}_{A2}}$</td><td>[vpOP1\“pow와 log”, vpCompA\CompA2]</td></tr>
</table>

■

3.5.2.3 제품 아키텍처의 평가

제 1장 1.5.2.2절 참조.

3.6 구현의 개발

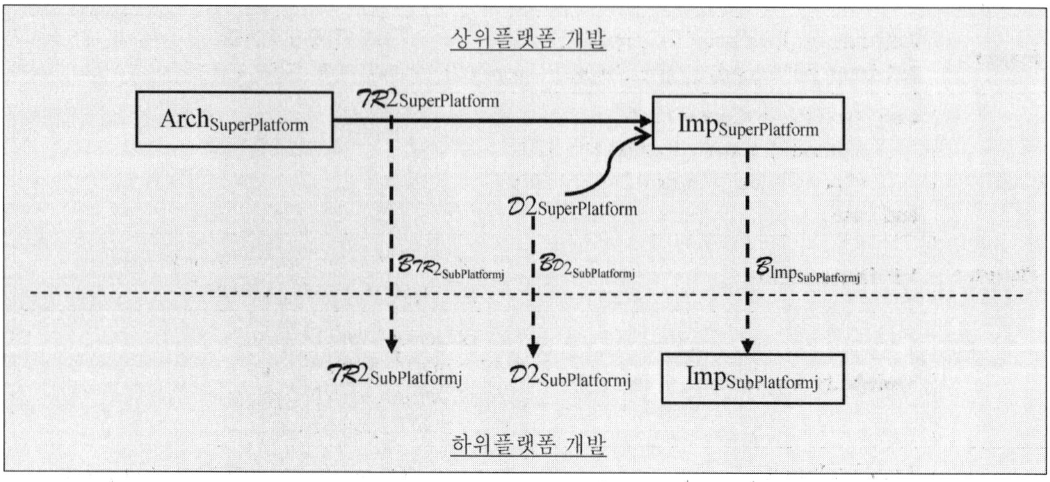

그림 3.6-1. H-GPL에서 하위 제품라인 구현 개발의 개요도

그림 3.6-1은 H-GPL에서 하위플랫폼 구현의 도출이 다음 활동들로 이루어짐을 나타낸다: (1) 상위플랫폼 요구사항명세 $Reqs_{SuperPlatform}$에 상위플랫폼 구현결정 $\mathcal{D}2_{SuperPlatform}$을 적용한 결과로서 상위플랫폼 구현 $Imp_{SuperPlatform}$과 상위플랫폼의 아키텍처-구현 추적성 $\mathcal{TR}2_{SuperPlatform}$이 만들어 진다; (2) 상위플랫폼 구현에 SubPlatformj의 구현 바인딩을 적용하여 SubPlatformj의 구현 $Imp_{SubPlatformj}$를 생성한다. 그림 3.6-2는 이 활동을 정형적으로 표현한다.

상위플랫폼 개발

$$(Imp_{SuperPlatform}, \mathcal{TR}2_{SuperPlatform}) = \mathcal{Implement}(Arch_{SuperPlatform}, \mathcal{D}2_{SuperPlatform})$$

하위플랫폼 개발

$$\mathcal{D}2_{SubPlatformj} = \mathcal{D}2_{SuperPlatform}\ \mathcal{B}^{ImpVPs1}_{\mathcal{D}2_{SubPlatformj}}$$

$$Imp_{SubPlatformj} = Imp_{SuperPlatform}\ \mathcal{B}^{ImpVPs1}_{Imp_{SubPlatformj}}$$

$$\mathcal{TR}2_{SubPlatformj} = \mathcal{TR}2_{SuperPlatform}\ \mathcal{B}^{ImpVPs1}_{\mathcal{TR}2_{SubPlatformj}}$$

그림 3.6-2. H-GPL에서 하위 제품라인 구현 개발의 정형적 표현

3.6.1 상위 제품라인 구현의 개발

상위 제품라인 구현결정

제 1장 예제 1.6.1-2의 Imp_{AA}를 하위플랫폼 구현으로 생성할 수 있는 상위플랫폼 구현을 여기서 고려한다. 다음 예제는 상위플랫폼 아키텍처설계결정의 예를 보인다.

예제 3.6.1-1 $\mathcal{PL}(\mathcal{D}2_{AA\&G})$

예제 3.4.2-2의 $\mathcal{PL}(\text{Arch}_{AA\&G})$로부터 다음과 같이 구현결정을 내렸다고 가정하자.

<table>
<tr><th>PL Artifact Name</th><th colspan="2">$\mathcal{PL}(\mathcal{D}2_{AA\&G})$ :: Implementation Decisions</th></tr>
<tr><td>Import</td><td colspan="2">PL(Arch$_{AA\&G}$) // 예제 3.4.2-2</td></tr>
<tr><td rowspan="3">Platform
($\mathcal{D}2_{AA\&G}$)</td><td colspan="2"><
D1: [만일 (vpCompUI == CompTUI)이면
vpCompUI는 program TUI으로 구현하고,
만일 (vpCompUI == CompGUI)이면
vpCompUI는 program GUI로 구현한다;
vpch34와 vpch48은 procedure B의 호출과
procedure B의 실행으로부터의 반환으로 각각 구현한다.]
D2: [컴포넌트 CompB를 procedure B로 구현한다.]
D3: [procedure B는 사용자가 요구하는 다양한 계산요청을 처리하기 위하여,
Case문을 사용하여
사용자가 요청한 연산의 종류에 따라 해당 연산을 실행한다.]
D4: [procedure B는 코드 수준의 가변점 vpOperator1와
vpOperator2를 사용하여 연산 vpOP를 처리한다.]
D5: [procedure B는 vpOperator1 연산과 vpOperator2
연산을 처리하기 위하여vpCallA를 호출한다.]
D6: [컴포넌트 vpCompA를 procedure A1 또는 procedure A2의
선택으로 맵핑한다.]
D8[205]: [컴포넌트 CompGUI를 program GUI로 맵핑한다.]
D9: [vpCompUI가 CompTUI이면 program TUI의 실행으로
프로그램이 시작되고 (따라서 program GUI는 코드에서 제외된다),
vpCompUI가 CompGUI이면 program GUI의 실행으로
프로그램이 시작된다 (따라서 program TUI는 코드에서 제외된다).]
></td></tr>
<tr><td>VP Declarations</td><td>// vpCompUI: CompTUI, CompGUI;
// vpch37: ch3, ch7;
// vpch48: ch4, ch8;
// vpCompA: CompA1, CompA2;
vpOperator1: “fmod”, “pow”;
vpOperator2: “fquot”, “log”;
vpCallA: A1, A2</td></tr>
<tr><td>Variability Constraints</td><td>// vpCompUI.ComTUI <u>req</u> (vpch37.ch3 ∧ vpch48.ch4);
// vpCompUI.ComGUI <u>req</u> (vpch37.ch7 ∧ vpch48.ch8);
// vpOP.“fmod and fquot” <u>req</u> vpCompA.CompA1;
// vpOP.“pow and log” <u>req</u> vpCompA.CompA2;
vpOP.“fmod and fquot” <u>m-req</u> vpCompA.CompA1 <u>m-req</u>
(vpOperator1.“fmod” ∧ vpOperator2.“fquot”) <u>m-req</u> vpCallA.A1;
vpOP.“pow and log” <u>m-req</u> vpCompA.CompA2 <u>m-req</u>
(vpOperator1.“pow” ∧ vpOperator2.“log”) <u>m-req</u> vpCallA.A2</td></tr>
<tr><td rowspan="2">Bindings</td><td>$\mathcal{D}2_{AA}$</td><td>[vpCompUI\CompTUI, vpch37/ch3, vpch48/ch4]</td></tr>
<tr><td>$\mathcal{D}2_{GAA}$</td><td>[vpCompUI\CompGUI, vpch37/ch7, vpch48/ch8]</td></tr>
</table>

■

상위 제품라인 구현

다음 예제는 상위 제품라인 구현결정에 따라 만들어진 구현의 예를 보인다.

예제 3.6.1-2 $\mathcal{PL}$($Imp_{AA\&G}$)

예제 3.6.1-1의 $\mathcal{PL}$($\mathcal{D}2_{AA\&G}$)에 따라 만들어지는 제품라인 구현은 다음과 같다.

PL Artifact Name	$\mathcal{PL}$($Imp_{AA\&G}$) :: Implementation
Import	$\mathcal{PL}$($\mathcal{D}2_{AA\&G}$) // 예제 3.6.1-1

Platform ($Imp_{AA\&G}$)	// vpCompUI 값이 CompTUI이면 program TUI의 실행으로
	// 프로그램이 시작되고, vpCompUI 값이 CompGUI이면
	// program GUI의 실행으로 프로그램이 시작된다.
	if *vpCompUI* == CompTUI then include begin
	  program TUI
	   OP: **string;** x, y: **real**
	   ReadOperation(OP); ReadNumber(x); ReadNumber(y);
	   WriteNumber(B(OP,x,y));
	  end program
	end
	if *vpCompUI* == CompGUI then include begin
	   program GUI
	   // GUI 인터페이스에서 사용자로부터 x, y와 OP를 얻는다.
	   // procedure B를 호출한다.
	   // 결과를 GUI 인터페이스를 통해 보인다.
	   . . .
	  end program
	end
	procedure B(OP: **string;** x, y: **real**): **real**
	   result: **real**;
	   case OP **of**
	     "+" : result := (x + y);
	     "−": result := (x − y);
	     "*" : result := (x * y);
	     "/" : result := (x / y);
	     vpOperator1: result := vpCallA(x,y);
	     vpOperator2: result := vpCallA(x,y);
	   end case;
	   return result:
	end procedure
	if vpCompA == CompA1 then include begin
	   ε(procedure A1) // 예제 1.6.1-2의 procedure A1
	end
	if vpCompA == CompA2 then include begin
	   ε(procedure A2) // 예제 1.6.1-2의 procedure A2
	end

205 D7는 제 2장 2.6.3절에서 $\mathcal{D}2_{A1'}$를 위하여 사용된 결정번호로, $\mathcal{D}2_{AA\&G}$에서는 사용되지 않는다.

	VP Declarations	// *vpCompUI: CompTUI, CompGUI;* // vpCompA: CompA1, CompA2; vpOperator1: "fmod", "pow"; vpOperator2: "fquot", "log"; vpCallA: A1, A2

	Variability Constraints	// vpOP."fmod and fquot" req vpCompA.CompA1;
		// vpOP."pow and log" req vpCompA.CompA2;
		vpOP."fmod and fquot" m-req vpCompA.CompA1 m-req
		(vpOperator1."fmod" ∧ vpOperator2."fquot") m-req
		vpCallA.A1 m-req vpCompA.CompA1;
		vpOP."pow and log" m-req vpCompA.CompA2 m-req
		(vpOperator1."pow" ∧ vpOperator2."log") m-req vpCallA.A2
		m-req vpCompA.CompA2

Bindings	Imp_{AA}	[*vpCompUI\CompTUI*]
	Imp_{GAA}	[*vpCompUI\CompGUI*]

위의 PLADT의 Platform 구역에 나오는 첫 세줄의 코멘트 대신에 프로그램 코드를 다음과 같이 작성할 수도 있다.

```
if vpCompUI == CompTUI  then include begin
    // program TUI의 실행으로 프로그램이 시작된다.
end
if vpCompUI == CompGUI then include begin
    // program GUI의 실행으로 프로그램이 시작된다.
end
```

이 방법이 갖는 특징은 코멘트도 코드와 같은 방법으로 인스턴스화시킬 수 있도록 하는 데 있다. 그럼에도 이 책에서는 위의 PLADT에서와 같이 코멘트와 코드를 분리하여, 코드는 정형적인 인스턴스화 대상으로 보고, 코멘트는 SPLD 사용자가 채택하는 방식에 따라 인스턴스화될 수 있는 대상으로 두기로 한다.

■

상위 제품라인 아키텍처-구현 추적성

다음 예제는 상위 제품라인 아키텍처-구현 추적성의 예를 보인다.

예제 3.6.1-3 $\mathcal{PL}(\mathcal{TR}2_{AA\&G})$

예제 3.6.1-1의 $\mathcal{PL}(\mathcal{D}2_{AA\&G})$에 따라 만들어지는 추적성은 다음과 같다.

<table>
<tr><th>PL Artifact Name</th><th colspan="2">$\mathcal{PL}(\mathcal{TR}2_{AA\&G})$ :: Arch-to-Imp Traceability</th></tr>
<tr><td>Import</td><td colspan="2">$\mathcal{PL}(\mathcal{D}2_{AA\&G})$ // 예제 3.6.1-1</td></tr>
<tr><td rowspan="2">Platform
($\mathcal{TR}2_{AA\&G}$)</td><td colspan="2">Arch$_{AA\&G}$ — Imp$_{AA\&G}$
vpCompUI — if vpCompUI==CompTUI then include begin ... end then include begin ... end
vpch37 — "program GUI의 호출"의 선택
vpch48 — "program GUI 실행으로부터의 반환"의 선택
CompB — procedure B
ch1 — vpOperator1을 위한 procedure A1 또는 procedure A2의 호출
ch1 — vpOperator2를 위한 procedure A1 또는 procedure A2의 호출
ch2 — vpOperator1을 위한 procedure A1 또는 procedure A2의 호출 실행으로부터의 반환
ch2 — vpOperator2를 위한 procedure A1 또는 procedure A2의 호출 실행으로부터의 반환
vpCompA의 가변값 선택 — (procedure B 내부의) vpCallA의 호출
vpCompA의 가변값 선택 — vpCompA==CompA1과 vpCompA==CompA2에 의한 procedure A1 또는 procedure A2 간의 선택</td></tr>
<tr><td>VP Declarations</td><td>// vpCompUI: CompTUI, CompGUI;
// vpCompA: CompA1, CompA2
vpOperator1: "fmod", "pow";
vpOperator2: "fquot", "log";
vpCallA: A1, A2;
가변값 추적성
Arch — Imp
CompTUI — program TUI
ch3 — program TUI의 호출
ch4 — program TUI 실행으로부터의 반환
CompGUI — program GUI
ch7 — program GUI의 호출
ch8 — program GUI 실행으로부터의 반환
ε(CompA1) — ε(procedure A1)
ε(CompA2) — ε(procedure A2)</td></tr>
</table>

	Variability Constraints	// vpOP."fmod and fquot" req vpCompA.CompA1;
		// vpOP."pow and log" req vpCompA.CompA2;
		vpOP."fmod and fquot" m-req vpCompA.CompA1 m-req
		(vpOperator1."fmod" ∧ vpOperator2."fquot") m-req
		vpCallA.A1 m-req vpCompA.CompA1;
		vpOP."pow and log" m-req vpCompA.CompA2 m-req
		(vpOperator1."pow" ∧ vpOperator2."log") m-req
		vpCallA.A2 m-req vpCompA.CompA2

Bindings	$\mathcal{TR}2_{AA}$	[*vpCompUI\CompTUI*]
	$\mathcal{TR}2_{GAA}$	[*vpCompUI\CompGUI*]

3.6.2 하위 제품라인 구현의 개발

하위 제품라인 구현결정

다음 예제는 상위플랫폼 구현결정으로부터 생성한 하위플랫폼 구현결정의 예를 보인다.

예제 3.6.2-1 $\mathcal{PL}(\mathcal{D}2_{AA})$와 $\mathcal{PL}(\mathcal{D}2_{GAA})$

예제 3.6.1-1의 $\mathcal{D}2_{AA\&G}$로부터 생성된 $\mathcal{D}2_{AA}$는 제 1장 예제 1.6.1-1에 있다. 예제 3.6.1-1의 $\mathcal{D}2_{AA\&G}$로부터 다음과 같이 $\mathcal{D}2_{GAA}$가 생성된다.

PL Artifact Name	$\mathcal{PL}(\mathcal{D}2_{GAA})$ :: Implementation Decisions
Import	$\mathcal{PL}$(Arch$_{AA\&G}$)[vpFR_TG\FR_G, vpCompUI\CompGUI] // 예제 3.4.2-2
Platform ($\mathcal{D}2_{GAA}$)	< D1: [CompGUI는 program GUI로 구현한다; ch7와 ch8은 procedure B의 호출과 procedure B의 실행으로부터의 반환으로 각각 구현한다.] D2: [컴포넌트 CompB를 procedure B로 구현한다.] D3: [procedure B는 사용자가 요구하는 다양한 계산 요청을 처리하기 위하여, Case문을 사용하여 사용자가 요청한 연산의 종류에 따라 해당 연산을 실행한다.] D4: [procedure B는 코드 수준의 가변점 *vpOperator1*와 *vpOperator2*를 사용하여 연산 *vpOP*를 처리한다.] D5: [procedure B는 *vpOperator1* 연산과 *vpOperator2* 연산을 처리하기 위하여 *vpCallA*를 호출한다.] D6: [컴포넌트 *vpCompA*를 procedure A1 또는 procedure A2의 선택으로 맵핑한다.]

<table>
<tr><td rowspan="3">Platform
($\mathcal{D}2_{GAA}$)</td><td colspan="2">D8: [컴포넌트 CompGUI를 program GUI로 맵핑한다.]
D9: [program GUI의 실행으로 프로그램이 시작된다.]
></td></tr>
<tr><td>VP Declarations</td><td>// vpCompA: CompA1, CompA2;
// vpOperator1: "fmod", "pow";
// vpOperator2: "fquot", "log";
// vpCallA: A1, A2</td></tr>
<tr><td>Variability Constraints</td><td>// vpOP."fmod and fquot"req vpCompA.CompA1;
// vpOP."pow and log" req vpCompA.CompA2;
// vpOP."fmod and fquot" m-req vpCompA.CompA1 m-req
// (vpOperator1."fmod" ∧ vpOperator2."fquot") m-req
// vpCallA.A1 m-req vpCompA.CompA1;
// vpOP."pow and log" m-req vpCompA.CompA2 m-req
// (vpOperator1."pow" ∧ vpOperator2."log") m-req
// vpCallA.A2 m-req vpCompA.CompA2</td></tr>
<tr><td rowspan="2">Bindings</td><td>$\mathcal{D}2_{GA1}$</td><td>[vpOP\"fmod and fquot", vpCompA\CompA, vpOperator1\"fmod",
vpOperator2\"fquot", vpCallA\A1]</td></tr>
<tr><td>$\mathcal{D}2_{GA2}$</td><td>[vpOP\"pow and log", vpCompA\CompA2, vpOperator1\"pow",
vpOperator2\"log", vpCallA\A2]</td></tr>
</table>

■

하위 제품라인 구현

다음 예제는

$$Imp_{SubPlatform} = (Imp_{SuperPlatform})\ \mathcal{B}_{Imp_{SubPlatformj}}$$

의 관계를 이용하여, 상위플랫폼 구현으로부터 생성한 하위플랫폼 구현의 예를 보인다.

예제 3.6.2-2 $\mathcal{PL}(Imp_{GAA})$

예제 3.6.1-4의 $Imp_{AA\&G}$으로부터 다음과 같이 Imp_{GAA}가 생성된다.

<table>
<tr><th>PL Artifact Name</th><th colspan="2">$\mathcal{PL}(Imp_{GAA})$ :: Implementation</th></tr>
<tr><td>Import</td><td colspan="2">$\mathcal{PL}(\mathcal{D}2_{AA\&G})$[vpCompUI\CompGUI] // 예제 3.6.1-1</td></tr>
<tr><td rowspan="3">Platform
(Imp_{GAA})</td><td colspan="2">program GUI
// GUI 인터페이스에서 사용자로부터 x, y와 OP를 얻는다.
// procedure B를 호출한다.
// 결과를 GUI 인터페이스를 통해 보인다.
. . .
end program
procedure B(OP: string; x, y, result: real): real
  result: real;
  case OP of
    "+" : result := (x + y);
    "−": result := (x - y);
    "*" : result := (x * y);
    "/" : result := (x / y);
    vpOperator1: result := vpCallA(x,y);
    vpOperator2: result := vpCallA(x,y);
  end case;
  return result;
end procedure
if vpCompA == CompA1 then include begin
    ε(procedure A1) // 예제 1.6.1-2의 procedure A1
end
if vpCompA == CompA2 then include begin
    ε(procedure A2) // 예제 1.6.1-2의 procedure A2
end</td></tr>
<tr><td>VP Declarations</td><td>// vpCompA: CompA1, CompA2;
// vpOperator1: "fmod", "pow";
// vpOperator2: "fquot", "log";
// vpCallA: A1, A2</td></tr>
<tr><td>Variability Constraints</td><td>// (vpOperator1."fmod" ∧ vpOperator2."fquot") <u>m-req</u>
//   vpCallA.A1 <u>m-req</u> vpCompA.A1;
// (vpOperator1."pow" ∧ vpOperator2."log") <u>m-req</u>
//   vpCallA.A2 <u>m-req</u> vpCompA.A2</td></tr>
<tr><td rowspan="2">Bindings</td><td>Imp_{GA1}</td><td>[vpCompA\CompA1, vpOperator1\"fmod", vpOperator2\"fquot", vpCallA\A1]</td></tr>
<tr><td>Imp_{GA2}</td><td>[vpCompA\CompA2, vpOperator1\"pow", vpOperator2\"log", vpCallA\A2]</td></tr>
</table>

■

하위 제품라인 아키텍처–구현 추적성

다음 예제는 상위플랫폼 아키텍처-구현 추적성으로부터 생성한 하위플랫폼 아키텍처-구현 추적성의 예를 보인다.

예제 3.6.2-3 $\mathcal{PL}(\mathcal{TR}2_{GAA})$

예제 3.6.1-3의 $\mathcal{TR}2_{AA\&G}$로부터 다음과 같이 $\mathcal{TR}2_{GAA}$가 생성된다.

<table>
<tr><th>PL Artifact Name</th><th colspan="2">$\mathcal{PL}(\mathcal{TR}2_{GAA})$ :: Arch-to-Imp Traceability</th></tr>
<tr><td>Import</td><td colspan="2">$\mathcal{PL}(\mathcal{D}2_{AA\&G})$[vpCompUI\CompGUI] // 예제 3.6.1-1</td></tr>
<tr><td rowspan="3">Platform
($\mathcal{TR}2_{GAA}$)</td><td colspan="2">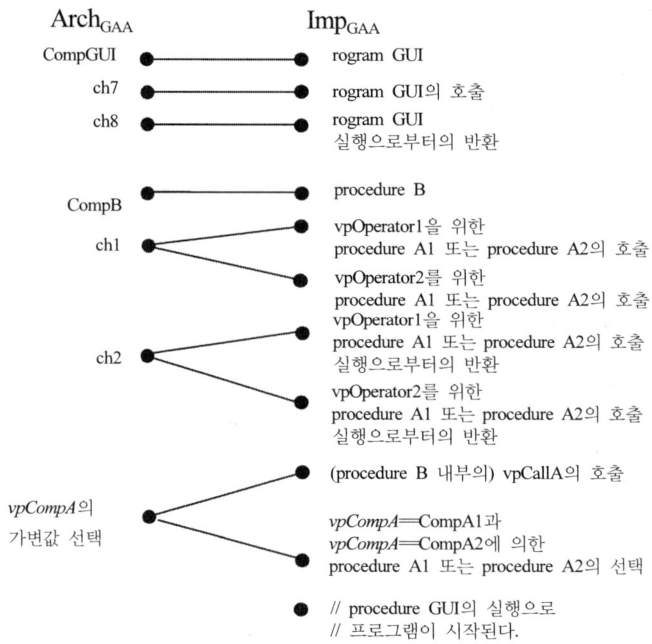
</td></tr>
<tr><td>VP Declarations</td><td>// vpCompA: CompA1, CompA2;
// vpOperator1: “fmod”, “pow”;
// vpOperator2: “fquot”, “log”;
// vpCallA: A1, A2
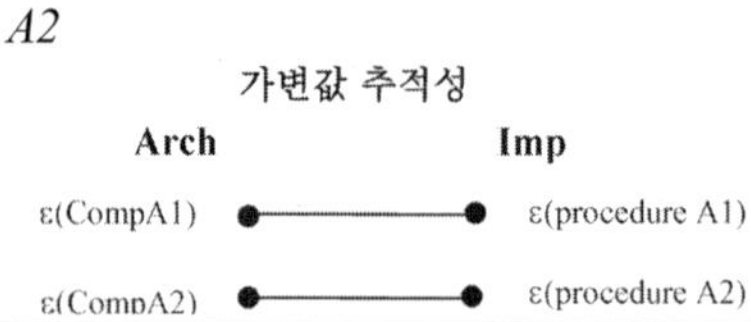
</td></tr>
<tr><td>Variability Constraints</td><td>// (vpOperator1.“fmod” ∧ vpOperator2.“fquot”) <u>m-req</u>
// vpCallA.A1 <u>m-req</u> vpCompA.CompA1;
// (vpOperator1.“pow” ∧ vpOperator2.“log”) <u>m-req</u>
// vpCallA.A2 <u>m-req</u> vpCompA.CompA2</td></tr>
<tr><td rowspan="2">Bindings</td><td>$\mathcal{TR}2_{GA1}$</td><td>[vpCompA\A1, vpOperator1\“fmod”, vpOperator2\“fquot”, vpCallA\A1]</td></tr>
<tr><td>$\mathcal{TR}2_{GA2}$</td><td>[vpCompA\A2, vpOperator1\“pow”, vpOperator2\“log”, vpCallA\A2]</td></tr>
</table>

■

3.6.3 제품 구현의 개발

제 1장 1.6.2절 참조.

3.7 구현의 분석과 평가

3.7.1 구현의 분석

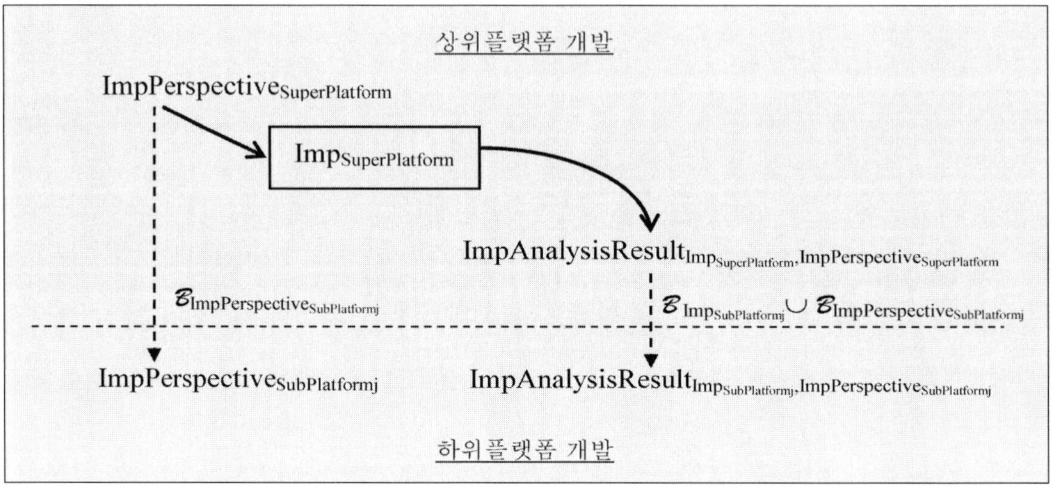

그림 3.7.1-1. H-GPL에서 하위 제품라인 구현 분석의 개요도

그림 3.7.1-1은 H-GPL에서 하위플랫폼 구현의 분석이 다음 활동들로 이루어짐을 나타낸다: (1) 상위플랫폼구현 $\text{Imp}_{\text{SuperPlatform}}$에 플랫폼 구현 분석관점 $\text{ImpPerspective}_{\text{SuperPlatform}}$을 적용하여 플랫폼 분석결과 $\text{ImpAnalysisResult}_{\text{Imp}_{\text{SuperPlatform}}, \text{ImpPerspective}_{\text{SuperPlatform}}}$를 얻는다; (2) 이 분석결과에 SubPlatformj의 구현 분석결과 바인딩을 적용하여 SubPlatformj의 구현 분석결과를 생성한다. 그림 3.7.1-2는 이 활동을 정형적으로 표현한다.

상위플랫폼 개발

$$\text{ImpAnalysisResult}_{\text{ImpSuperPlatform},\text{ImpPerspectiveSuperPlatform}} = \mathcal{Analysis}(\text{Imp}_{\text{SuperPlatform}}, \text{ImpPerspective}_{\text{SuperPlatform}})$$

하위플랫폼 개발

$$\text{ImpPerspective}_{\text{SubPlatformj}} = \text{ImpPerspective}_{\text{SuperPlatform}} \ \mathcal{B}^{\text{ImpVPs1}}_{\text{ImpPerspective}_{\text{SubPlatformj}}}$$

$$\text{ImpAnalysisResult}_{\text{Imp}_{\text{SubPlatformj}},\text{ImpPerspective}_{\text{SubPlatformj}}} = \text{ImpAnalysisResult}_{\text{Imp}_{\text{SuperPlatform}},\text{ImpPerspective}_{\text{SuperPlatform}}} \ (\mathcal{B}^{\text{ImpVPs1}}_{\text{Imp}_{\text{SubPlatformj}}} \cup \mathcal{B}^{\text{ImpVPs1}}_{\text{ImpPerspective}_{\text{SubPlatformj}}})$$

그림 3.7.1-2. H-GPL에서 하위 제품라인 구현 분석의 정형적 표현

플랫폼 구현의 분석결과로부터 제품 구현의 분석결과를 도출하는 과정에는 가변점이 나타나지 않지만, 상위플랫폼 구현의 분석결과로부터 하위플랫폼 구현의 분석결과를 도출하는 과정에는 하위플랫폼 구현의 가변점들과 구현의 분석관점에 있는 가변점들이 나타난다.

3.7.1.1 상위 제품라인 구현의 분석

상위 제품라인 구현 분석관점

다음 예제는 상위플랫폼 구현을 분석하기 위해 채택한 분석관점의 예를 보인다.

예제 3.7.1.1-1 $\mathcal{PL}$(TestCase3$_{AA\&G}$)

상위플랫폼 시험항목 도출을 위하여 먼저 예제 3.4.1-2의 상위플랫폼 아키텍처 Arch$_{AA\&G}$를 기반으로 다음의 상위플랫폼 시험아키텍처를 만들 수 있다.

<table>
<tr><th>PL
Artifact Name</th><th colspan="2">$\mathcal{PL}$(TestArch$_{AA\&G}$) :: Test Architecture</th></tr>
<tr><td>Import</td><td colspan="2">$\mathcal{PL}$(Arch$_{AA\&G}$) // 예제 3.4.1-2</td></tr>
<tr><td rowspan="3">Platform
(TestArch$_{AA\&G}$)</td><td colspan="2">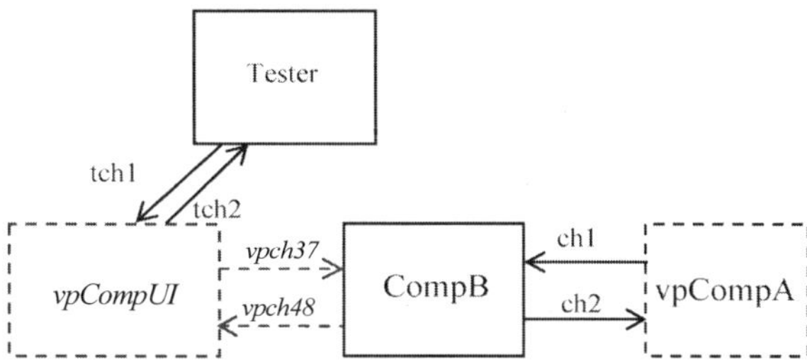
</td></tr>
<tr><td>VP
Declarations</td><td>// vpCompUI: CompTUI, CompGUI;
// vpch37: ch3, ch7;
// vpch48: ch4, ch8;
// vpCompA: CompA1, CompA2</td></tr>
<tr><td>Variability
Constraints</td><td>// vpCompUI.ComTUI <u>req</u> (vpch37.ch3 ∧ vpch48.ch4);
// vpCompUI.ComGUI <u>req</u> (vpch37.ch7 ∧ vpch48.ch8)</td></tr>
<tr><td rowspan="2">Bindings</td><td>TestArch$_{AA}$</td><td>[vpCompUI\CompTUI, vpch37/ch3, vpch48/ch4]</td></tr>
<tr><td>TestArch$_{GAA}$</td><td>[vpCompUI\CompGUI, vpch37/ch7, vpch48/ch8]</td></tr>
</table>

vpCompUI는 가변적인 컴포넌트이기 때문에 CompB와의 커넥터도 가변적인 커넥터이고, 가변 컴포넌트와 가변 커넥터 사이의 의존관계는 Variability Constraints 구역에 명시되어 있다.[206]

예제 3.6.1-2의 $\mathcal{PL}$(Imp$_{AA\&G}$)를 시험하기 위해 제품라인 시험아키텍처에 기반하여 만들어진 다음의 제품라인 시험항목을 채택하기로 한다.

---

206 TestArch$_{AA\&G}$는 TestArch$_{AA}$를 재사용하여 얻은 아키텍처로 볼 수도 있고 Arch$_{AA\&G}$에 기반하여 얻은 시험아키텍처로 볼 수도 있는데, 여기서는 이 두 가지를 다 반영한 것으로 설명한다.

PL Artifact Name	$\mathcal{PL}$(TestCase3$_{AA\&G}$) :: Test Case	
Import	$\mathcal{PL}$(Imp$_{AA\&G}$) // 예제 3.6.1-2 $\mathcal{PL}$(TestArch$_{AA\&G}$) // 예제 3.7.1.1-1	
Platform (TestCase3$_{AA\&G}$)	Tester.tch1! vpOP2, 12, 3 Tester.tch2? vpRES	
	VP Declarations	vpOP2: "fmod", "pow"; vpRES: 0, 1728
	Variability Constraints	vpOP2."fmod" req vpRES.0; vpOP2."pow" req vpRES.1728
Bindings	TestCase3$_{AA}$	[ ]
	TestCase3$_{GAA}$	[ ]

■

상위 제품라인 구현 분석결과

다음 예제는 채택한 분석관점으로 상위플랫폼 구현을 분석한 결과의 예를 보인다.

예제 3.7.1.1-2 $\mathcal{PL}$(ImpAnalysisResult$_{Imp_{AA\&G}, TestCase_{AA\&G}}$)

예제 3.6.1-2의 Imp$_{AA\&G}$에 대해 예제 3.7.1.1-1의 TestCase3$_{AA\&G}$를 실행한 결과는 다음과 같다.

PL Artifact Name	$\mathcal{PL}$(ImpAnalysisResult$_{Imp_{AA\&G}, TestCase3_{AA\&G}}$) :: Implementation Analysis Result	
Import	$\mathcal{PL}$(Imp$_{AA\&G}$) // 예제 3.6.1-2 $\mathcal{PL}$(TestCase3$_{AA\&G}$) // 예제 3.7.1.1-1	
Platform	*Analysis*(Imp$_{AA\&G}$[*vpCompUI*], TestCase3$_{AA\&G}$[ ])	
	VP Declarations	// *vpCompUI: CompTUI, CompGUI*
	Variability Constraints	
Bindings	ImpAnalysisResult$_{Imp_{AA}, TestCase3_{AA}}$	[*vpCompUI\CompTUI*]
	ImpAnalysisResult$_{Imp_{GAA}, TestCase3_{GAA}}$	[*vpCompUI\CompGUI*]

■

3.7.1.2 하위 제품라인 구현의 분석

하위 제품라인 구현 분석관점

다음 예제는 상위플랫폼 구현 분석관점으로부터 생성되는 하위플랫폼 구현 분석관점의 예를 보인다.

예제 3.7.1.2-1 $\mathcal{PL}$(TestCase3$_{GAA}$[vpOP2, vpRES])

예제 3.7.1.1-1 의 TestCase3$_{AA\&G}$로부터 다음과 같이 TestCase3$_{GAA}$가 생성된다.

<table>
<tr><th>PL Artifact Name</th><th colspan="2">$\mathcal{PL}$(TestCase3$_{GAA}$) :: Test Case</th></tr>
<tr><td>Import</td><td colspan="2">$\mathcal{PL}$(Imp$_{AA\&G}$)[ ] // 예제 3.6.1-2
$\mathcal{PL}$(TestArch$_{AA\&G}$)[ ] // 예제 3.7.1.1-1</td></tr>
<tr><td rowspan="3">Platform
(TestCase3$_{GAA}$)</td><td colspan="2">Tester.tch1! vpOP2, 12, 3
Tester.tch2? vpRES</td></tr>
<tr><td>VP Declarations</td><td>// vpOP2: "fmod", "pow";
// vpRES: 0, 1728</td></tr>
<tr><td>Variability Constraints</td><td>// vpOP2."fmod" <u>req</u> vpRES.0;
// vpOP2."pow" <u>req</u> vpRES.1728</td></tr>
<tr><td rowspan="2">Bindings</td><td>TestCase3$_{GA1}$</td><td>[vpOP2\"fmod", vpRES\0]</td></tr>
<tr><td>TestCase3$_{GA2}$</td><td>[vpOP2\"pow", vpRES\1728]</td></tr>
</table>

TestCase3$_{GAA}$의 도출을 위하여 예제 3.7.1.1-1의 TestArch$_{AA\&G}$로부터 TestArch$_{AA}$를 생성하는 것은 불필요하다. 왜냐하면 해당 시험아키텍처가 TestCase3$_{AA\&G}$의 도출에 이미 반영되었기 때문이다.

■

하위 제품라인 구현 분석결과

다음 예제는 상위플랫폼 구현 분석결과로부터 생성한 하위플랫폼 구현 분석결과의 예를 보인다.

예제 3.7.1.2-2 $\mathcal{PL}$(ImpAnalysisResult$_{Imp_{GAA},TestCase3_{GAA}}$)

ImpAnalysisResult$_{Imp_{GAA},TestCase3_{GAA}}$

= *Analysis*(Imp$_{AA\&G}$[vpCompUI],TestCase3$_{AA\&G}$[ ])[vpCompUI\CompGUI]

= *Analysis*($Imp_{AA\&G}$[CompGUI],$TestCase3_{AA\&G}$[ ])

= *Analysis*(Imp_{GAA}, $TestCase3_{AA\&G}$)

에 의하여, 예제 3.7.1.1-2의 $ImpAnalysisResult_{Imp_{AA\&G}, TestCase3_{AA\&G}}$로부터 다음과 같이 $ImpAnalysisResult_{Imp_{GAA}, TestCase3_{GAA}}$가 생성된다.

PL Artifact Name	*PL*($ImpAnalysisResult_{Imp_{GAA}, TestCase3_{GAA}}$) :: Implementation Analysis Result	
Import	*PL*($Imp_{AA\&G}$)[vpCompUI\CompGUI] *PL*($TestCase3_{AA\&G}$)[ ]	// 예제 3.6.1-2 // 예제 3.7.1.1-1
Platform	*Analysis*(Imp_{GAA},$TestCase3_{GAA}$[*vpOp2, vpRES*])	
	VP Declarations	// *vpOP2: "fmod", "pow";* // *vpRES: 0, 1728*
	Variability Constraints	// *vpOP2."fmod" <u>req</u> vpRES.0;* // *vpOP2."pow" <u>req</u> vpRES.1728*
Bindings	$ImpAnalysisResult_{Imp_{GA1}, TestCase3_{GA1}}$	[*vpOP2\"fmod", vpRES\0*]
	$ImpAnalysisResult_{Imp_{GA2}, TestCase3_{GA2}}$	[*vpOP2\"pow", vpRES\1728*]

■

3.7.1.3 제품 구현의 분석

제 1장 1.7.1.2절 참조.

3.7.2 구현의 평가

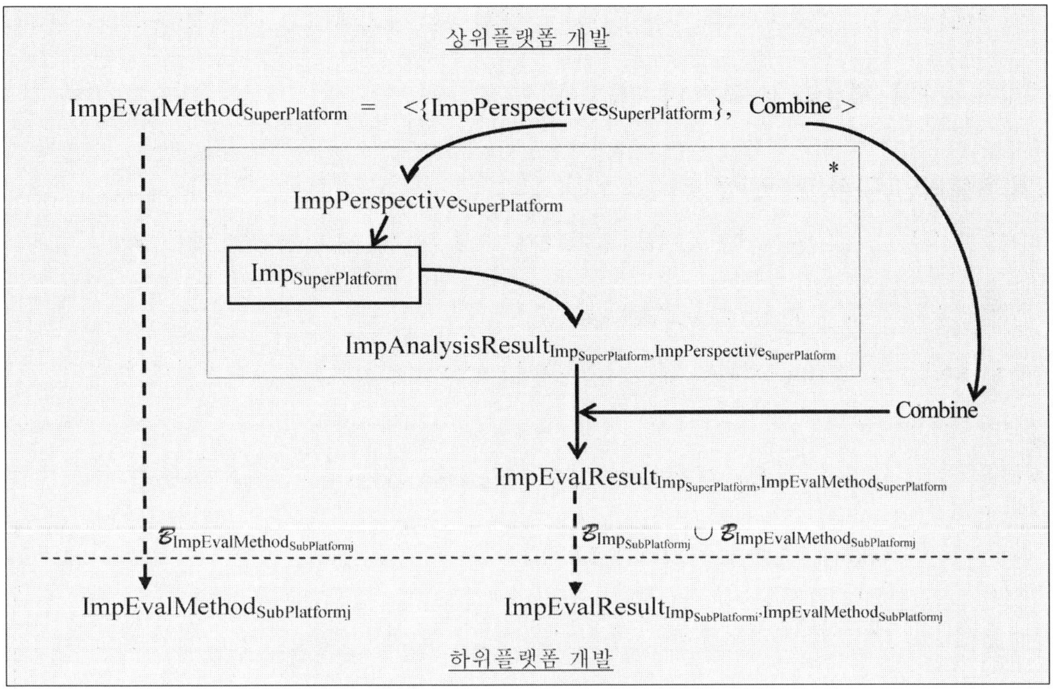

그림 3.7.2-1. H-GPL에서의 하위 제품라인 구현 평가의 개요도

그림 3.7.2-1은 H-GPL에서 하위플랫폼 구현의 평가가 다음 활동들로 이루어짐을 나타낸다: (1) 상위플랫폼 구현 $Imp_{SuperPlatform}$에 플랫폼 구현 분석관점 $ImpPerspective_{SuperPlatform}$들을 적용하여 얻은 플랫폼 분석결과 $ImpAnalysisResult_{Imp_{SuperPlatform}, ImpPerspective_{SuperPlatform}}$들에 이들을 종합하는 함수 Combine을 적용하여 상위플랫폼 구현 평가결과 $ImpEvalResult_{Imp_{SuperPlatform}, ImpEvalMethod_{SuperPlatform}}$를 얻는다. (2) 이 평가결과에 SubPlatformj의 구현 평가결과 바인딩을 적용하여 SubPlatformj의 구현 평가결과 $ImpEvalResult_{Imp_{SubPlatformj}, ImpEvalMethod_{SubPlatformj}}$를 생성한다. 그림 3.7.2-2는 이 활동을 정형적으로 표현한다.

상위플랫폼 개발

$$ImpEvalResult_{Imp_{SuperPlatform}, ImpEvalMethod_{SuperPlatform}} = \mathcal{E}val(Imp_{SuperPlatform}, ImpEvalMethod_{SuperPlatform})$$

하위플랫폼 개발

$$ImpEvalMethod_{SubPlatformj} = ImpEvalMethod_{SuperPlatform}\ \mathcal{B}^{ImpVPs1}_{ImpEvalMethod_{SubPlatformj}}$$

$$ImpEvalResult_{Imp_{SubPlatformj}, ImpEvalMethod_{SubPlatformj}} = ImpEvalResult_{Imp_{SuperPlatform}, ImpEvalMethod_{SuperPlatform}} (\mathcal{B}^{ImpVPs1}_{Imp_{SubPlatformj}} \cup \mathcal{B}^{ImpVPs1}_{ImpEvalMethod_{SubPlatformj}})$$

그림 3.7.2-2. H-GPL에서의 하위 제품라인 구현 평가의 정형적 표현

플랫폼 구현의 평가결과로부터 제품 구현의 평가결과를 도출하는 과정에는 가변점이 나타나지 않지만, 상위플랫폼 구현의 평가결과로부터 하위플랫폼 구현의 평가결과를 도출하는 과정에는 하위플랫폼 구현의 가변점들과 구현의 평가방법에 있는 가변점들이 나타난다.

3.7.2.1 상위 제품라인 구현의 평가

상위 제품라인 구현 평가방법

다음 예제는 상위 제품라인 구현을 평가하기 위해 채택한 평가방법의 예를 보인다.

예제 3.7.2.1-1 𝒫ℒ(ImpEvalMethod$_{AA\&G}$)

예제 3.6.1-2의 𝒫ℒ(Imp$_{AA\&G}$)를 평가하기 위해 다음의 평가방법을 채택하기로 한다.

<table>
<tr><th>PL Artifact Name</th><th colspan="2">𝒫ℒ(ImpEvalMethod$_{AA\&G}$) :: Implementation Evaluation Method</th></tr>
<tr><td>Import</td><td colspan="2">𝒫ℒ(Imp$_{AA\&G}$) // 예제 3.6.1-2
𝒫ℒ(TestArch$_{AA\&G}$) // 예제 3.7.1.1-1
𝒫ℒ(TestCase3$_{AA\&G}$) // 예제 3.7.1.1-1</td></tr>
<tr><td rowspan="3">Platform</td><td colspan="2"><
TestSuiteAA&G = {
TestCase1$_{AA\&G}$[ ],
TestCase2$_{AA\&G}$[ ],
TestCase3$_{AA\&G}$[vpOP2, vpRES]
},
VerdictCalculation
>
이고, 여기서 가져오기되지 않은 분석관점들은 다음과 같다:
TestCase1$_{AA\&G:}$
Tester.tch1! “+”, 3, 5
Tester.tch2? 8
TestCase2$_{AA\&G}$:
Tester.tch1! “−”, 3, 5
Tester.tch2? −2</td></tr>
<tr><td>VP Declarations</td><td>vpOP2: “fmod”, “pow”;
vpRES: 0, 1728</td></tr>
<tr><td>Variability Constraints</td><td>vpOP2.“fmod” <u>req</u> vpRES.0;
vpOP2.“pow” <u>req</u> vpRES.1728</td></tr>
<tr><td rowspan="2">Bindings</td><td>ImpEvalMethod$_{AA}$</td><td>[ ]</td></tr>
<tr><td>ImpEvalMethod$_{GAA}$</td><td>[ ]</td></tr>
</table>

■

상위 제품라인 구현 평가결과

다음 예제는 채택한 평가방법으로 상위 제품라인 구현을 평가한 결과의 예를 보인다.

예제 3.7.2.1-2 $\mathcal{PL}(\text{ImpEvalResult}_{\text{Imp}_{AA\&G},\text{ImpEvalMethod}_{AA\&G}})$

예제 3.6.1-2의 $\mathcal{PL}(\text{Imp}_{AA\&G})$를 평가하기 위하여 다음의 분석결과를 가정하자.

분석결과표		
분석관점	분석결과	근거
$\text{TestCase1}_{AA\&G}[\ ]$	$\mathcal{Analysis}(\text{Imp}_{AA\&G},\ \text{TestCase1}_{AA\&G}[\ ])$	가정
$\text{TestCase2}_{AA\&G}[\ ]$	$\mathcal{Analysis}(\text{Imp}_{AA\&G},\ \text{TestCase2}_{AA\&G}[\ ])$	가정
$\text{TestCase3}_{AA\&G}[\text{vpOP2},\ \text{vpRES}]$	$\mathcal{Analysis}(\text{Imp}_{AA\&G},\ \text{TestCase3}_{AA\&G}[\text{vpOP2},\ \text{vpRES}])$	예제 3.7.1.1-2

이로부터 다음의 결과를 얻는다.

$$\begin{aligned}&\text{ImpEvalResult}_{\text{Imp}_{AA\&G},\text{ImpEvalMethod}_{AA\&G}}\\&= \mathcal{Eval}(\text{Imp}_{AA\&G},\ \text{ImpEvalMethod}_{AA\&G})\\&= \mathcal{Eval}(\text{Imp}_{AA\&G},\ \{\text{TestCase1}_{AA\&G}[\ ],\ \text{TestCase2}_{AA\&G}[\ ],\ \text{TestCase3}_{AA\&G}[\text{vpOP2},\ \text{vpRES}]\})\end{aligned}$$

따라서 $\mathcal{PL}(\text{ImpEvalResult}_{\text{Imp}_{AA\&G},\text{ImpEvalMethod}_{AA\&G}})$는 다음과 같다.

PL Artifact Name	$\mathcal{PL}(\text{ImpEvalResult}_{\text{Imp}_{AA\&G},\text{ImpEvalMethod}_{AA\&G}})$ :: Implementation Evaluation Result	
Import	$\mathcal{PL}(\text{Imp}_{AA\&G})$ $\mathcal{PL}(\text{ImpEvalMethod}_{AA\&G})$	// 예제 3.6.1-2 // 예제 3.7.2.1-1
Platform	$\mathcal{Analysis}(\text{Imp}_{AA\&G},\ \text{TestCase1}_{AA\&G}[\ ])$ $\wedge\ \mathcal{Analysis}(\text{Imp}_{AA\&G},\ \text{TestCase2}_{AA\&G}[\ ])$ $\wedge\ \mathcal{Analysis}(\text{Imp}_{AA\&G},\ \text{TestCase3}_{AA\&G}[\text{vpOP2},\ \text{vpRES}])$	
	VP Declarations	vpOP2: "fmod", "pow"; vpRES: 0, 1728
	Variability Constraints	vpOP2."fmod" <u>req</u> vpRES.0; vpOP2."pow" <u>req</u> vpRES.1728
Bindings	$\text{ImpEvalResult}_{\text{Imp}_{AA},\text{ImpEvalMethod}_{AA}}$	[ ]
	$\text{ImpEvalResult}_{\text{Imp}_{GAA},\text{ImpEvalMethod}_{GAA}}$	[ ]

■

3.7.2.2 하위 제품라인 구현의 평가

하위 제품라인 구현 평가방법

다음 예제는 상위플랫폼 구현 평가방법으로부터 생성한 하위플랫폼 구현 평가방법의 예를 보인다.

예제 3.7.2.2-1 $\mathcal{PL}$(ImpEvalMethod$_{AA}$)와 $\mathcal{PL}$(ImpEvalMethod$_{GAA}$)

$$ImpEvalMethod_{AA} = ImpEvalMethod_{AA\&G}[\ ]$$

에 의하여, 예제 3.7.2.1-1의 ImpEvalMethod$_{AA\&G}$로부터 생성된 ImpEvalMethod$_{AA}$는 제 1장 예제 1.7.2.1-1과 같다.

마찬가지로 예제 3.7.2.1-1의 ImpEvalMethod$_{AA\&G}$로부터 다음과 같이 ImpEvalMethod$_{GAA}$가 생성된다.

<table>
<tr><th>PL Artifact Name</th><th colspan="2">$\mathcal{PL}$(ImpEvalMethod$_{GAA}$) :: Implementation Evaluation Method</th></tr>
<tr><td>Import</td><td colspan="2">$\mathcal{PL}$(Imp$_{AA\&G}$)[vpCompUI\CompTUI] // 예제 3.6.1-2
$\mathcal{PL}$(TestArch$_{AA\&G}$)[vpCompUI\CompTUI, vpch37/ch3, vpch48/ch4]
// 예제 3.7.1.1-1
$\mathcal{PL}$(TestCase3$_{AA\&G}$)[ ] // 예제 3.7.1.1-1</td></tr>
<tr><td rowspan="3">Platform
(ImpEvalMethod$_{GAA}$)</td><td colspan="2"><
TestSuite$_{GAA}$ = {
TestCase1$_{GAA}$ = TestCase1$_{AA\&G}$[ ],
TestCase2$_{GAA}$ = TestCase2$_{AA\&G}$[ ],
ε(TestCase3$_{GAA}$ = TestCase3$_{AA\&G}$[vpOP2, vpRES])
},
VerdictCalculation
></td></tr>
<tr><td>VP Declarations</td><td>// vpOP2: "fmod", "pow";
// vpRES: 0, 1728</td></tr>
<tr><td>Variability Constraints</td><td>// vpOP2."fmod" <u>req</u> vpRES.0;
// vpOP2."pow" <u>req</u> vpRES.1728</td></tr>
<tr><td rowspan="2">Bindings</td><td>ImpEvalMethod$_{GA1}$</td><td>[vpOP2\"fmod", vpRES\0]</td></tr>
<tr><td>ImpEvalMethod$_{GA2}$</td><td>[vpOP2\"fquot", vpRES\1728]</td></tr>
</table>

■

하위플랫폼 구현 평가결과

다음 예제는

$$\mathrm{ImpEvalResult}_{\mathrm{Imp}_{\mathrm{SubPlatformj}},\mathrm{ImpEvalMethod}_{\mathrm{SubPlatformj}}}$$
$$= \mathrm{ImpEvalResult}_{\mathrm{Imp}_{\mathrm{SuperPlatform}},\mathrm{ImpEvalMethod}_{\mathrm{SuperPlatform}}}(\mathcal{B}_{\mathrm{Imp}_{\mathrm{SubPlatformj}}} \cup \mathcal{B}_{\mathrm{ImpEvalMethod}_{\mathrm{SubPlatformj}}})$$

에 의하여, 상위플랫폼 구현 평가결과로부터 생성한 하위플랫폼 구현 평가결과의 예를 보인다.

예제 3.7.2.2-2

$\mathcal{PL}(\mathrm{ImpEvalResult}_{\mathrm{Imp_{AA}},\mathrm{ImpEvalMethod_{AA}}})$와 $\mathcal{PL}(\mathrm{ImpEvalResult}_{\mathrm{Imp_{GAA}},\mathrm{ImpEvalMethod_{GAA}}})$

$\mathrm{ImpEvalResult}_{\mathrm{Imp_{AA}},\mathrm{ImpEvalMethod_{AA}}}$

$= \mathcal{E}val(\mathrm{Imp_{AA}},\ \mathrm{ImpEvalMethod_{AA}})$ - $\mathcal{E}val$의 정의

$= \mathcal{E}val(\mathrm{Imp_{AA}},\ \{\mathrm{TestCase1_{AA}},\ \mathrm{TestCase2_{AA}},\ \mathrm{TestCase3_{AA}}[\mathrm{vpOP2},\ \mathrm{vpRES}]\})$

- 예제 1.7.2.1-1

$= \mathcal{A}nalysis(\mathrm{Imp_{AA}},\ \mathrm{TestCase1_{AA}}\ ) \wedge \mathcal{A}nalysis(\mathrm{Imp_{AA}},\ \mathrm{TestCase2_{AA}}])$

$\wedge\ \mathcal{A}nalysis(\mathrm{Imp_{AA}},\ \mathrm{TestCase3_{AA}}[\mathrm{vpOP2},\ \mathrm{vpRES}])$ - $\mathcal{E}val$의 정의

$= \mathrm{Pass} \wedge \mathrm{Pass} \wedge \mathcal{A}nalysis(\mathrm{Imp_{AA}},\ \mathrm{TestCase3_{AA}}[\mathrm{vpOP2},\ \mathrm{vpRES}])$ - 예제 1.7.2.1-2

$= \mathcal{A}nalysis(\mathrm{Imp_{AA}},\ \mathrm{TestCase3_{AA}}[\mathrm{vpOP2},\ \mathrm{vpRES}])$ - 예제 1.7.2.1-2

에 의하여, 예제 3.7.2.1-2의 $\mathrm{ImpEvalResult}_{\mathrm{Imp_{AA\&G}},\mathrm{ImpEvalMethod_{AA\&G}}}$로부터 다음과 같이 $\mathrm{ImpEvalResult}_{\mathrm{Imp_{AA}},\mathrm{ImpEvalMethod_{AA}}}$가 생성된다.

PL Artifact Name	$\mathcal{PL}$(ImpEvalResult$_{Imp_{AA},ImpEvalMethod_{AA}}$) :: Implementation Evaluation Result	
Import	$\mathcal{PL}$(Imp$_{AA\&G}$)[vpCompUI\CompTUI] // 예제 3.6.1-2 $\mathcal{PL}$(ImpEvalMethod$_{AA\&G}$)[ ] // 예제 3.7.2.1-1	
Platform	*Analysis*(Imp$_{AA\&G}$, TestCase1$_{AA\&G}$[ ]) ∧ *Analysis*(Imp$_{AA\&G}$, TestCase2$_{AA\&G}$[ ]) ∧ *Analysis*(Imp$_{AA\&G}$, TestCase3$_{AA\&G}$[*vpOP2, vpRES*])	
	VP Declarations	*// vpOP2: "fmod", "pow";* *// vpRES: 0, 1728*
	Variability Constraints	*// vpOP2."fmod" <u>req</u> vpRES.0;* *// vpOP2."pow" <u>req</u> vpRES.1728*
Bindings	ImpEvalResult$_{Imp_{A1},ImpEvalMethod_{A1}}$	[*vpOP2\\"fmod", vpRES\\0*]
	ImpEvalResult$_{Imp_{A2},ImpEvalMethod_{A2}}$	[*vpOP2\\"fquot", vpRES\\1728*]

또한

ImpEvalResult$_{Imp_{GAA},ImpEvalMethod_{GAA}}$

= *Eval*(Imp$_{GAA}$, ImpEvalMethod$_{GAA}$) - *Eval*의 정의

= *Eval*(Imp$_{GAA}$, {TestCase1$_{GAA}$, TestCase2$_{GAA}$, TestCase3$_{GAA}$[vpOP2, vpRES]})

- 예제 3.7.2.2-1

= *Analysis*(Imp$_{GAA}$, TestCase1$_{GAA}$) ∧ *Analysis*(Imp$_{GAA}$, TestCase2$_{GAA}$])

∧ *Analysis*(Imp$_{GAA}$, TestCase3$_{GAA}$[vpOP2, vpRES]) - *Eval*의 정의

= *Analysis*(Imp$_{GAA}$, TestCase1$_{GAA}$) ∧ *Analysis*(Imp$_{GAA}$, TestCase2$_{GAA}$])

∧ ε(ImpAnalysisResult$_{Imp_{GAA},TestCase3_{GAA}}$[vpOP2, vpRES]) - 예제 3.7.1.2-2

에 의하여, 예제 3.7.2.1-2의 ImpEvalResult$_{Imp_{AA\&G},ImpEvalMethod_{AA\&G}}$로부터 다음과 같이 ImpEvalResult$_{Imp_{GAA},ImpEvalMethod_{GAA}}$가 생성된다.

PL Artifact Name	$\mathcal{PL}$($ImpEvalResult_{Imp_{GAA}, ImpEvalMethod_{GAA}}$) :: **Implemenation Evaluation Result**	
Import	$\mathcal{PL}$($Imp_{AA\&G}$)[vpCompUI\CompGUI]	// 예제 3.6.1-2
	$\mathcal{PL}$($ImpEvalMethod_{AA\&G}$)[ ]	// 예제 3.7.2.1-1
Platform	*Analysis*(Imp_{GAA},$TestCase1_{GAA}$) ∧ *Analysis*(Imp_{GAA},$TestCase2_{GAA}$) ∧ ε($ImpAnalysisResult_{Imp_{GAA}, TestCase3_{GAA}}$[*vpOP2, vpRES*])	
	VP Declarations	// *vpOP2: "fmod", "pow";* // *vpRES: 0, 1728*
	Variability Constraints	// *vpOP2."fmod" <u>req</u> vpRES.0;* // *vpOP2."pow" <u>req</u> vpRES.1728*
Bindings	$ImpEvalResult_{Imp_{GA1}, ImpEvalMethod_{GA1}}$	[*vpOP2\"fmod", vpRES\0*]
	$ImpEvalResult_{Imp_{GA2}, ImpEvalMethod_{GA2}}$	[*vpOP2\"fquot", vpRES\1728*]

Analysis(Imp_{GAA},$TestCase1_{GAA}$)와 *Analysis*(Imp_{GAA},$TestCase2_{GAA}$)의 경우는 재사용할 분석결과가 없으므로 분석을 실행하여 결과를 만들어야 하는 경우이다. ε($ImpAnalysisResult_{Imp_{GAA}, TestCase3_{GAA}}$)는 분석결과가 재사용되는 경우로, 대신 *Analysis*(Imp_{GAA},$TestCase3_{GAA}$[vpOP2, vpRES])를 사용했다면 이는 분석결과를 얻기 위하여 새로운 실행이 요구됨을 나타낸다.
■

3.7.2.3 제품 구현의 평가

제 1장 1.7.2.2절 참조.

3.8 관련 연구

3.8.1 다계층 제품라인을 위한 수행 조직

제품군을 효과적으로 개발하기 위해서는, 개발 조직의 형태가 제품군의 특징에 맞도록 결정되어야 한다. 제품라인의 개발 조직에 대하여는 [Bosch 00][207]과 [Pohl 05][208]에서 논의하고 있다. [Polh 05]에 따르면 SPLD 개발 조직의 형태를 크게 계층적 조직 형태와 매트릭스 조직 형태로 나누고, 계층적 조직에서는 프로젝트별로 개발 부서가 존재하는 한편, 매트릭스 조직에서는 요구공학, 아키텍처, 구현 혹은 시험 등을 전담한 개발 부서가 여러 개의 프로젝트에 참여한다. 계층적 조직 형태는 다시 분산형과 중앙집중형으로 나뉘며, 분산형에서는 도메인공학의 기능이 서로 다른 개발 부서로 분산되고, 중앙집중형에서는 한 부서로 집중된다. [Pohl 05]의 조직 분류에서 말하는 계층 구조는 비계층적 제품라인에도 적용될 수 있고, 특별히 다계층 제품라인을 위하여 필요한 형태를 말하는 것은 아니다. 중앙집중형 계층 구조를 [Bosch 00]은 "계층적 도메인공학 부서(Hierarchical Domain Engineering Units)"라고 부른다. 이 조직 형태에서는 상위의 도메인공학 부서는 "최상위계층 제품라인(top level product line)"을 위한 플랫폼 개발에 집중하고, 하위의 도메인공학 부서는 최상위 제품라인의 자산을 사용하여 "특화된 제품라인(specialized product line)"을 위한 재사용 자산을 만든다.

3.8.2 제품라인 시험과 부분적 인스턴스화

부분적 인스턴스화는 인스턴스화 대상이 가진 가변점들의 일부에 대해서만 가변값을 대입하는 연산으로, 제품라인 시험생성에 대해서도 완전한 인스턴스화 대신에 부분적 인스턴스화를 적용함으로써 정교한 재사용을 통하여 재사용을 높일 수 있는 접근방법이다. 그러나 ScenTED 방법([Kamstie 04][Reuys 06])을 포함한 SPLD의 시험항목 생성에 관한 대부분의 기존의 방법에서 시험항목 생성을 위하여 부분적 인스턴스화의 접근을 취하고 있지 않다. 따라서 제품라인 시험에 관해서 아직도 많은 추가적인 연구의 여지가 있다고 볼 수 있다.

요구사항명세나 아키텍처의 분석, 즉 시험은 보통 대상 산출물이 실행가능하지 않은 모델이지만, 구현은 실행을 요구하기 때문에, 실행가능하지 않은 모델에 대하서는 발생하지 않는 이슈인 시험실행가능성(test executability) 이슈, 즉 실행가능하지 않은 시험항목들이 생성되지 않도록 하는 시험선택(test selection)의 이슈가 발생한다. 특히 데이터와 "존재하지 않는 컴포넌트(absent variant)"[209]는 시험실행가능성 문제의 복잡도를 더욱 높인다.

---

207 [Bosch 00] Chapter 14, pp. 312-315.
208 [Pohl 05] Chapter 19.
209 [Pohl 05] p. 270.

제4장 다계층 비생성적 제품라인의 개발

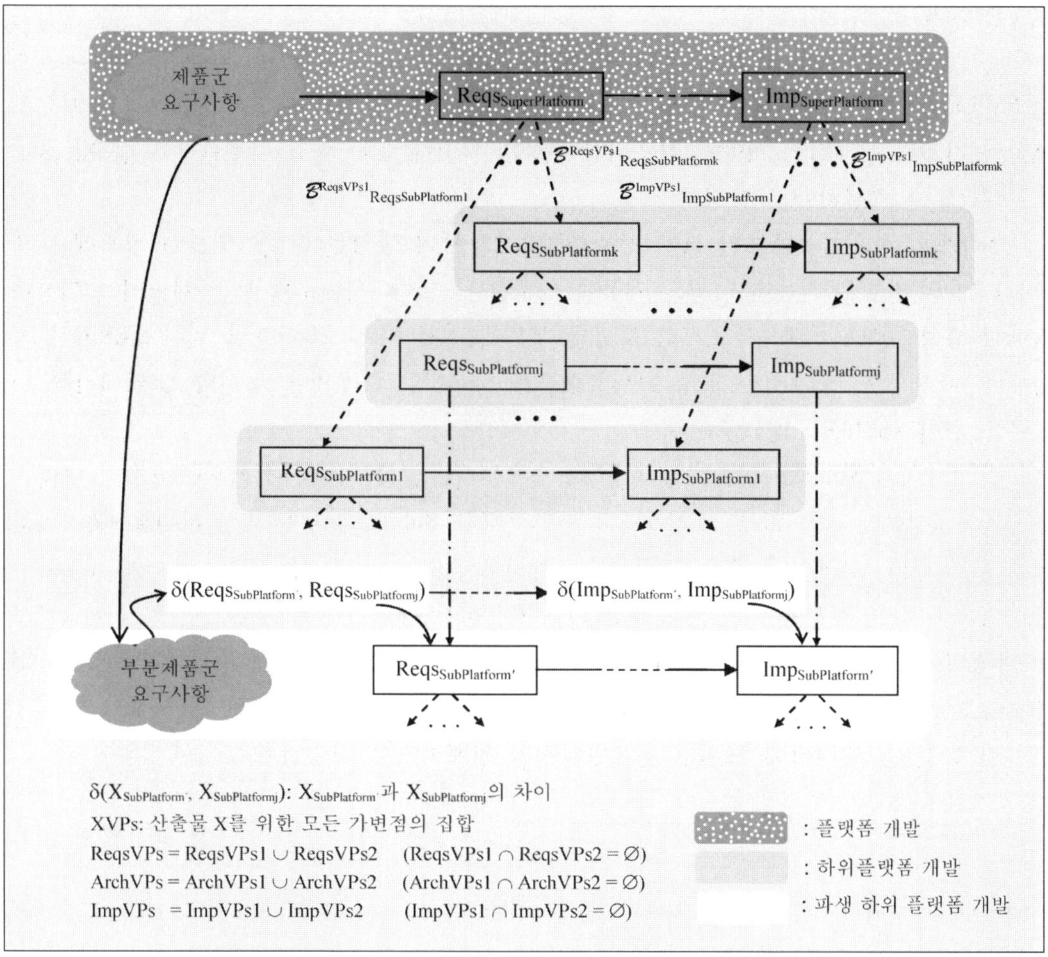

그림 4-1. 다계층 비생성적 제품라인을 위한 SSPLD의 개요도

제 I부 6장 6.2.4절에서 다계층 제품라인(HPL)과 비생성적 제품라인(NGPL)을 정의하였다. 이 정의들에 기반하여 다음과 같이 HPL에서의 NGPL을 정의할 수 있다.

> **정의 4-1**
>
> **다계층 비생성적 제품라인**
>
> 다계층 제품라인에서, 하위 제품라인의 플랫폼으로부터 생성되지 않는, 해당 하위 제품라인의 계획된 제품이 있을 경우 이러한 제품라인을 **다계층 비생성적 제품라인**(Hierarchical Non-Generative Product Line: **H-NGPL**)이라고 부른다.

정의 4-1에 따르면, HPL은 제품군의 모든 제품들이 상위플랫폼으로부터 생성된 하위플랫폼으로 생성될 경우에만 GPL이고, 생성된 하위플랫폼으로부터 파생된 제품이 있거나 혹은 모든 제품들이 하위플랫폼으로부터 생성된 경우에도 하위플랫폼 중에 파생 하위플랫폼이 있으면 NGPL이 된다.

이 장에서는 H-NGPL을 위한 SSPLD 적용의 예를 보인다. 이 장은 제 2장의 NGPL을 위한 SSPLD을 다계층에 적용되도록 일반화한 결과이다. 제품 개발에는 제 1장과 2장에서 소개한 SSPLD의 체계적인 개발이 적용되어 제품의 각 산출물은 해당 하위플랫폼 산출물로부터 생성 또는 파생된다고 가정한다.

H-NGPL의 하위플랫폼들이 모두 상위플랫폼으로부터 생성된 하위플랫폼인 경우에는 제 1장과 2장의 방법을 적용하여 모든 제품을 도출할 수 있다. 제품군의 모든 제품이 상위플랫폼에서 생성된 하위플랫폼들로부터 생성될 경우에는 제 3장의 H-GPL을 위한 SSPLD가 적용된다. 따라서 이 장에서는 파생 하위플랫폼을 사용하는 경우만을 보인다. 그림 4-1은 이 경우를 위한 SSPLD의 개요도이다.

그림 4-1에서 SubPlatform′은 상위플랫폼으로부터 생성되지 않는 하위플랫폼을 나타낸다.[210] 제 2장에서 P′을 파생 제품이라고 부른것처럼, SubPlatform′을 **파생 하위플랫폼**이라고 부르기로 한다. 또한 제 2장에서와 마찬가지로 $\delta(X_{SubPlatform'}, X_{SubPlatformj})$는 $X_{SubPlatform'}$이 $X_{SubPlatformj}$과 다른 부분을 나타낸다. SSPLD를 적용하는 개발자는 $X_{SubPlatform'}$이 $X_{SubPlatformj}$로부터 파생되어 도출될 수 있다는 판단을 하고, 먼저 $X_{SuperPlatform}$으로부터 $X_{SubPlatformj}$를 생성한 뒤 $X_{SubPlatformj}$로부터 $X_{SubPlatform'}$을 도출한다.

그림 4-2는 그림 4-1이 보여주는 개발과정을 정형적으로 기술한다.

210 하위플랫폼은 계획된 하위플랫폼일 수도 있고, 개방형 제품라인의 경우 계획되지 않은 하위플랫폼일 수도 있다.

개발대상 제품군을 $\mathcal{F}'$이라고 하고, $\mathcal{F}'$를 위해 계층적 개발을 수행하기로 결정하였다고 하자. 먼저 상위플랫폼 산출물 $X_{SuperPlatform}$이 만들어지고 이로부터 하위플랫폼 산출물 $X_{SubPlatformj}$가, $1 \leq j \leq k$, 생성되었다. 상위플랫폼의 가변점의 집합 XVPs를 XVPs1과 XVPs2로 분할하여 하위플랫폼들의 가변점의 집합이 XVPs2가 되었다고 하자. 상위플랫폼 산출물 $X_{SuperPlatform}$으로부터 인스턴스화에 의하여 생성되는 제품군 산출물이 $X_{\mathcal{F}} = \{X_{P1}, \ldots, X_{Pn}\}$이고, 제품 산출물 $X_{P'} \in X_{\mathcal{F}'}$과 유사한 $X_{\mathcal{F}}$의 제품 산출물이 X_{Pi}라고 하면, $X_{P'}$는 (1) 하위플랫폼 산출물 $X_{SubPlatformj}$로부터 생성된 제품으로부터 파생되거나, 또는 (2) 파생 하위플랫폼 산출물 $X_{SubPlatform'}$으로부터 생성되거나, 또는 (3) 파생 하위플랫폼 산출물 $X_{SubPlatform'}$으로부터 생성된 제품으로부터 파생되어 만들어질 수 있다. 즉 $X_{P'}$은

(1) $X_{SubPlatformj} = X_{SuperPlatform}\ \mathcal{B}^{XVPs1}_{X_{SubPlatformj}}$이고

$X_{P'} = X_{SubPlatformj}\ \mathcal{B}^{XVPs2}_{X_{Pi}} + \delta(X_{P'}, X_{Pi})$이거나,

(2) $X_{SubPlatform'} = X_{SuperPlatform}\ \mathcal{B}^{XVPs1}_{X_{SubPlatformj}} + \delta(X_{SubPlatform'}, X_{SubPlatformj})$이고

(3) $X_{SubPlatform'} = X_{SuperPlatform}\ \mathcal{B}^{XVPs1}_{X_{SubPlatformj}} + \delta(X_{SubPlatform'}, X_{SubPlatformj})$이고

$X_{P'} = X_{SubPlatform'}\ \mathcal{B}^{XVPs2}_{X_{Pi}} + \delta(X_{P'}, X_{Pi})$

로 얻어진다.

그림 4-2. H-NGPL에서 파생 하위플랫폼을 사용하는 SSPLD의 개요

제품군 $\mathcal{F}$을 위한 상위플랫폼 산출물 $X_{SuperPlatform}$으로부터 하위플랫폼 산출물 $X_{SubPlatformj}$가 생성될 수 있고, $\mathcal{B}_{X_{SubPlatformj}}$가 이를 위한 바인딩이면, 파생 플랫폼 산출물 $X_{SubPlatform'}$은 다음과 같이 정의될 수 있다.

$$X_{SubPlatform'} = X_{SuperPlatform}\ \mathcal{B}^{XVPs1}_{X_{SubPlatformj}} + \delta(X_{SubPlatform'}, X_{SubPlatformj}) \qquad \text{- (Eq. 4-1)}$$

그러면 예를 들어,

$$Reqs_{SubPlatform'} = Reqs_{SuperPlatform}\ \mathcal{B}^{XVPs1}_{Reqs_{SubPlatformj}} + \delta(Reqs_{SubPlatform'}, Reqs_{SubPlatformj}) \qquad \text{- (Eq. 4-2)}$$

이다.

제 4장에서는 그림 4-3에 네모로 표시된 제품라인들을 예제로 사용한다. 제 3장에서와 마찬가지로 생성 제품의 도출이나 파생 제품의 개발은 제 1장, 2장에서 이미 다루었기 때문에 이 장에서는 다시 다루지 않고, 파생 플랫폼 AA′이 상위플랫폼 AA&G로부터 생성된 하위플랫폼 AA로부터 파생되는 과정을 보이는데 초점을 맞춘다.

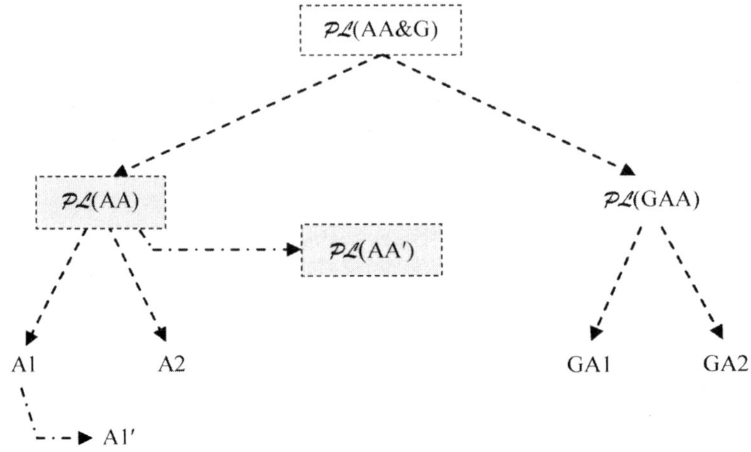

그림 4-3. 제 4장 예제의 도출 관계

제 2장에서와 마찬가지로, 이 장에서도 비생성적 제품라인의 예를 보이기 때문에, 생성된 산출물과 파생 산출물 간의 차이를 이탤릭 글꼴로 나타내고 재사용된 부분들을 ε로 일일이 나타내지 않는다.

4.1 개요

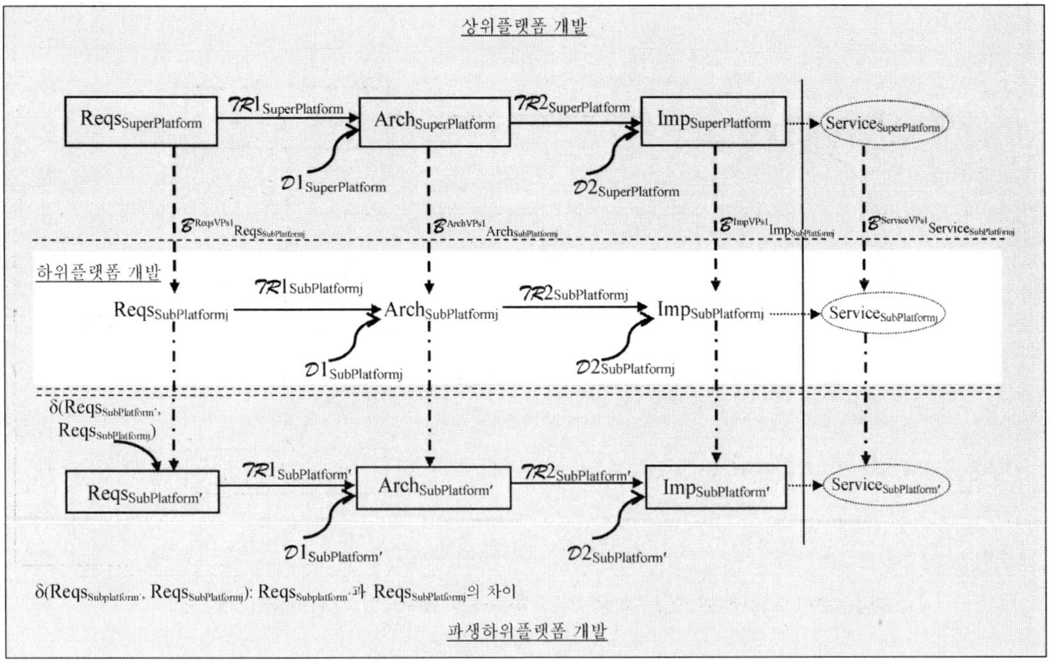

그림 4.1-1. H-NGPL에서 파생 하위플랫폼을 사용하는 SSPLD의 개요도

그림 4.1-1은 H-NGPL에서 제품 개발을 위하여 파생 하위플랫폼을 사용하는 SSPLD 적용의 개요를 보여준다. 그림을 복잡하지 않게 하기 위하여 그림 4.1-1에서 플랫폼 추적성, 플랫폼 설계결정, 플랫폼 구현결정에 대한 바인딩을 생략하였다.[211] 그림 4.1-1의 중간에 밝은 색 띠로 표시된 부분은 상위플랫폼 산출물로부터 인스턴스화에 의하여 생성된 하위플랫폼 산출물들을 나타낸다.

211 그림 4.1-1에 나와 있지 않은 바인딩은 제 1장 그림 1.1-1을 참조.

4.2 요구사항명세의 도출

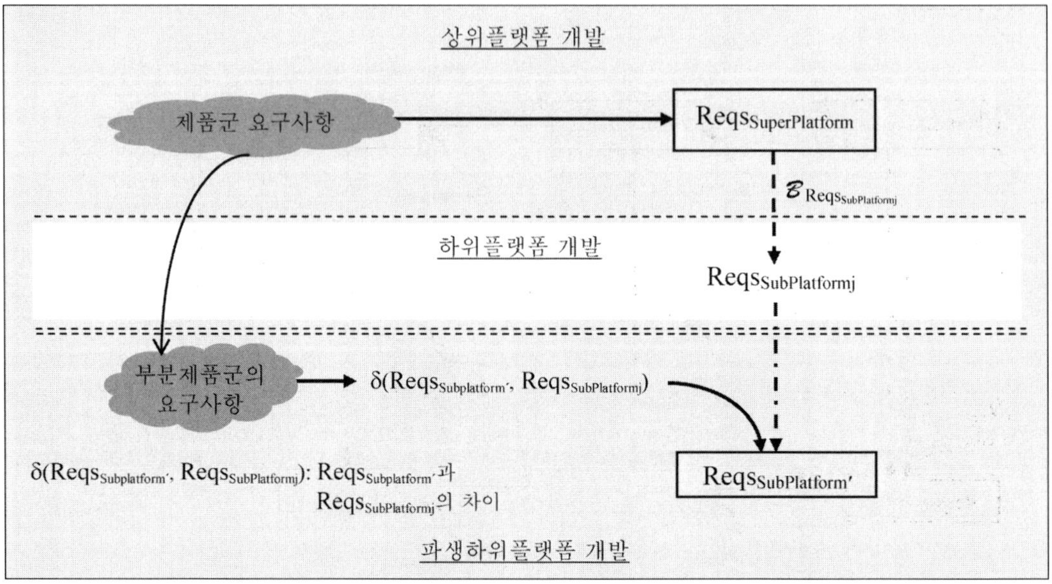

그림 4.2-1. H-NGPL에서 파생 하위 제품라인 요구사항명세 도출의 개요도

그림 4.2-1은 H-NGPL에서 상위플랫폼 요구사항명세로부터 생성되지 않는 하위플랫폼 요구사항명세의 도출이 다음 활동들로 이루어짐을 나타낸다: (1) 상위플랫폼 요구사항명세 $Reqs_{SuperPlatform}$로부터 SubPlatform′과 유사한 하위플랫폼 SubPlatformj의 요구사항명세 $Reqs_{SubPlatformj}$를 생성한다; (2) SubPlatform′의 요구사항과 SubPlatformj의 요구사항의 차이를 반영하여 $Reqs_{SubPlatformj}$로부터 SubPlatform′의 요구사항명세 $Reqs_{SubPlatform'}$을 도출한다. 그림 4.2-2는 이 활동을 정형적으로 표현한다.

상위플랫폼 개발

$Reqs_{SuperPlatform} = \mathcal{RE}$(제품군 요구사항)

하위플랫폼 개발

$Reqs_{SubPlatformj} = Reqs_{SuperPlatform}\ \mathcal{B}^{ReqsVPs1}_{ReqsSubPlatformj}$

파생 하위플랫폼 개발

$\delta(Reqs_{Subplatform'}, Reqs_{SubPlatformj}) = \mathcal{RE}$(부분제품군의 요구사항)

$Reqs_{SubPlatform'} = \mu(Reqs_{SubPlatformj}, \delta(Reqs_{Subplatform'}, Reqs_{SubPlatformj}))$

$ReqsVPs2_{SubPlatform'} = \mu(ReqsVPs2_{SubPlatformj}, \delta(Reqs_{Subplatform'}, Reqs_{SubPlatformj}))$

그림 4.2-2. H-NGPL에서 파생 하위 제품라인 요구사항명세 도출의 정형적 표현

주어진 제품군의 부분제품군을 제품라인으로 만들고자 한다. 그러나 이 부분제품군은 주어진 제품군의 어느 하위플랫폼으로부터 생성되지 않기 때문에, 부분제품군이 제품들을 가장 많이 생성해주는 플랫폼 SubPlatformj를 선택하여, 이로부터 부분제품군을 도출할 수 있는 플랫폼 SubPlatform′을 만들려고 한다.

따라서 SubPlatformj의 파생 플랫폼으로 SubPlatform′을 개발하기로 한다. 파생 플랫폼을 위한 요구사항명세 도출에서는 상위플랫폼 요구사항명세로부터 먼저 SubPlatformj의 요구사항명세를 생성하고, SubPlatformj로부터 출발하여 SubPlatformj와 SubPlatform′의 차이에 초점을 맞추어 개발을 진행한다. SubPlatformj에 없는 요구사항을 반영하기 위하여 새로운 가변점을 도입해야 할 경우, SubPlatformj를 위한 가변점의 집합을 명시적으로 변경해야 한다. 새로운 요구사항을 처리하기 위하여 파생 플랫폼을 이와 같이 구축할 수도 있고, 또한 상위플랫폼을 수정하여 그로부터 SubPlatform′을 생성할 수도 있다.

그림 4.2-1에서 $\mathcal{B}_{\text{Reqs}_{\text{SubPlatformj}}}$는 엄밀히 말하여 $\mathcal{B}^{\text{ReqsVPs1}}_{\text{Reqs}_{\text{SubPlatformj}}}$이다. 그러나 제 3장의 그림 3-1에서처럼 개요도가 간단해지도록 이 장의 개요도에서 관련된 가변점 집합을 일일이 명시하지 않는다.

4.2.1 상위 제품라인 요구사항명세의 도출

제 3장 3.2.1절의 내용과 동일하다.

4.2.2 하위 제품라인 요구사항명세의 도출

제 3장 3.2.2절의 내용과 동일하다.

4.2.3 파생 하위 제품라인 요구사항명세의 도출

부분제품군에 대한 요구사항

다음 예제는 상위플랫폼으로부터 생성되는 하위플랫폼으로부터 생성되지 않지만, 하위플랫폼으로부터 생성되는 제품군과 유사한 제품군에 대한 요구사항의 예를 보인다.

예제 4.2.3-1　부분제품군 AA′에 대한 요구사항

부분제품군 AA′에 대한 요구사항을 다음과 같이 가정하자.

부분제품군 AA′에 대한 요구사항

기능 요구사항

FR_T) The system provides a TUI.

FR_B) The system performs +, −, * and / operations.

FR_A1) The system performs fmod and fquot operations.

FR_A2) **Alternatively** to FR_A1, the system performs pow and log operations.

FR_D) The system performs inv operation.

제약사항

C_1) The system should reuse the existing component for fmod and fquot operations.

C_2) Existing code for fmod and fquot operations was implemented in CompA1.

C_3) The system should reuse the existing component for pow and log operations.

C_4) Existing code for pow and log operations was implemented in CompA2.

C_5) For easy upgrade, the inv operation should be componentized.

가변성 제약사항

RD_1) **FR_A1 requires C_1 and C_2.**

RD_2) **FR_A2 requires C_3 and C_4.**

■

생성 하위플랫폼 요구사항과 파생 하위플랫폼 요구사항의 차이

다음 예제는 두 제품군의 요구사항을 비교분석하여 그 차이를 도출하는 예를 보인다.

예제 4.2.3-2 $\delta(Reqs_{AA'}, Reqs_{AA})$

제 1장 예제 1.2.1-1의 AA의 요구사항과 예제 4.2.3-1의 AA′의 요구사항을 비교하여, 그 차이 $\delta(Reqs_{AA'}, Reqs_{AA})$가 다음과 같다는 것을 파악할 수 있다.

부분제품군 AA′만이 갖는 기능 요구사항

FR_D) The system performs inv operation.

부분제품군 AA′만이 갖는 제약사항

C_5) For easy upgrade, the inv operation should be componentized.

위의 요구사항들은 제 2장 서두에서 나오는 제품 A1′만이 갖는 요구사항들과 동일하다. 이 요구사항들이 여기서 부분제품군 AA′만이 갖는 요구사항으로 사용되었다.

■

이 장의 서두 끝에서 언급한대로, 위의 예제에서 AA′의 산출물이 AA의 산출물과 다른 부분은 이탤릭 글꼴로 나타낸다.

파생 하위 제품라인 요구사항명세

다음 예제는 상위플랫폼 요구사항명세로부터 생성된 하위플랫폼 요구사항명세로부터 파생된 하위플랫폼 요구사항명세의 예를 보여준다.

예제 4.2.3-3 $\mathcal{PL}(Reqs_{AA'})$

예제 4.2.3-1의 부분제품군 AA′에 대한 요구사항과 예제 4.2.3-2의 $\delta(Reqs_{AA'}, Reqs_{AA})$로부터 $\mathcal{PL}(Reqs_{AA'})$를 다음과 같이 정의할 수 있다.

<table>
<tr><th>PL
Artifact
Name</th><th colspan="2">$\mathcal{PL}(Reqs_{AA'})$ :: Requirements</th></tr>
<tr><td>Import</td><td colspan="2">$\mathcal{PL}(Reqs_{AA})$ // 제 1장 예제 1.2.1-3</td></tr>
<tr><td rowspan="3">Platform
($Reqs_{AA'}$)</td><td colspan="2"><u>기능 요구사항</u>
FR_T) The system provides a TUI.
FR_B) The system performs +, −, * and / operations.
FR_A12[vpOP]) The system performs vpOp operations.
FR_D) The system performs inv operation.

<u>제약사항</u>
C_13[vpOP]) The system should reuse the existing component for vpOP operations.
C_24[vpOP, vpCompA]) Existing code for vpOP operations was implemented in vpCompA.
C_5) For easy upgrade, the inv operation should be componentized.

<u>가변성 제약사항</u>
RD_12[vpOP, vpCompA]) FR_A12[vpOP] <u>req</u> C_13[vpOP] and C_24[vpOP, vpCompA].</td></tr>
<tr><td>VP
Declarations</td><td>// vpOP: “fmod and fquot”, “pow and log”;
// vpCompA: CompA1, CompA2</td></tr>
<tr><td>Variability
Constraints</td><td>// vpOP.“fmod and fquot” <u>req</u> vpCompA.CompA1;
// vpOP.“pow and log” <u>req</u> vpCompA.CompA2</td></tr>
<tr><td>Bindings</td><td colspan="2">// 생략[212]</td></tr>
</table>

■

212 이 구역은 향후 계획된 제품이 결정될 때 작성하도록 비워두었다.

4.3 요구사항명세의 분석과 평가

4.3.1 요구사항명세의 분석

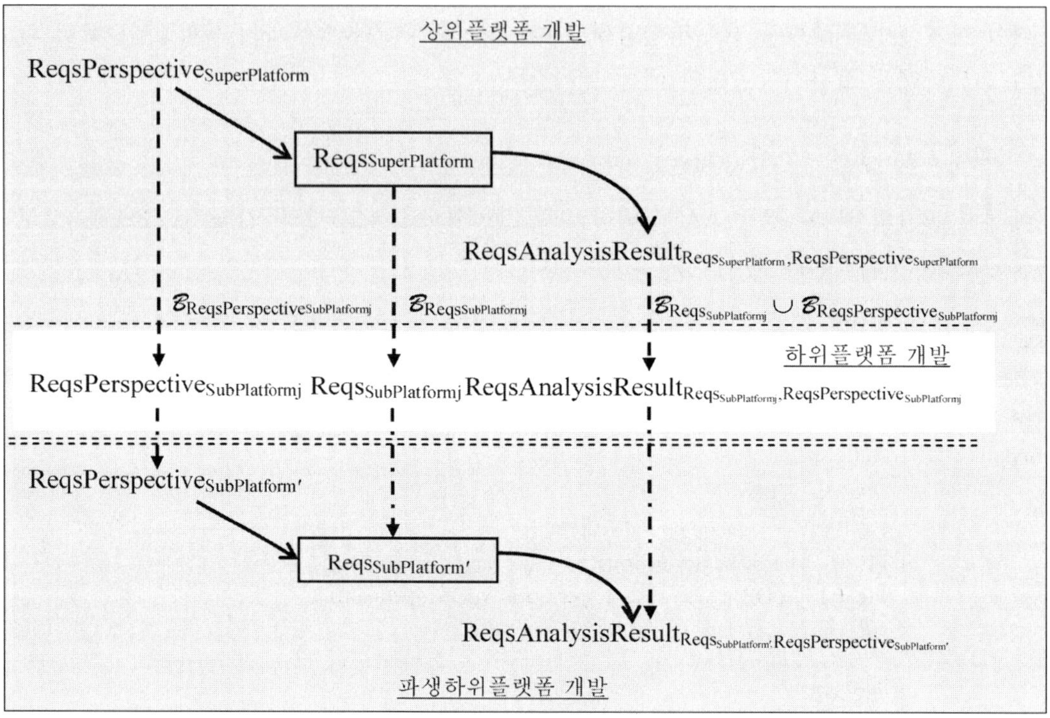

그림 4.3.1-1. H-NGPL에서 파생 하위 제품라인 요구사항명세 분석의 개요도

그림 4.3.1-1은 H-NGPL에서 상위플랫폼 요구사항명세로부터 생성되지 않는 하위 플랫폼 요구사항명세의 분석이 다음 활동들로 이루어짐을 나타낸다: (1) 상위플랫폼 요구사항명세 분석결과 $ReqsAnalysisResult_{Reqs_{SuperPlatform}, ReqsPerspective_{SuperPlatform}}$에 SubPlatform′과 유사한 하위플랫폼 SubPlatformj의 요구사항명세 분석결과 바인딩을 적용하여 $ReqsAnalysisResult_{Reqs_{SubPlatformj}, ReqsPerspective_{SubPlatformj}}$를 생성한다; (2) SubPlatformj와 SubPlatform′ 간의 요구사항명세의 차이와 분석관점의 차이를 반영하여 $ReqsAnalysisResult_{Reqs_{SubPlatformj}, ReqsPerspective_{SubPlatformj}}$로부터 SubPlatform′의 요구사항명세 분석결과 $ReqsAnalysisResult_{Reqs_{SubPlatform'}, ReqsPerspective_{SubPlatform'}}$를 도출한다. 그림 4.3.1-2는 이 활동을 정형적으로 표현한다.

상위플랫폼 개발

$$\text{ReqsAnalysisResult}_{\text{Reqs}_{\text{SuperPlatform}},\text{ReqsPerspective}_{\text{SuperPlatform}}} = \mathit{Analysis}(\text{Reqs}_{\text{SuperPlatform}}, \text{ReqsPerspective}_{\text{SuperPlatform}})$$

하위플랫폼 개발

$$\text{ReqsPerspective}_{\text{SubPlatformj}} = \text{ReqsPerspective}_{\text{SuperPlatform}}\ \mathcal{B}^{\text{ReqsVPs1}}{}_{\text{ReqsPerspective}_{\text{SubPlatformj}}}$$

$$\text{ReqsAnalysisResult}_{\text{Reqs}_{\text{SubPlatformj}},\text{ReqsPerspective}_{\text{SubPlatformj}}} = \text{ReqsAnalysisResult}_{\text{Reqs}_{\text{SuperPlatform}},\text{ReqsPerspective}_{\text{SuperPlatform}}}\ (\mathcal{B}^{\text{ReqsVPs1}}{}_{\text{Reqs}_{\text{SubPlatformj}}} \cup \mathcal{B}^{\text{ReqsVPs1}}{}_{\text{ReqsPerspective}_{\text{SubPlatformj}}})$$

파생 하위플랫폼 개발

$$\text{ReqsPerspective}_{\text{SubPlatform}'} = \mu(\text{ReqsPerspective}_{\text{SubPlatformj}}, \text{Reqs}_{\text{SubPlatform}'})$$

$$\text{ReqsVPs2}_{\text{ReqsPerspective}_{\text{SubPlatform}'}} = \mu(\text{ReqsVPs2}_{\text{ReqsPerspective}_{\text{SubPlatformj}}}, \text{ReqsPerspective}_{\text{SubPlatform}'})$$

$$\text{ReqsAnalysisResult}_{\text{Reqs}_{\text{SubPlatform}'},\text{ReqsPerspective}_{\text{SubPlatformj}}} = \mathit{Analysis}(\text{Reqs}_{\text{SubPlatform}'}, \text{ReqsPerspective}_{\text{SubPlatform}'})$$

그림 4.3.1-2. H-NGPL에서 파생 하위플랫폼 요구사항명세 분석의 정형적 표현

하위플랫폼 요구사항명세의 분석결과로부터 파생 하위플랫폼 요구사항명세의 분석결과를 도출하는 과정은, 제품 요구사항명세의 분석결과 평가로부터 파생 제품 요구사항명세의 분석결과를 도출하는 과정과 유사하다. 그러나 후자의 경우 제품 요구사항명세의 분석결과로부터 파생 제품 요구사항명세의 분석결과를 도출하는 과정에는 가변점이 나타나지 않지만, 전자의 경우 하위플랫폼 요구사항명세의 분석결과로부터 파생 플랫폼 요구사항명세의 분석결과를 도출하는 과정에는 하위플랫폼 요구사항명세의 가변점들과 요구사항명세 분석관점에 있는 가변점들이 나타난다는 점에서 서로 다르다.

4.3.1.1 상위 제품라인 요구사항명세의 분석

제 3장 3.3.1.1절의 내용과 동일하다.

4.3.1.2 하위 제품라인 요구사항명세의 분석

제 3장 3.3.1.2절의 내용과 동일하다.

4.3.1.3 파생 하위 제품라인 요구사항명세의 분석

파생 하위 제품라인 요구사항명세 분석관점

다음 예제는 상위플랫폼 요구사항명세 분석관점으로부터 생성된 하위플랫폼 요구사항명세 분석관점으로부터 파생된 하위플랫폼 요구사항명세 분석관점의 예를 보인다.

예제 4.3.1.3-1 $\mathcal{PL}(\text{ReqsPerspective5}_{\text{AA}'})$

예제 4.3.3-3의 $\text{Reqs}_{\text{AA}'}$를 분석하기 위해 다음의 분석관점을 채택하기로 한다.

<table>
<tr><td>PL Artifact Name</td><td colspan="2">𝒫ℒ(ReqsPerspective5$_{AA'}$) :: Requirements Analysis Perspective</td></tr>
<tr><td>Import</td><td colspan="2">𝒫ℒ(Reqs$_{AA'}$) // 예제 4.3.3-3</td></tr>
<tr><td rowspan="3">Platform</td><td colspan="2">"FR_D와 vpOP의 기능이 중복되지 않는가?"</td></tr>
<tr><td>VP Declarations</td><td>// vpOP: "fmod and fquot", "pow and log";</td></tr>
<tr><td>Variability Constraints</td><td></td></tr>
<tr><td>Bindings</td><td colspan="2">// 생략</td></tr>
</table>

■

파생 하위 제품라인 요구사항명세 분석결과

다음 예제는 상위플랫폼 요구사항명세 분석결과로부터 생성된 하위플랫폼 요구사항명세 분석결과로부터 파생된 하위플랫폼 요구사항명세 분석결과의 예를 보인다.

예제 4.3.1.3-2 𝒫ℒ(ReqsAnalysisResult$_{ReqsAA', ReqsPerspective5AA'}$)

예제 4.3.3-3의 Reqs$_{AA'}$에서 FR_D가 요구하는 inv연산 기능은 vpOP가 "fmod와 fquot" 혹은 "pow와 log"의 어느 값을 가지는 경우에도 중복되지 않는다. 따라서

Analysis(Reqs$_{AA'}$, *ReqsPerspective5$_{AA'}$ [vpOP]*)
 = **case** vpOP of
  "fmod와 fquot": *True;*
  "pow와 log": *True;*
 end case
 = *True*

에 의하여, 𝒫ℒ(ReqsAnalysisResult$_{Reqs_{AA'}, ReqsPerspective5_{AA'}}$)는 다음과 같다.

<table>
<tr><td>PL Artifact Name</td><td colspan="2">𝒫ℒ(ReqsAnalysisResult$_{ReqsAA', ReqsPerspective5A'}$) :: Requirements Analysis Result</td></tr>
<tr><td rowspan="3">Platform</td><td colspan="2">True</td></tr>
<tr><td>VP Declarations</td><td></td></tr>
<tr><td>Variability Constraints</td><td></td></tr>
<tr><td>Bindings</td><td colspan="2">// 생략</td></tr>
</table>

■

4.3.2 요구사항명세의 평가

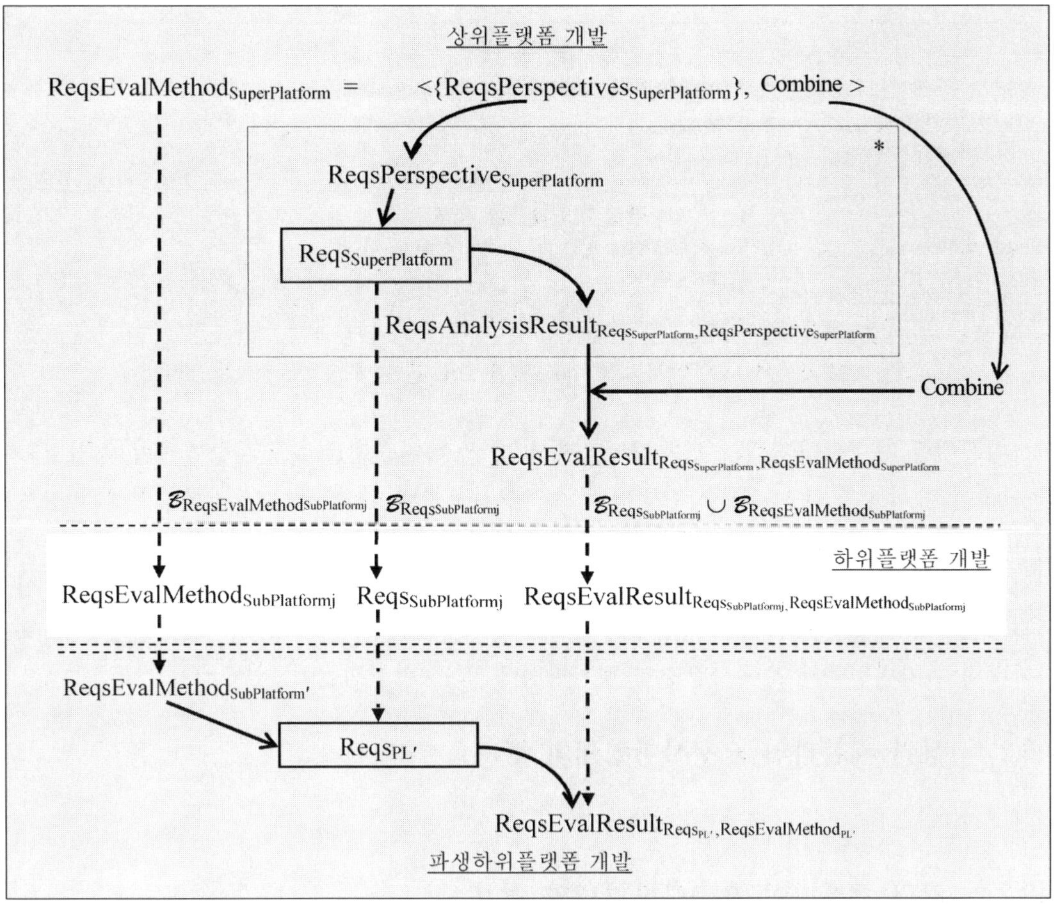

그림 4.3.2-1. H-NGPL에서 파생 하위 제품라인 요구사항명세 평가의 개요도

그림 4.3.2-1은 H-NGPL에서 상위플랫폼 요구사항명세로부터 생성되지 않는 하위플랫폼 요구사항명세의 평가가 다음 활동들로 이루어짐을 나타낸다: (1) 상위플랫폼 요구사항명세 평가결과 $ReqsEvalResult_{Reqs_{SuperPlatform}, ReqsEvalMethod_{SuperPlatform}}$에 SubPlatform′과 유사한 하위플랫폼 SubPlatformj의 요구사항명세 평가결과 바인딩을 적용하여 $ReqsEvalResult_{Reqs_{SubPlatformj}, ReqsEvalMethod_{SubPlatformj}}$를 생성한다. (2) SubPlatformj와 SubPlatform′ 간의 요구사항명세의 차이와 평가방법의 차이를 반영하여 $ReqsEvalResult_{Reqs_{SubPlatformj}, ReqsEvalMethod_{SubPlatformj}}$로부터 SubPlatform′의 요구사항명세 평가결과 $ReqsEvalResult_{Reqs_{SubPlatform'}, ReqsEvalMethod_{SubPlatform'}}$를 도출한다. 그림 4.3.2-2는 이 활동을 정형적으로 표현한다.

상위플랫폼 개발

$$ReqsEvalResult_{Reqs_{SuperPlatform}, ReqsEvalMethod_{SuperPlatform}} = \mathcal{E}val(Reqs_{SuperPlatform}, ReqsEvalMethod_{SuperPlatform})$$

하위플랫폼 개발

$$ReqsEvalMethod_{SubPlatformj} = ReqsEvalMethod_{SuperPlatform}\ \mathcal{B}^{ReqsVPs1}{}_{ReqsEvalMethod_{SubPlatformj}}$$

$$ReqsEvalResult_{Reqs_{SubPlatformj}, ReqsEvalMethod_{SubPlatformj}} = ReqsEvalResult_{Reqs_{SuperPlatform}, ReqsEvalMethod_{SuperPlatform}}\ (\mathcal{B}^{ReqsVPs1}{}_{Reqs_{SubPlatformj}} \cup \mathcal{B}^{ReqsVPs1}{}_{ReqsEvalMethod_{SubPlatformj}})$$

파생 하위플랫폼 개발

$$ReqsEvalMethod_{SubPlatform'} = \mu(ReqsEvalMethod_{SubPlatformj}, Reqs_{SubPlatform'})$$

$$ReqsVPs2_{ReqsEvalMethod_{SubPlatform'}} = \mu(ReqsVPs2_{ReqsEvalMethod_{SubPlatformj}}, ReqsEvalMethod_{SubPlatform'})$$

$$ReqsEvalResult_{Reqs_{SubPlatform'}, ReqsEvalMethodSubPlatform'} = \mathcal{E}val(Reqs_{SubPlatform'}, ReqsEvalMethod_{SubPlatform'})$$

그림 4.3.2-2. H-NGPL에서 파생 하위플랫폼 요구사항명세 평가의 정형적 표현

하위플랫폼 요구사항명세의 평가결과로부터 파생 하위플랫폼 요구사항명세의 평가결과를 도출하는 과정은 제품 요구사항명세의 평가결과로부터 파생 제품 요구사항명세의 평가결과를 도출하는 과정과 유사하다. 제품 요구사항명세의 평가로부터 파생 제품 요구사항명세의 평가를 도출하는 과정에는 가변점이 나타나지 않지만, 하위플랫폼 요구사항명세의 평가결과로부터 파생 플랫폼 요구사항명세의 평가결과를 도출하는 과정에는 하위플랫폼 요구사항명세의 가변점들과 요구사항명세 평가방법에 있는 가변점들이 나타난다.

4.3.2.1 상위 제품라인 요구사항명세의 평가

제 3장 3.3.2.1절의 내용과 동일하다.

4.3.2.2 하위 제품라인 요구사항명세의 평가

제 1장 1.3.2.2절의 내용과 동일하다.

4.3.2.3 파생 하위 제품라인 요구사항명세의 평가

파생 하위 제품라인 요구사항명세 평가방법

다음 예제는 상위플랫폼 요구사항명세 평가방법으로부터 생성된 하위플랫폼 요구사항명세 평가방법으로부터 파생된 하위 제품라인 요구사항명세 평가방법의 예를 보인다.

예제 4.3.2.1-1 $\mathcal{PL}(ReqsEvalMethod_{AA'})$

예제 4.2.3-3의 $Reqs_{AA'}$을 평가하기 위해 예제 3.3.2.2-1의 $ReqsEvalMethod_{AA}$를 기반으로 한 방법을 채택하기로 한다. 따라서 Combine 함수로는

$\wedge_j$ ReqsAnalysisResult$_{Reqs_{AA'}, ReqsPerpsectivej_{AA'}}$

를 사용하고, 분석관점들로는 아래 PLADT에서 같이

ReqsPerspective1$_{AA}$
ReqsPerspective2$_{AA}$
ReqsPerspective3$_{AA}$
ReqsPerspective4$_{AA}$
ReqsPerspective5$_{AA'}$[vpOP]

를 기반으로 한

{ReqsPerspective1$_{AA'}$, ReqsPerspective2$_{AA'}$, ReqsPerspective3$_{AA'}$, ReqsPerspective4$_{AA'}$, ReqsPerspective5$_{AA'}$[vpOP]}

를 사용하기로 한다.

<table>
<tr><th>PL Artifact Name</th><th colspan="2">$\mathcal{PL}$(ReqsEvalMethod$_{AA'}$) :: Requirements Evaluation Method</th></tr>
<tr><td>Import</td><td colspan="2">$\mathcal{PL}$(Reqs$_{AA'}$) // 예제 4.2.3-3
$\mathcal{PL}$(ReqsEvalMethod$_{AA}$) // 예제 3.3.2.2-1
$\mathcal{PL}$(ReqsPerspective5$_{AA'}$) // 예제 4.3.1.3-1</td></tr>
<tr><td rowspan="3">Platform</td><td colspan="2"><
{ ReqsPerspective1$_{AA'}$ = ReqsPerspective1$_{AA}$ + ReqsPerspective1b,
ReqsPerspective2$_{AA'}$ = ReqsPerspective2$_{AA}$ + ReqsPerspective2b,
ReqsPerspective3$_{AA'}$ = ReqsPerspective3$_{AA}$,
ReqsPerspective4$_{AA'}$ = ReqsPerspective4$_{AA}$,
ReqsPerspective5$_{AA'}$[vpOP]
},
$\wedge_j$ ReqsAnalysisResult$_{Reqs_{AA'}, ReqsPerspectivej_{AA'}}$
>
이고, 여기서 가져오기되지 않은 분석관점들은 다음과 같다:
ReqsPerspective1b:"FR_D와 C_5는 서로 간에 그리고 Reqs$_{AA}$의 요구사항들과 모순이 없는가?"
ReqsPerspective2b:"FR_D와 C_5가 검증 가능한가?"</td></tr>
<tr><td>VP Declarations</td><td>// vpOP: "fmod and fquot", "pow and log"</td></tr>
<tr><td>Variability Constraints</td><td></td></tr>
<tr><td>Bindings</td><td colspan="2">// 생략</td></tr>
</table>

■

파생 하위 제품라인 요구사항명세 평가결과

다음 예제는 상위플랫폼 요구사항명세 평가결과로부터 생성된 하위플랫폼 요구사항명세 평가결과로부터 파생된 하위플랫폼 요구사항명세 평가결과의 예를 보인다.

예제 4.3.2.3-2 $\mathcal{PL}$(ReqsEvalResult$_{\text{Reqs}_{AA'}, \text{ReqsEvalMethod}_{AA'}}$)

예제 4.2.3-3의 $\text{Reqs}_{AA'}$을 평가하기 위해 다음의 분석결과를 가정하자.

분석결과표		
분석관점	분석결과	근거
ReqsPerspective1b	*True*	*가정*
ReqsPerspective2b	*True*	*가정*

이로부터, 다음의 결과를 얻는다.

ReqsEvalResult$_{\text{Reqs}_{AA'}, \text{ReqsEvalMethod}_{AA'}}$

= ReqsEvalResult$_{\text{Reqs}_{AA}, \text{ReqsEvalMethod}_{AA}}$

∧ *Analysis*(Reqs$_{AA'}$, *ReqsPerspective5$_{AA'}$[vpOP]*)

∧ *Analysis*(Reqs$_{AA'}$, *ReqsPerspective1b*)

∧ *Analysis*(Reqs$_{AA'}$, *ReqsPerspective2b*)

= **case** <vpFR_A, vpStakeholder> **of** // 예제 3.3.2.2-2

<FR_A1, S1>: True;

<FR_A2, S2>: True;

otherwise: False;

end case

∧ *True* // 예제 4.3.1.3-2

∧ *True*

∧ *True*

따라서 $\mathcal{PL}$(ReqsEvalResult$_{\text{Reqs}_{AA'}, \text{ReqsEvalMethod}_{AA'}}$)는 다음과 같다.

<table>
<tr><th>PL Artifact Name</th><th colspan="2">$\mathcal{PL}$(ReqsEvalResult$_{Reqs_{AA'}, ReqsEvalMethod_{AA'}}$) :: Requirements Evaluation Result</th></tr>
<tr><td>Import</td><td colspan="2">$\mathcal{PL}$(Reqs$_{AA'}$) // 예제 4.2.3-3
$\mathcal{PL}$(ReqsEvalMethod$_{AA'}$) // 예제 4.3.2.3-1
$\mathcal{PL}$(ReqsEvalResult$_{Reqs_{AA}, ReqsEvalMethod_{AA}}$) // 예제 3.3.2.2-2
$\mathcal{PL}$(ReqsAnalysisResult5$_{AA'}$) // 예제 4.3.1.3-2</td></tr>
<tr><td rowspan="3">Platform</td><td colspan="2">case <vpFR_A, vpStakeholder> of
<FR_A1, S1>: True;
<FR_A2, S2>: True;
otherwise: False;
end case</td></tr>
<tr><td>VP Declarations</td><td>// vpFR_A: FR_A1, FR_A2;
// vpStakeholder: S1, S2, S3</td></tr>
<tr><td>Variability Constraints</td><td>// vpFR_A.FR_A1 <u>req</u> vpStakeholder.S1;
// vpFR_A.FR_A2 <u>req</u> vpStakeholder.S2</td></tr>
<tr><td>Bindings</td><td colspan="2">// 생략</td></tr>
</table>

■

4.4 아키텍처의 설계

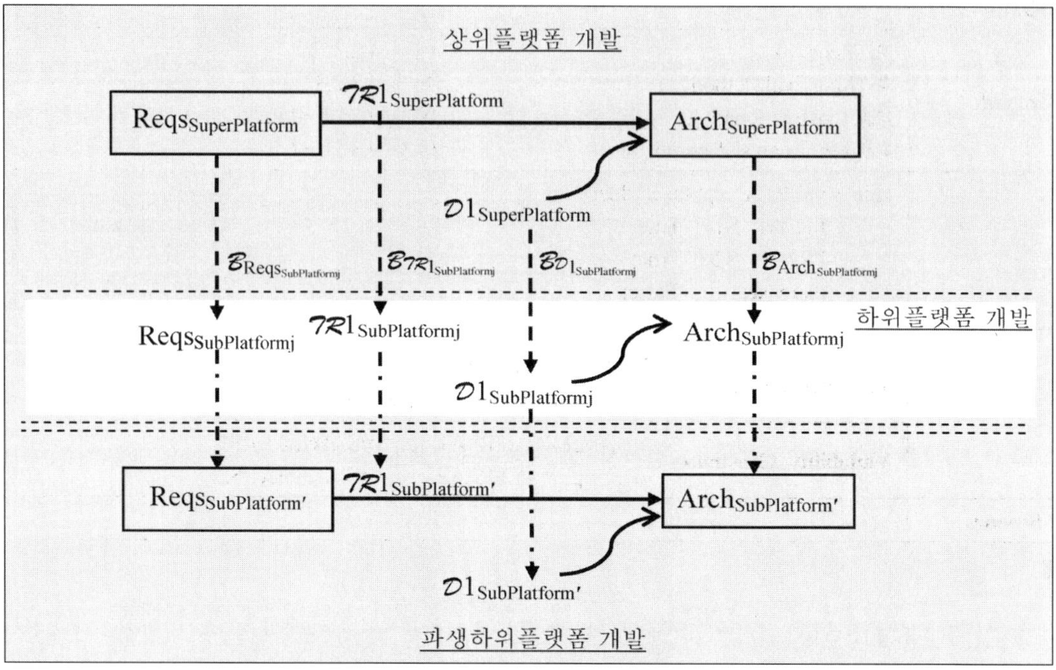

그림 4.4-1. H-NGPL에서 파생 하위 제품라인 아키텍처 설계의 개요도

그림 4.4-1은 H-NGPL에서 상위플랫폼 아키텍처로부터 생성되지 않는 하위플랫폼 아키텍처의 도출이 다음 활동들로 이루어짐을 나타낸다: (1) 상위플랫폼 아키텍처 $Arch_{SuperPlatform}$로부터 SubPlatform′과 유사한 하위플랫폼 SubPlatformj의 아키텍처 $Arch_{SubPlatformj}$를 생성한다; (2) 플랫폼 요구사항 $Reqs_{SuperPlatform}$과 플랫폼 아키텍처설계결정 $\mathcal{D}1_{SuperPlatform}$으로부터 SubPlatformj의 요구사항 $Reqs_{SubPlatformj}$과 아키텍처설계결정 $\mathcal{D}1_{SubPlatformj}$를 생성한다; (3) $Reqs_{SubPlatform'}$과 $Reqs_{SubPlatformj}$의 차이를 반영하여 $\mathcal{D}1_{SubPlatformj}$로부터 $\mathcal{D}1_{SubPlatform'}$를 도출한다; (4) $\mathcal{D}1_{SubPlatform'}$과 $\mathcal{D}1_{SubPlatformj}$의 차이를 반영하여 $Arch_{SubPlatformj}$로부터 SubPlatform′의 아키텍처 $Arch_{SubPlatform'}$를 도출한다. 그림 4.4-2는 이 활동을 정형적으로 표현한다.

상위플랫폼 개발

$$(\mathrm{Arch}_{SuperPlatform}, \mathcal{TR}1_{SuperPlatform}) = \mathit{ArchDesign}(\mathrm{Reqs}_{SuperPlatform}, \mathcal{D}1_{SuperPlatform})$$

하위플랫폼 개발

$$\mathcal{D}1_{SubPlatformj} = \mathcal{D}1_{SuperPlatform}\ \mathcal{B}^{\mathrm{ArchVPs1}}_{\mathcal{D}1_{SubPlatformj}}$$

$$\mathrm{Arch}_{SubPlatformj} = \mathrm{Arch}_{SuperPlatform}\ \mathcal{B}^{\mathrm{ArchVPs1}}_{\mathrm{Arch}_{SubPlatformj}}$$

$$\mathcal{TR}1_{SubPlatformj} = \mathcal{TR}1_{SuperPlatform}\ \mathcal{B}^{\mathrm{ArchVPs1}}_{\mathcal{TR}1_{SubPlatformj}}$$

파생 하위플랫폼 개발

$$\mathcal{D}1_{SubPlatform'} = \mu(\mathcal{D}1_{SubPlatformj}, \mathrm{Reqs}_{SubPlatform'})$$

$$\mathrm{ArchVPs2}_{\mathcal{D}1_{SubPlatform'}} = \mu(\mathrm{ArchVPs2}_{\mathcal{D}1_{SubPlatformj}}, \mathcal{D}1_{SubPlatform'})$$

$$(\mathrm{Arch}_{SubPlatform'}, \mathcal{TR}1_{SubPlatform'}) = \mathit{ArchDesign}(\mathrm{Reqs}_{SubPlatform'}, \mathcal{D}1_{SubPlatform'})$$

$$\mathrm{ArchVPs2}_{SubPlatform'} = \mu(\mathrm{ArchVPs2}_{SubPlatformj}, \mathrm{Arch}_{SubPlatform'})$$

그림 4.4-2. H-NGPL에서 파생 하위플랫폼 아키텍처설계의 정형적 표현

제 4.2절에서 하위플랫폼 SubPlatform′을 파생 플랫폼으로 도출하기로 하고, 상위플랫폼으로부터 생성된 하위플랫폼 SubPlatformj로부터 SubPlatform′를 도출하기로 결정하였다. SubPlatformj의 아키텍처로 충족시킬 수 없는 요구사항으로 인하여 SubPlatformj의 아키텍처가 변경되어 SubPlatform′의 아키텍처가 얻어질 수도 있고, SubPlatformj의 아키텍처로 요구사항을 충족시킬 수 있는 경우, 아키텍처 변경 없이 컴포넌트의 내부의 변경으로 SubPlatform′의 아키텍처가 얻어질 수도 있다.

4.4.1 상위 제품라인 아키텍처의 설계

제 3장 3.4.1절의 내용과 동일하다.

4.4.2 하위 제품라인 아키텍처의 설계

제 3장 3.4.2절의 내용과 동일하다.

4.4.3 파생 하위 제품라인 아키텍처의 설계

파생 하위 제품라인 아키텍처설계결정

다음 예제는 상위플랫폼 아키텍처설계결정으로부터 생성된 하위플랫폼 아키텍처설계결정으로부터 파생된 하위플랫폼 아키텍처설계결정의 예를 보인다.

예제 4.4.3-1 $\mathcal{PL}(\mathcal{D}1_{AA'})$

예제 4.2.3-3의 $\text{Reqs}_{AA'}$으로부터 제 1장 예제 1.4.1-2의 $\mathcal{D}1_{AA}$를 다음과 같이 수정하여 아키텍처설계결정을 내렸다고 가정하자.

<table>
<tr><th>PL Artifact Name</th><th colspan="2">$\mathcal{PL}(\mathcal{D}1_{AA'})$ ::Architecture Design Decisions</th></tr>
<tr><td>Import</td><td colspan="2">$\mathcal{PL}(\text{Reqs}_{AA'})$ // 예제 4.2.3-3
$\mathcal{PL}(\mathcal{D}1_{AA})$ // 제 1장 예제 1.4.1-2</td></tr>
<tr><td rowspan="3">Platform
($\mathcal{D}1_{AA'}$)</td><td colspan="2"><
D1: [FR_B의 요구에 따라 +, −, *, / 연산을
하나의 컴포넌트 CompB에 구현하여,
C_13[vpOP]이 요구하는 바와 같이 FR_A12[vpOP]가
요구하는 연산을 위하여 기 개발된 컴포넌트를
재사용할 수 있도록 한다; 외부 연산을 위한 커넥터
ch1과 ch2를 제공한다.],
D2: [FR_T의 요구에 따라 UI를 CompTUI로 구현한 뒤,
이를 커넥터 ch3와 ch4로 CompB에 연결한다.],
D3: [C_13[vpOP]이 요구하는 대로 기 개발된 컴포넌트
vpCompA를 재사용한다.],
D4: [컴포넌트 vpCompA를 컴포넌트 CompB의 커넥터
ch1과 ch2에 연결한다.]
D6[213] [CompInv 컴포넌트로 inv 연산을 구현한 뒤,
이를 커넥터 ch9와 ch10으로 컴포넌트 CompB에 연결한다.]
></td></tr>
<tr><td>VP Declarations</td><td>// vpOP: “fmod and fquot”, “pow and log”;
// vpCompA: CompA1, CompA2</td></tr>
<tr><td>Variability Constraints</td><td>// vpOP.“fmod and fquot” <u>req</u> vpCompA.CompA1;
// vpOP.“pow and log” <u>req</u> vpCompA.CompA2</td></tr>
<tr><td>Bindings</td><td colspan="2">// 생략</td></tr>
</table>

■

파생 하위 제품라인 아키텍처

다음 예제는 상위플랫폼 아키텍처로부터 생성된 하위플랫폼 아키텍처로부터 파생된 하위플랫폼 아키텍처의 예를 보인다.

---

213 D5는 제 2장 예제 2.4.3-1에서 $\mathcal{D}1_{A1'}$를 위하여 이미 사용된 결정번호로, $\mathcal{D}1_{AA'}$에서는 사용하지 않는다.

예제 4.4.3-2 $\mathcal{PL}(Arch_{AA'})$

예제 4.4.3-1의 $\mathcal{D}1_{AA'}$에 따라 제 1장 예제 1.4.1-3의 $Arch_{AA}$를 다음과 같이 수정하여 아키텍처를 만든다.

<table>
<tr><th>Artifact Name</th><th colspan="2">$\mathcal{PL}(Arch_{AA'})$ :: Architecture</th></tr>
<tr><td>Import</td><td colspan="2">$\mathcal{PL}(\mathcal{D}1_{AA'})$ // 예제 4.4.3-1
$\mathcal{PL}(Arch_{AA})$ // 제 1장 예제 1.4.1-4</td></tr>
<tr><td rowspan="3">Platform ($Arch_{AA'}$)</td><td colspan="2">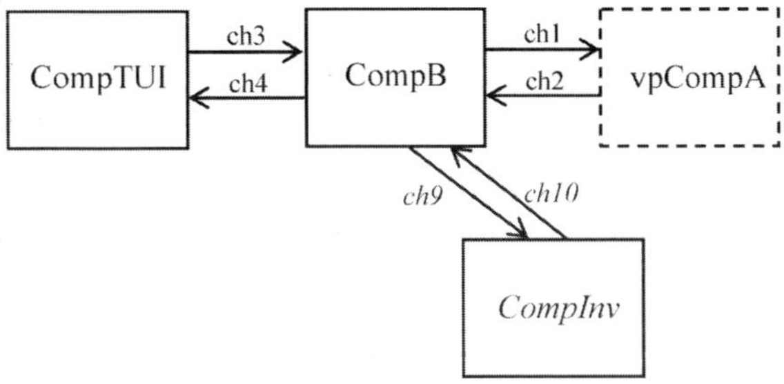
</td></tr>
<tr><td>VP Declarations</td><td>// vpOP: "fmod and fquot", "pow and log";
// vpCompA: CompA1, CompA2</td></tr>
<tr><td>Variability Constraints</td><td>// vpOP."fmod and fquot" <u>req</u> vpCompA.CompA1;
// vpOP."pow and log" <u>req</u> vpCompA.CompA2</td></tr>
<tr><td>Bindings</td><td colspan="2">// 생략</td></tr>
</table>

■

파생 하위 제품라인 요구사항-아키텍처 추적성

다음 예제는 상위플랫폼 요구사항-아키텍처 추적성으로부터 생성된 하위플랫폼 요구사항-아키텍처 추적성으로부터 파생된 하위플랫폼 요구사항-아키텍처 추적성의 예를 보인다.

예제 4.4.3-3 $\mathcal{PL}(\mathcal{TR}1_{AA'})$

예제 4.4.3-1의 $\mathcal{D}1_{AA'}$에 따라 제 1장 예제 1.4.1-5의 $\mathcal{TR}1_{AA}$을 다음과 같이 수정하여 추적성을 만든다.

<table>
<tr><td>PL Artifact Name</td><td colspan="2">$\mathcal{PL}(\mathcal{TR}1_{AA'})$ :: Reqs-to-Arch Traceability</td></tr>
<tr><td>Import</td><td colspan="2">$\mathcal{PL}(\mathcal{D}1_{AA'})$ // 예제 4.4.3-1
$\mathcal{PL}(\mathcal{TR}1_{AA})$ // 제 1장 예제 1.4.1-6</td></tr>
<tr><td rowspan="3">Platform ($\mathcal{TR}1_{AA'}$)</td><td colspan="2">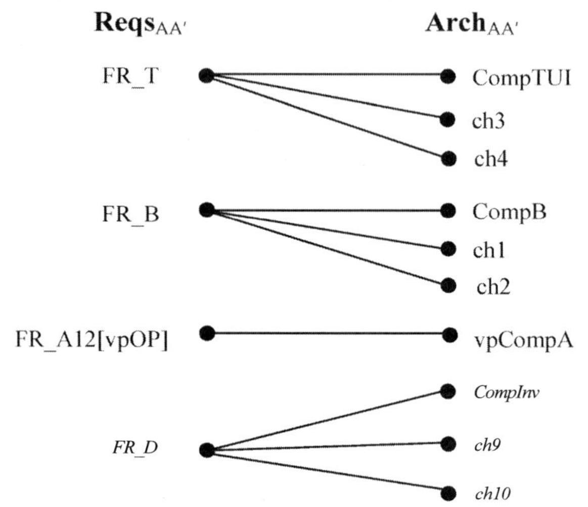
</td></tr>
<tr><td>VP Declarations</td><td>// vpOP: “fmod and fquot”, “pow and log”;
// vpCompA: CompA1, CompA2
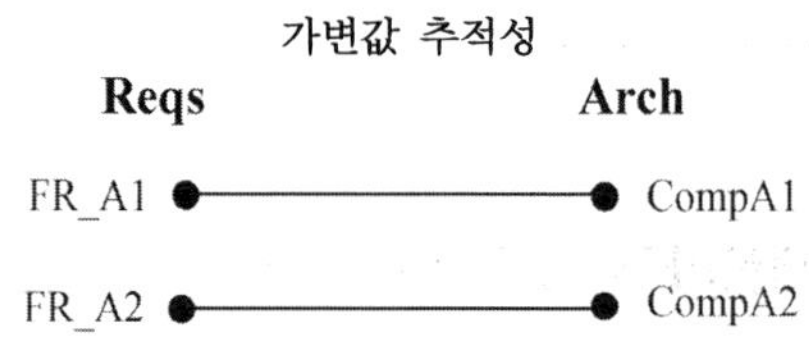
</td></tr>
<tr><td>Variability Constraints</td><td>// vpOP.“fmod and fquot” <u>req</u> vpCompA.CompA1;
// vpOP.“pow and log” <u>req</u> vpCompA.CompA2</td></tr>
<tr><td>Bindings</td><td colspan="2">// 생략</td></tr>
</table>

■

4.5 아키텍처의 분석과 평가

4.5.1 아키텍처의 분석

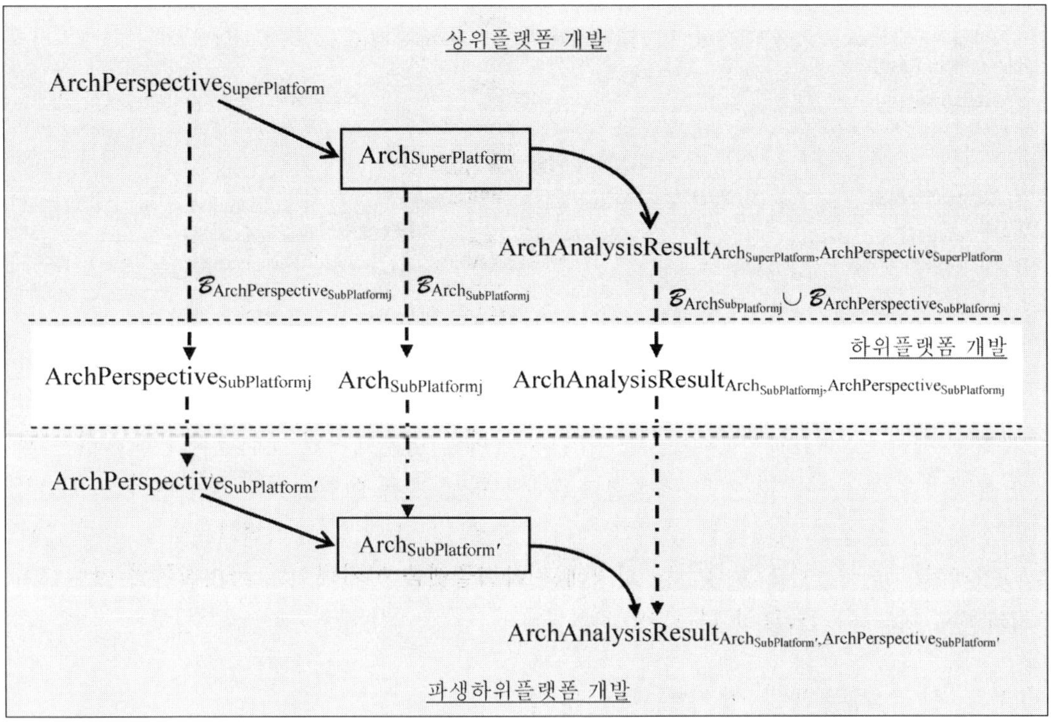

그림 4.5.1-1. H-NGPL에서 파생 하위 제품라인 아키텍처 분석의 개요도

그림 4.5.1-1은 H-NGPL에서 상위플랫폼 아키텍처로부터 생성되지 않는 하위플랫폼 아키텍처의 분석이 다음 활동들로 이루어짐을 나타낸다: (1) 상위플랫폼 아키텍처 분석결과 $\text{ArchAnalysisResult}_{\text{Arch}_{\text{SuperPlatform}},\text{ArchPerspective}_{\text{SuperPlatform}}}$에 SubPlatform′과 유사한 하위플랫폼 SubPlatformj의 아키텍처 분석결과 바인딩을 적용하여 $\text{ArchAnalysisResult}_{\text{Arch}_{\text{SubPlatformj}},\text{ArchPerspective}_{\text{SubPlatformj}}}$를 생성한다. (2) SubPlatformj와 SubPlatform′ 간의 아키텍처의 차이와 분석관점의 차이를 반영하여 $\text{ArchAnalysisResult}_{\text{Arch}_{\text{SubPlatformj}},\text{ArchPerspective}_{\text{SubPlatformj}}}$로부터 SubPlatform′의 아키텍처 분석결과 $\text{ArchAnalysisResult}_{\text{Arch}_{\text{SubPlatform}'},\text{ArchPerspective}_{\text{SubPlatform}'}}$를 도출한다. 그림 4.5.1-2는 이 활동을 정형적으로 표현한다.

상위플랫폼 개발

$$\text{ArchAnalysisResult}_{\text{Arch}_{\text{SuperPlatform}},\text{ArchPerspective}_{\text{SuperPlatform}}} = \mathcal{Analysis}(\text{Arch}_{\text{SuperPlatform}}, \text{ArchPerspective}_{\text{SuperPlatform}})$$

하위플랫폼 개발

$$\text{ArchPerspective}_{\text{SubPlatformj}} = \text{ArchPerspective}_{\text{SuperPlatform}}\ \mathcal{B}^{\text{ArchVPs1}}_{\text{ArchPerspective}_{\text{SubPlatformj}}}$$

$$\text{ArchAnalysisResult}_{\text{Arch}_{\text{SubPlatformj}},\text{ArchPerspective}_{\text{SubPlatformj}}} = \text{ArchAnalysisResult}_{\text{Arch}_{\text{SuperPlatform}},\text{ArchPerspective}_{\text{SuperPlatform}}}\ (\mathcal{B}^{\text{ArchVPs1}}_{\text{Arch}_{\text{SubPlatformj}}} \cup \mathcal{B}^{\text{ArchVPs1}}_{\text{ArchPerspective}_{\text{SubPlatformj}}})$$

파생 하위플랫폼 개발

$$\text{ArchPerspective}_{\text{SubPlatform}'} = \mu(\text{ArchPerspective}_{\text{SubPlatformj}}, \text{Arch}_{\text{SubPlatform}'})$$

$$\text{ArchVPs2}_{\text{ArchPerspective}_{\text{SubPlatform}'}} = \mu(\text{ArchVPs2}_{\text{ArchPerspective}_{\text{SubPlatformj}}}, \text{ArchPerspective}_{\text{SubPlatform}'})$$

$$\text{ArchAnalysisResult}_{\text{Arch}_{\text{SubPlatform}'},\text{ArchPerspective}_{\text{SubPlatform}'}} = \mathcal{Analysis}(\text{Arch}_{\text{SubPlatform}'}, \text{ArchPerspective}_{\text{SubPlatform}'})$$

그림 4.5.1-2. H-NGPL에서 파생 하위 제품라인 아키텍처 분석의 정형적 표현

하위플랫폼 아키텍처의 분석결과로부터 파생 하위플랫폼 아키텍처의 분석결과를 도출하는 과정은 제품 아키텍처의 분석결과로부터 파생 제품 아키텍처의 분석결과를 도출하는 과정과 유사하다. 제품 아키텍처의 분석결과로부터 파생 제품 아키텍처의 분석결과를 도출하는 과정에는 가변점이 나타나지 않지만, 하위플랫폼 아키텍처의 분석결과로부터 파생 플랫폼 아키텍처의 분석결과를 도출하는 과정에는 하위플랫폼 아키텍처의 가변점들과 아키텍처 분석관점에 있는 가변점들이 나타난다.

4.5.1.1 상위 제품라인 아키텍처의 분석

제 3장 3.5.1.1절의 내용과 동일하다.

4.5.1.2 하위 제품라인 아키텍처의 분석

제 1장 1.5.1.2절의 내용과 동일하다.

4.5.1.3 파생 하위 제품라인 아키텍처의 분석

파생 하위 제품라인 아키텍처 분석관점

다음 예제는 상위플랫폼 아키텍처 분석관점으로부터 생성된 하위플랫폼 아키텍처 분석결과로부터 파생된 하위플랫폼 아키텍처 분석관점의 예를 보인다.

예제 4.5.1.3-1 $\mathcal{PL}(\text{ArchPerspective1}_{AA'})$

예제 4.4.3-2의 $\text{Arch}_{AA'}$을 분석하기 위해, 제 1장 예제 1.5.1.1-1의 $\text{ArchPerspective1}_{AA}$을 수정하여 만든 다음의 분석관점을 채택하기로 한다.

<table>
<tr><td>PL Artifact Name</td><td colspan="2">𝒫ℒ(ArchPerspective1$_{AA'}$) :: Architecture Analysis Perspective</td></tr>
<tr><td>Import</td><td colspan="2">𝒫ℒ(Arch$_{AA'}$) // 예제 4.4.3-2
𝒫ℒ(ArchPerspective1$_{AA}$) // 제 1장 예제1.5.1.1-1</td></tr>
<tr><td rowspan="3">Platform</td><td colspan="2">“계산기가 두 수에 대한 vpOP1 연산과 inv 연산을 1μs 이내에 수행하는가?”</td></tr>
<tr><td>VP Declarations</td><td>// vpOP1: “fmod와 fquot”, “pow와 log”</td></tr>
<tr><td>Variability Constraints</td><td></td></tr>
<tr><td>Bindings</td><td colspan="2">// 생략</td></tr>
</table>

■

파생 하위 제품라인 아키텍처 분석결과

다음 예제는 상위플랫폼 아키텍처 분석결과로부터 생성된 하위플랫폼 아키텍처 분석결과로부터 파생된 하위플랫폼 아키텍처 분석결과의 예를 보인다.

예제 4.5.1.3-2 𝒫ℒ(ArchAnalysisResult$_{Arch_{AA'}, ArchPerspective1_{AA'}}$)

예제 4.5.1.3-1의 ArchPerspective1$_{AA'}$은 다음과 같이 두 개의 부분으로 나눌 수 있다:

ArchPerspective1$_{AA}$[vpOP1]: “계산기가 vpOP1 연산을 1μs 이내에 수행하는가?”
// 제 1장 예제 1.5.1.1-1
ArchPerspective3: “계산기가 inv 연산을 1μs 이내에 수행하는가?”

이제 Arch$_{AA}$에는 없지만 Arch$_{AA'}$에 포함된 CompInv 컴포넌트는 ArchPerspective1$_{AA}$에 영향을 주지 않으므로

Analysis(Arch$_{AA'}$, ArchPerspective1$_{AA}$[vpOP1])
= *Analysis*(Arch$_{AA}$, ArchPerspective1$_{AA}$[vpOP1])

이고, 제 1장 예제 1.5.1.1-2로부터

Analysis(Arch$_{AA}$, ArchPerspective1$_{AA}$[vpOP1])
= **case** vpOP1 **of**
“fmod와 fquot”: True;
“pow와 log”: False;
end case

이다. 그러면

$$\mathcal{Analysis}(\mathrm{Arch}_{AA'}, \mathrm{ArchPerspective1}_{AA'})$$
$$= \mathcal{Analysis}(\mathrm{Arch}_{AA'}, \mathrm{ArchPerspective1}_{AA}[\mathrm{vpOP1}]) \land \mathcal{Analysis}(Arch_{AA}', ArchPerspective3)$$

이다. 따라서 $\mathcal{PL}(\mathrm{ArchAnalysisResult}_{\mathrm{Arch}_{AA'},\mathrm{ArchPerspective1}_{AA'}})$는 다음과 같다.

<table>
<tr><th>PL Artifact Name</th><th colspan="2">$\mathcal{PL}(\mathrm{ArchAnalysisResult}_{\mathrm{Arch}_{AA'},\mathrm{ArchPerspective1}_{AA'}})$ :: Architecture Analysis Result</th></tr>
<tr><td>Import</td><td colspan="2">$\mathcal{PL}(\mathrm{Arch}_{AA'})$ // 예제 4.4.3-2
$\mathcal{PL}(\mathrm{ArchPerspective1}_{AA'})$ // 예제 4.5.1.3-1
$\mathcal{PL}(\mathrm{ArchAnalysisResult}_{\mathrm{Arch}_{AA},\mathrm{ArchPerspective}_{AA}})$ // 제 1장 1.5.1.1-2</td></tr>
<tr><td rowspan="3">Platform</td><td colspan="2">case vpOP1 of
“fmod와 fquot”: True;
“pow와 log”: False;
end case
∧ $\mathcal{Analysis}(Arch_{AA'}, ArchPerspective3)$</td></tr>
<tr><td>VP Declarations</td><td>// vpOP1: “fmod와 fquot”, “pow와 log”</td></tr>
<tr><td>Variability Constraints</td><td></td></tr>
<tr><td>Bindings</td><td colspan="2">// 생략</td></tr>
</table>

■

4.5.2 아키텍처의 평가

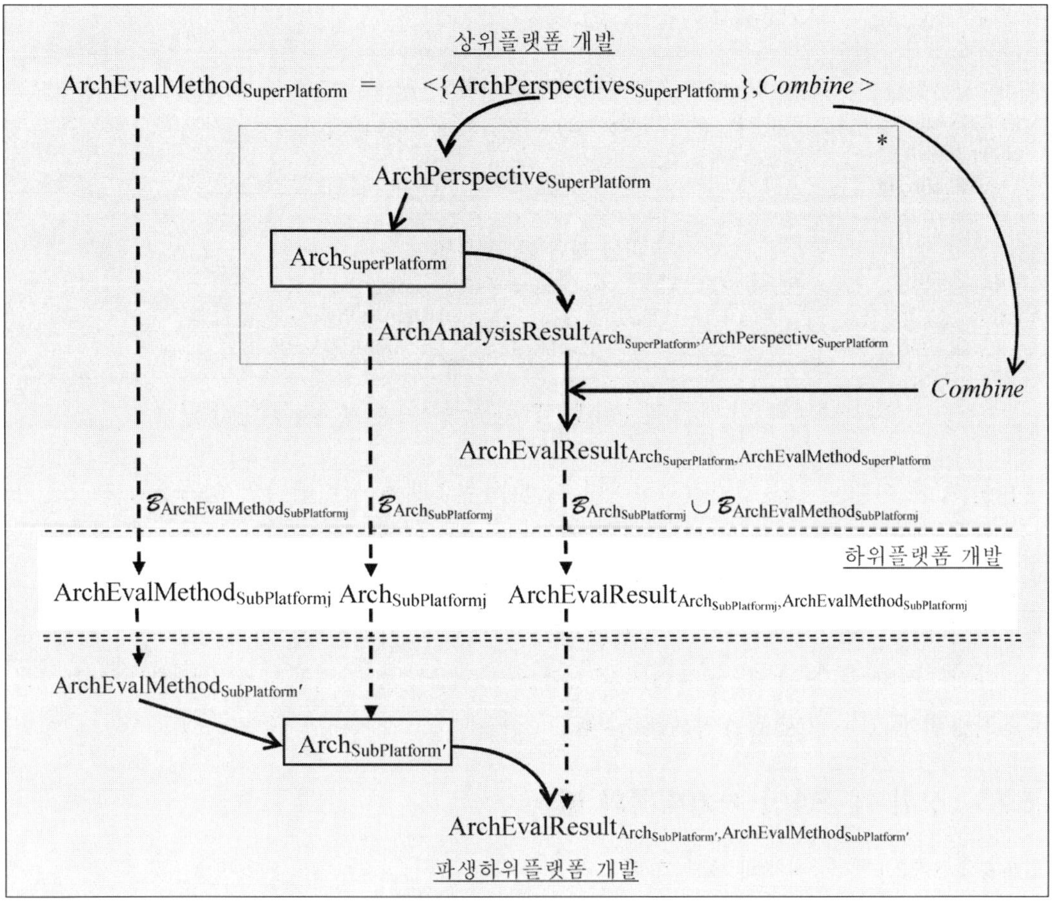

그림 4.5.2-1. H-NGPL에서 파생 하위 제품라인 아키텍처 평가의 개요도

그림 4.5.2-1은 H-NGPL에서 상위플랫폼 아키텍처로부터 생성되지 않는 하위플랫폼 아키텍처의 평가가 다음 활동들로 이루어짐을 나타낸다: (1) 상위플랫폼 아키텍처 평가결과 $ArchEvalResult_{Arch_{SuperPlatform}, ArchEvalMethod_{SuperPlatform}}$에 SubPlatform′과 유사한 하위플랫폼 SubPlatformj의 아키텍처 평가결과 바인딩을 적용하여 $ArchEvalResult_{Arch_{SubPlatformj}, ArchEvalMethod_{SubPlatformj}}$를 생성한다. (2) SubPlatformj와 SubPlatform′ 간의 아키텍처의 차이와 평가방법의 차이를 반영하여 $ArchEvalResult_{ArchSub_{Platformj}, ArchEvalMethod_{SubPlatformj}}$로부터 SubPlatform′의 아키텍처 평가결과 $ArchEvalResult_{Arch_{SubPlatform'}, ArchEvalMethod_{SubPlatform'}}$를 도출한다. 그림 4.5.2-2는 이 활동을 정형적으로 표현한다.

상위플랫폼 개발

$$\text{ArchEvalResult}_{\text{Arch}_{\text{SuperPlatform}},\text{ArchEvalMethod}_{\text{SuperPlatform}}} = \mathcal{E}val(\text{Arch}_{\text{SuperPlatform}}, \text{ArchEvalMethod}_{\text{SuperPlatform}})$$

하위플랫폼 개발

$$\text{ArchEvalMethod}_{\text{SubPlatformj}} = \text{ArchEvalMethod}_{\text{SubPlatformj}}\ \mathcal{B}^{\text{ArchVPs1}}{}_{\text{ArchEvalMethod}_{\text{SubPlatformj}}}$$

$$\text{ArchEvalResult}_{\text{Arch}_{\text{SubPlatformj}},\text{ArchEvalMethod}_{\text{SubPlatformj}}} = \text{ArchEvalResult}_{\text{Arch}_{\text{SuperPlatform}},\text{ArchEvalMethod}_{\text{SuperPlatform}}}\ (\mathcal{B}^{\text{ArchVPs1}}{}_{\text{Arch}_{\text{SubPlatformj}}} \cup \mathcal{B}^{\text{ArchVPs1}}{}_{\text{ArchEvalMethod}_{\text{SubPlatformj}}})$$

파생 하위플랫폼 개발

$$\text{ArchEvalMethod}_{\text{SubPlatform}'} = \mu(\text{ArchEvalMethod}_{\text{SubPlatformj}}, \text{Arch}_{\text{SubPlatform}'})$$

$$\text{ArchVPs2}_{\text{ArchEvalMethod}_{\text{SubPlatform}'}} = \mu(\text{ArchVPs2}_{\text{ArchEvalMethod}_{\text{SubPlatformj}}}, \text{ArchEvalMethod}_{\text{SubPlatform}'})$$

$$\text{ArchEvalResult}_{\text{Arch}_{\text{SubPlatform}'},\text{ArchEvalMethod}_{\text{SubPlatform}'}} = \mathcal{E}val(\text{Arch}_{\text{SubPlatform}'}, \text{ArchEvalMethod}_{\text{SubPlatform}'})$$

그림 4.5.2-2. H-NGPL에서 파생 하위플랫폼 아키텍처 평가의 정형적 표현

하위플랫폼 아키텍처의 평가결과로부터 파생 하위플랫폼 아키텍처의 평가결과를 도출하는 과정은 제품 아키텍처의 평가결과로부터 파생 제품의 아키텍처의 평가결과를 도출하는 과정과 유사하다. 제품 아키텍처의 평가결과로부터 파생 제품 아키텍처의 평가결과를 도출하는 과정에는 가변점이 나타나지 않지만, 하위플랫폼 아키텍처의 평가결과로부터 파생 플랫폼 아키텍처의 평가결과를 도출하는 과정에는 하위플랫폼 아키텍처의 가변점들과 아키텍처 평가방법에 있는 가변점들이 나타난다.

4.5.2.1 상위 제품라인 아키텍처의 평가

제 3장 3.5.2.1절의 내용과 동일하다.

4.5.2.2 하위 제품라인 아키텍처의 평가

제 1장 1.5.2.2절의 내용과 동일하다.

4.5.2.3 파생 하위 제품라인 아키텍처의 평가

파생 하위 제품라인 아키텍처 평가방법

다음 예제는 상위플랫폼 아키텍처 평가방법으로부터 생성된 하위플랫폼 아키텍처 평가방법으로부터 파생된 하위플랫폼 아키텍처 평가방법의 예를 보인다.

예제 4.5.2.3-1 $\mathcal{PL}(\text{ArchEvalMethod}_{\text{AA}'})$

예제 4.4.3-2의 $\text{Arch}_{\text{AA}'}$의 평가를 위해, 제 1장 예제 1.5.2.1-1의 $\text{ArchEvalMethod}_{\text{AA}}$를 수정

하여 만든 다음의 평가방법을 채택하기로 한다.

<table>
<tr><th>PL Artifact Name</th><th colspan="2">$\mathcal{PL}$(ArchEvalMethod$_{AA'}$) :: Architecture Evaluation Method</th></tr>
<tr><td>Import</td><td colspan="2">$\mathcal{PL}$(Arch$_{AA'}$) // 예제 4.4.3-2
$\mathcal{PL}$(ArchEvalMethod$_{AA}$) // 제 1장 예제 1.5.2.1-1</td></tr>
<tr><td rowspan="3">Platform
(ArchEvalMethod$_{AA'}$)</td><td colspan="2"><
{ ArchPerspective1$_{AA'}$ = ArchPerspective1$_{AA}$[vpOP1],
ArchPerspective2$_{AA'}$ = ArchPerspective2$_{AA}$[<i>vpCompA</i>],
<i>ArchPerspective3</i>
},
$\sum_{j=1}^{3}$ (Weight of ArchPerspectivej$_{AA}$ × Analysis(Arch$_{AA}$, ArchPerspectivej$_{AA}$))
>
이고, 여기서 가져오기되지 않은 분석관점들은 다음과 같다:
ArchPerspective3: “계산기가 inv 연산을 1μs 이내에 수행하는가?”</td></tr>
<tr><td>VP Declarations</td><td>// vpOP1: “fmod와 fquot”, “pow와 log”
// vpCompA: CompA1, CompA2</td></tr>
<tr><td>Variability Constraints</td><td>// vpOP1.“fmod와 fquot” <u>req</u> vpCompA.CompA1;
// vpOP1.“pow와 log” <u>req</u> vpCompA.CompA2</td></tr>
<tr><td>Bindings</td><td colspan="2">// 생략</td></tr>
</table>

위의 평가방법에서 Combine 함수는 제 1장 예제 1.5.2.1-1와 같다. 아키텍처 분석관점들은 제 1장 예제 1.5.2.1-1의 ArchPerspective1$_{AA}$와 ArchPerspective2$_{AA}$를 포함하고, 새로운 컴포넌트 CompInv를 분석하기 위해 추가적으로 ArchPerspective3가 포함되었다.

■

파생 하위 제품라인 아키텍처 평가결과

다음 예제는 상위플랫폼 아키텍처 평가결과로부터 생성된 하위플랫폼 아키텍처 평가결과로부터 파생된 하위플랫폼 아키텍처 평가결과의 예를 보인다.

예제 4.5.2.3-2 $\mathcal{PL}$(ArchEvalResult$_{Arch_{AA'}, ArchEvalMethod_{AA'}}$)

예제 4.5.1.3-1의ArchPerspective1$_{AA'}$를 예제 4.5.1.3-2에서와 같이 ArchPerspective1$_{AA}$와 ArchPerspective3로 분리함으로써, 제 1장 예제 5.1.1.1-2의 ArchPerspetive1$_{AA}$의 분석결과와 예제 4.5.1.3-2의 ArchPerspective3의 분석결과를 재사용할 수 있다. 따라서 평가를 위하여 다음의 분석결과를 가정하자.

분석결과표		
분석관점	분석결과	근거
$\text{ArchEvalResult}_{\text{Arch}_{AA'},\text{ArchEvalMethod}_{AA}}$	True	예제 3.5.2.1-2, 예제 3.5.2.2-2
$\mathit{ArchAnalysisResult}_{\mathit{Arch}_{AA'},\mathit{ArchPerspective3}}$	*True*	*가정*

그리고 가능한 분석결과의 가치를 다음과 같이 가정하자.

분석결과환산표			
분석관점	가능한 분석결과	분석결과의 가치	근거
$\text{ArchEvalResult}_{\text{Arch}_{AA'},\text{ArchEvalMethod}_{AA}}$	True	**case** <vpOP1, vpCompA> **of** <"fmod와 fquot", CompA1>: 170; <"pow와 log", CompA2 >: 130; **end case**	예제 3.5.2.1-2, 예제 3.5.2.2-2
	False	0	가정
$\mathit{ArchAnalysisResult}_{\mathit{Arch}_{AA'},\mathit{ArchPerspective3}}$	*True*	*48*	*가정*
	False	0	가정

분석관점의 가중치가 모두 1이라고 가정하면, 위의 분석결과표와 분석결과환산표로부터 다음의 평가계산표가 만들어 진다.

평가계산표				
분석관점	분석결과	분석결과의 가치	분석관점의 가중치	분석결과의 가치 × 분석관점의 가중치
Perspective_1	True	**case** <vpOP1, vpCompA> **of** <"fmod와 fquot", CompA1>: 170; <"pow와 log", CompA2>: 130; **end case**	1	**case** <vpOP1, vpCompA> **of** <"fmod와 fquot", CompA1>: 170; <"pow와 log", CompA2>: 130; **end case**
Perspective_k	*True*	*48*	1	*48*

이로부터 다음의 평가결과를 얻는다.

$$\text{ArchEvalResult}_{\text{Arch}_{AA'},\text{ArchEvalMethod}_{AA'}}$$
$$= \text{ArchEvalResult}_{\text{Arch}_{AA'},\text{ArchEvalMethod}_{AA}} + \mathit{ArchAnalysisResult}_{\mathit{Arch}_{AA'},\mathit{ArchPerspective3}}$$
$$= \text{ArchEvalResult}_{\text{Arch}_{AA},\text{ArchEvalMethod}_{AA}} + \mathit{48}$$

= (**case** <vpOP1, vpCompA> **of**
    <“fmod와 fquot”, CompA1 >: 170;
    <“pow와 log”, CompA2 >: 130;
end case) + *48*

따라서 $\mathcal{PL}$(ArchEvalResult$_{Arch_{AA'},ArchEvalMethod_{AA'}}$)는 다음과 같다.

<table>
<tr><th>PL Artifact Name</th><th colspan="2">$\mathcal{PL}$(ArchEvalResult$_{Arch_{AA'},ArchEvalMethod_{AA'}}$) :: Architecture Evaluation Result</th></tr>
<tr><td>Import</td><td colspan="2">$\mathcal{PL}$(Arch$_{AA'}$) // 예제 4.4.3-2
$\mathcal{PL}$(ArchEvalMethod$_{AA'}$) // 예제 4.5.2.3-1
$\mathcal{PL}$(ArchEvalResult$_{Arch_{AA},ArchEvalMethod_{AA}}$) // 제 1장 예제 1.5.2.1-2</td></tr>
<tr><td rowspan="3">Platform</td><td colspan="2">case <vpOP1, vpCompA> of
<“fmod와 fquot”, CompA1>: 218;
<“pow와 log”, CompA2>: 178;
end case</td></tr>
<tr><td>VP Declarations</td><td>// vpOP1: “fmod와 fquot”, “pow와 log”;
// vpCompA: CompA1, CompA2</td></tr>
<tr><td>Variability Constraints</td><td>// vpOP1.“fmod와 fquot” <u>req</u> vpCompA.CompA1;
// vpOP1.“pow와 log” <u>req</u> vpCompA.CompA2</td></tr>
<tr><td>Bindings</td><td colspan="2">// 생략</td></tr>
</table>

■

4.6 구현의 개발

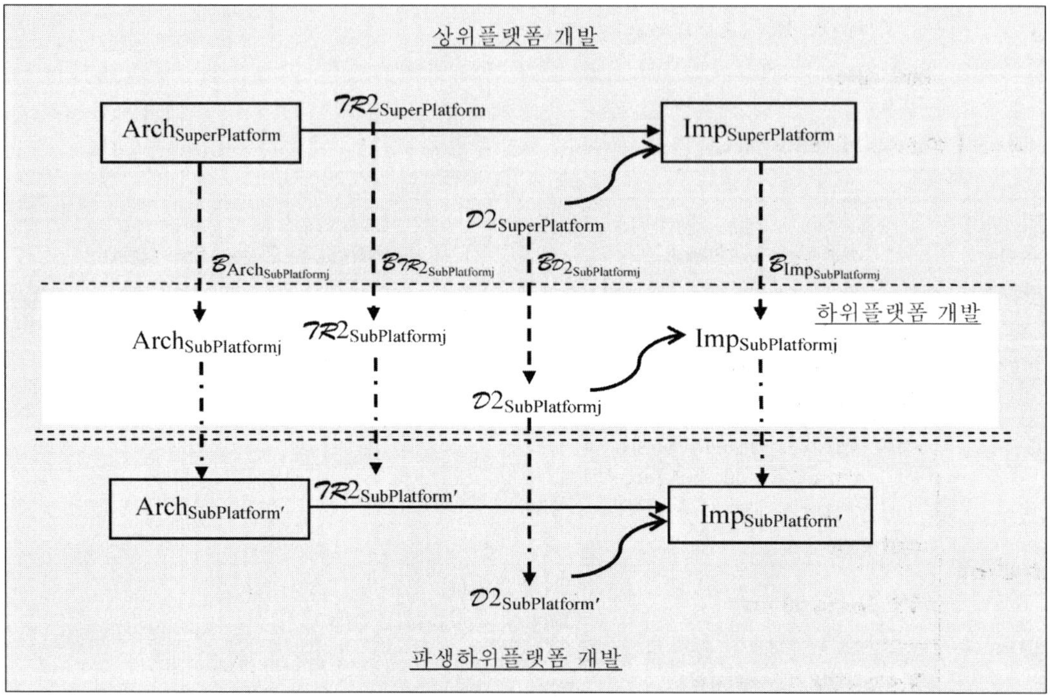

그림 4.6-1. H-NGPL에서 파생 하위 제품라인 구현 개발의 개요도

그림 4.6-1은 H-NGPL에서 상위플랫폼 구현으로부터 생성되지 않는 하위플랫폼 구현의 도출이 다음 활동들로 이루어짐을 나타낸다: (1) 상위플랫폼 구현 $Imp_{SuperPlatform}$로부터 SubPlatform′과 유사한 하위플랫폼 SubPlatformj의 구현 $Imp_{SubPlatformj}$를 생성한다; (2) 플랫폼 아키텍처 $Arch_{SuperPlatform}$과 플랫폼 구현결정 $\mathcal{D}2_{SuperPlatform}$으로부터 SubPlatformj의 아키텍처 $Arch_{SubPlatformj}$과 구현결정 $\mathcal{D}2_{SubPlatformj}$를 생성한다; (3) $Arch_{SubPlatform'}$과 $Arch_{SubPlatformj}$의 차이를 반영하여 $\mathcal{D}2_{SubPlatformj}$로부터 $\mathcal{D}2_{SubPlatform'}$를 도출한다; (4) $\mathcal{D}2_{SubPlatform'}$과 $\mathcal{D}2_{SubPlatformj}$의 차이를 반영하여 $Imp_{SubPlatformj}$로부터 SubPlatform′의 구현 $Imp_{SubPlatform'}$를 도출한다. 그림 4.6-2는 이 활동을 정형적으로 표현한다.

상위플랫폼 개발

$(Imp_{SuperPlatform}, \mathcal{TR}2_{SuperPlatform}) = \mathit{Implement}(Arch_{SuperPlatform}, \mathcal{D}2_{SuperPlatform})$

하위플랫폼 개발

$\mathcal{D}2_{SubPlatformj} = \mathcal{D}2_{SuperPlatform}\ \mathcal{B}^{ImpVPs1}_{\mathcal{D}2_{SubPlatformj}}$

$Imp_{SubPlatformj} = Imp_{SuperPlatform}\ \mathcal{B}^{ImpVPs1}_{Imp_{SubPlatformj}}$

$\mathcal{TR}2_{SubPlatformj} = \mathcal{TR}2_{SuperPlatform}\ \mathcal{B}^{ImpVPs1}_{\mathcal{TR}2_{SubPlatformj}}$

파생 하위플랫폼 개발

$\mathcal{D}2_{SubPlatform'} = \mu(\mathcal{D}2_{SubPlatformj}, Arch_{SubPlatform'})$

$ImpVPs2_{\mathcal{D}2_{SubPlatform'}} = \mu(ImpVPs2_{\mathcal{D}2_{SubPlatform'}}, \mathcal{D}2_{SubPlatform'})$

$(Imp_{SubPlatform'}, \mathcal{TR}2_{SubPlatform'}) = \mathit{Implement}(Arch_{SubPlatform'}, \mathcal{D}2_{SubPlatform'})$

$ImpVPs2_{Imp_{SubPlatform'}} = \mu(ImpVPs2_{Imp_{SubPlatformj}}, Imp_{SubPlatform'})$

그림 4.6-2. H-NGPL에서 파생 하위플랫폼 구현 개발의 정형적 표현

Arch 대신 Imp가 사용되고 $\mathcal{D}1$ 대신 $\mathcal{D}2$가 사용되는 것을 제외하고, 구현의 개발은 제 4.4절의 아키텍처의 설계와 유사하다.

4.6.1 상위 제품라인 구현의 개발

제 3장 3.6.1절의 내용과 동일하다.

4.6.2 하위 제품라인 구현의 개발

제 1장 1.6.2절의 내용과 동일하다.

4.6.3 파생 제품라인 구현의 개발

파생 하위 제품라인 구현결정

다음 예제는 상위플랫폼 구현결정으로부터 생성된 하위플랫폼 구현결정으로부터 파생된 하위플랫폼 구현결정의 예를 보인다.

예제 4.6.3-1 $\mathcal{PL}(\mathcal{D}2_{AA'})$

예제 4.4.3-2의 $Arch_{AA'}$으로부터 제 1장 예제 1.6.1-1의 $\mathcal{D}2_{AA}$을 수정하여 다음과 같이 구현결정을 내렸다고 가정하자.

<table>
<tr><th>PL Artifact Name</th><th colspan="2">$\mathcal{PL}(\mathcal{D}2_{AA'})$ :: Implementation Decisions</th></tr>
<tr><td>Import</td><td colspan="2">$\mathcal{PL}(Arch_{AA'})$ // 예제 4.4.3-2
$\mathcal{PL}(\mathcal{D}2_{AA})$ // 제 1장 예제 1.6.1-1</td></tr>
<tr><td rowspan="3">Platform ($\mathcal{D}2_{AA'}$)</td><td colspan="2"><
D1: [CompTUI는 program TUI로 구현한다;
ch3와 ch4는 procedure B의 호출과
procedure B의 실행으로부터의 반환으로 각각 구현한다.]
D2: [컴포넌트 CompB를 procedure B로 구현한다.]
D3': [procedure B는 사용자가 요구하는 다양한 계산요청을 처리하기 위하여,
Case문을 사용하여
사용자가 요청한 연산의 종류에 따라 해당 연산을 실행한다.]
D4: [procedure B는 코드 수준의 가변점 vpOperator1와
vpOperator2를 사용하여 연산 vpOP를 처리한다.]
D5: [procedure B는 vpOperator1 연산과 vpOperator2
연산을 처리하기 위하여 vpCallA를 호출한다.]
D6: [컴포넌트 vpCompA를 procedure A1 또는 procedure A2의
선택으로 맵핑한다.]
D10[214]: [컴포넌트 CompInv를 procedure Inv로 맵핑한다.]</td></tr>
<tr><td>VP Declarations</td><td>// vpOP: “fmod and fquot”, “pow and log”;
// vpCompA: CompA1, CompA2;
vpOperator1: “fmod”, “pow”;
vpOperator2: “fquot”, “log”;
vpCallA: A1, A2</td></tr>
<tr><td>Variability Constraints</td><td>// vpOP.“fmod and fquot” <u>req</u> vpCompA.CompA1;
// vpOP.“pow and log” <u>req</u> vpCompA.CompA2;
vpOP.“fmod와 fquot” <u>m-req</u> (vpOperator1.“fmod” ∧ vpOperator2.“fquot”)
<u>m-req</u> vpCallA.A1;
vpOP.“pow와 log” <u>m-req</u> (vpOperator1.“pow” ∧ vpOperator2.“log”)
<u>m-req</u> vpCallA.A2</td></tr>
<tr><td>Bindings</td><td colspan="2">// 생략</td></tr>
</table>

■

파생 하위 제품라인 구현

다음 예제는 상위플랫폼 구현으로부터 생성된 하위플랫폼 구현으로부터 파생된 하위플랫폼 구현의 예를 보인다.

---

214 D7은 제 2장 예제 2.6.3-1에서 $\mathcal{D}2_{A1'}$를 위하여, D8과 D9은 제 3장 예제 3.6.1-1에서 $\mathcal{D}2_{AA\&G}$를 위하여 이미 사용된 결정번호로, $\mathcal{D}2_{AA'}$에서는 사용하지 않는다.

예제 4.6.3-2 $\mathcal{PL}(\text{Imp}_{AA'})$

예제 4.6.3-1의 $\mathcal{D}2_{AA'}$에 따라 제 1장 예제 1.6.1-2의 Imp_{AA}를 수정하여 만든 구현은 다음과 같다.

<table>
<tr><th>PL
Artifact Name</th><th colspan="2">$\mathcal{PL}(\text{Imp}_{AA'})$ :: Implementation</th></tr>
<tr><td>Import</td><td colspan="2">$\mathcal{PL}(\mathcal{D}2_{AA'})$ // 예제 4.6.3-1
$\mathcal{PL}(\text{Imp}_{AA})$ // 제 1장 예제 1.6.1-2</td></tr>
<tr><td rowspan="3">Platform
($\text{Imp}_{AA'}$)</td><td colspan="2">program TUI
  OP: string; x, y: real;
  ReadOperation(OP); ReadNumber(x); ReadNumber(y);
  WriteNumber(B(OP,x,y));
end program
procedure B(OP: string; x,y: real): real
  result: real;
  case OP of
    "+": result := (x + y);
    "−": result := (x - y);
    "*": result := (x * y);
    "/": result := (x / y);
    vpOperator1: result := vpCallA(x,y);
    vpOperator2: result := vpCallA(x,y);
    "inv": if x != 0 then result := Inv(x);
  end case;
  return result;
end procedure

if vpCompA == CompA1
then include begin
  procedure A1. . . // 예제 1.6.1-2의 procedure A1과 동일
end

if vpCompA == CompA2
then include begin
  procedure A2. . . // 예제 1.6.1-2의 procedure A2와 동일
end

procedure Inv(x real): real
  return 1/x;
end procedure</td></tr>
<tr><td>VP
Declarations</td><td>// vpCompA: CompA1, CompA2;
// vpOperator1: "fmod", "pow";
// vpOperator2: "fquot", "log";
// vpCallA: A1, A2</td></tr>
<tr><td>Variability
Constraints</td><td>// vpOP."fmod 와 fquot" m-req vpCompA.CompA1 m-req
//   (vpOperator1."fmod" ∧ vpOperator2."fquot") m-req
//   vpCallA.A1;
// vpOP."pow 와 log" m-req vpCompA.CompA2 m-req
//   (vpOperator1."pow" ∧ vpOperator2."log") m-req
//   vpCallA.A2</td></tr>
<tr><td>Bindings</td><td colspan="2">// 생략</td></tr>
</table>

procedure B는 세 개의 매개변수를 갖지만, inv연산을 위하여 사용될 때는 두 개의 매개변수의 값을 지정해 주는 것으로 충분하다.

■

파생 하위 제품라인 아키텍처-구현 추적성

다음 예제는 상위플랫폼 아키텍처-구현 추적성으로부터 생성된 하위플랫폼 아키텍처-구현 추적성으로부터 파생된 하위플랫폼 아키텍처-구현 추적성의 예를 보인다.

예제 4.6.3-3 $\mathcal{PL}(\mathcal{TR}2_{AA'})$

예제 4.6.3-1의 $\mathcal{D}2_{AA'}$에 따라 제 1장 예제 1.6.1-2의 $\mathcal{TR}2_{AA}$을 수정하여 만들어지는 추적성은 다음과 같다.

PL Artifact Name	$\mathcal{PL}(\mathcal{TR}2_{AA'})$ :: Arch-to-Imp Traceability
Import	$\mathcal{PL}(\mathcal{D}2_{AA'})$ // 예제 4.6.3-1 $\mathcal{PL}(\mathcal{TR}2_{AA})$ // 제 1장 예제 1.6.1-2
Platform ($\mathcal{TR}2_{AA'}$)	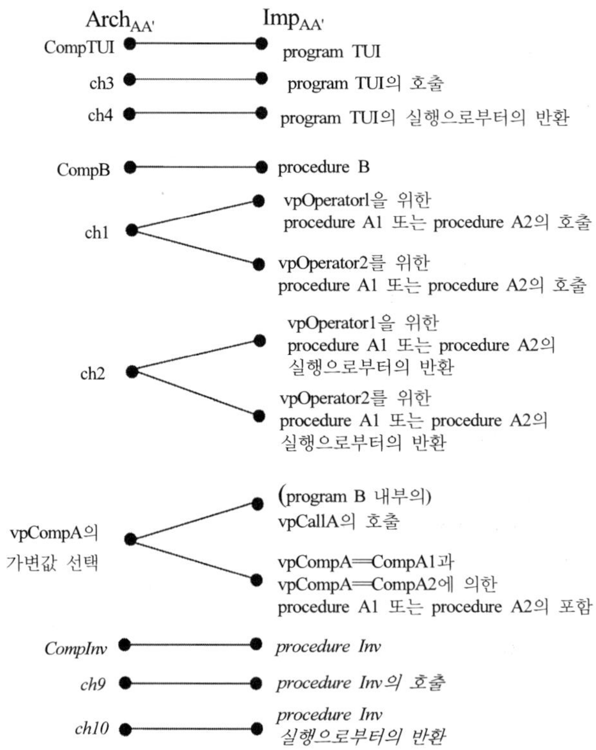

	VP Declarations	// vpCompA: CompA1, CompA2;
		// vpOperator1: "fmod", "pow";
		// vpOperator2: "fquot", "log"
		// vpCallA: A1, A2
		가변값 추적성
		Arch **Imp**
		ε(CompA1) ●——● ε(procedure A1)
		ε(CompA2) ●——● ε(procedure A2)

	Variability Constraints	// vpOP."fmod와 fquot" m-req vpCompA.CompA1 m-req
		// (vpOperator1."fmod" ∧ vpOperator2."fquot") m-req
		// vpCallA.A1;
		// vpOP."pow와 log" m-req vpCompA.CompA2 m-req
		// (vpOperator1."pow" ∧ vpOperator2."log") m-req
		// vpCallA.A2

Bindings	// 생략	

■

4.7 구현의 분석과 평가

4.7.1 구현의 분석

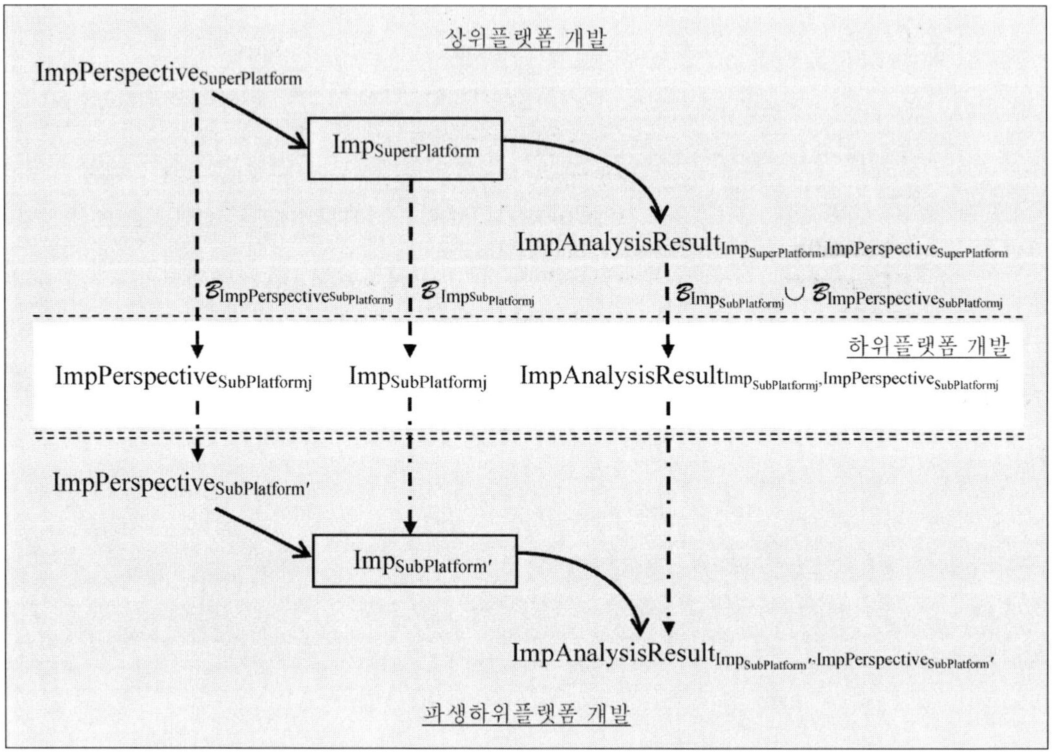

그림 4.7.1-1 H-NGPL에서의 파생 하위 제품라인 구현 분석의 개요도

그림 4.7.1-1은 H-NGPL에서 상위플랫폼 구현으로부터 생성되지 않는 하위플랫폼 구현의 분석이 다음 활동들로 이루어짐을 나타낸다: (1) 상위플랫폼 구현 분석결과 $\text{ImpAnalysisResult}_{\text{Imp}_{\text{SuperPlatform}},\text{ImpPerspective}_{\text{SuperPlatform}}}$에 SubPlatform′과 유사한 하위플랫폼 SubPlatformj의 구현 분석결과 바인딩을 적용하여 $\text{ImpAnalysisResult}_{\text{Imp}_{\text{SubPlatformj}},\text{ImpPerspective}_{\text{SubPlatformj}}}$를 생성한다. (2) SubPlatformj와 SubPlatform′ 간의 구현의 차이와 분석관점의 차이를 반영하여 $\text{ImpAnalysisResult}_{\text{Imp}_{\text{SubPlatformj}},\text{ImpPerspective}_{\text{SubPlatformj}}}$로부터 SubPlatform′의 구현 분석결과 $\text{ImpAnalysisResult}_{\text{Imp}_{\text{SubPlatform'}},\text{ImpPerspective}_{\text{SubPlatform'}}}$를 도출한다. 그림 4.7.1-2는 이 활동을 정형적으로 표현한다.

상위플랫폼 개발

$$\text{ImpAnalysisResult}_{\text{Imp}_{\text{SuperPlatform}},\text{ImpPerspective}_{\text{SuperPlatform}}} = \mathcal{Analysis}(\text{Imp}_{\text{SuperPlatform}}, \text{ImpPerspective}_{\text{SuperPlatform}})$$

하위플랫폼 개발

$$\text{ImpPerspective}_{\text{SubPlatformj}} = \text{ImpPerspective}_{\text{SubPlatformj}}\ \mathcal{B}^{\text{ImpVPs1}}_{\text{ImpPerspective}_{\text{SubPlatformj}}}$$

$$\text{ImpAnalysisResult}_{\text{Imp}_{\text{SubPlatformj}},\text{ImpPerspective}_{\text{SubPlatformj}}} = \text{ImpAnalysisResult}_{\text{Imp}_{\text{SuperPlatform}},\text{ImpPerspective}_{\text{SuperPlatform}}}\ (\mathcal{B}^{\text{ImpVPs1}}_{\text{Imp}_{\text{SubPlatformj}}} \cup \mathcal{B}^{\text{ImpVPs1}}_{\text{ImpPerspective}_{\text{SubPlatformj}}})$$

파생 하위플랫폼 개발

$$\text{ImpPerspective}_{\text{SubPlatform}'} = \mu(\text{ImpPerspective}_{\text{SubPlatformj}}, \text{Imp}_{\text{SubPlatform}'})$$

$$\text{ImpVPs2}_{\text{ImpPerspective}_{\text{SubPlatform}'}} = \mu(\text{ImpVPs2}_{\text{TestSuite}_{\text{SubPlatformj}}}, \text{ImpPerspective}_{\text{SubPlatform}'})$$

$$\text{ImpAnalysisResult}_{\text{Imp}_{\text{SubPlatform}'},\text{ImpPerspective}_{\text{SubPlatform}'}} = \mathcal{Analysis}(\text{Imp}_{\text{SubPlatform}'}, \text{ImpPerspective}_{\text{SubPlatform}'})$$

그림 4.7.1-2. H-NGPL에서 파생 하위 제품라인 구현 분석의 정형적 표현

하위플랫폼 구현의 분석결과로부터 파생 하위플랫폼 구현의 분석결과를 도출하는 과정은 제품 구현의 분석결과로부터 파생 제품 구현의 분석결과를 도출하는 과정과 유사하다. 제품 구현의 분석결과로부터 파생 제품 구현의 분석결과를 도출하는 과정에는 가변점이 나타나지 않지만, 하위플랫폼 구현의 분석결과로부터 파생 플랫폼 구현의 분석결과를 도출하는 과정에는 하위플랫폼 구현의 가변점들과 구현의 분석관점에 있는 가변점들이 나타날 수 있다.

4.7.1.1 상위 제품라인 구현의 분석

제 3장 3.7.1.1절의 내용과 동일하다.

4.7.1.2 하위 제품라인 구현의 분석

제 1장 1.7.1.1절의 내용과 동일하다.

4.7.1.3 파생 하위 제품라인 구현의 분석

파생 하위 제품라인 구현 분석관점

다음 예제는 상위플랫폼 구현 분석관점으로부터 생성된 하위플랫폼 구현 분석관점으로부터 파생된 하위플랫폼 구현 분석관점의 예를 보인다.

예제 4.7.1.3-1 $\mathcal{PL}$(TestCase3$_{AA'}$)

예제 4.6.3-2의 Imp$_{AA'}$을 시험하기 위한 시험항목들을 도출하기 위하여 예제 4.4.3-2의 Arch$_{AA'}$을 기반으로 다음의 시험아키텍처를 만들 수 있다.

PL Artifact Name	$\mathcal{PL}$(TestArch$_{AA'}$) :: Test Architecture	
Import	$\mathcal{PL}$(Arch$_{AA'}$) // 예제 4.4.3-2	
Platform (TestArch$_{AA'}$)	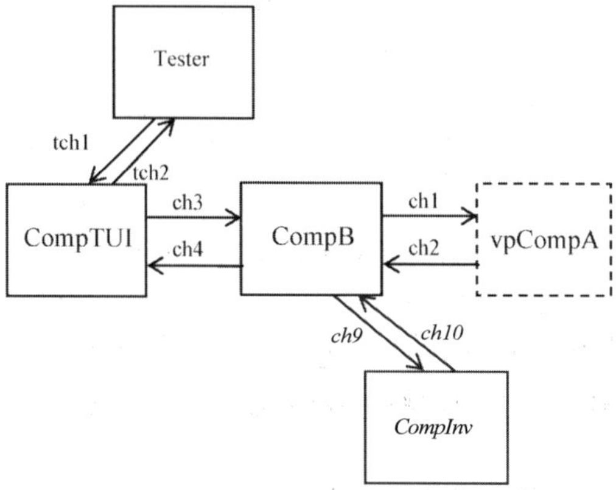	
	VP Declarations	// vpCompA: CompA1, CompA2
	Variability Constraints	
Bindings	// 생략	

예제 4.6.3-2의 Imp$_{AA'}$을 시험하기 위해, TestArch$_{AA'}$를 기반으로 제 1장 예제 1.7.1.1-2의 TestCase3$_{AA}$를 재사용하여 만든 다음의 시험항목을 채택하기로 한다.

PL Artifact Name	$\mathcal{PL}$(TestCase3$_{AA'}$) :: Test Case	
Import	$\mathcal{PL}$(Imp$_{AA'}$) // 예제 4.6.3-2 $\mathcal{PL}$(TestCase3$_{AA}$) // 제 1장 예제 1.7.1.1-2	
Platform (TestCase3$_{AA'}$)	TestCase3$_{AA}$[vpOP2, vpRES]; *Tester.tch1! "inv", 5* *Tester.tch2? 0.2*	
	VP Declarations	// vpOP2: "fmod", "pow"; // vpRES: 0, 1728
	Variability Constraints	// vpOP2."fmod" req vpRES.0; // vpOP2."pow" req vpRES.1728
Bindings	// 생략	

■

파생 하위 제품라인 구현 분석결과

다음 예제는 상위플랫폼 구현 분석결과로부터 생성된 하위플랫폼 구현 분석결과로부터 파생된 하위플랫폼 구현 분석결과의 예를 보인다.

예제 4.7.1.3-2 $\mathcal{PL}$(ImpAnalysisResult$_{Imp_{AA'},TestCase3_{AA'}}$)

예제 4.6.3-2의 Imp$_{AA'}$에 대해 예제 4.7.1.3-1의 TestCase3$_{AA'}$를 실행하기 위하여 다음과 같이 가정하자.

(1) procedure Inv는 올바로 구현되었고 procedure B에 올바로 연결되었다.

(2) *Analysis*(Imp$_{AA'}$,<*Tester.tch1! "inv",5;Tester.tch2? 0.2*>) = *Pass*

그러면

ImpAnalysisResult$_{Imp_{AA'},TestCase3_{AA'}}$

= *Analysis*(Imp$_{AA'}$,TestCase3$_{AA}$[vpOP2, vpRES]);

Analysis(Imp$_{AA'}$,<*Tester.tch1! "inv",5;Tester.tch2? 0.2*>)

= *Analysis*(Imp$_{AA'}$,TestCase3$_{AA}$[vpOP2, vpRES]); *Pass*

= *Analysis*(Imp$_{AA'}$,TestCase3$_{AA}$[vpOP2, vpRES])

이다. 그리고 Imp$_{AA'}$에 있지만 Imp$_{AA}$에는 없는 부분이 TestCase3$_{AA}$의 실행에 영향을 주지 않으므로,

Analysis(Imp$_{AA'}$,TestCase3$_{AA}$[vpOP2, vpRES])

= *Analysis*(Imp$_{AA}$,TestCase3$_{AA}$[vpOP2, vpRES])

이다. 따라서 $\mathcal{PL}$(ImpAnalysisResult$_{Imp_{AA'},TestCase3_{AA'}}$)는 다음과 같다.

<table>
<tr><th>PL Artifact Name</th><th colspan="2">$\mathcal{PL}$(ImpAnalysisResult$_{Imp_{AA'},TestCase3_{AA'}}$) :: Implementation Analysis Result</th></tr>
<tr><td>Import</td><td colspan="2">$\mathcal{PL}$(ImpAnalysisResult$_{Imp_{AA},TestCase3_{AA}}$) // 예제 1.7.1.1-2</td></tr>
<tr><td rowspan="3">Platform</td><td colspan="2">ImpAnalysisResult$_{Imp_{AA},TestCase3_{AA}}$</td></tr>
<tr><td>VP Declarations</td><td>// vpOP2: "fmod", "pow";
// vpRES: 0, 1728</td></tr>
<tr><td>Variability Constraints</td><td>// vpOP2."fmod" <u>req</u> vpRES.0;
// vpOP2."pow" <u>req</u> vpRES.1728</td></tr>
<tr><td>Bindings</td><td colspan="2">// 생략</td></tr>
</table>

■

4.7.2 구현의 평가

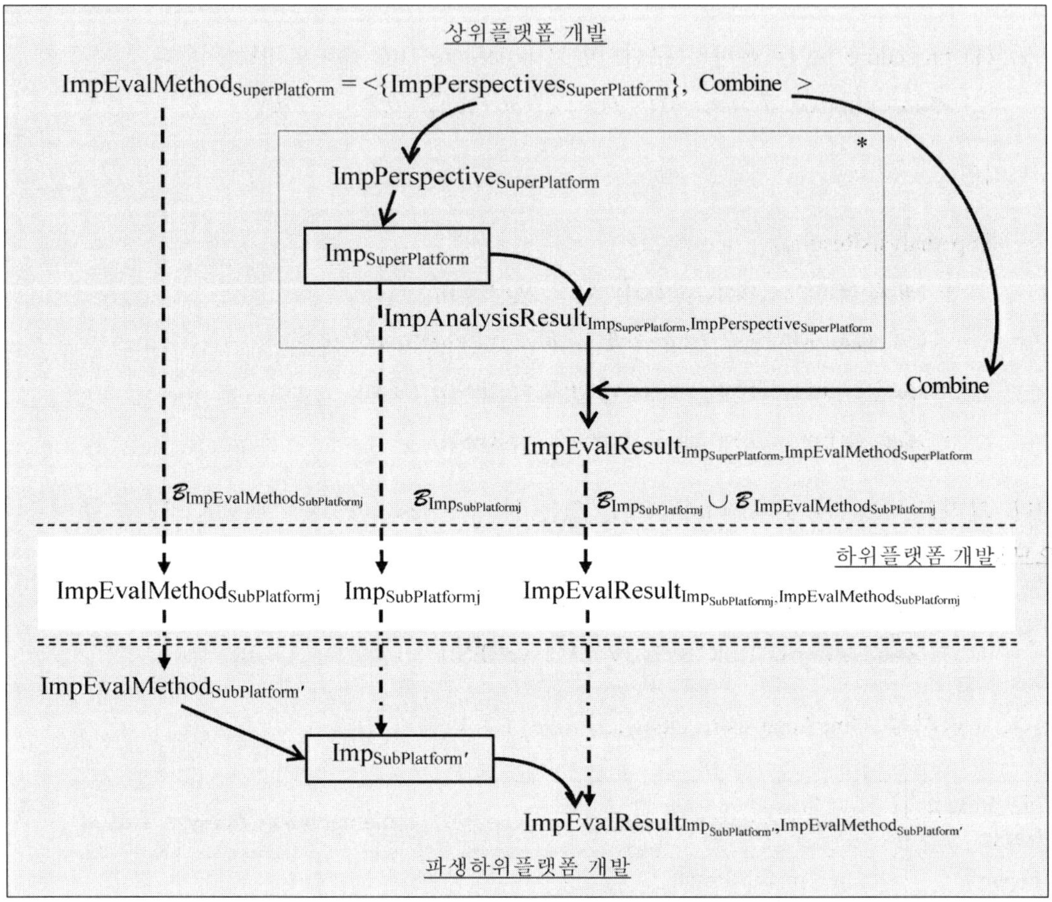

그림 4.7.2-1. H-NGPL에서 파생 하위 제품라인 구현 평가의 개요도

그림 4.7.2-1은 H-NGPL에서 상위플랫폼 구현으로부터 생성되지 않는 하위플랫폼 구현의 평가가 다음 활동들로 이루어짐을 나타낸다: (1) 상위플랫폼 구현 평가결과 $\text{ImpEvalResult}_{\text{Imp}_{\text{SuperPlatform}},\text{ImpEvalMethod}_{\text{SuperPlatform}}}$에 SubPlatform′과 유사한 하위플랫폼 SubPlatformj의 구현 평가결과 바인딩을 적용하여 $\text{ImpEvalResult}_{\text{Imp}_{\text{SubPlatformj}},\text{ImpEvalMethod}_{\text{SubPlatformj}}}$를 생성한다. (2) SubPlatformj와 SubPlatform′ 간의 구현의 차이와 평가방법의 차이를 반영하여 $\text{ImpEvalResult}_{\text{Imp}_{\text{SubPlatformj}},\text{ImpEvalMethod}_{\text{SubPlatformj}}}$로부터 SubPlatform′의 구현 평가결과 $\text{ImpEvalResult}_{\text{Imp}_{\text{SubPlatform}'},\text{ImpEvalMethod}_{\text{SubPlatform}'}}$를 도출한다. 그림 4.7.2-2는 이 활동을 정형적으로 표현한다.

상위플랫폼 개발

$$ImpEvalResult_{ImpSuperPlatform,ImpEvalMethodSuperPlatform} = \mathcal{E}val(Imp_{SuperPlatform}, ImpEvalMethod_{SuperPlatform})$$

하위플랫폼 개발

$$ImpEvalMethod_{SubPlatformj} = ImpEvalMethod_{SuperPlatform}\ \mathcal{B}^{ImpVPs1}{}_{ImpEvalMethod_{SubPlatformj}}$$

$$ImpEvalResult_{Imp_{SubPlatformj},ImpEvalMethod_{SubPlatformj}} = ImpEvalResult_{Imp_{SuperPlatform},ImpEvalMethod_{SuperPlatform}}\ (\mathcal{B}^{ImpVPs1}{}_{Imp_{SubPlatformj}} \cup \mathcal{B}^{ImpVPs1}{}_{ImpEvalMethod_{SubPlatformj}})$$

파생 하위플랫폼 개발

$$ImpEvalMethod_{SubPlatform'} = \mu(ImpEvalMethod_{SubPlatformj}, Imp_{SubPlatform'})$$

$$ImpVPs2_{ImpEvalMethod_{SubPlatform'}} = \mu(ImpVPs2_{ImpEvalMethod_{SubPlatformj}}, ImpEvalMethod_{SubPlatform'})$$

$$ImpEvalResult_{Imp_{SubPlatform'},ImpEvalMethod_{SubPlatform'}} = \mathcal{E}val(Imp_{SubPlatform'}, ImpEvalMethod_{SubPlatform'})$$

그림 4.7.2-2. H-NGPL에서 파생 하위 제품라인 구현 평가의 정형적 표현

하위플랫폼 구현의 평가결과로부터 파생 하위플랫폼 구현의 평가결과를 도출하는 과정은 제품 구현의 평가결과로부터 파생 제품 구현의 평가결과를 도출하는 과정과 유사하다. 제품 구현의 평가결과로부터 파생 제품 구현의 평가결과를 도출하는 과정에는 가변점이 나타나지 않지만, 하위플랫폼 구현의 평가결과로부터 파생 플랫폼 구현의 평가결과를 도출하는 과정에는 하위플랫폼 구현의 가변점들과 구현의 평가방법에 있는 가변점들이 나타날 수 있다.

Arch 대신에 Imp가 사용되고, ArchEvalMethod 대신에 ImpEvalMethod가 사용되는 점을 제외하고, 구현의 평가는 제 4.5.2절 아키텍처의 평가와 동일하게 진행된다.

4.7.2.1 상위 제품라인 구현의 평가

제 3장 3.7.2.1 절의 내용과 동일하다.

4.7.2.2 하위 제품라인 구현의 평가

제 1장 1.7.2.1 절의 내용과 동일하다.

4.7.2.3 파생 하위 제품라인 구현의 평가

파생 하위 제품라인 구현 평가방법

다음 예제는 상위플랫폼 구현 평가방법으로부터 생성된 하위플랫폼 구현 평가방법으로부터 파생된 하위플랫폼 구현 평가방법의 예를 보인다.

예제 4.7.2.3-1 $\mathcal{PL}(ImpEvalMethod_{AA'})$

예제 4.6.3-2의 $Imp_{AA'}$을 평가하기 위해 제 1장 예제 1.7.2.1-1의 $ImpEvalMethod_{AA}$를 기반

으로 한 다음의 방법을 채택하기로 한다.

<table>
<tr><th>PL Artifact Name</th><th colspan="2">$\mathcal{PL}$(ImpEvalMethod$_{AA'}$) :: Implementation Evaluation Method</th></tr>
<tr><td>Import</td><td colspan="2">$\mathcal{PL}$(Imp$_{AA'}$) // 예제 4.6.3-2
$\mathcal{PL}$(ImpEvalMethod$_{AA}$) // 제 1장 예제 1.7.2.1-1
$\mathcal{PL}$(TestCase3$_{AA'}$) // 예제 4.7.1.3-1</td></tr>
<tr><td rowspan="3">Platform
(ImpEvalMethod$_{AA'}$)</td><td colspan="2"><
TestSuite$_{AA'}$ = {
TestCase1$_{AA'}$ = TestCase1$_{AA}$,
TestCase2$_{AA'}$ = TestCase2$_{AA}$,
TestCase3$_{AA'}$[vpOP2, vpRES]
},
VerdictCalculation
></td></tr>
<tr><td>VP Declarations</td><td>// vpOP2: “fmod”, “pow”;
// vpRES: 0, 1728</td></tr>
<tr><td>Variability Constraints</td><td>// vpOP2.“fmod” <u>req</u> vpRES.0;
// vpOP2.“pow” <u>req</u> vpRES.1728</td></tr>
<tr><td>Bindings</td><td colspan="2">// 생략</td></tr>
</table>

위의 PLADT에서 TestSuite$_{AA'}$은 *TestCase3$_{AA'}$[vpOP2, vpRES]*를 제외하고는 TestSuite$_{AA}$과 동일하다.

■

파생 하위 제품라인 구현 평가결과

다음 예제는 상위플랫폼 구현 평가결과로부터 생성된 하위플랫폼 구현 평가결과로부터 파생된 하위플랫폼 구현 평가결과의 예를 보인다.

예제 4.7.2.3-2 $\mathcal{PL}$(ImpEvalResult$_{Imp_{AA'},ImpEvalMethod_{AA'}}$)

TestCase1$_{AA}$와 TestCase2$_{AA}$를 Imp$_{AA}$와 Imp$_{AA'}$에 적용한 결과

Analysis(Imp$_{AA'}$,TestCase1$_{AA}$) = *Analysis*(Imp$_{AA}$,TestCase1$_{AA}$)

Analysis(Imp$_{AA'}$,TestCase2$_{AA}$) = *Analysis*(Imp$_{AA}$,TestCase2$_{AA}$)

라고 가정하자. 그러면 Imp$_{AA}$에 대하여 다음과 같은 분석결과를 얻는다.

분석결과표		
분석관점	분석결과	근거
$TestCase1_{AA}$	Pass	제 1장 예제 1.7.2.1-2
$TestCase2_{AA}$	Pass	제 1장 예제 1.7.2.1-2
$TestCase3_{AA'}$[vpOP2, vpRES]	*$ImpAnalysisResult_{Imp_{AA'}, TestCase3_{AA}}$*	*예제 4.7.1.3-2*

이로부터 다음의 결과를 얻는다.

$\mathcal{Eval}(Imp_{AA'}, \{TestCase1_{AA}, TestCase2_{AA}, TestCase3_{AA'}[vpOP2, vpRES]\})$

$= \mathcal{Analysis}(Imp_{AA}, TestCase1_{AA}) \wedge \mathcal{Analysis}(Imp_{AA}, TestCase2_{AA})$

$\wedge \mathcal{Analysis}(Imp_{AA'}, TestCase3_{AA'}[vpOP2, vpRES])$

$= Pass \wedge Pass \wedge \mathcal{Analysis}(Imp_{AA'}, TestCase3_{AA'}[vpOP2, vpRES])$

$= \mathcal{Analysis}(Imp_{AA'}, TestCase3_{AA'}[vpOP2, vpRES])$

$= ImpAnalysisResult_{Imp_{AA'}, TestCase3_{AA'}}$

따라서 $\mathcal{PL}(ImpEvalResult_{Imp_{AA'}, ImpEvalMethod_{AA'}})$은 다음과 같다.

PL Artifact Name	$\mathcal{PL}(ImpEvalResult_{Imp_{AA'}, ImpEvalMethod_{AA'}})$ :: Implementation Evaluation Result	
Import	$\mathcal{PL}(Imp_{AA\&G})$[ ] // 예제 3.6.1-2 $\mathcal{PL}(ImpEvalMethod_{AA\&G})$[ ] // 예제 3.7.2.1-1	
Platform	$ImpAnalysisResult_{Imp_{AA}, TestCase3_{AA}}$	
	VP Declarations	// vpOP2: "fmod", "pow"; // vpRES: 0, 1728
	Variability Constraints	// vpOP2."fmod" req vpRES.0; // vpOP2."pow" req vpRES.1728
Bindings	// 생략	

■

4.8 관련 연구

4.8.1 파생 제품라인의 도출 방법에 관한 연구

SSPLD에서는 다계층 제품라인이 가변점 집합의 분할에 따라 계층화되는 것으로 본다. 파생 제품이 플랫폼으로부터 생성되는 제품의 변경에 의해 얻어지는 제품인 것처럼, 파생 플랫폼은 상위플랫폼을 구성하는 가변점들에서 하위플랫폼을 구성하는 가변점들을 제외한 나머지 가변점들을 인스턴스화하여 생성되는 하위플랫폼의 변경에 의하여 얻어진다. 파생 제품라인은 파생 플랫폼과 이를 이용하여 도출되는 제품들로 구성된다.

맺 음 말

> "철학자가 이 세상의 왕이 되든지 아니면 왕 혹은 통치자가 진정한 철학자가 되어 정치권력과 철학을 한 사람이 가질 때까지, 국가와 인간세상에 혼란은 끝나지 않을 것이다."[215]
>
> - 플라톤, "국가론 "

이 책의 제 I부와 II부에 걸쳐 전개된 SSPLD 이론은 소프트웨어 제품라인 개발 기술을 체계화시켜 독자가 쉽게 이해하도록 하는 동시에 바람직한 소프트웨어 제품라인 개발 기술의 모습을 제시한다. SSPLD 이론은 소프트웨어 제품라인 개발에 기반한 소프트웨어 제품군 개발을 가이드하고, 소프트웨어 제품라인 개발을 자동화해 나가는데 필요한 기법과 도구 개발을 위한 기반을 제공한다. 또한 SSPLD는 한편으로는 기존의 연구와 기법 및 도구의 개발이 어떤 점에서 미흡하였는지를 보여주며, 다른 한편으로는 체계적인 소프트웨어 제품라인 개발의 활용을 위하여 무엇에 초점을 맞추어야 하는가도 보여준다.

소프트웨어 제품군 개발자들이 SSPLD를 글자 그대로 따르거나 SSPLD가 제시하는 그대로 소프트웨어 제품라인 개발이 자동화되어야 한다고 생각해서는 안 된다. 이 책의 목적은 개발을 위하여 필요한 실용적인 가이드라인을 제공하는 것이 아니라, 개발할 때 준수해 하는 가장 기본적인 사항들에 대한 원리와 원칙을 제시함으로써, 실제 현장의 기술이 그러한 원리와 원칙에 기반하여 개발의 상황과 환경에 맞게 구체화 또는 확장되어 적용될 수 있도록 하는 데 있다. 따라서 SSPLD 이론을 현장의 소프트웨어 제품군 개발에 적용하기 위하여는 많은 판단과 결정이 SSPLD의 사용자들에 의하여 내려져야 한다.

SSPLD를 적용하는 데 있어서 사용자의 판단이 요구되는 문제의 하나로, 개발 도메인을 잘 아는 사람이 SSPLD를 이해하여 SSPLD를 적용하는 것이 좋을지 아니면 SSPLD를 잘 아는 사람이 개발 도메인을 이해하여 그에 맞게 SSPLD를 적용하는 것이 좋을 지의 문제가 있다. 이 문제는 SSPLD의 적용에 관한 문제일 뿐 아니라 소프트웨어 개발을 포함한 많은 상황에서 발생하는 문제이지만, 소프트웨어 제품라인 개발에서는 관련 기술을 습득하기 위한 노력이 많이 들어가기 때문에 이 문제가 특히 중요한 문제이다. 이 문제의 답은 두 가지 선택 모두가 가능한 접근방법이라는 것이다. 중요한 것은 이 양쪽에 대한 큰 틀의 이해를 갖고 있는 사람이 있어야 하고 그 사람의 설계와 계획을 다른 사람들이 따를 준비가 되어 있어야

215 "There will be no end to the troubles of states, or of humanity itself, till philosophers become kings in this world, or till those we now call kings and rulers really and truly become philosophers, and political power and philosophy thus come into the same hands."

한다는 것이다.[216] SSPLD를 사용할 때 사용자의 판단이 필요한 또 다른 예로, 요구사항명세, 아키텍처, 구현의 세 개의 개발단계로 충분할지 혹은, 요구사항명세 외에 피처관점의 제품군의 규정을 포함하여야 할 지의 문제가 있다. 또 다른 예로 설계 단계를 아키텍처설계와 상세설계로 나눌 수도 있고, 아키텍처설계 단계를 복수 개의 아키텍처 뷰를 설계하는 단계들로 나눌 수도 있다. 이런 경우에는 이 책에서 사용된 SSPLD 공정모델과 그에 대한 요구사항, 그리고 이 공정모델을 기준으로 제시된 SSPLD의 원리들도 따라서 수정 또는 확장되어야 한다.[217]

SSPLD 이론과 실세계의 개발 사이에 적지 않은 간극이 있기 때문에 독자는 SSPLD가 지나친 단순화가 아닌가 하는 의문을 가질 수도 있다. 그러나 소프트웨어 제품군의 규모, 복잡도 및 다양성을 효과적으로 다루기 위해서는 실세계의 개발에 적용되는 개발 방법은 가능한 한 단순하고 체계적이어야 한다. 왜냐하면 그래야 이해하기 쉽고, 사용하기도 쉽고, 자동화하기도 쉽기 때문이다. SSPLD는 이러한 목적에 맞게 소프트웨어 제품라인 개발 기술을 단순화하고 체계화한 결과이다. 물론 SSPLD가 직접적으로 제시하는 자동화는 가까운 미래에 완전히 달성되지는 않을 것이다. 그럼에도 SSPLD는 소프트웨어 제품라인 개발이 어떤 방향으로 나가야 하는지를 보여주기 때문에 우리는 SSPLD가 쓸모 있고 가치 있는 이론이라고 생각한다.

SSPLD의 효과는 SSPLD가 보여주는 소프트웨어 제품라인 개발의 개념들과 그들의 관계가 얼마나 근본적이고, 이들이 제품군의 개발에 얼마나 체계적으로 이용될 수 있느냐에 달려 있다. 특정한 도메인이나 범위가 작은 도메인에서는 SSPLD가 제시하는 방향의 적용이나 개발의 자동화가 예상보다 훨씬 더 빨리 이루어질 수도 있다. 이러한 이유들로 우리는 SSPLD가 소프트웨어 제품라인 개발기술의 발전과 활용에 중요한 기여를 할 것으로 전망한다.

---

216 맺음말의 서두에 나오는 플라톤의 인용문구는 이 점이 정치세계에서도 타당함을 주장한다.
217 제 I부 2장 2.4.4절은 피처 단계를 추가한 SSPLD의 확장된 공정모델을 보여준다.

참고 문헌

책

[강성원 15] 강성원, 소프트웨어 아키텍처로의 초대 – 소프트웨어 아키텍처 설계의 근본 원리들 (개정판), 홍릉과학출판사, 2015.

[Apel 13] Sven Apel, Don Batory, Christian Kästner, Gunter Saake, *Feature-Oriented Software Product Lines: Concepts and Implementation*, Springer, 2013.

[Arboleda 12] Arboleda, H., Royer, J. C., *Model-Driven and Software Product Line Engineering,* Wiley, 2012.

[Atkinson 02] C. Atkinson, J. Bayer, C. Bunse, E. Kamsties, O. Laitenberger, R. Laqua, D. Muthig, B. Peach, J. Wust, J. Zettel, *Component-based Product Line Engineering with UML*, Addison–Wesley, 2002.

[Bass 13] Bass, L., Clements, P., Kazman, R., Software Architecture in Practice, 3rd ed., Addison–Wesley, 2013.

[Bosch 00] Jan Bosch, *Design and Use of Software Architectures: Adopting and* Evolving a *Product Line Approach,* Addison–Wesley, 2000.

[Capilla 13] Rafael Capilla, Jan Bosch, Kyo–Chul Kang (Eds.), *Systems and Software Variability Management: Concepts, Tools and Experiences,* Springer, 2013.

[Clements 02] P. M. Clements and L. M. Northrop, *Software Product Lines: Practices and Patterns,* Addison Wesley, 2002.

[Clements 11] Clements, P., Bachmann, F., Bass, L., Garlan, D., Ivers, J., Little, R., merson, P., Nord, R., and Stafford, J., *Documenting Software Architectures: Views and Beyond*, 2nd Ed., Addison–Wesley, 2011.

[Czarnecki 00] Krzysztof Czarnecki and Ulrich Eisenecker, *Generative Programming,* Addison–Wesley, 2000.

[Gomaa 04] Gomaa, H., *Designing Software Product Lines with UML: From Use Cases to Pattern-Based Software Architectures,* Addison–Wesley, 2004.

[Pohl 05] Pohl, K., Böckle, G., van der Linden, F., Springer, *Software Product Line Engineering: Foundations, Principles, and Techniques*, Springer, 2005.

[Jazayeri 00] Jazayeri, M., Randall, A., Van der Linden, P., Ran, A., Van Der Linden, F., *Software Architecture for Product Families: Putting Research into Practice*, Addison–Wesley, 2000.

[Jones 93] Jones, N. D., *Partial Evaluation and Automatic Program Generation,* Prentice–Hall International (UK) Ltd, 1993.

[Jacobson 97] Ivar Jacobson, Martin Griss, Patrik Johnsson, *Software Reuse: Architecture, Process and Organization for Business Success*, Addison–Wesley, 1997.

[Käkölä 06] Käkölä, T., Dueñas, J. C., (Eds.), *Software product lines: research issues in engineering and management,* Springer, 2006.

[Kang K. 10] Kyo C. Kang, Vijayan Sugumaran, Sooyong Park, *Applied Software Product Line Engineering,* CRC Press, 2010.

[Linden 07] van der Linden, F., Schmid, K., Rommes, E., *Software Product Lines in Action: The Best Industrial Practice in Product Line Engineering,* Springer-Verlag, 2007.

[Pressman 10] Roger S. Pressman, *Software Engineering: A Practitioners' Approach,* McGraw-Hill, 2010.

[Rashid 11] Rashid, A., Royer, J. C., Rummler, A. (Editors), *Aspect-Oriented, Model-Driven Software Product Lines,* Cambridge University Press, 2011.

[Reinhartz-Berger 13] Iris Reinhartz-Berger and Arnon Sturm, Tony Clark, Sholom Cohen, Jorn Bettin (Eds.), *Domain Engineering: Product Lines, Languages, and Conceptual Models,* Springer, 2013.

[Sommerville 11] Ian Sommerville, *Software Engineering*, 9th Ed., Addison-Wesley, May 2011.

[Weiss 99] David M. Weiss and Chi Tau Robert Lai, *Software Product-Line Engineering: A Family-Based Software Development Process,* Addison-Wesley, 1999.

논문

[Anquetil 10] N. Anquetil, U. Kulesza, R. Mitschke, A. Moreira, J.C. Royer, A. Rummler, and A. Sousa. 2010. "A model-driven traceability framework for software product lines." Software & Systems Modeling 9 (4) (June 27): 427-451. doi:10.1007/s10270-009-0120-9.

[Bachmann 01] Felix Bachmann, Len Bass, "Managing variability in software architectures," *ACM SIGSOFT Software Engineering Notes archive," Vol. 26 , Issue 3* (May 2001), Pages: 126 - 132, 2001.

[Bachmann 04] Bachmann, F., Goedicke, M., Leite, J., Nord, R., Pohl, K., Ramesh, B., Vilbig, A., "A Meta-model for Representing Variability in Product Family Development," LNCS Vol. 3014, 2004.

[Bachmann 05] Bachmann, F., Clements, P. C., "Variability in Software Product Lines," Technical Report CMU/SEI 2005-DT-012, 2005.

[Baldwin 08] Carliss Y. Baldwin and C. Jason Woodard, "The Architecture of Platforms: A Unified View," Working Paper 09-034, Harvard Business School, 2008.

[Bartholdt 11] Bartholdt, J., Becker, D., "Re-Engineering of a Hierarchical Product Line," 15th International Software Product Line Conference (SPLC 2011), 22-26 Aug. 2011.

[Bayer 02] J. Bayer and T. Widen, "Introducing traceability to product lines," Product Family Engineering (PFE 2002), Bilbao, Spain, 2002, pp. 127-147.

[Berenbach 06] Berenbach, B, "An Introduction to Product Line Requirements Engineering," SPLC 2006.

[Berg 05] K. Berg, D. Muthig, "Critical analysis of using feature models for variability management", Technical Report. University of Pretoria, May 2005.
http://polelo.cs.up.ac.za/personal-pages/kathrin/index.

[Bertolino 03] Bertolino, A., Gnesi, S., "Use Case-Based Testing of Product Lines," In Proceedings of the 9th European software engineering conference held jointly with 10th ACM SIGSOFT international symposium on Foundations of software engineering, pp. 355 - 358, 2003.

[Bertolino 06] Bertolino, A., Fantechi, A., Gnesi, S., and Lami, G., "Product Line Use Cases: Scenario-Based Specification and Testing of Requirements," Chapter 11 of Software Product Lines: Research Issues in Engineering and Management, (Eds.) T. Käkölä and J. C. Duenas, Springer, 2006.

[Bühne 04] Bühne, S., Lauenroth, K., Pohl, K., "Why is it not Sufficient to Model Requirements Variability with Feature Models," Proceedings of Workshop: Automotive Requirements Engineering (AURE'04), 2004.

[Clements 14] P. Clements, S. P. Gregg, C. Krueger, J. Lanman, J. Rivera, R. Scharadin, J. T. Shepherd, A. J. Winkler, "Second Generation Product Line Engineering Takes Hold in the DoD," Crosstalk - The Journal of Defense Software Engineering, vol. 27, no. 1, January/February 2014.

[Conway 68] Conway, Melvin E., "How do Committees Invent?", Datamation 14 (5): 28 - 31, April 1968.

[CVL 12] Øystein Haugen, (SINTEF), "Common Variability Language(CVL)," OMG document: ad/2012-08-05, August 13, 2012.

[Czarnecki 04] Czarnecki, K., Helsen, S., Eisenecker, U., "Staged Configuration Using Feature Models," in LNCS, Vol. 3154, pp. 266-283, 2004.

[Czarnecki 12] Czarnecki, K., Crunbacher, P., Rabiser, R., Schmid, K., Wasowski, A., "Cool features and tough decisions: a comparison of variability modeling approaches," Proceedings of the 6th International Workshop on Variability Modeling of Software-Intensive Systems(VaMos'12), ACM, pp.173 - 182, 2012.

[Dashofy 01a] Dashofy, E. M., van der Hoek, A., "Representing Product Family Architectures in an Extensible Architecture Description Language," LNCS Vol. 2290, pp.330-341, 2001.

[Dashofy 01b] Dashofy, E.M., van der Hoek, A., Taylor, R.N., "A highly-extensible, XML-based architecture description language," 2001 Proceedings. Working IEEE/IFIP Conference on Software Architecture, pp. 103 - 112, 2001.

[Flores 12] R. Flores, C. Kruegger, P. Clements, "Mega-Scale Product Line Engineering at General Motors," The 16th International Software Product Line Conference (SPLC 2012), September 02-07, 2012.

[Flores 13] R. Flores, C. Kruegger, P. Clements, "Second-Generation Product Line Engineering: A Case Study at General Motors," Chapter 15 of Systems and Software Variability Management, Ed. R. Capilla et al., Springer-Verlag Berlin Heidelberg, 2013.

[Forsberg 91] Forsberg, K., Mooz, H., "The Relationship of Systems Engineering to the Project Cycle," First Annual Symposium of the National Council On Systems Engineering (NCOSE), October 1991.

[Griss 00] M. Griss, "Implementing Product Line Features with Component Reuse," Proceedings of *the 6th International Conference on Software Reuse,* 2000.

[Gurov 11] Gurov, D., Østvold, B. M., Schaefer, I., "A Hierarchical Variability Model for Software Product Lines," The 15th International Software Product Line Conference (SPLC 2011), 22-26 Aug. 2011.

[Haber 11] Haber, A., Rendel, H., Rumpe, B., Schaefer, I., van der Linden, F., "Hierarchical Variability Modeling for Software Architectures," 15th International Software Product Line Conference (SPLC 2011), 22-26 Aug. 2011.

[Halmans 03] Halmans, G., Pohl, K., "Communicating the variability of a software-product family to customers," *Software and Systems Modeling,* Vol. 2, No. 1, 2003.

[Kamsties 04] Kamsties, E., Pohl, K., Reis, S., Reuys, A., "Testing Variabilities in Use Case Models," F. van der Linden (Ed.): PFE 2003, LNCS 3014, pp. 6 - 18, Springer-Verlag, 2004.

[Kang K. 90] Kang, K., Cohen, S., Hess, J,. Novak, W., Peterson, A., "Feature-Oriented Domain Analysis(FODA) Feasibility Study," Tech Report CMU/SEI-90-TR-21, SEI., Carnegie Mellon Univ., Pittsburgh, 1990.

[Kang K. 98] Kang, K., Kim, S., Lee, J., Kim, J. K., Kim, G. J., Shin., E., "FORM: A feature-oriented reuse method with domain-specific reference architectures," *Annals of Software Engineering,* Vol. 5, pp. 143-168, 1998.

[Kang K. 09] K. C. Kang, "FODA: Twenty Years of Perspective on Feature Models," The 13th International Software Product Line Conference(SPLC), pp. 1 - 61, 2009.

[Kang K. 02] Kang, K., Lee, J., Kim, Donohoe, P., "Feature-Oriented Product Line Engineering," *IEEE Software,* July/August 2002.

[Kang K. 13] K. C. Kang, H. Lee, "Variability Modeling," in *Systems and Software Variability Management,* Ed. R. Capilla et al., Springer-Verlag Berlin Heidelberg, 2013.

[Kang S. 00] Kang, Sungwon, Shin, Jaehwi, Kim, Myungchul, "Interoperability Test Suite Derivation for Communication Protocols," *Computer Networks,* 32(3), pp. 347-364, 2000.

[Kang S. 14] Sungwon Kang, David Garlan, "Architecture-based planning of software evolution," *International Journal of Software Engineering and Knowledge Engineering,* 2014.

[Keum 13] Keum, Changsup, Kang, Sungwon, Kim, Myungchul, "Architecture-Based Testing of Service-Oriented Applications in Distributed Systems," *Information and Software Technology,* 55(7):1212 - 1223, July 2013.

[Kim 05] Kim, S. D., Chang, S. H., La, H. J., "Traceability Map: Foundations to Automate for Product Line Engineering," SERA 2005, pp. 340-347, 2005.

[King 76] King, C. J, "Symbolic Execution and Program Testing," *Communications of the ACM, Vol. 19, No, 7,* July 1976.

[Lanman 11] J. T. Lanman, B. E. Kemper, J. Rivera, C. W. Krueger, "Employing the Second Generation Software Product-Line for Live Training Transformation," Interservice/Industry Training, Simulation, and Education Conference (I/ITSEC), 2011.

[Lee 10] Lee, Jihyun, Kang, Sungwon, Lee, Danhyung, "A Comparison of Software Product Line Scoping Approaches," *International Journal of Software Engineering and Knowledge Engineering,* Vol. 20, Issue 5, pp. 637 - 663, World Scientific, Oct. 2010.

[Mellor 04] Mellor, S. J., Scott, K., Uhl, A., Weise, D., MDA *Distilled: Principles of Model-Driven Architecture*, Addison-Wesley, 2004.

[Moriana 08] The Moriana Group, SDP 2.0: Service Delivery Platform in the Web 2.0 Era, 2008.

[Northrop 04] Linda M. Northrop, "Software Product Line Adoption Roadmap," TECHNICAL REPORT CMU/SEI-2004-TR-022, Sept. 2004

[Oh 14] Oh, Jeho, Kang, Sungwon, "A Hierarchical Model for Traceability between Requirements and Architecture," The 29th Symposium On Applied Computing (SAC 2014), Gyeongju, Korea, March 24 - 28, 2014.

[Palmer 97] Palmer, J.D., "Traceability". In *Software Requirements Engineering,* Richard H. Thayer and Merlin Dorfman, eds. IEEE Computer Society Press, 1997.

[Parnas 76] Parnas, D. L., "On the Design and Development of Program Families," *IEEE Trans. Software Eng.*, Vol. 2, No. 1, pp. 1 - 9, 1976.

[Pohl 10] Pohl, K., *Requirements Engineering: Fundamentals, Principles, and Techniques,* Springer, 2010.

[Ramesh 01] Ramesh, B., Jarke, M., "Toward reference models for requirements traceability," *IEEE Transactions on Software Engineering, Vol. 27*, pp. 58-93, 2001.

[Reuys 06] Reuys, A., Reis, S., Kamsties, E., Pohl, K., "The ScenTED Method for Testing of Software Product," *Software Product Lines: Research Issues in Engineering and Management,* (Eds.) T. Käkölä et al., Ch. 13, Springer, 2006.

[Schmid 11] Klaus Schmid, Rick Rabiser, and Paul Grünbacher. "A Comparison of Decision Modeling Approaches in Product Lines," Proceedings of the 5th International Workshop on Variability Modeling of Software-intensive Systems (VaMoS'11). Ed. by Patrick Heymans, Krzysztof Czarnecki, and Ulrich W. Eisenecker. ACM, 2011, pp. 119 - 126.

[Schmid 12] Klaus Schmid, SSPL Seminar, 한국소프트웨어기술진흥협회 주최 워크샵, 2012년 7월 19일.

[Sousa 08] Sousa, A., Kulesza, U., Rummler, A., Anquetil, N., Moreira, R.M.A., Amaral, V., Araújo, J.A., "A model-driven traceability framework to software product line development," ECMDA Traceability Workshop (ECMDA-TW), pp. 97 - 109, Sintef, Trondheim, 2008.

[Svahnberg 05] Svahnberg, M., Van Gurp, J., Bosch, J., "A Taxonomy of Variability Realization Techniques," *Software—Practice & Experience, Vol. 35, Issue 8,* pp. 705 - 754, July 2005.

[Taylor 09] Taylor, R. N., Medvidovic, N., Dashofy, E., *Software Architecture: Foundations, Theory, and Practice,* Wiley, 2009.

[Thompson 02] Thompson, J., Heimdahl, M.,"Structuring Product Family Requirements for n-Dimensional and Hierarchical Product Lines," *Requirements Engineering Journal,* Vol. 8, Issue 1, pp. 42-54, 2002.

[TTCN-3 13] The Testing and Test Control Notation version 3; Part 1 - Part 10, ETSI-MTS, April 2013.

[van Gurp 06] Jilles van Gurp, Christian Prehofer, "Version management tools as a basis for integrating Product Derivation and Software Product Families," Workshop on Variability Management – Working with Variability Mechanisms, Held in conjunction with The 10th Software Product Line Conference (SPLC-2006), 2006.

[Ye 05] Ye, H., Liu, H., "Approach to modelling feature variability and dependencies in software product lines," IEE Proceedings – Software, Vol. 152, Issue: 3, pp. 101– 109, 3 June 2005.

[SEI Framework 0.5 15] SEI, A Framework for Software Product Line Practice 5.0, 2015.
http://www.sei.cmu.edu/productlines/frame-report/introduction.htm.

SSPLD 연구 출간물

가변성 모델링

[강성원 10] 강성원, “소프트웨어 모델링 언어를 소프트웨어 패밀리의 모델링언어로 확장하는 방법,” 한국정보과학회 소프트웨어공학 소사이어티 논문지, 제23권 제 2호, 2010년 6월.

[이지현 13] 이지현, 강성원, “소프트웨어 프로덕트라인 가변성 기술 기법: OVDL,” 한국정보처리학회 논문지 - 소프트웨어 및 데이터 공학 - 제2권 제11호, pp. 739-746, 2013년 11월.

[고경민 15] 고경민, “소프트웨어 구성의 자동화를 위한 소프트웨어 바인딩 적용 기법”, KAIST석사학위논문, 2016.2.

[Ahn 13] Hwi Ahn, Sungwon Kang, Jihyun Lee, “A Case Study Comparison of Variability Representation Mechanisms with the HeRA Product Line,” IEEE 13th International Conference on Computer and Information Technology (CIT 2013), Sydney, Australia, Dec. 3-5, 2013.

[Go 15] Gyeongmin Go,Sungwon Kang, Jongsun Ahn, "A Software Binding Application Tool based on the Orthogonal Variability Description Language for Software Product Line Development," The 16th ACIS International Conference on Software Engineering, Artificial Intelligence, Networking and Parallel/Distributed Computing (SNPD 2015), Takamatsu, Japan, June 1-3, 2015.

아키텍쳐

[Kim 08] Taeho Kim, In-young Ko, Sungwon Kang, Dan-hyung Lee, “Extending ATAM to Assess Product Line Architecture,” The IEEE 8th Int’l Conference on Computer and Information Technology (CIT 2008), Sydney, Australia, July 8-11, 2008.

[Ahn 11] Hwi Ahn, Sungwon Kang, “Analysis of Software Product Line Architecture Representation Mechanisms”, The 9th ACIS International Conference on Software Engineering Research, Management and Applications (SERA 2011), Baltimore, USA, August 10-12, 2011.

추적성

[엄석환 15] 엄석환, 강성원, 김진규, 이선아, “소프트웨어 제품 라인의 요구사항과 아키텍처 간 추적성 모델링,” 한국정보처리학회 논문지 - 소프트웨어 및 데이터 공학 - 제4권 제11호, pp. 487-498, 2015년 11월.

[심재선 16] 심재선, 안휘, 한영훈, 강성원, “피처-요구사항 간 플랫폼 추적성 구축 관리 도구,” 2016 한국 한국컴퓨터종합학술대회 (KCC 2016), 2016년 6월 29일~ 7월 1일.

[Kang S. 14] Sungwon Kang, Jingyu Kim, Sungju Kang, Seokhwan Eom, “A Formal Representation of Platform Feature-to-Requirement Traceability for Software Product Line Development,” The 38th International Computer Software and Applications Conference, (COMPSAC 2014), Sweden, July 21 - 25, 2014.

[Kim 14] Jin-Gyu Kim, Sungwon Kang, Jihyun Lee, "A comparison of software product line traceability approaches from end-to-end traceability perspectives," International Journal of Software Engineering and Knowledge Engineering, Vol. 24, No. 4, pp. 677-714, 2014.

시험

[백하은 14] 백하은, 강성원, 이지현, "조합 시험 설계를 이용한 소프트웨어 제품라인 시험항목 생성방법,"한국정보과학회지 제31권 제10호, pp. 86-93, 2014년 10월.

[Kang S. 07] Sungwon Kang, Jihyun Lee, Myungchul Kim,Woojin Lee, "Towards a Formal Framework for Product Line Test Development,"The IEEE 7th Int'l Conference on Computer and Information Technology, pp. 921~926, Univ. of Aizu, Fukushima Japan, Oct.16-19, 2007.

[Kang S. 13] Sungwon Kang, Jihyun Lee, "A Systematic Product Line Test Derivation from Activity Diagrams," IEEE 13th International Conference on Computer and Information Technology (CIT2013), Australia, Dec. 3-5, 2013.

[Lee 14] Jihyun Lee, Sungwon Kang, "Towards Test Architecture based Software Product Line Testing," The 38th International Computer Software and Applications Conference, (COMPSAC 2014), Sweden,July 21 - 25, 2014.

[Kang S. 15] Sungwon Kang, Haeun Baek, Jungmin Kim, Jihyun Lee, "Systematic Software Product Line Test Case Derivation for Test Data Reuse," The 7th IEEE International Workshop on Software Test Automation (STA 2015), Taichung, Taiwan, July 4, 2015.

[Kang S. 17] Sungwon Kang, Jungmin Kim, Haeun Baek, Hwi Ahn, Pilsu Jung, Jihyun Lee, "Comparison of Software Product Line Test Derivation Methods from the Reuse Viewpoint," The 6th International Conference on Software and Computer Applications (ICSCA 2017), Bangkok, Tailand, Feb 26-28, 2017.

소프트웨어 관리

[허준행 16] 허준행, "파일 수준의 소프트웨어 제품라인 버전 관리를 위한 버전 모델링 및 도구 개발," KAIST석사학위논문, 2016.2.

우리말의 영어 번역

'유틸리티'와 같이 영어를 소리 나는 대로 우리말로 표기하는 경우 리스트에 포함시키지 않았다.

가변값	variant
가변점	variation point
가변성	variability
가져오기	import
가중치	weight
개발	development
개발 결정	development decision
개발순기	development life cycle
검증	verification
결과값 공간	result space
계층적	hierarchical
공정	process
공통성	commonality
관점	perspective
계획된 제품	planned product
계획되지 않은 제품	unplanned product
구문론	syntax
구문론적	syntactic
구조	structure
규모확장성	scalability
논리뷰	logical view
다계층	hierarchical
다-대-일	many-to-one
다-대-다	many-to-many
단계	stage, step
단계군	phase
단위크기	granularity
대입	substitution
델타	δ
도식	diagram
도출	derivation
동인	driver
고객맞춤	customization
매개변수	parameter
매개변수화	parameter
명제논리학	Propositional Logic
바인딩의 적용	application of binding
바인딩의 형성	formation of binding
방법	method
범위결정	scoping
부분제품군	product subfamily
부뷰평가	partial evaluation
분석	analysis
비진화 제품군	non-evolving product family
상세화	refinement
상위계층 제품라인	superordinate layer product line
상위플랫폼	superordinate platform (superplatform)
생명주기	life cylce
서비스 신뢰성	reliability
설계	design
술어논리학	Predicate Logic
시장적시성	time-to-market
신뢰성	reliability
실무	practice
실행	execution
실행가능성	executability
실행시	execution time, runtime
실행으로부터의 반환	return
실현	realization
아키텍처-구현 (간)	Architecture-to-Implementation (Arch-to-Imp)
아키텍처 표현	architecture description
역공학	reverse engineering
연산자	operator

요구사항	requirement, requirements
요구사항명세	requirements specification
요구사항-아키텍처 (간)	Requirements-to-Architecture(Reqs-to-Arch)
유사한	similar
유지보수성	maintainability
의미론	semantics
의미론적	semantic
이해관계자	stakeholder
인스턴스화	instantiation
입실론	ε
일-대-다	one-to-many
일-대-일	one-to-one
재구축	reconstruction
재귀적	recursive
재사용	reuse
재사용성	reusability
저장소	repository
절차	procedure
제약사항	constraint, constraints
제품	product
제품군	product family
직교적	orthogonal
진화 제품군	evolving product family
진화성	evolvability
최신 기술	state of the art
최신 실무기술	state of the practice
추적성	traceability
추상화	abstraction
치환	replacement
파생된	derived
평가	evaluation
피연산자	operand
하위단계	substep
하위플랫폼	subordinate platform (subplatform)
하위계층 제품라인	subordinate layer product line
핵심자산	core asset
호출	call
확인	validation

영어의 우리말 번역

기본단어의 합성으로 이루어진 복합단어가 기본단어의 번역으로 이루어질 경우 리스트에 포함시키지 않았다.

abstraction	추상화
analysis	분석
application of binding	바인딩의 적용
architecture description	아키텍처 표현
Architecture-to-Implementation(Arch-to-Imp)	아키텍처-구현 (간)
call	호출
commonality	공통성
constraint, constraints	제약사항
core asset	핵심자산
customization	고객맞춤
δ	델타
derivation	도출
derived	파생된
design	설계
development	개발
development decision	개발 결정
development life cycle	개발 순기
diagram	도식
driver	동인
ε	입실론
evaluation	평가
evolving product family	진화 제품군
evolvability	진화성
executability	실행가능성
execution	실행
execution time	실행시
formation of binding	바인딩의 형성
granularity	단위크기

hierarchical	계층적, 다계층
import	가져오기
instantiation	인스턴스화
lifecycle	생명주기
many-to-many	다-대-다
many-to-one	다-대-일
non-evolving product family	비진화 제품군
one-to-many	일-대-다
one-to-one	일-대-일
operand	피연산자
operator	연산자
orthogonal	직교적
parameter	매개변수
parameterization	매개변수화
partial evaluation	부분평가
perspective	관점
phase	단계군
planned product	계획된 제품
practice	실무
Predicate Logic	술어논리학
procedure	절차
process	공정
product	제품
product family	제품군
product subfamily	부분제품군
Propositional Logic	명제논리학
realization	실현
reconstruction	재구축

recursive	재귀적인
refinement	상세화
reliability	(서비스) 신뢰성
replacement	치환
repository	저장소
Requirements–to–Architecture (Reqs–to–Arch)	요구사항-아키텍처(간)
requirement, requirements	요구사항
requirements specification	요구사항명세
result space	결과값 공간
return	실행으로부터의 반환
reusability	재사용성
reuse	재사용
reverse engineering	역공학
runtime	실행시
scalability	규모확장성
scoping	범위결정
semantic	의미론적
semantics	의미론
similar	유사한
stage	단계
stakeholder	이해관계자
state of the art	최신 기술
state of the practice	최신 실무기술
step	단계
structure	구조
substep	하위단계
subordinate layer product line	하위계층 제품라인
substitution	대입
superordinate layer product line	상위계층 제품라인
subordinate platform (subplatform)	하위플랫폼
superordinate platform (superplatform)	상위플랫폼
syntactic	구문론적
syntax	구문론
time–to–market	시장적시성
traceability	추적성
unplanned product	계획되지 않은 제품
validation	확인
variability	가변성
variant	가변값
variation point	가변점
verification	검증
weight	가중치

찾아보기

ㄱ

ㄴ

ㄷ

ㅇ

ㅈ

| 저자 약력 |

강성원

KAIST 전산학과 교수(2009 ~ 현재)

1982 서울대학교 사회과학대학 정치학사

1989 미국 Iowa 대학교 전산학 석사

1992 미국 Iowa 대학교 전산학 박사

1993 ~ 2001 KT 선임연구원

1995 ~ 1996 미국 국립표준기술연구소(NIST) 객원연구원

2001 ~ 2009 한국정보통신대학교 공학부 교수

2003 ~ 현재 미국 카네기멜론 대학교 소프트웨어공학석사(MSE) 프로그램 겸임교수

정가 39,000원

체계적인 소프트웨어 제품라인 개발

2017년 6월 7일 초판 인쇄
2017년 6월 15일 초판 발행
저 자 : 강성원
발행자 : 우명찬 · 송 준
발행처 : 홍릉과학출판사
주 소 : 서울시 강북구 인수봉로 50길 10
01093
등 록 : 1976년 10월 21일 제5-66호
전 화 : (02) 999-2274~5, 903-7037
팩 스 : (02) 905-6729
e-mail: hongpub@hongpub.co.kr
http://www.hongpub.co.kr
ISBN: 979-11-5600-527-8

저자와의 협의하에 인지생략